Adolf Bastian

Indonesien ODER die Inseln des Malayischen Archipel

Adolf Bastian

Indonesien ODER die Inseln des Malayischen Archipel

ISBN/EAN: 9783743322820

Hergestellt in Europa, USA, Kanada, Australien, Japan

Cover: Foto ©Andreas Hilbeck / pixelio.de

Adolf Bastian

Indonesien ODER die Inseln des Malayischen Archipel

INDONESIEN

ODER

DIE INSELN DES MALAYISCHEN ARCHIPEL

VON

A. BASTIAN.

IV. LIEFERUNG.

BORNEO UND CELEBES.

BERLIN

FERD. DÜMMLERS VERLAGSBUCHHANDLUNG

1889.

BORNEO

UND

CELEBES.

REISE - ERGEBNISSE UND STUDIEN

VON

A. BASTIAN.

MIT DREI TAFELN.

BERLIN

FERD. DÜMMLERS VERLAGSBUCHHANDLUNG

1889.

Einleitung.

Bei meiner Ankunft in Macassar (6. Mai) hatte ich mich der Gastfreundschaft des Gouverneurs, Herrn Tromp, zu erfreuen, sowie der an vielseitigen Belehrungen reichen Unterhaltungen, die mir durch Herrn Matthes in bereitwilligster Weise gewährt wurden, als werthvolle Geschenke seitens solch' höchster Autorität. Mit Herrn Dr. Czurda konnte die Herstellungsweise von Sammlungen besprochen werden, und ist seitdem eine ausgiebig zusammengestellte von ihm nach Europa mitgebracht bei seiner Heimkehr. Herrn Bensbach waren wiederholt Mittheilungen betreffs der Turaja zu danken, sowie ausgewählte Sammelstücke, die dem hiesigen Museum einverleibt wurden.

Nach einer Besichtigung der Fürstengräber zu Tello (11. Mai) und einem (kurze Anlandung in Parc-Pare einbegreifenden) Ausflug (16. Mai) nach Koetei auf Borneo (in Samarinde), wurde bei Rückkehr nach Macassar (20. Mai) dem Rajah von Goaw (Jung-Ayah) ein Besuch abgestattet (23. Mai). Bei dem Grabmal Tunisumbaya's (in Bontobirain) rührt der Steinbau aus Speelman's Zeit her, und von den heidnischen Fürstengräbern zu Tummalata, unter denen das Batara-Goaw's hervorsteht, waren einige für mahomedanische Bestattungsweise wieder eröffnet worden, wie das Sultan Abdullah's, des ersten Convertiten. Daneben finden sich (jenseits der umschliessenden Erdwälle in Ziegelresten) die Gräber der Priester in Tingimai. Die Abreise von Macassar (26. Mai) führte uns, mit Anlaufen in der Bucht von Palos (29. Mai), nach der Bucht von Tontoli (30. Mai), der Bucht von Amurang (31. Mai) und dann nach Menado, wo die Alfuren-Gräber, Tembukar genannt, in Augenschein genommen und interessante Mittheilungen von dem alterfahrenen Missionar, Herrn Lindemann, entgegengenommen werden konnten. Der letzte Anlegeplatz auf Celebes war Gorontalo (2. Juni), worauf die Fahrt weiter ging nach den Molukken (zum Aufenthalt in Ternate).

Bei meinem ersten Aufenthalt zu Batavia im April 1864 (s. Völker des östlichen Asiens, Bd. V) würde ein Besuch auf den übrigen Inseln des Archipel, (von denen eines Regierungssitzes abgesehen), noch mit mancherlei Umständen und Schwierigkeiten verknüpft gewesen sein, besonders wenn ein solcher Periplus in kurz gefasstem Zeitmasse hätte absolvirt werden sollen, wie dem Durchreisenden gerade zu Gebote zu stehen pflegt.

Als ich auf der in diesem Werke behandelten Reise wiederum in Java landete, waren die Rundreisen der Postdampfer seit langen Jahren bereits zur Gewohnheit geworden, hatten indess bis dahin nur die grösseren Inseln in ihre „Echelles" hineingezogen.

Daneben war seit kurzem eine Privatgesellschaft gebildet, deren Dampfer Egeron, — der Entdecker seiner Strasse, — auf abgelegeneren Gruppen anlief, und ein glücklicher Zufall ermöglichte es mir, an der letzten Rundreise eben noch Theil zu nehmen, da die Compagnie bald darauf liquidirte.

Einige der ausnahmsweis berührten Häfen wurden im Anschluss an die regelmässigen Etappen der Postdampfer bald darauf angefügt, und die Fahrten derselben dehnten sich rasch aus, von Jahr zu Jahr in weiteren Kreisen gezogen, betreffs der bis dahin unberührten seitwärts verbleibenden Inseln und Inselchen. Gleichzeitig begann unsere Kenntniss von Indonesien eine überraschend schnell veränderte Gestalt zu gewinnen. Während die Ethnologie bis dahin über Java, Sumatra, Celebes, Borneo etwa hinaus, sich bald im Schwanken eines alfurischen Hypothesen-Meeres verlor und bis zur Ausdunkelung in schwarze Papua fortgezogen war, traten damals umfangreiche Monographien an's Licht, gleich denen Campen's über die Molukken; die wissenschaftliche Bearbeitung des Materials wurde von Wilken in die Hand genommen, und Riedel's lang vorbereitetes, und lang erwartetes, Fundamentalwerk bot fortan eine festgesicherte Basis, um zum Beginn eines theoretischen Aufbaues ermuthigen zu können.

Die seinem Buche eingefügten Abbildungen schienen zu beweisen, dass Manches aus versteckten Winkeln noch erlangt werden möchte, ehe mit dem unaufhaltsam vordrängenden Anreiz des civilisatorischen Verkehrs auch dort der Zersetzungsstachel hineingetrieben wäre, und deshalb, um vor dem Eintreten solcher Katastrophe das Vorhandene möglichst noch zu retten, kam zur rechten Zeit auch diesmal wieder die Hülfe des ethnologischen Hülfscomité's, um den trefflichst erprobten Sammlungsreisenden Jacobsen auszusenden, unter den vom Museum für die einzuhaltende Richtung und Massnahmen ausgefertigten Instructionen (1887). Und auch diesmal hat er seine Erfahrungen, sein Geschick und sein Glück, den Erwartungen gemäss bewährt, indem durch die von ihm und seinem Begleiter Kühn eingelaufenen Sendungen das Museum für Völkerkunde mit einer ethnologischen Sammlung aus dem indischen Archipel bereichert ist, die vorläufig an Reichhaltigkeit Manches, was sonst derartiges vorhanden ist, übertrifft, und hoffentlich auch anderswo den Wunsch erwecken wird, zur ferneren Vermehrung des dem Studium erforderlichen Materials beizutragen (unter Theilung der Arbeit und gegenseitig ergänzender Vervollständigung).

Unter solcher Sachlage gewinnt das vorliegende Werk eine veränderte Gestalt, indem es sich, bei dem kurzen Aufenthalte, von kaum einigen Wochen oder Tagen an jedem Ort, nur um einfache Wiedergabe der gemachten Aufzeichnungen zunächst zu handeln haben wird, bis der spätere Abschluss des Ganzen einen allgemeineren Ueberblick zulässt.

Borneo war nur vorübergehend in Koetei besucht (wie bemerkt), und

Celebes, wo sich der Aufenthalt zweimal wiederholte, bietet eine Vertretung ersten Ranges bereits in den Arbeiten Matthes', dessen freundlicher Unterstützung meiner Zwecke ich mich (in obiger Erwähnung) zu erfreuen hatte (sowie schätzenswerther Mittheilungen seitens der Missionare der holländischen Gesellschaft in der Minahasa).

Das sonst in Anmerkungen mitgetheilte Material schliesst sich, gleich früherem, an die fortgehende Beschaffung an, unter Vorbereitung eines ingesammt umgreifenden Registers (dem darüber Vermerkten gemäss).

In den aus den Sammlungen unseres Reisenden angehängten Figurentafeln stellen sich die Bilder dar, die wie in den Ornamenten auf brahmanische Vorzeit von Khmer bis Thai, so in der Haltung, auf das Evangelium des Heilswortes in den Aryani-satyani hinweisen, und wenn aus indonesischem Ahnencult in den, prähistorisch dunkleren noch (melanesischer Fernen), verlaufend, auch dann in der, — aus des Eremiten scythischer Sakya, (und Tschuden bis Thrazier), oder Sakyamuni's (und Mani's) Lehren wiederhallenden, — Stimme eines Buddha-gosa's, betreffs desjenigen zu künden scheinen könnte, was graues Alterthum von seinem Pythagoras geredet, aus pythonischen (oder pythischen) Vorzeiten, in weiten Wanderungen.

Und so wanderte weit und vielgestaltig der Seelengeist, metasomatisch sowohl wie metempsychosisch, innerhalb des Κύκλος ἀναγκῆς (b. Diogenes) für die Befreiung (b. Euxitheus), nach Wahlfreiheit im Schai-en-Sinsin (s. Stern), in Seelenwanderungen der Aegypter (b. Herodot), getischer (des Zamolxis), gallischer (zu Caesars Zeit), im Πυθάγορον λόγος (s. Diod.), wie von Pherekydes gelehrt (s. Cicero) aus orphischen Mysterien (bei Plato), vierfach (bei Alidschi), den Thiergenuss verbietend in der Philosophie des Empedokles (s. Clem. Al.), Κοῦρος τε Κόρη τε, und Lavater (1794) „était persuadé, que sa femme dans une de ses existence antérieures avait été la femme de Porce Pilate" (s. Muhlenbeck). Lichtenberg war gestorben, ehe geboren (in Gedanken), und in Averroës war Pythagoras Seele hineingewandert, nach dem Urtheil des Pomponatius, „philosophus acutissimus" (s. Vanini), während Bland in West-Australien als Wieder-Erscheinung des verstorbenen Eingeborenen Yowanong erkannt wurde (1829) und der Reisende Wissmann seine Negermutter zugeführt erhielt (in Afrika).

Was hier nach Abscheidung der Elementargrundlagen des Denkens (unter den geographisch variirten Differenzirungen des Völkergedankens), im Nachgehen auf historischen Wegen, der Forschung übrigbleiben mag, wird auf Java aus dortigen Monumenten seine Anknüpfung zu erhalten haben, und bei dieser Gelegenheit folgen nachstehend betreffs der in unserem naturwissenschaftlichen Zeitalter angezeigten Methode psychologischer Behandlungsweise, einige weiter zugefügte Bemerkungen.

Bei der Ethnologie, als vorbereitendem Studium für eine naturwissenschaftliche Behandlungsweise der Psychologie (in der „Lehre vom Menschen") handelt es sich zunächst um eine Dreiheit principieller Axiome, und zwar um die folgenden: um den Ausgang vom Gesellschaftsgedanken (des Zoon politikon), um die Bedingungen desselben unter den Agentien geographisch-historischer Umgebung, und um die Verwendung comparativ-genetischer

Methode im logischen Rechnen der Induction (unter Controlle der Deduction). Gestetigt bei objectiver Umschau durch den Ansatzpunkt im Gegebenen mag dann das Denken, unter Integrirung des Selbst nach den Verhältniss-werthen eines (unabhängigen) Theilganzen, mit wachsenden Fähigkeiten allmählig fortschreiten bis auf Begabung mit einem höheren Calcul, zum Verständniss gesetzlicher Harmonien (jenseits der Schranken von Raum und Zeit), um im Unendlichen die Ursächlichkeit zu ergründen, „quae ex infiniti fonte oritur" (s. Leibniz), in alldurchwaltenden Gesetzen (des Kosmos). Nur der Schein eines Seins (cf. Herbart) erscheint, und was bei Generali-sationen die Speculation sodann aus metaphysischer Verzweiflung über täuschende Maya, zum nichtigen Spiel der Negationen weitergeführt hat, wird sich in einem „naturwissenschaftlichen Zeitalter" durch Sichtung der Einzelnheiten klären lassen (nach Zutritt der Psychologie als Naturwissen-schaft).

Im Alter siecht Alles dahin, in Stagnation niedergehend, gebrechlich zum Untergang. Aber schon ist die neue Generation geboren künftiger Welt, und so im Saturninischen Zeitalter dauert das paradiesische fort, „Jove nondum barbato", bis der Gott dann die Herrschaft ergreift, und fortan die Verantwortung eintritt, im strengen Regiment.

Streng und ernst, auf Genauigkeit, ist die Anforderung gestellt in solch' naturwissenschaftlichem Zeitalter inductiver Methode, und „der Fortschritt des Wissens liegt im Ausverfolg der Methode, wichtiger als theoretische Gelehrsamkeit" (b. Comte), im logischen Rechnen (auf thatsächlicher Unterlage).

Jetzt im ersten Beginn einer mächtig neuen Wissenschaft, die sich uns zu eröffnen verspricht, bedarf es geduldiger Entsagung zum Abwarten gereifter Früchte aus den Wurzeln dessen, was heute erst gepflanzt. Und hier, im Drang des „geheimen Bautriebs" (s. A. Lange), verirrt sich dann leicht die von der Naturphilosophie befreit erachtete Naturwissenschaft dennoch immer aufs Neue wieder in metaphysische Ingredienzen hinein (im Heissgespornn der Hitzköpfe). „Men cannot, or at least, they will not, await the tardy results of discovery they will not sit down in avowed ignorance. Imagination supplies the deficiencies of observation. A theoretic arch is thrown across the chasm, because men are unwilling to wait till a solid bridge be constructed" (s. Lewes). Am Anfang des logischen Rechnens heisst es die Elementar-Operationen erlernen (der vier Species zunächst), und dann mag einstens vielleicht die Fähigkeit gewonnen werden, fortzuschreiten bis zu Unendlichkeitsrechnungen (in naturwissen-schaftlicher Psychologie).

Die in der Culturgeschichte eines Volkes angetroffenen Systeme der Philosophie bringen die (bei dem Naturstamm in mythologischen Bilder-symbolen wogende) Weltanschauung (nach jedesmal herrschender Stim-mung) zur Darstellung, und vertreten insofern die Religion der geistigen Aristokratie (unter den Gesellschaftsschichtungen), etwa in der Form einer Religionsphilosophie.

Mit dem gesammten All hat dann die Psychologie, als das im

schaffenden Individuum bewegende Agens, mehr weniger bewusst (oder unbewusst) eingeschlossen zu liegen, verknüpft mit den höchsten und letzten Fragen (für Anfang und Ende).

Seit der durch Herrschaft einer dogmatischen Theologie erzwungenen Discrepanz zwischen Glauben und Wissen (in der Scholastik), wurde die Psychologie ihres Anrechts auf leitende Aussagen beraubt, unter jene nominalistische Dialektik verwiesen, worin sie sich in der modernen Logik seitdem bewegte, ehe sie jetzt, mit ihrer naturwissenschaftlichen Durchbildung, die alten Anrechte auf entscheidendes Urtheil, (je nach dem Massstab bereits gewonnener Befähigung dafür), zurückzufordern haben wird (mit dem Ausgang vom Zoon politikon in der Geschichte der Menschheit).

Wenn erwacht im Stadium der Cultur findet der Geist, innerhalb seines psychischen Gesichtskreises, dasjenige fertig vor, was in den träumerischen Vorstadien der Kindheit unbewusst sich gezeitigt hat. Eben weil, beim Heranreifen des Zoon politikon zur Mannheit, die Ideale draussen mächtig genug geworden sind, um durch ihre Reize bedingend einzuwirken und, über das materiell sinnliche Auge hinaus (für Auffassung des Ueber-Sinnlichen), ein geistiges, (mit Plato's zweitem Seelengesicht), in Thätigkeit zu rufen, — zu erzwingen durch „kategorischen Imperativ" (als $K\alpha\tau\eta\gamma o\nu$) — eben damit constituirt sich das Bewusstsein mit verlängerten Denkreihen jenes philosophischen Denkens, wie charakteristisch somit für die Cultur. Was hier statt hat, und zunächst allein stattfinden kann, ist ein Subtrahiren der Deduction, aus den Complexen des fertig zusammengesetzt bereits gebildet Vorliegenden, um auf ein Einfacheres (zur Verdeutlichung) zurückzugehen, bis auf die Eins, wo · möglich (monistisch zufrieden).

Und diese, im mathematischen Sinne, reclamirt dann ihre Selbstständigkeit, im Sein der Substanz, mit der Eins, der eine zweite sich anfügen kann, eine dritte u. s. w., aber für räumlich analoge Gesichtsempfindung im Nebeneinander zunächst, da das Nacheinander für ernste Betrachtung sich als nutzlose Spielerei erweist, wenn, „mit Grazie in infinitum", ad absurdum geführt, bis im höheren Calcul sich Ansätze bieten sollten für variable Functionen (und Infinitesimalrechnung logischer Transcendenz).

So gelangt die Metaphysik aus der zur Allgemeinheit eines Ur-Princips ausgeweiteten Substanz (b. Spinoza) auf Leibniz' Monade, die Alles bereits „in nuce" in sich trägt, für die angebornen Begriffe, von der, auf völlige Negation (b. Berkeley) verfallenen Materie abgesehen, indem aus dem Instincte eines noch sinnlicher umschränkten Auges, die Atome gesetzt wurden (b. Democrit), während im Vorgefühl des Auseinander das potential Angelegte zu seinen Realisirungen sich entwickelte, kraft der der Entelechien (b. Aristoteles), einer Kraft im Stoff (für organisches Wachsthum).

Indem sich nun, bei objectiver Ueberschau, die comparativ-genetische Methode bietet in der Induction, bleibt die Eins als Ausgangspunkt zum

Ansatz im Gegebenen, aber in Macht ihrer ganzen Fülle enthüllt sich sodann die bunte Mannigfaltigkeit der Natur, wenn in ihrer festgegliederten Durchforschung fortschreitend, die Naturwissenschaften hinaufgelangen bis zum Einschluss der Psychologie (bei der Lehre vom Menschen).

Sofern die Metaphysik, mit subtrahirenden Deductionen zu ihrer Eins hingelangt (einer metaphysischen also), daraus wiederum aufsteigend, das All subjectivistisch zu reconstruiren versucht, wird sie in den Fluthwogen jener unklar durcheinandergewobenen Allgemeinbegriffe verloren gehen, woraus Kant's dialectische Kraft seinen künstlichen Apparatus (schematischer Kategorien) zusammenzuzimmern wollte, in dessen Maschinerie die Psychologie selber völlig entschwindet. Für ihre eigene Erklärung bedarf es eines Rückgreifens auf die embryonalen Vorstufen der Cultur (in der Uncultur), wo dasjenige noch im Werden begriffen ist, was das Culturvolk, in der ausgewachsenen Physiologie des Gesellschaftskörpers, als fertig bereits Gewordenes zu übernehmen hatte, und als „conditio sine qua non" zur Erreichung solchen Zwecks liegt der Ethnologie die Aufgabe vor, das Material zu beschaffen (in dem Völkergedanken). Das Culturleben jedes Geschichtsvolkes, das, den Traum prähistorischer Vergangenheit vergessend, zur hellen Sonne auf der Bühne seiner Thätigkeit erwacht, beginnt mit der Deduction, einer (zerlegenden) Durchforschung der, (als unwillkührlich in embryonalen Vorstadien hervorgesprosst), fertig vorgefundenen Ideen (im Wissensschatz). „Le travail du philosophie n'avait la plupart du temps pour objet que de transformer des hypothèses en demonstrations par le double art d'une dialectique raffinée et de l'éloquence" (im Alterthum). La psychologie n'a été possible comme science que quand la science elle-même en fut venue à reconnaitre que l'experience était sa loi fondamentale, qui n'arriva que dans les siècles derniers, à l'époque où les sciences physiques et naturelles eurent fait assez de progrés pour pouvoir imposer à toute science, ce piquant de ce nom, l'imitation de leur esprit et de leur méthode" (s. Girardin). Und hier hat sich (statt subjectiver Selbstbeobachtung) die Psychologie in objectiver Umschau (über den Völkergedanken) den übrigen Naturwissenschaften anzureihen, um zur Verbindung mit der Ontologie dann zurückzukehren (wenn im logischen Rechnen das Denken seine eigene Aufgabe zu lösen beginnen wird).

Als Socrates die Philosophie, den Menschen, auf die Erde brachte, um die sie sich (auch nach Confucius' Ansicht) mehr, als um den Himmel zu kümmern hätten, lag in der analytischen Methode („progressus a principatis ad principia") die erfinderische oder heuristische vor, da obwohl die Logik (als Formalphilosophie) neue Wahrheiten „nicht hervorbringen lassen kann", doch die unbewusst geschaffenen Ideen in ihre naturgemäss verflochtenen Componenten würden zerlegbar sich erweisen müssen (in der Katechetik). Anderseits wird die Synthetische Methode, in Beschaffung des Rohmaterials zum Aufbau, anfänglich auf's Gerathewohl im Sammeln zusammenzuraffen haben, bis beim Aufeinandertreffen der wahlverwandtschaftlichen Elemente ein zündend erklärender Aufschlag den organischen Ordnungsprocess be-

ginnt, und nun sich Glied an Glied geschlossen erweisen muss (in naturgesetzlicher Nothwendigkeit).

So aus dem Primär-Begriff der schwankenden Horde (des Zoon
politikon) ergiebt sich z. B., mit dem Rechte des Stärkeren, die Differenzirung der Geschlechter, Vertheilung nach Altersklassen, die Raubehe,
Exogamie, Mutterfolge, Connubium, Hospitium u. s. w. in schlussgemässer
Folge (als thatsächliche Sachlage), cf. „Die Welt" etc. (S. 456).

Plato's idealistischer Fassung gegenüber (in Betrachtung der Ideen
aus übernatürlicher oder übersinnlicher Quelle), wies Aristoteles auf die
Erfahrung hin, mit der aus ursprünglicher Wurzel hervortretenden
Entelechie, (einer subjectiven in den Manifestationen der Seele), aber trotz
der Beachtung der übrigen Naturreiche, fehlte noch einheitliche Verknüpfung, in vorläufig kosmogenischer Hypothese, und der (durch Erkenntniss des Zoon politikon in seiner Wesenheit) gebreitete Weg zur
Verknüpfung der Metaphysik wurde nicht gewagt (für Verbindung der
Psychologie mit der Ontologie), sondern dem „Nous" seine Thür, von Aussen
her (ϑυραϑέν), zugelassen (statt einer Fortführung logischen Rechnens bis
zum Infinitesimalcalcul).

Im Chaos unbestimmt wallender Gefühlsregungen (unter allgemein in
Zufälligkeit schwankenden Combinationen des Traumes und Traumhaften),
tritt ordnend (b. Anaxagoras) der Nous hinzu, und hier in seiner Rech-
nungsoperation hat sich das in den Verhältnisswerthen richtig einwohnend
Zusammengehörige aus eigner Kraft (organisch aus psychischem Wachsthumsprocess) zusammenzuordnen, und mit dem Eindruck der Richtigkeit zu
treffen; dann eben die Willensthat, in solchen Momenten der Richtigkeit, hervorrufend, wenn als richtige erwiesen. Und dieser Process wird bei zeitweiser
Enthaltung vom Willenseingriff erleichtert, damit vorher in der Meditation
Alles ungestört durcheinander gemengt, sich gegenseitig durchdringen
kann, um das wahlverwandtschaftliche Element desto geeigneter für diejenigen Aeusserungen zu gestalten, welche als entscheidende ein Facit
abzuschliessen haben (aus den Gleichungsformeln im Denken), wenn die
in Lehrsätzen jedesmaligen Glaubens zunächst, hypothetisch, gestellte Aufgabe, durch Forschungslinien erklärenden Wissens, in ihre Componenten
zerlegt wird (soweit das Verständniss reicht), unter Controle einer experi-
mentellen Erfahrung (auf thatsächlich gesicherten Unterlagen), aus den
Völkergedanken in der Speculation (oder vorahnendem Einblick wenigstens in die Region der Ideale).

Auf seinem Wohnsitz, der Erde, deren geologische Abschichtungen
auf dunkelem Untergrund hinabreichen, findet sich der Mensch umgeben
von einer Vielförmigkeit des organischen Lebens, theils in seinen
Gestaltungen (pflanzlicher Art), mehr weniger direct dem Boden angeschlossen; theils (beim Thier) in jener Freiheit der Bewegung, zu deren
Bethätigung sich im eigenen Organismus Befähigung findet. Dabei, im
Umschwung des Wandels, überwölbt sich dem aufblickenden Haupt ein,
gleich dem Stützort der Füsse, dunkelnder Hintergrund, aus dem zerstreute Lichterscheine leuchten, dasjenige, seiner Organe treffend, mittelst

welchem vorwaltend die Umgebungswelt zu ihm redet (im Auge), und (damit) Gedanken weckend, die über das im Tastgefühl körperlich Gefasste, (dem Leiblichen entsprechend), zu geistiger Auffassung fortleiten (in dem durch Denken innerlich Entfalteten).

Die Zahlen, als (pythagoräische) Principien der Dinge, in der „mathematisch" (s. Galilei) geschriebenen (und geordneten) Geschichte der Natur (oder der Welt), kommen mit materiell Realem (in den elementaren Grundformen) unter den fünf regelmässigen Körpern (bei Philolaos) zum Ausdruck als geometrische Zahlen (Grössen oder Raumgebilde). So manifestirt sich die Bildungskraft im Krystall, unter seinen nach der Achse unmessenen (und messbaren) Linien (im Begrenzenden, als Begrenztes), und wenn sich durch die mit dem Körper (nach harmonischen Zahlenwerthen) als ihrem Organ verbundene Seele die elementaren Grundformen (in optischer Strahlenbrechung für das Auge) wieder auslösen lassen, setzen sie zugleich für die Unbegrenztheit (acustisch) ein, im Rythmus, mit Ausklingen in Harmonie (nach gesetzlichem Walten), zum (psychologischen) Zählen (in der Samkhya). Es ist ein alldurchwaltendes Gesetz, das in materieller Raumbegrenzung sich unter geometrischen Formen erfüllt, und das arithmetisch dann weitergeht, bis in einen Infinitesimalcalcul hinaus, „Matheseos pars sublimior" (scientia infinita generalis), auch psychologisch (im logischen Rechnen).

In Mass und Zahl ist das All begründet, unter Mass und Zahl („numero, pondere et mensura") manifestirt sich das Sein, im Umschwung der Himmelskörper sowohl, wie bei dem, was auf Erden in die Erscheinung tritt, bis zum Menschen hinauf. Und ihm geht das Zählen dann weiter, bis auf Unendlichkeiten hin.

Und wo liegt hier die Aufgabe? Bei der Zahl als Gegebenem, so lange darüber hinaus Negationen nichtig zu entschwinden haben? mit dem Unendlichen anderseits? wo Endliches nicht ausreicht, über des Himmels Gestirne hinaus den ruhenden Pol zu suchen (in kosmischer Harmonie).

Soweit jedoch eine Aufgabe im Zählen gestellt ist, heisst es, vor Allem, ein Abrechnen mit sich selbst: im Gewissen für innerlichen Halt an dem, was als ewig Dauerndes sich enthüllt, wenn der Einklang gewonnen ist, in eigener Wesenheit, harmonisch die Einheit herzustellen (mit den Gesetzen im All). Die (philosophische) Geschichte der Natur, weil „mathematisch geschrieben", wäre für die Geometrie des Raums arithmetisch auszurechnen (im Denken). Ex numeris et mathematicorum initiis proficisci volunt omnia (die Pythagoräer). „In jeder besonderen Naturlehre ist nur soviel angebliche Wissenschaft enthalten, als Mathematik darin enthalten ist" (s. Kant), und diese in den anorganischen Forschungszweigen an sich verlangte Vorbedingung findet in den organischen ihre Berücksichtigung bei der Lehre von den geographischen Provinzen, aus der nothwendigen Wechselwirkung des Organismus mit seiner Umgebung (für logische Berechnung).

Bei Herleitung des Willens aus den Wunschregungen (b. Brown) oder

Instincten (s. Reid), würde das Denken schliesslich dann „auf den Grund der Seele" kommen, wo die „Organe und somit alles Wirken aufhören", auf den Grund, wo „Nichts eindringt, als Gott" (b. Eckhardt), aber mit ihrem „doppelten Antlitz" (s. Lasson) dann nach oben strebend, hat sich in Gewohnheit der normale Zustand geistiger Gesundheit zu festigen, denn „bona in habitum solidata voluntas" (s. Abälard) führt zum höchsten Gut (in der Tugend), auf den Megga (des Abhidhamma). Von jenseits her quillt ἡ ἀεί οὖσα φύσις (b. Porphyr), als „Quelle des Lebens" oder „Amini sayagaktschi" (mongolisch), ein anfanglos ewiger Gott (s. Nil), während für das Ende hin die Fäden auslaufen in jenes Gesetz, dessen Nachklang (als welterhaltendes Dharma) in den Moral-Ideen redet, die, als unbewusst in gesellschaftlicher Atmosphäre geschaffen, aus derselben zurücktreffen auf das Individuum, mit dem Eindruck eines „sens divin" als „le sens de l'absolu ou de l'infinitude" (s. J. Simon), oder bis zur „causa occasionalis" (s. Geulinx) eines Occasionalismus (aus Reizwirkungen) in der „théorie de la vision en Dieu" (s. Nourrisson) für Malebranche, nach welchem „nous voyons seulement en Dieu les idées, dont les verités éternelles dependent" (s. Gilardin), in Erigena's Vertheilung an die „secunda, quae creatur et creat" (während die erste die in Gott subsistirenden Ideen als „causas primordiales" begreift). L'entendement de Dieu est la région des verités éternelles ou des idées dont elles dependent (s. Leibniz), für den Einzelnen jedoch mit dem „Influxus physicus" (zum Brückenschlagen zwischen somatischen und psychischen Vorgängen). Hier wandelt der „Gott in der Geschichte", der „Gott, der wird und vergeht" (b. Eckhardt), aber jenseits (solch persönlichen Anthropomorphismus') steht die „Gottheit", zurückgezogen in die Unendlichkeiten des siderischen Alles, — von denen es möglich geworden, die mathematischen Gesetze der Bewegung darzulegen, — da die Geschichte der Natur „mathematice" geschrieben ist (s. Galilei), wo aber in all den unzählbaren Sternen, die flimmern, ein jeder meist mehr Geheimnisse einzuschliessen hat, als jene kleine „Tellus" oder Magna mater: unsere „Yum" (mongolisch) oder Mutter, die wir noch wenig genug kennen.

So wandeln sie vorübergehend dahin auf der Erde, die Tathagata, im jedesmaligen Buddha seiner Periode, aber darüber hinaus winkt, am Ort der Geister (b. Malebranche), in unveränderter Ruhe stabiler Bewegungsschwingung (für die fortgehende Welterhaltung) das Nirwana als Ziel (auf psychologischen Pfaden erreichbar). Der in Tuschita (für irdische Incarnation) aus dem Meditationshimmel Wiedergeborene kündet die Seligkeiten, die er dort geschmeckt, damit ein „Appetitus intellectivus" geweckt werde, in Sehnsucht nach dem (im Heiltrank der Mysterien weihenden) Lebenswasser oder „Vai-ora" auf dritter Himmelsterrasse (bei den Maori), oder von dem „Scepterhalter" (Otschirvani) bewahrt (für Mongolen), und von Ishtar gesucht (in der Unterwelt), mit der Gottheit Unendlichkeit, als das „allgemeinere Gesichtsfeld" (b. Malebranche), unter verschwimmendem Horizont (in Ewigkeiten hinaus). In der Hypothese „des idées innées" ist die Idee angeboren, soweit „la faculté de la produire" (s. Descartes), vorhanden (mit den übrigen Potentialitäten physischen Lebens), und diese im Individuum angelegten Keime entfalten sich sodann im Zusammenwirken auf der Sphäre des Sprachaustausches zu den Idealen, welche die ethische Bestimmung lenken und leiten. Gleichwie in seinem Tempel, oder seiner Stiftshütte, wohnt Gott (b. Malebranche) im Menschen, der ihn dort priesterlich bedient, aber dieser mit schaffendem Wirken in die irdische Atmosphäre aus dem Jenseits hernniederreichende Einfluss verläuft, seinen Manifestationen nach, zunächst in den Gesellschaftsgedanken (einmündend) aus, und da jeder Einzelne wieder, für seinen Theil, mit diesem nur zu thun hat, verbleibt ihm hier, innerhalb solcher Schöpfungen, an welchen er selbst mehr weniger integrirend participirt hat, wie die Entscheidung freien Willens zum Handeln, auch die volle Verantwortlichkeit dafür, nicht also die Entschuldigung eines „nudus spectator hujus machinae" (s. Geulinx), gleich Purusha (dem Tanz zuschauend). „La justice, la distinction essentielle du bien et du mal est la verité première de la morale" (s. Cousin), im Abwägen der Karma (zwischen Bun und Bab), und solches Abrechnen (im logischen Rechnen des Denkens) wird dann erleichtert, mit geübter Verwendung eines höheren Calcul bis in die Unendlichkeiten hinaus (bei naturwissenschaftlicher Durchbildung der Psychologie). „Objectum generale omnium idearum est extensio τοῦ infiniti, intelligibilis, immutabilis et incommensurabilis, ex cujus intuitu formamus quicquid aspicimus sive intra sive extra nos" (s. Malebranche), aber aus diesem unabsehbar Masslosen klingt es dann (unter den „Limitationen des Unendlichen" in Gottes-Ideen) nach Mass und Zahl (harmonischer Gesetzlichkeiten im All).

„Sumus igitur modi mentis, si auferas modum, remanet ipse deus" (s. Geulinx), als das Universum (b. Malebranche), denn „ausser Gott ist die Creatur ein lauteres Nichts" (s. Eckhardt), aber so lange, und weil sie ist, zur Erkenntniss des eigenen Seins verpflichtend (den Orakelspruch des „Gnothi Seauthon" zu erfüllen) im Gewissen, auf die innere Stimme (nigritischen Gbesi's) Antwort gebend, im Wechselgespräch mit den „Musterbildern" (s. Anselm) aus innerem Sprechen Gottes (bei der Weltschöpfung), in Brahma's Wort oder, (beim Zaubern), der Angekok (s. Holm). „Noys ad naturam loquitur" (in der Schule von Chartres) und so sind die von ihm gelehrten Gesetze statt hineinzutragen in die Natur (durch philosophische Ueberweisheit), gegentheils wieder abzulauschen (mit naturwissenschaftlicher Induction). Indem die Kategorie nur Anwendung findet auf die Erscheinungsobjecte, die in unserm Bewusstsein sind (s. Kant), schreiben wir der Natur Gesetze vor, nicht sie giebt sie uns; wir bringen Natur überhaupt nur durch unsere Gesetze zu Stande (Ueberweg). Die Vernunft ist Ursache der Weltordnung (bei Hermotimus), aber „Man can invent nothing in science or religion, but falsehood and all the truths which he discovers are but facts or laws, which have emanated from the Creator" (s. Nott). Das Wirkliche ist (b. Parmenides) das Volle (πλέον), d. h. das Raumerfüllende (s. Zeller) im Pleroma (des Neibban). En Dieu il n'y a point de succession de pensées et de volontés (s. Malebranche). Heraklit setzte die Zeit als Erstes (s. Sextus). Πυθαγόρας φησὶ γεννητόν κατ' ἐπίνοιαν τὸν κόσμον οὐ κατὰ χρόνον (s. Stob). Die Welt, im Begrenzten abgeschlossen geordnet, athmet das grenzenlos Unendliche in sich ein, zum Beleben des Daseins, zeitlich gezeitigt aus dem Zeitlosen (im Pythagoräismus). Der Gedanke des Unendlichen wohnt der Seele ein, ohne aus ihr zu stammen, begreiflicher, als das Endliche (b. Campanella), weil innerhalb der terrestrischen Existenz des Gesellschaftsmenschen entstehend (unter den Wandlungen des Völkergedankens).

Das Gute (ἀγαθόν) ist, wie mit dem Schönen (καλόν) mit dem Zuträglichen (ὠφέλιμον, χρήσιμον) identisch (s. Ueberweg), in Socrates Lehre, der (unter dem allgemeinen Walten der göttlichen Vernunft) die Philosophie vom Himmel auf die Erde brachte (in praktischer Ethik), aus nothwendiger Folge der „Dike“, zur Busse in der Schule Anaximander's, Lehrers des Parmenides, der im Ceramikon gehört war (s. Plato). Das Gute erklärt sich aus Verwirklichung des Ideals für den Menschen, als Mensch (bei Ferraz); ἐν τὸ ἀγαθόν (s. Eukl. Mg.). „Omne bonum est per se ipsum“ (s. Anselm) mit Gott (als „summum bonum“), indem „die Güte, die Wahrheit und überhaupt alle Universalien eine von den Einzeldingen unabhängige, nicht bloss diesen immanente, an ihr Bestehen gebundene Existenz besitzen“, vergleichsweis unter sich (in Relativitäten). Die ἐλευθερία beginnt παῤῥησία (b. Antisthenes). Glückseligkeit liegt (bei Socrates) in der εὐπραξία (nicht in der εὐτυχία). Höchstes Ziel sittlichen Strebens ist die ἀπάθεια (b. Stilpon) in Bedürfnisslosigkeit (für Antisthenes), zur Vernichtung im Nirvana, das aus relativem Gegensatz zu Maya sich als Realität (des Pleroma) erweist (für naturwissenschaftliche Weltanschauung).

In dem, vom Denken, nicht Erreichten setzen sich die Universalien des Guten, mit dem „Summum Bonum“ als Gott („quo majus cogitari non potest“), und da deshalb, ehe sie in das Denken überhaupt einzutreten vermögen, ihre vorherige Setzung sich erforderlich erweist, wurde solche durch den Glauben verlangt (bei dogmatisch herrschender Theologie). Credimur ut cognoscamur (s. St. Aug.). „Neque enim quaero intelligere ut credam, sed credo ut intelligam“ (bei Anselmus). Es sind dies die embryologisch unbewusst, während des Traumzustandes im psychischen Wachsthum, geschaffenen Ideen, welche nun in gesellschaftlicher Sphäre des Culturvolkes an seinem Horizont schwebend, es zum Denkbeginn (mit der Deduction) erweckend anregen, und aus dem Ganzen auf den Theil, (im Einzelnen) rückwirkend, mit der Induction zum Bewusstsein gebracht werden mögen (kraft naturwissenschaftlicher Psychologie). „L'analyse et la philosophie naturelle doivent leurs plus importantes découvertes à ce moyen second, que l'on nomme induction“ (s. Laplace), in gesetzlicher Controlle (mit der Deduction).

Indem die (in schottischer Schule) aufgestellten Vermögen („les fétiches de l'idolatrie philosophique“), deren sich die Seele bedient, „selon les occasions et les besoins“ (s. Gilardin), — obwohl ihr bereits vollendetes Gedachtsein vorauszusetzen wäre (wie die dem Agenten vom Kaufmann gegebenen Anordnungen „quand vient le moment de l'exécution), — durch die Operationen des Criticismus in einander transformirt wurden, so hätte (wie hier im Mikrokosmos) auch im Makrokosmos die in ihren Aneinanderreihungen einen Anfang supponirende Descendenztheorie die Anticipation in Betracht zu halten, (quum pictor praecogitat imaginem quam facturus est), wenn es sich bei der „Substantia secunda" um Rückgang auf „Substantia prima" handelt, welche Brücke erst mit Zutritt der Psychologie zu den übrigen Naturwissenschaften wird geschlagen werden können, bei Ausgang von der Gesellschaftswesenheit des (zoologisch den Quadrumana nächststehenden) Menschen (als „homo sapiens"). Die „Qualitates occultae" der Seelenvermögen, aus Verhältnisswerthen logischer Rechnungsgleichungen unter festen Ziffernstellungen der Definitionen geklärt, sind auf die psychophysisch nachwallende Dünung aus organischer Lebensquelle zurückzuführen, und wenn dann das aus den Sinnesempfindungen aufsteigend emporwachsende Denken, innerhalb der Regionen des Sprachaustausches, auf die dort hineinragenden Fragen stösst, tritt in weiterer Abrechnung mit den Idealen der Wille in Thätigkeit, beim Bewusstsein der Freiheit unter selbstgesetztem Gesetz (in Harmonie mit dem, was im All durchwaltend herrscht). Die „Universalia ante rem" bilden die „causa exemplaris" der Dinge, identisch (in Gott) mit der „causa efficiens" (s. Alex. v. Hales). Das „Universale in re" vertritt die Form der Dinge (s. Gilbert de la Porrée). Θεοὺς μὲν εἶναι φάσχοντες ανθρωποειδεῖς δέ (b. Xenophanes), also rückwirkend aus den gesellschaftlich unbewusst geschaffenen Ideen auf das Bewusstsein des Einzelnen (als integrirend), und so aus Differenzirungen weiterschreitend, im Infinitesimalcalcul logischen Rechnens (naturwissenschaftlicher Psychologie). „Tout idée simple vient d'une idée complexe, toute idée vide d'être vient d'une idée qui contenait l'être, c'est-à-dire le jugement" (s. Garnier), im Detailliren anwachsender Arbeit, unter entsprechender Erweiterung neuer Gattungsbegriffe (während die früheren auf einzelne Arten zurücktreten).

Die Dinge sind da, in der Gegebenheit des Seins (bei den Eleaten), und der Verfolg unendlicher Reihen aus sinnenfälliger Vielheit auf Ursprungsfragen hin, auf das Werden im ersten Entstehen, führt zu den Widersprüchen der Vexirsätze (Zeno's). Für diese metaphysische Speculation wird die Vermittlung scheinbar unvereinbarer Contraste mit dem Zutritt inductiver Forschung gewonnen werden, auf dem naturwissenschaftlichen Wege (wenn auch von der Psychologie betreten). Weil in Einheit, ohne Anfang und Ende, ist das Sein ewig-unendlich (b. Parmenides), aber nicht unermesslich (ἀτελεύτητον), sondern in sich abgeschlossen (πεπερασμένον), im Kreis (weil vollkommen). Die Gottheit thront als Einheit im Centrum des äusserst Umschliessenden (περιέχον), als ἄπειρον (b. Philolaos), in der Eins (die Wurzel aller Zahlen), als Anfang oder Grund aller Dinge (s. Noack). Die Gottheit ist der Kreis, dessen Mittelpunkt allenthalben, dessen Umkreis nirgends ist (s. Herder), im Augenblicksbewusstsein der Gegenwart (für das aus gesellschaftlicher Sphäre in eigener Wesenheit durchklärte Selbst).

Den Räthseln der Welt, im eigenen Dasein gegenübergestellt, verlangt es, sie zu lösen, aus der Bestimmung des Menschen, und das ringsum lagernde Dunkel dem geistigen Auge erhellend zu klären.

Auf die Frage die Antwort, — zuerst kurz und abgerissen im engen Horizont des Naturzustandes, dann mit Erweiterung desselben unter Verlängerung der Gedankenreihen, bis die Philosophie ihre complicirten Systeme eingewickelt, und verwickelt, in sich trägt, um aus dem Zusammenhang zu entwirren, was durch das Denken geschaffen.

Als die aus der Geschichte der Cultur bedingte Methode der Deduction, seit der Ueberschau des Globus, durch die Induction ersetzt (oder ergänzt) zu werden begann, musste die Metaphysik die früher gewährte Befriedigung verlieren, und fand sich völlig geleugnet im Positivismus, als Ausdruck der Zeitrichtung, welche nun, um dem fortdauernden Bedürfnisse zu genügen, sich der Naturwissenschaft zuwandte, und diese scheint, aus dem in dem Detail organischer Entwicklungen gewonnenen Einblick, weiteren Enthüllungen des Ganzen jetzt entgegensehen zu dürfen, unter objectivem Einbegriff des Menschen, in zukommender Stellung auf der Wesensreihe. Bei der zugleich durch die Erhaltung der Kraft materiell gewährten Stütze, schien die Darlegung zu genügen, bis auf Ursprungsfragen hinaus, obwohl solch momentan täuschender Eindruck rasch wieder nichtig verwehen musste, wenn nun die tieferen Gefühle auf wahre Befriedigung hin geprüft wurden (während die Psychologie den Naturwissenschaften noch fehlte).

In der Evolution (der Entwicklungstheorien) lag, in controllirender Prüfung, ihre Rechtfertigung für alle Glieder, bis die Kette auch den Menschen einreihen sollte, und hier gleichfalls die psychische Hälfte in methodische Bearbeitung wiederum zu nehmen hätte, bei jenen der Philosophie von jeher gestellten Problemen, so dass vorher erst eine naturwissenschaftliche Behandlung der Psychologie würde vorausgegangen sein müssen, ehe sich eine naturwissenschaftlich abgeschlossene Weltanschauung herstellen lässt, in heutiger Gestalt (als eine „naturwissenschaftliche"), und die Kernfrage fällt also in Verwendung comparativ-genetischer Methode (zum Aufbau aus der durch den „Völkergedanken" gelieferten Unterlage). Das kritische Verfahren schreitet jedesmal erst vom concreten Einzelnen zum Allgemeinen fort (b. Fries) in der allgemeinen Psychologie (oder philosophischen Anthropologie), als Grunduntersuchung des menschlichen Geistes (b. Kant) durch die Induction objectiver Erfahrung (zur Rückkehr in's Subjective). Die Tugend liegt in vernünftiger Einsicht (bei Phädon), dem Einsichtigen (ἐνιστάμενος) gehörig (s. Socrates), bis zur Durchschau (in Bodhi).

Das Nichtsein, als, im Nichts, nicht vorhanden (b. Parmenides), quod penitus non est (ein gar Nichts), fasst sich (b. Erigena) im Gegensatz des Höheren (bis zur Hyper-Ousia) zum Niederen, indem für das Höhere in selbstständig eigener Abgeschlossenheit das Wenigere (oder Niederere), weil im integrirenden Theil absorbirt und aufgenommen, unter solchem Ganzen verschwindet, und da für das aus dem Niederen Anstrebende, das Höhere, ehe nicht erreicht, noch nicht vorhanden, gestaltet sich dieses — in abstrahirender Theologie (b. Pseudo-Dionys), als ἀποφατική (neben καταφατική, aus Bejahung) — zu dem in die eigentliche Realität umschlagenden Nicht (für immanent das All durchdringende Gottheit) im Nirwana (aus der Harmonie des Dharma). Das reine Sein, als mit dem Nichts identischer Begriff, bildet den Ausgangspunkt dialectischer Entwicklung in der Logik (b. Hegel). Das Seiende, als ungeworden und unvergänglich, ist unendlich, nach Raum und Zeit (b. Melissus), ἔστι γάρ εἶναι, μηδέν δ᾽ οὐκ εἶναι (s. Parmenides). Dass Nichts sei, anzunehmen, ist unmöglich, da dann auch Nichts erscheinen würde (b. Herbart). Aus dem „Kore" als τό μή ον (b. Plato), oder „Noch-Nicht" entsteht die Welt (bei den Maori). Das dem Guten Entgegengesetzte ist nichtseiend (b. Euklides Mg.), als abnormal (für den Zustand psychischer Gesundheit). Alles ist ungeschaffen (ἀγένητα), wegen der Unkenntniss über Entstehen und Vergehen (b. Melissus), aus Avixa (des Buddhismus), im absoluten Sinne (gegen das Umschlagen des Sein in Nichtsein), wogegen in ihren Relationen gleichwerthige Acquivalente sich ersetzen (unter Erhaltung der Kraft).

Die Realität liegt in dem Individuum, als „quantitas determinata" (in der „materia signata") nach individualisirenden Schwankungen, für das Einzelwesen in „substantia prima" (b. Anselm), und „die Abart der Rasse tritt dann auf, wenn die Charaktere der Varietät sich vererben" (s. Quatrefages); so ergiebt sich die (unter der Bedingung einer Abstammung im Genus definirbare) Art (species), als „conceptus mentis significans univoce plura singularia" (s. Occam), aber mit der Immanenz des Allgemeinen (b. Thom. Aq.), und so aus dem naturgemäss Gegebenen controllirbar, bei richtiger Fassung (oder mit thatsächlichen Rectificationen dementsprechend angeschlossen). Die Ideen („formae exemplares") liegen (b. Bernhard von Chartres) als „ewige Begriffe der Gattungen und Arten und auch der Individuen in der göttlichen Vernunft" (s. Ueberweg), zum Ausrechnen (logisch), beim Herausrechnen (im organischen Denkprocess der Logik).

Die Sankhya setzt eine Pluralität individueller Geister (mit dem Ziel auf Befreiung aus der Körperwelt), als allein existirende Individuen (in der Scholastik), und für jedes rechnet (in moralischer Verantwortung) die Karma, den Schmerz zu heilen (als Dukha). Den eingeimpften „Seelenleiden", „durch welche die Existenz und die Veredlung des Geistigen im Menschen und des Menschengeists im Allgemeinen bedingen sind" (s. Semper) folgen aus dem Hunger des „Appetitus sensitivus" (b. Thom. Aq.) zu harmonischem Ausgleich mit der Umgebung (in den Verkörperungen der Völkergedanken). Abwehr des Kummers sucht Hegesias (πεισιθάνατος) in Heilung des Schmerzes (durch buddhistisches Heilswort). Dasselbe Denken, welches das Weltall durchdringt, kommt im Menschen zum Bewusstsein (s. Bordili). Die Natur hat in Alles einen Gedanken (τό σόφον) gelegt (s. Epicharmus) zum Schöpfungsgedanken (gesetzlich).

Als „Ens per se subsistens" spricht Substanz das an sich abgeschlossene Ding aus, wenn und weil, solchartig, im Logos gefasst. Die οὐσία (bei Aristoteles) bezeichnete sich im dortigen Dasein (als τι ἐστι) und auch Descartes hielt, beim Ausgang von seinem Fundamentalsatz, den psychologischen Standpunkt noch fest, obwohl bereits den Substanzbegriff auf die, für ihn letzten, Formen einer Verallgemeinerung, (bei der Substanz des Denkens und der Substanz in Ausdehnung), übertragend (ohne die vor-

herig allmählige Sichtung der Zwischenformen). Als nun (bei Spinoza)
der Substanz die „causa sui" (statt früher Abtrennung, in Gott), zugefügt
wurde, war für das schrankenlose Gespiel metaphysischer System-Schemen
Alles vorbereitet, wie bald zum vollen Schwung gelangend, bis Kant,
wiederum zur Prüfung auffordernd, kritisch zu scheiden begann, und der
auf die Psychologie erneute Hinweis seinen Halt bekam bei dem An-
erbieten naturwissenschaftlicher Begründung mittelst der Psycho-Physik,
bis zum thatsächlichen Materialgewinn, in den Bausteinen des Gesellschaftsgedankens (für Verwendung inductiver Methode).

Wenn die Substanz aus ihrer in sich (oder an sich) bestehenden Selbstständigkeit definirt wird („quae ita existat, ut nulla alia re indigeat ad
existendum"), so hängt dies psychologisch von dahin gerichteter Aufmerksamkeit ab (von dem Einstellen in den Gesichtswinkel geistigen Focus').
Der Baum ist als solcher fassbar, so das Blatt, und dies, statt eines
(zufälligen) Anhängsels, als συμβεβηκός, mag bei Einblick in Pflanzen-
physiologie als innerlicher Modus (statt Accidenz) erscheinen, in einer
Eigenschaft, deren es für die Eigenthümlichkeit (des Ganzen in seinen
Theilen) bedarf.

Wenn sich unter den „titres nominaux" (b. Maine de Biron) das Haus
als „ens per se subsistens" einführt, kann die frei davorstehende Säule unabhängig in ihrer Eigenart ausserdem gefasst werden, die tragende nur
im Zusammenhang des Ganzen, und so etwa das Dach ebenfalls nur, weil
in die Construction zusammenhängend übergehend, wie Thür, Fenster,
Stockwerk und sonst constituirende Theile, die sich erst beim Zergliedern
wieder deutlich auseinanderlegen lassen. Das Haus ordnet sich höher
ein unter den Wohnungen (mit Palast und Hütte), oder architectonisch
überhaupt (neben Tempel, Festung u. s. w.). Und ob nun das Haus gemacht ist von Menschenhand, oder der Baum hervorgewachsen aus seinen
Wurzeln, immer kann es deshalb optisch als „per se existens" gelten,
während dann weiter erst bei optischer Umschau, (oder Durchschau des All
mit Allwissenheit einer „Bodhi"), die Ursprungsfrage (nach der „causa
sui") zu verfolgen wäre (auf dem inductiven Gang naturwissenschaftlicher
Psychologie). Nicht nur als Anfang und Ziel aller Dinge, sondern auch
als urbildlicher Grund (ratio exemplaris) wird Gott (b. Plato) gesetzt
(s. Fidanza). Illatici Huira Cocha (Ursprung des Glanzes aus dem allumfassenden Abgrund) wurde als Gottheit aufgestellt von Hnarman Vira
Cocha („el mozo Huira Cocha"); aus irdischer Spiegelung des dunkel verhüllten Ursprungs im Ginnungagap oder Abgrundsschlund (eines Bythos
oder Kumulipo).

Für die Ousia liegt die Ursächlichkeit (zureichenden Grundes) in dem
τι ἐστι, darin nämlich, weil aus psychologischem Verständniss als selbstständig Ganzes fassbar, (sei es physisch-sinnlich oder metaphysisch-dialek-
tisch). Die Qualitates occultae in dem Substantiale der Dinge (bei scholastischer Substanz) verlieren sich mit der Essentia in das Vexirräthsel
der Materie, wie von jeher äffend („Agnostiker" jetzt, und Gnostiker einst).

Und so, wenn für empirische Substanz Ursprungsfragen verfolgt

werden, äfft der „Regressus ad infinitum"; und „monistische" Monaden
(Leibniz'), gleich „realen Wesen" (b. Herbart), täuschen durch die Anticipation des als Ziel Gesuchten, während die absolute Identität (Schelling's)
oder die absolute Idee (Hegel's) in das Dharma überführen würde, kosmischer Harmonien, wie gesetzlich zu klären nun eben im logischen
Rechnen (naturwissenschaftlicher Psychologie).

Das Vermögen heisst das hylische, weil es dem Urstoff zu vergleichen ist, der selbst durchaus keine Form hat, aber das Substrat
(ὑποκείμενον) in jeder Form bildet (b. Ibn Sina); im νοῦς ὑλικός (s. Landauer);
ἀγένητον ἐὸν καὶ ἀνώλεθρον ἐστιν οὖλον μουνογενές τι, καὶ ἀτρεμὰς ἠδ'
ἀτέλεστον (s. Parmenides). In der Substanz (ens per se subsistens) liegt
noch nicht die „causa sui" einer essentia (für οὐσίαι πρῶται), als selbst-
bestehendes Ding (an sich) neben dem accidens (oder modus). Καὶ ἀρχήν
αὐτῶν εἶναι αὐτὸ τὸ ἕν, lehrten die Pythagoräer (b. Aristoteles); ἐν ἀρχὰ
πάντων, setzte Philolaos (s. Jamblichus). Τωὐτόν τ' ἐν τωὐτῳ τε μένον
καθ' ἑαυτὸ τε κεῖται (s. Parmenides), das Sein (ὡς γένεσις μέν ἀπέσβεσται
καὶ ἄπυσως ὄλεθρος); αἰτίας πρὸ αἰτίας, setzte Archytas (Archainetos) im
Begrenzten und Unbegrenzten (s. Syrian); τὴν μὲν γὰρ μονάδα ἐν τοῖς
νοητοῖς εἶναι τὸ δὲ ἕν ἐν τοῖς ἀριθμοῖς (s. Just.); ἀρχὴν αὐτῶν εἶναι αὐτὸ τό
ἕν (τὸν νοῦν μονάδα τε καὶ ἕν ἔλεγον). Οἱ ἀριθμοὶ φύσει πρῶτοι, wurde
von den Pythagoräern gelehrt (s. Aristoteles). Rationalis fabrica naturale
quoddam postulans principium numerus est (s. Cusanus). „Recidit ratiocinatio omnis ad duas operationes animi, additionem et substractionem"
(s. Hobbes), im logischen Rechnen (naturwissenschaftlicher Psychologie).

Mit Ausdehnung, als charakteristisches Merkmal, würde die Materie
bei der optischen Auffassung noch der Täuschung durch Phantasmagorien
ausgesetzt sein, während sie sich, im Gefühl der Dichte, substantiell be-
weisst, und objectiv in der Schwere (für naturwissenschaftliche Eigenschaft). Unter dem aus der Substanz (als Hypokeimenon und „causa
causarum", oder „causa sui" im Absoluten) mit den Accidenzen oder Eigenschaften Zugänglichen fasst hier also das Denken, was mit seiner körperlichen Unterlage congruent auf gleichem Niveau; und wenn im zeitlichen
Entwicklungsverlauf (relativer Ursachwirkungen) zu höherem aufsteigend,
treten die Verhältnisswerthe in entsprechende Verschiebung vom Sinnlichen
zum Uebersinnlichen (eines geistig Angestrebten).

Wenn (im Materialismus) von einer „Materia" gesprochen wird, entzieht
sich diese, als „materia prima" (im Sein), weiterer Durchdringung zunächst,
als ein Erstes eben (mit dem Gegensatz nur des Negativen im Nichtsein), und mit der Weiterfolge erst klärt sich das Verständniss (proportionell) im Zählen eines logischen Rechnens, das sich dann, um die Ursächlichkeit eines „primus motor", (stehenden Bewegungszustandes, in Ruhe)
anzunähern, bis zu rationeller Methode eines Infinitesimalcalcul vervollkommnen mag (bei naturwissenschaftlicher Behandlungsweise der Psychologie). Das Materielle trägt seine logische Rechtfertigung soweit in sich,
als die Wurzel desjenigen Werkzeugs, mit welchem das All durchdrungen
werden soll, aber die Ergebnisse besitzen, ob betreffs des Geistigen oder

betreffs des Körperlichen gewonnen, gleichgesicherte Realität, sobald die Richtigkeit der Rechnungsweise aus der Controlle bewiesen steht. Wenn der Sensation, als äusseres Fenster (für die Sinnesempfindung), in der Reflexion (b.Locke) ein inneres Fenster gegenübergestellt wird, schaut dahinter wieder eine „qualitas occulta" heraus (in hinterstehender Seele), wogegen (nach Leibniz' Einwand) bei dem in den Sinnen Befindlichen die Thätigkeit bereits immanent zu setzen ist, um dann physisch sowohl, wie metaphysisch, zur Auswirkung zu kommen, wenn die Passivität der Erkenntniss sich in der Activität des Willens bethätigt, in den auf vollendeten Stadien, bei Annäherung des Reifezustandes, auseinandergelegten Functionen des Wachsthumsprocesses (für das in sich selber geschlossene Selbst).

Das der Passivität des Sensualismus zugefügte Ingredienz eines Elementes „a priori" vertritt den innerlich drängenden Wachsthumstrieb, der aus dem Sinnlichen in das Uebersinnliche hinüberstrebt, und dann sich innerhalb der Gesellschaftssphäre (des Zoon politikon) bewegt, zwischen dessen geistigen Schöpfungen (idealer Güter).

Nur in der Ausdehnung besteht die Materie (b. Descartes), aber für den Begriff der Körper hat die Wirksamkeit („action") hinzuzukommen (b. Leibniz), zum jedesmaligen Abschluss der Schöpfungsgedanken, deren Wurzel, als über das Relative in das Absolute hinausfallend, nur im höheren Calcul wieder würde angenähert werden können (im rationellen Rechnen der Logik).

Die Zahl ist eine aus Einheiten (ἐκ μονάδων) zusammengesetzte Vielheit (bei Euclid.), in's Unendliche (ἐπ' τὸ ἄπειρον) fortschreitend (des Unendlich-Grossen) oder dahin verlängerbar (des Unendlich-Kleinen), aber zum Anfang bedarf es eines Gegebenen, einer Monas also (τὸ πρῶτον ἕν), neben der Monas als solcher (im Dualismus), der Dyas gegenüber, im Absoluten der Gottheit (b. Pythagoras). Da alles Zusammengesetzte ein Einfaches voraussetzt, ergeben sich die Classen der Monaden (für Leibniz), und indem die in harmonischem Ausgleich abgeschlossenen Ideen Einheiten darzustellen haben, fassten sie sich in Monaden als Henaden (b. Plato), für den Monismus (henotisch).

Was als Eins gefordert wird, hat aus der für Verwendung comparativgenetischer Methode (der Induction) unumgänglichen Vorbedingung Gewährung zu erhalten, damit das (logische) Rechnen überhaupt zu beginnen vermöge, und wenn diese Eins, bei der Wechselbeziehung organischer Wesenheit mit klimatisch-geographischer Umgebung, mittelst einer Gleichung gedeckt, als solche gesetzt wird, verbleibt die Aussicht, dass nach genügender Uebung in den Elementar-Operationen später aus den (thatsächlich constatirbaren) Differenzen (im „Calculus differentialis") auch für Unendlichkeitsrechnungen die Fähigkeit gewonnen werden möchte (mit naturwissenschaftlicher Durchbildung der Psychologie, auf Grundlage der Völkergedanken). Leibniz voit (s. Gratry) „dans son procédé géometrique infinitésimal, le vraie procédé logique applicable en métaphysique, là où ne s'applique pas la déduction par voie d'identité" (quae nulla analysi ad identitatem reduci possunt). *Οὐ ποτ' ἔην οὐδ' ἔστι, ἐπεὶ νῦν ἐστιν ὁμοῦ πᾶν* (s. Parmenides), im Daseienden (actueller Realität).

Die fünf regelmässigen Körper (Kubus, Tetraeder, Oktaeder, Ikosaeder, Dodekaeder) sind die Grundformen der Erde, des Feuers, der Luft, des Wassers und des fünften (allumfassenden) Elementes (s. Philolaos), als Akasa (in Indiens Weltäther). Um die Correspondenz zwischen That und Leiden auszudrücken, wurde die Gerechtigkeit als Quadratzahl (*ἀριϑμός ἰσάκις ἴσος*) bezeichnet (bei den Pythagoräern). Die geometrischen Archetypen (in Timäos' Platonismus) liegen materiell verwirklicht, aber erst psycho-physisch erkennbar, und social-psychisch zu solcher Erkennbarkeit gebracht, — also psychisch (in menschlicher Auffassung) erkannt —, sind sie zunächst insoweit nur vorhanden, während in der hier vermittelnden Manifestation, organischen Werdens, aus lebendigem Urquell es sprudelt in neuplatonischer Natur oder *φύσις* (b. Porphyrius), im „Weltenbann" zur Entfaltung gelangend (mit der Weltgeschichte Bilderwelt).

In räumlicher Veränderung bekundet, ergiebt sich beim Gegensatz der Ausdehnung (als Raum erfüllend) zum Denken (cf. Descartes), die Bewegung als dessen Wesenheit, unter Erhaltung der Kraft, zum Ausverfolg aus innerlich gestetigten Schwingungen (physikalischer) Atome (b. Democrit), für Fassung in sich thätiger Monaden (b. Leibniz), aus (chemischen) Wandlungen, mit Fortgang vom Potentiellen (b. Aristoteles) nach den Verwirklichungen eines organischen Werdens hin, auch im Psychischen lebendig: „sentit animus se moveri" (b. Cicero), wie zum Bewusstsein gelangend, mit der Willensthat (in Selbstsetzung aus dem Gesetz).

In ununterbrochener Bewegung realisirt sich der Zeitverlauf für die Existenz aus dem Daseienden im Bestehenden, oder für lebendiges Werden, um in jedem Moment desselben aus thatkräftigen Schöpfungen mitzuwirken im erhaltenden Walten (reifender Vollendung).

Wenn die Vibration der Aetherwellen, — aus (indischem) Element des „Akasa" (im Pancha-tvam als Fünfheit), — in den Sinnes-Empfindungen sich, (bei Fortgang der für die Aequivalenz zwischen Arbeit und Wärme angenommenen Krafterhaltung in der Hypothese), auf den Bahnen electrischer Muskelströmungen zum activen Bewegungsausdruck weiterverfolgen lassen möchte, so würden analogerweise daneben rythmische Gesetze erklingen dürfen, aus den sprachlichen Schöpfungen gesellschaftlichen Gedanken-austausches (im organischen Wachsthum psychischen Lebens).

Soweit aus dem (atomistischen) Hypokeimenon das Materielle der Elemente sich in Kraftcentren auflöst, hätte sich im Unendlichkleinen der Ansatz zu bieten für den Infinitesimalcalcul logischen Rechnens (zum Unendlichen und Ewigen hin).

In den „Anu" oder Atomen Kanada's, (als Körnerfresser der Nyaya), schreitet die materielle Vergröberung, (von den Sonnenstäubchen an), messbar vorwärts, in *σμικρότερα μοῖρα* (b. Sennert), bis als Korn zu fassen, in buddhistischer Kosmogenie (s. Sangermano). Wie an Kore (der Maori) setzt an Leai („Nothing") der Beginn an (auf Samoa), und als Erstes (wie auf Sumatra) beginnt es zu duften im Geruch („Nanamu", fragrance). Dann folgen (s. Turner) Efuefu (Dust), Hoa (perceivable), Maua (obtainable), Eleele (Earth), Papatu (Rocks), Maataanoa (Stone), Maunga (mountains), worauf (in Vermählung mit Malaelnia) die Tochter (Faieefa) geboren wird (als Urweibliches), wie Lailai (auf Hawaii).

In der materiell hylozoistischen Auffassung der Jonier war als Ur-princip das Element gesetzt, von dem die Entwicklung ihren Ausgang nahm, unter dem Gegensatze der Relationen im Widerstreit bewegt, während jenseits verhüllt, im Hintergrunde des Absoluten für religiöses Gefühl, die Gottheit (τὸ θεῖον und οἱ θεοί) verblieb (aus mythologisch-dichterischen Gestaltungen).

Als sie, mit der Ordnung durch den Nous, eingreifend hinzutrat (b. Anaxagoras), begann jetzt der gegensätzliche Riss des Dualismus durch die gesammte Weltanschauung zu klaffen, bis in das Jenseits hinein, und auch als Aristoteles, um für die Erklärung solchen Eingreifens den An-satz zu gewinnen, den „Nous" psychologisch mit der Menschen-Natur (als thätiges Agens) verknüpfte, blieb derselbe eine von Aussen (θύραθεν oder ἔξωθεν) hinzugekommene Zuthat, welche für psycho-physische Einheit ihren naturwissenschaftlich ergänzenden Abschluss erst aus dem Völker-gedanken zu erwarten hat (auf gesellschaftlicher Sphäre des Zoon politikon).

Die Eleaten suchten aus der Thatsache des Dascienden (im Sein, als Wirklichen), den festen Pol im Kreisen des Entstehens und Vergehens zu gewinnen, aber um so mehr hatte die dem Menschen wirkliche Welt dem Charakter eines flüchtig Vergänglichen und Täuschenden zu verfallen, bis zur „Negation der Negationen", im Nirwana als Gegensatz der Maya, (nach der Construction des Abhidhamma).

Hier suchten nun, (nach der Zählmethode des Sankya), οἱ καλούμενοι Πυθαγόρειοι zu vermitteln, um in den Zahlen das Gesetz der Dinge zu finden für die, (s. Stobäus) κατ' ἐπίνοιαν (οὐ κατὰ χρόνον) entstandene, Welt, und nachdem das Rechnen mit dem pythagoräischen Rechentäfelchen genügend geübt sein sollte, um in das wirklich Vorhandene geschärften Einblick zu gewinnen, mag einstens dann vielleicht die Zeit gereift sein, für höheren Calcul, in einer Infinitesimal-Rechnung, auf Ewig-Unendliches hin (im logischen Rechnen des Denkens). Τὰ τῶν ἀριθμῶν στοιχεῖα τῶν ὄντων στοιχεῖα πάντων εἶναι ὑπέλαβον, καὶ τὸν ὅλον οὐρανὸν ἁρμονίαν εἶναι καὶ ἀριθμὸν (die Pythagoräer). Numerus est unitates (s. Hobbes); τὸν ὅλον οὐρανόν ἁρμονίαν εἶναι καὶ ἀριθμόν, lehrten die Pythagoräer (s. Aristoteles). Die Zahl als Gesetz der Dinge bildet die Ursache ihrer Eigenschaften und Verhältnisse (b. Philolaus). Ἀρχύτας δὲ καὶ Φιλόλαος ἀδιαφόρως τὸ ἓν καὶ μονάδα καλοῦσι καὶ τὴν μονάδα ἓν (Theo). Auf das Eine zum Seienden folgt die Entwicklungsstufe des νοῦς νοητός und dann die des νοῦς νοερός, bis zu den nach aussen hin wirkenden Schöpfungskräften (b. Proclus), in Erhaltung der Welt durch Buddha's Wort (kraft moralischer Tugend), s. „Die Terrassenhimmel der Buddh." (Z. f. E. 1881, V. d. A. G., October).

Setzen wir die Erde, (den kosmogenischen Hypothesen zufolge), als ausgebrannte Schlacke, hinausgeschleudert in die ihr vorgezeichneten Kreisungen, innerhalb der Räumlichkeit des Alls, so mögen sich aus der allmählig in der Peripherie angesammelten Atmosphäre (hypostasirte oder hypothetische) Feuchtigkeiten niederschlagen, worauf die aus der Quelle des Lichts als Wärme einfallenden Strahlen baldige Entwicklung anregend, das Gestein zersetzen werden, um, nach pflanzlichem Organismus, im thierischen zunächst, mit Würmern zu beginnen, die sich dann (der Philosophie, oder Theosophie, Samoa's gemäss), zu Menschen vervollkommnen (in der Evolution), durch angemessene Reihen von Uebergangsstufen, wie in der Genealogie der Descendenzler (vom Affen her), woraus sich die Jakun vervollkommnet haben (cf. „Geogr. u. Ethnolog. Bilder", S. 551). Doch da physiologische Einzelnheiten im Detail hier nicht in die Brücke einzufügen sind, mag der anregende Keim, wie in Gestaltung der einzelnen Wesen, auch beim Menschen direct jenen Schöpfergedanken ausdrücken, der für ihn dann weiter wirkt in Umgestaltung der Cultur, für den Zoon politikon, und seinen Völkergedanken, gesetzlicher Schöpfung (auf geographischen Grundlagen, aus klimatisch-siderischen Beziehungen).

Dies im Daseienden erweckte Leben eines Werdens, das unter typisch geschlossenen Kräfte-Aeusserungen zeitlichen Verlaufs, dasjenige in den Momenten der Gegenwart wiederholt, was im räumlich ausgedehnten Stoff aus der Vergangenheit bereits vollendet vorliegt, findet sich bei der Pflanze noch gebunden an irdischer Schwere, abgelöst in thierischer Bewegung, (mit elastisch emporschnellender Wärme), und bei dem Menschen, mit dem in's Jenseits hinausstrebenden Willen auf seine Zukunft hingewiesen (im lebendigen Fortdauern). So als Baiwe (der Lappen), wärmt die Sonne im Rennthier, für die Bedingungen der Existenz, und solche Vorstellungsweise im neuplatonischen Urquell (der φύσις), mag aus Erhaltung der Kraft weiterführen in naturwissenschaftlich durchgebildeter Psychologie bis zum Infinitesimalcalcul (des logischen Rechnens).

Was ist es, das hier lebt? was, (beim organischen Wachsthumsprocess des Denkens), mit dem Ausdruck des Bewusstseins sich zeigt, aus ewiger Satzung? Was kann es sein, als ein Selbstgefühl dessen, was in harmonische Gesetze hineinreicht, soweit es reicht (im Verständniss).

Das der Materie bewegend Einwohnende, das sich in den Kräften (chemisch-physikalischen oder lebendigen) manifestirt, vermag sich im Anorganischen erst nach jedesmaliger Ueberführung in den Flüssigkeitszustand zu bethätigen, ausser den, im Magnetismus (im Zusammenhang mit electrischen Strömen), hervortretenden Einzelnfällen, oder in den Zwischenstadien strahlender Wärme (bis zum Licht). Im Organischen verbleibt der eindrucksfähige Zustand — (in statu nascenti), — um im niederen Verweilen beständig auf die wechselnden Eindrücke der Umgebung zuckend zu reagiren, während auf höheren Entwicklungsstufen die rythmisch eingeleitete Muskelbewegung selbstständige Centren erlangt in Willensäusserungen, welche, wenn bis auf psychisch fortschreitende Grade angewandt, dort mit dem Bewusstsein sich zur Ausgleichung bringt, in einheitlicher Thathandlung (des Denkens).

Was wirr im Traume schwirrt, besitzt nur die Bedeutung unklar (auf körperlicher Unterlage) verschwimmender Nachklänge aus dem Wachzustand bewussten Lebens, während in diesem der Gedanke, der unter gesetzmässigem Walten sich entfaltet, den allgemeinen Gesetzlichkeiten eingefügt bleibt (unter den Harmonien des Kosmos).

Der Wille ist die unter rythmischen Reizbewegungen im Organismus — (nach Zahlen-Verhältnissen bedingt, wie die chemisch werkthätigen) — hergestellte Zielrichtung.

Im Amoeben-Zustand, unter gleichartiger Zellenmasse, folgen die Gegenreize dem augenblicklichen Anreiz, um darnach im Ruhen wieder zu verklingen, wogegen bei complicirter Structur der Wille auf jedesmal bestimmte Zwecke hingerichtet hervortritt, und neben den physisch angeregten Störungen verlangen dann zugleich die psychisch eingreifenden Motive ihren Abgleich.

Indem nun beim Menschen neben psycho-physischen Agentien die des Logos hineinspielen, aus den im gesellschaftlichen Sprachaustausch gewonnenen Conceptionen, hat im Gegensatz zu dem Gefühl eines fremd Hinzugekommenen, das der eigenen Individualität zu erwachen, im Bewusstsein, mit dem der Wille verkittet bleibt, zur Klärung des Selbst (als integrirender Factor im Gesellschaftsgedanken).

Die aus allgemeiner Schöpfungskraft im Physischen gleichmässig immanente Thätigkeit tritt mit den Sinnen in die Aussenwelt hinaus, von wo die Reize in ungeregelt periodischen Unterbrechungen einfallen, und, je nach dem Fall, den Gegenreiz erwecken, bei Anregung der Bewegung im Zustand der Ruhe, durch die Aufmerksamkeit, welche in den Willen übergeht, und hier nun, mit höherer Fortentwicklung, können sich, im Psychischen, bereits Fragen stellen für diejenigen Beantwortungen, die in philosophirendes Denken überführen und hier ihre idealen Objecte vorfinden, die sich aus der gesellschaftlichen Atmosphäre dem ihr angehörigen Individuum zum Probleme stellen, (um an ihrer Lösung mitzuwirken). Oἱ δ'ἀριθμοὺς εἶναί φασίν αὐτά τά πράγματα (die Pythagoräer), ἀριθμοὺς ἐποίησαν τά ὄντα (ἐξ ἀριθμῶν τά ὄντα). Die Zahlen, (in den Principien des Begrenzenden und der Unbegrenztheit), erzeugen (nach der Einheit) die Reihe der arithmetischen (monadischen) Zahlen und dann die geometrischen Zahlen, als Grössen oder Raumgebilde (b. Philolaos), und geometrische Aufgaben sind arithmetisch zu lösen, beim Weg vom Sinnlichen zum Uebersinnlichen (durch logisches Rechnen).

In ihrem Verhältniss zur Physiologie, die durch Rückführung der Lebenskraft auf anorganisch in der Zellbildung wirkende Kraftäusserungen den Naturwissenschaften zugefügt wurde, hat die Psychologie, unter Fortführung gleicher Methode, in der Psycho-Physik eine Vorburg feststellen und befestigen können, und daneben bewegt sich die philosophische Physik, um im subjectivistischen Räsonnement über die im eigenen Selbst beobachteten Vorgänge, auf Dasjenige hin Vermuthungen zu wagen, was sich analogerweise bei den Mitmenschen, im Allgemeinen, annehmen lassen würde. Wenn hier dann über das Sinnliche hinaus, für die höheren Conceptionen im Idealen (oder Uebersinnlichen), eine wechselwirkende Herstellung, (nach Art der Reflexbewegung im Nervensystem der Physiologie), versucht worden, so verlor sich das Denken für seine Beziehungen zum Sein, in die (Mystik der) Intuition, um das Absolute zu erfassen, ehe noch die Rechenkunst aus proportionellen Verhältnissen (des Relativen) ihre genügende Uebung erlangt hatte, um einen Infinitesimalcalcül durchzubilden, wie es die naturwissenschaftliche Psychologie zu unternehmen haben wird, beim Ausgang von dem Gesellschaftsgedanken in seinen ethnischen Differenzirungen (mit anzuschliessender Integrirung des einbegriffenen Theils im Einzelwesen, für das Selbst eigenen Bewusstseins).

Auch im Idealen steht seinem Object die Anschauung gegenüber, jene über dem Sinnlichen in übersinnlicher Sphäre schwebende Anschauung, die nach Umsetzung der Hör- und Sehbilder in lautlich generelle Verklärungen, in die Welt der Vorstellungen hineinschaut, in die höhere Region der Gesellschaftswesenheit, worin sich deren Schöpfungen bewegen und das geistige Auge treffen, in Potenzirung des Sinnlichen bei Jedem, der als Factor mitgewirkt hat, — an Hervorrufung dessen, was in gemeinsamer Zusammenarbeit vollendet, jetzt der Empfindung wiederkehrt (für eigenes Verständniss).

Der Zellwachsthumstrieb im Organischen erweist die lebendig fortschreitende Schöpfungskraft, die das All durchwaltend, im Anorganischen, (nach momentanem Aufblitzen der Krystallisationsthätigkeit), in dauerndem Bestand verbleibt (soweit nicht periodisch, den Eigenschaften gemäss, durch fremd eindringende Körper wieder umgestaltend erregt). Im abgeschlossen verlaufenden Cyclus bildet sich kraft solches Zellwachsthumstriebes der Organismus, dessen Einzelntheile, nach besonderen Functionen arbeitend, sich zum einheitlich Ganzen gegenseitig ergänzen.

Auch in das Psychische setzt sich aus dem Physischen der Zellwachsthumstrieb fort, dort ununterbrochen im Allgemeingefühl weitergehend bethätigt, aber (je nach näheren oder entfernteren Nachwirkungen früherer Reizungen) zu bestimmten Tendenzen hingelenkt (im Denken), und dann den socialen Organismus gestaltend (mit seinen Structuren im Rechtlichen, zur Blüthe des Religiösen). Die Fähigkeiten der (gleich äusseren Reizeinwirkungen mit Eigenschaften begabten) Seele liegen in der bestimmungsfähigen Eindrucksfähigkeit (zum Selbstgefühl des Bewusstseins).

In all' dem sinnlich Zugänglichen, verläuft das darin Thätige in dem für die Auffassung Veränderten zeitlicher Bewegung, mit einem (kürzer oder länger) in sich verschlungenen Cyclus. Solch' physikalische Kräfte (der Wärme, Polarität, Electricität, Magnetismus etc.) führen sich über in die lebendigen, organischen Wachsthums, für veränderte Zustände der Materie im geregelten Verlauf, und unter periodischen Verdichtungen, in keimfähige Samen, deren innere Bildungsfähigkeit, wenn wieder aus der Latenz frei gesetzt, sich geordnet auseinanderfaltet, statt in gewaltsamer Detonation, wie wenn z. B. künstlicher Weise gewaltsame Verdichtung hergestellt ist (etwa bei der flüssigen Kohlensäure etc.). Bei animalischer Muskulatur compensirt sich das Zucken in materiellen Zersetzungen, unter temporärer Begleitung psychischer Erscheinungen (wie etwa blitzendes Aufleuchten bei electrischen Kraftwirkungen). Fällt nun solcher, auf materielle Unterlage rückführbarer Strahl, (oder Blitz), in sonst bereits psychisch gebreitete Atmosphäre hinein, wie den Gesellschaftskörper des Zoon politikon umschwebend, so entzünden sich jene Ideen, die aus Raum und Zeit in ewige Unendlichkeit hineinragend, dort sich mit den, terrestrische Bereichsweite überschreitenden Kräften berühren, wie sie das All durchwalten (in kosmischer Harmonie), und woraus dann wieder das individuelle Selbst (für eigenen Ziffernwerth) herauszurechnen bleibt (in der Logik des Denkens).

Das Lebensgefühl, in der ἀεὶ οὐσία φύσις (b. Porph.) hervorquellend, entfaltet im organischen Wachsthum das Gefühl eines (übersinnlich) Göttlichen; zum Unbegreiflichen (in der Gottheit) — oder Tahu-wakan (der Sioux) —, führt, „arcanus sensus, contactus quidem obscurus" (s. Thomassin), als „le sens divin" (b. Gratry): das beginnende Verständniss der in das Irdische, aus dem eingemischten „Elemente a priori" (b. Reid) hineinragenden Ideale, die in Klärung des Sprachverkehrs aus der gesellschaftlichen Sphäre (des Zoon politikon) entgegentreten, weil ihr adäquater Gegenreiz vorhanden ist, um je nach der Stufe der Entwicklung in höherer und hehrerer Gestaltung zur Empfindung zu gelangen, aus des zum Buddha Erwachten „Dharma" (naturwissenschaftlich begriffen im „naturwissenschaftlichen Zeitalter").

Der Stoff ist die Möglichkeit (δύναμις) zur Erfüllung (ἐντελέχεια oder ἐνέργεια) durch die Form (b. Aristoteles), und diese wird hineingetragen mittelst der Zahl (bei den Pythagoräern) im Denken, da sich Nichts ohne Zahl denken lässt (s. Philolaus), für das logische Rechnen (im Bewusstsein der Welt).

Δημόκριτος τοῦ ἀεὶ οὐκ ἀξιοῖ ἀρχὴν ζητεῖν (in der Atomistik), während die Eleaten vom Dascienden ausgehend, an Stelle des Werdens, das Sein als Grundprincip feststellten, um den Satz von Uebereinstimmung des Seienden mit dem Denken auszusprechen, und Spinoza ertheilte der Substanz, worin die Gottheit immanent, die Attribute der Ausdehnung und des Denkens (im Monismus), während Schelling den dualistischen Gegensatz von Natur und Geist im „Identitätssystem" (bis zum Synkretismus positiver Philosophie) aufheben wollte, wie Hegel im System des absoluten Idealismus durch dialektische Entwicklung der Subjectivität (Fichte's), wogegen beim Denken die Gottheit dem Menschen innewohnt (s. Aristoteles), denn „Es denkt" (im psychologischen Wachsthumsprocess), als „Tad" (brahmanischer Schöpfung). Allgemein waltet das Weltgesetz und demnach (in der Sankhya) seine Zahl, der Zahlen Zahl (οἱ ἀριθμοί φύσει πρῶτοι), kraft Dharma's Gesetzeskraft, und aus solcher Gleichheit, unter relativistisch-proportionellen Ausgleichungen (zwischen Aromana und Ayatana) zum Absoluten hin, mit (des Erwachten oder Erweckten) Durchschau der Bodhi, in jene Psychologie, die, um ein leeres Gespiel der Negationen zu meiden, sich mit naturwissenschaftlicher Erfüllung zu sättigen hätte (im naturwissenschaftlichen Zeitalter der Naturwissenschaften, um auch die Psychologie anzureihen).

Der Welt, in der wir leben, bietet sich die Vorstellung von der Welt, (in „Welt der Vorstellungen"), um sie lebendig zu durchdringen mit der Erkenntniss, die in verwandteren Vorgängen, als nächstliegenden, deutlicher klärbar, von dort dann weiter hinauszuschreiten haben würden: hinaus in die Unermesslichkeit des Alls, soweit die Fackel des Wissens nun eben reicht, im jedesmaligen Falle gesichert jedoch, zugleich (im inneren Vertrauen), für die Richtigkeit des Vorgehens, durch die Controlle logischen Rechnens (innerhalb kosmischer Harmonien).

L'induction et la déduction sont les deux procédés logiques fondamentaux de la géométrie comme de toutes les sciences (s. Gratry), und so für die Psychologie (bei naturwissenschaftlicher Durchbildung derselben).

Wie aus dem, einem Irdischen zugewandten, Spiegel dieses, reflectirt sich (s. Bautain) in dem des Himmlischen das solchem Angehörige, und was hier im Einzelnen wieder erscheint, strahlt zurück aus den im Sprachverkehr hervorgesprossten Idealen der Gesellschaftswesenheit, wie in den Völkergedanken typisch modificirt (geographisch-historisch).

Die Geschichte ist die Entwicklung der Ideen (s. Cousin) zum Weltverständniss (bei Erweiterung über das Menschengeschlecht). Und der Ausgang (zum Anfang)*) ist in dem Gegebenen zunächst zu nehmen (für Unendlichkeitsberechnungen der Zukunft).

Die körperhaft sinnlichen Productionen wachsen (unter allgemein waltenden Gesetzen) aus dunkel verhülltem Urgrund in das Dasein empor, die bei höchster Blüthe derselben (in der Menschheitsconstitution) entfalteten Manifestationen eines Geistigen schreiten fort, dem Jenseits der Zukunft entgegen, und zwar einem für irdische Augen (im Horizont in Raum und Zeit) allzu blendend strahlenden, als dass in deutlichen Einzelnheiten sich jetzt bereits schon die Umrisse unterscheiden lassen, worunter ewige Unendlichkeit abgezeichnet zu stehen hat (wie im logischen Rechnen zur Gewissheit verfolgbar).

---

*) Ἀρχὰς μὲν τῶν ὄντων τοὺς ἀριθμοὺς Πλάτων τε καὶ οἱ Πυθαγόρειοι ὑπετίθεντο (s. Aristoteles), zum Ausrechnen (in naturwissenschaftlicher Logik). ἀρχὴν μὲν τῶν ἁπάντων μόναδα, lehrt Pythagoras (s. Suidas). Bei der Uebereinstimmung (ohne Causalnexus) zwischen Denken und Ausdehnung (in Ordnung und Verbindung) ist jeder Gedanke immer nur die Idee des zugehörigen Modus der Ausdehnung (b. Spinoza) und Gott die Eine Substanz (mit den Attributen des Denkens und der Ausdehnung). Denken ist Rechnen (b. Hobbes) in naturwissenschaftlicher Logik (der Psychologie). „Quum pictor praecogitat imaginem quam facturus est, habet eam quidem jam in intellectu et intelligit jam esse quod fecit" (s. Anselmus), und so in der Evolution (mit dem Zweck gegeben); ἐξ ἀνάγκης ἓν οἴεται εἶναι τὸ ὂν καὶ ἄλλο οὐδέν (s. Parmenides), bis auf eine Rechnungsweise mit negativen Grössen (im höheren Calcul). Hegel's Logik behauptete, dass sie sich im Gegensatz gegen alle Anschauung und selbst im Gegensatz gegen das geometrische Bild im Element der reinen Gedanken bewege (s. Trendelenburg). Τὸ νεῖκος ποιεῖ πάντα (s. Hermias) mit wechselwirkenden Gestalten (aus der Negation), in Ruhe der Harmonie (b. Empedokles), als Nirwana (zur Realität, durch Negation der Negationen).

Indem die Wurzel eingeschlagen liegt (psycho-physisch) in der unversiegbaren Quelle stets wallender Schöpferkraft, wodurch sich das Sein erhält (im Werden), participirt das Bewusstsein an der φύσις ἀεὶ οὐσία, aber weil innerhalb der Peripherie des Existirenden, seine eigene Essentia sich erst gestaltend, liegt diese hinaus über den Kreislauf des Endlichen, weil in das Unendliche hinausragend durch darauf gerichtete Gedanken· (aus den Harmonien des Alls ernährt). Hier liegt zugleich derjenige Zusammenhang eingeschlossen bedingt, der sich dem Sehnen in Hoffnung auf einstiges Wiedersehen fühlbar macht, durch physische Verknüpfung mit verwandter Liebe und durch geistige (mit dem Geistesverwandten). Im Bewusstsein stetigt sich der nothwendig gegebene Fortbestand (wie, wo oder wann nun auch immer), nothwendig gegeben als solcher im Nothwendigen (κατ᾽ ἀνάγκην der Atome) gefestigt (mit Bewusstwerden des Gesetzes).

Der in gemeinsamer Abstammung gegebene Zusammenhalt, der kraft stärkeren Rechts (des stärkeren Geschlechts) bei den Thieren mitunter bereits (heerdenweise) Ausdehnung erhält (mit der Macht des Brunsttriebs), erweitert sich beim Menschen unter dem Bande der Sprache (im gesellschaftlich freien Verkehr), und so tritt, im Ausdruck der Einheit, die fictitive Familie hervor, bei der Gens (als Clan) sowohl, wie etwa in den stereotypen Namen eines Geschlechtsvertreters (auf Samoa), zur mythologischen Anknüpfung (an den Ahn).

Auch hier kommt ein Recht des Stärkeren zur Auswirkung, indem die unter günstigen Verhältnissen verlängerten Gedankenreihen oberer Gesellschaftsschichtungen dominirend über die unteren weggreifen, diese beherrschend.

Im persönlich engeren Verkehr des Gedanken- und Sprachaustausches kann dann selbst, unter besonderen Veranlagungen, persönliche Rückwirkung statthaben, durch psycho-physische Leitung im Einzeln-Individuum (bei der Suggestion).

Und der Culturgang bedingt sich unter dem Einfluss derjenigen Ideen, die in ihm zu leitenden werden und bei vernunftgemässer Leitung die Gesundheit bewahren (durch vernunftgemässe Lebensweise).

In der Harmonie kosmischer Gesetze wird für innerliche Befriedigung gleichfalls der Einklang gefordert, die Stimme des Gbesi zu beschwichtigen, in des Schwarzen's Herzens-Gewissen ebenfalls, und weisser dann, weiser oder heller, erstrahlend in activer Tugendbethätigung (der Civilisation), wenn der Gerechtigkeit gerecht, (unter Sühnung*) jeder Schuld, wie verschuldet).

---

*) Anaximander lässt in unendlich weitem Walten des Vergehens und Entstehens die δίκη ordnen (zur Busse der Adikia) nach „Bun" und „Bab" (der Karma). Καθ᾽ εἱμαρμένην δὲ φασι τὰ πάντα γίνεσθαι (der Stoiker). Die Gerechtigkeit (δίκη) wirkt im Sein (des All und Ganzen) als zusammenhaltendes Mass der Dinge (b. Parmenides). Δαίμων ἦ πάντα κυβερνᾷ (im Daimonion der Gottheit). αἴτιον ἄρα τι ἔστιν (und Heilswort dem Schmerz). Ὁ τοῦ Ὀρφέως Οὐρανὸς οὖρος καὶ πάντων φύλαξ εἶναι βούλεται (s. Ach. Tat.), εἰς Ἔρωτα μεταβεβλῆσθαι τὸν Δία, μέλλοντα δημιουργεῖν, (lehrte Pherekydes), τοῖς Ὀρφικοῖς τὸ πρώτιστον αἴτιον χρόνος προσείρηται (Proclus).

Der κίχλος ἀνάγκης innerhalb der von Mara beherrschten Sinnes-
himmel wird, wie Jaldabaoth's Zaun (in der. Gnosis), durchbrochen für
das höhere Licht der Rupa-Himmel*), aus denen sodann das neue Evan-

---

Die Eurythmie besteht in einer geschlossenen Aneinanderreihung gleichgeformter
Raumabschnitte (s. Semper). Pulchra numero placent (s. St. August). La réalité
morale non plus que la réalité physique ne s'imagine pas, elle se constate (s. Nourrisson). Es handelt sich um τὰ δὲ πρὸς ἄλληλα (nicht τὰ μὲν αὐτὰ καθ' αὐτά). In
die Moral setzt Socrates das Allgemeinprincip (τὸ καθόλου). Morte carent animae
(s. Ovid). Der Mensch (von den übrigen Wesen verschieden) begreift (ξυνήσει).
Jedes Schliessen (um die Zusammensetzung aus den Theilen zu gewinnen, oder die
Theile aus einander abzuleiten) kommt in Denkoperationen (wie beim Zählen) auf
ein Addiren und Subtrahiren hinaus (s. Hobbes), für die Logik (das Instrument des
Erkennens) in der Rechenkunst (computatio sive logica). Denken ist nichts anderes,
als ein Rechnen, d. h. ein Addiren und ein Subtrahiren, unter welchen auch das
Multipliciren und Dividiren begriffen sind (b. Hobbes), „auf ein Entstehenlassen und
ein Wiederauflösen zurückzuführen" (s. V. Mayer). Taine reproduisant les idées de
Hobbes a cru pouvoir réduire à un calcul toute l'opération de la pensée et com-
parer l'union et la désunion logique à une addition et une soustraction (b. Nourrisson), in Induction und Deduction (logischen Rechnens). Als reale Einheit der
Vernunft-Ideen unterscheidet sich (b. Platon) ἑνάς von μονάς (die Einzelnheit der
im Raum auseinandertretenden Gegenstände). Was nicht mehr als Monas existirt,
kann sich auch nicht denken als Einheit, was sich aber als Einheit weiss, ist auch
Monas noch (s. A. Günther). In der Ewigkeit ist nicht Zahl (s. Eckhart), τὸ ἓν
εἶναι φῆσι τὸν θεόν (Xenophanes). Plato führt die Ideen auf die Zahlen (s. Theophrast), εἰσὶν ἀριθμοί τὰ εἴδη (b. Aristoteles). „Omnis opinio ratio est" (s. Cicero) im
logischen Rechnen (richtig oder unrichtig). Die Zahl ist eine aus Einheiten (ἐκ
μονάδων) zusammengesetzte Vielheit (b. Euclid). τὸ ἓν στοιχεῖον καὶ ἀρχήν φασιν
εἶναι τῶν ὄντων (die Pythagoräer), ἓν εἶναι τὸ πᾶν (Parmenides). Nichts kann ohne
Zahl gedacht werden (b. Philolaos). Die vollkommenen Erzeugnisse der Urkraft
sind selbstständige Einheiten oder Henaden (αὐτοτελὲς ἑνάδες) im Neuplatonismus
(s. Arnold). Le premier principe, d'après les Pythagoriciens, est l'Un, τὸ ἕν, qui
s'élève au dessus de tous les contraires (b. Plato), pris dans un sens éminent et
supérieur l'Un est le principe universel (cf. Eudorus), comme le dit Damascius: l'Un
précède la monade (s. Chaignet), τοὺς ἀριθμοὺς αἰτίους εἶναι τοῖς ἄλλοις τῆς οὐσίας
(die Pythagoräer), ἐξ ἀριθμῶν τὰ ὄντα (s. Aristoteles). Ὁ λόγος, ἡ συμφωνία ἀριθμῶν
(bei den Pythagoräern) zum harmonischen Verständniss (kosmischer Kräfte).

*) Die Sebastiei im höchsten Stufengrad (der Pythagoräer) lebten der Medi-
tation (s. Photius). Die Pythagoräer theilten das All dreifach (Olympos, Kosmos,
Uranos). L'homme est un Dieu tombé, qui se souvient des cieux (s. Lamartine),
aus dem Aufenthalt in den Meditations-Terrassen (beim Wechsel der Existenzen).
Der „Philosophos" kommt aus dem himmlischen Vaterland in die Versammlung der
Menschen zur Betrachtung (wie Pythagoras erklärt). Neben dem Himmel, als
ὄλυμπος ἔσχατος unter den die Kugel umspannenden Kreisen aus Starrem und (oben)
Feurigem (b. Parmenides), bezeichnet „Aether den Raum, wo die Gestirne kreisen"
(s. Steinhart), τὰς ψυχὰς πέμπειν ποτὲ μὲν ἐκ τοῦ ἐμφανοῦς εἰς τὸ ἀειδές, ποτὲ δὲ ἀνά-
παλιν φησι (s. Simpl.) die Gottheit, und Δίκη πολύποινος ἔχει κληῖδας ἀμοιβούς, (am
Thor der Aether-Regionen). Πύλαι νυκτός τε καὶ ἤματος schliessen die oberen Welten
ab (zur Wägung in Karma). Πρῶτον μὲν ἄνθρωπον γίνεσθαι καὶ τότε θεόν (s. Jam-
blich). Die auf die Oberwelt zurückgesandt, dreimal ein schuldloses Leben geführt
haben, gehen ein in's seelige Reich des Kronos (b. Pindar), ἐγὼ δ'ὑμῖν θεὸς ἄμβρο-
τος, οὐκ ἔτι θνητός (s. Suidas) im Spruch (des Empedokles). Gott wird und vergeht,
nicht die Gottheit (b. Eckhardt), wie das Dharma bleibend dauert (unter Vorübergehen der Tathagata, für jedesmalige Periode).

gelium herabkommt, für letzte Wiedergeburt zur Menschwerdung (in jungfräulichem Leib) s. „Buddh. i. s. Ps." (S. 244 a. a. O.).

Die Sprache ist das den (geistigen) Gesellschaftskörper, (den Zoon politikon auf psychischer Seite, als seine Besonderheit bedingend), durchziehende Existenzprincip (mit den Worten, als Ausdruck der Functionen), seelisch gleich der (leibbildend gefassten) „anima vegetativa", als „Entelechia", und worin sie sich bethätigt, (im Product solcher Bethätigung), ergiebt sich als Vernunft*), bei Auseinandersetzung des Einzelwesens mit den ihn einbegreifenden Gesellschaftsgedanken (nach logischem Rechnen).

Wenn Sprache und Vernunft zu gleicher Zeit entstanden sein sollen (b. Geiger), so hätte sich dabei die (in und durch Vernunft bethätigte) Sprache (in ihrer Essentia), als eine jener Vorbedingungen der Existenz überhaupt zu ergeben, wodurch in diesem Falle der Stempel der Menschheit erst aufgeprägt wird (für die Gesellschaftswesenheit der Menschen).

„Wie in der Natur ebenso liegen auch der Kunst nur wenige Normalformen und Typen unter, die aus urältester Tradition stammen, in stetem Wiederhervortreten dennoch eine unendliche Mannigfaltigkeit darbieten, und gleich den Naturtypen ihre Geschichte haben" (s. Semper), nach dem „Gesetzcodex der practischen Aesthetik" (unter „ästhetischer Nothwendigkeit"), in Wechselwirkung mit geographisch-historischer Umgebung (bei den ethnologischen Sammlungen). Durch die „speculative Aesthetik" („viel Kunstrhetorik, aber wenig Kunstempfindung") wird das „unmittelbar anschauende Denken" keinerweis gefördert, und „so erinnert die speculative Aesthetik in manchen Beziehungen an die Naturphilosophie; wie diese die exacte Forschung, wird jene die empirische Aesthetik zur Nachfolgerin haben" (1878), durch inductive Behandlung der ethnologischen Thatsachen, als naturnothwendiger Ausdruck des normalen Volksgeistes (in seinem Schöpfungsgedanken), während im künstlerischen Schaffen der Individualität eine ausnahmsweis das gewöhnliche Niveau überragende Begabung hervortritt (und deshalb, als Ausnahme, nach Feststellung des Regelmässigen erst, richtig gewürdigt werden kann). Als Logik des unteren Erkenntnissvermögens (b. Wolf) erhält die Aesthetik ihre Begründung (durch Baumgarten), zum Anschluss an die sinnlichen Gesetze der Psycho-Physik für ethnische Variationen (nach dem Stoff zugleich). Das

---

*) Indem wir nicht in Worten, sondern in ganzen Sätzen denken (s. Waitz), läuft die concrete Existenz der Abstracta in das Organische aus (beim psychischen Wachsthum des Denkens). Die Erkenntniss bedarf der Sprache, um sich zu allgemeinen Ideen zu erheben (s. Dugald-Stewart). Non de rerum generibus neque de rebus, sed de sermonibus rerum genera significantibus (s. Boethius) in den „voces" (b. Anselm) handelt die Dialektik (statt über „res"). Les langues se sont dévelopées selon des lois constantes, naturelles; elles se sont perfectionnées par l'usage. Leur étymologie a insensiblement disparu pour faire place à des termes plus elliptiques et plus abstraits, de plus à plus appropiés à l'intelligence et aux besoins de chaque peuple (s. Gilardin), nach geographisch-historischen Differenzirungen (im ethnischen Typus).

Schöne*) ist das Gefühl der Weltharmonie, in der wir uns selber eingestimmt finden (s. Leibniz), beim Uebergang vom εἶδος zur ἰδέα (im Noumenos).

Je nach verhältnissmässiger Abschätzung im System mögen sich Arten, für ihre Variationen, zu Gattungen erweitern, unter Zuziehung von Kreuzungen (in den Rassen), soweit rationelle Erklärung auf dem Boden des Thatsächlichen zu verbleiben vermag, und auch eine Descendenz darf ausverfolgbar sein, soweit vorangehende Entwicklungsstadien eines Geschöpfes als frühreif in's Leben getreten nachweisbar wären (mit schon erlangter Fortpflanzungsfähigkeit), während über den selbstständigen Abschluss hinaus, der Zusammenhang, beim Zusammenbruch, in primäres Blastem eingerührt wäre, also in die den Ursprung berührenden Räthselfragen, die nicht direct zu lösen sind (unter welcher Titulatur sie auch eingeschmuggelt werden sollten), ehe nicht zu den im organischen Werden waltenden Gesetzen vorgedrungen ist (auf dem Wege einer naturwissenschaftlichen Psychologie).

Das Protoplasma hat keinen Ursprung, als aus sich selbst, und wo

---

*) Das Schöne ist der Ausdruck des Unsichtbaren durch das Sichtbare (b. Jouffroy). Die Verwirklichung des Phantasiebildes ist die Kunst (b. Hegel). Das Bedürfniss des Schönen geht aus dem Innern des Menschen hervor, die Befriedigung kann nur in der Welt der äussern Erscheinung gefunden werden (s. Schnaase). Der Stil, als das in sinnlich künstlerischen Formen verkörperte Empfindungsvermögen bestimmter Zeiten oder Nationalitäten (b. Rumohr), spricht sich im Völkergedanken aus (im ethnologischen Setzen). Tout s'enchaine dans l'harmonie de la création (s. Gilardin). Καθ' ἁρμονίαν ζυνιστάναι τὰ ὅλα, lehrte Pythagoras (s. Diog. Laertes), ἔστι γὰρ ἁρμονία πολυμιγέων ἔνωσις καὶ διχᾶ φρονεόντων σύμφρασις (s. Nikom.). Zeus verwandelt sich zur Weltbildung in Eros (b. Pherekydes), πρώτιστον μέν Ἔρωτα θεῶν μὴ τίσατο πάντων (s. Parmenides). Die höchste Schönheit ist die geistige Schönheit im Menschenleben (s. Fries). „Essentiae rerum sunt immutabiles" (neben Accidenzen) für den „Modus essendi" (modus agendi), als Accidenz (in der Art und Weise eines Dinges zu sein). Die Eigenschaften bilden, als „uotae sive characteres" (Determinates) der Dinge, die Attribute (als proprietates). Das Angeborensein der Idee beruht auf der „faculté de la produire" (b. Descartes). Der Stoff ist Möglichkeit (δύναμις) zur Erfüllung (ἐντελέχεια oder ἐνέργεια) durch die Form (s. Aristoteles). Im „sentir des rapports" (b. Destutt de Tracy) fasst sich (sensualistisch) das Rechnen nach Verhältnisswerthen (für die Logik naturwissenschaftlicher Psychologie). Alle gesunde geistige Entwicklung besteht darin, dass Energie von niedrigen Zwecken auf höhere hinübergeleukt wird (s. Höffding), φανερόν ὅτι πρότερον ἐνέργεια δυναμέως ἐστι (s. Aristoteles). There is the sympathy with both forms of feeling: the mental and the sensational (s. Hack Tuke). Die sicherste und klarste Beziehung des Verhältnisses der Philosophie zur Religion und Gottheit, wird stets in dem Verhältniss jener zu Kunst und Schönheit herzunehmen sein (s. Weisse). Τοῦ χρόνου ἀεὶ προλαμβάνει ἐνέργεια ἑτέρα πρὸ ἑτέρας, ἕως τῆς τοῦ ἀεὶ κινοῦντος πρώτως (s. Aristoteles). Les infininiment petits ont une existence réelle (s. Poisson). Der Gedanke muss bis auf die Elemente der Metaphysik zurückgehen, ohne welche keine Sicherheit und Genauigkeit, ja selbst nicht einmal bewegende Kraft in der Tugendlehre zu erwarten ist (s. Kant). Il faut accepter les résultats de l'expérience, tels qu'ils se présentent, avec leur imprévu et leurs accidents (s. Claude-Bernard). Omnia regulantur lege aeterna (s. Thom. Aq.), und so herrschen Naturgesetze auch im Ueber-Natürlichen (der Psychologie).

Protoplasma ist, entsteht nur Protoplasma (s. Preyer), und so steckt der Anfang, wie unter all' solchen Titeln (und zwar um kein Tüttelchen näher) im Räthsel (der Welt). „L'événement le plus intéressant pour l'espèce humaine est, sans doute, la découverte du nouveau monde et le passage aux Indes par le cap de Bonne-espérance" (s. Raynal), bei Anbruch der Neuzeit (mit inductiver Forschungsmethode). Wenn die Philosophie ihr Grau in Grau malt, dann ist eine Gestalt des Lebens alt geworden, und mit Grau in Grau lässt sie sich nicht verjüngen, sondern nur erkennen; die Eule der Minerva beginnt erst mit der einbrechenden Dämmerung ihren Flug (s. Hegel), aber seitdem bereits, (nach dem Traumschlaf in der Nacht der Meditation), hat ein neuer Morgen getagt (mit ethnischer Psychologie).

Wie schon die Art, ist Genus oder Familie eine geistige Schöpfung, aus gewissen Denknothwendigkeiten hervorgerufen, aber unter dieser Terminologie im Genaueren nur durch jedesmal gültiges System bestimmbar, und an dessen Wechseln also theilnehmend, weshalb für unbestimmte Allgemeinheit, in noch unbekannter Grösse, die Idee substituirt werden mag (als Schöpfungsgedanke), von dem „genus humanum" z. B., im genus ursinum, genus leporinum u. dgl. m. Hier würde dann das terrestrische Zerbrechen in die durch die physiologischen Agentien der geographischen Provinzen bedingten Variationen folgen, und so bietet sich in den Gleichungen erster Ansatz zum logischen Rechnen (mit den Differenzen). Die Schöpfung ist die Verwirklichung der göttlichen Ideen (s. Lamennais) im Schöpfergedanken, der Schöpfungsgedanken, (wenn nachgedacht).

Wenn der Begriff der Gattungen oder Arten leichtmüthig Preis zu geben wäre, würde, ohne den durch die Ordnung des Nous in das primäre Chaos eingeführten Anhalt, ein Rückfall in dieses drohen, inmitten unendlicher Reihen (für Ursprungsfragen). Für das logische Rechnen bedarf es der Stützpunkte des Systems, aber dieses darf nicht, mit philosophischen Prätensionen, als definitiv Fixirtes in die Natur hineingetragen werden, sondern aus ihr vielmehr lernend, hat mit Vervollkommnung noch unvollständiger Induction, das jedzeitig geltende System dem correspondirenden Standpunkt thatsächlicher Erkenntnisse sich anzuschliessen (für Erkenntniss des Denkens in verständlichen Begriffen).

Der Ausdruck $\dot{\alpha}\varrho\chi\dot{\eta}$ wurde zuerst von Anaximander gebraucht (s. H. Ritter), und diese $\dot{\alpha}\varrho\chi\dot{\eta}$*) ist nach ihm das „Unendliche" ($\ddot{\alpha}\pi\epsilon\iota\varrho\sigma\nu$), für Verbindung des Gleichartigen (bei der Entmischung) nach dem Gemusstsein (im Entstehen und Vergehen unter Ordnung der Zeit). $\varDelta\eta\mu\dot{\sigma}\chi\varrho\iota\tau\sigma\varsigma\ \tau\sigma\tilde{\upsilon}\ \dot{\alpha}\epsilon\dot{\iota}\ \sigma\dot{\upsilon}\varkappa\ \dot{\alpha}\xi\iota\sigma\tilde{\iota}\ \dot{\alpha}\varrho\chi\dot{\eta}\nu\ \zeta\eta\tau\epsilon\tilde{\iota}\nu$ (s. Aristoteles), an den Atomen festhaltend, mit späterem Fortgang vielleicht zum höheren Calcul (in naturwissenschaftlicher Psychologie), nach Erlernen elementaren Rechnens (auf dem Abacus pythagoricus).

---

*) Die $\dot{\alpha}\varrho\chi\dot{\eta}$ ist $\dot{\alpha}\dot{\sigma}\varrho\iota\sigma\tau\sigma\varsigma$ (s. Simplicius) in der $\varphi\dot{\upsilon}\sigma\iota\varsigma\ \ddot{\alpha}\pi\epsilon\iota\varrho\sigma\varsigma$ (Anaximander's), $\dot{\epsilon}\nu$ $\dot{\alpha}\varrho\chi\dot{\alpha}\ \pi\dot{\alpha}\nu\tau\omega\nu$ (s. Pyth.). Der Anfang ist unmittelbar (s. Hegel), $\dot{\alpha}\varrho\chi\alpha\dot{\iota}\ \dot{\epsilon}\nu\upsilon\pi\dot{\alpha}\varrho\chi\sigma\upsilon\sigma\alpha\iota$ und $\dot{\epsilon}\varkappa\tau\dot{\sigma}\varsigma$ werden unterschieden (b. Aristoteles). Aus der Unsichtbarkeit in Gott, als $\dot{\alpha}\varrho\chi\dot{\epsilon}\tau\upsilon\pi\sigma\varsigma$ (b. Plutarch), treten im Limbus („Mysterium magnum") die sichtbaren Dinge hervor (s. Paracelsus).

Die Welt ist geschaffen nach den Musterbildern, aus dem inneren Sprechen Gottes (b. Anselm), und so fasst sich die Welterhaltung als fortgehende Schöpfung (nach Buddha's Gesetzeswort für seine Periode). Die Ursache, als Totalursache (causa intègra), ist die Summe aller derjenigen Accidenzen, sowohl des thätigen als leidenden Theils, die, wenn sie alle vorhanden sind, die Wirkung ebenso nothwendig machen, als sie, wenn auch nur eines fehlt, dieselbe unmöglich erscheinen lassen (b. Hobbes). Die zur Hervorbringung einer Wirkung erforderlichen Accidenzen des thätigen Theils machen die „causa efficiens" und die des leidenden Theils die „causa materialis" aus (s. Mayer). „Patet igitur, quod Deus et Hyle et mens una sola substantia sunt" (s. David Din.). L'induction n'est au fond qu'une déduction conjecturale, hypothétique, qui se vérifie à son tour par ses conséquences et qui se change par cette vérification en une déduction certaine et definitive (s. Gilardin). Αὐτάρ ἀκίνητον μεγάλου πείρασα δεσμῶν ἐστίν, ἄναρχος ἄπαυστον (s. Parmenides). Quidquid est causa causae est etiam causa causati (s. Alanus). Πάντα φύσει ἔχει τι θεῖον (s. Aristoteles). „Ogni cosa ha la divinitá latente in se" (s. Bruno). Οὖλος ὁρᾷ, οὖλος δὲ νοεῖ, οὖλος δὲ τ'ἀκούει (s. Xenophanes), als Uli in Hawaii.

In der Seele (des Lama) lebt Tschöngu im Bilde fort, während Prul-gu wiedergeboren wird und Lon-gu in den Himmel eingeht, auch Ngobunitgu erreicht werden mag (im Nirwana), also in den Hauptpunkten (mutatis mutandis) der Psychologie Guinea's entsprechend, in Sisa neben Kla und Bla (Ka und Ba zur Pharaonen-Zeit). Die Seele*) (b. Philolaos)

---

*) Die Seele (als Endelechia) „velut emanatione defluxit" (b. Bernhard von Chartres) und „naturam informavit" (mit dem unvollkommen Bösen in der Materie). Sans la psychologie jamais ou n'aura de passage à la theodicée, à la morale, à l'ontologie, aux autres parties de la science philosophique (s. Gilardin), bei Einheit des Denkens und Seins (b. Parmenides). „Lust- und Unlustgefühle sind die einfachen Grundphänomene, aus denen das gesammte Gefühlsleben des Menschen sich aufbaut" (in den Psychosen). Die höchste Vernunft (bei den Stoikern) als feinster Stoff (πνεῦμα ἐνθερμον) entspricht den Orang-Alus (der Passumah). Τὴν τῆς ψυχῆς ἱστορίαν εὐλόγως ἂν ἐν πρώτοις τιθείημεν (s. Aristoteles). Sentit animus se moveri (s. Cicero). Καθάπερ ἐν σώματι τούτῳ τέθαπται (s. Philolaos) die Seele (ὡς ἐν φρουρᾳ τινι). Die Urseele (b. Proclus), als das an sich Lebendige (αὐτοζῶον), ist die Ganzheit (πᾶν) in den Theilen (s. Steinhart). Die Unsterblichkeit der Seele (b. Alcmäon) folgt aus immerwährender Bewegung (ὡς ἀεὶ κινουμένη). Die Seele bleibt nach dem Tode fortwährend mit derjenigen edlen Substanz verbunden, die man den universellen Verstand nennt (b. Ibn Sina), als göttliches Wissen der Religionsstifter (s. Landauer). Ἤδη γὰρ ποτ' ἐγὼ γενόμηνην κοῖρός τε κόρι τε | Θαμνος τ'οἰωνός τε καί τἰν ἀλλί ἔλλοπας ἰχθυς, in Empedokles Seelenwanderung (Fleischgenuss verbietend). Die Tecunas (die Maske des Teufels Itoho zu Tänzen verwendend), glauben, dass die Seele nach dem Tode in andere Leiber, auch unvernünftiger Thiere, übergehe (s. Monteiro), im Hinstreben auf höhere Rangstufen der Wiedergeburten, vom Loka-tsit zum Lokattara-tsit, (s. „Relig. Pr.", S. 52). The Kamilaroi and Wiradhuri tribes (oh the Darling) have a traditional faith in „Baiame" or „Baiamai" (the Maker); he makes the grain to grow and provides all creature food (gave them a sacred wand, which they exhibited at their „bora", the initiatory rite of admission to manhood). Near the Narran-river is a hole in a rock (where, they say, Baiame used to rest). Baiame

ist nach den Zahlenverhältnissen ihrer Harmonie mit dem Körper verbunden (s. Claudianus), zur Strafe an den Körper gefesselt (nach den
„alten Theologen und Wahrsagern"). Nach dem νοῦς (im Haupt), der
ψυχή καί αἴσϑησις (im Herzen), der ῥίζωσις (im ὀμφαλός), der γένησις
(im αἰδοῖον), unterscheiden sich ἄνϑρωπος, ζῶον, φυτόν und ξυνάπαντα
(b. Philolaos). „Anima non est homo" (s. St. Thomas), in Verbindung mit
dem Körper (auch bei der Auferstehung), aber erst in Gesellschaftswesenheit vollendet (beim Zoon politikon).

In seelischer Präexistenz (b. Plato), weilt (dem Neger-Philosophen)
Kla bei Mawu in Nodsie, um am Geburtstag des Dsogbe (unter den
Eweern) geboren zu werden, als Schatten oder Luwo in den Körper ein-
fallend, mit dem Reflex als Aklama (für Personification des Edro) im
mitgebornen Genius (b. Censorinus), als Schutzgeist (des Totem) zu begleiten, durch irdisches Leben, wie auch die Fölgie (in Norwegen), oder
Fylgja (mit Lamingja) sich gern in Gestalt eines Thieres zeigt, „das mit
der Sinnesart des Menschen stimmt, dem sie angehört" (s. Grimm). Was
von der göttlichen Seelensubstanz, während der Berührung mit dem Leiblichen, dort ankleben bleibt, wird als Bla in der Stammesseele (mit erblicher
Fortpflanzung des Traducianismus) wiedergeboren, während die moralische
Verschuldung (im Gbesi oder Gewissen redend), — dasjenige also, was
beim Tode nicht wieder voll in die Hälfte des idealistischen Prototyps
(eines polynesischen Atua) übergehen kann —, als gespenstisches Sisa (der
Odschi) am Grabe schwebt, und von den Priestern nach den Inseln des
Volta fortzuscheuchen versucht wird, doch widerstrebend nur, weil lieber
neuen Einkörperungen, in Metempsychosen, nachstellend, um durch fort-
gehende Reinigungen die Schuld zu sühnen (indess beim gewaltsamen
Eindringen, als dämonisch Böses der Besessenheit gefasst und ausgetrieben).
Was sich nun aus dem himmlisch Oberem eines ἔξωϑεν zutretenden Nous
(b. Aristoteles) im Körperlichen abschattirt, spiegelt aus den im psychischen
Wachsthumsprocess gereiften Idealen der Gesellschaftswesenheit, in deren
Atmosphäre lebend und webend das Individuum zum Bewusstsein erwacht,
und indem und weil solche Ideale aus überirdischen Gestirnen strahlen,
hat sich die jenseitige Ursächlichkeit vorauszusetzen, aus einem „lex
aeterna" (b. Thom. Aq.) in harmonischen Gesetzlichkeiten des Kosmos
(für logisches Rechnen des Denkens).

Mit dem Ich, dem Grundpfeiler des positiv Wirklichen, dem Nicht-
Ich gegenüber (eines Negativen in Negationen), unterscheidet sich das
Wirkende (in den Empfindungen) und die Thätigkeit (des Willens). Den
Sinnen stehen ihre adäquaten Ergänzungen gegenüber (als Aromana der
Ayatana), und auch die Muskularbewegung verläuft innerhalb weiter oder

---

(the supreme judge, who awards to men their future lot) once showed the black
fellows how to get rid of „Mullion", a demon in the form of an eagle, who lived
in a tree and devoured many people (s. J. Ridley). Die Guten gehen nach War-
rambool (fruchtreiche Wasserläufe) am Himmel (the Milky Way, als indianischer
Seelenpfad).

enger umschriebener Peripherie, in der Reflexbewegung der Pupille beim
Auffall des Lichts, oder ob in der beabsichtigten Schliessung der Augen-
lider ohnedem (je nach dem Rückgang auf die bewegenden Ursächlichkeiten bei den Bewegungen, die im muskularen Zucken erfolgen, bis auf
lang complicirte Bahnenreihen hinaus).

Ausserdem jedoch manifestirt sich jene Thätigkeit des Willens, wodurch der Einzelne, innerhalb der aus gesellschaftlicher Psyche geschaffenen Sphäre, seine Eigenheit markirt, als integrirender Theil (oder
als Theilganzes) im Ganzen (der Gesellschaftswesenheit des Zoon politikon),
und hier wird die Action sich um so mehr als recht und gut, (als normal
gesund also), beweisen, je mehr im Einklang eben mit den idealen Gütern
ethischer Moral im (ethnischen) Völkergedanken, entsprechend den Stadien
der Cultur, worin derselbe gepflegt worden ist.

Als Nomologie erforscht die Psychologie die den Erscheinungen (in
der Phänomenologie) unterliegenden Gesetze, um (in der Ontologie) die
des Geistes zu folgern (s. Hamilton), beim Ausgang von den „principles of
common sense" (self-evident truths), durch innere Erfahrung zu erkennen
(s. Reid), aber objectiv erst zum Verständniss gebracht für eigene Erfassung
eines Selbst (durch logisches Rechnen). Das „Ich*) der intellectuellen
Anschauung" für den Philosophen reservirt (b. J. G. Fichte), entfaltet sich
für Alle und Jeden im Besonderen aus der Gesellschaftswesenheit (im
naturwissenschaftlichen Zeitalter).

Wir leben in der Activität des Willens (beim Denken), in den während
des psychischen Wachsthumsprocesses (unter aufeinander folgendem Um-
gestaltungsstellen) ununterbrochen, (beim Wachzustand), fortgehenden Ent-
ladungen desselben, und erst aus dem so gebreiteten Licht kommt auch der
abdunkelnde Hintergrund der Allgemeingefühle zum Bewusstsein (mit kurz-
dauernder Nacherinnerung aus dem Schlafträumen), die „caecas cogitationes"
(b. Leibniz) zur Empfindung bringend, in welchen es weiterwallt aus den Unterschichtungen im Wurzelgetriebe (dem physischen Organismus eingesenkt),

---

*) Das Ich (le moi de chaque homme) est tout à la fois la conscience de ce
qu'il est et le souvenir de ce qu'il a été (s. Condillac), mit dem Hinstreben auf die
Zukunft (durch Willens-Erahnung). „Penser c'est vouloir" (s. Royer-Collard). Die
Willensfreiheit ist im Weltplan (πρόνοια) eingeschlossen (b. Proclus). Ἡ ψυχὴ τὰ
ὄντα πώς ἐστι πάντα (s. Aristoteles). La personne est la conscience de l'impersonnel,
c'est l'esprit (s. Janet). Vouloir c'est affirmer (s. Saisset). Croire sans la credivité
serait aussi dificile, que voir sans la vue (s. Durand), in Glaubensfreiheit (für die
Gläubigen). Une psychologie bien faite, rigoureusement déduite, préjuge, pas les
verités, qu'elle découvre toutes les parties de la philosophie (s. Gilardin), und der
Religionsphilosophie (in naturwissenschaftlicher Freiheit). In idea quam de intellectu et conscientia interna sollicite instituta hausi, distinguere oportet id quod
reale est, in ea facultate ab eo quod limitatum est, tunc vero vice limitationis ad-
jungo ideam infinitudinis (s. Bilfingerius). L'intelligence a pour objet les vérités
éternelles, qui ne sont autre chose que Dieu même (s. Bossuet), im Asangkhara-
Ayatana (der Dharma). Man kann nicht bejahen und verneinen im gleichen Sinne
und unter gleicher Bezeichnung, ein und dieselbe Eigenschaft desselben Gegenstandes (s. Aristoteles), als Princip der Identität (im Syllogismus).

und, auf rückwirkende Kraft des Willens hin, die dem vergänglichen Seelentheil (b. Aristoteles) noch angehörigen Wieder-Erinnerungen (aus dem Gedächtniss) hervorrufend, unter Auf- und Niedertauchen der Vorstellungsbilder (sprachlautlich einwohnender Schöpfungen), zum (sistirenden) Herausgreifen des Angezeigten, aus den „rapidae cogitationes" (b. Aug.), mit Hinrichtung auf das Gedankenziel (vom Jenseits her hereinleuchtend). Was also hier, im (übersinnlichen) Sinn (des Manas), thätig ist, entspricht, (gleichwie bei den übrigen Sinnen geschieht), seinem adäquaten Correlat in der Wechselbeziehung (zwischen Aromana und Ayatana, in jedesmaliger Identität), um subjectivistisch von dem Objectiven zu künden, von den „Modi" einer Substanz, die über irdischem Horizont hinausliegt, in ihren Wirkungen nur spürbar (wie das Gesammtall durchdringend).

Bei der, (durch Rückbedingung des Zieles), auf ewig unveränderliche Gesetze hingerichteten Thätigkeit des Denkens, kommt aus den (auf psychophysischen Uebergang) in eine, reizwirkenden Wechselfällen des vergänglich Irdischen ausgesetzte, Constitution eingeschlagenen Wurzeln, die Regulative des Wollens (im Hegemonikon) zunächst auf ein Nichtwollen hinaus, für Abhalten der Störungen, damit die zum Aufsprossen angeregten Ideen sich, der ganzen Weite einwohnender Anlagen nach, entfalten mögen, um aus dem dadurch Erkannten erst wieder das Festhalten der Richtungslinien für fernerhin zur Andeutung zu bringen. Wie die sinnlichen Auffassungen, (um Hallucinationen abzuhalten), auf ihre Deutlichkeit, sind die abstracten Schlussfolgerungen in jedem Einzelnfalle zu prüfen, prüfend zu rectificiren, zu controlliren im logischen Rechnen, auf der Basis thatsächlicher Beweisstücke, nach comparativ-genetischer Methode, für die Methoden naturwissenschaftlicher Psychologie (durch das in den Völkergedanken gelieferte Material).

Hierfür kommt sodann das Studium der Selbstbeobachtung zum Austrag, indem es sich bei dem Eingreifen des Willens, um das Herausspüren der kritischen Knotenpunkte (in der Zellbildung des Wachsthums) handelt, wann und wie der Impuls förderlich wirkt, in richtiger Richtung (oder sonst: unrichtig verwirrend), denn nur bei naturgemässer Lebensweise, κατὰ φύσιν (b. Speusippus), können die Functionen des Lebensorganismus ihren normalen Fortgang nehmen (nach den Grundsätzen physischer oder psychischer Diätetik).

Schon in den körperlichen Nervenreflexen macht sich das Zwischengreifen des Willens, (betreffs seiner Richtigkeit), merkbar, beim Zusammenspiel der Respirationsapparate, um asthmatische Beschwerden etwa zu vermeiden, oder beim Hinwirken auf peristaltische Bewegungen u. dgl. m. Wer dann freilich „ante defaecationis actum" (in den Worten eines zoologischen Collegen aus dem Jahre 1879 p. d.), die Seele schon zu riechen meint, wo er sich noch auf dem Mistbeet erst findet, worin veredlungsfähige Samen eingepflanzt sind, (für ihre Entelechie), gesellt sich, im krassen Materialismus, seelenverwandter Gesellschaft, in den, die geistige Verkrüppelung ihrer idiotischen Individualität spiegelnden, Spiritisten oder auch den mystisch verzückten Schwärmern, die in Selbstbeobachtung die Gott-

heit suchend, in den, (gleich Schusterpech schwarzen), Abgrund umnachten-
des Dunkels versinken (eines gnostischen Bythos der „Umbilicáni“). Im
hellen Tageslicht inductiver Forschung ist naturwissenschaftlicher Weltanschauung ein mühsam langer Weg gesteckt, und demgemäss dann
wieder wird ernstlicher Anstrengung dauernd ihr Lohn auch winken (in
der Culturarbeit).

Wenn die Moral in menschlicher Natur als bereits begründet gesetzt
wird (b. Bouillier), so hat daraus solche Natur (oder Wesenheit), als die eines
Zoon politikon zu folgen. Weil das Auge „sonnenhaft“, wird von ihm
das Licht empfunden; d. h. weil angelegt dafür, in dem entsprechenden
Organ, mit zugehörigen Vorbereitungen und Einrichtungen, und so hätte
die Moral, als in der organischen Sinnesthätigkeit des Zoon politikon für
vorveranlagt zu gelten, indem, und weil, die ethische Veredelung eintritt,
die Ideale also des Guten und Schönen sich demgemäss vorausgesetzt
finden (in kosmischen Gesetzen).

Der wurzelhafte Keimspross des Kalonkagathon ruht in der naturgemäss nothwendigen Tendenz normaler Entwicklung, beim Zustand der
Gesundheit, und während der Wachsthumstrieb, so lange im Contact mit
den Sinnesempfindungen, sich in den Formen des Schönen einkörpert,
beginnt die Ausbreitung, nach ganzer Weite einwohnender Thätigkeits-
möglichkeit, wenn in das Gebiet des Guten einlaufend, um seine Gebote
des Rechten und Richtigen zu stellen, zur Richtschnur des socialen Lebens.

Ein Jeder tritt für sich persönlich ein in den moralischen Entwicklungsgang, mit eigenster Verantwortlichkeit, um abzurechnen im Gewissen, nach Bm und Bab (gemäss der Buchhaltung eines Abhidhamma),
und die Erfüllung der Pflichten — (der Verantwortung, bei der Revision,
genügt zu haben) — erweist sich bei dem Wilden in seiner Horde oder
dem Bürger der Civilisation, je nachdem (unter gesellschaftlicher Beziehung), schwieriger oder leichter, wie man will, schwieriger: sofern
höhere Aufgaben gestellt sind, leichter: weil für die Lösung bereits aus-
giebige Vorbereitungen getroffen sind (auf ansteigendem Culturgrad zur
Heranerziehung).

Die Theorie des Fortschritts „n'est vraie que pour l'ensemble du
monde et de l'histoire, c'est se leurrer que de l'appliquer aux individus,
aux peuples et aux siècles“ (s. Jules Simon), denn jeder Einzelne tritt
neugeboren wieder ein, in dem ihm zugehörigen Gesellschaftskreis, für
seine individuelle Conduitenliste innerhalb des Gesammtzeugniss, bei der
Erziehung des Menschengeschlechts (s. Lessing), für dessen philosophische
Geschichte (b. Herder). Der Fortschritt in Wissenschaft und Moral wird,
weil in der Unendlichkeit des Alls verlaufend, nicht auf der Erde seinen
Abschluss finden, sondern gegentheils mit wachsenden Aufgaben die
Pflichten vermehren, unter angestrengterer Thätigkeit des Willens. „Ces
grandioses théories sur l'inutilité future de la vertu, ne font penser qu'à
l'inutilité de leur réfutation“ (s. Gilardin), denn für was die normal
organische Entwicklung anzustreben bleibt, fällt der Schwerpunkt auf
Begründung des Gesundheitsgefühls geistiger Existenz im tugendhaft

Guten, weshalb aus Klugheitsregeln schon (wenn man so will), das Einhalten rationeller Diät vorgeschrieben liegt (zu eigenem Besten und dem des Allgemeinen).

In den Aufzählungen der zum Gegenstand der Logik und Moral (b. Bacon) hingestellten Seelenvermögen, wie nach Reid's Vorgang von Hamilton ausverfolgt (in schottischer Schule), arbeitet eine künstlich zusammengesetzte Maschinerie unter Desjenigen Leitung, der die Fabrik entworfen (oder erbaut) hat, so dass sich ein Occasionalismus (b. Geulinx) benöthigen würde, um den Zusammenhang festzuhalten, der sich dagegen innerlich erklären würde, aus dem Entwicklungsprocess organischen Wachsthums, vom Physischen zum Psychischen erweitert, und hier sodann mit neu eingepflanzten Keimen begabt (auf gesellschaftlicher Sphäre).

Die in ihrem Namen bereits auf die Gesellschaftswesenheit führende Sociologie hat, bei ihrem Ausgang innerhalb des in jedesmaliger Culturgeschichte gegebenen Beobachtungskreises, unverzüglich sogleich in Auseinanderlegung der Einzelnheiten einzutreten zu können gemeint, wogegen seitdem der Ueberblick des Menschengeschlechts, in der Vielheit seiner Phasen, gewonnen ist, zunächst eine Feststellung der durchgängig elementaren Grundzüge, (und soweit nur in Allgemeinheiten erst noch), benöthigt sein wird, aus den Völkergedanken der geographischen Provinzen, um auf thatsächlich gebreiteter Unterlage vorher das Detail in Verarbeitung zu nehmen, (von den Differenzen gesetzlich wandelnder Variationen aus).

Indem Alles nach Mass und Zahl geordnet ist, für das, was über das (dem Mass zugängliche) materiell Körperliche hinausgeht, die Zahlen also zunächst ihre Gültigkeit erweisen, ($\dot{\alpha}\varrho\iota\vartheta\mu o\iota$ $\varepsilon i\sigma\iota\nu$ $o i$ $\varepsilon i\delta o\iota$), beim Ineinanderwirken gesetzlicher Harmonie, so treten, (unter Ablösung gleichsam), die höheren Gestaltungen der (auf die niederen Gedankenregungen leitend zurücktreffenden) Ideen in Erscheinung, wie sie, obwohl im Physischen keimend, doch aus geistiger Atmosphäre während des psychischen Wachsthums, ernährt sind, um culturgeschichtliche Erzeugnisse zu zeitigen (im gesellschaftlichen Durchkreuzen wahlverwandtschaftlicher Organismen, ethnischen Charakters).

Beim practischen Ausgang von den „Data" eines Dedomenon, — zum ersten Anhalt eines logischen Rechnens (ehe die naturwissenschaftliche Psychologie für einen höheren Calcul sich befähigt fühlen kann), — mögen Ursprungsfragen metaphysisch abgeschnitten werden durch jenen „Deus" (sive natura), in der „essentia existentiam involvens" (s. Spinoza), bei der Substanz (oder Gott-Substanz), „causa sui" (in den Vorbedingungen des Seins), und beim Absehen von „causae finales" (vorbehaltlich weiterer Theilungsmöglichkeit in der Corpusculartheorie) handelt es sich (für Descartes), zunächst um „causae efficientes", äusserliche im Druck und Stoss, bis zur Verinnerlichung (b. Newton), anthropoidisirend wieder (aus dem „Weltgehirn").

Da (stoischem) „ingenium" (s. Seneca) für sein $\ddot{\alpha}\pi o\iota o\varsigma$ $o\dot{v}\sigma i\alpha$ (b. Diog. L.) der $\dot{\varepsilon}\nu$ $\alpha\dot{v}\tau\tilde{\eta}$ $\lambda\acute{o}\gamma o\varsigma$ das Ansinnen gestellt hat, „ut quae alia erant, et dissimiles essent et imparia", nach dem „principium identitatis" (b. Leibniz),

so kommen in der Unendlichkeit vieler Attribute die „Schöpfergedanken"
(b. Agassiz) oder „Schöpfungsgedanken" (im Unbewussten) zur Anregung,
wenn „omnia individua" (seelisch gefasst) „animata" gefasst werden, für
die „res particulares", als „Dei attributorum affectiones sive modi", und
zu den Modi der „Res extensa" tritt dann aus der „res cogitans" der
„modus cogitandi" mit dem „Intellectus" (zum „Conceptus") für die „idea
adaequata" bei praestabilirter Harmonie (in „Ordo und connexio").

Indem der „Res extensa" die „Res cogitans" drinnen steckt, sind
die Attribute somit da, im Vorhandensein, als selbst Substanz (oder dazu
gehörig), bei Immanenz (der Ursächlichkeit), ohne Möglichkeit demgemäss,
zur eigenen Begreifung, sich selbst in's Gesicht zu springen genöthigt zu
sein, aus πρῶται ὄνσιαι (b. Aristoteles); obwohl darüber, dass sie überhaupt aus der Einheit zerstückelt, das Warum seine Frage zu stellen hat,
um (wie für die Modi der „extensio"), vom Standpunkt der Erdstellung
aus, die Zweifel zu beantworten (innerhalb des Kosmos und seiner gesetzlichen Harmonien).

Neben dem in „Quies" vorhandenem Daseienden (im Anorganischen)
tritt dann (bei der Extensio) der „Motus" hinzu, die Frage (τὸ ὅθέν
ἡ κίνησις) über die ἀρχαι (b. Aristoteles), betreffs jener Bewegung im Umschwung des Oberen, aus den „Theoi" (als „Laufendem"), bequemlich gern,
und dadurch (für hineinfallende Attribute) käme das Werden im Organischen,
— für ζωη im νοητὸν ἁμά καὶ νοερόν (b. Proklus), — nach den Besonder-
heiten der geographischen Provinzen, zur Manifestation für Vergleichung
aus dem „in alio esse" (neben dem „in se").

Immerhin anticipirt sich die Naturnothwendigkeit, als (immanent)
einwohnend, auch bei actueller Verwirklichung des „potentia" Vorangelegten
(vom Samen zur Frucht), aber mit dem Psychischen des „Zoon politikon"
beginnt, auf gesellschaftlicher Sphäre, eine Neuschöpfung (vom Entstehen
ab), indem der „Modus cogitandi" (in seiner Unterscheidung von der
„cogitatio absoluta") zur „Natura naturata" gehört, die hier in „statu
nascenti" gefasst wird, beim Umschlagen der „Natura naturans" in das
Verständniss, (zur Klärung des Bewusstseins im Selbst), mittelst des
„élément metaphysique" (s. Gilardin), für den „Arcanus sensus" (s. Thomassin) oder „le sens divin du monde suprême" (b. Gratry) als „Manas",
in Wechselbeziehung mit Dharma (bei Einklang physischen und moralischen
Gesetzes), cf. „Terrassenhimmel der Buddhisten" (Z. f. E. 1881, V. d. A. G.).

Gott, als „res cogitans" und „res extensa" ist die natura naturans,
wogegen der Intellectus, als bestimmter „Modus cogitandi", zur natura
naturata gehört (b. Spinoza), für die „idea adaequata" (im Conceptus), dass
der Zweck, als τέλος τῆς πορείας („ratio perveniens ad finem suum"), begriffen werde (oder ergriffen, in Erahnung). Quidquid entitatis bonitatio,
perfectionis est, in quacumque creatura, totum est eminentius in Deo
(s. Thom. Aq.), in Transcendenz (der Induction), durch „Analysis infini-
torum" oder „Analysis indivisibilium" (s. Leibniz) zu bemeistern (im
logischen Rechnen).

In objectiv vergleichender Ueberschau der Naturgegenstände war auch der Mensch gleich den übrigen einzureihen, bei seinem Platz im „Régne humain" (s. Quatrefages) unter den Naturreichen, ganz jedoch und voll, seiner vollen Natur nach, nicht physisch nur, sondern auch psychisch, so dass die Forschung, wenn zu ihm gekommen, zunächst auf sich selbst zurückzukommen hätte, da ihr ganzes Denkgebäude wieder auf dem Menschen selbst erst ruht, und zwar seinen gesellschaftlichen Schöpfungen nach für den Durchschnittstypus der Gesellschaftsgedanken, worin aus dem Mitwirken eines Jeden zukommender Stellenwerth sich zu schätzen und zu erkennen haben würde (im Bewusstsein des Selbst).

Was in einer durch den Willen verstärkten Wunschesrichtung sehnsuchtsvoll über das Sinnliche hinausstrebt, verläuft philosophisch oder religions-philosophisch in die Mystik, wenn die Anhalte an Dogmen religiösen Glaubens sich nicht mehr stichhaltig erweisen, und die göttliche Essentialität erfasst werden soll, statt ihrer Manifestationen, in den Gesellschaftsgedanken des Zoon politikon (für den Einzelnen).

Nul doute que le sens destiné, à percevoir l'élément métaphysique, l'élément profond qui subsiste à côté des apparences du monde des corps, ne nous fasse percevoir quelque chose de dieu (s. Gilardin); „con un certo instinto beatifico, verso di se" (Gott hat die Seele geschaffen).

In Berkeley's Phaenomenalismus liegt das „Esse" der nicht denkenden Dinge im „Percipi", ohne reale Existenz der sinnlichen Objecte, obwohl, da die abstracten Ideen durch blosse Worte veranlasst sind, nur Einzelvorstellungen gelten, vom unendlich allweisen Geist zum geordneten Eindruck gebracht (nach den ihren Sinnesempfindungen inhärirenden Eigenschaften), und an der „veracitas" zu zweifeln, verbietet schon der zweifelnde College, „im schnell voreiligen Sprung von der skeptischen Betrachtungsweise zu dogmatischen unbewiesenen Voraussetzungen" (s. E. Reinhold), statt prüfend inductiven Weg (der Thatsachen).

In der Psychologie der von Maya's Sohn Belehrten, hat zu der Wechselwirkung zwischen Aromana und Ayatana über zeitliches Entstehen und Vergehen (im Existenzwechsel) hinaus, der Sinn der Manas hinzuzutreten, für allgemeine ewige Wesenheiten in gesetzlicher Durchschau (des Dharma). Und die Welt, in der wir leben, als integrirende Bruchtheile jedesmaliger Gesellschaftswesenheit, erweist sich als jene Welt der Vorstellungen eben, worin die Völkergedanken entgegentreten, aus der Buntheit ihrer realen Existenzen. Wenn hier dann das Individuum den zugehörigen Ziffernwerth (seiner Fraction) für subjectives Einverständniss herausgefunden, mag es psycho-physisch auch betreffs seiner Sinnesempfindungen sich abfinden, im Zusammenhang mit sonst organischen oder anorganischen Kräften der Naturlehre, aber unter den Täuschungen *)

---

*) Die ganze Welt ist Täuschung (nach Parmenides), und κατὰ πάντ ἀδαῆ φέρει εἰδότα φῶτα der Weg (zur Gottheit), in Durchschau (der Bodhi), geleitet von heliadischen Jungfrauen, προλιποῦσαι δώματα νυκτὸς εἰς φάος, aus (polynesischem) Po (einer „Avixa") in Sige (oder Mutuhei). „Dieu, dont l'essence nous est impénétrable, ne nous est secrété que par ses attributs, comme la manière par ses qualités" (s. Gilardin). Die

eines flüchtig Vergänglichen in Raum und Zeit, hat das Bewusstsein seinen innerlichen Halt an harmonisch durchklingenden Gesetzen zu stetigen, in (natur-) wissenschaftlicher Annäherungsmethode (für die Erahnungen aus bewährter, und erfahrungsmässig geprüft befundener, Religiosität).

Die göttliche Existenz liegt in der Essenz selbst (b. Thom. Aq.), unter Einheit der Substanz mit ihren Attributen, während diese im endlich Irdischen zur Auffassung kommen, bei der Vielheit persönlicher Individualitäten (für die Samkhya).

Das Unendliche zerbricht sich im Endlichen, und dessen Sein beruht auf solcher Unendlichkeit, als (peripatetischem) Hypokeimenon, dessen Eigenschaften beim Niedergang materiell verdunkelt, aus dem inneren Kerne ideal zu klären sind (im Verständniss).

Was mit auffallendem Licht in geometrischen Umrissen für den optischen Apparat als Ausdehnung erscheint, im Nebeneinander, fasst sich im Ineinander für die Idee bewusster Empfindung, aus dem Dasein selbst, und so wird das akustische Nacheinander, nach den Pulsschlägen zeitlich gemessen, im Leben selbst durchlebt, für die Momente des Denkens in seinen Schöpfungen (eigenen Verständnisses).

„Die Entdeckung ihres Grundbegriffs ist der positive Anfang der Wissenschaft" (s. Harms), wie in Cartesius' Begründung der specifischen Differenz (zwischen Körper und Seelenlehre), indem das Wesen der Materie in Ausdehnung besteht, das Wesen des Geistes im Denken, da es nur eine Geometrie des Körpers giebt, keine des Geistes (wohl jedoch eine Arithmetik, im logischen Rechnen).

Boyle († 1691) hob zuerst die Nothwendigkeit hervor, dass man zwischen den chemischen und metaphysischen Elementen zu unterscheiden habe, und dass sich die Chemie, ohne sich um die letzten Bestandtheile der Dinge zu kümmern, damit begnügen müsse, die früher unzerlegbaren näheren Bestandtheile zu lernen (s. Hell), und so hat die Ethnologie zunächst bei den Elementargedanken Halt zu machen, bis im Operiren mit denselben durch zunehmende Uebung (in naturwissenschaftlicher Psychologie) genügende Fähigkeit erlangt sein sollte, um Infinitesimalberechnungen zu wagen (auf Ursprungsfragen*) hin).

<hr>

Vernunft findet ihre Befriedigung erst in der letzten, Alles umschliessenden Einheit (b. Eckhardt), ausser Gott ist die Creatur ein lauteres Nichts (s. Lasson). Les preuves de dieu metaphysiques sont si eloignées du raisonnement des hommes et si impliquées qu'elles ne frappent pas (s. Pascal). Das Sein ist absolute Position (b. Herbart), aus partieller Durchdringung der einfachen Wesen entsteht die Materie (mit materiellem Element der Atome). Das reine Sein ist die reine Abstraction, und damit das Absolut-Negative, welches gleichfalls unmittelbar genommen, das Nichts ist (s. Hegel). Gott, als das ursprüngliche und absolute Denken, ist selbst erst für sich das Setzen seines Seins, und dadurch das Wissen von sich und seinem Sein, und ist dieses die absolute und ursprüngliche Thätigkeit (s. Gabler). „Platon et Aristotle entendent par hypothése un point de départ positif dont l'existence est donnée" (s. Gratry), zum Ausgang im Gegebenen (beim Rechnen).

*) Diogenes Ap. identificirte die Luft als Ur-Element (b. Anaximenes) mit dem νοῦς (des Anaxagoras). Thales hat den Urstoff (b. Aristoteles) „auf dem Wege der

Im Apeiron (Anaximander's) setzt sich als Princip (ἀρχή) das Urwesen, während Anaxagoras den Nous hinzutreten lässt, und dann der
Anfang in Conflict kommt mit der unendlichen Reihe, sofern nicht aus
Anaximander's Schule (s. Theophr.), in Parmenides' Fassung das Sein sich
abschliesst, auf die Atome hin bei Leucipp, der auch die Elemente, als
Wurzeln, lehrt, gleich Empedokles, nach Beider Lehrer Parmenides
(s. Simplicius), und dann wird wieder Parmenides, der mit Aminias lebend,
dem Diochetes ein Denkmal errichtete (s. Sotion), zu den Pythagoräern
gerechnet (b. Strabo), wie ebenso sein Lehrer Xenophanes mit Pythagoras
zusammengesellt sich findet (b. Heraklit), oder ein Saccas (im Sacktragen
ägyptischen Ammonius') auf Sakyamuni sich deutelt, und Scythianus
heiliger Formel (im Mani padme hum).

Parmenides wurde zu den Pythagoräern gerechnet (s. Diog. Laert.),
und bei Empedokles Umzügen als Wunderthäter (über magische Kräfte
gebietend), sollten in seiner Philosophie die, exoterisch ausgeplapperten
Grundzüge esoterischer Geheimlehre, ὥσπερ μυστήρια θεῶν (s. Jamblichus),
als „pudenda" (b. Hamann), gehütet sein (ἐν ἀποῤῥήτοις λόγος). Durch den
Mund der Priesterin Themistokleia waren Pythagoras' Lehren überliefert
(s. Aristoteles), von Chaldäern (in Tyrus) unterrichtet (s. Neanthes), sowie bei
Galater und Brahmanen (s. Alex. Pol.), oder aus der Schule des Oberpriesters
Oinupheus in Heliopolis (unter König Psemetnepserphres), auch in brahmanischer (s. Apulejus) über „quot partes animi", in Belehrung betreffs
der Seele (s. Euseb.). Ein Schüler des Assyrer Nazaratus (s. Alex. Pol.),
brachte Pythagoras τὴν ἑαυτοῦ φιλοσοφίαν ἀπὸ Ἰουδαίων εἰς Ἕλληνας
(b. Hermippus), von Gymneten Aegyptens und indischen Weisen geschult,

---

Induction gefunden" (s. Byk) Aus Luft (ἀήρ) und Nacht (νύξ), die den Tartarus
erzeugte, geht durch das Welt-Ei die Welt hervor (b. Epimenides); ὕδωρ ἦν φησιν
ἐξ ἀρχῆς καὶ ὕλη, ἐξ ἧς ἐπάγη ἡ γῆ (s. Hellanicus); ἐκ γαίης γάρ πάντα καὶ εἰς γῆν πάντα
τελευτᾷ (Xenophones). Stoff, Form, Ursachwirkung und Zweck bilden die vier ἀρχαί
(b. Aristoteles). Philolaos fügte den vier Elementen ein fünftes hinzu (als ὅλκας) im
„Akasa" (der Inder), und Buddha ein sechstes, als Bewusstsein (in Vorbedingung von
Nama-Rupa), τὰ ἐν τᾷ σφαίρᾳ σώματα πέντε ἐστί (b. Philolaos). In der ῥύζωσις liegt
der innere Entwicklungstrieb (am Nabel). Protagoras belebt die γένεσις statt οὐσία (im
eleatischen Sein). Die Bildung der Materie beruht in der Eduction der in ihr liegenden Formen (b. Ibn Roschd). Die Substanz, als „Ens per se subsistens" (nach „causa
sui"), scheidet sich von Accidenz oder Modus (bei Substantialität). Die Substanz
bildet die Ursache (quatenus nondum est in actu); ἔστιν ἀνθένοτε οὐδέν, ἀεὶ δὲ γίγνε
ται (ausser bei den Eleaten). Ἠ μὲν, ὅπως ἔστιν τε καὶ ὡς οὐκ ἔστι μὴ εἶναι, Πειθοῦς
ἐστι Κέλευθος, ἀληθείη γὰρ ὀπηδεῖ (s. Parmenides). Es bedarf einer Unterlage
(ὑποκεῖσθαι) für die Entstehung (γένεσις) im Sein (ἐν τὰ πάντα). Das Sein ist zunächst
gedachte Substanz (νοητή οὐσία) im Denkprocess (νόησις) der Substanz als Gedachtem
(b. Proclus). Φιλόλαος ἔφησε τό μέν ἐξ οὐρανοῦ πυρός ῥυέντος, τό δέ ἐξ ὕδατος σεληνιακοῦ
περιστροφῇ τοῦ ἀέρος ἀποχυθέντος εἶναι τὰς ἀναθυμιάσεις τροφὰς τοῦ Κόσμου (s. Stob).
L'unité est la forme nécessaire de la conception de l'être (b. St. Anselmus), beim
Ausgang von der Eins, im logischen Rechnen (bis zur Vervollkommnung im höheren
Calcul). Der Syllogismus bewegt sich um das Principium tertii intervenientis (τι
μεταξύ τῆς ἀντιφράσεως), in relativen Gleichungen (des Rechnens): die Induction führt
über zum Transcendentalen (mit höherem Calcul).

(s. Philostrat.), und durch Aglaophemus, Oberpriester zu Lebethra, ein-geweiht (in τά περι Θεῶν ὄργια). Ohne Lehrer (s. Suidas) ergab sich Pherekydes dem Studium (com-paratis secretis Phoenicum libris). Der dem Orpheus und andern Weis-sagern, sowie den Weltweisen (wie Pherekydes) gehörige Name „Theologia" wurde von Clem. Al. auf die christliche Lehre angewandt (s. Ribovius); von alten θεόλογοι (bei Aristoteles); τῆς ἀληθείας φιλοθεαμονες erklärt Pythagoras*) die Philosophie dem Tyran Leon (von Phlius), theosophischer Weisheit entbrechend, wie οἱ ἀπό τῆς Σκέψεως, als Agnostiker die Gnosis verleugnend, oder aus Sophistenthum dem Sufismus verfallend (in Aber-glauben und Unglauben nihilistischer „égalité").

Die Kernfrage heutiger Zeitaufgabe fällt dahin, wie für die idealen Güter der Cultur, welche in bedrohlich heranziehender Umwälzung der Weltanschauung nihilistisch verloren zu gehen drohen, ihre morsch brechenden Stützen durch dauerndere zu ersetzen sein würden, der Zeit-strömung entsprechend.

Der Römer war innerhalb seines Staatsgebäudes in religiöser Ver-quickung mit den Rechtsinstitutionen, durch Pietät gebunden, ebenso der Hellene in seiner „Eusebeia" gegen die Götter, oder, bei weiterem Auf-

---

*) Pythagoreorum disciplinam eaque quae Socrates repudiabat, hinzuzulernen reiste Plato nach Italien (s. Cicero). Ex Tyrrhenia cum patre Samum migravit (Pythagoras), Pherecydem Syrium Sami primum audivit (s. Suidas). Hippasos, Vor-fahr des Pythagoras, wanderte vor den Herakliten aus Phlius (φίλος des Pelo-ponnes) nach Samos. Mnesarchus war von Tyrrhenien ausgewandert (s. Diog.), als Vater des Pythagoras, geboren in Tyros, bei Begleitung der Mutter auf einer Handelsreise des samischen Kaufmanns und Steinschneiders (569 a. D.). Zu den Insignien der hebridischen Druiden gehört der Pfeil (s. Toland), wie ein goldener von Abaris getragen (als Symbol Apoll's). Die Druiden verehrten (in blutigen Riten) Hesos, Teutates und Taranis (s. Lucan), sowie Belenus, als Apollo (der frommen Hyperboräer). Die Croteniaten verehrten Pythagoras als Sohn des hyperboräischen Apolls (s. Aelian). Das Orakel zu stiften kam Olenus mit den Hyperboräern nach Delphi (s. Paus.). Latona gelaugt als Wölfin nach Delos (zu den Hyperboräern). Aristeas (aus Proconnesus) als Priester des Apollo (φοιβολαμπτος) war bei den Metapontiern wieder erschienen (die Ἀριμάσπεια schreibend). Die Hyperboräer opferten dem Apollo Esel bei Sonnenaufgang (s. Kallimachos). Die Stadt der Citherspieler (bei den Hyperboräern) war dem Apollo geheiligt (s. Diodor), der sich des Lobgesanges der Hyperboräer freut (bei Pindar), und neutraler Heiligkeit er-freuen sich die Harfenspieler der Gothen (s. Jornandes). Orpheus, qui et vetustissi-mus poeta et aequalis ipsorum deorum, denn verum et magnum πρωτόγονον, primo-genitum appellat (b. Lact.). Die Theliden, zu dem Geschlecht des Thales gehörig (s. Diog.), stammten vom Phönikier Kadmos (aus Theben). Olen hatte den Griechen die ältesten Hymnen gedichtet (s. Paus.). Epimenides (unter den Kureten) schrieb (auf Felle) Καθαρμοι (als Καθαρτης) oder Sühnlieder, sowie χρησμοι (Orakelsprüche), gleich Veden practischen Gebrauchs, gleich Karakia (bei den Maori). „In modern, as in ancient times, the extreme points between which philosophy has oscillated are the same" (s. Martineau), unter gesetzlichen Fesseln (psychischen Wachsthums). Das Ziel der Philosophie bildet ἡ τῆς ψυχῆς σωτηρία (b. Porphyr) und die Befreiung vom Bösen liegt in der Reinigung (κάθαρσις), nach psychologischem Heilswort (des Abhidhamma).

wachsen des Bildungstriebes, philosophisch bei Möglichkeit harmonischen Abgleiches in der, von ihm selbst gebildeten, Mitte eines eng und fest umschriebenen Horizontes (seiner „Oikoumene").

Dann mit östlich aufflackerndem Licht, begann durch Europa's Ausdehnung die Herrschaft der heiligen Bücher, welche von der Masse des Volkes mit mehr weniger abergläubischer Scheu, von den Gebildeten mit Verehrung entgegengenommen, in ihrer Autorität gestärkt wurden, weil aus fremder Ferne stammend und so zugleich durch jenen Zauberbann ergreifend, der dem Eindruck des Unbekannten einzuwohnen pflegt.

Ununterdrückbar jedoch regte sich der Forschungsdrang, in das Dunkel vorzudringen mit dem Lichte des Wissens, um das Unbekannte in Bekanntes zu verwandeln, soweit die Denkfäden des Erkennens reichen.

Und seitdem, mit dem Entdeckungsalter, der Globus aufgeschlossen lag, trat jetzt der Mensch entgegen auch aus jenen Theilen desselben, die durch die Cultur bisheriger Weltgeschichte nicht gedeckt waren, und damit war sodann ein neues Problem gestellt, in der Lehre vom Menschen, das objectiv nach comparativ-genetischer Methode der Induction zu lösen sein wird, bei Zufügung der Psychologie an die Reihe der Naturwissenschaften, auf Grundlage des Völkergedankens, um auch für die Schöpfungen im geistigen Bereich die Gesetze eines organischen Wachsthums aufzufinden (in der Harmonie des Kosmos).

Einheit der Weltanschauung ist das Stichwort. In unserem thatenschwangeren Occident hat sich der dogmatisch verknöchernde Abschluss religiöser Deckung für die Dauer hinaus stets zu kurz erwiesen. Beständig fand der scheinbar stabile Horizont periodisch sich durchbrochen von regerer Geschichtsbewegung, weiterstrebend auf Ergänzungen hin, aus den im Forschungsgange gewonnenen Ergebnissen, und so spaltete sich, zwischen Glauben und Wissen auseinanderklaffend, jene zerrissene Weltanschauung, welche gegenwärtig es gelten wird, einheitlich wiederum abzuschliessen, und zwar im Ausverfolg derjenigen Richtung, die sich im Kampfe als die mächtigere erwiesen hat, die der Wissenschaft, im „naturwissenschaftlichen Zeitalter" die Psychologie erwartend, zu priesterlicher Weihe ($τελετή$, als $τέλος$ in der Teleologie).

Im passiveren Orient gewährt sich das Schauspiel einer auf weite Strecken hinaus durch den Glauben unverrückt umschlossenen Weltanschauung, mit innerlich hineinverarbeitetem Wissenssystem, bei zeitlich ältester und räumlich umfassendster Religion, der buddhistischen, (als Religions-Philosophie). Was hier deductiv systematisch zu entwerfen versucht wird, das wird nach der unserer Gegenwart congenialen Architektonik inductiv emporzubauen sein, auf der in Natur der Dinge selber gegründeten Basis einer naturwissenschaftlichen Weltanschauung, die im Fortschritt des logischen Rechnens bis zu einem Infinitesimalcalcul hinaufführen mag, bei naturwissenschaftlicher Behandlungsweise der Psychologie, aufgemauert mit thatsächlich gefestigten Bausteinen, wie im ethnischen Material zusammengetragen.

Als sich der gesunde Menschenverstand dem „human understanding"

zugewandt, war das von Kant besiegelte Urtheil der Speculation gesprochen, die „Möglichkeit einer Metaphysik, sei es als Psychologie,
Kosmologie oder Theologie" geleugnet (b. Locke), und wird auf diese,
seitdem verwüstet liegenden Forschungsfelder, das Denken dann erst
zurückzukehren vermögen, wenn sie sich für die dem „Appetitus intellectivus" des Zeitgeschmackes anbaufähig erwiesen haben, für dauernd substantielle Ernährung aus thatsächlich angesammelten Anschauungen, (in
der Welt „der Vorstellungen").

Im Rückschluss aus den Wirkungen auf bewirkende Ursachen ergiebt
sich die Kraft, in ihren Verwirklichungen theoretisch gefasst (je nach dem
System).

Wenn organisch, statt in momentaner Krystallbildung sich abzuschliessen,
der im statu nascenti stets unterbrochene Gang, in den Gang des Wachsthums beweglich übergeführt, einen temporären periodischen Abschluss erlangt hat (für Neuzeugung in der Pflanze), kann die Entwicklung (als
Entelechie) in animalischen Geweben derjenigen ganzen Thätigkeit nach
zur Aeusserung kommen, welche als psychische sich zunächst in den, von
ihr bedingten, Muskelzuckungen (oder Bewegungen) erfüllt, (ähnlich wie
electrische Polarität bei Herstellung des aus Wahlverwandtschaften gefestigten Salzes), während im ferneren Stadium noch ein freier Rest ohnedem übrig bleiben mag, wie gleichsam der im Eisen über die materiellen
Grenzen hinaus seine Fernewirkung (im festen Aggregatzustand schon)
bewahrende, einer Seele (b. Thales) oder des Magnets (tellurisch).

Für das, was hier Seelisches zu nennen wäre, bleibt die Möglichkeit
physischer Erscheinung ebenso ausgeschlossen, wie etwa für Polarität,
Magnetismus, Schwere u. s. w., die sich dichterisch allegorisiren mögen,
aber nur den begeisternden Sinn verkörpern, worin dann auch sonstige Gespenster ihren Spuk treiben, als Seelen, die aus dem Grabe erstanden,
oder etwa in göttlicher Verklärung aus den Pflanzen hervorgetreten sind
(in der Dryade der Pflanzenseele).

Ferner noch als dämonische Thierseele, steht die dem Menschen inne-
wohnend gesetzte Seele der Möglichkeit körperlicher Realität, weil bei
der Gesellschaftswesenheit nur als das Resultat durcheinanderwirkender
Agentien ergeben, innerhalb welcher die eigene Seele, für ihr Bewusstsein, sich der Verhältnisswerthe erst sicher machen muss (im logischen
Rechnen).

Betreffs des Psychischen im Thierreich, (oder auch im Pflanzenreich,
wenn man will), realisirt sich die Seele stets nur an den Stoffdingen jedesmaligen Falles, ohne denkbare Erfassbarkeit im freien Zustande, weil entweder latent im körperlichen Bestehen, oder erfüllt in der Bewegung (und
mit dieser periodisch jedesmal aufgebraucht).

Dagegen tritt unabhängig selbstständige Existenz eben dann hinzu,
wenn innerhalb der gesellschaftlichen Seele die individuelle ihres eigenen
Stellenwerthes, als integrirender Theil des Ganzen, sich bewusst wird (in
dem aus den Differenzirungen gezogenen Facit).

Sie gewinnt dadurch ein ebenso unzerstörbares Sein in ewiger Unendlichkeit, wie für die Kraft überhaupt zu setzen, weil über terrestrischen Horizont hinausgreifend in kosmisches Walten (in harmonischer Gesetzlichkeit). Und zwar ist hier der Bewusstseinfactor involvirt, wenn als solcher für sich selbst geklärt. Beim Psychischen des Menschen würde also, über die Entwicklungskette hinaus, noch ein neues Entstehen hinzutreten, das vergängliche Werden überdauernd.

Weiterhinfort lässt sich der Gang (zur Verfolgung von Einzelheiten) nicht überblicken, weil durch schmalste Ritze des Vorhangs, der ihm ein „Allerheiligstes" im Weltgeheimniss verschleiert, in das Jenseits kaum hinausblickend, das irdische Auge seine Unterscheidungsfähigkeit verliert. Aber mit Gewissheit der Ueberzeugung hätte bei gesetzlich befestigter Sicherung des selbstgeschaffenen Geschicks seine Zielweisung zu reden, dasjenige überdauernd, was als Entstehen und Vergehen empfunden wird (für den Stufengang im Dasein).

In naturgeschichtlicher Auffassungsweise erscheint das Seelische als eine Function des Körperlichen, und die Möglichkeit sinnlich auffassbarer Erfahrungsweise bleibt dadurch ausgeschlossen.

Neben der ψυχη θρεπτικη (und animalischer Reflex-Seele), erweist sich die individuell bewusste Seele des Menschen, als das Product solches Bewusstseins, wie im logischen Rechnen aus integrirendem Theilganzen im Gesellschaftskörper (und seiner Seele) gewonnen (in Folge der, soweit, dem Menschen als Zoon politikon eignenden Wesenheit).

Dieser Gesellschaftskörper zeigt ein unter der gegenwärtig in Actualität herrschenden Verfassungsanlage des Erdglobus aus neuer Entstehung gezeugtes Product, nämlich eine aus physikalisch-siderischen Agentien hervortretende Verwirklichung, die wo sie zu einer (nicht sinnlichen, sondern geistigen) Auffassung gelangt, sich dadurch als verwirklicht erweist, — im Ganzen: solcher Auffassung nach; und für die integrirenden Theile (in jedem Individuum): gemäss des Bewusstseins, welches in seinem Verständniss sich selber ergreift (und begreift). Dass bei derartig naturwissenschaftlichen Denk-Methoden, congruenter Erscheinungsweise (innerhalb der dem Menschen eignenden Welt der Vorstellung) noch mehr sogar (wenn man so will), als bei einer an körperliche Vorgänge geknüpften Function (des Seelischen), jede sinnliche Erscheinungsmöglichkeit ausgeschlossen bleibt, bedarf keiner Bemerkung, und anderseits ergiebt sich der Hinweis auf den, mit und in der Verwirklichung einbegriffenen, Fortbestand, jedenfalls für das dem Verständniss zugänglich einbegriffene Element, aus Unbekanntem zu eliminiren (in logischer Berechnung).

Indem das auf die Beantwortung der über eigene Wesenheit gestellten Fragen hingerichtete Streben, das als Philosophie bezeichnet wird, irgendwo ihren Ansatz finden muss, wird mit einer an sich bewiesenen Wahrheit zu beginnen sein, autrement de syllogisme en syllogisme on remonterait à l'infini, sans trouver jamais la majeure, qui devrait être la base de toute la déduction syllogistique, „notitia principiorum non fit dialectice" (s. Gilardin). Um nicht in die „folie du doute" des Skepticismus zu verfallen, im Zweifel über eignes Selbst, bietet sich in Descartes Fundamentalsatz das Bewusstsein als Criterium der Gewissheit (bei Malebranche), und das im Gesichtskreis des Culturvolkes, in der Welt seiner Weltgeschichte, umschauende Bewusstsein (mit, je nach der Höhe, verlängerten Gedankenreihen) findet hier die ideal geschaffenen Güter fertig bereits vor Augen, innerhalb welcher jetzt die Deduction ihre Arbeiten vornimmt (zum Aufbau des Wissensgebäudes).

Diesem, zu allen Zeitperioden philosophischer Cultur der verschiedenen Geschichtsländer, allein möglichen, — weil (gleichmässiger Hauptrichtung nach) allein geöffneten — Wege hat sich, seit der die europäische Weltanschauung umgestaltenden Doppel-Revolution beim Morgenanbruch der Neuzeit, ein zweiter zur Seite gestellt, der dem in seine eigenen Räthsel verhüllt umschlungenen Subjectivismus die Hülfe objectiver Ueberschau hinzuzubringen verspricht, um mit Verwendung comparativ-genetischer Methode die Forschungen inductiv zu beginnen, in dem als naturwissenschaftlich gefassten Sinne (bei Anweisung der Psychologie).

Ausschlaggebend war hier der Hinblick auf Völkerstämme, die in selbstständiger Abgeschlossenheit, auf den Vorstadien der Uncultur in den Horizont der Beobachtung eintraten, und zwar in variabel differenzirbarer Abhängigkeit von den physikalischen Bedingungen klimatisch-geographischer Umgebung, auch für Einleitung und Fortgang historischer Bewegung (unter den Reflexen des Völkergedankens, aus der Gesellschaftswesenheit des Menschen).

Indem nun auch hier, für den Ansatz ersten Beginns, das Didomenon in einer Eins zu suchen war, lag sie naturgemäss bereits ausgesprochen vor, in Gleichungsformel des Organischen mit seiner Wandlungswelt (aus terrestrisch-siderischen Ursächlichkeiten), um gesetzlichen Welten nachzugehen (in den Harmonien des Kosmos).

Die Analysis des Unendlichen (nach dem Wesen dieser Rechnungsart) „offenbart das Geheimniss des Zusammenhangs zwischen Ursache und Wirkung" (s. Apelt), wenn selbstgesetzt im Selbst zum Gesetz (bei Integrirung des Einzelnen in seiner Verwobenheit mit der Gesellschaftswesenheit durch des Gewissens Gewissheit, zum eigenen Bewusstsein).

Beim Ausgang von dem Gegebenen ist das geometrische Verfahren angezeigt, auf dem Wege der Identität (um analysirend zu zerlegen), während die Infinitesimalberechnung, mit dem Gegebenen aufbauend, aus Verschiedenheiten, zu neuen Enthüllungen (in der Bewegung) fortschreitet (unter jedesmal rückgängiger Controlle), als das „principe de transcendance" (s. Gratry), in der Induction neben der Deduction, als „principe d'identité" (im Syllogismus). „Passer du fini a l'infini par l'effacement des limites du fini" bildet „le procédé infinitésimal" (le procédé dialectique comparée au procédé syllogistique).

Von religiöser Ueberzeugung durchdrungen, fand (oder erfand) beim Anbruch des naturwissenschaftlichen Zeitalters der Schöpfer der, dessen Fortgang beherrschenden, Induction die am Himmel regierenden Gesetze. Geometria ante rerum ortum, mentis divinae coaeterna (s. Keppler). Auch auf dem Himmelskörper der Erde kommen sie zur Auswirkung, und hier

beim Vordringen der Erkenntniss in das Detail zugänglich tellurischer
Erscheinungen, gestalten sie sich (arithmetisch) zur Transcendenz, in die
psychischen Wachsthumsgesetze logischen Rechnens hinaus (bis zum Infini-
tesimalcalcul). Lex aeterna est ratio seu conceptus gubernationis rerum
in Deo (s. Thom. Aq.) in Harmonie des Kosmos, bei Einordnung des
Menschen, nach objectiver Umschau über den „Völkergedanken" seiner
Gesellschaftswesenheit (im Zusammenhang mit den siderisch-klimatischen
Agenten der geographischen Provinzen, für historische Entwicklung der
Cultur). In der Geschichtswissenschaft fühlte der Geschichtsgeograph sein
Ergriffensein von religiöser Bedeutung, und auf geographischer Grundlage
hat sich die Geschichte des Humanismus über den Erdenraum zu erweitern,
um betreffs eines „Gott in der Geschichte", zunächst den Menschen (in der
Geschichte) zu verstehen, aus eigener Selbsterkenntniss, wie mit altem
Orakelwort im Tempel bereits eingeschrieben (auf künftige Erfüllung hin).

Was durch die Sinne, a posteriori, in uns aufgenommen wird, als
Object draussen (eines Nicht-Ich's), hinterlässt zugleich, neben den materiellen
Eindrücken, seine a priori gefassten, gleich denen eines Zusammenhangs im
Ganzen, der Verhältnisse der Theile zu einander, der Umgebung, sowie
vom Raum, worin — von der Zeit zugleich, nach welcher — erscheinend, und
das Total eines solchen, aus dem psychischen Wachsthumsprocess vorgeführten, Gesammt-Eindruckes setzt sich sodann (nach sinnlichen Aequivalenten) in ein lautlich producirtes Seitenstück um, was aus der Sprache
des Mitmenschen, im Wort, seinerseits wieder als posteriori gleichsam
Aufgenommenes zurückkehrend, neuerdings aprioristisch (in obigem Anschluss) fassbare Schöpfungen zeigt, im Wachsthumsfortgang des Denkens.
Und indem dann auch diese wieder, unter lautlichen Wortumrissen, in die
sprachliche Sphäre hinausgeworfen werden, indem auch sie auf's Neue
aus ihr als Geistesschöpfungen zurückhallen, so ist damit in gesellschaftlicher Atmosphäre der Wissensbaum eingepflanzt, um im Laufe seiner
ideellen Entwicklungsproductionen zum Reifen der Culturblüthen emporzusteigen.

Was hier sich nun gestaltet, innerlichen Schöpfungsgesetzen gemäss,
muss dem entsprechen, was im Draussen waltet, wie nach den Variationen
der Völkergedanken (unter geographisch-historischer Umgebung) hervor-
tretend, aus „Ordo ordinans" (b. Fichte), dem „Ordo ordinatus" gemäss,
in prästabilirter Harmonie (b. Leibniz) nach festgeschlossenen Gesetzlichkeiten (im Kosmos).

Den Ayatana im Innern haben die Aromana da draussen zu entsprechen, in nothwendig bedingter Wechselwirkung, und unter einander
wieder ergeben sich die physiologischen Consonanzen (optisch und akustisch).

Das dem Taubstummen wie ein Trompetenstoss klingende Roth
associirt sich mit rundvollen Vocalen (o, a), mit dem Dicken im Antasten,
substantiellen Geschmacks, das lichttönende Violett mit ätherischem
Geschmacks-Geruch u. dgl. m. (und dazu die den Beobachtungen der
Kindesseele entnommenen Erfahrungen).

Aus Parmenides Setzung des Seins folgt von selbst, in immanenter

Realität, dass ausser Sein: Nichts. Verbindet man nun hier, syntaktisch bequemer, mit der Copula (für die Prädication), „ausser dem Sein ist Nichts", so verführt, bei Zusatz des grammatischen Artikels (wenn an Sprachkrankheit laborirend) der sophistische Schluss (enantiopoiologischer Sorte) zum Satz: „Ausser dem Sein ist das Nichts", das reine Sein, als Nicht-Sein (b. Hegel). Im „ist" dagegen, als conjugirte Form infinitiven Seins, liegt dieses eingeschlossen und ausgesprochen, das „Sein ist", nämlich: „das Sein seint", und demgemäss das „Nichts nichtet", im nichtigen Nichts, (als Nichtsnicht).

Und dabei wird es nach dem logischen Princip der Identität zu verbleiben haben, bis für Transcendenz die Uebung gewonnen wird, in Rechenkunst mit negativen Grössen vielleicht, beim künftigen Durchbildungsgange naturwissenschaftlicher Psychologie (durch das Denken, als logisches Rechnen). Die nothwendige Tendenz aller Naturwissenschaft ist, von der Natur auf das Intelligible zu kommen (s. Schelling), in naturwissenschaftlicher Psychologie (nach comparativ-genetischer Methode).

Beim Frage- und Antwortspiel des Denkens über das Warum handelt es sich um das Erkennen einer Ursächlichkeit im Wissen (s. Vico), um des Unabänderlichen im „post hoc" gewiss zu werden zum „ergo hoc", wie bei den zugänglichen Naturkräften experimentell zu constatiren, und jede exacte Naturwissenschaft hat sich dann selbst die Grenzen (gleich den elementaren in der Chemie) zu stecken, bis wohin solche Gewissheit, als gewiss eben, zu gelten hat, wie auch, bei hinlänglich weitem Beobachtungskreis, gleiche Wiederkehr der Phänomen unter geregelten Variationen ihre eigene Bestätigung gewinnt, aus sich selbst, innerhalb des für die Umschau gewährten Horizontes (wie im organischen Leben aus Beziehung zu den geographischen Provinzen). So auch gälte es im psychischen Wachsthumsprocess, wenn für die Beobachtungen das genügende Material gegeben sein wird, und hier mag sich dann ein weiter Weg der Einschau eröffnen, zur „causa causarum" hin, aus innerlicher Entfaltung mitwirkenden Factors (in Selbsterklärung). Deus (omnium rerum causa immanens) ist „causa efficiens" (ens infinite absolutum), aus unendlich vielen Attributen bestehend (b. Spinoza); causae cognitio a cognitione effectus pendet. (Res particulares nihil sunt, nisi dei attributorum affectiones sive modi, quibus Dei attributa certo et determinato modo exprimuntur.) L'élément métaphysique existe par justa-position, par intra-position dans l'objet, il se perçoit comme l'autre élément dans la perception complète de l'objet (s. Gilardin), in Anstrebung der Unendlichkeit durch höheren Calcul (logischen Rechnens in naturwissenschaftlicher Psychologie). „Tout mouvement intellectuel, dit saint Thomas d'Aquin, vient de dieu, comme de sa cause première, et vient comme cause seconde, de l'intelligence créé, qui l'opére" (s. Gratry). Voila donc deux raisons, que je trouve en moi, l'une est moi même, l'autre est au dessus de moi (s. Fênelon), in Idealität der Gesellschaftsgedanken (aus dem Reflex ewiger Wahrheit), sinnlich gefasst in geometrischen Umrissen der Naturgegenstände (bei congeniablen Beziehungen) oder (arithmetisch) in Transcendenz (für die Ethik).

Der Geist, dessen wesentliches Attribut das Denken ist, ist untheilbar Eins (b. Cartesius). Was Seelen-Achtel oder drei Viertel einer Seele, in Begierde, eines Gedankens ist, kann Niemand angeben (s. Harms), aber allerdings die Verhältnisswerthe der Theilseele (im Gesellschaftsgedanken zur Integrirung). „Une multitude de facultés ne divise pas plus l'âme, que trois facultés" (s. Garnier), aus Einem (der Dreieinigkeit). In der Gesellschaftswesenheit waltet (aus dem *λόγος ἐνδιάθετος* hervorgesprochen), der *λόγος προφόρικος* (der Stoiker), in den Völkergedanken (nach geographischhistorischer Differenzirung). *Τωὐτὸν δ' ἐστι νοεῖν τε καὶ, οὕνεκεν ἔστι νόημα* (s. Parmenides), und aus solcher Einheit im Sein und Denken*) folgt eine „Art von absolutem Identitätssystem" (s. Krug), wie in dem, harmonisch einem Nirvana (durch Bodhi) einverleibten, Gedanken als welterhaltendem (des Buddha).

---

*) Ubique denique est perceptio (Bacon). Das philosophische Wissen ist der denkend anerkannte Begriff von Kunst und Religion (s. Hegel). Im Menschen steigert sich das Vorstellen der Monade zum Denken (b. Leibniz), beim Streben nach neuen Vorstellungen im Geist zum Wollen (für die Determination). Il n'y a d'autres idées, que celles qu'on apperçoit (s. Merian); *λόγος ἐστιν ὁ τὸ τί ἦν ἢ ἔστι δηλῶν* (s. Antisthenes). Socrates sucht die Wahrheit in nüchterner Ueberlegung (*νήφοντι λόγῳ*). Eubulides und Alexinos galten als Erfinder der Fangschlüsse in der megareischen Schule, aus der eleatischen her (seit Zenon). Toute la science n'est qu'une langue bien faite (s. Condillac). „L'homme parle naturellement, comme naturellement il pense" (s. Gilardin); le language est pour la pensée ce que le corps est pour notre âme (la pensée pure, sans le signe sensible des mots, nous serait imperceptible, elle passerait à travers l'esprit, sans laisser de trace, selon la comparaison de Bonald, comme sans le tain qui la retient l'image des objets traversait le verre sans s'y réfléchir). *Καθ' ἁρμονίαν τὸν κοσμὸν συντετάται φασί* (Pythagoras). Das Einzelwesen ist Substantia prima (b. Anselm), die Species und das Genus Substanz in secundärem Sinne (substantia secunda); *ὅτι διαφέρειν ἔλεγον οἱ ἀπὸ Πυθαγόρου μονάδα καὶ ἕν, μόνας μὲν γὰρ παρ' αὐτοῖς νομίζετο ἡ ἐν τοῖς νοητοῖς οὖσα, ἕν δὲ τὸ ἐν τοῖς ἀριθμοῖς* (s. Anonym.), *ἐν πρωτόγονον* (b. Nicomachos), als Ausgang (im logischen Rechnen). *Νοῦς ἐστι βασιλεὺς ἡμῖν οὐρανός τε καὶ γῆς* (s. Plato). Aus dem Bewusstsein entsteht Name und Körperlichkeit (s. Oldenberg) und beim Sterben bleibt das Bewusstseinselement übrig, im Sein der neuen Wesenheit, als sechstes Element (im Buddhismus). In Verbindung mit der Materie (in den Dingen) existiren (s. Gilb. Porr.) die „formae nativae" verwachsen (concretae), nicht abgetrennt (inabstractae) Neben dem *νοῦς θεωρητικός* (im *νοεῖν*) steht der *νοῦς πρακτικός* (aus Willenskraft der Seele). Die auf einer Erfahrung beruhende Psychologie hat die Basis des Philosophirens zu bilden (s. Fries). Indem die Denknothwendigkeit das objectiv-reale Sein verbürgt, ergiebt sich die Ablösung von der Willkühr aus dem organischen Wachsthumsgesetz des Denkens (nach festgeschlossenen Gesetzen in kosmischer Harmonie des All). Les études philosophique onvraient, selon l'expression d'Humbert de Romans „la voie à des études plus hantes" les études plus hautes, e'étalent les études theologiques (s. Douais). „Existit ergo proeul dubio aliquid quod majus cogitari non valet, et in intellectu et in re" (s. Anselmus), deus noster (quo majus cogitari non potest). La dernière démarche de la raison est de reconnaitre qu'il y a une infinité des choses, qui la surpassent (s. Pascal). *χρὴ διαλέγεσθαι πόσα τῶν λόγων εἴδη τῶν διαλεκτικῶν, ἔστι δὲ τὸ μὲν ἐπαγωγή, τὸ δὲ συλλόγισμος* (s. Aristoteles). Darstellung intellectueller Anschauung ist philosophische Construction (s. Schelling). Die skeptische Unerfassbarkeit (*ἀκαταληψία*) der Dinge (b. Pyrrhon) entspricht der Unbegreiflichkeit in der Gottheit, als Wakan (bei den Dakotah).

Was als psychische Thätigkeit bezeichnet wird, bleibt unter ihren verschiedenen Interpretationen derjenigen Vorstellungsweise einbegreifbar, wie naturwissenschaftlich als Kraft gefasst (in „psychic force"). Die Kraft in ihrer Transmission und Transmutation führt auf Bewegung, mit der Schwere als Mittelpunkt (innerhalb des Planetarischen).

Der Stein fällt hernieder, die Pflanze, in der Erde gefestigt, strebt aufwärts durch organische Wirkung, und diese erhält das Thierische beweglich, als Wurm am Boden kriechend, als Fisch schwimmend, als Vogel fliegend, und in den Quadrupeden auf vier Stützpunkten regulirend, während bei der menschlichen Gestalt das Aufrechtstehen ein Balanciren voraussetzt, im Gang unter den unwillkührlichen Bewegungen halb eingereiht, mit dem Centrum als Schwerpunkt in der psychischen Kraft, die aus dem Bewusstsein leitet (und auch unbewusst eingreift, wie in den physischen Processen des Stoffumsatzes).

Im normalen Zustande (im Wechsel des sicheren und unsicheren Gleichgewichts der Mechanik) lösen bestimmt abgeschlossene Vorstellungen ihre entsprechende Bewegungscomplexe aus, während bei pathologischen Störungen ungeregelte Bewegungen und hysterische Paroxysmen eintreten mögen, oder, unter Fortbewahrung der Erregbarkeit in den Muskeln (und ihrer Biegsamkeit im kataleptischen Zustande), Abschluss der cerebralen Innervation; oder doch ihres Bewusstseins, im Schlaf aufgehoben (wie ganz, oder halb, im hypnotischen Halbgeträume).

Zur Annahme einer psychischen Kraft würde die Möglichkeit von Wechselbeziehungen zu folgen haben, bei inducirten Störungen (electrisch auch für den Magnetismus), aber was, suggestiv, im mentalen Process zugeführt werden sollte, hätte stets erst die Sphäre des Bewusstseins (oder doch eines träumerischen Halbbewusstseins) zu passiren, weil hier erst eine effectiv eigentliche Bedeutung gewinnend, für Ausgestaltung des Denkens in sprachlichen Lautbildern, unter mehr weniger willkührlicher charakteristischer Specificirung (mit Zwischengreifen an sich gegebener Nebenbedingungen).

Was als Substrat zu Grunde liegt, aus dem Hypokeimenon, bliebe bei psychischer Hyle unsichtbar für die „Essentia" (in der Existenz), als feinstes gleichsam (λεπτότατόν τε πάντων χρημάτων καὶ καθαρώτατον) im Geistigen (b. Anaxagoras). „Per substantiam nihil aliud intelligere possumus, quam rem, qui ita existat, ut nulla alia re indigeat ad existendum" (s. Cartesius). Die Erde (auf Hawaii) heisst Paa-nona-iho (als selbstgefestigt), „fest-sich-selbst" (fest in sich selbst) oder „fest-eigenes-Mark" (fest aus eigenem Mark), frei schwebend im Aether (Akasa) oder gestützt auf Elephanten (des indischen Weisheitsgottes). Das, was wir auf der Erde als Schwere fühlen, rührt von einem Drucke des Weltgases her, dessen Atome zu der Erde (von oben nach abwärts) in grösserer Menge strömen als von derselben (nach aufwärts); die eigentliche Urquelle der Wärme ist das Weltgas (s. Schramm). Die Schwere wird unter die „primarias qualitates corporum universorum" gestellt (b. Cotes), aber nur als „quaestionem" (Newton's), weil noch nicht „exploratam" (experimentell).

Ad naturam substantiae pertinet existere (s. Spinoza) im Dasein (des Gegebenen).

Wie die physischen Nervenregungen, nach Ablauf jedesmaliger Thätigkeitsäusserungen, in den Zustand der Ruhe zurückfallen, so die psychischen, obwohl hier aus lautlich umgewandelten Zeichenandeutungen beim Menschen (wolkig-traumhaften Nachklängen nach, in Folge der in gesellschaftlicher Atmosphäre wogenden Gedankenbilder) ein Gedächtniss-schatz aufgespeichert liegt, aus welchem, so oft der Anlass gegeben, die Erinnerung den Umriss ihrer Persönlichkeit hervorzugestalten vermag.

Temporär, wie gestaltet (die Gestaltung), folgt anschlüssig im Zeit-verlauf das dadurch bedingte Erbleichen, aber was dann im Momente des Daseins als Schöpfung des Denkens sich Ewig-Unendlichem eingefügt, verbleibt dort mit inhärirendem Element aus der Persönlichkeit (die schöpferisch mitthätig sich erweist).

Im gegliederten Organismus ist jedes Organ in Gemässheit der für dasselbe specifischen Functionen thätig, der Magen verdauend, die Leber mit Gallenbereitung, die Nieren in der Thätigkeit der Harnabsonderung, und so secernirt das Gehirn, zwar nicht (oder noch nicht) Gedanken, sondern psychische Thätigkeit der Kraft, „seelische Vermögen oder seelische Kraft" (s. Lipps), auf welche (durch die Sinnesthore) Vorstellungs-bilder einfallen, die, in Folge der für die Menschen typischen Gesellschafts-wesenheit, sich in lautliche Begriffsäusserungen umsetzen und mit diesen associirt stehen.

Ausser dieser Doppelung, der Vervielfachung des Denkens, indem innerhalb des geistigen Elementes jedesmaliger Persönlichkeit, ein Theil von Aussen (von den mitintegrirenden Gliedern des zugehörigen Gesellschafts-körpers, in gegenseitiger Wechselbeziehung) herüber genommen ist, unter-scheidet sich die eigene Zuthat nun im Eindruck des Bewusstseins, das in logischer Brechung fortzuschreiten hätte, zum deutlichen Bewusstwerden des Selbst (aus harmonischen Gesetzlichkeiten).

Dem Körperlichen gegenüber gewinnt das Geistige seine „phäno-menale Differenz" (s. Witte) dadurch, weil es, obwohl individuell durch jenes angeregt, doch der eigenen Wesenheit nach erst gesellschaftlich zur Verwirklichung gelangt (also auf rein psychischer Sphäre), τὸ βάθος ἑκάστου ἡ ὕλη (s. Plotin), im Dunkel (mutternächtiger Po).

Die den Denkgesetzen, (den Vorgängen ihres organischen Wachsthums gemäss), betreffs einer Ursächlichkeit gestellten Fragen führen (im logischen Rechnen) auf (relative) Verhältnisswerthe zurück, innerhalb eines Kreis-laufes des Vergänglichen im Endlichen (als peripherischer Abschluss des Zeit-Räumlichen).

Solchem Vergänglichen (oder Un-Ewigen) und Endlichen gegenüber bilden Ewiges und Unendliches Negationen, wodurch die Möglichkeit der Beantwortung negirt wird, so lange nicht ein höherer Calcul für die Lösung gefunden ist (in inductiv-naturwissenschaftlicher Psychologie nach comparativ-genetischer Methode).

Nicht in einem ontologischen Beweis wird deshalb das Mysterium des

Seins zu enträthseln sein, sondern nur in einem psychologischen (zur Annäherung des Absoluten).

Wenn, um auf einen Anfang zurückzugehen, die Denkreihen in ihre,
dem Physischen eingewobene Wurzel sich versenken, so stossen sie (mit
zunehmend eigener Verdunkelung) auf das compact undurchdringliche
Geheimniss der Materie, die freilich bei objectiver Umschau durch die
übrigen Naturreiche in manchen ihrer Wechselbeziehungen sich erklärungs-
fähig erweist, aber für den Uranfang (der „causa causarum“) über den
Horizont irdischen Gesichtskreises im Jenseitigen hinausliegt.

Aus jenem Jenseits her beginnt es nun jedoch zu reden, wenn bei
aufsteigender Richtung der Denkreihen (unter zunehmendem Licht des
Wissens), der psychische Wachsthumsprocess, einem Reifestadium seiner
idealen Früchte genähert, für den Genuss derselben Empfänglichkeit fühlt,
wenn durch die in Unendlich-Ewiges anlaufende Bewegung zwar nicht das
Unendliche und Ewige sich versteht, aber die aus causaler Wirkung gezeitigten Schöpfungen des Göttlichen aus seinen Qualitäten im Guten,
Wahren und Schönen, als Zielpunkte (für die Bestimmung des Menschen).
Die Antinomien (der Metaphysik) sind „des incommensurables et des
irréductibles, dans le genre des grandeurs qui n'ont pas de commune
mesure, comme le rapport de la circonférence au diamètres“ (s. Gilardin),
und an Stelle der Speculationen über eine Quadratur des Kreises hätte
hier ein höherer Calcul zu treten, im logischen*) Rechnen (naturwissenschaftlicher Psychologie).

„The Logic of induction has not yet been constructed“ (s. Whevell),
und konnte es nicht vor Verwendung comparativ-genetischer Methode (für
die Gleichungsformeln logischer Berechnungen).

Bei der Psychologie des menschlichen Mikrokosmos „la logique n'en
est qu'une dépendance, elle repose tout entière sur le jeu de la volonté“
(s. Gilardin), in der Thätigkeit des Theilganzen innerhalb der gesellschaftlichen Einheit (geographisch-historisch differenter Völkergedanken in ihren

---

*) Παρμενίδης μὲν γὰρ ἔοικε τοῦ κατὰ λόγον ἑνὸς ἅπτεσθαι, Μέλισσος δὲ τοῦ κατὰ
τὴν ὕλην (s. Aristoteles). L'idée de l'être sans restriction, de l'infiny, de la généralité
n'est point l'idée des creatures ou l'essence qui leur convient, mais l'idée qui re-
presente la Divinité, ou l'essence, qui luy convient (s. Malebranche). Le procédé
infinitésimal atteint le fond et le principe d'un phénomène concret, réel, actuel,
savoir: le mouvement (s. Gratry). Der Modus (b. Spinoza) bildet „substantine
affectiones sive id, quod in alio est, per quod etiam concipitur“ (neben „in se esse“).
Ce qui est au-delà de la science est absolument inaccessible à l'esprit humain, mais
inaccessible ne veut pas dire seul et non-existant (s. Littré) und die Zugänglichkeit
mag im Zusammenhang herausgerechnet werden (bei Durchbildung des logischen
Rechnens zum psychischen Infinitesimalcalcul). Hegel hat die Philosophie zur sich
selbst begeisternden Wissenschaft erhoben, in welcher, wie in der Mathematik von
Anfang an Streit um Principien nicht Platz greifen kann (s. Michelet). Schelling
erwartet für die Wiedergeburt der Philosophie aus den Wurzeln göttlicher Offenbarung die Annäherung jener Zeitepochen, wichtiger für die Welt, als wie drei
Jahrhunderte der Entdeckung einer andern Hemisphäre, um das „transcendente
Positive“ aus der Religion durch Erfahrung aufzunehmen (im naturwissenschaftlichen
Studium der Völkergedanken).

Variationen), und das Göttliche zugleich als das All durchwaltend, in immanenter Ursächlichkeit des Absoluten (soweit psychologischer Erfassung zugänglich).

Neben der Substanz mit dem Modus (oder Accidenzen), als „affectiones substantiae" kommt zum Attribut das von dem Verstand in der Substanz Aufgefasste (s. Spinoza), unter fortgehender Verarbeitung, zur Assimilirung des „Pabulum", wie dem Appetitus intellectivus schmackhaft (bei einheitlichem Abgleich).

In Totalursachen („causa integra") ergiebt sich (aus der Summe der Accidenzen), den physikalischen Agenten der geographischen Provinz gegenüber, als ihre „causa efficiens" die jedesmal organische Wesenheit als „causa materialis", aus der Urmaterie oder „materia prima" (b. Hobbes), die „als solche kein bestimmter, von andern sich unterscheidender Körper ist, sondern erst durch das Hinzutreten des Accidenzes der Formen zu den besonderen Dingen werden muss" (s. S. Mayer). So fällt die „Essentia existentiam involvens" (s. Spinoza) über den Horizont der Geographischen Provinz hinaus, der sich in dem Charakter eines Schöpfungscentrum nur soweit bedingt, als aus der Gesellschaftswesenheit des Menschen die ethnische Weltanschauung reflectirend (in dem Völkergedanken).

Im Werden (zur Stetigung mit dem Sein) bewahrt sich das „Principium individuationis" in seiner Identität (ob nach Einheit der Materie, ob Einheit der Form, oder Einheit der Accidenzen) unter der Bewegung des Wandels in der Harmonie nothwendig geschlossener Gesetze kosmischen Waltens, in den Welten, — (und so auch der „Welt der Vorstellungen").

Wenn die Vermögen des Verstandes (bei Reid) dem des, in seiner Freiheit (b. Locke) bestrittenen, Willens unterworfen werden, in jeder Aetivität, so liesse sich das auch bis zur vegetativen Seele (b. Aristoteles) als forma corporis (formans), neben „anima sensitiva" (und „motiva"), sowie „anima rationalis" (intellectiva) sive intellectualis (scholastisch) zurückverfolgen, und wenn dann die menschlichen Seelen, (gleich den Engeln), als stoffliche Formen (formae separatae) gesetzt werden (b. Thom. Aq.), an Stelle innerlich (unter hypnotischen Erscheinungsfolgen) wirkender Entelechie, so ist das Seelengespenst fertig (für spiritistische Revenants), mit Anhängsel des Auferstehungsleibs (s. Oswald) im Körper, den die Catharer der Vernichtung überweisen (weil Werk des Satans), um aus den Fesseln die σῶμα (oder σῆμα) des Unsterblichen zu befreien (b. Plato). Die physischen Zellbildungen (gleich pflanzlichen) verfeinern sich im „Orang alus" (der Passumah) zu psychischen, bis in physo-psychische Ausläufer, aus dem Sinnlichen in die Region des Uebersinnlichen, aber dort tritt dann ἔξωθεν (gleich dem Nous, als Intellectus agens) fremdartige Reizeinwirkung hinzu, — in Suggestion des νοῦς, als „suggestus" für menschengestaltige Seele (b. Tertullian) —, aus den das Individuum gesellschaftlich umgebenden Sphären, und derjenigen Schöpfungen, an welchen die integrirenden Factoren selbstthätig unbewusst mitgearbeitet haben. Hier nun, im Unterschied der unwillkürlichen Thätigkeit, (einer anima motiva), macht sich die Empfindung eines in freier Entscheidung unabhängigen Willens fühlbar, denn dem Denken strömt es in zwei verschiedenen Richtungen zu, einmal aus derjenigen der in Zwang gebundenen Nervenbahnen, denen es seinen Wurzeln nach selbst eingesenkt ist (mit einer schwach rückwirkenden Einflussbefähigung in den Gefühlswallungen), dann aber aus der jenseits höheren, wo es sich im Zusammenhang mit einem Fruchtreifen (in idealen Gestaltungen) fühlt, worin es, als an sich bereits activer Mitarbeiter, auch fernerhin durch eigene Entscheidung (soweit sie reichen sollte) zu influenziren vermag, und um so selbstständig freier, je mehr der Mechanismus, in welchen die Einfügung statt hat, seines innersten Getriebes nach verstanden, desto leichter nach normal richtigen Principien geleitet werden kann (wie dem Zustand geistiger Gesundheit zusagend).

Der Zugang, — (wie bei sonst akustisch Sinnlichem, in allgemein gültige Rythmen anstönend) —, geschieht durch das Ohr in solchen Laut-Complexen, die, weil seelisch geschaffen, demgemäss ihrem innerlich bedingenden Sinne nach verstanden werden können, wenn durch Associations-reihe die symbolische Hülle des Wortes für jedesmalige Bedeutung zu vertrauter Gewohnheit geworden ist, und ähnlich lässt sich unvollkommen angelegter Zeichensprache auf optischem Wege ihr Verständniss abgewinnen (etwaig nöthigen Falles). Gleichzeitig hallt ein „clamor concomitans" nach, aus psycho-physischer Unterlage (in physo-psychischer Modification), und das so, auf den im Sinnlich-Körperlichen naturgemäss gebreiteten Bahnen (als unwillkührlich bekannten), gleichmässig mechanisch fort-wirkende Denken beginnt sich, im Bewusstsein, jetzt zu klären für über-sinnliches Verständniss, beim Zutritt eines „sens divin" (aus dem „Appetitus intellectivus").

Beim Sehen des Baumes schafft sich zunächst (in optisch-akustischer Concordanz der Schwingungen) sein lautlicher Doppelgänger, und so stehen im Geist zwei mehrweniger einander deckende Seitenbilder neben-einander zusammen, und indem hier bei unbestimmtem Verschwinden der verschiedenen Einzelnheiten unter einander (im Ganzen), die als besonders charakteristisch typisch durchschlagenden vorwiegender heraustreten, ist dadurch die Einleitung fernerer Generalisationen erleichtert, welche dann wieder in rückgängiger Controlle analytisch auf die Einzelnheiten zu prüfen sein würden (bei logischer Durchbildung).

Ausgesprochen in der Activität des Willens (s. Descartes), als Hegemonikon (der Stoiker) mit dem „Conatus" der Monade (b. Leibniz), schreitet die Kraftäusserung „ramené à la nation de volonté" (b. Maine de Biron), aus Physischem fort in das Psychische für das Leben der Seele, die aus der individuellen Mitwirkung schaffend auftritt in der gesellschaft-lichen Atmosphäre, worin die geographisch-historisch variirenden Völker-gedanken schweben (in naturwissenschaftlicher Auffassung der Psychologie). Ununterbrochen durchdringt Zersetzung und Erneuerung der Zellen die Gewebe des Organismus, periodisch folgt die peristaltische Bewegung des Verdauungsapparates, rythmisch fungirt das Respirationssystem im Zu-sammenarbeiten verschiedener Nervenbahnen zum gegenseitigen Ausgleich (bei deren Störung asthmatische Beschwerde eintritt), und so stellt sich in den psychisch durchwaltenden Empfindungen momentan harmonische Einheit her, wenn die Thätigkeit des Willens jedesmalig sich zu verwirklichen hat, auf die Muskelaction im Körper sowohl, wie zu idealen Zusammenfassungen im Denkprocess, der die sprachlich geschaffenen Generalisationen dann weiter aus den Rückwirkungen auf das individuelle Selbst zu verwerthen hat (in der Logik des Rechnens). Im Emporwachsen der innerlich mit dem Körper, nach obenhin mit Gott geeigneten Seele (b. Malebranche), erhebt sich das Denken, in Fülle seiner Kraft, aus psycho-physischer Grundlage zu der Cultur-Idee des Ewig-Unendlichen (in ethnischer Psychologie der Naturwissenschaft).

Wenn auf undeutlich verworrener Unterlage der Gefühlswallungen in der über den physischen Nervencentren (aus deren Ueberschuss gleichsam gebildet) schwebenden Region des Psychischen, bestimmte Triebe deutlicher hervortreten und sich in Wahlverwandtschaften einigen, so entspringt bei solchem Zusammenschluss der zuckende Strahl, der den Muskel treffend, diesen bewegt (worauf, unter Erschöpfung der aus der Latenz hervorgerufenen Kraft, der Zustand der Ruhe zurückkehrt).

Im physischen Vegetiren bereits hat sich nach normal durchgehenden Wiederholungen die entsprechende Gleichförmigkeit gebildet, in der Reflexaction, auf den Reiz folgend und diesen in umschriebener (oder vorgeschriebener) Form beantwortend. Ueber diese Gebundenheit hinaus bewahren die auf animalische Muskeln einfallenden Willensregungen eine verhältnissmässige Weite peripherischer Freiheit, aber unter genügender Analysirung der ursächlich wirkenden Reize würde sich (bei ausreichend vorliegendem Beweismaterial), schliesslich stets die Gebundenheit des scheinbar freien Willens an gesetzliche Naturbedingungen ergeben (wie unter den kosmischen Harmonien an sich erforderlich).

Ueber diesen innerhalb des Physischen gebreiteten (oder in dasselbe rückgreifenden) Regionen des Psychischen, schwebt nun (beim Menschen) eine höhere noch, worin die materiell in Zellwandlungen realisirten Wirkungsweisen sich im Wachsthumsprocess des Denkens manifestiren, um Ideen anzusetzen, als Blüthen, die zu Früchten reifen mögen, wenn naturgemäss sorgsam gepflegt (bei Richtigkeit und Correctheit des logischen Rechnens).

Was bei diesen Entfaltungen eines organischen Wachsthums innerlich sich fühlt, wäre gleichsam das Tad (brahminischer Schöpfungsvorzeit), denn Es „denkt" (ergo sum).

Hier auch treffen psychische Polaritäten aufeinander, hier auch mögen sie beim wahlverwandtschaftlichen Aufeinandertreffen neue Schöpfungen zünden, und sich dann in dementsprechendem Willensausdruck manifestiren, aber hier dann eben auch ist der vermeintlich freieste Wille für seine äussersten Wurzeln an die organischen Wachsthumsvorgänge gebunden, und dass er, innerhalb des geregelt gleichmässigen Fortgangs derselben, überhaupt in temporär periodische Erscheinungen tritt, steht in Abhängigkeit von den Reizen, die zwischenfallen, störend oder ablenkend, und deshalb Rehabilitirung erfordernd (um den Zustand der Gesundheit zu erhalten).

Die hier zur Geltung kommenden Reize, sofern über das Sinnliche hinausliegend, (im Uebersinnlichen eben), stammen aus jener psychischen Welt, die im Sprachaustausch geschaffen, den Gesellschaftskörper umgiebt, und, weil alle die constituirenden Individuen in sich einbegreifend, auf ein jedes derselben also auch, in Einzelnheiten, zu reagiren vermag (wie je nach Umständen geboten).

Hier ebenfalls greift der Wille, (wenn auch nach verschiedener Weite der Combinationen), nur momentan vorübergehend ein, und wenn er ausgeklungen (betreffs des Sonderzwecks, für welchen hervorgerufen), tritt wiederum der Ruhezustand ein, der sobezüglich allerdings als stehende Bewegung zu fassen wäre, im organisch fortwaltenden Wachsthumsgang des Denkens, wenn angeregt durch die Reize des „Appetitus intellectivus", nach dessen Befriedigung strebend, im Umhertasten an seinen Idealen, — die in der psychischen Welt der Gesellschaftsgedanken geschaffen, aus dieser hineinragen in die Welt der Vorstellungen jedes Einzelnen, und dort ihre Fragen stellen.

Je seltener der Wille selbstwillig zwischeneingreift, desto edler und vollkommener wird der „Nisus formativus", wie in Reinheit einwohnend, zu seiner naturgemässen Entfaltung gelangen, für erweitertere Ausschau in die Unendlichkeiten des Alles, auf den Stufengraden zunehmenden Reifestadiums, und um, in solcher Hinsicht, das Weltgeheimniss sich selbst enträthseln zu lassen, handelt es sich bei der Meditation nicht sowohl um die Thätigkeit eigen-sinnigen Willens, sondern eher vielmehr um seine Zurückdrängung oder Unterdrückung, damit ohne störend ablenkenden Zwischengriff Alles sich rein, gross, hehrer entfalte, wie potentiell angelegt.

Gleichzeitig freilich, um nicht dem bethörenden Rauschtrank der Mystik zu verfallen, macht sich hier die substantiell ernährende Kost der Naturwissenschaften erforderlich, um mit thatsächlichen Bausteinen zu rechnen (gleich den Völkergedanken in naturwissenschaftlicher Psychologie). Der Wille ist ein Streben, mit der Vorstellung einer Erreichbarkeit des Angestrebten verbunden (s. Herbart), und die Vernunft ahnt, wie im Schönen das Gute, dass die Ordnung der Welt in der Idee Gottes ruht (b. Fries), nach kosmischen Harmonien (in den Idealschöpfungen).

Wenn innerhalb der Welträthsel zum Rathen und Berathen geführt, hat die Seele zunächst sich selber sich zuzuwenden, ihr eigenes Handwerkszeug kennen zu lernen, in der Psychologie.

Wenn sie verachtend, „hanc historiolam animae" (cf. Spinoza), τὴν τῆς ψυχῆς ἱστορίην (b. Aristoteles), wenn in den Wolkenregionen eines absoluten Idealismus schwebend, mit ontologischem Geträume, erschöpft sich die Philosophie im Leeren und Nichtigen der Negationen, bis wieder aufgerüttelt zum Erwachen, in Erinnerung der Selbsterkenntniss eigenen Bewusstseins (seit cartesianischer Reform).

Auch hier indess findet sich eine erzwungene Grenze gezogen, wenn die Deduction mit ihrem Subtrahiren zu Ende ist, und anderseits hat ein addirender Aufbau aus psycho-physischen Unterlagen auf die „Grenzen des Naturerkennens" zu stossen, wenn nüchternem Sinn des Naturforschers jene wilde Jagd auf die in Unendlichkeiten fortstreichenden Zahlenreihen (frühreifer Ursprungsfragen) nicht behagen kann (weil unfruchtbar hoffnungslos).

Nur wenn mit Gewinnung thatsächlicher Bausteine auch in der Psychologie die comparativ-genetische Methode der Naturwissenschaften zu inductiver Anwendung zu bringen möglich sein sollte, könnte hier eine Aussicht auf neue Perspectiven eröffnet sein, beim Anschluss an die Lehre von den geographischen Provinzen für die Gesellschaftswesenheit des Zoon politikon (unter gesetzlichen Variationen des Völkergedankens).

„L'ontologie ou la science des êtres ne peut avoir de base scientifique ailleurs que dans la psychologie, dont elle est elle-même un corollaire et une dépendance" (s. Gilardin), und so wird im Buddhismus eine religionsphilosophische Lösung versucht, welche in naturwissenschaftlicher Zeit ihre dementsprechend naturwissenschaftliche Wendung zu erhalten hat (in der Psychologie als Naturwissenschaft). „La psychologie bien entendue contient l'ontologie" (s. Garnier), findet sich abgeschieden dagegen, als (nach Hutcheson's Vorgang) Reid (1739) aus dem Schlummer erweckt war, durch Hume's Skepticismus (wie Kant). Es handelt sich in der Psychologie nicht um die Seele allein, sondern um Seele und Körper, „c'est ce composé qui porte le nom d'homme" (s. Bonnet), aber jenseits der Grenzen des Sensualismus beginnen die Ideen zu keimen, auf einer psychischen Sphäre der Gesellschaft (im Gesellschaftsgedanken des Menschen als Zoon politikon).

Wenn nach Passivität der Aufnahme, als Perception (s. Locke) bei den niederen Vorstellungen, für die höheren eine Activität hervortritt, so würde sich dies (in objectiv naturwissenschaftlicher Auffassung) dahin modificiren, dass aus den mit den Sinnesempfindungen eingesäeten Keimen, aus darin schlummernden Voranlagen, der Wachsthumstrieb geweckt wird, zu seinen Gestaltungen emporzustreben, als „Intellectus agens" (b. Averröes), das Universale aus den Einzelnheiten abstrahirend, in eben dem Vermögen, das afficirt wird (s. Pourçain), indem die Dinge ohne Vermittlung durch „formae speculares" angeschaut werden (s. Aureol.), und während es heisst „voluntas est superior intellectu" (b. Duns Scotus), würde der Wille nur in den dafür bestimmten Actionen zu bewahren sein, weil bei der Meditation gerade so lange zu unterdrücken, bis in den kritischen Momenten seinen Stempel aufdrückend, einer „Materia signata" (b. Thom. Aq.), in materieller Schöpfung, wie geistiger (idealer Verkörperungen). Unter den Verhältnisswerthen vereinigt (in psychischer Zellentwicklung) der Mittelbegriff durch „Interventio medii" (b. Buridan) im logischen Rechnen (zur Schlussfolgerung). „La moralité morale ne plus que la realité physique ne s'imagine pas, elle se constate" (s. Nourisson). Sicherer als alle Sinneswahrnehmung gilt (bei den Nominalisten) „die intuitive Erkenntniss des Intellects von unseren eigenen Zuständen", und mit den Worten, als willkührlich auf Uebereinkunft (συνθήκη) beruhenden Zeichen (in „flatus vocis"), fällt die Psychologie auf Selbstbeobachtung zurück (vor innerlich realistischer Begründung), indem bei Discrepanz zwischen Wissen und Glauben die Ursprungsfragen fern zu halten bleiben, betreffs der Schöpfungsgedanken (oder Schöpfergedanken). „Intelligere Dei est divina essentia et divinum esse est ipse Deus (s. Thom. Aq.). Wenn die Selbsterkenntniss höher ist, als die Wahrnehmung von äusseren Objecten (b. Petrus de Alliaco), folgt leicht Verflüchtigung bis zur Negirung (b. Berkeley), denn das Allgemeine existirt nur in dem denkenden Geist, als „conceptus mentis, significans univoce plura singularia" (b. Occam), aber indem der Begriff sich bildet, muss er durch ein anticipirend Bildendes bedingt sein, für den „sens divin" (b. Gratry), in Aromana (der Ayatana). Die Richtigkeit des Rechnens liegt in der der Verhältnisswerthe, betreffs der Formeln derjenigen Gleichungen, worin sie gestellt werden, ob allgemein generalisirend (mit unendlichen Reihen weiter), ob in minutienser Mikroskopik erschöpfend im Detail, bei stets vorausgesetzten ὅροι (im Horns), als „termini" (b. Petrus Hispanus). „Scientia est de rebus singularibus quod ipso ipsis singularibus termini supponunt" (s. Occam), und so zeigt sich in der Beschränkung der Meister (im Grossen und im Kleinen). Die Realität liegt in den Universalia, aus denen die Individuen durch das „principium individuationis" bedingt sind (b. Duns Scotus), und wenn sich dann der Einzelne integrirt in der Gesellschaftswesenheit, die „Haecceitas" in der „Quidditas", mag die so gewonnene Rechnungsmethode auch weiterhin verwendet werden (zur Verwerthung für Ursprungsfragen auf dem Wege der Annäherung).

So findet sich die moderne Psychologie, aus der Logik (nominalistischer Dialektik), in philologische Tüfteleien zerkrümelt, beim „Denken und Sprechen" (s. M. Müller), oder auf metaphysischen Wolkenflügen (einer Identitätsphilosophie) verloren gehend, indem es zur Stütze idealistisch wölbender Gebilde zuvor eines thatsächlichen Gerüstes bedürfen wird, wofür das Material den Bausteinen der Völkergedanken zu entnehmen wäre, zum Ausbau einheitlicher Weltanschauung im naturwissenschaftlichen Zeitalter (der Naturforschung).

Was mit der sinnlichen Nachwirkung zum Eindruck kommt, bei den Gestaltsumrissen (nach proportionellem Zusammenhang) in Zugehörigen (im Auge), nach der Cadenz (im Ohr) u. s. w., wird mit den mathematisch unterliegenden Grundzügen, (wie optisch und akustisch schon correspondirend), je nach dem Zusammenstimmen mit zornig oder sanft gestimmter Gefühlsanlage im Angenehmen oder Unangenehmen (des πάϑος) klingen, mit äusserlicher Rückbeziehung auf Schönes oder Hässliches, und wenn dann solch' Schönes unter den „titres nominaux" (b. Maine de Biron) seinen sprachlichen Ausdruck gefunden und mit denselben eingeschlossen wiederum, entsprechend correspondirende Beantwortung findet, ergäbe sich insofern ein Sinn des Schönen (b. Hutcheson), aber als ein psychologisch gezeitigtes, und deshalb ausverfolgbares Product, das obwohl nach der anthropologisch variirenden Constitution (und also auch der ethnischen in Gesellschaftswesenheit) wechselnd, immer sich anzuschliessen hätte an allgemein gültige Gesetze (wie das All' durchwaltend). Und wenn, wie das Schöne, ebenfalls das Gute (im zusammenstrahlenden Glanze eines

„Kalonkagathon") mit harmonischem Eindruck durchdringt, fühlen auch hier sich allwaltende Gesetze, wie im organischen Wachsthum überall, in dem des Gedankenbaumes bethätigt, der in gesellschaftlicher Sphäre das Individualleben mithineinspinnt (und was in der Moral theoretisch zu entwerfen versucht wird, rechtlich bestätigt in der Praxis).

Unter Gefühlswallungen zeugt sich das Ideal, das dann, (mit Aquino's Spiegel des göttlichen Lichtes), aus dem Reflex geistigen Horizontes zündend zurückwirkt (aus sprachlichen Umrissen der Denkschöpfung).

Die Psychologie, (die zum Kennenlernen des Handwerkszeugs in geistiger Thätigkeit stets voranzugehen hat), tritt in der Identitätsphilosophie scheinbar zurück, weil gewissermassen das ganze System, dessen Substanzbegriff in der Identität des Subjectiven und Objectiven fällt, eine ungeheuer ungeheuerliche Psychologie bildet, in den metaphysischen Regionen, mit dem Sein beginnend, dem angeblich Einfachsten, aber in Wirklichkeit Complicirtesten von Allem, weil bereits die gesammten Keime des Alls „in nuce" einschliessend, und so könnte nur die Auseinanderlegung organischer Wachsthumsentwicklung (vom Potentiellen zum Actuellen) zum Ziele führen, im logischen Rechnen (naturwissenschaftlicher Psychologie).

„Tout procédé logique consiste à réposer ou à unir, par négation ou affirmation, tous les attributs rapportés au sujet, que les effets rapportés aux causes" (b. Gratry). La synthèse unit entre elles les propositions derivées les unes des autres, l'analyse sépare et divise, mais en décomposant elle constate le lieu qui unissait les parties (s. Gilardin), in Induction und Deduction (logischen Rechnens).

Esse essentiae nihil aliud est quam modus ille, quo res creatae in attributis Dei comprehenduntur (s. Spinoza), oder aus „Natura" (in der naturwissenschaftlichen Auffassung). Die reflectirende Urtheilskraft, die von dem Besonderen in der Natur zum Allgemeinen aufzusteigen die Obliegenheit hat, bedarf eines Princips, welches sie nicht von der Erfahrung entlehnen kann (s. Kant). „La raison naturelle, sans reflexion, nous donne les verités prémières, puis vient le raisonnement, qui analysant et deduisant tantôt retrouve ces verités et tantôt les perd" (s. Bersot). Die Empfindung (eine Function stofflicher Theile) erlangt, im Weitergange des Processes, das Bewusstsein (s. Carneri). Das Denken wird als subjectives Postuliren eines transsubjectiven Inhalts gefasst (b. Volkelt). In der „neueren Philosophie" gestaltet sich die Anthropologie (mit Einschluss der Physiologie) zur Universalwissenschaft (s. Feuerbach). „Wenn die Psychologie am Anfang der Entwicklung in der Peripherie stand und das fertige philosophische System im Centrum, so stehen am Ende der Entwicklung die historischen Systeme, als empirische Objecte der Psychologie selbst, in der Peripherie, während die Stellung der Psychologie, nach einer langen, aber meist centropetalen Bewegung, eine centrale ist, entsprechend dem Umstand, dass für das menschliche Denken eben der denkende und beobachtende Mensch es ist, welcher im Mittelpunkt seiner Beobachtungen steht, und damit, für sich, auch im Centrum der Welt" (s. Avenarius). Das psychische Element ist der wesentlichste Factor in aller Culturbewegung, um den sich Alles dreht, und die Psychologie ist daher die vornehmste Basis aller in einem höheren Sinne gefassten Culturwissenschaft (s. Paul), zur Durchbildung nach comparativ-genetischer Methode (in der Ethnologie).

Indem die Sinnesempfindungen, wie auftreffend (extrorsum), ihre adäquaten Reactionen hervorrufen (introrsum), indem sie sodann in die überschüssig, über den vegetativen Reflexorganisationen im Organismus, schwebenden Nervensphären einfallen und dort unklar wogende Gefühls-wallungen anregen, — welche wallen und schwellen, um je nach vorwiegen-der Richtung in Leidenschaften zum Ausdruck zu gelangen, auch, nach Umständen, wieder auf Muskelbewegungen überspringen —, so liegt hier die individuell traumartige Unterschichtung gebreitet, auf welche, bei Zutritt der Sprachschöpfungen aus gesellschaftlicher Atmosphäre, der Gedankenbau baumartig emporzusteigen beginnt, im psychischen Wachs-thum innerlichen Triebes (als im Willen bethätigt).

Was aus der das All erhaltenden Werdenskraft (im Sein), als „conti-nuata creatio" (oder „conservatio mundi") auch im individuellen Organismus lebendig wirkt, gestaltet sich, auf den Denkregionen des Gesellschafts-körpers, zu den Manifestationen des Willens, im Bewusstseinsgefühl der Freiheit für das Selbst, als integrirender Theil (zum Herausrechnen der Verhältnisswerthe im $\pi \varrho \grave{o} \varsigma \ \tau \iota$).

Vom Primus motor her durchströmt das All mit Leben[*]), $\dot{\eta}$ $\dot{\alpha} \varepsilon \acute{\iota}$ $o \dot{v} \sigma \acute{\iota} \alpha$ $\varphi \acute{v} \sigma \iota \varsigma$, in selbstthätigen Monaden der Atome einer „essentia existentiam involvens", deren „causae secundae agunt in virtute primae", und so aus den Verhältnisswerthen der Vielheiten im Sein zu einander, hat das logische Rechnen fortzuschreiten zu verknüpfender Einheit (im Gesetze harmonischen Gleichklangs).

Wenn aus dem Sein (von der Aussenwelt her) die im Innern zu-sammenströmenden Empfindungen dort, (den, ihren Schwingungen nach, auf-gelösten Wahlverwandtschaften folgend), mit einander sich kreuzen, macht, je nach der Eurythmie, Lust oder Unlust sich fühlbar, mit hervortreten-dem Wunsch zum Abgleich etwaiger Disharmonie, — einer, wenn nicht zum

---

[*]) Individua omnia, quamvis diversis gradibus, animata sunt (b. Spinoza), in psychischer Ontologie (zu Selbsterkenntniss). Alle Sinnesthätigkeit führt sich auf eine einzige zurück in der Empfindung (s. Herbart). L'idéologie est une partie de la Zoologie (s. Tracy). In der Seele giebt es nur das einzige Vermögen $\dot{\eta} \gamma \varepsilon \mu o \nu \iota \kappa o \nu$, als activ und passiv (b. Zeno), im Willensausdruck (der Persönlichkeit). „L'induction c'est une marche régulière du particulier à l'universel" (s. Saisset). „L'induction nous donne à la fois l'avenir et l'analogie" (s. Royer-Collard). „La raison a deux procédés, déduction, induction, procédé de continuité et procédé de transcendance" (zu gegenseitiger Controle, im logischen Rechnen). En toute forme, en tout mouve-ment, en toute expression rationelle de grandeur variable de tout genre, soit qu'elle répond au temps, à l'espace, au mouvement, soit qu'elle n'y répond point, l'analyse infinitésimale, c'est universel procédé de la raison, appliqué aux mathé-matiques, l'analyse, disons-nous, atteint et met à part les deux éléments essentiels, le variable et l'invariable (s. Gratry). Die Modi sind (b. Spinoza) „affectiones attri-butorum" in der Substanz (prior natura suis affectionibus).

Schmerz fortgehenden, doch weiter noch vervollkommnenden Ausgleich verlangenden, (und um so eindringlicher zwar, je stärker bereits die Verlockung des Angenehmen sich spürt). Das Ziel liegt vor, die Wege dahin sind verschiedene und derjenige, der aus Gewohnheit (in Associationen) der vertrautere (oder beliebtere, also rathsamere) geworden, pflegt gewählt zu werden von der Entscheidung des Willens. Diese, auf den im Körper gebreiteten Nervenbahnen, — bis zu deren (in zuckfähigen Muskelfasern) auslaufenden Endigungen —, rückgleitende Willensthat vermag ihre (in solehartigen Erfahrungen geübte) Befähigung auch dann ferner zur Verwendung (und Auswerthung) zu bringen, wenn über das Sinnliche bereits erhobene Empfindungsvorstellungen, (im Uebersinnlichen also), miteinander streiten, obwohl hier, (um die naturgemäss einwohnenden Wahlverwandtschaften im gesetzlichen Auswirken nicht zu stören), ein vorläufig passives Zuschauen (unter Willensenthaltung und Entsagung) rathsam erscheinen muss, um erst im Moment vollendeten Reifestadiums den Abschluss activ zu bestimmen, mit Ziehen eines Facit (im logischen Rechnen).

Das logische Rechnen setzt an mit der Aufmerksamkeit (als „Wizara" des Abhidhamma), die Ideen entspringen aus der „l'attention" (b. Laromiguière), un acte de volonté (b. Cousin), und hier kettet sich Glied an Glied, bis zur ausbreitenden Erweiterung auf gesellschaftlicher Sphäre, mit zurückwirkendem Einfluss der dort geschaffenen Ideale auf das als integrirender Theil dem Ganzen eingeschlossene Einzelwesen, τὴν μεριχήν oder ἰδιχήν οὐσίαν (b. Gregor Nyss.), um seine Entscheidung zu treffen (nach moralischer Verantwortlichkeit).

Die Hinrichtung der Aufmerksamkeit liegt, ihrer primärsten Veranlassung nach, in dem unwillkührlichen Muskelspiel am ocularen Apparat, um bei dem Arrangement, für richtig geordnete Justificirung der optischen Einstellung, einen jeden Theil des Mechanismus in diejenige Stellung zu bringen, wie zu seiner vollsten Auswirkung, ursprünglich physischer Veranlagung gemäss, vorbedingt. Wenn und indem dies geschieht, tritt ein selbstständig neuer Schöpfungsact hervor, im Hervorspringen des Bildes, das gesehen (das als gesehen empfunden), und dieser aus (schöpferisch) alldurchwaltender Gesetzeskraft electrisch treffende Funke zündet nun weiter im aufklärenden Verständniss, mit organischer Fortentwicklung (und dementsprechender Auswirkung) des Denkprocesses, unter Zutritt bewussten Erkennens des Selbst, wenn auf den sprachlich einfallenden Generalisationen, das Theilganze in der Persönlichkeit sich nach zukommenden Verhältnisswerthen rechnend fixirt hat (der Gesellschaftswesenheit des Menschen entsprechend).

Solch unerschöpft strömende Schöpferkraft durchdringt erhaltend das Sein in seinen Individualisationen, den organisch lebendigen Kreislauf entlang ebensowohl, wie bei dem nach momentanem Krystallisationsabklang in temporärer Fortdauer anorganisch verharrenden Bildungsact. Dem Eskimo steckt in jedem Ding sein Innuit, wie im alchymistischen Vorgang der Elementargeist, aus den für ungeschultes Denken naheliegenden Personificationen, und wie die Pflanzenseele poetisch ausgeschmückt aus

Dryaden reden mag, (oder aus „Nanna"), erhebt sich aus dem verwesenden Leib das Gespenst der Sisa (in Guinea), oder ein Wiedergänger (neben traumhaftem Doppelgänger), ein „Uhane ora", sonst überall (in spiritistisch-zerknäneltem Wust), nach anthropomorphorisirendem Hang, der auch in Bildungsgestalt des Körpers schon die Seele sucht, von der „anima vegetativa" her, — „zart, hell und luftartig" (b. Tertullian), als denkender Körper (Voltaire's), (für den „Orang alus" oder Feinmensch der Passumah), — während das, was seelisch Zeit und Raum überdauert, aus den ewigen Ideen erst eingetreten ist, aus sprachlich-gesellschaftlicher Gestaltung in Wechselwirkung mit prototypischen Mittelgliedern, die aus den Accidenzen verhüllt unterliegender Substanz gefasst, bei der Unendlichkeit des Alls dann erst anzunähern sein würden, wenn dem logischen Rechnen sein höherer Calcul hinzugewonnen wäre (bei allmählig fortschreitender Durchbildung naturwissenschaftlicher Psychologie, im Verlaufe menschheitlicher Culturgeschichte).

L'époque de l'Arithmétique des infinis de Wallis (cf. Montucla) bezeichnet den neuen Fortschritt, „à l'aide d'une induction" (in infinitum continuata). Aus dem gegebenen Effect die Ursachen zu suchen, stellt sich im Problem des Differential-Calcul, aus der Ursache der Effect im Integralcalcul, für die Mechanik (s. Apelt). Das „Infinitum creatum sive Transfinitum" (neben dem „Infinitum aeternum sive Absolutum") bezieht sich auf die „actual unendliche Zahl der geschaffenen Einzelnwesen" (s. Cantor), zum Ausgang (im Gegebenen).

Wenn auf den Syllogismus beschränkt, in der Deduction (anagogisch), würde der Wissenschaft der Fortschritt fehlen (s. Aristoteles), um Wahrheiten zu finden, kraft der Induction (epagogisch). Newton stellt der Synthesis (als Deduction) die auf die Erfahrung gestützte Analysis voran (in der Induction), sofern es sich bei dem in der Physik Gegebenen um ein Hinabsteigen zu den Ursachen handelt, wogegen psychologisch die Induction selber aufzubauen hätte (synthetisch), und dann in rückgängig durchwandernder Deduction, die Controle zu üben (analytisch), „utique futurum erit, ut et philosophiae moralis fines itidem proferantur" (in der „philosophia naturalis").

Was durch innere Erfahrung erkannt werden soll (b. Reid), die „principles of common sense" (self-evident truths), sind die in der Gesellschaftsregion (des Zoon politikon) entfalteten Allgemein-Ideen, worin jeder Einzelne unbewusst hineinwächst, und sie beim Erwachen des Bewusstseins fertig bereits gebildet in sich allerdings vorfindet (zumal unter verstärkendem Hinweis darauf bei der Erziehung). Um hier auf genetische Entstehung zurückzugehen, kann individuell der psycho-physische Weg betreten werden, während für den Gesellschaftsgedanken selbst, die objective Umschau, durch Fülle der Völkergedanken hindurch, vorhergegangen sein muss (zur Verwendung comparativ-genetischer Methode). Und hier, bei Zusammenhang mit klimatisch-siderischen Agentien (in den geographischen Provinzen sowohl, wie beim Fortschritt vom Sinnlichen zum Transcendenten), hat nicht das mechanische Beschreiben einer „tabula rasa" (b. Locke), durch Hineinragen einer unsichtbaren Hand, (sei es göttlicher oder spiritistischer), zu gelten, sondern die Weisung organischer Entwicklung aus den potentiell angelegten Keimen (im Einklang mit harmonischen Gesetzlichkeiten im All).

Indem, neben der demonstrativen Entwicklungsmöglichkeit eines immanenten Verhältnisses in den Vorstellungen, Gewissheit (b. Hume) nur besteht, soweit sich thatsächliche Beziehungen zwischen den Impressionen, als Wahrnehmungen des äusseren und inneren Sinnes, constatiren lassen, so bliebe hier die aus den Ideen neu wieder hinzutretende Anregung beizufügen, um auf der Unterlage anorganisch wahlverwandtschaftlicher Wechselwirkungen, aus gewohnheitsmässiger Association, fortzuschreiten zur Causalverknüpfung im organischen Wandlungsprocesse psychischen Wachsthums, für Entfaltung derjenigen Geistesschöpfungen, die sich, wenn richtig gebildet, in normalem Einklang zu erweisen haben mit harmonisch das All durchwaltenden Gesetzen (nach logischer Berechenbarkeit).

Die Aufmerksamkeit, (durch „Witarka" zu „Wichara", in „Wiraya" fortdauernd), bildet den primären Ansatzpunkt zum Ausgang geistiger Thätigkeit (in bewusster Auffassung), also (psycho-physisch genommen) einer Muskelbewegung zunächst, für Einstellung des Focus im deutlichen Sehen oder im lauschenden Hören (und Umhertasten mit den Nerven-Endungen der Fingerspitzen). „Beim Fixiren zum deutlichen Sehen des Gegenstandes werden die Augenachsen darauf gerichtet durch die Wirkung der vom Nervus oculomotorius versehenen Muskeln, der auch die Bewegungsnerven der Iris durch die Wurzel des Ganglion ciliare abgiebt" (s. J. Müller). Was mit Aufmerksamkeit umfasst (oder erfasst), sinnlich empfunden wird, tritt damit gewissermassen in einen Act muskularer Bewegung ein, in einen lebendig, „in statu nascenti" empfänglichen Moment der Willensthätigkeit, um somit der physischen Constitution gleichsam sich einzuleben.

So, bei unwillkürlichem Zutritt eines Aus- und Abgleich unter bereits vorbereitenden Combinationen, ergiebt sich (bei vorläufigem Ausgang vom Didomenon, unter Absehen zunächst vom Rückrechnen auf die Wurzel der „causa causarum"), ein erst materieller Ansatz zu dem, was beim Hinzukommen psychischer Beobachtungsobjecte (aus gesellschaftlich sprachlicher Sphäre) zum Urtheil sich zu klären hätte, und hier wäre die Aufnahme durch das Ohr vermittelt zur Rückverfolgung lautlicher Gebilde (im Denkgewirke).

Was nun weiterarbeitet im Gedankenleben, würde fort sich führen auf den (bis zur „Erhaltung der Kraft" gesuchten) „Primus Motor", ($\dot{\varepsilon}\sigma\tau\iota\nu$ $\dot{o}$ $\tau\iota$ $\varkappa\iota\nu\varepsilon\iota$), bei Entfaltung des Weltprocesses in den Wachsthumsvorgängen des Psychischen (unter objectiver Umschau), zum Zersetzen complicirter Gebilde (und psychologischem Wiederaufbau).

Der Beginn der Forschung verlangt „collectionem singularium seu inductionem" (s. Leibniz), in Beschaffung des Rohmaterials (auch für den Völkergedanken).

Das psychische Rechnen, beim Ausgang vom Gegebenen (einer Eins), bewegt sich zunächst innerhalb der „vier Species", also im Addiren (zur

Induction) oder im Subtrahiren (zur Deduction) „verbindend und trennend",
und insofern, — im Unterschied von der deductiven Methode, welche mit
idealistisch bereits fertig überkommenen Zusammensetzungen anhebt, —
erweist sich die Induction in ihrer Art hypothetischer Deduction, (nach
der mathematischen Controverse), für vorläufige Controlle in den Specia-
lisirungen der Einzelfälle (zum realistischen Aufbau).

Bei höheren Generalisationen, zum Bemeistern der gestellten Aufgabe,
benöthigen sich die Aushülfen des Multiplicirens und Dividirens (in der
Logik), bis zu Logarithmen eines etwa höheren Calcul (der Infinitesimal-
rechnungen).

„Un même procédé général s'applique au rapport du fini à l'infini,
soit en géométrie, soit en métaphysique" (s. Gratry), und so im logischen
Rechnen des Denkens (nach naturwissenschaftlicher Durchbildung der
Psychologie). Essentia involvens existentiam (b. Spinoza), ruht als „causa
sui" (der Substanz) im dunkeln Urgrund, der gesetzlich zu klären (in kosmischer Harmonie).

Die normal verlaufenden Körperfunctionen kommen nicht zur Empfindung; solche fällt aus oder fehlt, und wenn das Total des Eindruckes die
Bezeichnung eines Wohlgefühls erhält, ist dies eine abgeleitete des Unter-
schiedes aus dem Gegensatz zu der mit störendem Schmerz aufgedrängten
Empfindung des Missgefühls, nach wiederhergestelltem Abgleich desselben
(im Gefühl frisch-froher Gesundheit). Bei harmonisch bestehendem Zusammenhang mit dem übrig gesammten Sein (in wechselweis allseitigem
Abgleich), mangelt die Abscheidung des individuellen Seins, das insofern,
als ein Nichtsein also, in ungestörter Wohligkeit sich auflöst, diese als
angenehme empfindend, weil (und nachdem) sich unangenehme Empfindung
merkbar gemacht, und ihre Beseitigung gefunden hat, — in der Liebe
(des Liebens und Geliebtwerdens), die deshalb, als Eros, die Sinnes-
schöpfung einleitet, weil vorangegangenen Schmerz aufhebend: jene
„Dukha" nämlich, die in den Viersätzen des Abhidhamma durch den
psychologischen Heilsprocess vernichtet werden soll (im Nichtsein eines
Nirwana, als Realität, beim Gegensatz zu täuschender Maya). In materieller
Körperempfindung lässt sich, bei genügender Kenntniss der physiologischen und physikalischen Reizwirkungen, unter rationeller Diätetik ein
Wohlgefühl, (bei constitutionell noch nicht eingewurzelter Krankheits-
störung), mehr weniger bewahren, wogegen die, mit ihren psychischen
Fühlfäden bis in die Denkregionen auf gesellschaftlicher Sphäre hinaus-
gestreckt verlängerten, Empfindungshüllen der Gedankenreihen ungetrübte
Stetigkeit schwer zu gewinnen vermögen, bei der Uebersichtslosigkeit der
unberechenbar bedrohenden Störungen, so dass hier nur kraft gesetzlichen
Einblicks ein Anhalt gewonnen werden kann, auf den religiös durchdringenden Grundsätzen des (ethisch) Guten, unter philosophisch beruhigen-
der Auffassung einer einheitlichen Weltanschauung (kosmischer Harmonien).

Im tröstenden Schlaf kehrt das Wohlgefühl des Nichtseienden zurück,
im Ohngefühl gewissermassen, aber zugleich eine Ohnmacht für das
Pflichtgefühl Desjenigen, der seiner im Dasein gestellten Bestimmungs-

erfüllung bewusst, den Lockungen schwelgender Vergessenheit nur soweit nachzugeben hat, wie von diätetischer Vorschrift (für physische und psychische Gesundheit) verlangt, zur Ausnutzung der in den Momenten pulsirenden Lebens hinschwindenden Zeit (in die Ewigkeiten hinaus). Das, wenn bereits dem uterinen Leben (b. Bouillier) immanent gesetzte, mit der vegetativen Psyche (b. Aristoteles) zusammenfallende Bewusstsein, (vis sui conscia), realisirt sich dem (in der Welt der Vorstellungen) von Aussenher zugetretenen Nous, für seine physiologisch hergestellte Verbindung im Organismus, betreffs specifischen Sonderausdrucks in dem hergestellten Gegensatz erst des Ich zum Nicht-Ich (b. Fichte), in Selbstständigkeit eines „Principium individuationis" innerhalb der „Ichheit" (als im „Ich intellectueller Anschauung"), bei dem Einzeln-Gedanken als integrirender Theil des Gesellschaftsgedankens (unter den geographisch-historischen Variationen des Völkergedankens).

Zu den Nervenschwingungen, welche aus unmittelbaren Reflexactionen in den Functionen körperlicher Organe sich bethätigen, oder (bei sinnlicher Auffassung) mathematisch geregelte Complexe der Aussenwelt rythmisch beantworten, treten die durch den Willen veranlassten, welche mitunter bis in Körperfunctionen hineinzugreifen vermögen, aber nur da, wo den Bahnen des Muskelfasergewebes folgend, für die Respiration (auf Verzweigungen des Nervus vagus bis zu sympathischem System), und so bei peristaltischer Bewegung, mit Schliessmuskeln zum Schluss, wogegen der Magen mit dünndarmigen Gewinden u. s. w. sich ihnen entzieht, und nur in Folge einer allgemeinen Verstimmung, (Lähmung oder Störung der Nervenschwingungen überhaupt, und so auch der im Gehirn mit dem Willen zusammenhängenden), influenzirend (oder, passiv, influenzirt) sich erweisen mag.

Der Ausgangspunkt für Auftreten solchen Willens selbst liegt nun aber erst in einer als psychisch bereits charakterisirten Sphäre, in einer durch relativ zulässige Unabhängigkeit vom Psychischen in sich soweit selbstständigen, wo im Fortgang organischer Wachsthumsprocesse diese, wie sonst in chemischen Umsetzungen der Zellbildungen (aus der Latenz), Kräfte ausgelöst frei setzen, welche unter- und miteinander geordnet, in geschlossener Action hervortreten bei der Willensthat, die sich dann, auf gesellschaftlicher Schichtung, mehr und mehr vom Materiellen abwendet, dem Idealen entgegen (wohin das Ziel für den Reifezustand gerichtet ist).

Diese Schöpfungen, im Reiche (und Bereiche) des Geistigen, tönen mit Durchklang einer Persönlichkeit, weil in Individualitäten wurzelnd, welche in der Einheit des gesellschaftlichen Ganzen ihre Theilgrösse in Verhältnisswerthen heranzurechnen vermögen, und dazu befähigt sein müssen (kraft logischen Denkens naturwissenschaftlicher Psychologie).

Durch den Widerstand sich als Begrenztes empfindend, kommt das Ich zum Bewusstsein (s. Maine de Biron), in seinem geistigen Leben, durch Klärung der Verhältnisswerthe des Einzelnen zum Ganzen, jedesmaligen Gesellschaftsgedankens (im logischen Rechnen), κατὰ τὸ ἀπέῤῥητον μετρίαν τινὰ κατανόησιν (s. Greg. Nyss.) wird im Göttlichen nur erlangt (bei annähernder Erkenntniss). Les idées abstraites, comme telles, ne sont que les premiers rudimens de notre intelligence, elles deviennent notre intelligence elle-même en devenant générales (s. Laromiguière), unter gesetzlicher Einfügung (in harmonische Symphonien).

Die theistische Weltauffassung, mit dem Prius göttlichen Willens (s. Duns Scotus) an Stelle des Verstandes (b. Thom. Aq.), als „lex aeterna") einer (pantheistischen) Nothwendigkeit (s. Spinoza), setzt eine anthropomorphische voraus, indem überhaupt bereits von Verstand und Willen geredet wird, nach dem Menschen als Mass der Dinge (b. Protagoras). „Dieu n'est pas plus esprit que corps" (s. Fênelon). „Das Wesen des Menschen ist nur in der Gemeinschaft, in der Einheit des Menschen mit dem Menschen enthalten" (s. Feuerbach), in der Gesellschaftswesenheit (des Zoon politikon). In objectiver Umschau (unter naturwissenschaftlicher Betrachtungsweise) erkennt das Denken die ihm zugängliche Immanenz allwaltender Gesetze, die sich dann zu vervollständigen hat, in allgemein kosmischer Harmonie (jener Gesetzlichkeit, die sich selber setzt). „Pour Dieu, penser et vouloir se confondent, sont identiques" (s. Gilardin), in den Symbolen menschlicher Auffassungsweise, die sich zu interpretiren haben, soweit der Menschengeist, (in Durchschau einer Bodhi), die Labyrinthe des All zu durchschreiten vermöchte (vom Faden der Gesetzlichkeit geleitet).

Immerhin, sobald der Denkprocess die seinem normalen Entwicklungsgange adäquaten Ziel-Objecte, (in den Moral-Ideen), gefunden hat (für Manas unter den Aromana der Ayatana), wird den pathologischen Störungen des abirrend Verkehrten (im Bösen und Schlechten) vorgebeugt werden können durch rationelle Gefühlsdiätetik (den Zustand geistiger Gesundheit zu wahren), und wie dies in gesellschaftlicher Sphäre auszudrücken wäre, hat aus der Durchforschung der Völkergedanken sich zu ergeben (nach comparativ-genetischer Methode). „Im Licht-Leben liegt Alles natürliche Wohlseyn, in den finstern Kräfften hingegen aller Krankheit Grund verborgen" (s. Retzeln), und wie der böse Zauber (durch Mintapa oder andere Sauger), heilt sich moralisches Uebel im Predigen (evangelischen) Heilsworts (eines Viersatzes).

Die in den Reflexactionen der Körperfunctionen vorausgegebene Veranlagung (zur Combination) gestaltet sich bei psychischer Entwicklung des Denkens zu der durch die Erinnerung mit dem Sinnlichen individuell verknüpften Gewohnheit, welche auf der den Zoon politikon in seiner Existenz umschwebenden Gesellschaftssphäre (des Gesellschaftskörpers), sich aus den Schöpfungen bewusster Gedankenthätigkeit (unbewusst, und insofern mechanisch gleichsam), den (beim Zustand der normalen Gesundheit) unter den Prototypen eines Guten (im Rythmus des Kalonkagathon) waltenden Ideen gesetzlich einzufügen hat (unter den Harmonien des Alls).

In prädestinirter Correlation der Kräfte bedingt sich aus den physikalischen in geographisch-historischer Umgebung, (siderischen Klimas im Tellurismus), die Körpererscheinung mit dem Fortgang zur psychischen Functionsthätigkeit, und diese wiederum, auf der höheren Sphäre gesellschaftlicher Hyle gleichsam, ruft diejenige organische Schöpfung hervor, welche in Ewig-Unendliches verlaufend, zugleich dem als Factor eingeschlossenen Selbst seine Integrirung zu ermöglichen hat (aus den Differentialen im logischen Rechnen).

Auf physikalisch bedingter Unterlage des in individueller Bestimmtheit physisch umschriebenen Körperlichen treten die chemischen Folgewirkungen aus dem Stoffumsatz im Organischen mit dem Totaleffect der Lebenskraft hervor, bis zum Psychischen hinaus, (in lebendiger Energie), und hier wiederum, auf dem Stufengrad des Menschen (für seine gesellschaftliche Sphäre) beginnt die Schöpfungswirkung psychischer Kräfte, um in der Welt der Vorstellungen jene Ideen hervorzurufen, welche das All, wenn nicht durchwallend, doch durchwandernd, seine Probleme zu begreifen, als Aufgabe sich gestellt finden, für naturwissenschaftliche Psychologie, bei ihrer Begründung auf die Völkergedanken: damit sich das Denken auf eigenes Bewusstsein zurückgeführt finde, in der terrestrischen Weite seines Bereiches, und dort bereits, über das planetarisch im Wandel Veränderliche hinaus, — mit Fixsternen (zum Anhaften und Anhalten) verknüpft, als leitende Ziele des im Umkreisen gestetigten Pols (aus ewig unabänderlicher Gesetzlichkeit). In der Beständigkeit („persistence") der Kraft liegt das Absolute (b. Spencer), und der Begriff der Dauer (als Voraussetzung der Zeitfolge) entspringt aus der Empfindung beständiger Identität (s. Royer-Collard), in den Momenten*) gemessen (der Pulsationen).

Indem sich zum deutlichen Sehen die Augen auf den Focus einstellen, wird hier vorwiegend (in Mehrzahl der Fälle), noch in jener mehr weniger unbewussten Thätigkeit gehandelt, wodurch auf einfallendem Reiz der gestellten Frage ihre Antwort folgt, im Nervenreflex, mit secundär weiterem Zutritt gewohnter Anordnungsweisen. Immerhin kennzeichnet sich in dem optischen Eingreifen des Einzeln-Gegenstandes, unter den sämmt-

---

*) Dieu embrasse dans le même instant le présent, le passé et l'avenir (s. Gilardin), im ewigen Fluss (des Werdens). Ἡ γνῶσις τοῦ ὁμοίου τῷ ὁμοίῳ (b. Empedokles) entspricht den Beziehungen zwischen Aromana und Ayatana (von der Sinnesempfindung an). Ἁρμονία δὲ πάντως ἐξ ἐναντίων γίνεται (s. Nicom.). Als mit Zutritt des Geistes (b. Anaxagoras) in der Weltordnung, (und πάντα χρήματα ὁμοῦ), die Schöpfungsbewegung beginnt, ordnen sich (als σπέρματα πάντων χρημάτων), zunächst die gleichartigen Theile (τὰ ὁμοιομερῆ oder τὰ ὁμοιομεροῖ στοιχεῖα) im Zusammenfliessen, neben dem Gegenüber im Abscheiden des Ungleichartigen (τὰ ἀνομοιομερῆ), und so in primär schwankender Horde trennen sich die Geschlechter zunächst (in Differenz). „La matière ignée, en tout que la plus légère, s'élevait au-dessus des autres et atteignait les limites supérieures de l'univers" (s. Riaux) in den ατεράνια (b. Stob.), der (farbenwechselnden) Weltreiche (b. Parmenides), ἐν δὲ μέσῳ τούτων δαίμων ἢ πάντα κυβερνᾷ (Eros gebärend). Γένεσιν ἀνθρώπων ἐκ ἡλίου πρῶτον γίνεσθαι (zum Pacarina der Inca). Wie mit dem Brennstoff die Flamme, ist die göttliche Natur mit der menschlichen verbunden, deren Gedanken sich frei durch die Schöpfung ausbreiten (s. Greg. Nyss.), von Rehua's Sitz (bei den Maori). Nach Schöpfung der himmlischen Welt durch den ἀγέννητος θεός (μία ἀρχή) wurde das σὰρξ ἁμαρτίας durch den ἄγγελος προετός hervorgebracht (s. Apelles). Θεός (s. Theophilus) διά τό τι ἀεί κινεῖν τά πάντα (und διά τό θεῖν). Der θεός ἄγνωστος (b. Saturnin) lässt im Satan den Beherrscher der ὕλη bekämpfen, durch sieben Engel (ἄγγελοι κοσμοκράτορες).

lich übrigen Eindrücken auf der Netzhaut, eine selbstständig umschriebene
That, zur Einfügung unbewussterweise in das Bewusstsein.

Und so im Fortgang des Denkens, bei weiterem Entfalten des waltenden Denkprocesses, ertheilt sich durch Concentriren der Aufmerksamkeit
der Impuls für die Richtung, worin die Meditation hinlenkt, für Lösung
vorliegender Probleme.

Die Mitwirkung eines Muskelgefasers, (wie schon beim Uebergang in
das Ganglion ciliare der Iris) beginnt allmählig fortzufallen, immer aber
bleibt das die Immanenz der Wirkung bedingende Nervenweben (oder
Nervengewebe), im ferneren Denken, mit mechanischer Fortpflanzung der
Licht- und Schallwellen „durch Seh- und Hörnerven in das Gehirn", bei
Czolbe's „extensionalistischer" Psychologie (statt „punktualistischer").

Was hier nun einem ὀψιμαθής (gleich Antisthenes), in den (geistigen)
Focus einzustellen wäre, sind die lautlich aufgenommenen Sprachschöpfungen,
unter Generalisation idealistischer Begriffe (wie ergriffen), und gleich dem
ocularen Anschluss an die geometrischen Grundzüge der Optik, geht es
dabei in der Akustik rythmisch fort, dem (logischen) Rechnen (der Arithmetik) gemäss, vom Endlichen aus (bis auf höheren Calcul im Unendlichen).

Seitdem das kühne Wagniss philosophischer Dialektik, der Natur
ihre Gesetze vorzuschreiben, sich nicht stichhaltig bewährt, und die Naturphilosophie die bescheidene Stellung eines lauschenden Zuhörers angenommen hat, lässt sich mit der Naturwissenschaft wieder auf die Er-
findungskunst einer heuristischen Methode zurückgreifen, wie sie, (so lange
im unbewussten Gefühl des richtig Guten dem geistig Gesunden sympathisch), bei Socrates' Unterrichtsweise, für solche Einschränkung, durch-
führbar gewesen war, im kombinatorischen Spiel einer Ars magna (b. Ray-
mund Lullus) dagegen, in die Zahlenkabbalistik metaphysischer Speculationen verlief, während es für die Theorie der Induction — als dem Knoten-
punkt, um Erfahrung und Speculation zu verbinden (s. Apelt) — zunächst eines
minutieus sorgfältigsten Durchsichtens des Details bedarf, auf dem festgesicherten Material thatsächlich gebreiteter Basis beruhend, auch für die
Psychologie, — als „psychische Anthropologie" zur Naturwissenschaft
gerechnet (b. Fries), wenn durch die von der Ethnologie gewährten
Hülfsmittel die Verwendungsweise comparativ-genetischer Methode einstens
vorbereitet sein wird, um den naturwissenschaftlichen Aufbau zu krönen,
(durch eine inductiv ausgestellte Psychologie).

Der „Hebammendienst" zur Entbindung der Gedanken*) (in der Kate-

---

*) Indem die ὀρθαὶ δόξαι (b. Plato) flüchtige Natur, ἕως ἄν τις αὐτὰς δησῇ αἰτίας
λογισμῷ ist damit gesagt, dass der λογισμός die Reproduction des apriorischen
Wissens, die ἀνάμνησις vollendet (s. Guggenheim). Der Intellectus materialis (Akl
hayyoulani) definirt sich „vera facultas intelligibilia comprehendendi, veraque
potentia, qualis in pueris deprehenditur" (in Tarifât). Une humanité vivante et
permanente, tel est le sens de la théorie averroïstique de l'unité de l'intellect
(s. Renan). Der Satz der Identität und des Widerspruchs (unter den angeborenen
Ideen) ist die Bethätigung elementarer Grundlinien im logischen Rechnen (psychischen
Wachsthums).

chetik) würde erfolgreich dann erst statthaben können, nachdem die von Pestalozzi (in Nachfolge Rousseau's) für den Unterricht verlangten Anschauungen beschafft sind, also (soweit es sich um ethische Fragen handelt) aus ethnisch beschafftem Rohmaterial ein Ueberblick vorläge, der Völkergedanken zunächst (in statistischer Uebersicht ausgebreitet).

Dann erst werden in festen Principien reale Errungenschaften der Civilisation auch den in Barbarei der Uncultur verbliebenen Gliedern der Menschenfamilie mitgetheilt werden können, denn gegenwärtig, mit dem steten Wechsel der Systeme, besitzen die Fortschritte der Geschichte nur für ihren auf unsere Weltgeschichte bezüglichen Umkreis eine effectivere Bedeutung. Unter dem tieferen Einblick in das Wogen der Geistesschöpfungen, durch Ausöffnung in die durch die Schrift erhaltenen Culturen der Vergangenheit, finden wir uns inmitten eines wunderbar prachtvollen Kunstbaues, in dessen labyrinthischen Gängen umherirrend, das Auge oft hier und da eine neue Eröffnung erblickt, die zur Lösung des Räthsels führen zu wollen scheint. Stets jedoch bleibt die Herkunft des Baues, der Sinn des Baumeisters, in seinen Ursprungsfragen verhüllt, und wenn wir fremden Völkern etwa von dem vielen Grossartigen, was sich uns zeigt, was wir gesehen und stets noch sehen, erzählen, mögen sie ihrerseits staunen, auch sich unterhalten fühlen, aber wenig befriedigt nur, wenn die höchsten und letzten Fragen des Daseins hervortreten, bei denen wir Alle miteinander, gleich dem rohgrob Wilden auch die feinst Beleckten, in Pyrrho's ἐποχή bei der ἀκαταληψά, vor dem Tahu-Wakan stehen zu bleiben pflegen, einem Unbegreiflichen, — bis eben etwa begreiflich gemacht, in objectiv naturwissenschaftlicher Durchforschung (der Psychologie).

Ob wir es freilich herrlich weit gebracht, in höchster Blüthezeit der Philosophie (beim Volk der Denker), scheint auf Widerspruch zu stossen (im Rivalitätenhader). „Non content de susciter des oppositions arbitraires, Hegel en est venu à confondre les oppositions avec les contradictions, et a placé le criterium de la verité dans l'affirmation des contradictoires, où la logique du genre humain a toujours mis l'infaillible criterium de l'erreur" (s. Nourisson), und wäre dann der Gegensatz durch Negation in sich wieder aufhebbar (nach kretischem Lugschluss). „La métaphysique universelle du genre humain, et de tous les grands philosophes est renversée à l'égard de celle de Hegel" (s. Gratry), une attaque directe à la raison („un effort pour renverser les lois intellectuelles necessaires, connus et pratiquées depuis le commencement du temps", durch Umgestaltung der Logik, in „verkehrter Stellung").

Unter siegreichem Fortschritt der inductiven Methode bis zur Physiologie, waren dort (nach psycho-physischem Vorstoss), dem Materialismus seine Grenzen des Natur-Erkennens gesteckt, denn wenn bei innerlich bewiesener Einheit von Geist und Körper, dem Metaphysischen nicht vertraut werden konnte, da „Anima non est homo" (s. Thom. Aq.), wenn nicht zu dem, aus chemischer Zersetzung vermoderten Körper, zu seiner Wiederauferstehung in (scholastischer) Verklärung zurückgekehrt werden sollte, so würde zu tröstendem Anhalt nur das spiritistische Seelgespenst übrigbleiben, wenn sich für die „Armen an Geist" (oder auch die „Ritter vom Geist") nicht, auf höherer Sphäre der Gesellschaftswesenheit, aus dem Gesellschaftsgedanken, (mit den Variationen des Völkergedankens), ihre Ideale sollten wiedergewinnen lassen, im logischen Rechnen (nach comparativ-genetischer Methode); und so wird es hier der Materialbeschaffung zunächst bedürfen (in ethnischen Thatsachen).

Aus Beobachtung der Phänomene in seelischen Vorgängen lassen sich (in der Experimental-Psychologie), unter fachmännischen Cautelen, (um pathologisch schädlichen Störungen vorzubeugen), mancherlei Belehrungen entnehmen (für die Psycho-Physik), aber die träumerisch nachdämmernden Erinnerungen, welche sich dem gläubig umschleierten Auge gespenstisch zusammenballen, (im theosophischen Spiritismus), werden erst im Willensschaffen, jedesmalig scharf gefasster Gedankenthat, zu denjenigen Manifestationen geklärt, woraus sich der Beruf der Seele erahnen lassen würde, für die Stellung des Menschen im Kosmos (den Gesetzlichkeiten seiner Harmonien entsprechend).

Erst nachdem im Gesellschaftsgedanken ein einheitliches Ganze zum zuverlässigen Ausgangspunkt für die logische Berechnung der im Theilganzen gültigen Verhältnisswerthe gewonnen ist, wird eine systematisch gesicherte Forschungsbahn geöffnet sein, zum Verständniss der in ernstlich fortdauernder Arbeit erkämpften Unabhängigkeit (des eigenen Selbst). Und dann würden sich Dogmen (wenn man will, im Sozusagen) aufstellen lassen, wie sie in naturwissenschaftlicher Weltanschauung sich stichhaltig zu erweisen hätten für die Ethik (in der Praxis des täglichen Lebens), nachdem die naturwissenschaftlich (auf den Völkergedanken) begründete Psychologie ihre (theoretische) Umschau abgerundet hat, zur statistischen Bewältigung des zusammengeströmten Materiales (thatsächlicher Aussagen). Wenn der jung gepflanzte Stamm zu Früchten gereift, wird manch' ersehntes Erlösungswort seinen Ausspruch finden, wie bis dahin in der Mitarbeit bethätigt an den aus dem Culturleben der Menschheit emporsteigenden Idealen (ethisch befriedigender Güter). Für die Practiker in Socialpolitik hätten die über Ethik geschriebenen Bücher als überflüssig zu gelten, da in dem Leserkreis, soweit sie reichen, ihre Grundsätze bereits gelten, (unter der Darlegungsweise des Verfassers oder einer ähnlichen). Für das allgemeinere Bedürfniss ernöthigt sich eine den Ansprüchen intellectueller Fragen genügende Ergänzung des rechtlichen Codex, in kurzen Sätzen, wie meist religiös gefasst, oder (im naturwissenschaftlichen Zeitalter der Gegenwart) naturwissenschaftlich (bei dementsprechender Durcharbeitung der Psychologie).

Da das Vorhandensein des Apriori nicht geleugnet werden kann, stellt sich die Kernfrage, ob dasselbe „a posteriori beweisbar", und indem dies zu bejahen bleibt (so lange sich das Wissen nicht dem Glauben überlassen will), folgt die weitere Entscheidung über das Wie?

Hier kann die innere Erfahrung (b. Fries) nicht helfen, denn die in Sich eingeschlungene Subjectivität vermag aus der Verhüllung (gleich Brahma bei der Weltschöpfung) durch Entfaltung erst sich zu klären, und auch die Beobachtung der Vorgänge an Andern, verbleibt in Vermuthungen, ohne zwingenden Causalgrund.

Was hier vorliegt, sind die idealen Güter, welche in der Gesellschaftswesenheit bereits geschaffen waren, für das, im Zusammenhang des Ganzen umschlungene, Bewusstsein des Einzelnen, und jetzt diesem als Erkenntnisse a priori entgegentreten, welche sodann a posteriori zu erweisen wären, bei objectiver Umschau (nach comparativ-genetischer Methode) über die Thatsachen der Völkergedanken, die ihrerseits wieder sich naturwissenschaftlich bedingt ergeben, im causalen Zusammenhang mit den Agentien historisch-geographischer Provinzen) unter den Harmonien kosmischer Gesetzlichkeiten). Zwischen Physiologie und Psychologie „il reste un vaste espace sans maître, qu'aucune donnée scientifique n'a permis d'atteindre" (s. Gilardin) bis zum thatsächlichen Material in den Völkergedanken (für Verwendung comparativ-genetischer Methode), um die Psycho-Physik des Individuums durch logisches Rechnen abzuschliessen in der Gesellschaftswesenheit (naturwissenschaftlicher Psychologie).

Innerhalb des irdisch umschränkten Körpers erfasst sich das Denken nach seinen Verhältnisswerthen nur, kraft logischen Rechnens (in Raum und Zeit). Wenn dann jedoch über das Sinnliche hinausschreitend, in die psychische Atmosphäre, wo die Gesellschaftswesenheit in sprachlicher Bewegung lebt, dann berühren sich die Gedankenreihen mit idealen Schöpfungen, in denen es aus ewigen Wahrheiten klingt, von jenseitiger Ursächlichkeit her (eines Ewig-Unendlichen). Und während hier nun transcendental, bei der Verlängerung des Endlichen zum Unendlichen, das Element des unendlich Kleinen, beim Uebergang aus dem Veränderlichen eines im Kreislauf des Entstehens und Vergehens geschlossenen Endlichen in das Unendliche, mit dem Werden zu verschwinden hat, erfasst sich sodann, im Moment der Wandlung, der reale Gewinn dauernder Neuschöpfung, durch Einfügung des Bewusstseins in die Gesetzlichkeiten des All (kosmischer Harmonien).

Dort also gerade, wo für terrestrischen Gesichtskreis das Sein verschwindet in das Nichts eines Nicht-Seins (oder Ueber-Seins), öffnet sich dem den bisherigen Horizont durchdringenden Blick die eigentliche Welt unabsehbarer Ausschau, wobei es zu blinken und zu strahlen beginnt in leuchtenden Gestirnen, wie optisch dem Auge niederblickend aus fern im Gedunkel erhelltem Firmament, die Erahnung weckend über die Quelle des Lichtes (hier und dort).

Und wie nun, von solaren Theorien abgesehen, das stellare System practische Anhalte gewährt, um dem im schwankenden Fahrzeug von Stürmen Umhergetriebenen Rettungshalte anzuzeigen, so, um auf unbekannten Meeren das Lebensschiff zu steuern, schimmern die Ideale hinein, des Guten und Schönen, für ethisch-moralische Gesetzlichkeiten, in den Völkergedanken. Indem sie überall, mehrweniger entsprechend, verwirklicht vorliegen, wird die Erforschung der Induction zur Verwendung zu bringen sein, mittelst comparativ-genetischer Methode, je nach den geographisch-siderisch umschlossenen Kreisungen, und die Differentialrechnung mag dann weiterführen, zum Integriren wieder (im eigenen Selbst).

Unter den Wechselbeziehungen zur Aussenwelt gestalten sich für das Denken die auf ewiger Sphäre (psychischer Atmosphäre) statthabenden naturgemäss am congenialsten, am intensiv durchschlagend den Eindruck der Realität gewinnen zu müssen, weil in denkender Auffassung nur existirend, während auf niederen Stufengraden dieselbe überall an die in der Materie bekundete Schranke des Geistes anstösst, an die Unbegreiflichkeit ihrer Realität (s. Lamennais), im Tahu-Wakan der Gottheit (b. Dakotah), und dagegen wieder das Culturvolk in seiner Cultur des Göttlichen Begreiflichkeit anstrebt, aus dem Gott der Geschichte, der durch seine socialen Institutionen dahinwandelt, diese Actualitäten in gesellschaftlichen Schöpfungen, aus jenseitigen Reflexen her, nach ewigen Gesetzen (moralischer Gewissheit im Gewissen). Hier allein kann Vollgewissheit sich setzbar erweisen, mit dem Stempel der Nothwendigkeit zugleich, weil im Denken erst die Existenz selbst bedingt liegt, während ihr im Sinnlichen noch ein Unbekanntes ankleben bleibt, aus unerforschlichem Abgrund des Bythos heraufgähnend (im Geheimniss der Materie). Hier liegt die abdunkelnde Grenze für den denkenden Geist, der sich auf höheren Regionen dagegen, im Lichte des Wissens klärt, in den Fortschritten gesicherter Forschung, unter Einführung inductiver Methode auch in der Psychologie, zum Einbegriff des relativ Uebernatürlichen gleichfalls in der Wissenschaft über die Natur bei der „Lehre vom Menschen" (ethnischer Gestaltung). Wenn aus seinem Leben und Weben in der Gesellschaftswesenheit, (aus den Thatsachen der Völkergedanken erbaut), das Denken in seinen psychologischen Operationen auf die Vorstadien unbewusster Mitthätigkeit im Individuum zurückkehrt, und hier aus dort gereiften Früchten die Wurzeln erkennt, deren Wurzelenden im dunkel verhüllten Ursprung hinabragen, hat sich der Zusammenhang im organischen Gange auseinanderzulegen, beim psychischen Wachsthumsprocess (im logischen Rechnen). Die Controverse über die Realität würde somit in jenen Wortstreit (b. Berkeley) fallen, der unter den Täuschungen einer Maya schwankend, das Nichts des Nirwana (einer Negation der Negationen) in ein Pleroma zu wandeln hätte, bei der Erfüllung mit naturwissenschaftlichen Anschauungen fest und deutlich umschriebener Gebilde, bei der durch die Ethnologie gelieferten Hülfsmitteln, in Verkörperungen des Gesellschaftsgedankens, für den Charakter des Zoon politikon, um so (unter Integrirung der Differentiale) zum Verständniss zu führen (im eigenen Selbst).

Wenn dementsprechend im Absoluten für „intellectuelle Anschauung" (cf. Schelling) die Frage über eine „Essentia" in der Existenz gestellt wird, beim Sein der Substanz (cf. Spinoza), würde in den Gleichungsformeln eines Variationscalcul, was im Unbekannten verharrend bliebe, allmählig zu eliminiren sein, für harmonischen Ausgleich (im Dharma eines Kosmos).

Der in irdischer Beschränkung mit der materiellen Empfindung dem geistigen Gesichtskreis optisch gezogene Horizont würde aus seiner Umgrenzung in die Unendlichkeiten sich zu erweitern haben, soweit nun eben der in Schärfung gewinnende Blick hinauszudringen vermöchte, von seinem Standpunkt auf dem Planeten Tellus, und jedenfalls wäre unter den auf diesem hervortretenden Productionen für die menschliche, die in deren Bestimmung gestellte Aufgabe als lösbar (teleologisch) erwiesen, weil in Durchforschung und Erfüllung ethischer und ethnischer Moralgebote fallend, wie sie unter den Differenzirungen geographisch-historischer Provinzen in factisch constatirbaren Elementargedanken festzustellen sein möchten, bei objectiver Umschau über das Erdenrund, auch für diesem angehörige Subjectivität (eigenen Daseins).

Auf Kreuzzügen hatte der Antichrist (Bahomet's) bekämpft werden sollen, und um den der Kirche in Averröeismus drohenden Gefahren vorzubeugen, und unter Vermeidung zugleich des mit dämonisch entfesselten Kräften geschwängerten Neuplatonismus byzantinischer Theosophie, eines gefährlicheren Mahomet's in Plethon (b. Trapezuntius) — folgten sich die Consequenzen aphrosidianischer Alexandriniker in Abflachung der Logik (b. Valla) bis zu einer „scientia sermocinalis", oder (b. Ramus) „ars disserendi" (in Schönrederei ciceronianischer Rhetorik) bei Semi-Ramisten zerbröckelnd, von der „Epitome naturalis scientiae" (1618), und der durch Gassendi rehabilitirten Atomistik (Epikur's, aus Demokrit's Schule), in Newton's Mechanismus (als in $\delta\iota\nu\eta$ die „tourbillons" wirbelten).

Anderseits dagegen ernöthigte sich mit der den bisherigen Fussauftritt entziehenden Weltrevolution, — als das von Pythagoras, Aristarch und Philolaos Gedachte, durch Kopernikus (s. Hobbes) zur Rückerinnerung gebracht, die Forschungsbahn der Physik eröffnete (b. Galilei) —, der Anhalt in der Psychologie, wie von Descartes in dem das Sein beweisenden Denken gesucht, unter mathematischen Formeln, denen indess noch Leibniz' Durchbildung für logisches Rechnen mangelte, so dass dieses, (als allzu frühreif, unklar), der scharfen Scheidung Gassendi's bedurfte, der Abscheidung steten Rückblicks auf die erste Ursache in Gott, (indem jede Action das Sein gleich überzeugend beweise, wie das Denken), um zunächst nur mit den (von Epikur) gesetzten Atomen zu operiren, und sie als gegeben entgegenzunehmen im Vorhandensein, das sich, zur theologischen Beruhigung, durch die Schöpfung rechtfertigen liess; wie, wenn die naturwissenschaftliche Durchbildungsmöglichkeit der Psychologie gekommen, in den Gesetzlichkeiten (eines harmonischen Kosmos).

In den Vorstadien wissenschaftlicher Schulung war die in orthodox starren Formen einer Theologie umschränkte Religion vorläufig ausserhalb des Gesichtskreises zu lassen, denn ohne die von Lukrez gerühmte Kühnheit des von den Göttern einst Geschreckten, hatten die Greuel zu schrecken (im mittelalterlichen Hexenwesen), „tantum religio potuit suadere malorum", wenn (gleich dem Begu Nachalain der Batta) das hinkende Ungethüm theologischer Empusa (b. Hobbes) Unfrieden anstiftete (in dreissigjährigen Kriegen), und erst nachdem der Fortschritt naturwissenschaftlicher Methode (pedetentim) bis zur Psychologie gelangt ist, wird die rationelle Wurzel zu Ende sein (für dauernde Sicherung idealer Güter in der Menschheitsgeschichte).

Da die Weisheit (b. Pythagoras) dem Gotte eignet (s. Heraklides Pt.), dem Menschen nur das Streben (b. Lessing), ist die Philosophie auf die ἐπιστήμη gerichtet (b. Plato), in Bearbeitung der Begriffe (b. Herbart), bis zur selbst sich begreifenden Vernunft (s. Hegel), um so dialektisch die Spaltung zwischen Göttlichem und Menschlichem wieder auszugleichen, in einheitlich, den (jonischen) Hylozoismus idealisirender, Weltanschauung, gegen welche der den Glauben zurückweisende Materialismus sich spröde zu erweisen hat, bis auch die Psychologie unter den Naturwissenschaften eingeführt sein wird, um auf die idealen Fragen (im κτῆσις ἐπιστήμης) die comparativ-genetische Methode gleichfalls zur Verwendung zu bringen (mit der Induction), nach der Religion der Stoiker, denen „philosophia studium virtutis est" (s. Seneca), in dreifacher Theologie (b. Scaevola), zur practischen Pflichterfüllung innerhalb des Gesellschaftskreises, unter ethischen Kernsprüchen „lacedaemonischer" Weise (s. Plato) für die Römer (als Geschichtsvolk), und dabei auf dem Individuum τὸν εὐδαίμονα βίον (s. Epikur) beschaffen mag, (bei Richtigkeit für logisches Rechnen), wenn das Forschen der ἱστορία (von εἰδέναι) sich objectiver Betrachtung des Geschehens (in der Geschichte) zuwendet (beim Ueberblick der Völkergedanken).

Zu den physikalischen Agentien der geographischen Provinzen treten zu den Bedingungen für die organische Wesenheit des Menschen die psychischen Reizwirkungen aus der gesellschaftlichen Atmosphäre (im Sprachaustausch).

Neben dem Bilde*) auf der Netzhaut (in den Strichen eines vierbeinigen oder langgestreckt gezeichneten Geschöpfes) tragen wir in den Vorstellungen die (unter Combinirung der Lautbilder aus Generalisationen gebildete) Idee des Hundes oder Baumes, als durchaus an sich fest umschrieben in realer Existenz, wie sie je nach Bedürfniss hervortreten oder hervorgerufen werden können.

Aus den, unter unklar wogenden Gefühlsempfindungen, traumhaften Gestaltungen, tritt während des Wachlebens stets die eindringlichst ineinander geschlossene Reihe, als klärend leitende, hervor, die in derartiger Tendenz sich im Willen einhalten lässt, und zwischen solche Kettenglieder mag auch der Hund oder Baum (aus dem Projectionsbilde des geistigen Auges) daruntergefügt sein (je nach dem Anlass dazu).

Im gesprächsweisen Meinungsaustausch können aus anderen Willensreihen —, aus den in anderer Persönlichkeit, dem behandelten Thema gemäss, auf gleiche Zweckrichtung hinzielenden —, Motive in die eigenen eingeschoben werden, welche diese, wenn überzeugend wirksam, dem-

---

*) Propter conatum versus externa semper videtur tamquam aliquid situm extra organum (s. Hobbes). Aus dem Κόσμος νοητός (die Ideen, als Objecte des Denkens, umfassend), folgt (b. Jamblichus) der Κόσμος νοερός (die intellectuelle Welt denkender Wesen). Das Denken bedarf der Vorstellungsbilder (φάντασμα), das in der Wahrnehmung wurzelt (s. Pomponatius), sinnlich und übersinnlich (für Anschauungen).

gemäss entsprechend in Einzelnheiten umgestalten, unter den Modificationen des Zusammenhanges, (oder dieses im Ganzen). Ausserdem mag aber durch momentan (mit unvorhersehender Plötzlichkeit) dominirenden Eindruck die Willensreihe in ihrer Gesammttendenz durch die des Anderen ersetzt werden, (kraft befehlenden Wortes oder schon aus Furcht, vor „bösem Blick"), besonders wenn durch absichtlich vorherige Unterdrückung (oder Abschwächung) auf solche Suggestion vorbereitet, und so mag, unbewusst gewissermassen, vielleicht auch das Bild des Hundes oder des Baumes vor dem Auge stehen, — (in Vollkraft des „Totem" oder „Nahual" in objectiver Heiligkeit, oder subjectiver Beeinflussung des „Edro") —, ohne rationell begründete Rechenschaft oder Rechtfertigung dafür (wenn es beim logischen Rechnen verblieben wäre). Aehnlicherweis kann in Auto - Suggestion durch eine unvermittelt andere die eigene Willensreihe ersetzt werden, wenn durch monoton rythmisch, (zur Ueberführung in automatische Reflexäusserungen), fortgesetzte Hülfsmittel, für Förderung eines ekstatischen Zustandes (in Gesang, Tanz, Narkose und sonst in der Mantik geübten Kunstgriffen), innerhalb der bewusst festgehaltenen Willensreihe durchschüttelt und zerrüttet, um insofern eine „tabula rasa" („indifferenten Gleichgewichts") zu bieten, für Einpflanzung eines neuen (nicht graduell veränderten, sondern radikal anderen) Keims, aus tieferliegenden Ursächlichkeiten her, in unteren Schichtungen des Erinnerungsschatzes (bis auf physisch verhüllte Voranlagen), und so mag, im inspirirten Einfall der Begeisterung, der Mensch als Gott dem Gläubigen gegenüberstehen, mit prophetischer Stimme redend (als „Chao" oder sonstige Heroengestalt, wie in mythischer Verehrung der Gewohnheit vertraut). Auch aus der Passivität des Hörers mögen in der Gedankenfolge des Dämon dessen Aeusserungen hervorgelockt werden, (mittelst der durch die Exorcisation erzwungenen Antworten), und die Verbreitung psychischer Epidemien ist in den sympathischen Veranlagungen selbst gegeben (bis auf historische Ausfolgen).

So sind es die unter den (in ihren Effecten zusammenwirkenden) Causalitäten geographisch-historischer Umgebung gezeitigten Schöpfungen (des Völkergedankens), welche (aus gesellschaftlicher Atmosphäre) wieder einsteigen in den psychischen Wachsthumsprocess des Einzelnen, um hervorzureifen zu den Früchten idealer Güter in der Cultur, bei richtiger Leitung und Hütung (unter gesund normaler Entwicklung harmonischer Gesetzlichkeiten), aus religiös übersinnlicher Bindung die Freiheit erkämpfend, selbstbewusster Forschung, — einer naturwissenschaftlichen also (zu einheitlich hergestellter Weltanschauung) im „naturwissenschaftlichen Zeitalter", um mit der Psychologie das Gebäude der Naturwissenschaften zu vollenden, kraft Verwendung comparativ-genetischer Methode (mit Hülfe des durch die Ethnologie beschafften Materials).

Der Ausgang der Forschung ist im Gegebenen zu nehmen, (im thatsächlich Vorhandenen), bereits eine Hypothese aus erster Setzung (οἷον λέγω τὸ εἶναί τι, ὑπόθεσις). Die, wenn das Culturvolk (beim Aufgang seiner Geschichtssonne) zum Bewusstsein erwacht, an seinem Horizonte schwebenden Ideale (geistiger Güter), schliessen denjenigen Inhalt, aus und mit welchem sie in der Nacht der Vorzeit zu ihrer Reife herangewachsen sind, als erworbenen Besitz in sich ein, der also (als ein entfalteter und zusammengefalteter) dialektisch wieder auseinander gelegt werden kann (mit dem Syllogismus) in der Deduction (zur Analyse). Und daneben bietet sich nun die Methode der Induction, zum (synthetischen) Aufbau, χρὴ διελέσϑαι πόσα τῶν λόγων εἴδη τῶν διαλεκτικῶν, ἔστι δὲ τὸ μέν ἐπαγωγή, τὸ δε συλλογισμός (s. Aristoteles). Hier nach (epagogischem) Zusammentragen des Materials, wie bei der Abrundung des Globus im Entdeckungsalter geliefert (für die comparativ-genetische Methode), bringt Bacon die Induction zur Verwendung auf objectiver Naturbetrachtung. Soll indess sodann, über die materialistisch gefestigte Unterlage hinaus, transcendental fortgeschritten werden, soll die Dialektik zur Auswirkung kommen, ὁ τρόπος τῆς τοῦ διαλέγεσϑαι δυνάμεως (b. Plato), so wird auch die Psychologie vorher in ihrer Behandlungsweise den übrigen Naturwissenschaften anzureihen sein, mit den (der Gesellschaftswesenheit des Menschen gemäss) in den Völkergedanken entgegentretenden Anschauungen, unter ursächlicher Verkettung mit den jedesmal historisch-geographischen Provinzen (und Lösung solcher Probleme durch logisches Rechnen). Cf. „Allerlei aus Volks- und Menschenkunde" II, S. 38 (u. a. a. O.).

Bei einer formalen Natur des Verstandes liegt seine Function im Ordnen des durch Erfahrung Gegebenen (b. Kant), bis, wenn auch psychisch objective Erfahrungen gesammelt sind, unter Zutritt der genetischen Methode zur comparativen, auf tiefere Ursächlichkeiten hindurchgedrungen werden wird, in neue Enthüllungen (aus naturwissenschaftlicher Behandlungsweise der Psychologie). In der übersinnlichen Welt, zu deren Contact die höhere Erfahrung (b. Jacobi) führt, beginnt dann, auf dem elementaren Niveau in der Religion der Vorstellungswelt, wie in den Gesellschaftsgedanken gebreitet, das Aufwachsen potentiell eingepflanzter Keime in freie Entwicklungsfähigkeit hinaus, mit jener Einleitung unendlichen Fortgangs, worin das sinnlich und als „post hoc" zu Verfolgende sich in „propter hoc" durchdringt, mit innerlicher Causalität, deren Ausgang und Ende im vorläufig Unbegreiflichen verborgen bleibt, wie auch bereits jedem Materiellen, das durch seinen „Schein" auf „Sein" deutet (s. Herbart), das dahinterstehende „Ding an sich", indem jedem Dinge das Göttliche (b. Bruno) einwohnt (aus Immanenz des Göttlichen im All). Im Abglanz aus dunklem Urgrund wurde, für practische Zwecke, Illatici Viracocha als Sonne, oder „padre del Sol" (s. Herrera), verehrt (bei den Inca), und der Ariya, der von täuschender Maya umgeben, sich deren Spiel anheimgegeben fühlt, erfasst seinen Anhalt im Dharma, das einwohnt (wie durch Bodhi zu erkennen).

Trotz dem, theoretisch der Skepsis (b. Hume), nicht versagbaren Zugeständnisse einer gewohnheitsmässigen Aneinanderreihung der Beobachtungen, ergiebt sich für die Praxis der directe Beweis für Gültigkeit der Gesetzlichkeiten, in gern anerkannter Brauchbarkeit bei Benutzung im Genuss der Geschenke, durch welche die naturwissenschaftlichen Entdeckungen das sociale Leben verschönern und bereichern. Welcher

Wissenszweig immer durch naturwissenschaftliche Methode hat bemeistert werden können, derselbige ist damit in die Hand des Menschen gelegt, um mit ihm zu verfahren, nach Wunsch und Wille, die Natur zu Diensten zu zwingen, in ihren chemischen Eigenschaften mittelst der Chemie, ihren physikalischen mittelst der Physik, und ihren biologischen, wenn die Biologie aus junger Dauer erst zu freier Vollreife sich vervollkommnet haben mag. Und wenn es dann auch in der Psychologie gelungen sein sollte, unveränderlich feste Gesetze herzustellen für den Elementargedanken (mit den geographisch-historischen Variationen der Völkergedanken), dann wird (unter Anwendung der Induction in comparativ-genetischer Methode) auch das gesellschaftliche Leben in seinen höheren Interessen beherrscht sein, um jenen Gefahren entgegenzutreten, wie sie „im materialistischen Streit unserer Tage" (1877) als „ein ernstes Zeichen der Zeit" (s. A. Lange) aus dem Materialismus bedrohen, — ein prächtiger, aber unbeholfener Torso, so lange ihm sein denkendes Haupt noch fehlt. Und mit solchem wird es gekrönt dastehen, wenn auch die Psychologie zu den Naturwissenschaften hinzugetreten ist (kraft des in der Ethnologie beschaffbaren Materials). Die nothwendig verbindende Gesetzlichkeit erfasst sich in der Constanz, die, wenn auch ausserhalb des sinnlich Fassbaren in den, bei der Vergleichung mit dem Anderen, dritten Punkt fallend, doch in solcher Constanz die Realität mathematisch beweist für logisches Rechnen (beim Fortgang von dem Endlichen zum Unendlichen). Obwohl die Erfahrungen am thatsächlich Fassbaren die unerlässlich erforderliche Vorbedingung bilden für sichere Erkenntniss, fällt nicht dahin die Realität, sondern in die Gesetzlichkeiten, wie durch vernunftmässiges Denken verstanden, und damit in das, solches Verständniss gewährende, Denken, aus eigenem Bewusstsein des Selbst, wenn zum Abgleich gelangend bei Beantwortung gestellter Fragen (unter den Harmonien des Kosmos).

„Die Falschheit des Materialismus muss sich insbesondere dort zeigen, wo seine Principien auf Psychologie und Logik angewendet und diese in seinem Sinne umgestaltet werden" (s. Glossner), weil es zu solchem Zweck einer vorherigen Materialanschaffung bedurfte (in den Völkergedanken), um die naturwissenschaftliche Methode zur Anwendung zu bringen, und so neben dem Materialismus auch den Idealismus einzuführen, als vollberechtigte Staatsbürger im naturwissenschaftlichen Zeitalter (einheitlicher Weltanschauung).

Mit dem (eleatischen) Sein, im ἓν καὶ πᾶν (b. Xenophanes), gewinnt das Denken seinen Anhalt, αὐτό νοεῖν ἐστίν τε καὶ εἶναι (s. Parmenides), und aus den Täuschungen des Seins (τά δοξαστά oder τά πρός δόξαν) erfüllt sich das Seiende als das (körperlich) Volle (τὸ πλέον), wie dem einheitlich das All durchschauenden Gedanken (in Bodhi) sich der Gegensatz zu Maya's Täuschungswelt in das eigentlich Reale wandelt, beim Nirvana, als Pleroma, wenn die metaphysisch leeren Speculationen ihre methodische Ausfüllung erhielten (durch naturwissenschaftlich begründete Psychologie).

Umfangen von dem Ganzen im Sehen, Denken, Hören (οὖλος ὁρᾷ, οὖλος δέ νοεῖ, οὖλος δέ τ' ἀκούει), ist einheitlich eines mit der Gottheit (*εἷς θεός*), wer vernunftgemäss ihre Gedanken denkt, im gesetzlichen Einklang (des Dharma mit Manas). Das mochte gehen, im gemeinsamen Mutterschooss allgemeiner Mischung (*σύγχρισις*), — auch für Uli (Po-uli) der Kanaka („Inselgruppen in Oceanien“ S. 225) —, bis es bei unsicherer Vernünftigkeit bänglich wurde, wenn ein „Nous“ (b. Anaxagoras) kommen sollte, über die Ordnung zu befragen (*εἶτα δ' νοῦς ἐλθὼν αὐτά διεκόσμησε*). Darüber gab es bald zu viele Interpreten nach religiösen Prädilectionen in der Theologie, und so lässt Lucrez seinen Schlachtruf erschallen, die arme Menschheit von der Furcht zu befreien, wie Epikur es gelehrt, wenn im Vollvertrauen auf gesetzlichen Verlauf, die Euthymie (b. Demokrit) ungestört bleibt, bis zur Ataraxie, und wiederum Selbstvernichtung vielleicht, im Auslauf der von (Schoppenhauer's) Willen geschaffenen Welt (in Willens- und Wunsches-Zauberkraft, soweit sie reicht).

Dabei mögen auch Götter (*ἀλειτούργητοι*) in die Welt der Leiden (schmerzlicher „Dukha“) niederblicken, in *εἴδωλα* (Demokrit's), aus „Metakosmien (b. Epikur), oder von Rupaterrassen herab, wo metaphysischer Feinschmeckerei die Fülle an Herrlichkeiten bescheert sein wird (und Wiederoffenbarungen nicht fehlen). Immer indess, wenn die Gottheit zu weit entfernt ist, um vom Gebete erreicht zu werden (gleich Njankupong oder Mawu, im schwarzen Guinea), wenn das irdische Leben also mit den Emanationen nur, in dienstbaren „Wong“ — gleich Henaden, als *θεοί* (b. Proklus) oder (s. Philo) *δυνάμεις* (*λόγοι*) — zu thun hätte, dann, statt den Dienern, der Götter-Diener wieder, in dienstbare Hände zu fallen, bleibt es rathsamer, die Naturkräfte zu bemeistern, und daneben zugleich der für Eroberungen geläufige Satz vom „divide et impera“, so dass sich atomistische Vertheilung zu empfehlen hat (für naturwissenschaftliche Forschungsmethode).

Die Angst vor den Göttern hatte um so mehr zu bedrängen, je mehr unter einer von krystallener (oder christlicher) Glasglocke, im (patristischen) Dom (s. Draper), überstülpten Welt Alles auf engstem Raum zusammengepfercht war, und also Nichts verborgen bleiben konnte, vor dem Schwarzmann, der bei den Pescherähs umgeht (in schmaler Felsschlucht).

Wer anderseits dem freien Gedankenflug folgte, fand von grausigem Staunen sich gepackt, wenn zu schwindelnder Höhe emporgerissen, dort auf leere Weite blickend, unmessbarer Dehnung, und so im verzweiflungsvollen Nichtigkeitsgefühl war der einheitliche Faden bald zerrissen, so dass es dualistisch klaffte, in Körper und Geist, wobei dieser, von jenseits, aus einer Hinterthür (*θύραθεν*), hinzugekommen, übermächtig hereinragte, bis zum stumpfsinnigen Erdrücken, in willenloser Hingabe an den Glauben (und was durch ihn in Gnade der Offenbarungen gespendet sein mochte).

Hier blieb keine andere Rettung, als die handgreifliche Scheidung, zwischen dem, was im Begriff gegriffen werden konnte (dem *στερεόν* oder *ναστόν*), und dem *Μὴ ὄν* (*κενόν* oder *μανόν*), als Nichtiges, das jetzt keine Sorgen länger zu machen brauchte, weil eben aus der Welt geschafft, (radical fort).

Zu anderem Aussehen gestalten sich diese Aspecten, wenn die Welt selbst, — die Welt, in der wir leben, — eine unendliche geworden ist, indem dem Geistigen sodann die Empfindung einheitlicher Zugehörigkeit kommen muss, im Unendlichkeitszuge der Gedanken.

Innerhalb eines vom Firmament umschlossenen Weltsystems war die Schöpfung nur insofern selbstgegeben, als sie sich erzwungenerweise in einer oder anderer Art mit den Grenzen abzufinden hatte, worauf sie stiess (nach Oben und nach Unten).

Die Lösungsweisen lagen in ihrer beschränkten Auswahl vor, je nachdem die Erde einen mehr weniger bequemen Stützpunkt zu erhalten vermochte, oder der Himmelsherr seine entsprechend ausgestattete Behausung. Dann konnte es mit dem Schaffen vorwärts gehen, und kam ein „ex nihilo" in die Quere, blieb Fredegisus Interpretation („de nihilo et tenebris").

Im Anfang und Ende von Mahadeva's Schöpfungssäule, forschte Vishnu abwärts, Brahma aufwärts, der letztere mit Erahnungen und Antworten, deren Anmassung sein Gegner brutal bestritt (in Kopfverkürzung). Wie das ἐν, weil die Höhe nicht erreicht werden kann, Negation ist, so die ὕλη, in unerfassbarer Tiefe (b. Platon), das βάθος (bis zum Bythos).

War Anfang und Ende sichtlich gegeben, mit dem seit Uranos oder Gäa (oder Rangi und Papa) gealterten Elternpaar, mochte es als Vorzug erscheinen, statt jüngere Göttererben zur Herrschaft einzusetzen, das Gesammtgeschäft kalt-nüchternen Atomen zu übertragen, von denen, wenn nichts zu hoffen, doch eben auch nichts zu fürchten war.

Anders freilich in einer dynamisch durchdrungenen Welt, wo es mit Ewigkeiten wallt, bei Unendlichem ringsum.

Hier bleibt der Atomistik ihre absolute Bedeutung von vornherein negirt, wogegen ihre relative, für die Methode, desto durchgreifend bedeutungsvoller hervortritt, weil eben fest gesicherte Anhalte gewährend, für jenes logische Rechnen, das sich einstens bis zu ein Infinitesimalcalcul wird zu versteigen haben mögen, und also gut thut, zeitig sich vorzusehen, um schwindelfrei zu bleiben (bei künftiger Durchbildung der Psychologie als Naturwissenschaft).

Der Begriff des Wirkens liegt für den Menschen im Werkzeug, und hat für ihn, ein insofern immanenter, zu gelten, als durch solche „Organprojection" (s. Kapp) erst die Naturheit (Wesenheit) gewonnen wird, für die Menschenwesenheit innerhalb der durch das Band der Sprache geschlossenen Gesellschaft, in welcher ausserdem mit dem selbstgemachten Werkzeug erst, das Recht des Sonder-Eigenthums (aus dem Allgemeinbesitz der Horde), zur Anerkennung gelangt (cf. „Allg. Grundzüge der Ethnologie", S. 33).

Wie die Sprache ist deshalb das Werkzeug unter den Vorbedingungen der Existenz aufzufassen, und mit der einfach primärsten Wirkungsweise desselben, dem Bohren, in der Drehbewegung, ist die Feuerzeugung einbegriffen (für Agni's vedische Zeugung), während der Drang zur Verkörperung sprachlich angeregter Gedankengebilde, — in der σοφίη (s. Homer), als Kunst des (priesterlichen) Zimmermanns (auf Tonga), — sodann mit dem Schnitzen seine Befriedigung findet; (weshalb in den Anleitungen für die Sammlungen der Museen, auf alle Art von Schnitzereien vornehmlich hingewiesen ist, nebst den dazu verwandten Instrumenten, unter Aufmerksamkeit auf die Verlaufsstufen der Herstellungsweise). In Ausverfolgung des Maschinenwesens ist die Forschung genöthigt (s. Reuleaux), „in die dunkeln Fernen der Entwicklungsgeschichte der Menschheit hinaufzusteigen, um die ersten Keime, die ersten Wurzelfäden der Begriffe aufzufinden, welche im Laufe ungezählter Jahrhunderte sich langsam fortgebildet haben, bis in entwickelte Civilisationen hinan, durch hohe Culturen und zwischen untergehende hindurch, um dann endlich bei den Abendländern in den letzten zwei Jahrhunderten ihren bis heute im Steigen gebliebenen Aufschwung zu empfangen" (1875).

Als treibender Bewegungsgrund bei seinem Entstehen in der schöpferischen Denkthätigkeit des Menschen wirkend, unterliegt das Werkzeug für seine Verwirklichung den Bedingungen der geographischen Provinz, nach seinem Material (das Holz-, Stein-, Muschel-, Knochen-Alter u. s. w. anzeichnend) sowohl, wie betreffs der Bestimmung (in der Jagd, — je nach den Thieren derselben —, dem Fischfang, Ackerbau u. s. w.), und im Total des Effects aus den Ursächlichkeiten ergiebt sich der Gesammterfolg, um dem Zweck* zu entsprechen (mit Hinrichtung auf das Ziel).

Die Frage nach dem ὅθεν ἡ κίνησις (b. Aristoteles) beantwortet sich aus dem, — späterhin zum „Appetitus intellectivus" (b. Thom. Aq.) wählerisch verfeinerten —, Hunger, indem der nackt und hülflos auf die Erde gesetzte Mensch (s. Plinius) zu verhungern hätte ohne Werkzeug, da die „arma antiqua" (b. Lucrez) nicht weit reichen.

Wenn hier nun, unter erstem Abgleich mit den im anthropologischen Kreis vorliegenden Naturverhältnissen (in Unschädlichkeitmachung der gegensätzlichen Reize), der Zeitpunkt freier Musse eintritt, wirkt die im Denken bereits angeregte Bewegung weiter hinaus, zur Verschönerung des Instruments, (ebenfalls wieder unter Abhängigkeit in dem zur Verarbeitung gelieferten Material); und so bilden die, (zugleich als wichtigste Objecte der Beobachtung dem ethnologischen Sammler zur Aufgabe gestellten), Ornamente, in ihren primitiven Formfassungen, (und artistischem Anschluss, wie in peruanischen Geweben z. B.), die Unterlage zum Ausgang für ideale Gestaltungen der Kunst, des σοφός (b. Herodot), oder dann, unter erdrückender Grösse des Problems, dem (bescheideneren) φιλόσοφος (in Phlius), auf das Schöne hin, gemeinsam mit dem moralisch empfundenen Guten (für das sociale Leben). Hier sind bei den Naturstämmen die ἀναγράφα δόγματα (wilder „Theologen" neben ἀρχαῖοι ποιηταί), symbolisch zu entziffern (aus Vorstufen der Schrift in den Sammlungen).

Wenn klar und offen der Blick durch seinen Gesichtsbezirk hinausschaut, wenn gesund normal im Sinnlichen auf innerliche Veranlagungen die Aussen-Empfindungen wiederklingen (den Ayatana die Aromana entsprechen, in richtiger Correspondenz), dann erfreut das in Natur und ihren Gegenständen gesetzlich Ausgedrückte, um bei den edler vollendeten Gestaltungen des Schönen in Bewunderung und Andacht zu beugen.

Und wenn der geistige Blick zu seiner höheren Auffassung gelangt, — in den gebietend rückwirkenden Moral - Ideen des Guten, des Gerechten und Richtigen (gesellschaftlicher Bildung), — dann entbrennt die Liebe zu dem göttlichen Urheber in mystischer Versenkung der mit sich selber redenden Individualität, während hier, bei lebendigem Zusammenhang mit der gesellschaftlichen Existenz, aus ihren Schöpfungen sympathisch es sich mit der „Benevolentia generalis" durchdrungen fühlt, im warmen Mitgefühl, das zu activer Mitbethätigung drängt, den Leiden abzuhelfen, für harmonisch allgemeinen Einklang (zusammenklingend dem Selbst), und so — statt im Nichts des Absoluten platonische Schatten einer Nephele zu umarmen in Ixion's Wolkengebilde (s. Hamilton), in hart marmorner Statue (worauf Condillac seine roseduftenden Experimente verschwendete) —, so lieber, vielmehr, bei der Umarmung (s. Ovid) mit Leben zu durchdringen, (wenn mit „glühendem Verlangen Pygmalion den Stein umfasst"), um den Materialismus zugleich in Idealismus zu wandeln (kraft naturwissenschaftlicher Psychologie).

Dann mögen die „virtutes intellectuales infusae" (b. Thom. Aq.) oder „les vertus intellectuelles inspirées" (s. Gratry) in Frömmigkeit zur Verehrung stimmen, bis zum Gehorchen auf den kategorischen Imperativ des Pflichtgebotes (b. Kant), um in activer Bethätigung dem genug zu thun, was, im Pathos unseres Dichter-Heros, sehnsuchtsvoll ergreift, die einwohnende Bestimmung zu erfüllen auf irdisch planetarem Bezirk (unter harmonischen Gesetzlichkeiten eines Kosmos).

Hier nun sprechen für den Menschen aus seiner Gottheit, — wenn beim Schauen dieselbe umkreist (b. Platon) im göttlichen Reigen (χορός ἔνθεος), — die Offenbarungen der Religion, wobei die Namensbezeichnung von geschichtlichen Verhältnissen abhängig bleiben mag, oder wandelnd in der Welt der Vorstellungen, je nach den auf früheren Stadien mythologisch dort verkörperten Gestaltungen des gesellschaftlichen Denkens, (um so geschichtlich congruenten Cult mit den Staatseinrichtungen zu verknüpfen, und der Cultur-Entwicklung ihren organischen Zusammenhang ungestört zu bewahren).

Die Weisheit ist den Todten, nicht den Lebenden gegeben (in Plato's Phaedon), aber die der Weisheit Lebenden (als Philosophen) bethätigen sie im Leben durch active Mitarbeit*) (in der ἰδιοπραγία der Gesell-

---

*) L'esprit grandit, quand il fait chaud dans l'âme (s. Gratry). Die ratio perveniens ad finem suum (b. Aug.) fühlt den appetitum innatum ad visionem intuitivam (s. Thom. Aq.) aus den Idealen der Gesellschaftswesenheit practisch bethätigt (im Ausverfolg). Magna, immo maxima pars sapientiae est quaedam aequo animo nescire velle (mit naturwissenschaftlichem Verständniss des Warum, Worin und Wieweit, unter verbleibender Möglichkeit der Erweiterung, sobald ein gesicherter Weg gefunden).

schaftsklassen), im Zusammenwirken an der Ethik nationaler Aufgaben (unter eigener Integrirung des Selbst aus der ihn einbegreifenden Gesellschaftswesenheit).

Ausser im Denkenden beruht das Esse in Percipi (b. Berkeley), aber πάντες ἄνϑρωποι τοῦ εἰδέναι ὀρέγονται (b. Aristoteles), ihrer Bestimmung entgegenreifend (unter Verlängerung der Gedankenreihen). Das äussere Object definirt sich in der Auffassung (s. Melanchthon), aber nur durch Erfahrung erweist sich der Causalnexus (s. Hume), also soweit nur, wie die Natur im tellurischen Bereich, den Experimenten (b. Bacon) zugänglich (in naturwissenschaftlicher Forschung); διὰ πάντων ἔστιν ἡ δύναμις τοῦ ϑεοῦ (s. Aristobulus). Im Fortgang der Generalisationen hängt die richtige Deckung der Vorstellung von der Richtigkeit der Rechnungsoperationen ab, und jenseits des νοῦς und νοητόν steht das ὑπερβεβηκός τήν νοῦ φύσιν (s. Plotin), hinausragend in Unübersehbarkeit des All, um einem höheren Calcul angenähert zu werden, und im trügerischen Scheinbild des κόσμος νοητός das Gesetzliche (aus Maya des Dharma) ahnungsvoll verstehen, das Nicht-Offene (Am-un oder Amun) anfzuschliessen hoffend (aus kosmischen Harmonien).

„Wir können von Nichts in der Welt Etwas eigentlich erkennen, als uns selbst, und die Veränderungen, die in uns vorgehen" (s. Lichtenberg), da die Gegenstände sich nach den Begriffen richten (s. Kant), neben den „Dingen" (in der „Welt der Vorstellungen"), wobei der Mensch, als „Mass der Dinge" (b. Protagoras), aus dem Centrum verrückt worden ist (seit astronomischer Revolution). Le tout universel est un être qui existe, c'est là le fond, dont tous les êtres sensibles sont des nuances (s. Deschamps). Sumus igitur modi mentis, si anferas modum, emanet ipse deus (s. Geulinx). Ausser uns giebt es Nichts, was dem vermeintlich Geschenen entspricht, da den Hinweisungen auf bewusste Intelligenz das beziehungsmässige Verhalten fehlt (s. d'Alembert), bis auf höheren Calcul (im logischen Rechnen).

Aus psycho-physischen Correlationen zwischen Seh- und Hörbildern steckt im lautlichen Wort, aus onomapoetischer Ingredienz, jenes Wesen der Dinge, wodurch der Protest gegen Uebereinkunftswahl veranlasst wurde (bei Sokrates). Auch wenn die Sprache sinnlich abgelöste Verallgemeinerungen durch artikulirten Ausdruck zu decken sucht, schaffen darin unbewusst willkührlose Beziehungsverhältnisse, welche auf jedesmalige Stimmung zu treffen suchen, aber bei dem Schwankenden derselben, weil von dem Stufengrad der Kenntniss abhängig, und mit demselben wandelnd geändert, der Kraft durchgängiger Befriedigung zu ermangeln beginnen, bis rein nominalistisch verhallend (in „flatus vocis"), so dass das Sprachgerüst dann nur als Mittel zu dienen vermag, wenn „baumeisterlich" (s. Göthe) der Philosoph sein System emporzurichten unternimmt (zur Verkörperung der innerlich treibenden Ideenregungen des Denkens), damit ὁ ἴσω λόγος (b. Aristoteles) zur Gestaltung kommt (ὁ ἐν τῇ ψυχῇ), für die Beweisführung (ἀπόδειξις), und so bedarf es einer Psychologie zunächst (sowie der Methode*) ihrer naturwissenschaftlichen Behandlungsweise).

Die Individuen vergehen, die Arten dauern (b. Aristoteles), und (da mit ihnen also auch dasjenige Element, das aus dem Individuellen darinnensteckt) demgemäss das Bewusstsein gleichfalls, für die entsprechenden Organisationen, in denen es sich geklärt hat (zu eigenem Verständniss). „Unumquodque individuum ex materia et forma compositum est" (s. Abälard), indem die Materia (des Genus) von der Forma (der „substantialis differentia") angenommen wird (scholastisch), zur Differenzberechnung (der Wesenheit). „Pour Averroës le principe d'individuation est la forme, pour St. Thomas c'est la matière" (s. Renan), hier für die „Species sensibilis", neben welcher die „Species intelligibilis" (in übersinnlicher Form) zum Begreifen führt (b. Ibn Sina), und während nun die Realität jener auch dieser zukommt, in dem Object, bleibt solches zugleich der Vergänglichkeit überhoben, wobei es im anderen Falle nur vorübergehend erscheint, nach dem Bestande einer Stetigkeit des Gesetzlichen, das zu Grunde liegt, im Irdischen hier, im Jenseitigen dort: das εἶδος in der Idee (eines Idealen). „Le génie est la nature même, poursuivant son oeuvre dans l'esprit humain" (s. Séailles), in schöpferischen Thaten des Denkens (unter der Harmonie kosmischer Gesetze).

Als Abglanz göttlicher Herrlichkeit (ἀπαύγασμα καὶ χαρακτὴρ τῆς ὑποστάσεως) ist, in Schöpfung der αἰῶνες, (ef. Barnabas' Brief an die Hebräer), der ewige Hohepriester (nach Art Melchisedek's) im Logos (für das Evangelium Johannis) Fleisch geworden (ὁ λόγος σὰρξ ἐγένετο), damit aus seiner Fülle (ἐκ τοῦ πληρώματος αὐτοῦ) Gnade geschöpft werde (in Offenbarung seit der Weltschöpfung), während unter dem Vorübergang der Tathagata, in Zeiterfüllung gegenwärtiger Weltperiode, der von den Meditationshimmeln (im Wandel der Existenzen) nach Tuschita herabgekommene Sakyamuni, von dortaus in Maya's jungfräulichem Leib wiedergeboren wird, um zur Durchschau (des Dharma) zu erwachen (als Buddha), und das Gesetz (im Walten der Karma) zu verkünden (für psychologischen Ausgleich im Nirwana). Der Schmerz (Dukha) sollte geheilt werden durch das Evangelium, welches, ein σκάνδαλον den Hebräern (oder Juden), eine μωρία den Hellenen — den Armen und

---

*) Wollen ist Ursein (s. Schelling), aber „Vouloir et savoir, c'est pouvoir; vouloir ne suffit pas" (s. Gratry), und so bedarf es der Sachkunde, um Pfuschereien zu mindern, (und deren Folgen in der Colonialpolitik), zum Studium angesammelten Materials (in der Ethnologie). Alogisch, wie das „Dass" der Welt, wird der Wille (b. E. v. Hartmann) antilogisch, indem „ziellos aus der Ruhe der Potentialität herausgedrängt" (s. Ueberweg), und so seine Selbstvernichtung decretirend (verdienstlicher, oder verdienter, Weise). Ob optimistisch oder pessimistisch bliebe dabei mystischem Mist überlassen, je nach der Brechung aus subjectivem Linslein im Hirn des kritisch, gleich dem Recensenten (im Dichterlied), „tapferen Ritters" unter „Don Quixote's Wappnung" (im gewaltigen Walten der Welt). Wenn die Geister erwachen (wie zu Hutten's Zeit), durchströmt es mit der Lust des Lebens Denjenigen, der offenen Ohres ihnen lauscht, dem Rufzeichen seiner Zeit, die ihn geboren hat, für die Aufgaben thatkräftiger Arbeit (im Wirken und Schaffen).

Schwachen — gepredigt wird (b. Paulus), im Glauben durch die Liebe
bethätigt (πίστις δι᾽ ἀγάπης ἐνεργουμένη), wobei die Gerechtsprechung der
Gläubigen sich als ein „synthetisches Urtheil" ergiebt, oder als ein
„analytisches Urtheil" (s. Ueberweg), „unter mannigfachen theologischen
und philosophischen Erörterungen" (1886). Nach Clemens Rom., der in
Caesarea durch Petrus unterrichtet, von ihm als Nachfolger auf dem
Bischofsstuhl eingesetzt wurde (s. Tertullian), ergiebt sich das symbolische
Verständniss alttestamentlicher Ordnung als γνῶσις (wie im Corinther-Brief),
während in den Recognitionen (b. Clem. Al.) der Magier Simon bekämpft
wird (als Repräsentant der Gnosis). Hermae Pastor (s. Gaab) belehrt
als Schutzgeist (über die überverdienstliche Gnade), in der καθολικὴ
ἐκκλησία (b. Ignat.). Im τετραδισμός lehrt Damianus Al. für die Gottheit
eine von den Hypostasen unterschiedene Substanz, als ὕπαρξις (s. Oischinger).
„Sicut eadem oratio est propositio, assumptio et conclusio, ita eadem essentia
est pater filius et spiritus sanctus" (s. Otto von Freysing), in (Abälard's)
Trinität des Monarchismus (mit drei Personen, auf drei Attribute Gottes
reducirt).

Wie „Sige" als „Mutuhei" (im Polynesischen) mag der Ἀῤῥητος, mit dem
sich diese (weibliche) Energie für die Valentinianer) verbindet, als Taarao
(oder Tangaloa, dialektisch) bezeichnet werden, bei Namensgebung des θεός
ἄγνωστος (s. Saturnin), oder ἀνωνόμαστος (Justin's), und dem Bythos entspricht, (sprachdeutlich schon), Kumulipo (auf Hawaii). Nicht aus eigener
Natur unsterblich, ist die Seele nur an dem von Gott verliehenen Leben
betheiligt, so dass ihre Fortdauer von Gottes Willen abhängt (s. Irenäus),
oder der Auffassung unendlich ewiger Ideen (psychologisch). Seligkeit
ist Ruhen und Beharren in dem Einen (s. Fichte), in Nirwana, naturwissenschaftlicher Erfüllung (aus psychologischer Induction).

Ohne Vorbilder (Plato's) hat Gott die Welt*) geschaffen (s. Irenäus),
da die Vorbilder wieder Vorbilder voraussetzen würden (mit dem Regressus
ad infinitum). Ocellus aeternum facit mundum (s. Stobäus). Es scheint
fast Geschmackssache, ob man das Masculinum „Gott", das Femininum

---

*) Die Welt ist durch Gott aus ἄμορφος ὕλη gebildet (b. Justin), τὰ πάντα ὁ
θεός ἐποίησαμεν ἐξ οὐκ ὄντων εἰς τὸ εἶναι (s. Theophilus). Als „Homunculus" (in Aegypten)
wuchs aus der Mutterlauge das Menschlein (ἀνθρωπάριον) hervor (s. Zosimos). Dass
der an das Kreuzholz Genagelte, welcher ihm selber seinen Geist befohlen hat, der
Gestorbene und Nicht-Gestorbene, der Gott und Vater des Alles sei, lehrte Kleomenes
und sein Anhang (b. Hippolyt). Bei der Taufe erhielt Christus die δυνάμεις, lehrte
Theodotus (im ἀπόσπασμα der Aloger). Der als Bischof der Gemeinde (mit Monats-
gehalt) angestellte Confessor Natalius wurde allnächtlich von heiligen Engeln ge-
geisselt, bis er in den Schooss der Kirche zurückkehrte (zur Zeit Zephyrinus').
Aeque in una persona utrumque distinguunt, patrem et filium, dicentes filium carnem
esse, id est hominem, id est Jesum, patrem autem spiritum, id est Deum, id est
Christum (die Monarchianer). Als Vorläufer Cerinth's, (der den jüdischen Weltschöpfer vom christlichen Gott trennt), liessen die Nicolaiten (s. Irenäus) das Gesetz
durch den Glauben aufheben (in der Apokalypse bekämpft). Jesus (zur Zeit des
Tiberius) wurde zur Bekämpfung des Κοσμοκράτωρ gesandt (s. Marcion), durch
ἄγγελοι κοσμοκράτορις (b. Saturnin) im gnostischen Agnosticismus (des θεός ἄγνωστος).

„Natur", oder das Neutrum „All" verehrt (s. *Lange*). Τὸ δέ γέ ὅλον καὶ τὸ πᾶν ὀνομάζω τὸν σύμπαντα κόσμον (s. Ocellus). „Non est peccatum nisi contra conscientiam" (s. Abälard), denn da die Musterbilder in einer „mente divina" ruhen, müssen sie gekannt sein, damit die „scientia" eine concordirende wird (zum harmonischen Abgleich). Per hoc ergo quod dicitur „ipsae tenebrae quantae erant", qantitas in subjecto monstratur; unde probabile colligitur tenebras non solum esse, sed etiam corporales esse (s. Fredegisus). „Causa efficiens, formalis, finalis deus est tricausalis" (b. Cusanus), im unendlichen Universum (b. Bruno), für die Ewigkeit (des Seienden).

Was, wie in der Erinnerung merklich, aus Spuren inneren Zusammenhanges verbleibt, beim temporären Beieinanderwohnen des Psychischen mit dem Physischen, hätte in diesem, bei der Zeugung, die Uebertragung einer materiellen Fortdauer (durch Traducianismus) zu erhalten, in der Vererbung einer atavistischen Stammesseele (gleich „Bla" in Guinea), während (b. Averröes) die geistige Fortdauer (in dem Collectiv-Individuum des Intellectus) dem „Individualgeist" (Rohmer's) entgeht, im unbewussten Umfassen (des Unbewussten).

Indem nun aber die gesellschaftliche Universalität sich, unter gesetzlichen Gliederungen auf der Erdoberfläche, in die Vielfachheit der ethnischen zerbricht, erleichtert sich aus dem Nationalgefühl (des Zoon politikon) die Integrirung des Selbst (im selbstständigen Bestehen eigener Existenz), wie es, mit dem in ein Jenseits hinüberreichenden Denkprocess, auch dort hinausgetragen wird (im Infinitesimalcalcul logischen Rechnens).

Im letzten Augenblick vom Ertrinken Gerettete beschreiben (nach mitgetheilten Beispielen*) bekanntermassen) den Zustand als eine sinnlich-seelische (mystisch-geistiger gleiche) Verzückung, in rapidester Ideenflucht, worin die gesammte Vergangenheit persönlicher Erlebnisse momentan dem Blick eilendst vorüberstürzt, den Wollustgefühlen des Coitus (aus einem „Intellectus immissus" gleichsam) entsprechend, und bei Erhängten kommt manchmal die Fundaufnahme einer „erectio penis" zur Erwähnung (betreffenden Orts).

Im Averröeismus des aristotelischen Commentator κατ' ἐξοχήν musste auch die Lehre vom „Zoon politikon" zur Geltung gelangen, welche in

---

*) Die darüber in der Litteratur vorhandenen Fälle erhielten, während eines Aufenthaltes in Leipzig (1859), eine fernere Bestätigung aus dem Munde eines dortigen Buchhändlers, der sein Geschäft in geistiger Gesundheit fortführte, aber verschiedene Male zu zeitweiliger Isolirung in ein „Maison de santé" sich genöthigt sah, aus psychischer Erregung; mit oder ohne Beziehung zu jener Ertrinkungsnoth, (welcher Unfall ihn bei einem im Rhein genommenen Bade betroffen hatte, verschiedene Jahre vorher). Die Asphyxie durch Ertrinken fällt in das medicinische Kapitel vom „Scheintod" (Apnoia), der sich „nur durch das Fehlen von Fäulniss und der Möglichkeit wiedererwachenden Lebens vom wirklichen Tode unterscheidet" (s. Canstatt), als „Mors apparens" (putativa). Die faradische Contractilität, sowie die dem Zuckungsgesetze gehorchende galvanische Reaction sinken in centrifugaler Richtung, die Erregbarkeit der Nerven schwindet ungleich früher, als die der Muskeln (s. Rosenthal), zur Diagnose des Scheintodes (1876).

ihrem theologischen Widerstreit gegen körperliche Auferstehung in der occidentalischen Philosophie, fernerhin in Verstofs gerieth, bis sie mit der inductiv erfüllten „Lehre vom Menschen" im „naturwissenschaftlichen Zeitalter" der Gegenwart, einen naturgemässeren Abschluss zu erlangen hätte, bei inductiver Durchbildung der Psychologie, mittelst des aus den geographisch-historischen Provinzen gelieferten Materials (der Völker-gedanken).

Neben dem mit der „virtus imaginativa" identificirten „Intellectus materialis" führt in dem mit den Thieren getheilten Instinkt die fort-schreitende Befreiung von Materialität und Potentialität (s. Ueberweg) zum „Intellectus aequisitus" (b. Ibn Badscha), als Emanation des activen Intellectus (in der Gottheit), und hier liegt dann dem „Einsamen" (oder Einzelnen) seine Entwicklung ob, in „Verselbstständigung des Menschen gegenüber den Institutionen und Meinungen der menschlichen Gesellschaft" (b. Ibn Tophail), wie es sich fernerhin auseinanderlegte bei der auf Averröes übertragenen Analyse der aristotelischen Werke (unter dem Chalifen Abu Jacub Jusuf). „Aristotelis doctrina est summa veritas, quoniam ejus intellectus fuit finis humani intellectus" (Aristoteles est regula et exemplum). Im „Alten zu Königsberg" war ein zweiter Messias erschienen (für Baggesen) und der Magus des Nordens sucht die „Pudenda" des Glaubens (in Mysterien).

Wie die Sonne durch ihr Licht das Erkennen, so bewirkt die thätige Vernunft das Erkennen (b. Ibn Roschd), als Aromana der Manas (im Abidharma), aus Gesetzlichkeiten des Dharma, aber statt Vernichtung im Nirwana, wäre ein Erfüllen anzustreben im Pleroma (bei naturwissenschaft-lich einheitlicher Weltanschauung), durch „Instauratio magna" (in einem „novum organum")..

Mit der Fortpflanzung ergiebt sich die Erhaltung der Gattung im ersten Gesellschaftskreis (der Familie). „Species cum suis generibus simul naturaliter existunt" (s. Abälard), κατηγορεῖται δ'ἐν τῷ τὶ ἔστι τὰ γένη καὶ αἱ διαφοραί (s. Aristoteles), und so kommt für die Attribute der Gottheit (eines „unus deus") der Gattungsbegriff (s. Anselm.) zur Geltung beim Tritheismus (in der Controverse mit Roscellin). A morte naõ é cousa natural mas o resultado d'um acontecimento extraordinario (am Humbe); um dann die „Casumbi" (almas dos mortos) zu Hülfe zu rufen (gegen den Endoxe), liegt den „terra orti" (s. Quintilian) um so näher, wenn etwa für solches Werk ein „Chao" zu gewinnen, mit einer bis auf Stufe der „Abhassara" hinaufführenden Abstammung (byamhisch oder birmanisch).

Während die Philosophie von der πίστις zur γνῶσις fortzuleiten hat (b. Clem. Al.), als ἡ θεία σοφία (s. Origenes), vollziehen sich die Con-sequenzen (patristischer) Religion in dem „Credo quia absurdum est", unter den Zuthaten aus „Salomon's Halle", im Rechtsstreit „Jerusalems contra Athen", wenn „jeder Handwerker" Gott gefunden (der von den Philosophen unbekannt gelassen). „Crucifixus est dei filius; non pudet, quia pudendum est; et mortuus est dei filius: prorsus credibile est, quia ineptum est; et sepultus resurrexit: certum est, quia impossibile est" (s. Tertullian), für den „auf gezähmter Bestie reitenden Engel" (b. Tatian), im Christen als Philosophen (s. Minucius), gegenüber den Ueberlieferungen (unwissenden Alterthums). Und dann führt die „fuga saeculi" zu (montanistischer) Vermengung in „commixtio carnis" von Stuprum und Matrimonium (wenn die Ehe „nur Nachsicht" etwa gestattet). „Conjugalis concubitus generandi gratia non habet culpam, concupiscentiae vero satiandae" (Aug.). Tradux animae tradux peccati (in Erbsünde), und so wurden die Sünden der Väter an den Kindern gestraft (auch nach dem Rechtsspruch im Incareich).

Doch dem nüchtern vertrockneten Rechenknechte auch, singt die Welt in Göthe's Liedern, und Schiller hat „die intelligible Welt anschaulich gemacht" (s. A. Lange), als „Lehrer im Ideal" (Kant's), aus prophetischer*) Vorschau für die Enthüllungen eines „naturwissenschaftlichen Zeitalters" (einheitlicher Weltanschauung).

Die dem Denken gestellten Fragen führen zur religiösen Bindung im Abschluss des Horizontes, hinter welchem das Unbegreifliche, gleich „Tahu-Wakan" der Dakotah, (in skeptischer ἀκαταλημψία), auch für Mawu's raumlosen Raum (der Eweer), in unzugänglicher Gottheit verschwindet, während die Vermittler, (in Emanation der „Wong"), innerhalb des Gesichtskreises, sich unter Verdüsterung aus dem als Grundübel einwohnenden Schmerz, (der das Heilswort der Tathagata erharret), in böse Mächte (an Stelle heroischer Halbgötter), verkehren**), so dass (bei dem durch ein Missverständniss in die Welt gekommenen Tod) jeder Unglücksfall in das Werk eines Zauberers gezerrt wird (bei den Abiponen), auch wenn einer vom Baum stürzt (s. Dobrizhoffer), oder von der Leiter (in's Feuer oder Wasser) fällt, als „Würfe und Schläge des Teufels", wie von Luther ausgedrückt, in populärer Volksstimmung, die damals zu den Hexenprocessen führte, in entsetzlicheren Excessen, als „Hexenriecherei" (der Bantu), so dass sich den Klugen mitunter als Klugheitsregel anzurathen schien: μιμεῖσθαι θεόν (b. Philo), um durch „Mimicry" geschützt zu sein (gegen die Nachstellungen des Feindes).

Wenn diese widerlich treffenden Einwirkungen bei culturfähig angelegtem Volksgeist, sich mythologisch verschönern, (für die Classicität), vertieft sich in die tieferen Fragen der Philosophie das Denken: „rerum cognoscere causas", und aus einem durch zeitgemäss herrschende Weltanschauung erfüllten Geist, mag dann eine Offenbarungsreligion hervor-

---

*) Die heidnischen Philosophen, wie Plato (Μουσῆς ἀττικίζων) mit Numenius und seinem ἑταῖρος (Kronius), stehen unter Christus, weil sie keine Wunder zu thun vermochten (s. Arnob.); ἡ μονάς πλατυνθεῖσα γέγονε τριάς (s. Sabellius) und so folgt leicht ein „Hexeneinmaleins" (des Dichters), wenn uncontrollirt (ohne Logik des Rechnens, naturwissenschaftlicher Psychologie).

**) Angeli (cum mulieribus concubitus causa et amoribus victi) filios progenerunt (s. Justin), δαίμονας (die Menschen erschlagend). Deus itaque nescit se quid est, quia non est quid, incomprehensibilis nempe in aliquo et sibi ipsi et omni intellectui (s. Erigena), im Glauben, auch (am Humbe), n'um só Deus Katongaou, Immensidade, nomen que tambien sa da ao mar (wie bei den Chimu).

treten, wie bei dem, im Erdkreis (zum Orbis terrarum) erweiterten Weltreich Roms, unter damals nahender Krisis des Verfalls.

Solche mit Aufnahme mystisch-philosophischer Lehren (wie aus er-
nenertem Platonismus) in Hypostasen dem Grübeln zugängliche Theologie
konnte eine Gesammtauffassung scholastischen Ausbau's (b. Thom. Aq.)
herbeiführen, bis, als mit der Revolution des siderischen Weltalls der Gottheit ihr Fussauftritt verloren gegangen, eine mathematische Reconstruction
eingeleitet werden sollte durch Descartes, der folgegemäss den „Vérités
révélées" ehrfurchtsvoll, aber scheu („jusqu'à l'excés") gegenüberstand,
zumal in Folge der Reformation der Bruch der Confessionen den un-
bedingten Glauben erschüttert hatte, und trotz Bossuet's „Exposition de la
foi" (für die „Histoire des variations") die zwischen Spinola und Molanus
(auf Leibniz' Veranlassung) angeregten Auseinandersetzungen nicht ge-
nügten (zur Vereinigung), weil ohnedem, bei atomistischer Richtung,
jesuitische Einwendungen fernerhin hätten hervorgerufen werden können
(wie gegen Bernier, betreffs der Transsubstantiation). Indess „le coeur
a des raisons que la raison ne connait pas" (s. Pascal), und als deshalb
„la logique ou l'art de penser" die Categorien (des Aristoteles) für freiere
Bewegung des Denkens verworfen, trat mit der formalen Psychologie
(ohne Ontologie), die Veränderung ein, welche Kant in seiner Kritik weder
durch „reine" noch durch practische Vernunft wiederherzustellen vermochte, da für solche „Restitutio in integrum" ein „naturwissenschaftliches
Zeitalter" (s. Siemens) die diesem erforderliche Einheit der Weltanschauung
zu erwarten (oder selbst erst zu verarbeiten) hätte, nachdem es gelungen
sein dürfte, die Psychologie den Naturwissenschaften anzureihen, in der
„Lehre vom Menschen").

Die gnostische „Blasphemie" (s. Irenäus) liegt in der Abtrennung des
(demiurgischen) Weltschöpfers, und den ethisch daraus fliessenden Weiter-
folgerungen für subjectivistische Auffassung (des Dekalog), während in
objectiver Betrachtungsweise mechanischer Naturerkenntniss ein agnostisches
„Ignoramus" die Grenzlinie zu ziehen hat.

Hierin fiele nun die Kernfrage für den materialistischen Streit
heutiger Tage.

„Unusquisque tantum valet, quantum potentia habet", und so hat das
Denken zunächst den Bereich eigener Befähigung zu ziehen, seit Demokrit
(unter Bacon's Rückweis); beim Absehen von inadäquaten Erklärungsweisen der Gottheit zur Zulassung des Epikurismus durch Gassendi (für
theologischen Abgleich), vorbehaltlich voller Einstimmung mit astronomischer
Reform (b. Bruno).

Auf dem tellurischen Standpunkt des Planetarischen würde bei ge-
nügendem Fortgang inductiver Forschung ein zunehmender Grund für
die darin abspielenden Erscheinungen sich gewinnen lassen, um den in
der Welt als sein Werk geoffenbarten Weltschöpfer darin zu begreifen,
wogegen weiterhin der Blick in kosmische Unendlichkeiten hinausschaut,
unter denen im Irrationellen keine Grenze (im Grenzenlosen) erreicht werden
kann, sondern nur (in rationeller) Annäherung eines Facit (nach dem

„Calcul des probabilités") aus den Gesetzlichkeiten selbst, wie geboten bei Richtigkeit ihrer logischen Berechnung, und in Vorbedingung hierzu wird für den Anschluss an die Psycho-Physik die Einführung comparativ-genetischer Methode in die Psychologie verlangt, mittelst ihrer Anwendung auf die Völkergedanken der Gesellschaftswesenheit (im Zusammenbegriff unter geographisch-historische Provinzen). Nur den ihm einwohnenden Gedanken des All (ἐνδιάθετον τοῦ παντὸς λογισμόν) hat Gott aus dem Seienden geschaffen (s. Hippolyt), so dass einzig allein dem, diesen nach richtigem Maassstab, Begreifenden das Menschliche zum Seienden zurückkehren würde, im Dauernden (eines Nirwana, als Pleroma).

Gegenüber einem aus harmonischem Eindruck des Ganzen optimistisch anwehenden Weltbild, zerbricht sich pessimistisch der Zweifel in Noth und Qual bei dem Einzelnen, wo der genügenden Durchschau einheitlichen Ausgleichs die Erfahrung fehlt (und terrestrisch fehlend bleiben muss), so dass die Harmonie selber harmonisch gelebt werden müsste, wenn die im Materialismus als fester Anhalt anerkannten Gesetze auch idealistisch sich wiederfinden (mit naturwissenschaftlicher Durchbildung der Psychologie). Den Michelianern (Michael Hahn's) oder „Seufzern" (im Pietismus) traten mit den Pregizerianern die fröhlichen Christen entgegen (als „Selige"), im optimistischen Gegensatz zum Pessimismus (lachender oder weinender Philosophie). Qui cognoscit Deum esse in se, lugere non debet, sed ridere (cf. Amalrich.).

Der Schmerz und seine Aufhebung bildet die Grundlage ältester und weitverbreitetster Religion, eine vielversprechende in der, diesem Grundübel (aus gebrechlich irdischer Natur) zugesagten, Besserung (in den Aryani-satyani) und Verbesserungen (moralisch), durch die Tugenden als „Arznei der Seele" (b. Gassendi), und wie in einem Leiblichen (des Körperzuckens), strebt es auch in dem Sinnlichen nach Vermeidung disharmonischer Störung, zur Auffassung der entsprechenden Qualitäten, die durch unrythmische Ordnungslosigkeit verletzen; im grellen Licht, schrillen Ton, bitteren Geschmack, Gestank (bis zum teuflischen, wie aus Hinterlassenschaft erwiesen). Wenn dann im Geistigen der „Appetitus intellectivus" (einem „doctor angelicus") erwacht, wird auch dieser mit seinen „Aromana" in richtiges Gleichgewicht sich zu setzen suchen, auf jener geistigen Sphäre der Gesellschaftswesenheit, woraus also, weil darin lebend, die „Gegenwürfe" zu entnehmen sind, in den ethischen Eindrücken und daraus gebildeten Begriffen. Das Vorhandensein solcher Einwirkungen von Aussen her, weist auch für sie auf eine zurückliegende Ursächlichkeit hin, wie betreffs des Materiellen, worauf die Empfindung fusst, und wie bei dieser also wird auch bei jenen zunächst das Gesetzliche in seinen Bedingungen zu erfassen sein, auf dem Wege der comparativ-genetischen Methode, unter thatsächlichen Anschauungen der Völkergedanken, als ethnischer Schöpfungen (der religiös und rechtlich im Volksleben leitenden Principien).

Während dies einerseits nun, beim Sehnen nach Sympathie (zum harmonischen Frieden im rythmisch erfreuenden Abgleich) aus dem

Egoismus zum Altruismus drängt, zum grössten Glück für die grösste Zahl
(b. Bentham), so bleibt andrerseits der Hinweis auf das dem Geistigen im
Ewig-Unendlichen Quellende, ein Ersehnen mythischen Lebenswassers (Vai-
ora), zur Regeneration (aus mystischer Umdunkelung), von jenseits her her-
niedersickernd (in den Dunstkreis des Planetarischen, das mit den Offenbarungen seiner Erzeugnisse im Kosmos einbegriffen liegt). Und deshalb:
Travaillez la science comparée (s. Gratry) „pour arriver à ce grand but
qui est précisément ce que dieu veut de l'esprit humain (il y a de l'harmonie,
de la métaphysique, de la théologie, de la physique, de la géometrie,
de la morale partout)*). „Attendez que l'affinité naturelle de la religion
et de la science les réunisse dans la tête d'un seul homme de génie"
(s. Joseph de Maistre), den Pfad (der Megga) entlang, als „viam"
(s. Bacon), und zwar würde solcher Weg (oder Heils-Weg) wenn etwa
nicht auffindbar (aus dem Alten), neu zu berechnen sein, in der Durchbildung naturwissenschaftlicher Psychologie (künftiger Tage).

Aus dem Körper**) der denkt (b. Voltaire), folgt „que la matière

---

*) Ces deux procédés nécessaires de déduction et de transcendance sont les
deux procédés fondamentaux de la géometrie, comme de toute autre science
(s. Gratry). Le procédé dialectique qui démontre l'existence de Dieu, dans toutes
les démonstrations connues, est un procédé logique général, qui, appliqué aux
mathématiques a créé le calcul infinitésimal. (Les vraies lois de la nature, bien
comprises, ont toujours forme géométrique). Omnia in numero, pondere et mensura, (hat Gott geschaffen). „Die Methode, welche sowohl zur Erkenntniss, als auch
zur Beherrschung die Natur bietet, verlangt nichts Geringeres, als eine beständige
Zertrümmerung der synthetischen Formen, unter denen uns die Welt erscheint, zur
Beseitigung alles Subjectiven" (s. A. Lange). Διὰ πάντων ἐστὶν ἡ δύναμις τοῦ θεοῦ
(s. Aristobulus). Die Zahl wird als πλῆθος ὡρισμένον erklärt (b. Nikomachos).
Ἀριθμὸν αὐτὸν ὑφ' ἑαυτοῦ κινούμενον (als selbst bewegte Zahl) bezeichnet die
Seele (Xenokrates). Thales brachte die Geometrie aus Aegypten nach Hellas
(s. Proklus). Basis speculationis est Parmenidea de uno et multis disputatio, per
quam Proclus Unum et Unitates entium principia invenit (s. Kirchner). Πάντα
γὰ μὲν τὰ γιγνωσκόμενα ἀριθμὸν ἔχοντι (s. Stob.), τούτων ἐνυπαρχόντων (der Zahlen).
**) Der Körper ist das Zelt (σκῆνος) der Seele (b. Demokrit) als „Stiftshütte"
(im Tempel). Wenn wir in den Werken alter Weltweisen den Ausdruck ἀσώματος
finden, den die Lateiner durch „incorporeus" und die Deutschen durch „un-
körperlich" geben, so haben sie nichts anderes, als eine sehr feine und subtile
Materie anzeigen wollen (s. d'Argens). Appellatio ἀσώματον apud nostros scriptores
est inusitata et incognita (s. Origenes). Die Seele verhält sich zum Körper, wie
die Harmonie (in der Musik) zu den Saiten (s. Aristoxenes). Für die Seele, als
Abzweig (surculus) aus Adam's Seele, ist der νοῦς nur „suggestus" (b. Tertullian),
zur Suggestion (hypnotisch). Die Thätigkeit der Seele wird als Bewegung gefasst
(b. Strato). Unsere Ideen, auch Hirngespinste sind Producte derselben Natur,
welche unsere Sinneswahrnehmung und Verstandesurtheil hervorbringt (s. A. Lange).
Der irdische Körper besitzt die Fähigkeit der Wiederzeugung, in den Nachkommen
fortlebend, aber die Unsterblichkeit gilt nur für das Gesammtganze, das der
Menschenseele angehört (b. Averroes). Im Gehirn treffen sich die natürliche Seele
(aus Atomen) und die vernünftig (immateriell) verbundene (s. Gassendi). Ipsa anima
interdum in talibus minimis corpusculis integra latere et sese conservare potest
(s. Sennert). Am ersten Rang der Wissenschaften steht die mit der Seele beschäftigte
(s. Aristoteles). Was die Sonnenstäubchen (τά ἐν τῷ ἀέρι ξύσματα) bewegt (in der

pourrait bien avoir la faculté de penser" (s. Lamettrie), aber „wenig Erziehung, wenig Ideen", und so aus (Locke's) „Seele von Koth" (b. Pluche), wachsen auf dem Dünger die von den Sinnesempfindungen gegebenen Anregungen zu ihren, die Leerheit (b. Arnobius) erfüllenden, Gedanken empor, die, (für ausgestaltende Ernährung), die entsprechenden Reize aus gesellschaftlichem Verkehr entnommen haben, hinsichtlich der Gesellschaftswesenheit des „Homme-machine", als „Zoon politikon" (b. Aristoteles), für die „principes physiques de la morale" (s. Volney), mit dem Ausgang von dem, in die Differenzirungen der Völkergedanken (unter dem Licht des Verständnisses) gebrochen zertheilten Gesellschaftsgedanken (in naturwissenschaftlicher Psychologie). So, wenn das, Jahrtausende hindurch

Luft) ist die Seele (bei den Pythagoräern). Die Seele ist συμφνὶς ἡμῖν πνεῦμα (bei den Stoikern), ἀπόσπασμα τοῦ θεοῦ (s. Epikt.). Soll die ewige Wahrheit ausgesprochen werden, so bedürfen wir dazu erst der negativen, schrankenverneinenden Ideen (s. Fries). Nur Functionen (im Denken, Erkennen, Wollen, Erinnerungen) findet (aus immaterieller Substanz) die Seele in sich (s. Aug.), in Bündeln (oder Khanda) von Vorstellungen (b. Hume). Mit Sein ist das Nichtsein gemischt im unendlichen Wesen der Gottheit, (s. Campanella), aus ihren Primalitäten (Macht, Weisheit und Liebe). Universel et infini sont synonymes (s. Saisset). La mort est la disparition, ἀποβολή, de la vie (b. Strato). Seele (b. Thales) ist φύσις ἀκίνητος (s. Hardy). Quelque mouvement, quelque espace, quelque temps, que ce soit, il y en a toujours un plus grand et un moindre de sorte, qu'ils se soutiennent tous entre le néant et l'infini, étant toujours infiniment éloignés de ces extrèmes (s. Pascal). Μὴ μαλλόν τὸ ὂν ἢ τὸ μηδὲν εἶναι, lehrt Demokrit (b. Plato). In der Mitte zwischen dem Intelligibelen (ἐκτὸ; οὐρανοῦ) und dem Sinnlichen (ἐντός οὐρανοῦ) liegt das δοξαστόν (b. Xenokrates). Nimmt man die Organisation als „Erscheinung", also mit dem Vorbehalte, dass sie Erscheinung eines unbekannten Dinges an sich sein möge, so schwindet nicht nur der Materialismus, sondern es hört auch jedes Recht auf, diese Annahme mit den Erfindungen der Metaphysiker zu coordiniren (s. Lange). Une demi-philosophie nous écarte du vrai, et une philosophie mieux entendue nous y mène (s. d'Alembert). Ideation, under certain circumstances, is, in its influence on the sensorium, as powerful as anything, in the outer world, which impresses the senses (s. Hack Tuke). Toutes les facultés de l'âme, toutes les opérations se reduisent à l'entendement et à la volonté (s. Laromiguière). Ubicumque est nec formam recipit (s. Cassiodor.), die Seele (ausserhalb der Kategorien). Die Seele, im Leibe wohnend, ist räumlich begrenzt (b. Faustus). Die ursprünglichen Thatsachen im Bewusstsein („common sense") bilden die Unterlage für die Philosophie (s. W. Hamilton). Le syllogisme développe mais n'ajoute pas, le procédé inductif, au contraire, ajoute des clartés nouvelles aux anciennes (s. Gratry). „Induction is involved in almost every example of Probabilities" (s. Venn). „Viam aut inveniam aut faciam" (s. Bacon). Der Nous (b. Aristoteles) ist zunächst γραμματεῖον ᾧ μηδὲν ὑπάρχει ἐντελεχεῖα γεγραμμένον (s. Aeg. Romanus), als „white paper" (b. Locke), einer „tabula rasa" (durch Erfahrung zu beschreiben). Die menschliche Seele ist überall im Leibe gegenwärtig, denselben überdauernd (b. Gregor Nyss.). Die Seele ist ein σῶμα νοερόν (b. Methodius). Die Seele (nur für die Qualität zu den Kategorien gehörig), erfüllt sich im Gedächtniss, Denken und Wollen, den Körper umfassend (b. Claud. Mamertus). Der Reiz im Körper und der innere Wille erscheinen als causa occasionalis für die Empfindung der Seele, um eine Bewegung im Leibe hervorzubringen (b. Geulinx). Ubicumque substantialiter inserta est (als geistig) die Seele (nach Gottes Bild), bei den Thieren im Blut liegend (s. Cassiodorus Sen.). Im Rechtsstreit zwischen Seele und Körper (s. Palamas) wurde gegen die Anklagen jener entschieden (1347).

im Mumiengrabe verborgen liegende, Samenkorn der schönen Gottesnatur wieder eingesäet ist, kommen durch die aus den Weiten des Alls zuströmenden Einflüsse die latenten Kräfte zur Bethätigung, um aus dem Schönen zu erfreuen in geistigen Früchten, mit Idealen geschwängert, die wiederum, ihrer potentialen Fülle nach, da zum Auswachsen zu kommen hätten, wo in „gradation naturelle" (s. Robinet) einer Stufenreihe (der Wesensgeschöpfe) der Mensch sich mit dem „letzten Seraph" berührt*), — zu „Palingénésie" (b. Bonnet), — auf den Meditationsterrassen, von wo der aus Tuschita Incarnirte die Offenbarung, im „Pantheistikon" (b. Toland), herabbringt, im Gewande eines Nous (ἔξωθεν), der (mit seiner Aromana jenseitiger Aequivalenz) in der Gesellschaftssphäre schwebt, für eine naturwissenschaftliche Weltanschauung (unter den Harmonien des Kosmos). In der Meditation ist die ἀσθένεια θεωρίας (s. Plotin), frühreifer Entscheidung, zu überwinden, kraft der Entsagung, damit die Gedankenreihen ausreifen (im psychischen Wachsthumsprocess). „Mentem Dei, quam Gracci Noyn appellant, origines rerum species quae ideae dictae sunt, continere meminit" (Plato), in corpora prodirent (inquit Priscianus). „Spiritum sanctum animam mundi quasi vitam universalis posuit" (Plato), bei Trinität (des Tagathon, Noys und der Weltseele). Plato formas exemplares in mente divina considerat, quas ideas appellat (s. Abälard), „dicens generales et speciales formas rerum intelligibiliter in mente divina constituere" (Priscianus), als Schöpfergedanken oder Schöpfungsgedanken.

In traducianistischer Fortpflanzung unter der (in nigritischer Folge, als Bla) weiterzeugenden Stammesseele, spinnt sich folgegemäss für die Persönlichkeit der Faden naturnothwendigen Zusammenhangs mit den Abgeschiedenen zu verwandtschaftlichem Verkehr, ein traumhafter (bei den Papua), auf (chinesische) Ahnenopfer bedacht, (im väterlichen Cult des Brahmanensohns), während der coenobitische Anachoret (einer Mula-muli) seinen Ziffernwerth aus transcendentalem Zusammenhang (des Jenseits) herauszurechnen hätte (zu naturwissenschaftlich stimmender Logik harmonischer Gesetze im All).

Zwischen seinen zwei Unendlichkeiten gestellt („la double infinité" b. Pascal), in den „extremitates quantitates non inclusae, sed seclusae" (b. Leibniz), erspinnt sich dem Menschen, für ahnungsvoll unauslöschliches

---

*) In den drei Triaden (der Engelwelt) begreifen sich die Seraphin, Cherubim, Throni, dann die Dominationen, Virtutes, Potestates und ferner die Principatus, Archangeli und Angeli (s. Dionys. Areop.). Das „ens rationale" steht zwischen „pecora und angelos" (im Menschenmaass). Die Vergottung (θέωσις) des Menschen (b. Maximus) ergiebt sich als ἡ πρὸς τὸν θεόν ὡς ἐφικτόν ἀφομοίωσις τε καὶ ἕνωσις (b. Dionys. Ar.) in (mystischer) Einigung (ittisal des Islam). In den θίασοι (Philosophenschulen) wurde das Amt des Scholarchen verwaltet (als welcher Speusippos auf Plato folgt im Mouseion), und in Prophetencollegien (wie zu Samuel's Zeit) musicirten, erziehen die Maori (cf. „All. a. V. u. M." II., S. 54). Dem Einzelnen, substantiell (nach οὐσία) existirend, ist das Allgemeine immanent (ἐνυπάρχων) für οὐσίας γνωρισμός (b. Aristot.). Esse universale est formae et non materiae (s. Thom. Aq.). Sermo est praedicabilis (s. Abälard) für Satzworte (in corporisirendem Monosyllabismus), cf. Sp. St. (S. 149).

Sehnen, die Fortdauer in der Unvergänglichkeit des Stoffs sowohl, wie in demjenigen, was aus dem Endlichen zum Unendlichen führt (im Ewigen).

Das unvergänglich Ewige liegt in der Kraft psychischer Bethätigung, mit der Fortdauer jeder Action, sei es in der Aussenwelt dort, sei es in physischer (oder psychischer) Zeugung für das innerliche Selbst, und mit der Fortdauer ebenso jener Actionen, die an sich selbst fortzudauern haben, wenn zum Uebersinnlichen gesteigert, im harmonisch gesetzlichen Bestand, — und also, (nota bene!), die Vernünftigkeit vorausgesetzt (im normalen Gesundheitszustand des Geistigen). Hierzu benöthigt sich dem Denken (betreffs der in Assimilirung brauchbaren Ernährung) eine Verwebung seiner Wurzeln mit dem Gesammtgetriebe umgebender Natur, zur Durchschau in Bodhi, weil sonst pathologisch verirrte Schuld zu sühnen bleibt (durch Karma), bis etwa die (zu Phala leitenden) „Megga" gefunden, bei Befähigung zu logischer Rechnenkunst, aus naturwissenschaftlich hergestellter Einheit im universellen Zusammenhang (soweit die planetarisch irdische Existenz darin zu zählen hätte). Wie immer für das „Mysterium magnum" (b. J. Böhme), theosophischer Entrückung (oder Verrücktheit), die Wiedervereinigung mit den Lieben mythologisch auszumalen nahe liegen mag, variirt sich nach den geographisch-historischen Umgebungen jedesmaligen Völkergedankens, während das unveränderlich (und unabänderlich) zu Grunde liegende Gesetz (im schöpferischen Wirken) seine Selbstsetzung zu finden hat (für eigenes Verständniss), und zunächst, aus Klugheitsregeln schon, eine Setzung „naturgemässerer Lebensweise" (in geistiger Diät), als eine sittlich-rechte und gerechte (ethisch-ethnischer Moral).

Als Mitte unseres Jahrhunderts Al. von Humboldt seine Umschau hielt durch den Kosmos, schloss sich ihm, dem damaligen Standpunkt naturgeschichtlicher Wissenschaft gemäss, ein physikalisches oder „physisches Naturgemälde" (der Weltanschauung) ab, welches die Grenzen eines geistigen Reiches berührte, ohne dasselbe bereits betreten zu können (s. Vorg. d. Ethn., S. 32).

Bald darauf, im Fortschritt der Naturwissenschaften, war die Physiologie hinzuerobert, mit dem psycho-physischen Vorstoss, so dass die Frage nach der Psychologie, auf ihrem Grenzgebiete mit der Physiologie, eine desto brennendere wurde, im „Kampf um die Seele" (des Materialismus), und aus der, durch die hehre Philosophie in früheren Tagen entzündeten, Fackel der Erkenntniss würden nur die nichtig (in Negationen der Identität) ausgebrannten Schlacken eines „Köhlerglaubens" (b. Vogt) erübrigt bleiben (im drohenden Nihilismus), wenn es nicht gelingen sollte, auch die Psychologie ebenbürtigerweise den Naturwissenschaften dadurch einzureihen, dass deren comparativ-genetische Methode für die Ideale geistiger Güter ebenfalls gleichmässig zur Verwendung käme, nach Herbeibeschaffung thatsächlichen Materials in den Völkergedanken (zu anschaulichen Belegstücken für die Constitution der Gesellschaftswesenheit des Menschen).

Indem bei der (inductiven) „Lehre vom Menschen" die factischen Darlegungen nicht nur der religiösen, sondern auch der rechtlichen Institutionen einem systematischen Studium unterzogen werden, haben sich für die socialistischen Zeitfragen zur „Erziehung des Menschengeschlechts", ebenfalls practische Fingerzeige zu ergeben, für Gesundheit des nationalen Lebens, das sich in internationaler Erweiterung über die Erde erstreckt (bei ethnologischer Forschungsweise).

Wenn an Stelle schwankender Glaubensansichten (im Meinen und Scheinen) die feste Bestimmtheit der durch logisches Rechnen gezogenen Resultate gesetzt ist, wird den „Testamenten" das neue Evangelium (Lessing's) hinzutreten, das seine stetige Dauer durch Einfügung in einheitliche Weltanschauung erhält (für die herrschende Zeitrichtung).

Je complicirter die Weltauffassung sich gestaltet, desto kategorischer stellt sich die Anforderung eines ungetrübten Gesammtdurchblicks, um das Maschengewebe der Einzelfäden intact zu bewahren (nach gesetzlichem Zusammenhang). Indem die Principien (in Theorie) etwas „Bewegliches" sind, muss in jedem Augenblick übersichtlich gehalten werden, „welche Wirkungen eine Aenderung dieser Principien auf die ganze Gestaltung der Theorie ausüben würde" (s. Neumann), um richtige Verhältnisswerthe zu wahren (im logischen Rechnen).

In einem deductiven Zeitalter*) verlangte Montesquieu die Ueberein-

---

*) Das Verkennen der in comparativ-genetischer Forschungsmethode, nach ihrer charakteristischen Specifität, gestellten Aufgabe kann nicht naiver zur Schau gestellt werden, als mit dem wiederholentlich in der Kritik aufstossenden Einwurf gegen das Zusammenfinden, auf gleicher Seite oder in demselben Satz, von Citaten, die verschiedenen Zeitläufen oder Völkerkreisen entnommen sind, denn aus den Wahlverwandtschaften eines, oberflächlichem Anschein nach, Incongruenten, hätte sich gerade die Richtigkeit des Rechenexempels zu erproben für die elementar gleichartigen Grundzüge, unter geographisch-historischen Variationen (im Gesellschaftsgedanken). „La multitude des exemples peut fatiguer, mais si l'auteur avait trié les principaux et laissé de côté les autres, on aurait douté de sa grande impartialité" (s. de Candolle), für objectiv vergleichende Forschung, in Blosslegen wunder Stellen gerade (statt sie mit Schönpflästerchen zu verdecken). Bei Vergleichung heutiger Pflanzenbeschreibungen mit denen etwa des Theophrast's, oder zoologischer mit Darstellungen auf pharaonischen Denkmalen, lässt sich für fortdauernde Aehnlichkeit sowohl, wie Abweichungen, wenn angetroffen, auf unterliegende Erklärungen gelangen, in Vertiefung der Detailforschung (bei gebotenem Material). So wächst rüstig und weit gebreitet der geschichtliche Gedankenbaum für die Gegenwart empor, (aus Umschau des Globus und Durchschau litterarischer Quellen der Tradition), aber in ihm treibt, mit fortwirkender Dauer, ein gleicher Zellprocess des Wachsthums, von den niedrigsten kryptogamischen Stadien an, bis aufwärts in unabsehbare Fülle der Fortgestaltungen — (von den Naturstämmen bis zu den Vertretern ethnischer Culturen), — unter einheitlich waltender Geschichtsbewegung; und dies ist es eben, warum es sich handelt (für das logische Rechnen). Die Richtigkeit (wie selbstverständlich überall) hängt ab von der Richtigkeit der Verhältnisswerthe. Man mag teleskopisch weiteste Allgemeinheiten (aus Umrissen der Fernschau) in Vergleichung stellen, ebenso berechtigterweise, wie minutiöse Decimalstellen bei mikroskopischer Sichtung, aber in jedem Sonderfalle ist die Bahn des proportionell gültigen Maassstabes festzuhalten, da Abweichung von der Aequivalenz der Rechnungsformeln, in kabbalistische Verwirrung stürzen muss (mit den Sinnlosigkeiten eines Unsinn oder Nicht-sinn).

Wie für (Kant's) Kriticismus, „mit dem Janus-Antlitz auf der Grenze zweier Zeitalter" (s. A. Lange), ist ein „Novum organum" (gleich dem Bacon's) für Dar-

stimmung der Regierung mit „la disposition du peuple, pour lequel il est établi", und meint die leitenden Prototypen zu finden in der Schweiz, sowie (seit 1728) in England. Vom objectiven Standpunkt erhält sich die Induction in Uebereinstimmung, wo noch ein naturgemäss ungestörter Zustand (bei harmonischem Abgleich unter geographisch-historischen Bedingungen), so dass das Müssen nicht durch den Geist in die Betrachtung

win's Reform beansprucht, denn die Descendenztheorie (s. Häckel), „stellt sich ebenbürtig Newton's Gravitationstheorie zur Seite, ja sie erhebt sich noch über dieselbe" (1878). Und hier freilich würde es nun heissen (nach bekanntem Spruch): „So viel Köpfe, so viel Sinne" (zumal der Parteikampf noch nicht ausgetobt hat).

Immerhin jedoch würde radical, wie bei Aenderung des geocentrischen Systems, die Weltanschauung sich dann erst umgestaltet finden, völlig und ganz, wenn die, durch psycho-physische Brücke der Physiologie angeschlossene, Psychologie in ihrer Erweiterung zur menschheitlichen Culturgeschichte, für die naturwissenschaftliche Methode sich verwendungsfähig erweisen sollte, mit dominirendem Ausgang von der Induction, also einem diametral entgegengesetzten (vorläufig soweit) zur bisherigen Deduction; so dass zunächst Alles verkehrt (und umgekehrt) zu stehen scheinen müsste, weil in der Richtung des Gegenüber (vom anderen Ende her) angeschaut, — bis dann, beim Zusammentreffen, „to compare notes", wenn die Ergebnisse sich richtig ergänzend erweisen, eine doppelte Controlle gewährt wäre (zu gegenseitiger Bestätigung). Hier, beim Uebertritt vergangenen Zeitalters in das nächste, klafft, auf der Schwelle beider, der momentane Bruch derartig schroff und gewaltsam plötzlich, dass die Vermittlungsfäden abreissen (ehe wiederum angesponnen). Als die antiquirte Ethnologie ihr Testament zu machen hatte, war ihr noch die Gunst beschieden, in einer durch Meisterhand abgerundeten Darstellung dem Leser-Publikum vorgeführt zu werden, von einem auf verwandten Gebieten der Erdkunde gefeierten Lehrer, in dessen kurz übersichtlicher Behandlungsweise (seiner Lehrsätze) ein anziehendes Bild dem Neu- oder Wissbegierigen entrollt ward. Dass solchem, an durchscheinender Klarheit gewohntem Styl („c'est l'homme") das chaotisch Ungeordnete der Uebergangszustände, während welcher das Rohmaterial für künftigen Aufbau vorderhand zu beschaffen war, ein Greuel erscheinen musste, erwies sich aus seiner mit Entschiedenheit festgehaltenen Opposition, und ausschlaggebend mag dafür die Bemerkung seines Handbuches dienen, welche mit halbnärrischen Sonderbarkeiten eines „Rösselsprunges" dasjenige erledigte, woraus seitdem das wunderbare Getriebe organischen Wachsthums sich zu entfalten begonnen hat, unter Gleichartigkeit der in geographisch-historischen Variationen schillernd gebrochenen Elementargedanken, deren noch unbemessbares Riesennetz über die Gesammtausdehnung der Erdoberfläche weiter und weiter sich zu breiten fortführt; belebt und ernährt zugleich aus unerschöpflichem Born, worin die Gedankenbilder sämmtlicher Vorzeiten sprudeln (bis in die Mitwelt hinein). Mit deutlicherem Ausdruck würde die hier scharf gezogene Grenzlinie nicht haben markirt werden können, jetzt, wo in trüb wallender Mutterlauge der Massenansammlung, klar und klärend zu leuchten beginnt, was in fest gezeichneten Krystallisationen der Völkergedanken hervorzutreten haben wird, nach gesetzlichen Wahlverwandtschaften (wie enthüllt aus naturwissenschaftlich durchgebildeter Psychologie). Cf. „Zeitschrift für Ethnologie", Bd. VI, 1874 (S. 148—149). Jene Mühseligkeiten langjährig bedrückender, und erdrückender, Handwerkerarbeit durften nicht erspart (oder abgewiesen) bleiben; denn hätten es die Kärrner verschmäht, substantielle Bausteine zusammen zu schleppen, würde der Bau der Architecten wiederum in Luftschlösser verduftet, uns kahl, dürr und leer (in grauer Theorie), aus metaphysisch nichtigem (nicht-seiendem) Untergrund, entgegenstarren, — auf dem, als gefestigt fortan dagegen, der Dom einer naturwissenschaftlichen Weltanschauung emporzusteigen beginnt (wie hoffnungsvoll angepflanzter Forschungszweig es kündet). „Per aspera ad astra", möge sich im Spruch bewähren (für die Epigonen kommender Tage).

hineinzutragen, sondern aus derselben (den gültigen Principien nach) daraus
vorher zu entnehmen wäre, weil sonst eine Uebertragung (wenn nicht
fehlerfrei in logischer Berechnung) Unzuträglichkeiten nach sich zieht,
wie bei den in der Entdeckungszeit auf verführerische Abwege eröffneten
Einblicken, so dass Rousseau's vorschnelle Verallgemeinerungen jene Ueber-
stürzungen herbeiführten, welche dann durch Blutströme wieder zu sühnen
waren (unter Robespierre's Schreckensregiment). Was kraft gesetzlichen
Zwangs der Naturgesetze abgeschlossen, als Product aus dem „Raisonnement"
(rationell) hervorgehen sollte, war allen Schwächen desselben ausgesetzt,
deductiv, bis die Controlle der Induction hinzugetreten (zur Rectification). „Si
l'esprit n'était que réflexion, il serait subordonné à la nature, qui fait tout ce
qu'il y a de positif dans son oeuvre; mais l'esprit, c'est encore la nature"
(s. Séailles), mit Einbegriff des Uebersinnlichen (in der Welt des Natur-
ganzen). „Das Gemeinsame der Gattung in der Erkenntniss ist zugleich
das Gesetz alles Gedankenaustausches. Es ist aber noch mehr, als dies,
es ist zugleich der einzige Weg zur Beherrschung der Natur und ihrer
Kräfte" (s. Lange), also auch in der Psychologie (bei naturwissenschaftlicher
Durchbildung). Die Freiheit stellt den Menschen gänzlich ausserhalb der
Naturkette (s. Kant), aber bei (über-natürlicher) Verlängerung derselben
in die Ewigkeiten des Universums wird auch sie gesetzlich einbegriffen für
naturwissenschaftliche Psychologie (kraft ihrer Unendlichkeitsberechnung).

Das in Relativitäten (der Verhältnisswerthe), innerhalb von Raum und
Zeit, bewegte Denken gelangt jenseits derselben an seine Grenze des
Absoluten, für Entstehen der Schöpfung (bei den Ursprungsfragen). Auf
dem naturwissenschaftlichen Wege der Induction sind die an sich gegebenen
Grenzen gesteckt, wenn die Chemie an ihre letztzerlegbaren Elemente gelangt, um sie als solche zu setzen, höchstens etwa noch mit kurz gleichsinnig
theoretischer Zuthat von Moleculen und deren äussersten Atomen, auch
etwa dynamisch gefasst, in der Materie (desjenigen, was „eine Kraft
äussert oder leidet"). Sofern hier zum Eindringen in die Schöpfung
(gläubigen Gemüthes) Ursprungsfragen eines Entstehens für die Forschung
in Betracht kommen, mögen dieselben, je nach zusagenden Hypothesen,
bis in nebulare Nebel zurückverfolgt werden, aber stets nur unter (proportionell) verhältnissweisem Vorgehen, da darüber hinaus das Welträthsel im
Unbegreiflichen versteckt (und stecken) bleibt, für skeptische „Akatalepsia"
ebensowohl, wie für ein „Tahu-Wakan" wilder Philosophen (oder „Propheten-
schüler") in ϑίασοι (unter ihrem Scholarchen und dessen αὐτός ἔφα).

Dieses die Erde in ihrem Sonnensystem, (mit dem Fixsternhimmel,
soweit durchblickbar), umschliessende Problem, das bei der Ermüdung
auf dem „Regressus ad infinitum" sich in Negationen der Fasslichkeit
weiteren Angriffs entzieht (für die „causa causarum"), — weil in des Gottes
Unendlichkeit das „allgemeine Gesichtsfeld" (s. Malebranche) einbegriffen
(wie Zeiträumliches im Irdischen) —: solches Problem des Urgeräthsels
wird verdoppelt durch eine zweite Räthselfrage, wenn diese auf der Erde
im Besonderen nun wieder, für den Ursprung des organischen Lebens zugelassen wird, um hierüber, indem (oder: obwohl) die Controlle natur-

wissenschaftlicher Berechnung eine „generatio aequivoca" nicht — oder noch nicht (wenn man lieber will) — gestatten darf, in das Dunkel eines gnostischen Bythos sich zu versenken (oder agnostisch zu entsagen, im Philosophenmantel gehüllt).

Wenn hier zum „sophicus Nodus enodatus" (1692) beim Zerschneiden des gordischen Knotens in einem nach oben schwebenden Geträume, (über $\mu\varepsilon\tau\varepsilon\omega\varrho\omega\lambda\acute{o}\gamma\iota\alpha$) zu Plato's Zeit, ein kühner Verzweiflungsschritt gewagt worden ist (b. Thomson) für die Herkunft aus Meteoren, in deren Spalten die Samen (durch ferneres Wagniss in Hypothesen) geschützt, herabkommen möchten in unsern Dunstkreis, so würde, mit all diesen Zugaben selbst, sich hier die Wurzel ebensowenig annähren, wie bei Vishnu's Niedergraben an Mahadeva's Flammensäule, — ebensowenig, oder (nach Belieben im Vorzug) ebensoviel, sofern leichter noch, auf Grund actuell gefallener Meteorsteine, auch ein ganzer Continent (gleich dem australischen) herabgefallen sein könnte, aber freilich, wie Tangaroa's Fels, in das Wasser nur, und dass $\dot{\alpha}\varrho\chi\dot{\eta}\nu$ $\tauo\tilde{\upsilon}$ $\pi\alpha\nu\tau\grave{o}\varsigma$ $\varepsilon\tilde{\iota}\nu\alpha\iota$ $\kappa\alpha\grave{\iota}$ $\tau\acute{\varepsilon}\lambda o\varsigma$ $\tau\grave{o}$ $\ddot{\upsilon}\delta\omega\varrho$ (s. Hippolyt.), meinte bereits $\Theta\alpha\lambda\tilde{\eta}\varsigma$ $\acute{o}$ $\tau\tilde{\eta}\varsigma$ $\tauo\iota\alpha\acute{\upsilon}\tau\eta\varsigma$ $\dot{\alpha}\varrho\chi\eta\gamma\grave{o}\varsigma$ $\varphi\iota\lambda o\sigmao\varphi\acute{\iota}\alpha\varsigma$ (s. Aristoteles). Wenn dann aus Rehua's Sitz in oberster Feuerskraft, von dorther ein Princip zu Hülfe gezogen, (Ἵππασος δὲ πῦρ ὁ Μεταποντῖνος καὶ Ἡράκλειτος ὁ Ἐφέσιος), mag in die $\gamma\acute{\varepsilon}\nu\varepsilon\sigma\iota\varsigma$ eingetreten werden, die geologische Bildungsweise der Gestirne auch mineralogisch rückzufolgen, aber bald ist dann wieder die elementare Grenzschranke erreicht, in den Elementen der Zersetzungskunst, für fernere Ausmalung nach atomistischen Hypothesen (philosophischen Geschmacks), je nach des Malers Kunst (b. Epikur) in $\mu\tilde{\iota}\xi\iota\varsigma$ und $\delta\iota\acute{\alpha}\lambda\lambda\alpha\xi\iota\varsigma$ (zum $\delta\iota\alpha\lambda\acute{\varepsilon}\gamma\varepsilon\nu\vartheta\alpha\iota$), und den logisch erlaubten Operationen (eines naturwissenschaftlich geschulten Denkens), $\dot{\varepsilon}\tau\varepsilon\tilde{\eta}$ $\delta\dot{\varepsilon}$ $o\dot{\upsilon}\delta\grave{\varepsilon}\nu$ $\ddot{\iota}\delta\mu\varepsilon\nu$, $\dot{\varepsilon}\nu$ $\beta\upsilon\vartheta\tilde{\omega}$ $\gamma\acute{\alpha}\varrho$ $\dot{\eta}$ $\dot{\alpha}\lambda\acute{\eta}\vartheta\varepsilon\iota\alpha$ (s. Demokrit), in Avixa (eines Noch-Nicht). Schliesslich kommt es stets zurück auf die unter Führung „heliadischer Jungfrauen" erlangte Abscheidung des Nichtseienden, $o\dot{\upsilon}$ $\gamma\acute{\alpha}\varrho$ $\mu\acute{\eta}\pi o\tau\varepsilon$ $\tauo\tilde{\upsilon}\tau'$ $o\dot{\upsilon}\delta\alpha\mu\tilde{\eta}$ $\varepsilon\tilde{\iota}\nu\alpha\iota$ $\mu\dot{\eta}$ $\dot{\varepsilon}\acute{o}\nu\tau\alpha$ (b. Parmenides), mit dem Ausgang vom Vorhandenen zunächst als nothwendig Gesetztem, für einzelunterschiedene Ansehau, in der Peripherie deutlichen Gesichtskreises: innerhalb also eines Horizontes, der, weil ein optischer nur, seiner Erweiterungen fähig sein dürfte, aus „monadischen" Zahlen (b. Philolaos), bis in Unendlichkeiten hinaus, nachdem zur Bemeisterung ein Infinitesimalealeul gefunden sein sollte (im logischen Rechnen).

Hier scheint es nun, dass, zur Vereinfachung der Schwierigkeit, von reduplicirender Wiederholung ihrer Verdoppelung, vorläufig wenigstens, abgesehen werden mag, um im Zusammenhang mit dem Anorganischen im All auch für das Organische die Beantwortungen zu finden, in der $\gamma\nu\tilde{\omega}\sigma\iota\varsigma$ $\tauo\tilde{\upsilon}$ $\dot{o}\mu o\acute{\iota}o\upsilon$ $\tau\tilde{\omega}$ $\dot{o}\mu o\acute{\iota}\omega$ (b. Empedokles), ohne hier bereits ein zweites Grundproblem zu stellen, in Verdoppelung der Nuss (oder der Mandel, im Vielliebchen eines Agdistis), da eine allein sich schon schwierig genug erwiesen hat, für philosophisches (oder plautinisches) „nucifrangibilium" (bei sämmtlichen Varietäten des Menschengeschlechts, allüberall und jederzeit).

Mit der Generatio spontanea hat es (wie bekannt) bisher nicht vorwärts gewollt, und um die botanisch-zoologisch realisirten Typen der

Schöpfer- oder Schöpfungsgedanken, (für jedesmalige μορφή in Metamorphosen), aus dem „Schein" auf das „Sein" zu prüfen, (nach der κατὰ τόν λόγον οὐσία), wird gewartet werden müssen, bis die Psychologie, kraft comparativ-genetischer Methode, einen gangbaren Weg gebahnt haben wird, zu jenen Musterbildern hin, die aus den Schöpfungen der Gesellschaftsgedanken in idealen Verklärungen hervorgetreten sind. Zunächst wird die an das Irdische gefesselte Betrachtung diesem zugewendet bleiben müssen, um in das Werden niederzusteigen, in die ἀποβολή (b. Straton), unter Metamorphosen (einer μορφή).

Hier gilt es nun Zerlegung vorerst, (dialektisch auch), im Zerlegen und Ueberlegen, bei chemischer Mutterlauge (chaotisch frühester Gährung), πρώτιστα (b. Hesiod), wenn es zu krystallisiren beginnt; der Krystall springt hervor, der Krystall ist da, in geometrischen Formen, nach dem „Band der Proportion" zwei-achsig und mehr.

Abgesehen vorderhand von dem, was hier bei den Krystallen (als „feste Körper, in regelmässigen, durch ebene Flächen begrenzten Gestalten gebildet"), aus polar-electrischen Spannungen (b. Berzelius) zu wirken hätte, (für theoretisch weitere Erklärungsweisen oder deren Modification), bliebe im „statu nascenti" der Gedankenansatz gegeben, das zur Bildung Drängende, statt momentan in krystallinische Versteinerung einzuknöchern, mit dem Fluss der Bewegung weiter zu führen, in die Entwicklungen eines Zellprocesses hinaus. Hierbei bedarf es einfallenden Reizes, zur Ablenkung „in the nick of time", und wenn sich nun die physikalischen Agentien böten, im Umkreis der geographischen Provinz, für das darin organisch spriessende Leben, erhielten wir in den differenzirten Variationen den Effect von „causae efficientes", die im „Klima", meteorologisch-siderisch sowohl, wie tellurisch, ihre gesetzliche Verknüpfung finden, — zum Aufknüpfen wieder, Auseinanderlegen und Erklären (für klärendes Verständniss).

Diejenigen Ursächlichkeiten, welche physikalisch-klimatisch, bei der Materia als δεξαμενή, in die bildungsfähige Masse (einer Hyle) hineinfallen, (gleich εἴδη für die Ideen und ihre στοιχεῖα), zur Entelecheia oder ἐνέργεια (b. Aristoteles), sind nach dem Jahresumlauf geregelt, unter dem Tanz und Gesang der Sphären, in den Harmonien (der Pythagoräer) aus dem Kosmos (als αὐτοζῷον), in Gesetzlichkeiten eines Dharma für dessen Durchschau (in Bodhi) bei naturwissenschaftlich-einheitlicher Weltanschauung (unter Einschluss der Psychologie).

Und wenn sodann es klingt mit rythmischen Accorden, aus den Idealen eines „Kalonkagathon" (wie in den Verwirklichungen des Völkergedankens vor Augen stehend), dann lebt sich, im ethischen Gefühl, die irdischem Dasein gesteckte Bestimmung (auf hinweisende Zielrichtung hinaus).

Die Ethik betrifft den individuellen Status in seinen Beziehungen zu dem Gesellschaftskreis, welchem angehörig der Theil sich dem Ganzen verhältnisswerthig zu identificiren hat, um die für die sobezüglichen Handlungen des Individunms gültigen Vorschriften darzulegen und auf die comparativ-genetisch allgemein gültig erwiesenen Gesetzlichkeiten zu prüfen.

Das Sittengesetz (in der „Physik der Sitte") ist „nichts anderes, als die reine und fehlerlose Hervorbildung der tiefsten Grundverhältnisse der menschlichen Natur" (s. Beneke). In der „sittlichen Substanz", (als „bleibend Allgemeines der menschlichen Gemeinschaft"), realisirt sich die Sittlichkeit (b. Hegel). „Ethics (ἠθικά) originally meant what relates to character, as distinct from intellect" (s. Sidgwick). Vom sociologischen Gesichtspunkt aus betrachtet, erscheint die Ethik als nichts Anderes denn als unbestimmte Darstellung der Formen des Handelns, welche für den gesellschaftlichen Zustand geeignet sind, und zwar in der Weise, dass das Leben jedes Einzelnen und aller Uebrigen seiner Länge, wie seiner Tiefe nach, so vollkommen als möglich sich gestalte (s. H. Spencer). „Die primitive Ethik ist die sociale Ethik, und aus dieser entwickelt sich die individuelle Ethik" (s. Höffding) im Gesellschaftsgedanken (den individuellen einschliessend). Nicht die That als solche, sondern die Absicht begründet Sünde oder Tugend (s. Abälard). Wie die τέχνη auf das ποιεῖν, ist die φρόνησις (ὀρϑὸς λόγος) auf das πράττειν gerichtet zur Vollendung des νοῦς πρακτικός (b. Aristoteles). „In dem Fortschritt der ethischen Anschauungen liegt der Kern des geschichtlichen Fortschrittes überhaupt" (s. Schäfer). „Das Princip der Ethik ist a priori, aber nicht als fertiges, gebildetes Gewissen, sondern als eine Einrichtung in unserer ursprünglichen Anlage, deren Natur und Wirkungsweise wir gleich der Natur unseres Körpers nur allmählig und a posteriori theilweis erkennen können" (s. A. Lange). „Die Aufgabe des Ethikers ist es nicht, Ideale auszuhecken, sondern sie da zu suchen, wo sie vorhanden und gegeben sind" (s. Ziegler), also in den Völkergedanken ringsum (als thatsächliche Verkörperungen religionsphilosophischer Vorstellungen).

Neben der „positiven Moralität" (für den jedesmaligen*) Fall socialer

---

*) Die „angewandte Ethik" sucht „die ethische Principienlehre und die Psychologie des Sittlichen durch eine Güter- und Pflichtenlehre zu vervollständigen" (s. Jodl). In der eigenthümlichen Beschaffenheit der Dinge (the fitness of things, aptitudo rerum) setzt Clarke das „Wesen der Tugend" (s. Ueberweg). Tugend zeugt Tugend, andere Gemüther zur Einstimmung weckend (s. Herbart). „Sittlich bethätigen kann und soll sich Jeder in dem Lebenskreis, zu dem er berufen und in der hineingestellt ist" (s. Ziegler) durch Vocatio (Calvin's). Die Sittlichkeit ist die Vollendung des objectiven Geistes (b. Hegel). Im sittlichen Handeln bestimmt der Mensch sich selbst nach der Idee der Gattung (s. Strauss). Die Gerechtigkeit (δικαιοσύνη) zerfällt in die εἴδη der Austheilungen (ἐν ταῖς διανομαῖς) und Ausgleichungen (ἐν ταῖς συναλλάγμασιν), geometrisch und arithmetisch (b. Aristoteles). „Bona in habitum soli data voluntas" (s. Abälard) führt zum höchsten Gut (in Gott). Wherever approbation falls, there we cannot help recognising „merit", wherever disapprobation, „demerit" (s. Martineau). Der Werthabschätzung entsprechen (ethisch) die „Steigerungen und Herabstimmungen" (psychischer Entwicklung) in einer „Physik der Sitte" (s. Beneke). Werthgültiges (in der Moral) fällt unter die Kategorien des Nützlichen oder des Angenehmen (s. Hume). „Ein jedes Princip der Werthschätzung von Handlungen stützt sich auf bestimmte psychologisch-geschichtliche Voraussetzungen" (s. Höffding). Die Sittlichkeit (b. K. C. F. Krause) ist aufsteigend innerster Grund der Gottinnigkeit und Gotteinslebens (als abwärts wirkender Grund), im ὅδον ἀνω καί κατω (b. Herakl.). Die Lust an vernunftgemässer Thätigkeit niederer vorziehend,

Entwicklung) ergiebt sich die Ethik im Allgemeinen, als der Charakter-Ausdruck des Zoon politikon οἱ δε κατὰ Ζήνωνα τὸν Στοϊκὸν τροπικῶς ὕρξονται, ἦϑος ἴστι πηγὴ βίου, ἀφ᾽ ἧς αἱ κατὰ μέρος πράξεις ῥέουσι (s. Stob.).

„Die in der Gattung lebende Ethik ist eine Bedingung der Gesundheit und Kraft des menschlichen Lebens" (s. Höffding). Der Indonesier lebt unter der Herrschaft des „Pomali" oder „Vossono" (in der öffentlichen Meinung), während ausserdem das Gesetz ihn zwingt, das Rechte oder Unrechte anzuerkennen, sowie die religiöse Ueberzeugung sein Urtheil bildet über Gut und Böse, wofür durchweg geltende Grundlinien erst im comparativen Ueberblick der thatsächlichen Verwirklichungen ableitbar sein werden (aus dem Völkergedanken). „Non quae fiant, sed quo animo fiant, pensat deus, nec in opere, sed in intentione meritum operantis vel laus consistit" (s. Abälard) in Gerechtigkeit, wogegen staatlich die Schädigung als solche zu strafen bleibt, für Wiederherstellung des Verschuldeten am Gemeinbesten, und das „Honestum" (s. Cicero) einen Ehrenpunkt bildet (in Ehrensachen).

Die menschliche Vernunft, den Wandelbarkeiten ihrer Urtheile und Ansichten ausgesetzt, findet über sich ein Höheres, nach welchem sie sich zu richten hat, in unwandelbarer Wahrheit (s. Aug.), und aus solchem Urgrund des Seins reden allgemein gültige Gesetze (als „rationes rerum") in den Werken der Schöpfung, also für ethische Fragen ebenfalls, und hier demnach in den ethnischen Verkörperungen der geschaffen fertig vor Augen stehenden Ideale in den Völkergedanken (unter historisch-geographischen Bedingungen). So, wie in den übrigen Reichen der Natur, wird auch für die psychologisch gestellten Probleme die comparativ-genetische Methode der Induction zur Anwendung zu bringen sein, für einheitliche Abrundung der Weltanschauung (in practischer Rückwirkung auf Regelung des gesellschaftlichen Lebens). Im Aufbau einer naturwissenschaftlichen Psychologie, mit dem durch die Ethnologie gelieferten Material, werden sich deshalb die leitenden Principien zu ergeben haben für die „angewandte Ethik" einer positiven Moral (in der Sociologie).

Bei der Gesellschaftswesenheit als „Vereinwesenheit" (s. K. C. F. Krause), des „Zoon politikon", stetigt sich sein Körper, als die (körperliche) Constitution (des Gesellschaftskörpers) mit dem Skelett-Gerüst der Institutionen (rechtlicher Einrichtungen), damit das volkswirthschaftliche Getriebe den socialen Organismus mit physiologisch gesunden Säften durchdringe, während die religiös-philosophischen Ideen die Weltanschauung abglätten in den Gesellschaftsgedanken, innerhalb welcher, unter den Symphonien rythmischer Einheit, das integrirend mitwirkende Individuum, im logischen Rechnen, seinen eigenen Ziffernwerth herauszuhören hat (in Einklang mit den harmonischen Gesetzen des Kosmos). „Non nobis solum orti sumus" (s. Cicero), im einheitlichen Zusammenhang mit freundschaftlich verwandtem Kreis, und seiner weitesten Peripherie, wie in der des nationalen

---

hat die Seele ihre Unfreiheit (in Abhängigkeit von Affecten) zu überwinden (s. Descartes). Die Anerkennung des Guten oder Bösen folgt (b. Spinoza) aus dem Affect (der Freude oder Traurigkeit).

Vaterlandes, gezogen, um bei Mitarbeit an dort gestellten Aufgaben, für die Solidarität der Menschheits-Interessen durch Raum und Zeit, die Früchte des Jenseits zu zeitigen (in Idealschöpfungen dauernden Werthes). „La pensée, semble-t-il, est la fleur du monde, mais une fleur consciente et capable, en se connaissante, de s'embellir elle-même, de dépasser son présent par l'idée de l'avenir, et de se faire ainsi le germe d'un épanouissement supérieur" (s. Fouillée), im psychischen Wachsthumsprocess (der Menschheitsgeschichte).

„Das scheinbar Neue verräth nur, dass unsere Weltgeschichte noch jung ist, die Geschichte zeigt immer nur dieselben Menschen, mit gleichen Bedürfnissen, mit ähnlichen Leidenschaften, nur mit begreiflichen Abänderungen durch Lebensart, Kenntnisse, absichtliche Ausbildung; in dem Alten, Gleichförmigen, das mit einigen Verbesserungen sich während eines unabsehlichen Laufes von Jahrtausenden stets wiederholen wird, darin liegt das Wesen der Menschheit und darin sind die Mitgaben der Gottheit zu suchen" (s. Herbart), im Studium elementarer Gesellschaftsgedanken (unter den Variationen der Völkergedanken). „Im Menschen ist die Schöpfung abgeschlossen, aber mit dem Menschen öffnet sich wieder der Kreis des Geschehens für eine neue Welt, mit dem Menschengeschlecht an Stelle des Menschen" (s. Schelling), als Zoon politikon (eines „Règne humain", humanistisch oder ethno-anthropologisch).

Nicht nach vorgültigen Musterbildern (Plato's) hat Gott die Welt geschaffen (s. Irenäus), weil sonst die Vorbilder andere Vorbilder voraussetzen würden (im „Regressus ad infinitum"), aber ihre Reflexe haben dem geistig geklärten Auge zu leuchten, in den idealen Schöpfungen auf gesellschaftlicher Sphäre, bei (soweitiger) Durchschau des Dharma, unter Einheit physischen und moralischen Gesetzes (aus kosmischen Harmonien).

Der leidenschaftlich in Zweifeln, (unruhiger Bewegung), schwankende πάθος, (unter schmerzlichen Gebrechlichkeiten „pathologisch" bedrückender „Dukha", die Arzenei eines Heilswortes erwartend), hat sich in Selbstsetzung (sva-dah) zum ἦθος (ethisch)*) zu festigen, zur Richtschnur des Handelns (unter gültig herrschender Weltanschauung), und die von dem Einzelnen ersehnte εὐδαιμονία wird nur bei sympathischem Einklang mit ethnischer Umgebung vor Störungen bewahrt bleiben können (im thatkräftig angestrebten Zustand der Ruhe).

Jeder Hedonismus setzt als Vorbedingung den Zustand der Gesundheit voraus, also bei solchen, die nicht unter constitutionellen Krankheiten

---

*) Pertinet ad mores, quod ἦθος vocant (s. Cicero). Mos (a modus vel a νόμος), institutum, consuetudine usuque firmatum, sive bonum sive malum (s. Forcellini). Πάθος atque ἦθος (ex eadem natura), amor, πάθος, caritas, ἦθος, interdum diversa inter se, namque πάθος concitat, ἦθος solet mitigare (s. Quintilian). Κυριώτατον γὰρ οὖν ἐμφύεται πᾶσι τότε τὸ πᾶν ἦθος διὰ ἔθος (s. Plato). Mit ἦθος, als Wohnung oder Stall (b. Homer) gehört ἔθος (Sitte) zu (sanscrt.) sva-dha, als „Selbstschätzung" (b. Kuhn). Παρὰ τὸ ἔθω, ἔθος καὶ ἔθνος, τὸ ἐξ ἔθους τι διαπράττειν, ἑκάστῳ γὰρ ἔθνει ἴδιον ἔθος ἕπεται (Etmlg. M.). Ἐτεός (οὐκ ἐτός) εἰμι (ἔτος, ἔτους ὥρα), ἔθος, εἴρηται παρὰ τὸ ἐτὸν, τὸ ἀληθές (ἦθος, ὁ τρόπος, παρὰ τὸ ἔθος, ἦθος).

(und demgemäss dadurch vorwiegendem Gesammteindruck) leiden, das normale Fungiren der körperlichen Ernährungsprocesse vorerst, und sodann hätte der „Appetitus intellectivus" (b. Thom. Aq.), nachdem erweckt, seine naturgemässe Befriedigung (aus vernunftgemässer, nämlich: moralgesunder, Lebensweise) zu erhalten (mit idealen Schöpfungen für eigenwillige Befriedigung in solchen).

Die „Vernunft-Ideen" (s. Kant) vermögen nicht nur für die Naturerkenntniss nichts beizutragen, sondern können selbst „entgegen und hinderlich sein" (wenn Incongruentes durcheinander gemischt wird), weil einem verschiedenen Gebiete angehörig, mit der „Moralphilosophie" als practischer Consequenz aus der „Naturanlage des Menschen" (oder menschlichen Geistes), und dembezüglich hat die Psychologie die verbindende Brücke vorher zu schlagen (im naturwissenschaftlichen Anschluss). „Nur, was mit dem Massstab dichterischer Reinheit und Grösse gemessen, Bestand hat, darf beanspruchen, einer Generation als Unterweisung im Ideal zu dienen" (s. A. Lange), und hier treten beim Ueberblick der Völkergedanken die ethnischen Verkörperungen entgegen, im idealen Gestaltungsschaffen (religiös-rechtlicher Weltanschauung), um entsprechenderweis die Grundlehren der Ethik (wie im jedesmaligen Falle dafür gültig) ihren allgemeinen Gesetzlichkeiten nach abzuleiten (mittelst comparativ-genetischer Methode der Induction).

Die Einzelnen „Wir", die im Staatsvertrag (aus gesellschaftlicher Naturanlage) zusammengetreten, von dem Verschlingen solches „Leviathan" sich bedroht uns fühlen, suchen wohlberechtigt die Rechte der Einzelnheiten zu sichern, für das Individuum, soweit mit dem Besten des Gemeinganzen, (und also des eigenen), vereinbarlich (zum gesetzlichen Ausgleich). Ein Jeder wird seine privaten Interessen bis zu den Extremen verfechten, auf constitutionell gangbar gemachten Wegen. Darüber hinaus tritt der chaotische Zustand staatlicher Neuschöpfung ein, unter den Gefahren der Wahrscheinlichkeitsberechnung (mehr-wenig günstiger Lotterie), mit der Frage über das Recht des Volkes zur Revolution. Ein Recht gilt nur für die Entscheidung eines urtheilsfähig eingesetzten Tribunals, sei es unter moralischen oder theologischen Maximen, sei es nach juristischen (im Recht des Stärkeren stets, auch für ideale Gesichtspunkte)*). Wenn vor dem eigenen Tribunal dem Volk ein Recht der Selbstumgestaltung sich zu rechtfertigen schiene, würde die Erwägung bleiben, wieweit ein solcher Majoritätsausdruck, (im Hinblick auf etwaig qualitatives Vorwiegen der Gründe über Quantität), vernunftgemäss dem Gesammtbesten heilsam sei,

---

*) Tout devient légitime pour le salut public (s. Helvetius). Die intelligible Welt gestaltet sich (ethisch) in der Eigenschaft eines Reiches der Zwecke (b. Fries). Im Anschluss an aristotelische Ethik gilt als oberstes Moralgesetz der Wille Gottes (b. Melanchthon). Das Laster ist für die Blüthe eines Staates ebenso nothwendig, wie der Hunger für das Gedeihen des Menschen (s. Mandeville). Metus potentiarum invisibilium, sive fictae illae sint, sive ab historiis acceptae sint publice: religio est, si publice acceptae non sint: superstitio (s. Hobbes). In der „Civitas Solis" (als Staat) sind die Priester und Philosophen zur Herrschaft berufen (bei Campanella).

und so, (wie immer und überall), liegt der Ausgang im Facit des End-resultats beim logischen Rechnen und seiner Richtigkeit (ob zum Nutzen oder Schaden), da bei unsicherer Intuition (aus Generalisationen) die Einzel-heiten den Ausschlag zu geben haben, je nach den über die Verhältniss-werthe adäquat gefolgerten Gleichungen, weshalb zunächst das Wissen (in der ἐπιστήμη) zu klären bleibt, aus „Avixa", dem Bythos eines Nicht-wissens (als Grund des Uebels). Mit richtiger Einsicht ordnet sich Alles zweckentsprechend und zielentsprechend in der Welt (während der Blinde im Dunkeln tappt, bei verschleierter „Welt der Vorstellungen").

Betreffs der Menschenwesenheit (περὶ ἀνθρώπου φύσεως) gilt τὸ ὁμο-λογουμένως ζῆν (b. Zeno Kt.), κατὰ φύσιν (b. Speusippus), zunächst ge-sellschaftlich, denn τέλος εἶναι τὸ ζῆν ἀκολούθως τῇ τοῦ ἀνθρώπου κατα-σκευῇ (s. Cl. Al.), im Staat, für kosmopolitische Erweiterung im inter-national über die Erde gebreiteten Verkehr (der Nationalitäten). Die Natur hat den Menschen für die Gesellschaft organisirt (s. Volney), als Zoon politikon (b. Aristoteles), mit seiner Erweiterung durch staatlich-statt-liches Erdenhaus hindurch (im Menschengeschlecht). Jede „Samhälle" oder Gesellschaft (als lebendiger Organismus) hat seine eigenthümliche Phänomenwelt (s. Boström), als Weltanschauung zur Auffassung der Völkergedanken (in jedesmaligem „phänomenon bene fundamentum").

Die „speculative Ethik" (s. Steinthal), „soll zeigen, was wir heute als für uns sittlich ansehen, ja sogar, was wir in naher Zukunft als für uns sittlich ansehen werden; dies zeigt sie so, dass sie nachweist, sowohl welch allgemeine Bedeutung die Ideen zu allen Zeiten für die Menschen hatten, als auch, welchen Sinn sie für uns heute haben, und wie derselbe noch zu erweitern und zu vertiefen ist" (1887). Die ethnische Ethik geht für gleichen Zweck der Darlegung den Weg comparativ-genetischer Methode, aus den thatsächlichen Anschauungen der in realen Verkörpe-rungen vorliegenden Völkergedanken, und würde dann mit der „an-gewandten Ethik" (s. Jodl) auf das sociologische (oder socialistische) Ge-biet gerathen (zur practischen Prüfung). „If the primary assumptions are taken from within and you proceed by light of self-knowledge to interpret, what is objective you have a psychological system of Ethics" (s. Martineau). Erfahrungsobject und gegeben ist die thatsächliche Existenz sittlicher Ver-hältnisse (s. Avenarius). Die Gesellschaft (öffentliche und besondere) ist „moralische*) Persönlichkeit" (s. Boström) im Gesellschaftskörper (des Zoon politikon).

---

*) Die Tugend als Gefühl ist werthlos, wenn sie sich nicht durch Handlungen bethätigt (s. Rolph). The dictates of utility are neither more nor less, than the dictates of the most extensive and enlightened benevolence (s. Bentham). Die „Ordo amoris" (b. Aug.) entspricht der „Caritas sapientis" (s. Leibniz). Le profit de l'un est le dommage de l'aultre (s. Montaigne). „Dans la morale, la seule loi absolue, c'est de ne jamais agir comme si l'on possédait certainement l'absolu" (s. Fouillée). Σπευσίππος τὴν εὐδαιμονίαν φησὶν ἕξιν εἶναι πλείαν ἐν τοῖς κατὰ φύσιν ἔχουσιν, ἢ ἕξιν ἀγαθῶν (s. Clem. Al.). Homo sum, nihil humanum a me alienum puto, gilt wie ethisch, ethnisch auch (in der „Lehre vom Menschen").

Die Ethnologie hat für objective Umschau „mediam in rem" einzutreten, und wenn bei der Fülle der Citate oberflächliche Ansicht mit
chaotisch buntem Wirrwarr sich bedroht findet, wird tiefer gesenkter Einblick den Zusammenhang vielmehr vereinfacht treffen, bei vermindernder
Zahl gesetzlich leitender Grundlinien in den Elementargedanken (auch für,
perplexabiliter, verblüffende Complexe metaphysisch transcendentalster
Speculationen). Bei dem Durchblick aller Zeiten und Völker in der
Menschheitsgeschichte auf dem Erdenrund könnte die beschränkt abgekürzte
Vereinfachung, — (jetzt, wo die buntscheckig gemischte Masse im Netze
schmaler Streichungslinien zur Klärung ansetzt) —, mit monoton gleichartiger Einförmigkeit fast erschrecken, wenn sich nicht gleichzeitig, nun
eben, unermessene Arbeitsfelder aufzuöffnen begönnen, für die gesetzlich
variirenden Differenzirungen, (in der Chronologie und Chorologie geographisch-historischer Sonderheiten), um sie in den feineren Nuancirungen
(eines organischen Wachsthumsprocesses der Völkergedanken) auszuverfolgen, bis in minutieuses Detail (nach comparativ-genetischer Forschungsmethode). Ehe zwischen Ethikotheologie oder Physikotheologie eine Wahl
getroffen wird, sind in ethnischer Ethik die Facta selber festzustellen, in
thatsächlichen Anschauungen, um daraus die leitenden Principien abzuleiten; im Einklang mit des Kosmos' Harmonien und ihrem Wiederhall
auf Erden, in menschlicher Welt (der Vorstellungen).

Aus dem Wasinscienden oder Im-Was-Seienden (τὸ τί ἦν εἶναι)*) ist,
da das Allgemeine dem Einzelnen (οὐσία) immanent (ἐνύπαρχον), ἡ κατὰ
τὸν λόγον οὐσία zu klären, durch den Begriff, der seines φάντασμα bedarf (s. Aristoteles), und da zu der (unwillkührlichen) Erinnerung (μνήμη)
von dem Beharren (μονή) der sinnlichen Eindrücke her, das (absichtliche)
Sicherinnern (ἀνάμνησις) tritt, kommt aus dem ϑεῖον (des νοῦς) das Ideale
zur Geltung, nicht χωρὶς τὴν οὐσίαν (b. Plato), sondern (aus dem Sein)
innerlich entwickelt durch die ψυχή in Einheit der Principien (τὸ εἶδος, τὸ
ὅϑεν ἡ κίνησις, τὸ οὗ ἕνεκα), und mit dem πρῶτον κινοῦν, als reiner
ἐνέργεια (ohne ὕλη), folgt dessen Denken (νόησις νοήσεως).

Indem also aus dem Seienden (als gegeben), das Allgemeine dem Einzelnen bereits immanent liegt, die Hervorentwicklung demnach einsetzt, mit
einer (weil verhüllten Ursprungs) fraglich gestellten Bewegung, drängt das
Eidos (ἡ μορφή καὶ τὸ εἶδος) zu (ideeller) Gestaltung, unter Hinrichtung auf
das Weswegen im τέλος (der Entelecheia), und zur Beantwortung (über ὅποτε
ὄν im ὑποκείμενον) beginnt die Aufhellung mit Zutritt des νοῦς in einem Erst-
bewegenden, aus voller Freiheit der Energie, unbeschränkt auch betreffs Aus-

---

*) Τὸ τί ἦν εἶναι (b. Aristoteles), le être quelque chose, ou le être ce qu'il est,
ce qui fait être quelque chose ou ce qui fait, qu'une chose est ce qu'elle est
(s. Ancillon). Der Grund aller Bewegung, oder die Gottheit, ist überhaupt das
reine Wesen, die absolute Form (τὸ τί ἦν εἶναι τὸ πρῶτον), die schlechthin unkörper-
liche Substanz (s. Zeller). Τὰ αἴτια λέγεται τετραχῶς, ὧν μίαν μέν αἰτίαν φαμέν εἶναι
τὴν οὐσίαν καὶ τὸ τί ἦν εἶναι (ἑτέραν δὲ τὴν ὕλην καὶ τὸ ὑποκείμενον, τρίτην δὲ ὅϑεν
ἡ ἀρχὴ τῆς κινήσεως, τετάρτην δὲ τὴν ἀντικειμένην αἰτίαν ταύτῃ, τὸ οὗ ἕνεκα καὶ τἀγαϑόν,
τέλος γὰρ γενέσεως καὶ κινήσεως πάσης τοῦτ' ἐστίν).

schlusses von der μεταβολή, in Beziehung auf γένεσις und φϑορά (bei der ὕλη).

Da nun ἐν τοῖς εἴδεσι τοῖς αἰσϑητοῖς τὰ νοητά ἐστιν, so klärt, (dem ἐπιστητόν das νοητόν zufügend), der auf der „tabula rasa" oder (Locke's) „white paper" (des γραμματεῖον) aus der μονή (sinnlicher Erinnerung) die Eindrücke (als παϑητικός) empfangende „Nous" diese (als ποιητικός) für ansfüllende Ergänzung (der στέρησις) durch den λόγος, (sofern solche πρώτη φιλοσοφία eine ϑεολογική), indem bei (psychologisch) richtiger Behandlung der Denkobjecte (im φάντασμα), aus gesetzlich harmonischer Wechselbeziehung, (wie zwischen Aromana und Ayatana, für die Bodhi des Dharma), ἡ κατὰ τὸν λόγον οὐσία, als der λόγος τῆς οὐσίας (im Daseienden), zum Anfang (der ἀρχαί) zurückgelangt sein würde, um dessen Räthselfragen zu lösen (kraft logischen Rechnens). Hierzu, für Verwendung comparativ-genetischer Methode der Induction (bis in das Transcendentale hinaus), bedarf es einer naturwissenschaftlich durchgebildeten Psychologie mittelst des, durch die Hülfsmittel der Ethnologie beschafften, Materiales der Völkergedanken, denn Ἄνϑρωπος φύσει ζῷον πολιτικόν (b. Aristoteles) und γενομένη μέν οὖν τοῦ ζῆν ἕνεκα, οὖσα δὲ τοῦ εὖ ζῆν (ἡ πόλις), zum sociologisch-nationalen Ausgleich, sowie betreffs individueller Reduction zugleich, aus dem Gesellschaftsgedanken für Feststellung des Ziffernwerthes (im eigenen Selbst), unter practischer Erfüllung der (dem νοῦς πρακτικός) pflichtgemäss gestellten Aufgaben (im ethischen Gefühl). Ποιεῖ δὲ τὴν ἡδονὴν ἑκάστοις τὸ κατὰ φύσιν οἰκεῖον („faber suae fortunae unus quisque est ipsus"), und so, in allen Sachen, fährt am Besten, wem es um seine Sache Ernst ist (zur Wohlfahrt in moralischer Gesundheit).

Neben dem, durch körperlich eingebettete Nerven, Gefühlten, kommt sinnlich zur Empfindung, was aus äusseren Reiz-Agentien angeregt ist, wie für das Auge, mit dem Licht, das, den Dingen auffallend, diese sichtbar macht, und ausserdem versteht das Denken, was aus somatischen Wurzeln, (deren genauere Kenntniss angeborene Ideen abweist), nun etwa verständlich, wenn mit einer, von jenseitigem Hintergrund herantretenden, Gottheit in Beziehung gesetzt (pantheistisch). An deren Stelle thronten oberhalb des Himmelsgewölbes, die nur dem „Nous" zugänglichen Ideen, wohin (zu überhimmlischem Ort) die Seele auffährt, gleich der des arktischen Sehers für Berathung mit den Angekok Poglit*), wie andrerseits

---

*) Die „geheimnissvolle Auffahrt der Seele zum Himmel" (b. Bernhard von Clairveaux) führt (mystisch) von der „Dilatatio mentis" (s. Richard von St. Victor) durch die „sublevatio mentis" zur „alienatio mentis" des Verrückten (oder Entzückten), bei Geistesabwesenheit im (epileptischen) „Morbus sacer" oder (b. Celsus) „Morbus attonitus" (kataleptisch), wenn Odhin's Körper todt liegt (beim Seelenrausch aus Mimir's Broun). Bei den Naturstämmen verbleibt es noch in der Familienform der Ahnen, während in der „Respublica" des hellenischen Philosophen die Vergötterung auf Gesetzgeber und Weisen (σοφοί oder σοφισταί) trifft (dämonisch). Der Schamane führt aus in dem die Vorfahren feiernden Gesang, maniakalisch ergriffen, und die Begeisterung (μανία) packt im Streben des Sterblichen nach Unsterblichkeit (τὸ νοεῖν τι φϑαρέντων), um τὸ αὐτὸ ἕκαστον zu erfassen, durch εἰλικρινὴς διάνοια im (geistigen) Sonnenlicht (ἡλ.), mit Wärme (des Gefühls), wenn der Zeugungs-

unterweltlich niedersteigend, zu Torgarnsuk und seine Grossmutter (des Teufels).

Indem bei den Ideen (ἀντὰ καϑ' αὐτὰ) eine unveränderte Auffassung sich geltend macht, auf höheren Regionen, verschieden von den irdischen, würde in jenen, wie in diesen, ein, den Objecten auffallendes, Beleuchtungs-Agens wirken (für die εἴδη νοούμενα), anstatt der optisch gesetzten Sonne: Dasjenige (κατά τὸ εἰκὸς), wovon sie als Abglanz*) erscheint (gleich Illatici-Viracocha, εἰκὼς μῦϑος), für das idealistisch geklärte Auge des Gesellschaftskörpers (in sprachlicher Entwicklung ausgewachsen).

So auf idealer Sphäre, mit den Ideen des Guten, als μέγιστον μάϑημα (b. Plato), ordnet sich der moralische Organismus, wenn emporblühend in politisch geistiger Gesundheit (des Zoon politikon).

Wenn nun, mit ἀκαταληψία eines ϑεός ἄγνωστος (in Unbegreiflichkeit) nicht beruhigt, zur theoretischen Erklärung ἡ τοῦ διαλέγεσϑαι δύναμις in Kraft tritt (mit Plato's Dialektik), die Idee (des Schönen), als αὐτὸ καϑ' αὐτὸ μεϑ' αὐτοῦ (μονοειδές ἀεὶ ὄν) setzend (am τόπος νοητός), würde allerdings der aristotelische Einwand, dass die Ideen wieder andere Ideen,

---

trieb (bei Hervortreten seiner Organe in „zweiter Geburt"), als Liebe oder „Eros" (b. Plato) zu wirken beginnt, aber nicht am sinnlichen Pol, für „Urpole des Lebens" (b. Kieser), sondern an dem dialektischer Methode als „Gabe der Götter" (im „Fener des Prometheus"). „Dass die philosophische Erkenntniss immer auf eine kleine Minderheit beschränkt sein müsse, ist Plato's entschiedene Ueberzeugung" (s. Zeller), für die Menge (zur Erziehung) dienen die μῦϑοι ψευδεῖς (tadelnswerth ἐάν τις μὴ καλῶς ψεύδηται). Hier kommt es auf die Familie zurück, Kinder zu zeugen, den Sohn vor Allem, um den Pitri ihre „Justa" zu gewähren (in bramanischer Bürgschaft für die Zukunft). So lebt die Stammesseele fort, als „Bla", im Traducianismus Guinea's, und da die „Kla" aus der Praeexistenz bei Mawu herabgekommen ist (in den σῶμα oder σῆμα hienieden), eignet ihr auch die Anamnesis, für horoskopische Priesterdeutung ausnutzbar, wenn zeitig genug für Befragung avisirt, — von der, bei den Azteken autonomer gestellten, Hebamme (oder Ticitl), — während sie an den Höfen der Chutukten, (nach der für den tibetischen Papst approbirten Etikette), allmähliger erwacht, (für die Bodhi der Buddha), nachdem man ihr im Kindergespiel die während früherer Existenz gebrauchten Geräthschaften ausgebreitet hat, damit sie dieselben wieder erkenne, (und so die Gennität erprobe, oder ihre Legitimität). Solch astrologischem Beweismaterial, (für den „Occultismus" nihilistischer Gegenwart), muss dagegen entsagt sein, wenn die Seelen „quotidie" nen geschaffen werden, „ex nihilo, solo jussu creatoris" (s. Wilhelm von Conches), nicht „ex traduce" (wie wieder für die Erbsünde bequemer). „Den auf dem Wege des Denkens nicht zu erklärenden Uebergang der Idee in die Erscheinung durch Bilder zur Ansehauung zu bringen" (s. Steinhart), bezweckt der „Mythus" (b. Plato), und da in den Völkergedanken solche Bilder objectiv bereits vorliegen, (aus ethnisch-religiöser Weltanschauung), gilt es hier der Materialbeschaffung, weil reiche Erfolge versprechend (für Verwendung inductiver Methode).

*) Der denkende Urgrund ist das schlechthin Gute (τὸ ἀγαϑόν); „zu seinem Gleichniss in der sinnfälligen Welt ist von dem Guten die Sonne hervorgebracht" (b. Plato); nicht unmittelbar, sondern mittelbar in seinen Wirkungen wird Gott von uns erkannt (s. Reinhold); beim „principio de todas las cosas creadas y padre del Sol" (s. Herrera) in Peru, (aus Tuapaca's oder Arnava's Lehre), cf. „Cltrl. d. a. Am." III. (S. 85), oder (für des Goldlands Gold) „chymisch unterirdischen Sonnenglantz" (1728).

(vom *αὐτοάνθρωπος* zum *τρίτος ἄνθρωπος* etc.), zu fordern hätten (mit Bedrohung der Aeffung durch einen „Regressus ad infinitum"), in dem, von jener Gottheit erfüllten, Hintergrunde verschwinden, aus dessen Wortgeist, hervorgerufen (im Logos) durch *σεμαντιχή γονή* (b. Porph.), — denn „omne nomen aliquid significat" (s. Fredegisus) —, sie zur Verwirklichung (oder Incarnation) gelangen könnten (für den religiösen Glauben), aber das mystisch umhüllende Dunkel dadurch noch nicht erhellt sein (im Licht des Verständnisses).

Hier deshalb, die Immanenz zu wahren, (*δόξειεν ἄν ἀδύνατον, εἶναι χωρίς τήν οὐσίαν χαί οὐ ἡ οὐσία*), im Auseinanderlegen des dialektischen Processes, muss derselbe mit den ihn selbst gefesselt haltenden Gesetzlichkeiten zu ringen suchen, um Klarheit zu gewinnen; und wenn sich den sinnlichen Stützen (der „Ayatana") gegenüber, die „Aromana" symbolisiren (wie im Sinnlichen für Uebersinnliches oder Ueberirdisches), mögen diese für rationelle Fassung zugänglich sich erweisen, sofern gefasst und gepackt bei den in gesellschaftlicher Atmosphäre schwebenden Völkergedanken, als Spiegelungen aus dem, im Ruhen des Bewegenden, Unbewegten (in letzt-erster Ursache, eines *πρῶτον χινοῦν*), unter (labil) schwingendem Gleichgewicht, am Ruheort („Malae totoa", stillen Weltmeers) beim Nirwana, worin (unter Ausgleich physischen und moralischen Gesetzes) das „Dharma" sich erfüllt (zum Pleroma).

Nihilum (omnino totius essentiae privationis nomen) „vocabulum est absentiae totius essentiae" (s. Erigena), ac si de nihilo facit omnia, de sua videlicet superessentialitate producit essentias, de supervitalitate vitas, de superintellectualitate intellectus (Gott). Dann liesse es für die Schöpfung sich einsetzen nicht zwar im „Nihil pure negativum" (als *οὐχ ὄν*), sondern mit dem „Noch-Nicht" eines „Kore" (*μή ὄν*). „Inter aliquid et nihil est informis materia" (b. Mamertus), zum Einschlagen jenes halsbrecherischen Mittelweges, auf welchem der metaphysische Salto-mortale leicht in's Nichtsein um- (oder über-) schlägt, wenn nicht anhaltend an das, was im Vorhandensein gegeben (zum Ausgang des logischen Rechnens).

Was aus Theophilus bischöflicher (392 p. d.) und Amr's (640 p. d.) militärischer Zerstörung aus dem „Nutrimentrum spiritus" (im Serapeion) übrig geblieben, wurde mit des (attischen) Areopagiten Uebersetzung durch Scotus († 887 p. d.) in das damals (unter seinem „Calvus") litterarisch (auch an der „schola palatina") noch kahle Frankenland übergeführt (vorbehaltlich der Drei, bei Spensippus' Auseinandersetzungen mit seinem Lehrer), sowie durch peripatetischen Widerhall des Dichterverses (*εἰς χοίρανος ἔστω*) in islamitischer All-einheitslehre unter Almamun's († 833) Chalifat, bei späterem Echo (von „regula et exemplum") in Sevilla und Cordova, nebst anti-maimonistischen Zuthaten aus Rabbi Akiba's Buch der Jezirah (seit abrahamitischem Patriarchenthum); worauf dann in Greathead's (oder Grossetestes') platonisch-aristotelischer „olla podrida", während scholastischer Schul-Controversen (realistischer oder nominalistischer Praedilectionen), die „theologia naturalis" und „theologia revelata" unter einander gerieten und Sirach's Spruch vom: „Nichts Neues unter der Sonne!"

sich bewahrheiten wollte; bis auf classische Renaissance die geographische Erdenreform gefolgt war und damit der ethnische Einwand (vom „Semper quid novi").

„Wer kann was Dummes, wer was Kluges denken,
Was nicht die Vorwelt schon gedacht"

spottet Mephistopheles, und dies schien durch das Gewaltsame der Katastrophe in ethnologischer Fachwissenschaft selber bestätigt. Was jedoch dort mit „trostloser Vorstellung" überfiel (noch im Jahre 1874), das beginnt aussichtsvoll sich zu enthüllen, als schönster Trost, im festgesicherten Anhalt an die Ueberzeugung, dass auch für die im Geistigen waltenden Gesetze eine Klärung anhebt (mit verdeutlichtem Einblick).

Als naturgemäss gegebener Elementargedanke findet sich bei dem, zum Grundübel (ältester Religion) vertieften, Schmerz der (durch Hoffnung auf Herstellung gestärkte) Vermuthungsschluss, den schuldigen Thäter im Nebenmenschen entdecken zu können, als jenen bösen Zauberer überall, den der „Hexenriecher" auszufinden hat, unter stark duftender Rasse schwarzen Landes. Und wie in Afrika, in Australien, in Amerika, so schreckten die Hexen und ihr dämonischer Spuk im civilisirten Continente die unteren sowohl, wie die mittleren Gesellschaftsschichten, nicht nur das Mittelalter hindurch.

Periodisch steigerte sich die Angst zu Paroxysmen, zumeist wenn ein mächtig Hochgestellter sich bedroht fühlte, der nun in seinen blindlings zur Vertheidigung geführten Hieben weit ausholte und weit hinausschlug.

So bei dem gegen das Leben der Kaiser (Valentinian und Valens) gerichteten Attentat, wo der zur Rettung in Bewegung gesetzte Apparat die Provinzen des Reichs (s. Ammian. Marc.) mit Verurtheilten, Verbannten und Flüchtigen füllte. Als französische Könige die Giftmischereien des Vandoux in ihrem Körper zu spüren meinten (bis zu Karls VI. Wahnsinnsausbruch), loderten bald die Scheiterhaufen heller als je in Frankreich, und so in England, als Lord Hungerford das auf seinen König Heinrich VIII. abgesehene Verbrechen der Zauberei durch Hinrichtung gebüsst hatte (wie der Earl of Mar in Schottland, Bruder Jacobs II.).

Selbst päpstliches Leben war nicht sicher (an Innocent's Hofe), aber auch das Papstthum selber sah sich in Gefahr, und so bedurfte es der Inquisition, um im gewaltsamen Ausspähen der beargwohnten Unthaten den Verdacht solcher epidemisch zu verbreiten, und fortan deshalb liefen die Verfolgungen von Ketzern und Zauberern durcheinander und miteinander her, bis die Reformation sich wieder mit den letzteren begnügen liess, um sie desto härter vorzunehmen, zumal „the sacred scriptures, the common and only authority on faith among the different sections of Protestantism" (s. H. Williams), die Ausrottung der Zauberer mit dürrsten Worten anempfahl (auf hebräische Autoritäten hin), und wie durch den „Mallens maleficarum" für päpstliche Bullen, wurde Alles legalisirt durch die „Witch Act" des Parlaments, im Gründungsjahr Grossbritanniens (1604), unter dem „Defender of the Faith", der muthig bereits die höllischen Widersacher („assaults of Satan") zurückgeschlagen,

— („infernal despair and rage reached the climax, when the marriage with the danish princess was to be effected) —, als Verfasser der „Demonologie" in Edinburgh (1597). Um etwaige Sympathien für das Opfer (afrikanischer Hexenprocesse) „im Keime zu ersticken, und den Häuptling in ein Licht zu stellen, als sei er gewissermassen zu derartigem Handeln gezwungen, lässt er allmählig das Gerücht verbreiten, dass der Unglückliche im Verdacht der Zauberei stehe. Einige in dessen Umgebung vorgekommene Todesfälle geben den Dolus, und der Häuptling, getragen vom Scheine der Rechtlichkeit, Gerechtigkeit und der Sorge um das Wohl seiner Unterthanen, beruft nun eine feierliche Gerichtssitzung der Grossen seines Reiches ein. Jetzt treten die Wafummu in Action. Sie müssen durch Zaubermittel zu ergründen suchen, ob der Verdächtige wirklich ein Zauberer ist, oder unschuldig (s. Reichard). Indem durch die Folter immer Andere angegeben werden, „kommt es dann auf diese Manier soweit, dass die Richter entweder den Process fallen lassen und ihre Kunst begeben, oder aber die Ihrigen, ja sich selbst und alle Leute verbrennen müssten" (s. Spee). „Da kommen denn deren Weiber mit in's Spiel, die anfangs so hart gerufen und getrieben, dass man brennen und brühen sollte" (mit giftigen Zungen, soviel Zauber gemacht). „Man siehet klärlich, dass es ganz keine Zauberei geben würde, so man nicht glaubt, dass sie sei" (s. Bekker), aber der Glaube war eben mehr als baumstark, um selbst die Feuerprobe zu bestehen, in den Petitionen um fortgesetztes „Brennen" (so dass die darin lässige Obrigkeit sich leicht der Lauigkeit beschuldigt fand). Schon das „gemeine Geschrei" genügte zur Einleitung des Processes (s. Frölich), im Crimen exceptum (Carpzow's), „de certains dervis, qui n'entendent point raillerie" (in des Persers Frankreich); ils tiennent pour règle de se déterminer du côté de la rigueur (1712). „In what degree or kind the Fetish-charms of the African savages are more ridiculous or disgusting than those popular in England 200 years ago, it would not be easy to determine" (1865), und diese Elementargedanken wirken auch heutigen Tages noch unverändert an ihrem Platz, wie die höheren Entwicklungsstadien auf den diesen zugehörigen (im psychischen Wachsthum der Cultur).

Für die Gesellschaftswesenheit des Menschen bildet die Sprache immanente Vorbedingung der Existenz — οὗ οὐκ ἄνευ (b. Aristoteles), ἄνευ ὧν οὐ γίγνεται (b. Plato) —, und in der sprachlich, durch Gedankenaustausch, geklärten Sphäre breitet sich die „geistige" Materie (als Hypokeimenon). „Die Aufgabe der Ethik in ihrem ganzen Umfange ist die Erforschung der vernünftigen Weltordnung, welche auf der freien Thätigkeit der Individuen hergestellt werden soll" (s. H. Ritter), aber, um ihren objectiven Ausgangspunkt zu gewinnen, anschaulicher Verkörperungen bedürftig bleibt; und solche sind gewährt, neuerdings, in den Völkergedanken, wie sie aus dem elementar gleichartigen Gesellschaftsgedanken bunt gebrochen vorliegen, nach geographisch-historischen Variationen (für logische Berechnung der Differenzirungen).

Alles kommt auf ein deutliches Verständniss hinaus, nach dem einem

Jeden gegebenen Maass (jedeigenen Werthes im Grossen und im Kleinen, wenn Quantitatives sich im Qualitativen annullirt): ἀληθής ἀρετὴ μετὰ φρονήσεως (b. Plato), denn unsittliches Handeln folgt aus mangelnder Einsicht (und in Richtigkeit derselben bewährt sich die Tugend eben, als tauglich). In geordneter Schönheit der Ideen, „von denen eine jegliche an ihrem Ort einzig vollkommen dasteht", vollendet sich die Gottheit, und neben theoretischen Fragen darüber (im kosmogenischen Weltgespiel), würden sich als nächstliegende dem Menschenverstand, zu eigenem Besten, die practischen anempfehlen, in der Ethik nämlich (die Principien des Gesellschaftslebens zu regeln), zumal sich dann zugleich auf ein innerliches Gewisssein, (im Gewissen hin), der Weg geöffnet zeigt, nachdem aus den thatsächlich im Gesellschaftsgedanken gebotenen Anschauungen (unter ihrer Vielfachheit ethnischer Brechungen) das stützende Gerüst mit genügend zuverlässiger Sicherheit wird hergestellt sein, um den Aufbau einer „naturwissenschaftlichen Psychologie" wagen zu dürfen (zum krönenden Abschluss zeitgemässer Weltanschauung). „Socrates primus philosophiam devocavit a coelo" (s. Cicero), und des unterhimmlischen Reiches Reichs-Philosoph, der Scheng-Kung geistig gefürsteter Ahn, hat sein schwarzhaariges Menschengewürm zunächst auf die Einrichtungen des Erdenhauses hingewiesen, ehe man sich um das Obere viel Sorge machen sollte. Seit diese Nachkommen der (zu Amometus' Zeit) handelsbeflissenen Seres oder Attakoroi (Uttarakuru's in Utgardloki) sich ihre, — im Zeugniss der „Antichthonen" (unter Claudius' Caesarismus) —, röthlichen oder (gleich denen der Usun) blonden, Haare (s. Plinius) zu einem Zopf gedreht, haben sie im Tζίναζα (der Sinae) mit Auseinandersetzungen zu thun bekommen, seitens (barbarischer) „Rothhaare", welche die „Patent-Zöpfe" ihres Zopfstils dort wenigstens losgeworden sind, wo sie, nach Gall's Ermessen (und Ausmessungen), am „Hinterhauptsbein" die „freie Liebe" hätten beengen können (für freiesten Schwung der Emancipation). Bei Abglättung nationaler Eifersüchteleien, unter tagtäglich zunehmender Ausdehnung des internationalen Verkehrs, werden exotische Gedankenproducte (oder -Früchte) nicht zu verschmähen sein, wenn sie mithelfen wollen beim Entziffern jener „Welträthsel", wo unsere naturphilosophischen Nussknacker nicht viel zu Wege gebracht haben, (weder für die „böse Sieben", noch auch für allereinzigste Eins), und auf die besseren Erfolge der Naturwissenschaft allein nur noch ein letzter Hoffnungsfunke glimmt, — aus dem „Seelencentrum" (Plotin's), in Eckhart's „Funken" (als Syntheresis). Möge also, was im gäocentrischen Weltsystem mit der Deduction begann, im „naturwissenschaftlichen Zeitalter" zu ergänzender Vollendung gelangen, kraft der Induction (nach comparativ-genetischer Methode).

Verschieden von den See-Dayak (am Sarebas, Sakkaran, Kenawit, Rejang) würden im Innern (s. Low) die Dayak, unter generalisirender Bezeichnung des für Borneo (Pulo Kalamintan) charakteristischen Typus des Archipelagos, auf die Olo-Ot oder Orang-Ot (im Quellgebiet des Barito), sowie die Punan (mit Katan und Manketan) führen, während zu den Ngadju (mit den Orang-Bekompai) die Kayan gehören (mit Tedong, sowie Berunus, neben Segais), und dann die Idaan (oder Dusun) mit den Murut oder Merut zusammenfallen (in weiteren Beziehungen nach den Sulu hin).

Die Dayak unterscheiden sich (s. Kessel) in den Stämmen von Ost-Borneo (als Pari), von Süd-Borneo (als Bejadjoe), im Nordwesten längs der Flüsse (in Sambas, Landak, Sarawak, Sadong und Sekaijam), in Nord- und Central-Borneo (in Brunei und am Kapua) mit den Seeräuber-Stämmen von Batang-lupar und Sarebas, sowie den wilden Nomaden des Innern, als Punan, Manketta, Wutt oder Ot (und schwarze Urbevölkerung im Nord-Osten als ursprünglichere gesetzt).

Ungefähr zwei Drittel der Insel stehen unter holländischer Oberherrschaft, nämlich Südost- und West-Borneo, während Nord-Borneo in drei Staaten zerfällt, und zwar in das unabhängige von Brooke Radjah regierte Sarawak, das Sultanat Brunei und Sabah oder das Territorium der „British North-Borneo Company" (s. Posewitz). Die Dayak von Bulungan begreifen die Stämme der Kayan, Banap, Brusus, in Bran finden sich die Dayak-Stämme Sejai und Segah, in Sambalian der Stamm Kelahi (als Dayak) und in Kutei werden unter den Dayak die Tunjung als Kannibalen bezeichnet (auch Modang und Nginja). Unter den Dayak bei Pasir bilden die Madong den grössten Stamm. Die Mandur (Tu-Mandur) wohnen am Kapua (auf Borneo). Der Sutur-Ono bewahrt die Suprematie über die Dayak von Siong (mit der Hauptstadt Tellang) oder Patei am Kapua. „The Dyaks, into in their physical and social characteristics resemble the Terajah of Celebes, the people in the interior of Sumatra and the Arafara tribes of Papua, may be regarded as the aborigenes of the Archipelago" (s. Horace St. John), neben den Dusun, Murut, Kadians, Kayan, sowie die Milanows (the Tatars, Balanian and Kenawit have dialects of their own). Zu den Dayak oberhalb Boenoet (am Kapua) gehören die wilden Ketan, Beketan oder Maketan, sowie die Poenan, während die Dayak Kantouw (bei Salimboaw) eine von Norden eingewanderte Colonie bilden (s. Lijnden).

Dans la langue des Dayaks „daha" et „idéh" (selon les dialectes) signifient homme (s. Vivien de St. Martin), als Idahan (im Norden). Die Dayak (dadajak vom wackelnden Gang) oder (bei Bandjaresen) Orang-Bejadjoe bezeichnen sich als Olo-Ngadju (Leute, die stromaufwärts wohnen). „On divise les Orang-Ots, Ot-Danoum ce qui signifie Ots vivant sur le bord de l'eau, Danoum voulant dire Eau, et en Ot-Oubu, c'est-à-dire Ots habitant l'intérieur du pays" (s. Meyners d'Estrey), mit den Bekoumpais handelnd (auf Anzeichen der Gong). Auf die Orang-Doesson genannten Dayaken am Banjer folgen die Pari und (in den Wäldern) die Olo-Ot. Die Aggis (in Borneo) sind hell. Die Olo-Ngadju unterscheiden sich von den Olo-Ot im Norden und Nordwesten, die Katinganer und Sampitter im Westen von den Olo-mari (Malayen) im Süden und Südwesten. Die in den Wäldern schweifenden Olo-ot-njawong haben an der Quelle des Sintang-Flusses im Kaminting-Gebirge ihren Versammlungsplatz. Bahokam ist Hauptplatz der Dayak-Pari. Als Uebergang von den Olo-Ot (aus dem Innern) zu den Malayen (der Küste) wohnen unter den Olo-Ngadju die Dayak Bejadjoe am Barito-Fluss bis zum Gebirge Kota-Waringin, die Ot-Danoms an den Flüssen, die

Dayak Pare in dem östlichen Oberlande (b. Perelaer). Als wilde Nomadenstämme wohnen die Punan, Manketta, Wutt oder Ot im Norden (Borneos). Die „Sea-Dyak" am Kenawitfluss (mit Kenawit am Rejang-Fluss) kommen von Sarebas und Sakkaran. Die (im Süden) Orang-Ot oder Oet und (im Norden) Orang-Poenan genannten Wilden (nördlich vom Kampong Boedang) schlafen auf Bäumen. Der schweifende Stamm der Dayak heisst Pari (oder Orang-Ot). Zu den Olo-Ot gehören die Poeloepetak, Kahagan und Katingan, wogegen zu Olo-Danom (an der Küste) die Bewohner von Sampit, Pemboeang und Kotaringin gehören. Die Ot-Danom (am obern Kapua) reden im Dialekt der (den Kayan sich anschliessenden) Olo-Ngadju, von denen die Orang-Bekompai stammen. Die Sibuyan gehören zu den See-Dayak. Die Punan (mit Katan oder Manketan am Rejang) gehören zu den Olo-Ot (Orang-Wutt). — Zu den Idaan (oder Dusun) gehören die Murut. Die Segais (in Bulungan und Beru) bezeichnen sich als Menggais. Die Tedong sind gleichsprachig mit den Berunus. Die Soangan (in Karauw) sprechen verschieden von den Sihong. Als unter den Söhnen Londong's (des in Bangkalang residirenden Fürsten der Bahau) Poentjan Karna von seinen Brüdern (Ola Segoena und Tieban Bennah) vertrieben wurde, fuhr er den Makakkami-Fluss abwärts und gründete das Reich Koetei. The Kenawits (with the Tatar face and figure) are nearly exterminated by the Dyak (on the Rejang river). Die Kenawit wurden von den Dayak aus den Feldern verdrängt (in Sarawak). Die Pakatan leben in Waldhöhlen. Die Küsten zwischen Rejang und Bruneis sind von den Malanaus bewohnt. Von den Tring gelten die Djangkang Sanggauw als Kannibalen. Die Makatou (oder Dayak von Beketan) schweifen nördlich vom Kapua. Die Kayan (am Kapoea) stehen unter den Takolan genannten Fürsten. Neben den ansässigen Pari finden sich (in Pontianak) umherschweifend die Poenan und (tättowirende) Manketan (am Kapua), die Kayan am obern Kapua (und allgemeiner), die Bejadjoe und Bandjermassing (mit Dayak von Matan). Die Punan sind den Pari und diese den Malayen unterworfen. Die Olo-Ot (Orang-Ot) am Barito sind den Punan verwandt. Die Dayaker in Poeloepetak nennen sich Olo-Ngadju (Oberländer). Das Reich Koeboe liegt südlich von Pontianak. Die Vorfahren der Toeem-Boeloeker wohnten in Mahawatoe. Die Piratenzüge der Dayak-Stämme Sarebas und Sakkaran (mit Malayen gemischt) dehnen sich auf ihrem Fluss bis Bandjermassing aus. Die Dayak von Jangkang gelten als Kannibalen (nach Keppel). Im Innern von Goenoeng Taboer wohnen die Segai-Dayak. Die Vorfahren der Ot-Danom kamen, (mit ihren Sklaven oder Rewar in hölzernen) in goldenen Balai (Schiffen) vom Himmel. The tribes on the southern branch of the Sarawak river all understand the language of the Suntak and Sempoo people, two nations, to which they owe their existence (Low). The Land-Dyaks word for inland is Kadayo (s. Charles Brooke). The Bakatans had well shaped heads and moderately good figures, bones without on extra ounce of flesh and denoting great muscular power, aquiline noses, with sunken eyes, yet sparkling with the ferocity of wild animal, cheeks indented under high and prominent bones, the lower parts of which instead of being closed with whiskers, were tattooed (s. Brooke). Die Dörfer der Dayaker bei Sjunung Rantan sind befestigt gegen die Einfälle der Pari. The Kadyans from Borneo have (at Siru) intermarried with Dyaks and Malays (s. Brooke). Balowi and Palo are inhabited by Milanows (a species of Dyaks). The Tatows are tattooed (and so the Kenawit). Borneo heisst Tanah Lawut. Die Bewohner von Borneo (und Sunda-Inseln) heissen (bei Arabern) Djawe. Die Heiden im Innern Borneos (mit malayischer Sprache an der Küste) heissen (bei Salmon) Bayayo's (1730). Gegenüber den Malayen oder Orang-laut (Djawei-laut in Pontianak) bezeichnen sich die Dayak als Orang-darat (des Innern landeinwärts). Nach Haughton heisst der Orang-utan (in Bengalen) Wana-manoesja (Buschmensch). Borneo heisst Tanat-Jawa oder Nusa-Jawa (bei Raffles). Borneo (Soeloe Kalamantan oder Varouni) kommt von Bhoerni (Land der Erde) oder Brunei. The Siboo Dyak have been influenced by the customs of the Kyan in the interior of the Rejang river (s. Low). The Bakatans or Ukits (on the Balleh river) are on friendly terms with the Kyan (s. Ch. Brooke). Above the Kyan-country (with the tribes Kajaman, Skapan, Punan, Bakatan, Ukit) is the tribe Kenniah (between the Koetei and Rejang streams). The Kyans (occupying the Eastern coasts) drove the Sea Dyaks (the descendants of former emigrants) to the westward, who had previously forced the Land-Dyaks, the first immigrants to the island, to retreat before them in the same manner (s. Low). Well received by the Kiniahs, the Kyan (resembling the Sea-Dyaks) soon commenced intermarrying and are gradually becoming one people (carrying on conversation with the Malay traders in corrupt Malay words). The other inhabitants of the river (Baram) are the Sububs, Fingjis and Murut slaves (captured). The tribes of the Malayan states of Pontianak, of Sambas, of Sarawak and of Sadong all belong to the Orang-Gunong (Hill-Dyaks) and the hilly interior of these countries is peopled entirely by them (Low). The semi-human Pakatan's (in Borneo) are said to bear a great ressemblance to the Kyans (Bayle). As seems to be the case in every country, where they are encountered, the Malays of Borneo are immigrants. In Koetei finden sich die Dayak-Stämme der Tunjung, Binna, Baho (Bahau), Modang, Kinja (Kanya), Liingueng, Punang, Wahau, Basap, Bentian. Die Sprache der Kanya ähnelt der der Vögel (für das Ohr in Kutei).

Bei den Stämmen am Barito (in Borneo) unterscheiden sich die

Orang Bangsawan (Adel),
- „ Patan (Leibeigene), des Landbebanes,
- „ Mardilla (fürstlicher Herkunft), als Leibbediente,
- „ Boedak (Pfandsklaven),
- „ Abdi (Kaufsklaven),
- „ Tangkapan (Kriegsgefangene),
- „ Tamoi (Fremdlinge), als Händler u. s. w. (zeitlichen Aufenthalts).

The Malays are scattered along the banks of almost every river and creek, but the largest number is assembled at Kuching (the capital of Sarawak). The Land - Dyaks occupy a portion of Lundu, with the entire interior of Sarawak, Samarahan and Sadong. The Sea-Dyaks include the Sibuyans, who are scattered through the various districts, and the inhabitants of the Batang Supar, the Sarebas, Kalaka and the branch streams of the left-hand bank of the Rejang. The Milanaus occupy the mouths of the Rejang, the Oya, the Muka, the Bintulu and various lesser streams. The tattooed races, as the Kenawits, Pakatans, Panans and others, live towards the interior of the districts lying between the Rejang and the Bintulu, and border on the Kyans, who occupy the Balui country, as the interior of the Bintulu and the Rejang is called, the Chinese are principally found in Sarawak (as traders every where and working gold on the Batang Supar) with Indian races (s. Spencer St. John). Poentjan Kerna (aus den Dayak Bakau) folgten dem Makakkamflnss abwärts nach Koetei. Die Bewohner des zerstörten Sukadana wurden nach Quallo Sonda oder Pontianak versetzt. Die Ketan (Beketan oder Manketan) gehören (wie die Poenan) zu den Kayan (nach Van Lijnden). Ein Zweig der Singgai-Dayak am Sarawak-Flnss stirbt aus (wegen Unfruchtbarkeit der Frauen) und so die zu den Matanan gehörigen Suru zwischen Kaluka und Rejang-Fluss (s. Brooke) 1866. Die Idayer sind Schafhirten in Nizagapatau, als Idacyars in Malabar. Auf Borneo bezeichnen sich die Idaan als Menschen mit dem Stammesnamen (wie vielfach). The Idaan are a hill-people (not Dyaks) and the name Marat is applied by the natives of Borneo to the various wild tribes, Dyaks and others, without any specific meanning (Keppel). Neben Malayen (Ilanuns und Sulus) und Bajaus finden sich die einzelnen Dusun und Idaan (in Nord-Borneo). Die Orang-Pakoempei, deren Hauptdorf Barito gegenüber der Mündung des Soengi Noguro liegt, reden eine von den Bandjeresen und von den Bejadjoe - Dayakern verschiedene Sprache. Auf der Inschrift von Kwali wird Sang Kyang Linga Bingba genannt. Als Gott den Völkern die Offenbarung austheilte, verschluckten die Dayak die ihrige, die nun in der Sprache der Sanggiang gesungen wird. Die Dayak senden für Kriegszüge eingekerbte Pfeile umher (sowie angebrannte oder bemalte). Die Orang-Ot (im Innern Borneos) fechten mit Nägeln und Zähnen. Die Bassap (in Borneo) leben auf den Bäumen (wie die Olo-ot-njawong oder Nabelmenschen). Aus (holländisch) Gesaghebber bildet sich (in Dayak) Sahebar (manjahebar, regieren). Nach der Sprache der Seele (Liau) im Seelenlande (Loewoe Lian) wird alles verkehrt gesprochen, für weiss schwarz, für bitter süss u. s. w. (bei den Dayak). „In dem abgeschlossenen Hausgesinde der Dayak modificirt sich die Sprache und es kommt auch oft vor, dass einzelne drollige, naive, selbstfabricirte Wörter und Redewendungen des Kindes von den Hausgenossen belacht, nachgesprochen, erst im Verkehr mit dem Kinde, dann auch im Umgang mit einander gebraucht und so endlich ganz in der Familie stereotyp werden" (s. Hardeland), wie bei den Abiponen (s. Dobrizhoffer). Die Dayaker von Loewok batong waren durch die (wilden) Pari des Innern in Soengi Kapoeas vertrieben. Berou war früher an Bandjermassing tributpflichtig. Sultan Mahmud sandte Abgeordnete nach Pasei in Betreff der religiösen Streitfrage, die dort zwischen den Gelehrten aus Mecca und denen aus Khorassan oder Irak erörtert wurde. Nachdem die Orang-Dampuwan (oder Sonpotualan) ihre Colonie an der Küste der von Papua bewohnten Solo-Inseln wieder verlassen hatten, sandte der Häuptling Banjari Ansiedler, indem eine Putri (Prinzessin) mit dem Fürsten des Innern vermählt wurde, und das an Bandjermassing tributpflichtige Königshaus in Solo gebar. Ehe Kamaludin den Titel Sultan annahm, waren die Bewohner Solo's Buddhisten (sowie die Orang-duson und die Bergstämme Heiden). Kögel erwähnt Schwanzmenschen unter den Scribas (auf Borneo). Die Stämme von Kapua gelten für geschwänzt (b. Brooke). Vinck (1662) hörte von den Orang-Kaja am Ony, dass sich am Ende des Golfes zwischen Ony oder Roema-batti und Roemo-kay Menschen „met staarten als honden" finden (in Neu-Guinea), oder mit Känguruh-Schwänzen (s. Turner), vergebens gesucht (bei Port Moresby). Am Tidoengschen Fluss Sebauwang sollen Schwanzmenschen wohnen und nach den Mentarang (Dayak) fand sich ein geschwänzter Stamm unter den Poenan (s. Dewall). Die Satyren-Inseln (Madura, Bali und Lombok) wurden (nach Ptol.) von Geschwänzten bewohnt. Die Schwanzmenschen wurden (auf Borneo) nach Tidoeng, an den Fluss Sebauwang, nach Pasir, unter die Poenan versetzt (b. Hagemann). In Bontay (bei Bandjermassing) werden Geschwänzte angegeben (auf Borneo). The people with tails (im Innern von Borneo) are obliged either to sit on little logs of wood, made on purpose, or to make a hole in the earth (s. Mac Dougall). Im Innern von Samba werden geschwänzte Menschen angegeben (auf Borneo). Daiya-dayak heifst trippeln (im Dayak). Der Dayaker kennt das Geschlecht nur bei Menschen und Thieren und ausserdem bei einigen Pflanzen (in besonderen Arten), während andere Dinge neutra sind. In Kisa ist Kupfer (Tamboga, Mal.) Piruh (Pera oder Silber in Mal.). Im Genitiv fügt der Dayak ein „n" ein, wie bei huma (Haus) human olotà (das Haus der Menschen), und ä verändert sich in a, wie (von matä, Auge) matan an tä (das Auge des Hundes), tä, jenen. Der verbalische Plural wird mit dem Praefix panga (und Reduplication) oder dem Praefix bara gebildet, wie jä harap (erhofft), äwen barakarap (sie alle haben einige Hoffnung), oder äwen pangaharaharap (sie alle hoffen) im Dajak (b. Hardeland). Das Passivum wird gebildet durch Veränderung der activen Verba-Praefixe ba, ha und ma in i, wie barapi (kochen), irapi (gekocht werden). Neben dem Dayak und Malayisch (Pangeran als hohe Sprache) wird (in Sarawak) Kenawit (mit Kyan verwandt) und das von dem Malayischen verschiedene Milanowe gesprochen. Die Sprache der (seeräuberischen) Ilanon (aus Magindanao) und der (fischenden) Bejadjoes ist von der (landbauenden) Idaan verschieden. Mandauga heisst Maliemoenan (sich unsichtbar machen). Bei dem als Dewa verehrten Eichenholzbaum (am Oeïe-Fluss) legen Vorbeigehende ein Blatt nieder. The Kenawit language is allied with the Kyan and Milanowe (different from the Dyak). Some of the sentences, the priestesses (in Western Sarawak) chant, are not in their own language, but in Malay (s. Spencer St. John).

Die Gesänge der Dayak von Poeloepetak sind in der heiligen Sprache (Bahasa Sanggiang) verfasst (s. Hupe).

Der Dialekt von Poulo-pettah gilt als der allgemeine (unter den Dayak).

Wasser: Hangoi (Wahau), Sungai (Kanya), Danum (Bahon).

Feuer: Apui (Wahau).

Geh: Penna (Modang), Täh (Bahou).

Sihr, go, klau, pet, mo, norn, so, tuyo, saptin, snang, (1—10) bei Madang (unter den Dayak in Borneo).

Nach der Sprache in Kutei heisst (in malayischer Beziehung):

Yukut	= Fisch		Makam	= Fluss
Trunju	= Finger		Gebang	= Schiff
Betis	= Fuss		Api	= Feuer
Tehniga	= Ohr		Ayer	= Wasser
Kra	= Affe		Gigi	= Zähne.

Männer-Eigennamen:			Lutf-Allâh Faâl-Allâh	= Güte Gottes.
Saad-Allâh Hatt-Allâh	} = Gottes Glück.			

Männer-Eigennamen:

Saad-Allâh Hatt-Allâh	} = Gottes Glück.		
Hibet-Allâh Wahub-Allâh	} = donum dei.		
Atâ-Allâh Atîet-Allâh	} = donum dei.		

Lutf-Allâh Faâl-Allâh } = Güte Gottes.

Mädchen-Eigennamen.
Niamet-Allâh = Wohlthat Gottes.
Kahmet-Allâh = Barmherzigkeit Gottes.

Gleich Tempon-Telon und (bei den Kanaka) Maui aus der Mutter Frühgeburt im Wasser gezeitigt, aber selbsterzeugt (wie Jehsl der Thlinkiten), unter Kawe's Vaterschaft (mit dem Bruder Ilmarinen), leuchtet in des Himmels Bär Wäinämöinen (die Seele der Verstorbenen aufzunehmen), zum (neu) Durchwaten oder (japanisch) Kawa-watari (in Periodicität der Jahre).

Indische Erinnerungen (auf Borneo) knüpfen an Colonien der Kling (bei Margasari) und sonst Zugehöriges, in geschichtlichen Beziehungen zu Java, von wo (aus Madjapahit) Lembong Makura (s. Schwaner) anlangt, als Gründer der Dynastie von Bandjermassing (mit Siedlern aus Madura), und aus Madjapahit stammten die Fürsten von Pasir (Sukkaduna u. s. w.), mit Coti von den Bugis besetzt (nach früheren Eroberungen der Macassaren). Die Fürsten von Sambas leiten sich aus Sumatra, die von Sarawak aus Lingga, unter Johor (wohin die Abstammung der Bejadjoe zurückgeführt wird) standen Sarebas und Landak, während das Reich von Pontianak in arabischer Abkömmlingsschaft gegründet wurde, und in Bandjermassing (1700 p. d.) ein Fürstengeschlecht aus Sumbawa herrschte (s. Valentijn). Unter dem Titel Jang di pertuan thronte (bei Abstammung von Menangkabao) der Sultan zu Bruni, wohin, nach den Murut, die Kadyans (am Limbong) wanderten (s. Crespigny) und von wo die Herrschaft nach Magindanao ausgebreitet wurde (s. Dalrymple), im Kreuzen der Lanun (und sonstigen Piraten), sowie über die Sulu-Inseln, von welchen her Chinesen (unter Songtiping) siedelten (s. Hunt). In Sambas und Montrado (mit dem Hafen Sinkawan) folgten die Chinesen den Malayen, und neben den Cochinchinesen am Nordende Borneos (s. Earl) wird cambodisch gesprochen (s. Dalton).

Von Raja Tjatjor, Sohn des ersten Hantu (Tonggal-Toulang), stammte Raja Moula, der mit den aus einem Bambus geschnittenen Frauen (Bintang Mouga, Rouway Mana und Antala) den Sohn Demang Gera (von Bintang Mouga geboren) zeugte, von dem (wie die Weissen) die Dayak (von Rambai) stammen. Nach den Rambai-Dayak zerschnitt Radja Moela (von Radja Tgatja, dem Sohn des Hantu oder Dämon Tonggal-toelang stammend) einen Pisangbaum (bei Mangel an Frauen) in drei Bilder (Bintang Moega, Roeway Mana und Antala) und unter den Söhnen Pera's (von Bintang Moeda geboren) wurde Patie Landa zum Ahn der Weissen und Patie Kara zum Ahn der Rambai-Dayak. In Palawan finden sich Cochinchinesen, ebenso in Magindanao, zusammen mit den (auch in Nord-Borneo angetroffenen) Cambojer. Als der „Chief Bhimmum or idol" (der Konkanies) die Pagode nicht verlassen wollte (und „had an aversion to loose right of his former master") a contract was drawn up „on which the pagoda worshippers stipulated that they" would always obey the Swamiyar or one of his family as High Priest (in Cochin). The descendants of the Chinese (in Brunei), living with the Murut and Bisaya tribes, had mixed with the native population (s. St. John). Settled in Sambas before the arrival of the Europaeans, the Chinese gradually formed selfgoverning communities among the Malay-states around and by intermariage with the women of the Dayak tribes in their neighbourhood formed both political and social alliances with them. Nach den Sulus bestand früher ein chinesisches Reich in Borneo, wo sich noch Reste der Terrassenbauten für Feldbau finden. The Dyaks on the Samarahan are said to have been descended from the Peguans, the inhabitants of Sarawak from Java (s. Mundy). The Arabs (sereibs and seriffs) in Pontianak are adressed Tuan-ku (your highness). Die (von den Malayen unterscheidbaren) Sarawak-Leute (in Samarahan) sollen von den aus dem Raub eines Peguanischen Schiffes zurückgebrachten Frauen stammen (s. St. John). The faces (of the Kyan) are flat and broad, many bearing a strong likeness to the Chinese (Ch. Brooke) unter dem Häuptling Yong-hang (und seiner Frau Yong-hee). Kutei (in Tewi), Brau (als Simbalian und Gunung Tabor) und Bulongan bilden (mit Pasir bis Bandjermassing) die von

Holland abhängigen Sultan-Staaten in Borneo bis Cap Lucia, wo der Einfluss von Sulu beginnt. Neben dem Sultan von Koetei (in Tengaraay) steht der Ferdana Mantra (Reichsverweser), der Senapati (des Kriegs), der Sjahbandar (des Handels) u. s. w. Die Buginesen in Samarinda sind (neben dem Poea-Adoe Häuptling) durch den Sjahbandar (in Betreff des Handels) und den Imam (für den Gottesdienst) regiert. In Kutei-Lama, der alten Residenz der Sultane von Kutei, gegenwärtig in Tingaro (bei Samarinda) residirend, sind bei den Gräbern früherer Fürsten Steine mit Inschriften gefunden. Die (mit Boeton gleichsprachigen) Alfuren von Polejang und Roembiga heissen Neneboer. Lelaki oder Laki ist Titel des Fürsten (Sultan) von Buton. Die Dolmetscher (für Malayisch und Buginesisch) tragen (in Buton) den (Kalo genannten) Ringwulst auf dem Kopf. Buton wurde (1580) durch Baab-oellah (Fürst von Ternate) erobert. Durch indische Colonie unter Ampoe Djat Maka wurde das Reich Bandar Klingtoe oder Bandjermassing gegründet. Unter seinem Sohn (Simbong Mengkoerat) vermählte sich die aus dem Fluss hervorgekommene Poetri Djoendjoeng Boeki mit dem javanischen Fürsten (Maharadja Soeria Natta) oder Madjajakit (als Ahn der Fürstenfamilie). Als Lembong Mangkoerat sich in Amoentai niedergelassen, erschien aus dem weissen Flussschaum die Prinzessin Poetri Djoendjoeng Boeki, die mit Pangeran Soerja Nata vermählt, die Vorfahren der Fürsten von Bandjermassing gebar. Ampoe Djatmika (aus Kaling) liess sich bei Nagara Depa (in Borneo) nieder, indem das Volk die Sitten Madjapahits annahm (dann nach Bandjar verziehend). Der erste Sultan in Koetei (Mahummud Sali Hooden) wurde in einem Blitzstrahl zum Himmel entrückt (gleich Remulus). Beim Holzfällen (für Ladong) durch das Gebell ihrer Hunde zu einem dicken Bambus geführt, der (weil früher nicht vorhanden) aus dem Himmel gefallen war, fanden die Sekoebang Dayak (in Skandau) beim Spalten das Mädchen Dajang Sri Awan, mit Abang Toengal (fürstlichen Stammes, aus Sangkan) vermählt und die Tochter Dajang Sri Boengay gebärend, die sich (in Spauk) mit Aban Boedjang (zum Fürsten von Spauk erhoben) vermählte (s. Strickw.). Als der in Koetei lebende Poenggana Besar den Dewas für seine zahlreichen Nachkommen um einen König bat, stieg Maharadja Dewa Agoeng Sakti vom Himmel zur Erde und vermählte sich mit Poetri Korang Meneloeh, die aus dem Wasser gekommen, als Ahnen des Fürstenhauses, wo der Poerit Kang genannte Kris bewahrt wird (s. Dewal). Auf die Gebete des in Kutei wohnenden Panggawa Besar (um für die Regierung seiner zahlreichen Nachkommenschaft einen König zu erhalten) fiel Maharadja Deewa Gong Sakktie vom Himmel, mit Putri Karang Meleuoeh heirathend (als Vorfahr der Fürsten von Kutei). Ratjah Tengha (aus Kota-lama) liess sich am Samhas-Fluss nieder. The Dyak tribes (of Tongarron) are under the control of the Bugis of Coti (s. Earl). During the south-east monsoon when the weather is fine in the southern parts of the island, the Orang-Badju (of the mouths of most of the rivers of Borneo and also on the north and north-east coasts), but when the monsoon changes and the weather becomes tempestous, they sail to the northern parts of the island (s. Earl). Many of the Badjus remain throughout the year near the dutch settlement of Macassar (employed by Chinese in fishing for Trepang). The pirat who infest the Archipelago count wholly of the inhabitants of the free Mahommedan states in Sumatra, Singin, Borneo, Magiudano and Sulu, those natives, who have remained uncontaminated by the doctrines of the Arabs never being known to engage in the like pursuits (s. Earl). Bei der (jetzt im Innern liegenden) Höhle von Gunung Api (auf Borneo) findet sich die Sage, dass sie durch Anstossen eines strandenden Schiffes entstanden sei. Die Dayak von Kutei, in grossen Häusern (bis 100 Familien) zusammenwohnend, kommen einmal im Jahre, dem Sultan zu huldigen. Songan oder Berua gehört unter Kutei. Die alten Ruinen bei Brunei heissen (bei den Malayen) Kuta (in Sanscrit), Festung (Koti). Neben den Tagalen, die in die malayische Sprachfamilie aufgehen, sind die Philippinen durch eine Mehrzahl von Stämmen (von den Igorrotes mit Burick, Itetapanes, Tinguianes oder Itaneys, Guinaanes mit Yfugaos, Busaos, Gaddanes, Calauas, Ibilaos, Calinga, zwischen dem Tajo oder Grande de Cayagan und dem Rio Abulug oder Apayao mit den Apayaos, Aripas u. s. w.) bewohnt, bei denen zum Theil die Mischungen mit den in unzugänglichere Punkte zurückgedrängten Negritos oder Aetas in verschiedenen Abstufungen zu Tage treten. Die beim

Fest Pandot den Göttern erbauten Hütten hiessen (bei den Bisayern) Simba oder Simbahan. Neben den Anitos wurden (nach den Bisayern) Bildsäulen (Liche oder Laravan) verehrt. Pablos de Carrion (Gründer von Nueva Segovia) vertrieb bei Eroberung der Provinz Cagayan einen japanischen Seeräuber, der sich dort festgesetzt hatte. Von Legaspi (in Panay) abgesandt, bemächtigte sich Martin de Goiti (1571) Manilas, wo sich Tondo (unter dem Häuptling Rajamatanda) gegenüber der Häuptling Rajamora am Flusse befestigt hatte (cf. de Morgan). Rajamora cedirte Manila für Stadtgründung. The Pinados (wie die Bisayas) have their whole bodies marked with fire. Die Negritos von Kupang (auf Luzon) gebrauchen Guitarren (tabaua) gleich denen der Mintras (s. Jagor). Spencer St. John found the villagers very careless of their pronunciation (on Kina Balu). The Malays said that the Idaan of the north-eastern coasts speak so as to be understood by them, who have acquired their knowledge on the western coasts. The Idaan, Dusun and even the Bisayas can converse freely with each other (s. Spencer St. John). Anording to Carletti the sacred jars were taken from the Philippine islands to Japan. Die Balanga genannten Töpfe sind in Borneo aus dem Ueberschluss des von Kadjanka verborgenen Lehms gebildet, als er von Mahatara den Auftrag erhielt, den Mond zu formen, indem der Töpfer Radja Pahit's vom Berge Merbaboe in Java nach Borneo flüchtete. Von den heiligen Vasen (der Dayak) werden Balanga und Hattoe-Haliman als männliche, Pasiren-tiean als weibliche unterschieden (aus Madjapahit). Als Radjah Pait (Madjapahit's) durch Spielen verarmt war, liess Mahatara aus der bei Schöpfung des Mondes übrig gebliebenen Erde (durch die Gottheit Katjanggaboelan) Djaweth (Schüsseln) verfertigen, die durch Streit erschreckt, zum Theil nach Borneo flüchteten (cf. Potthast). The Dyak recognise various classes and distinctions among the valuable jars (like brown bathing jars, with rude figures of animals), of which the most valuable are called Gurih (with rude big handles, about the mouth and figures of deer roughly scratched on the sides). The second kind is called the Dragon (s. Boyle). Auf dem in Koessan gelegenen Berg Mieing stand früher ein Zauberhaus mit irdenen Töpfen voll Gold, die geräuschvoll in die Erde versanken, und wenn seitdem Jemand die Spitze zu erklimmen wagt, wird er im Ungewitter zerschmettert (auf Borneo). Die Djawet (heilige Töpfe) stammen aus Java. Die alten Gefässe (auf Borneo) wurden (bei den Arabern) als Martabau (Martavuan) bezeichnet (aus Pegu). Die Tampajan (Blanga oder Haleman) schienen aus Pegu „te zijn ingevaerd, de daarop voorkomende gedrochten hebben met die op sommige oude munten van Cochinchina en Siam vrij wat overeenkomst" (Veth). Nachdem Ratoe Tjampa (der aus dem von Sonne oder Mond übriggebliebenen Lehm die Töpfe geformt) mit Poetri Onak Manjong (Tochter des Fürsten von Madjapahit) den Sohn Rada Toenjang gezeugt, kehrte er (von Kapoeas) nach seiner Heimath im Himmel zurück (s. Schwaner). Die an Werth die Rusa (kostbarer, als die Naga) übertreffenden Gusi-Töpfe ertheilen Wasser heilende Kraft, und der im Besitz des Sultans von Brunei befindliche sprach in Orakeln, wenn aufgedeckt (s. St. John). The sacred jars of the Dyaks stehen am höchsten im Preis als Gusi, dann Rusa und ferner Naga (s. St. John). The Dyak attribute medicinal powers to water contained in the (sacred jars), one with the gift of speech. The Kyans worship a jar (multiplying whatever is put into it). Die Gudji blanga sind aus dem Rest des Thons gebildet, womit Mahatara (der Allmächtige) Sonne und Mond verfertigte. Grabowski's Abhandlung findet sich in der Zeitschrift für Ethnologie (und über das Seladon sind durch Hirth's Untersuchungen neue Gesichtspunkte hinzugekommen).

Aus seiner Heimath (der Kling) Land mitbringend, liess sich Empoe Djamatka in Oedjong-tana nieder, wo er, wie in der Erscheinung seines Vaters Soedagar Mangkoe Bumi verheissen, wohlriechende Erde fand. Von den zwei Brüdern Beporongs (Söhne des Fürsten Brawi Djaja in Madjapahit) liessen sich bei der Ankunft in Sukodava (in Borneo) der Anhänger des einen in den Bergen nieder (als Orang-Mambal oder Orang-Boekit), die des andern am Strande (als Orang-Siting). Von Beporong stammen (neben den Orang-Kaum und Orang-Prijai) die Dayak matahari mata (des Westens) und aus seiner Ehe mit der Dayakschen Prinzessin (Poetri Djoengdjoeng Boewih) die Dayak matahari hidoep (des Ostens). In Koetei (auf Borneo) sind die Fürsten aus den Bambus gekommen.

Am Barito (in Borneo) wohnt der höchste Gott Hat-alla (mit seinen Engeln) im höchsten Himmel am See Tasik Tabenteram Boelang Laut Babandan Andan. Der zweite Himmel (mit Engeln) liegt am See Tasik Malamlang Boelan Laut Babandang Intan. Der dritte Himmel (mit Tempon-Telon) liegt am See Labeh Rambang Mattan Andan Tasik Kaloembang Boelan. Der vierte Himmel (mit den Sanggiang oder Engeln der Balian) liegt am See Laut Bohawang. Der fünfte Himmel (mit Njaring Doempang Enjeng) liegt am See Tasik Boelan. Dann folgt die Erde, und darunter der Aufenthalt von Kaloe Toengal Toesso (über die Pflanzen wachend). Die (schrecklichen) Hantoes (Krankheit und Unglück bringend) schweben in der Luft. Im Anfang war die Schlange Naga Boessai, die (von Hat-alla auf ihren Kopf geworfene) Erde tragend, wo Ranjing Atalla (vom Himmel kommend), als er in zwei aus sieben Eiern (die übrigen mit den Keimen von Pflanzen und Thieren) einen Mann und eine Frau fand, von Hat-alla den belebenden Athem erbitten wollte, aber bei seiner Rückkehr aus dem Himmel sie bereits belebt fand durch den Sanggiang (Engel) Angai (jetzt jedoch mit dem Keim des Todes, unter Verlust der Unsterblichkeit). Der Engel Angai regelt das menschliche Leben, Belohnungen und Strafen austheilend. — Die Dayak (im westlichen Borneo) nehmen 15 Welten an, unten glatt und oben rund, wie die Erde, die sich in der Mitte findet. — Gott Mahatara wird als allgegenwärtig verehrt (auf einem umherschwebenden Berg), und beim Opfer (in höchster Noth) wird im Walde Reis ausgestreut, unter lautem Anrufen, dass die Seele des Reis durch den Antang-Vogel dem Mahatara (Atallah) zugetragen werden möge (bei den Dayak). — Am Sambas-Fluss (in Borneo) wird Pagatoe (Djewata Matahari) als höchster Gott verehrt (Djewata Diru als Berggeist von Pamangkat). Nach den Kapua (in Borneo) übertrug Djewata (der höchste Gott) an Panita die Schöpfung von Erde und Himmel, an Panampa die Schöpfung des Lichts, an Pajadjoe die Schöpfung des Menschen, während Pagingoh für den Unterhalt des Menschen sorgt und Paniring ihn durch das Leben begleitet. Tupa (living on the clouds) cends thunder, lightning and rain (according to the Bukar dyak). The dead (being buried) go to Sabyan (under the earth). Biadum was a great Dyak chief, according to the Luwu, who worship Jowata (who made man from earth) or Battara (Sabyan being below the earth). — Im Sangka-Sangka am Koetei-Fluss sind vier Steine mit Inschriften ausgegraben, als der Sultan in Kutei-Lama residirte (für Entziffern 1000 Fl. anbietend); die Buchstaben sollten denen der Javanen gleichen, aber von diesen nicht verstanden worden sein. Auf der Wasserscheide zwischen Sambas und Landak (Nebenfluss des Kapua) finden sich Steinfundamente. Bei den (in Höhlen und Bäumen lebenden) Orang-Damunej (Danung) sind Lanzenspitzen und Beile aus Stein in Gebrauch (auf Borneo). Aus der Zeit der Orang-Kling in Margasari stammt der in Stein gehauene Stier am Nagara-Fluss (auch der bei Tjandi gefundene Goldschmuck). Der Fusseindruck auf dem Stein bei Batutoelis wurde der Wittwe des versteinerten Poerwa Kali zugeschrieben, indem sie ihn so lange betend umwandelte, bis ihre Füsse sich abgrenzten. Die Inschrift bei den Fussabdrücken am Fels des Flusses Tjaroenten nennt den König Purnna-warnna. Auf den Berg Djambangon (in Borneo) finden sich Eindrücke von Buddha's Fuss (im Fels). In Neu-Guinea werden auf einem Steine die Fusstritte des Propheten gezeigt (s. Fabricius). Auf Java findet sich alterthümlicher Fussabdruck (Borang Buddha). Die Steinbilder auf der Insel Selipoe stellten Schweine mit Hühnerschwänzen, Hühner mit Schweineschwänzen, Fische mit Fahnenkämmen u. s. w. dar (s. Greiner). Das Steinbild des Stier (und der Hai), in Sarawak gefunden, wurde von den Dayak in Verehrung gewaschen. Die (Hodah genannten) Holzbilder (der Tering Koetei) dürfen vor der die Häuser gestellt werden. Thonfiguren sind in Höhlen gefunden (auf Borneo). Bei den Dayak wurden Stücke eines Stein-Ochsen verehrt (und indische Säulensteine). Auf den Tempelruinen Borneos wurden (nach Raffles) Inschriften gefunden, mit eigenem Alphabet (b. Dalrymple). Bei Tjandi (am Margasari-Fluss) fand sich (in Borneo) eine (indische) Colonie von Orang-Kling. Rex Yue-ngai memoratur addictus religioni Fo in Regno O-to-tan sito in Insulis ad meridiem Indiae versus Borneum (430 p. d.). Bei Saugouw (in Pontianak) fanden sich (1823) Bilder, Ganesa, Nandi, Lingam (und beschriebene Steine). Dalton traf Hindu-Alterthümer in Koetei. Die Hindubauten zwischen Pertibie und Datoe-Datoe ruhen auf künstlichen Hügeln. Im Soeloe-Archipel werden Hindubilder (besonders Ganesa's) gefunden. Am Kaya Boonga (in Koetei) fanden sich Ueberbleibsel eines Hindu-Tempels. In Waghoo (auf Borneo) sind Hindu-Tempel mit Figuren gefunden. Aus dem (mit dem Nebenhügel) von Menschen aufgeworfenen Hügel Tambak Mokatis (am Songey Siraauw) werden Goldarbeiten ausgegraben. Unter dem Hügel Sangarwassie soll die (Wege lauernde) Poetri Maga begraben sein (in Borneo). The Silakaus and Laras call their God „Jewata", the Sibuyans „Batara" and the Sarawak Land Dyaks „Tapa" (s. Spencer St. John), Tenabi (the maker of the material world), Jang (the Instructor) and Jirong (the Renovator and Destroyer) is:uing from the Godhead Tapa (the great Creator and Preserver). Tapa first created Jang (or Jing), then the spirits Triu and Komang, and then man (according to Campbell). The spirits fighting with man, rubbed charcoal in his eyes, which made him no longer able to see his spirit foes, except in the case of certain gifted persons (as the priest). As the smoke of the funeral pile of a good man rises, the soul ascends with it to the sky (in Borneo).

Nach den Stämmen am Barito existirten zu Anfang, im Reich der Götter, zwei Bäume, Boengking Sangalang und Limoet Garing Tinga genannt, und der (Boengking) genannte Kugelspross des Boengking Sangalang (auf dessen Wipfel der Vogel Sinang wohnte, mit dem Flügel-Engel Tambirang), fiel (durch Bewegung abgeschüttelt), in den durch Naga Toembang bewachten Engels-Fluss Batang Danom Sanggiang, sich, (vor Verfolgung flüchtend), in die Jungfrau Boedak Boelan Handjoeren Karangan verwandelnd, welche mit dem aus einem Blatt des Baumes Koenoek gebildeten Boot (Lassang Daoen Loenok), den Fluss nach der Mündung in das Meer Labeho Rampang Mattan Andau Tasik Kaloembong Boelan abfuhr, wo sie sich mit dem aus einem treibenden Baumstamm (Garing Tjenjahoenan Laut) entstandenen Manu (Garing Banjang Tjenjahoenan Laut) vermählte, und durch zeitweis aus ihr fortfliessende Blutströme verschiedene Wesen und die (dieselben beeinflussenden) Hantoes bildete; so gebar die (aus einem Baumstamm) auf der Insel Poelan Tellopoeloe entstandene Jungfrau Poetri Rewo Bawin Poelan Tellopoeloe, mit dem dort wohnenden Mann Djangong Hadoen Peres vermählt, die Krankheit bringenden Dämone; die beim Baden aus einem Blutstrom entstandene Indoe Reman Lawang wurde mit dem im Wasser lebenden Maun Angan Bijai Mamasawang Boengai Peneng Basallo Mamarandang Lagaug zu Stammeltern der Crocodile, aus dem beim Fischfang mit Netzen hervorquellenden Blutstrom entstand die Jungfrau Naga Dambang (mit ihren sechs Kindern, den schwangeren Frauen nachstellend), aus dem an den Wurzeln des Himmels vorquellenden Blutstrom entstand die Jungfrau Kamello Lellak Lawang, deren (in Vermählung mit Batoe Mambon) geborene Kinder (als muthig und tapfer) vor Kriegszügen angerufen werden. Aus dem fünften Blutstrom entstand die Jungfrau Indoe Mellang Sangar, deren (mit dem Mann Tarahem Radja Nandang) geborene Kinder (in Adlerform) auf Raubzügen und Handelsreisen helfen. Aus dem sechsten Blutstrom entstand die Jungfrau Kamello Roembong Loenok, deren (mit Njaring Gilahanjie Doembang Eujen Tingaug geborene) Kinder die Fruchtbäume an den Wohnungen bewachen. Die siebente Schwangerschaft (regelmässig verlaufend), brachte hervor Mahadara Sangen (mit den Keimen der Pflanzen und Thiere zur Erde kommend, wo er ein aus Fruchtbäumen wachsendes Ei findet) und Mahadara Singsang, Vater des Tempon-Telon, der viele Götter zeugte. — Am Sambas wird neben dem Himmelsgott Pangatoe oder (als Sonne) Djewata Matahari (und seine Gattin Panita), der Berggeist Djewata Dirooh (sowie zum heilen Djewata Bari) verehrt (s. G. Müller). Neben dem Gott Tanangan (Teman-Tingei) oder Najoek-Senijoeng (Minjanni) wird die Göttin Sempoeloh verehrt bei den Kayan, (die Toh, als böse, fürchten). Als (nach den Ot-Danom in Borneo) Alles Luft und Wasser war, und der höchste Gott Mahadarah die aus dem Himmel auf die Häupter von sieben Nagas niedergeworfene Erde nun ihrerseits Alles füllend sah, drückte er sie (vom Himmel niedersteigend) zusammen (in Berge und Thäler) und bildete (aus einem Theil) den (oder die) Menschen; bei der Ueberschwemmung retteten sich die Böte auf den allein vorstehenden Gipfel Boekit Arai, wohin die Seelen durch den Sanggiang (Engel) Tandeho im goldenen Fahrzeug geführt wurden, auf der Reise nach dem auf dem Berg Loemboet ruhenden Himmel, viele Gefahren überstehend. Gott Totadungan wird als Schöpfer verehrt (bei den Kayan). Nach den Kayan (in Borneo) hat der höchste Gott Tanangan (Teman-Tingei oder Najoek-Sinijoeng) oder Minjanni mit seiner Frau Sempoeloh die Welt geschaffen und aus Steinen Menschen gebildet (die Toh oder bösen Geister durch Opfer sühnend). Neben Hat-alla in Bukit ngantong-gandang (een zwevende en zich voortbewegende berg, gelegen aan een grote rivier) end seinen Kindern wird bei den Dayak (von Poeloepetak) als Olo-Ngadju (Oberländer) Radja-Ontong (de gelukskoning) verehrt, dann Tempon Telon, der durch das Eisenschiff (Benamama) die Seelen nach Loewoe-Lian bringen lässt, Singumang u. s. w., dann Radja Sial („de ongeluks koning" mit Raja Hantoen und Raja Dohong, sowie den Djatas) in den Flüssen oder (in den Büschen) Idjing, Kriau (als Zwerg), Pudjut (mit Spitzkopf), Njaring u. s. w. (s. Becker). Wie Hat-allah (oder Tonggal) auf einem umherschwebenden Berg, wird Mahatara (Attallah) als allgegenwärtig verehrt (bei den Dayak) und in Mahadarah (bei Ot-Danom) als Schöpfer (wie Tatadungjan bei den Kayan). Gott Batara wird auf dem Berg Halan-Halan verehrt (in Tanah Boemboe). Neben Tapa (Jewata oder Batara) bildete Tenabi die Erde (s. St. John). Djewata (Dewata) liess Himmel und Erde durch Panita schaffen (s. Veth). Die Dayak (von Mempawa) rufen den Gott Ivebada nicht direct an, sondern durch Vermittelung von Holzbildern (mit aufgehobenen Armen). Praman (Brahma) ist Sklave des Gottes Hat-allah, dessen Sohn Batu Djampa Mann und Frau aus den (auf den Naga-poesei gefundenen) Eiern vermählte, und dann für die (von seinem Vater mit Fisch und Geflügel gefütterten) Menschen den (verbotenen) Reis stahl, zugleich noch das (auf dem Wege zur Sonne angezündete) Feuer herabwerfend.

Nach der Erde schuf Mahatara (bei den Dayak) die Brüder Sambaja Sangir und Sambaja Sanggiang, von denen beim Baden der erste das gesunkene, der andere das treibende Eisenstück wählte, und als sie (in Folge eines Zwistes ihrer Frauen), in Krieg gerathen, lebten die (von Sambaja Sangir stammenden) Menschen, wenn durch das treibende Eisen getödtet, stets wieder auf, so dass die (trotz grösserer Stärke) mit Vernichtung bedrohten Sanggiang (Engel) sich nach der im Wolken-meer treibenden Insel Loewoe Sanggiang (in sieben Stämme getheilt) zurück-zogen, von wo sie (in Erinnerung der auf Erden genossenen Freuden) noch als Schirmgeister der Menschen zurückkehren. Aus dem (neben Pampoelah Hawoen und Sanggoemar) mächtigsten Stamm Panjamarang Kalingan (unter den Sang-giang) stammt Tempon-Telon; der (als blutmassige Frühgeburt geboren und von der Mutter in den Fluss Djailehan geworfen), in Poelan Sanggiang am Lenkihong-Gebirge durch Poesan Baloesa, Frau des Sanggiang Ilirai, beim Baden gefunden und durch Warmhalten im Hause entwickelt wurde zum Koempang boelan Panaroesan langgit, der auf Abenteuer auszog, und nach Vermählung mit Tempong Hawoen (die er aus der Macht des Sanggiang Mandjamai befreit), nach seinem Geburtsplatz zurückkehrte und dort Tempon-Telon genannt wurde, als sich das Dorfhaupt Telon zu seinem Sklaven erklärte. Im Vorderbug des von Tempon-Telon's Sklaven (Telon und Hampawang) geführten Eisenboots (zur Seelen-Ueberfahrt einmal in 24 Stunden) sitzt der feuersprühende Sanggiang-Assei.

Als Stellvertreter des (weiblichen) Mahatara (ohne Anfang und Ende) gilt (dem Dayak) sein Bruder Djata (im Wasser, als Vater der Crocodile) und seine Schwester Kloweh (mit einer Brust in der Mitte) in der Erde wohnend (und aus derselben Spukgestalten heraufsendend). Nach den Bejadjoe (in Borneo) kamen die ersten Menschen auf Adlersflügeln herab zu der Erde (auf einer Naga ruhend), und die Byamma geflogen, aus der Abhassara-Terrasse (in Birma). Nachdem Tapa erst Jang, dann Trindkomang, später den Menschen geschaffen „man and the spirits were at first equal and faught on fair terms", bis „the spirits got the better of man and rubed charcoal in his eyes (except in the case of certain gifted persons) bei den Dayak (s. St. John). Neben Tapa (Jewata oder Batara) als Schöpfer, bildete Tenabi die Erde, während Jang or Jing „first instructed the Dyaks in the mysteries of their religion", und Jiroug „looks after the pro-pagation of the human species and also causes them to die of sickness or accident" (s. St. John). Nachdem Belalinajep (der Gott des Donners) den Menschen (Alang biloeng) und durch das (aus dem Baum entstandene) Ei die Frau Soerilemlai gebildet, zeugten Beide den Ahn der Dayak-Kayan (in Boeloengan). Djewata (bei den Dayak) liess auch Paneta Himmel und Erde schaffen, durch Panampa das Licht, durch Pajadjoe die Menschen, „Pagingoh zorgt voor het onderhoud der menschen en Paniring geleidt hen door het leven" (s. Veth). The spirits are divided into two classes, as Umot (spirits by nature) and Mino (ghosts of departed men). Umot Sisi is a harmless kind of spirit, which follows the Dyaks, to look for the fragments of food, which have fallen through the open flooring of their houses and who is heard at night munching away below. Umot Perubak causes scarcity among the Dyaks, by coming invisibly and eating the rice from the pot at mealtime. Umot Perusong and Tibong come slily and devour the rice, which is stored (in the garrets). The Trui and Komang live amid the old forests on the tops of lofty hills (coming down for the head feasts). The Komang (the spirits of departed heroes) are associated after death for their valour with the war-loving Trui (s. St. John). Mino Buau are the ghosts of those who have fallen in war (assuming the form of beasts ad headless men). Mino Pajabun are the ghosts of those, who met with an accidental death (wailing). Mino Kok Anak (the spirits of women, who have died in childbed) delight to mount high trees ad to startle by horrible noises (in the twilight). The Sedying (living amid the holes of the rocks on the hills) may be heard on rainy days (shivering ad bemoaning). Wenn der (böse) Kamiak (als Vogel um-herfliegend), kein Opfer (Balei) erhält, schliesst er in den Leib der Schwangeren das Kind so dicht ein, dass es nicht geboren werden kann, (in Poeloepetak), die Erdgeister (Kloa) verwechseln die Neugeborenen (bei den Dayak in Poeloepetak). Nachdem Hat-alla (mit Hülfe von sieben Naga oder Schlangen) den Erdball aus dem Wasser gehoben, überdeckte er ihn mit Gewächsen, und schuf zwei Eier, aus deren einem der Mann, aus dem anderen die Frau hervorkamen, von deren sieben Söhnen und sieben Töchtern die Geschlechter der Menschen stammen (bei den Bejadjoe Borneo's). Unter den Dewale wohnt Sanggiang in der Luft, Djata im Wasser. Tempon-Telon wird in Liedern gefeiert. Der Dämon Kambi (mit Hauerzähnen) verschlingt die Todten. Von Kaloa kommen Krankheiten, Koekang lauert am Seelenweg, wogegen Maga liau oder (Seelenleiter) Psychopompos (mit den Bilian) unter Ausstreuen von geweihtem Reis durch Beschwörungen hilft. Aus allen aussergewöhnlichen Erscheinungen (wie sonderbar verwachsene Wurzeln, plötzliches Erscheinen von Fischen, Vogelflug u. s. w.) werden Vorzeichen ent-nommen. In den Tanhawang (heiligen Büschen an Flussniederungen) wohnen die Pampehilep genannten Walddämonen, deren Boten (Karrionw oder Busch-gespenster) Wanderer in Gestalt ihrer Bekannten zum Irregehen verlocken. Bei den Dayaken (denen die Samba Träume auslegen) wohnen die Njabatta (oder Dewa) auf Berghöhen. Die rothhaarigen Plagegeister (Njaring) wohnen auf Lanokbäumen und in den Zaubergebüschen (Pahewan) bei den Dayak. Die Crocodile sind Knechte der Djata (auf Borneo). Neben Pangatoe oder (Djewata-laut) Djewata (als höchster Gott) steht (bei den Dayak) Budjang Brani an der Spitze der Hantu (oder bösen Geister). Neben dem (bösen) Poetjoet wird der höchste Gott Batara (auf dem Berge Halau-Halau) verehrt in Tanah - Boemboe (auf Borneo). Das Riesengespenst Kambi leitet irre (bei den Dayak). Der Dewa oder Njabatta wohnt (auf Borneo) auf Bergeshöhen. Die Balian (den Gott Teman-tingei anrufend) opfern den Toh oder Dämonen (auf Koetei). Als Haupt der Sanggiang wohnt Tonggol oder Hat-alla auf dem Boekit Nyantong-gandang (einem im grossen Fluss treibenden Berg) oder (in Kotaringin) auf dem Berg Sembajong (mit seinem Sohn Ombon-boelan und seiner Tochter Padadari). Der Gott Radja-balawang-boelan (mit Poetri-sawalang-langit vermählt) verleiht Reich-thum. Djarang wird für Körperkraft angerufen (bei den Dayaken). Sangoe-mang, Hangamer, Temponkanaraan, Hatangan, Lilan und Sakanak schützen die Menschen (Tempon-Telon die Todten). Die Djata wohnen im Wasser. Der böse Kamiak verfolgt die Frauen, als Vogel, (und muss Opfer haben für gute Geburt). Radja-Sial bringt Unglück und quält. Die Dohong (Hantoe) fressen Herzen (als Kopf mit Eingeweiden). In den Wäldern spuken die (rothen) Idjin-ngaring, die (zwerghaften) Kriau, dann Poetjoet (als gehörntes Ungethüm) und (in Gestalt-veränderung) Bahoetai (als Schwein oder Hirsch). Unter den Umot genannten Geistern (der Dayak) leben die Komang (Heldenseelen) und Trui in den Wäldern (haarig zu Kopffesten herabkommend), während der Umot Sisi durch die Haus-flur gefallene Speise aufisst, Umot-Perubak (unersättlichen Hungers) den Reis des Mahles verzehrt (Mangel verursachend), und die Umot Perusong (oder Tibong) heimlich den gespeicherten Reis aufzehren (s. St. John). Unter den Mino ge-nannten Geistern wohnen die Mino Buau (im Krieg Gefallenen) heimtückisch im Jungle (in Gespensterformen schreckend), die Mino Pajabun (plötzlichen Todes) schweben klagend, die Mino Rok Anak (der im Kindbett Gestorbenen) schrecken im Zwielicht durch Auschreien von den Baum - Wipfeln (bei den Dayak). Die Dayak von Mempawa verehren den Gott Joebada durch Holzbilder (mit aufgerichteten Armen). In der Erde wohnen die (einbrüstigen) Kloa, durch welche Kinder in Kielkröpfe verwandelt werden. Der umherfliegende Dämon Kamiak raubt Kinder. Die im Wasser lebenden Djata's geben Kinder. Im Walde geht Njaring (mit rothem Haar) um, dann Kriau (zwergig und boshaft), Pudjut (mit spitzem Kegelkopf), Behutei (in verschiedene Gestalten verändernd), Idjin besonders an den Pahewan (unzugänglich) genannten Bäumen. Die Orang - Bukit (Fremde vergiftend, um Sklaven im Jenseits zu haben), verehren die Batara genannten Geister, und mit ihnen den Dewata genannten (im Gebirge Djambangan auf Borneo). Der Dämon Iblanlangan Langit (geflügelt am Himmel lebend) tödtet durch Donner und Blitz (bei den Milanows). In den Flüssen weilen die Naga, in den Seen die Jin, in den Wäldern die Taw (Dalong oder Doig) oder Balanyan, und vom Deog Jan (an den Quellen der Flüsse) wird die Wassersucht geschickt (auf Borneo). Die Umot wohnen in den Wildnissen, die Sabayan auf Bergeshöhen (als Dämone). Bei den Dayak (in Poeloepetak) zerfallen die Geister in die Sanggiang (die theils die Oberwelt, theils hohe Regionen bewohnen) und in die Djatti der Niederwelt (im Wasser grosser Flüsse wohnend).

Nachdem der Schöpfergott Betarak vergebens versucht hatte, aus einem auf dem Berge Tilong oder Kaudjano abgehauenen Bambus den Menschen zu bilden, knetete er ihn (am See Locar) aus Lehm, als Sempandey (Sempouloh) oder Bandau, dem der Vogel Gergassie den Tod brachte, während die Seele (Samengnat) zum Berge Tilong zieht (s. Langenhoff). So missglückt bei den Quiché das Holzgeschlecht des Schöpfers. Die Seele geht durch ein Loch in die Unterwelt ein, als Bejawi, und wird bei ihrem Tode dann in Begutin verwandelt, bei dessen weiterem Tode wieder das Lebensprinzip in die Stämme der Bäume eingeht (bei den Dayak). Vor Bäumen, worin Menschen verwandelt sein möchten, errichten die Land-Dayak einen Altar (s. Low). Nachdem Gott (Hat-alla) die Schlange Nagapoesei (im Wasser) geschaffen, und sein Sklave (Praman) ihren Kopf gegen die Sonnenhitze mit Erde bedeckt hatte, fand dort sein Sohn (Batoe-Djampa) zwei Erd-Eier (Tantelo-pitak), woraus Mann und Frau hervorkamen (bei den Dayak). Tupa wohnt in den Wolken bei den Dayak, deren Seelen nach Sabyan (unter der Erde) gehen (in Sarawak). To Batara is attributed every blessing (of the Sea-Dyaks) neben den bösen Geistern des Jungle (s. St. John). Tuppa or Jerroang (principal god of the Land-Dyaks) is supposed not to attend feasts, with the Kamang and Triu, the martial spirits, because his pure and beneficent nature has a horror of war (s. Low). Neben Gurn und Maharadja verehren die Bejadjoes (in Borneo), die Sanggiang (Geister der oberen Welt) und die Djata (Geister der unteren Welt) durch Opfer ungehülsten Reises, während dem Seelenführer Tempon-Telon gekochter Reis dargebracht wird, und ebenso den (bösen) Dämonen Kalue, Kambir und Djinkapir (im Innern der Erde). Der Balai palangka bildet das Haus des Rawing (Lomba oder Crocodil) für Tempon-Telon unter den Sanggiang (der Dayak). Durch Mangang koit, indem der Balian unter Anrufung Sanggiang Assei's Sand auf das Haupt der Menschenopfer streut, werden diese zu seelenlosen Körpern (als durch Tempon-Telon fortgeführt) und können so gemartert werden (bei den Dayak). Als Ersatz werden Büffel gemartert (vicarirend).

Wenn Tempon-Telons Eisenboot (für die Fahrt nach dem Seelenlande Loewoe Liau) auf dem hellen Strom zum Kiham apoi oder feurigen Wasserfall gelangt, müssen die brennenden Bambus immer rasch durch die Sklaven mit anderen ersetzt werden, und in der Hitze bekommen nur die guten Seelen Wasser zur Abkühlung zu trinken. Dann wird an dem Kampong der Thiere angelegt, um Diebe auszuschiffen (denen das Gestohlene dort auf den Rücken gebunden wird), darauf an dem der unehelichen Kinder (ohne Häuser am Ufer umwandelnd in sanfter Luft), ferner an dem der Selbstmörder (zwischen giftigen Pflanzen weilend), sodann an dem der Ertrunkenen (mit halbem Leib im Wasser stehend), und schliesslich gelangt die (gute) Seele nach Kawa-wohan-boelan (der Goldklumpen) im Seelenlande, wo Alles sich von selbst bant, (sodass die Sklaven es nur darzureichen haben), und Baden in dem See die Hässlichen verschönt. Fühlt sich die Seele dem Sterben nahe, so verjüngt sie sich durch Essen vom Baum Ratang-garing, nachdem sie indess siebenmal die irdische Lebenszeit erneuert hat, stirbt sie ab, um auf Erden in einer Pflanze wiedergeboren zu werden (am liebsten in den Fruchtbäumen in der Nähe des Kampong). Wer von solcher Pflanze isst, kann zur Vermehrung des Menschengeschlechts beitragen, und ist die Seele (Liau) mit der Pflanze in ein Thier gefahren, so befähigt dieses den Menschen, der davon isst, in Geschlechtserneuerung einen Menschen zu zeugen (weshalb die Dayak am liebsten Pflanzenfresser essen). Verwelkt indess das Blatt oder die Blüthe (worin die Seele sich niedergelassen), ohne durch Mensch oder Thier gegessen zu sein, so geht die Seele zu Grunde (s. Perelaer). Tempon-Telon lässt von seinem Diener Telon (zum Schutz und Bekämpfung des bösen Koekang) die Seele führen (bei den Bejadjoe auf Borneo), in Leitung (Mercurs). Neben Gott oder Ipu wird die schöne Balu Adaol, welche die Seele auf die von dem doppelköpfigen Hund Mawing bewachte Strasse in's Jenseits führt, verehrt (bei den Milanow) auf Borneo (s. Crespigny). Die Dayak (in Bandjermassing) opfern dem (bösen) Dämon Tallopapa. Tempon-Telon lässt die Seele der Abgeschiedenen durch seinen Diener Telon in eisernem Schiff abholen, um den Nachstellungen Koekang's (im Feuerpfuhl) vorbei zu fahren (unter den Bejadjoe).

Neben Sonne (weiblich), Mond (männlich) und Sternen (mit den Baroega oder Peter's Stab, als Kinder) verehren die Pari (in Borneo) den Schöpfer Minjanni, der (mit der Göttin Sempoeloh) aus Steinen Menschen und Thiere bildete. Die Köpfeschneller gehen in den Himmel Langit Soeka, die an Krankheit Gestorbenen nach Lamoer Niang, die im Kindbett gestorbenen Frauen nach Tai-Assah, während die Seelen derjenigen, deren Köpfe geschnellt worden sind, in Rarouw Sahan in Blut gebadet werden. Beim Leichenfest wird der Todte laut zur Theilnahme an der Mahlzeit eingeladen. Die Hamboeran (Seele des lebenden Menschen) theilt sich beim Tode in mehrere Liau, von denen die Salumpok-Liau (Lumpok oder Mark) die hauptsächlichste ist, bis zum Tiwahfest nahe dem Raong oder Sarge verbleibend, und (nachdem durch die Sanggiang fortgeführt) im Sanggiang-lande vereinigt mit den übrigen Seelen (die aus der Erde hervorkommen), als Liau Karahak tolang (Seele der Knochenreste), Liau pandong lawin balau (Seele der Fasern und der Haarenden), Liau tundjuk (Seele der Finger und Nägel) u. s. w. (bei den Dayak). Als Morgenstern heisst Venus Bintang Sawah (der Stern des Tageslichts), als Abendstern Bintang maling (Diebsstern). Der grosse Bär heisst (bei den Dayak) Bintang idjang bawoi (Schweinskinnbackenstern) und der Nordstern Bintang kajoen tanggoi oder Stern des Rundlochs (im Hut). Sanggiang Njaro, Sohn des Ungewittergottes (Sanggiang Sangoeman) sendet seine sieben Söhne, gepanzert, zum Unwetter aus (im Donner heulend). Aus den Goldstiften ihrer Zähne schiessen die Blitze hervor, und mit Streitäxten umherschlagend, versteinern sie die Menschen, nur die Bambus-Art Taweang (zum Blitzableiter neben die Häuser gepflanzt) fürchtend, an welcher einer der Brüder sich so verwundete, dass er starb (bei den Dayak). Mondfinsterniss (auf Borneo) heisst Nawan talo (Etwas Gefangenes).

Als Antang, Stammvater der Dayak (von Poeloepetak), im Alter (s. Hupe) in fedrige Vogelgestalt zusammenschrumpfte, flog er (durch seine Brüder Patingi und Patigi-Djoeking in Wasser getaucht) in verjüngter Gestalt, als orakelnder Antang-Vogel hervor (wie der Orakel-Vogel der Inca-Brüder aus der Höhle). Antang (Stammvater der Dajakler) mit den Brüdern Patingi und Patigi-Djoeking am Fluss Poelo-Petako lebend, schrumpfte als unsterblich schliesslich zum Vogel ein (als welcher der peruanische Stammherr fortflog). Tato-hiang bilden die Vorfahren (bei den Dayak). Omen werden von Vögeln genommen, als „Half-Dayaks" (the result of the intercourse of a spirit with a Dayak-woman). Der Antang (Falco pondicerianus) wird nicht getödtet (bei den Dayak). In Menschengestalt den höchsten Himmel (Langih) bewohnend, nimmt Antang, wenn der Erde genähert (um die Thaten der Menschen zu beschauen) die Form eines Adlervogels an, indem sich seine Arme in Flügel, sein Kopftuch in Kopffedern verwandeln. Als Sambila trong (unter den Dayak und Poeloepetak) zuerst von seiner Mutter (beim Tode des Vaters) zum Kopfschnellen veranlasst wurde, verwandelte er sich (beim Todtenfest) unter dem Olo-maga-lian (das die Seele mit den Geopferten an Tempon-Telon empfehlende Gebet) der Blian oder Priester in den Antang (oder Orakelvogel). Sambilan Tiong, Sohn des Fürsten von Kahajan, schnellte den ersten Kopf, und als beim Leichenfest der Gesang Olo-maga-lian (Heil der Seele) die beiden Seelen an den Gott Tempon-Telon übergab, verwandelte er sich in den Antang-Vogel. Der Antang (Falco pondicerianus) oder (indisch) „Brahman-kite" (Kshemankara oder Khsemankari) dient den Dayak zum Vorzeichen. Der Antang oder (in Bengalen) Sankaratjila (Falco pondicerianus) entspricht dem (persischen) Huma (orakelnd). Nach Aufstecken von zwei Pfählen ruft der Dayak einige Tage lang den Antang, dessen Erscheinen beim rechten Pfahl günstig, beim linken ungünstig ist. Die Dayak ahmen in ihren Tänzen das Fliegen der Vögel und die Bewegungen nach (s. Van Lijnden). Die Dayak ziehen die wahrsagenden Vögel herbei durch Gesang und Streuen von Reis. Trifft bei Krankheitsfällen der günstige Flug des Antang zu, so legen ihm die Dayaker Reis, Sirih-Blätter u. s. w. hin, die er zwar nicht berührt, aber aus der Ferne mit Zufriedenheit betrachtet (auf einem Gestell). Neben dem Antang kennen die Dayaker noch sieben Orakelvögel (b. Croockewith). Als eine Dayak-Familie zu Poeloepetak die beim Hausbau gefundene Schlange Lendong (ein Liebling Mahatara's) gegessen, wurden alle Mitglieder in Antooen verwandelt. Die Kinder von Antooen verblieben es erblich. Durch Baroewoet taboeloke (Kopfabreissen) fliegt der Hantoe als Kopf mit Eingeweide umher (Seelen zu rauben bei Nacht). Guha ist der mächtigste unter den Antu (spirits) bei den Pakatan (in Borneo). Krieger des eigenen oder fremden Stammes (bei den Dayak) „become Antus or wood-devils" (s. Bagle). Weilt ein Dayak allein im Walde, so pflegt er seine (vielleicht durch die Antooen geraubte) Seele von den Buschgeistern zurück-zufordern (oder wenn nicht, beginnt er nach einigen Tagen Abgeschlagenheit zu fühlen). Den Kopf eines geopferten Huhns mit Reis auf einen Pfahl stellend rufen die Balian (der Dayak) die Seele des Huhns, damit der Hantu (des Kranken) in den Leib des Huhns kriecht (indem mit Blasröhren auf ein Vogelbild ge-schossen wird). Radja-Antooen (Antooen-König) oder Radja Haramoeng batoe-lang dohong (Tigerkönig mit Messern als Knochen) sendet, als seine Boten, die Krankheiten, um Seelen wegzuführen, welche die Balian zurückfordern (bei den Dayak). Auch fügen die Antooen Holzsplitter, Fischgräten u. s. w. dem Körper des Kranken ein. Antooen Kankaniak trachtet die Frucht im Mutterleibe zu verderben. Antus hunt about the jungle (bei den Dayak), Girgasi the chief of evil spirits, is especially addicted to the chase (s. Perham). Der Radja Hantuen (Zauberkönig) begabt mit der Kraft, als Hantu (Kopf und Eingeweide) umher-zuschweifen. Wohin der Punkt einer geworfenen Lanze fällt, ist reicher Fisch-fang, wo ein im Kreis entzündetes Feuer glimmt, die Ankunft des Feindes zu erwarten (auf Borneo). Zur Rathpflegung setzt sich der Dayak auf einen in einen gezogenen Kreis gestellte Cocosnuss, ohne mit Armen und Beinen den Grund zu berühren (das Gleichgewicht bewahrend), und wenn diese sich von selbst zu drehen beginnt, ist der Ausschlag günstig. An Wochentagen loost der Dayak für den günstigen Anfang, der Sonntag (Andan-Ahat) ist indess bereits in günstige und ungünstige Stunden vertheilt. Bei den westlichen Dayak muss beim Gottesurtheil der Angeschuldigte, in dessen mit Pisang-Blättern bedeckte Hand geschmolzenes Blei geträufelt ist, über sieben Bambus springen (ohne die Hand zu beschädigen) oder ein Kupferstück aus siedendem Wasser heraufholen. Poetri Santang, die sieben Töchter Mahatara's, leiten die Geschicke und werden (wenn durch ein Spiel angerufen) durch ihren Bruder Oembang an einem Gold-strick aus dem Himmel herabgelassen, auf einem goldenen Bambushaufen sitzend, um alles Unheil abzuwehren (bei den Dayak). Von den sieben Töchtern des Gottes Hat-alla (auf dem schwebenden Berg Bukit ngantong gandang wohnend), wird Padadari beim Wahrsagen angerufen und der Sohn Ombonbulan bei Gottes-urtheilen (unter den Dayak von Poeloepetak). Dann folgt der Schätze ver-theilende Radja Ontong (Glückskönig) mit seiner Frau Putir Sawawalang Langit, und weiter, neben dem starken Djarang bawan (auf einem Vorgebirge wohnend), die Geister (dritten Ranges), als Tempon-Telon (die Seele im Eisenschiff Bena-mama durch den Sclaven Telon vom Todtenfest oder Tiwah nach Loewoe Liau führend), Singumang, Bapa Paloe, Tempon Kanarean menjamei, Badja Hantangan, Sakanak, Lilang. Die (vor einem Kriegszuge mit dem Propheten in der Ein-samkeit die Omen beobachtenden) „Penitents are youths, who appear at birth to have had certain marks, signs of misfortune, on them, and who, in order to get the marks to disappear and to prevent the evil, which their presence forebodes, must atone, or go through penitential performances, such as depriving themelves during a certain portion of their lives of salt or fish, or of every kind of clothing" (s. Bock), bei den Tring (in Borneo). Die Jünglinge der Seyai Kelai (in deren Dörfern der Fremde seinen eigenen Reis kochen muss) essen nichts von Andern Gekochtes und dürfen auch kein Feuer annehmen (in Berau). Die sieben Poetir oder Schirmgötter (der Ehe) werden durch sieben Greise (zum Blutbestreichen) repräsentirt (bei den Dayak). Das Tiwah schliesst mit einem Frauenfest, bei dem keine Männer gegenwärtig sein dürfen (s. Ullmann). Antang, der Stammvater der Dayak von Poeloepetak, trug (im hohen Alter) seinen Brüdern auf, ihn in's Wasser zu werfen, aus dem er als der Vogel Antang wieder zurückkam (die Menschen in Vorzeichen beschirmend). Erscheint den Dayak im Traum ein Antang (Wahrsagevogel), oder (haariger) Kambi (Riesengespenst), lässt er sich den Baum anweisen, woraus das Hampatong-Bild zu verfertigen ist, und trägt es (als Talisman) zum Beräuchern (oder Einlegen in die Opfergaben). Das Holz Pinjiroem macht gegen Kambi unsichtbar (bei den Dayak). Jede Familie der Dayak hat eine gemeinsame Todtenkiste (Raong). Beim Tode der Dayak wird die geistige Seele (Liau) in den ersten 24 Stunden von Tempon-Telon nach der Seelen-Insel, in dem Wolkensee, fortgeführt, während die stoffliche Seele (Karahang oder Kreng karahang) um die Leiche schwebt bis zum Tiwah-Fest und dann gleichfalls von Tempon-Telon nach Loewoe Liau geleitet wird, um mit dem andern Seelentheil vereinigt, im Kawa wohan boelau als Hamboerang die Seligkeit zu geniessen. Bei den Dayak von Landak gehen die Seelen nach dem Boekit Sebajan genannten Himmel. Beim Opfern von Hühnern wird Drahen tato Antang gebeten, die Seelen derselben an den Sanggiang zu überbringen (bei den Dayak). In seinem Gesange Mejangin übergiebt der Seelenleiter (Magalian oder Priester der Seele) am Wasser Kalamboengan njaha die Seele an die beiden Diener Tempon-Telon's, um nach dem Seelenlande (Laan-liau) geführt zu werden (bei den Dayak). Die Sanggiang (bei den Dayak) erfreuen sich auf der Wolken-Insel Loewoe Sanggiang der höchsten Wollust. Der Berg Sambajang in Kotaringin ist Aufenthaltsort der Seelen (bei den Dayak). Praman oder Brahma ist Diener Hat-alla's, seit islamitischer Bekehrung (in Borneo). Jung Verehelichte opfern (bei den Dayak) dem Kadjanka oder Herrn des Mondes, der über die ausgebreiteten Landstrecken desselben herrscht (und der Menstruation vorsteht). Die Dayak von Tanak Boemboe, die (neben den Dämonen oder Poetjoet) als höchsten Gott Batara (auf dem Berg Halan-Halau) verehren, bedecken Augen, Nase, Ohren und Mund des Todten mit Goldblechen (s. Schwaner). Die Seelen der Dayak besucht im Traum Tapa, als höchster Gott (in Tapa oder Busse). Schwangere opfern an Kloweh (Göttin des Glücks) auf Borneo. Beim Todtenfest fährt die Körperseele in den obersten Batian, um von den Verwandten Abschied zu nehmen (bei den Dayak). Beim Todtenfest (bei den Dayak) haut jeder der Geladenen an einen Baumstamm und zählt seine Schätze auf, deren Hälfte dem Verstorbenen zu Gute kommt. Nach dem Todtenfest werden die Ueberbleibsel der in der Kiste (Raong) beigesetzten Leiche nach dem Familiengrabe (Sandong) gebracht (auf Borneo). Wenn Karahang (die Körperseele) beim Todtenfest nach Loewoe Liau gelangt, erhält sie durch Tempon Tiawon oder Bawi balan babilem Lebenswasser (Danom Kaharingan) für die Vereinigung (Salampok-Liau) mit der Geisterseele (Liau). Die Sibuyan (in Borneo) theilen das Sabayan (das Jenseits) in sieben Abtheilungen nach dem Rang der Seelen (s. St. John). Nach den Idaan kann die Seele über den Baumstamm nach dem Himmel auf Berg Kiny-Ballu nur mit Hülfe von Sklaven passiren, und in Giong wird der Zugang durch einen feurigen Hund bewacht (s. Dampier). Der Himmel der Kayan (wohin die Todten in Böten überfahren), enthält Abtheilungen für die an Krankheit Sterbenden, für Ertrunkene, für im Kindbett Verstorbene, für ohne Nachkommenschaft Gestorbene (in Borneo). Nach dem auf dem Berge Kyni-Ballu gelegenen Paradiese (dessen Eingang durch einen feurigen Hund Jungfrauen verwehrt wird), führt eine aus einem langen Baumstamm bestehende Brücke, und der Idaan (in Borneo) kann diese nur passiren mit Hülfe eines Sklaven, den er im Leben getödtet hat. Auf den Pantar genannten Pfählen stellen die Dayak die Schädel aus. Die Köpfeschneller gehen in den Himmel Langit Soeka, die an Krankheit Gestorbenen nach Lamoer Viang, die im Kindbett gestorbenen Frauen nach Tai Assoh, während die Seelen derjenigen, deren Köpfe geschnellt worden sind, in Rarouw Sabau in Blut gebadet werden (bei den Pari). Beim Leichenfest wird der Todte laut zur Theilnahme an der Mahlzeit eingeladen. Nachdem die Leiche (der Bejadjoes) an dem (mit beschnitzten Pfählen verzierten) Santong rauven (mit Topf für Feuchtigkeit) zum Skelett ausgetrocknet, wird dieses im Djirap genannte Haus verbrannt (und dort der Topf mit Feuchtigkeit begraben), während übriggebliebene Knochenstücke in dem Pfahlhäuschen Santong toelang (Knochenhaus) beigesetzt werden, neben welchem die Hampatong genannten Pfahlbilder (mit aushängender Zunge) aufgestellt werden, sowie die Singaran oder Tanjagaran genannten Pfähle (mit aufgesetzten Aschenkrügen). Am Sungi Doesson werden die Leichen in einem ausgehöhlten Baumstamme (Kariring) unter dem freien Himmel niedergesetzt. In den Nachtvogel Inggir (Tarsus spectrum) gehen (nach den Dayak) böse Seelen über. Die Seelen der durch Unglück (wie Ertrinken) Sterbenden gehen (weil von den Dewa's verbannt) in einen Baum, Stein, Fisch etc. über, dort stecken bleibend, und werden (von den Dayak) gefürchtet, während sonst die Seelen (Liau) am Tiwah-Fest nach Loewoe Liau geleitet werden. Werden die alten heiligen Bäume vom Wind entwurzelt, sühnt der Dayak die Hamboeran (Seele des Baumes, die darin träumt) durch Flaggen und Opfer (s. Hupe).

Um (bei Sialhadjandji) das Haus von allem Sial (Unheil) zu reinigen, wird (unter den Dayak) Reis umhergestreut (um den Austritt zu hindern), und dann (nachdem die Bewohner nach einer Nothhütte ausgezogen sind), dringen die Bliang bewaffnet ein, alle Ecken und Winkel durchlaufend, und nachher, bei der Rückkehr, die im Kampf geschwärzten Holzschwerter im Wasser abwaschend. Die bösen Geister (Sial) werden (auf Borneo) im Hoema Sial (Dämonenhaus) gefangen, und dann im Wald oder Fluss ausgesetzt. Die Dayak stellen nackte Figuren aus Marmor und aus Sand auf den zum Hause führenden Weg, böse Einflüsse abzuwenden. Die (Teman-Tingei verehrenden) Bahau fürchten die bösen Toh (s. Van Dewal). Verlassen die Balian das Haus (der Dayak), so schlagen die Bewohner auf Wände und Flur, damit alle Sial (Unglücksursachen) und alle Dahiang (Vorzeichen) mit ihnen hinausgehen. Das Sial (Verderben) wird aus dem Hause (der Dayak) durch die Bliang vertrieben (Sial Hadjandji), unter Absendung in Schiffen (Hoema Sial). Erzürnte Geister rächen sich (bei den Dayak) als Oedjang Biboet (in Regen und Wind).

Bei Krankheitsfällen schliessen die Bliang das gefangene Sial (Unheil), als Unglücks-Dämon, in das Hoema Sial genannte Bambushäuschen ein, das den Fluss abwärts treibend, aus dem kesselförmigen Schiff Benama Boenter (inmitten der See) entladen wird, unter Fortführung aller Unreinigkeiten. Der Radja puru (König der Pocken) wohnt auf schwarzen Schiffen im Meer (bei den Dayak). Die Seelen der Modongs (dem Dämon Oewan opfernd) gehen nach dem Tode in die Pflanzen Lemohh-Tooi über. Bei Krankheit des Fürsten zerbrechen die Modong ihre Schüsseln, rufend: „Metocang Matau, auf mich die Busse" (Matau) (in Borneo). Zum Fortführen der Krankheiten wurden (auf Borneo) kleine Böte ins Wasser gesetzt, und wer dieselben auffischte, würde todt niedergefallen sein. Nach einer Krankheit trägt der Mendaga (auf Borneo) Korallen als Halskette, bis zur Erfüllung der für Besserung abgelegten Gelübde. Krankheit (bei den Land-Dayak) ist „caused by spirits inflicting on people invisible wounds with invisible spears" (s. St. John). Die Hantu (Krankheiten schickend) stehen unter Boedjang Brani (bei den Dayak). In der Krankheit werden die Namen der Kinder geändert (bei den Dayak). Die Kena-antu genannten Dämone verursachen Krankheit, durch unsichtbare Speere verwundend (bei den Dayak). Die Priester ziehen die Krankheitsgeister in Gestalt von Splittern, Steinen u. s. w. aus dem Magen (bei den Dayak). Zur Heilung wird bei der Ceremonie Nyibaiyan gesungen; bei Berobat Pinya kämpfen zwei Priesterinnen, während der Priester die Seelen in bedecktem Gefäss zurückbringt; bei Berobat Sisab wird nach Wiedererlangung der Seele der Kranke in Cocosmilch gewaschen. Die Malanan heilen Kranke durch Embaya (Besessenheit im Kopfschütteln) oder das Berasit genannte Fest. Durch die Besprechungen oder Bernri (bei den Festen oder Gawei) wird in Krankheit das Semungat oder Semungi (Lebensprinzip) zurückgerufen, und beim Pflanzen des Reis „a little of the principle of life of the rice, which at every harvest is secured by their priests, is planted with their other seeds" (bei den Dayak). Bei den Dayak von Sebronang und Rambai reiben die Dukun (Aerzte) den Kranken mit geglätteten Steinen, die sie von den Hantu (an deren Spitze Bonwi-Nasi steht) erhalten haben. Bei Schreck ruft der Dayak seiner Hamboeran (oder Seele) zu, da sie sich geflüchtet haben könnte. Wenn der Dayak bei Rückkehr vom Wald sich matt fühlt, lässt er seine Seele vom Priester suchen. Als in Kahajan die Wurzel eines Baumes vom Sturm gelockert war, hing man Tücher auf, um die Hamboeran oder Baumseele zu sühnen. Die durch das Gespenst eines Buau erschreckte Seele des Fieberkranken wird (bei den Dayak) durch den mit Speer bewaffneten Priester aus dem Walde „brought back to its bady and poked into its place through an invisible hole on the head" (St. John). In addition to the incantations (Beruri) which accompany every feast (Gawei) there are special ones on occasions of richness both in men and rice According to the Dyaks, richness is caused by the temporary absence and death by the total departure of the living principle (semungat or semungit). · Hence the object of their ceremonies is to bring back the departed souls (or the soul of the rice). The incantations, by which the inimical spirits are proptiated or foiled in their machinations are (for restoring health) Nyibaiyan, Berobat Pinya and Berobat Sisab, the feasts and incantations, connected with farning operations are Mekapan (in the midst of cutting down the jungle and when it is set on fire), Mamuk Benih (the blessing of the seed before planting), Nyipa an (the feast of first fruits) and Man Sawa or Nyitungid (about the middle of harvest). In the last harvest feast, the soul of the rice is suured (a few grains of rice, which Tapa send down, falling on the white cloth and being wrapped up in it). At the feast held after the end of the harvest, (Nyishupen) the soul of the rice is likewie secured, which is to ensure the non-rotting of the crop (under a general physicking of the children). Jin Betarak (der Dewa) wird im Wald gefastet (bis der Dämon erscheint). Jang taught the priestesses (of the Dyaks) the mysteries of religion, the formulas they were to chant, the taboo they were to observe and the rites and ceremonies they were to perform (Spencer St. John). Der Pangareran hat Macht über die Crocodile und wird von dem Dayaker gerufen, wenn wegen Blutrache ein Crocodil getödtet werden muss. Die nach Loewoe Liau (Seligkeitsfelder) wandernde Seele trifft an enger Biegung des Weges den bewaffneten Dämon Koekang, der einem Olo-Bangang (Taugenichts) den Durchgang wehrt, durch einen Olo-Bakalap oder Olo-Budjur (Guten und Ehrlichen) aber (mit den oft bei Rückkehr zum Leichnam geholten Lieblingswaffen) überwunden wird. Beim Tiwah (Todtenfest), bei Mapas Pali (Fortfegen der Verunreinigung der Leichen u. s. w.), Blaku ontang (Gebet um Glück), Hirek (Krankenopfer), Blaku tahasing (Gebet um Athem oder langes Leben) rufen (im Gesang) die Olo-Maga-lian (Seelenleiter) oder Priester die Sangen (Engel), oft von dem, (besonders bei Schwangerschaft thätigen), Balian unterstützt. Neben dem (höchsten) Dibattah verehren die Dayak (am Kapoea) den Schöpfer der Welt (Pa-Nitah), Schöpfer des Lichts (Pa-Nampah), Schöpfer des Menschen (Pa-Jadji), den Erhalter des Menschen (Pa-gingoh), den Leiter des Menschen (Pa-Niring), sowie die guten Geister (Pa-girah) und bösen Geister (Pa-Nadoe). Die 15 Welten sind oben rund und unten flach, am aufruhenden Horizont.

Der Maga-lian (oder Priester) hilft der Seele, den Nachstellungen Koekang's zu entgehen durch die Saboeka genannte Maske (bei den Dayak), wie die gnostische Seele in Verkleidung den Sternenwächtern vorüberschlüpfte (wenn in Peru aus Silber oder in Mykenae der Leiche eine goldene Todtenmaske aufgesetzt sein mag). Die Ampatong, zum Dienen im Jenseits um das Grab gestellt (s. Schwaner), werden als Talismane aufgestellt (s. Hupe) bei den Bejadjoe, wie bei den Dayak am Katoengonw bei Krankheiten im Dorf, oder von den Kouto (unter den Dayak am Sekajam) an den Thürpfosten oder Battok (s. Blume) als Grenzpfähle. The fugitive soul (frightened by a Buan or spirit) was captured by the priest (in Borneo) and brought back to its body to be poked into its place through an invisible hole in the head (to cure the fever). In the Berobat-Pinya (incantation for sickness) the priest orders one of the spectators to look in the cup (wrapped up in white cloth) and there the soul always is, in the form of a bunch of hair to vulgar eyes, but to the initiated in shape and appearance like a miniature human being (to be thrust into a hole in the top of the head, invisible to all, but the priest). The Land-Dyaks of Sarawak say they have only one soul, the Sibuyans talk of several, their souls (as thrown by the priest to the friends of the patient) ressembling the seeds of the cotton plant (s. Spencer St. John). Die (Toga genannten) Kasten an den Häusern der Dayak enthalten die Schädel von Verwandten, die (zur Erinnerung) Opfergaben erhalten, während die Schädel von Affen, Tigern, Bären in den (Kamantoha genannten) Kasten (vor den Häusern) gegen böse Geister schützen. Ein Pfosten mit der Knochenkiste ist (bei den Dayak) gewöhnlich auf dem Geburtsplatz des Verstorbenen errichtet. Die Sidin - Dayak (b. Pontianak) verbrennen die Todten. Die Sagai setzen die Todten im Leichenhause (blehh) bei. Bei Leichenfesten wird von den Dayak am Kapoeas das Jauhm genannte Opfer gebracht. Die Leiche eines Fürsten der Modang (in Kutei) wird erst aufrecht gestellt, dann in den Fluss gelegt (unter Bewegung der Arme und Beine, wie beim Schwimmen), darauf im Haus (mit der Cigarre im Munde) und gekleidet auf eine Planke gesetzt, deren Schaukeln die Bewegungen eines Lebenden imitirt, (und schliesslich in den Sarg gelegt). Die Vajan verfertigen eine hölzerne Thierfigur, um dem Todten im Jenseits als Reitthier zu dienen. Die (den Tidoeng verwandten) Beroessoes setzen die Todten unter einem Dache bei (auf Borneo). Die Olo-Ot setzen die Todtenkiste in einen offenen, gespaltenen Baum, worin sie verwächst. Vor der Leichenverbrennung unter den Schonger (auf Borneo) wird der Schädel eines Häuptlings ausgenommen und durch den Nachfolger als Heiligthum verehrt (s. Bangert). Die Liau (Seele) geht zum Jenseits, während das Karabang (Seelengespenst) beim Körper bis zum Todtenfest verbleibt (bei Bejadjoe in Borneo). Aus dem Mond kehrt die Seele im Regen zurück (nach der Vedanta), im Jenseits siebenmal verjüngt durch Fruchtessen (bei den Dayak), dann durch Pflanzen (und Thiere) in die Menschen übergehend (bei Papua). Die im Jenseits abgestorbene Seele kehrt (bei den Chenchwar am Kistna) auf Erden zurück (s. Ramasami). Loewoe Liau (Verbleibeplatz der Seelen) heisst (bei den Dayak von Poeloepetak) Lewu Kawawohan bulau (die äusserste Goldstadt der Grenze) als Batang danum Katanbungan njaho (der Fluss oberhalb des Donners). Wenn die Menschen und Thiere eine Hamboeran, Seele, haben, die beim Tode zu Liau (zum abgeschiedenen Geiste) wird, so haben viele Dinge (Bäume, Häuser, Steine) ein Gana (bei den Dayak). Bei den Bejadjoe (in Süd-Borneo) geht die Liau (Seele im Lebensathem) nach der bessern Welt, während die Karabang oder Seele des Stoffes (in Nägel, Knochen u. s. w.) bis zum Todtenfest bei der Leiche verbleibt. When a spirit dies (the soul on leaving the body), it enters the hole of Hades, and coming out thence again becomes a Bejawi. In course of time the Bejawi dies and lives once more as a Begutur, but when a Begutur dies, the spiritual essence of which it consists enters the trunks of trees, and may be seen there damp and bloodlike in appearance, and has a personal and sentient existence no longer (s. St. John). Savong ist der Platz in der Herzgrube, die sich der Sanggiang (bei Basir und Balin) zur Wohnstätte bereitet (s. Hardeland). Hamboeran ist die Seele der Dayaker, aus Liau und Karabang. Der (böse) Koekang lauert auf die Seele mit seinen Pfeilen, und ist zu bekämpfen (bei den Dayak in Poeloepetak). Saboeya ist Stammvater der Sanggiang (bei den Dayak). Die Bahasa Sanggiang (der Priester) im Cult (bei den Dayak) ist dem Sanskrit verwandt (s. Hupe). In der Vorzeit lebte (mit den Dayak) Mangku Amat und seine Frau Njai Djaja, und als sie starben, wurden ihre Bawak mata (Augäpfel) zu Pinangnüssen, ihre Ahat (Adern und Sehnen) zu Rattan, ihre Köpfe zu Cocosnüssen. Die Nachkommen des zu Radja Tanga (der dann nach Java schiffte) geflüchteten Radja Boengsoe spuken in Sampil (s. Gaffron). Als die auf der Flucht vor den Bandjarije unsichtbar gewordenen Mendaya wiedererschienen (im Gebirge Bertapa), erhielten sie den Namen Orang-bukit (in Borneo). Bei den Loangan (in Borneo) werden die Köpfe der Vorfahren in einer Kiste verwahrt, und beim Oeffnen derselben beräuchert und gesalbt (unter Zerbrechen eines Ei's auf denselben) bei Karanw (s. Bangert). Sanggiang gelten (bei den Dayak) als Hiang (Vorfahren). Die Seelen der Geköpften folgen, „comme ponne - kawan (domestique) dans les régions des bienheureux" (bei den Dayak). The Dyak performer (at the Head feast) singing the Mengap, in reality describs Kling's Gawé Pala, and how Singalan Burong was invited and came (s. Perham). Bei Kopfzügen dürfen die Frauen keinen Reis stampfen (noch sonst häuslich arbeiten). Bei dem Mengap (Kopffest) rufen die Küsten-Dayak den Dämon Singalong Burong an (zuerst durch den Heros Klieng oder Kling eingeladen), auf dem Berge Sandang Tenyalang (jenseits der Wohnung der Grossmutter-Aerztin oder Ini Manang) im Lande des Windgeistes (Salulat Antu Ribut) wohnend. Die Sebroeang-Dayak legen neben den geschnellten Kopf Reis, und wenn derselbe durch Mäuse gefressen wird, so sind es solche, worin der Geist des Todten (der gepflegt werden muss) hineingefahren ist. Until they obtain a head the spirit of the departed continues to haunt the house, making its presence known by rappings (in Borneo), durch Hinwerfen von Reis beruhigt (s. St. John). Die Opfer für die guten Götter können gegessen werden (in Borneo). Nach dem Salsalat-al-tevarykh musste auf der Insel Alneyan oder (nach Edrisi) Albeyan (neben der Insel Al - Ramny mit einem anthropophagischen Stamm) vor der Heirath der Kopf eines Feindes erbeutet sein. Die (schwarzen) Menschenfresser auf der Insel Malhan (zwischen Serandyb und Kalah) zerschneiden den mit dem Kopf nach unten aufgehängten Gefangenen. The Pangah of the Gumbang Dyaks (on the fines of the Sarawak territory) do not contain many skulls, which, as this is an ancient tribe, undisturbed by the Sakkarans, is a proof of the bloodless character of their wars (Low) 1847. Pulang Gana wohnt in der Unterwelt (bei den Dayak). Ausgegrabene Krieger werden in ihren Reliquien verehrt (von Sarawak) „by their dependants in or near their houses as it may be, on the spur of a neighbouring hill, with the object of securing the departed ancestor as a tutelary spirit (s. Perham). Die Sibuyans beten zu Biadum, ein grosser Dayak-Häuptling früherer Zeit (s. Jacob). Die Dayak vermeiden das Essen von Hornthieren, weil ihre Vorfahren früher darin verwandelt gewesen (s. St. John). Wegen des Verbots (Pantang), Fleisch zu essen, halten die Dayak (von Melintam und Njawan) keine Heerden (s. Berckel). Die Dayak enthalten sich der mit den Vorfahren in Beziehung stehenden Thiere (s. Brooke). In Kahian dürfen wilde Büffel (worin Seelen übergehen), nicht getödtet werden. Die Cobra de capella wird nicht getödtet, weil in dem geborenen Zwillingspaar neben der Schlange ein Mensch war (in Borneo). Während zur Pflanzenzeit das Dorf eine Porikh oder Pamali (sonst auch von Individuen) abhält (ohne Baden, Feuergebrauch u. s. w.), darf kein Fremder eintreten (bei den Dayak). Während des Pamali Mati (beim Todesfall) darf Niemand das Haus betreten, beim Pamali Periakit (für Krankheit im Dorf) wird ein Schwein geopfert, beim Pamali Periakit (bei Krankheit) schliessen sich die Hausbewohner ab, beim Pamali Omar dürfen (nach der Aussaat) die Pflanzungen nicht betreten werden (bei den Dayak). Als Pamali finden sich (bei den Dayak) Pamali mati (für die Todten), Pamali periakit (für Kranke), Pamali omar (für den Acker). Die Verwandten eines gestorbenen Fürsten (bei den Toendjoeng in Koetei) trinken kein Wasser (sondern nur den Saft von Lianen) bis ein Kopf geschnellt ist. Für eine Schwangere (bei den Dayak) ist es Pali (verboten), Fisch zu essen, oder dafür Feuer zu machen. Ist sie in Folge des Uebertretens krank geworden, (als Maroejan, weil die Krankheiten gesucht habend), muss sie durch den Balian an Kloweh opfern. Im südlichen Borneo werden von den Fürsten auf bestimmten Plätzen Pamali (als geheiligt) verehrt. Die Beroessoes in Tidoeng stellen (wie die Madong- und Segai - Stämme) ihre Todten aus (auf Borneo). Die Knochen verbrannter Todten werden (bei den Dayak) in (Santong toelang oder Knochenkammern genannten) Bretterbehältern beigesetzt. The Malanaus used to drift the corpse of their chiefs out to sea in a boat, along with his swad, eatables, cloth, and often with a slave - woman chained to the boat (Brooke). Die Milanow stellen neben das Grab der Häuptlinge reparirte Böte (auf Borneo). Die Kenawit und Milanow liessen Eigenthum der Todten auf einem Canoe forttreiben (s. St. John). Beim Tode eines Häuptlings wird der Fluss abuirt, bis der Nachfolger einen Kopf erlegt hat (bei den Dayak). Die Modong geben dem Todten das Crocodilbild Tong Ledjieoe als Reitpferd mit (s. Van Dewal). Beim Tode unter den Dayak wurden die Erstbegegnenden erschlagen (s. St. John). Die Sea-Dyaks werfen Gaben auf das Grab (beim Vorübergehen). Beim Trocknen der Leichen (am Kapoea) werden die Feuchtigkeiten aufgefangen und von den Trauernden mit dem Reis gegessen (s. A. Ritter). Die Verwandten (unter den Dayak) „affectionately hug the coffin, and with their faces on it inhale the odour" (s. Burno). Nachdem bei den Schonger (auf Borneo) die im Sarg (Tabalai) aufbewahrte Leiche beim Todtenfest auf einer Pyramide verbrannt ist, wird die Asche von der Familie in der Sandong genannten Kiste verwahrt. When any dies, certain women sing a song to the dead body,

2*

reciting the yourney, thad the partye deceased must go (in Yorkshire). Nach einem Streifzug fügt der Dayak den concentrischen Ringen um den Waden neue zu. Die Menschenopfer (am Tiwah-Fest) gelten den Ahnen. Jeder Verwandte des Verstorbenen bestreut denselben (bei den Dayak) mit Reis, einmal für ihn, dann für die Vorfahren und ferner für die letzt gestorbene Frau. Die Todtenkiste (bei den Dayak) verwandelt sich in Kawawohan boelan in ein goldenes Schiff (Banama boelan). An dem Tiwahfest (tiwah oder Befreiung) oder Todtenfest wird ein Vogelbild aufgerichtet (bei den Dayak). Die zum Opfer (bei den Todtenfesten) bestimmten Sklaven (bei den Dayak) werden (als Kabalik) in dem Karandah genannten Käfig gemästet (um nicht mager im Jenseits zu erscheinen) und dann unter dem Sapoendoe genannten Pfahl (mit ausgestreckter Zunge) zu Tode gemartert. Bis zum Tiwahfest, bei dem die Augh Olo Balian (Sprüche der Balian) im Balai gesungen werden, sind die Verwandten der Verstorbenen Pali (unrein) auf Borneo. Beim Todtenfest errichtet der Dayak die Hampatong genannten Puppen auf, die in Loewoe Liau zu Pfandsklaven des Verstorbenen werden. Die (auf Borneo) Sagai genannten Dayak (Menggai) errichten für den im Todtenhaus (blehh) im Wald niedergesetzten Todten einen Erinnerungsstock (Hegoen) beim Dorf. Bei der Tiwah (Todtenfeier) der Dayak wird der Sarg möglichst eng gemacht, damit nicht ein Späterer diesem nachfolge (s. Ullmann). The Balean (triest) of the Hill - Dyaks prepares the piles for the burning of the dead (s. Low). Als Djivangkon (mit langen Armen und Beinen) erhebt sich am dritten Tage der Todtengeist aus dem Grabe, die Nachgebliebenen zu quälen, wenn nicht gesühnt (auf Bawean). Die Leichen (bei den Dayak) werden mit Riegel gefesselt, damit der Geist des Verstorbenen (Bankit) nicht in den Körper zurückkehre (s. Kessel). Beim Tiwah (Todtenfest) oder Sarawak Gawei Antu werden die Todten für das Jenseits ausgestattet. Aus dem beim Leichenfest in dem Parambaran genannten Topf entzündeten Harzfeuer wird der böse Geist Koekang geboren, welcher der zurückgelassenen Familie zu schaden sucht (bei den Dayak). Die Theilhaber am Tiwahfest (der Todten) werden (bei den Dayak) durch den Balian in einem Djoekong (hohlen Baumstamm) im Fluss umgeworfen (zur Reinigung), und lassen sich dann vom Kopf Reiskörner durch schwarze Hühner abpicken, um die nachgetödteten Dämone zu vertreiben. Zu prüfen, ob das Tiwahfest den Sanggiang in allen Einzeltheilen genehm gewesen, dient das Mentas, indem der Balian zwei Cocosnusshälften aufwirft, von denen wenigstens eine mit der Höhlung nach Unten fallen muss (sonst bedarf es noch einiger Opfer). Schwangere opfern an Kloweh (Göttin der Geburt) in Borneo. Wenn bei dem Fest Blako-ontong (um Hülfe zu bitten) dem Sanggiang Radja-ontong ein Büffel geschlachtet wird, unter dem Gesang der Balian (und Rundtanz), schiessen im Umkreis Jünglinge aus Blasröhren vergiftete Pfeile in den Rauch eines Holzfeuers, um böse Störungen fern zu halten. Wenn sich ein mit Goldstaub und Blut verschmierter Rattan am andern Morgen verlängert zeigt, wird er vom Besitzer als Talisman getragen (bei den Dayak).

Nach den Stämmen am Barito werden die Seelen (wenn nicht nach den Ufern des Sees Tassik Layang Deriaran verbannt) durch Tempon-Telon nach dem Himmel (zwischen den Quellflüssen Taweh und Mantalat auf dem Berge Soemoet) geführt, unter Ueberstehen vieler Gefahren (bis zum Kreuzen des Flusses Batang Diawo Boelan Sating Malebak Boelang). Als Priesterinnen fungiren (am Barito) die Blian, durch Sanggiang (Engel) als Organe (zur Besitznahme) ausgesucht und Beischlaf übend, sowie die (als Frauen gekleideten) Männer (Bassir), die mit ihnen zusammenleben (und Sodomiterei treiben). Nach den Stämmen am Barito bildet (aus dem bei der Schöpfung übergebliebenen Lehm) Ratoe Tjampa (aus dem Himmel gekommen) in Madjapahit (auf Java) die Balanga genannten Töpfe, die sich (als sein von der Fürstentochter Poetri Onak Manjang geborener Sohn Ratoe Tjampa die Bewachung des Geburtsplatzes am Berg, nachdem sein Vater zum Himmel zurückgekehrt war, vernachlässigte) entfliehend (in Gewässer, Büsche u. s. w.) in Fische oder andere Thiere verwandelten (bis auf die als Reliquien bewahrten). Die Seelen der Modonoj gehen beim Tode in die Pflanze Lemokh-Tooi über. In den Nachtvogel Inggir (Tarsus spectrum) gehen (bei den Dayak) böse Seelen über. Im Traum besucht die Seele (des Dayak) Tapa (als höchsten Gott).

Die Seelen der Sebroeang-Dayak (von dem Ahn Singa Moedah Kelingkang stammend) begeben sich nach dem Berg Belimbing, wo die auf Erden Armen reich sein werden, und ihnen die Reichen (sowie Uebelthäter auf Erden) als Sklaven zugehören werden. Der Berg Sambajang in Kotaringin bildet den Aufenthaltsort der Seelen. Bei den Dayak von Landak gehen die Seelen nach dem, Boekit Sebagan genannten, Himmel. Bei den Song Wai Dayak kommt die Seele an den Baumstumpf (in Götzenform) vorüber nach dem Baum Patoeng oder Wateng Ladji und dann zum Dorf der Frau Dijon tadji, und von dem Dorf der Frau Dikat Toewan Balleng zum Dorf der Frau Longding Dakka Patai, und von dem Dorf des Häuptlings Kapung Landing Dakago zum Dorf der Frau Longding Dahak, worauf durch das Land Long Luing (der Frau Talik Bong Daong und Sasong Luing Daong am Fluss Lunej Mandin) das Paradies erreicht wird. In den verschiedenen Kammern des Himmels wird in den Kongkong genannten von den Todten Reis gepflanzt (bei den Long Wahou Dayak), während in die von Mördern bewohnten auch die im Kindbett Gestorbenen gelangen (s. Bock).

Die Sibuyau in Borneo theilen das Sabagan (das Jenseits) in sieben Abtheilungen nach dem Rang der Seelen (s. St. John). Die Ostjaken unterscheiden (nach Poljakoff) drei Himmel, die Maori zehn u. s. w. Nach den Eidahan (in Borneo) liegt das Paradies auf dem Gipfel des Berges Kinie Balluh (s. Forster). Bei den Dayak von Landak gehen die Seelen nach dem Boekit Sebajan genannten Himmel (in Sarawak nach den Bergwäldern). Nach den Toendjoeng bewohnen die Seelen das Dorf Pidara auf dem Berge Loemoet (in Pasir). Die Seelen der Dayak gehen nach der Spitze der höchsten Hügel (Low). Der Geist Pagira führt die Menschen zum Guten, der Geist Panadae zum Bösen (unter den Dayak von Melawi und Seberoeng). Bei den, Gott Epoo verehrenden, Milanow (in Borneo) wird die Seele von der schönen Frau Balu Adad zu den Freuden des Jenseits geführt. Bei den Ot-Danom wird die Seele der (in der Todtenkiste niedergelegten) Verstorbenen mit dem Gesang der Baliaug durch einen Sanggiang (Engel) auf einer hohen Brücke fortgeführt, die im Hause des Verstorbenen beginnt und mit dem andern Ende auf Kajoe-Kahan-Batoe-Parah-Boeloe (dem Aufenthaltsort der Seligen) ruht. Bei den Tring schifft die Seele über den Fluss Biraie Tanggalan, dann (jenseits des Berges Toekoeng Dayang) den Fluss Loeng (mit Berg Peloeng), und von Danoemlang (Thränenthal) an der Riesen-Raupe vorbei, auf dem Berg Lematak (mit Riesen-Fliegen und Bären), dem Mann mit Netz vorbei, zum Fluss, wo Tamai Patakloeng zu beschenken, und (ohne der Reis stampfenden Frau Hadau Daliau zu helfen) vom Berge Toelhoeli durch den Wald Noea Piran (den Eltern begegnend, mit der Frau Alaupati), im Fluss Soengei Tali Barouw badend, und beim Ersteigen des Berges Früchte essend (s. Bock). Die Opfer (Tosahiki) für den Wongi werden (auf Halmahera) in Kokiroba durch die Somatir (Lehrer der Moerit) gebracht. Schwangere (bei den Dayak) opfern dem Gott Kamiak. Für den Flussgott Djata ertränken die Dayak Ziegen. Die Kayan tödten die Kriegsgefangenen (auch Frauen), to bring prosperity and abolish the curse of the enemy in the lands (Brooke). Als Zaubermittel trägt der Dayak einen Stein, den der Sanggiang im Traum augezeigt, oder ein Stück Holz, das er bei Mondfinsterniss aus dem Walde geholt. Bis Makatip (am Barito) werden (für gute Reisernte) Speisen dem (Kukuk-) Vogel Tambaboea auf einem Baumstamm hingelegt. The Land-Dyak venerate certain plants, building small bamboo altars near them, to which is placed a ladder to facilitate the ascent of the spirits to the offerings (s. Low). „The inhabitants on the Sibuyan (in Borneo) are a superstitious lot and dont prize any drug unless it be covered with mysterious passes, with numberless instructions of how to take it, in what position and what incantation to repeat, when looking at it. They cant set any value or trust on anything, unless it is connected in some measure with the supernatural" (Ch. Brooke). Unter Musik und Gesang der Balian ritzen die Doekon mit einem Messer die Haut des Kranken (bei den Dayak) blutig, um dem bösen Geist Auslass zu geben (s. Callonne). Die Oepoh oder Aeltesten der Balian (Blian) stehen den Gesängen vor, oder bei grossen Festen der (männlichen) Bassir (oder Oberpriester). Die Balian fechten mit Holzschwert, das Haus vom Sial (Uebel) zu reinigen (bei den Dayak). Die Bassir und Balian fungiren als Priester (in Borneo). Neben den Bassir (men dressed as women) functioniren Priesterinnen (Blian oder Balian) bei Festen der Dayak). Die Bassir leben mit andern Männern in Ehe (auf Borneo), wie einst die beiden erstgeschaffenen Jünglinge, als Vorfahren der Sanggiang oder der Menschen (ohne Frau). Impotente Männer oder unfruchtbare Frauen opfern (bei den Dayak) dem Djata mit langem Penis (wie die Crocodile). Bei den See-Dayak der Nordküste fungiren die Manang (weiblich gekleidet) als Priester-ärzte, wie (in Bandjermassing) die Bassir (und Balian). Die Bassir und Balian genannten Priester werden von den Sangian (Dämonen) besessen (um Genuss zu schaffen). Die priesterlichen Bassir heissen Mondbassir oder Bassir totok (in Borneo). Die Babassir (Verschnittene) tragen die Kleidung der Bliang (bei den Dayak). Die Dayaker opfern beim Stein der Busse (Batoe-bes-tapaan) durch Los-lassen eines Huhnes. Die Büffel werden zum Opfer an beschnitzte Pfähle gebunden (bei den Dayak). Die Singaran genannten Pfähle sind mit dem Dreizack ver-ziert (bei den Dayak). Nach dem Djaum oder Djavem genannten Brauch wird bei Friedensschlüssen ein Mensch geopfert (wie die Dayak). Die Modong opfern dem Dämon Oewan. Der Dayak von Mempawa trägt an der Schwertscheide zwei Messer, das eine um den abgehauenen Kopf völlig abzutrennen, das andere zum Scheeren desselben (1855). Nachdem die Poenan auf der Jagd verschiedene Thiere getödtet, beschreiben sie (nach Hause zurückkehrend) der Frau die Lager-plätze, um sie zu holen. Die Dayakker von Sieang sind in Baumbast gekleidet. Beim Opfer der Dayak wird das Herz des Schweines befragt (St. John). Vor einem „Koppesnellen" versammelt der Häuptling (bei den Tring) den Stamm, damit solche, die Gebräuche gebrochen, beichten (und dann durch Strafe sühnen müssen). Das Köpfeschnellen der Dayaks wird durch Tjipian (Hut) mit Argus-Federn be-lohnt. Nur Köpfeschneller dürfen (in Koetei und Berou) den Kaling (am Penis) tragen. Die Köpfe schnellenden Tering (in Koetei) essen die Feinde, sowie Kranke oder (auf dem Zug) Ermüdete. Sanggiang (in Borneo) entspricht (javanisch) Sang-yang (hejang oder Grossvater). Nachdem die Erde (in Form eines Schiffs) geschaffen war, berief (zur Tragung derselben) Mahatara die Erdbeben ver-ursachende Schlange Naga Gallang Petak, welche diejenige Gegend, wohin sie den Kopf dreht, mit Fruchtbarkeit segnet (bei den Dayak), wie in Siam (beim Häuserbau verwerthet). Wenn Naga Padaha, die Erde tragend, unter der Achselhöhle durch eine Hummel gestochen wird, bewirken ihre Bewegungen Erdbeben (bei den Dayak). Als die Sanggiang (Engel) sich nach der Wolken-insel (Loewoe Sanggiang) zurückgezogen, blieb (nach den Dayak) der Stamm Olo Bengai auf der Erde, wo er (nach Verheerung des ganzen Borneo) sich zum Theil nach Batang-Petak (Europa) begab. Die von den Menschenseelen bewohnte Wolkeninsel befindet sich neben der der Sanggiang oder Engel (bei den Dayak).

Als die von Mahatara auf der Wolkeninsel Loewoe Roendaug (Dorf-land) geschaffenen Brüder in Streit geriethen, und die Engel, Sanggiang, sich nach Loewoe Sanggiang verzogen, wurden auch die Menschen von Mahatara versetzt, und zwar durch die goldene Kette (Poetier Santangs) auf den Berg Kaminting in Borneo niedergelassen. Solche, die aus Ungeduld, als die Kette nicht aus-reichte, sich an einer Rattankette herabliessen, wurden Sklaven (Rewar). Das Höllenfeuer ist (nach den Dayak) für die Armen bestimmt (s. Hupe). Nach den Kayan (in Borneo) hat der höchste Gott Tanangan (Teman-Tingei oder Najock-Senijoeng) oder Minjami mit seiner Frau Sempoeloh die Welt ge-schaffen und aus Steinen Menschen gebildet (die Toh oder bösen Geister durch Opfer sühnend). Tempon-Telon lässt den Sklaven Telon die Seele führen, den bösen Koekang zu bekämpfen (bei den Bejadjoe auf Borneo). Als höchstes Wesen wird Ipu verehrt bei den Milanows (in Borneo). Tabnarik's Frau de Itzi (der Blitz) zeigt ihr Gesicht in den Wolken, wenn ihr Gemahl donnert (auf den Gilbert-Inseln), vor langen Jahren ein mächtiger Häuptling (s. Parkinson).

Wie die geschichtliche Umwälzung Prome's an den Streit um das Sieb an-knüpft (s. „Völker des östl. Asiens" I., S. 28), so beginnt mit dem von der Bettlerin weggeworfenen Sieb die ägyptische Gegenrevolution, als die von Verblendung gefassten Scythen (s. Synesius) sich selbst bekämpfen (wie in Krishna's Legende), als mit der Beute der Eingebornen fortziehend, und jetzt (bei Rückkehr des vertriebenen Osiris) der (durch den aus dem Grabe steigenden Vater in der Kriegskunst unterrichtete) Horus, statt des Löwen, den Wolf und Schakal (von seinem mit Nephtys, Typhon's Schwester, gezeugten Halbbruder Anubis) zu

Bundesgenossen erlangt hat, während Typhon in die Unterwelt hinabgestürzt wird, mit Hülfe der höheren Götter zwar, doch im Wagniss und des Teufelbündnisses, (wie mit Wesamenny von Ceylon geschlossen), wodurch allein der Sieg errungen wird, kraft schwarzer Kunst (so lange der Heiligkeit letzte Vollendung noch mangelt). Bei Vermählung seiner Tochter erbaut Phaya Nakh die Prachtstadt Nakhon Tom für Phra Thong (aus Takkhasinla's Rom), cf. „Völker des östl. Asiens" I. (S. 395). Die cambodische Königsreihe beginnt (s. Aymonier) mit
  Cham Asay reech, Vorgänger von
  Prea Thong aus Entapatta, als Prea Bat Kume reech gekrönt (in Maha-
      Nokor). Dann folgen:
  Krau réech,
  Otéy réech,
  Batumo vor vong,
  Bautumo Saurivong,
  Tévong Aschar,
  Prea Ket Méaléa in Krong Kampu chéa (die Steinthürme von Maha-
      Nokor erbauend, unter Iudra's Schutz),
  Thmenh Chey Korup réech,
  Chey Chéttha,
  Chet Chey,
  Seyhanu Kaumar oder Sdach Komlong (le roi lepreux),
  Chakkapathi réech,
  Dambang Krenhung (nach Laos zurückziehend),
  Ponhéa Krek,
  Pomnol,
  Samdach Ta Krek (zur Zeit der Ueberschwemmung),
  Sdach péal,
  Ta Tasak Phaem, der mit der Tochter des Königs Sanakka réech die
      Söhne Prea Baromo Nepéan Bat und Préa Sithan Reachéa gezeugt.
      (princes, qui perpétuèrent la dynastie jusqu'à nos jours).
The Shans entered the basin of the Irawaddi by the valley of the Schweli and after founding the kingdom of the Bang Mau or Mnang Mau spread northwards, westwards and southwards (s. Colqhoun). Die tättowirten Bogenschützen (Y oder Ngu) wohnten als Mau in Ngan-hyu und Kangsi. Neben dem tättowirten Stamm benachbarten der zwerghafte (Tiao) und die langbeinigen (Tahong Koh, mit China). The Shang (traders), who overthrew the Hia-Dynasty and gaue their name to the following one, were connected with the Shan race (s. Terrier). Bei chinesicher Besiedelung der Provinzen Kuanglung, Kuangsi und Tungking (1215 a. d.) verblieben von den als Anamiten kreuzenden Eingebornen die Miao (Mao), neben den Pang (und Knei). Kieh, Fürst der gestürzten Hia-Dynastie, wurde zu den Tikao (in Nganhuy) verbaunt (1558 a. d.). Die Tek oder Tok (als Begründer der Thou-Dynastie) wurden beim Sturz der Shang-Dynastie unterstützt durch die Nung oder Yung, die unter der Tsin-Dynastie in China aufgingen (ausser den Lutze, Mosso, Hiranti, Lolo u. s. w.). „Un homme du peuple, requisitionné pour la coupe des matériaux destinés au palais, trouva une branche de Roka noir avec laquelle il brassa le riz qu'il mangeait. Il acquit une force prodigieuse et fut appelé par tous Dambang Krenhung. Il se révolte, dispute le trône à Chakkapathi réech, qui tombe gravement malade et mourut." Poschea Krek oder Prom Kel (en possession d'un cheval et d'une besace, dans laquelle étaient des ornaments royaux et une essence divine) folgte auf den „trône de Maha Nokor (bei Dambang Krenhung's Rückzug nach Laos), „prenant les titres de Prea Bat Santhon Anu réech" (s. Aymonier). Unter Prea Botumo vorvong, Sohn Baksey Changkrang's (der beim Tode Ponhea Krek's auf dem Thron Kambodia's gefolgt war), „le Neai Roung, fils du Ta kong Sreman, chargé de conduire le tribut de l'eau, fit transporter le liquide dans des corbeilles", und ihm folgte (nach der Thronbesteigung) sein Sohn Konta réech (s. Aymonier). Phra Ruang befreite die Siamesen vom Kambodischen Joch (s. „Völker des östl. Asiens" I., S. 334), Wasser im Korbe tragend (wie die Vestalin im Siebe). Bei Auffindung des von Phréa Thong unter dem Thelok-Baum vergrabenen Goldsiegels, wanderte der König der Cham aus (von Kambodia), und Prea Thong, Sohn Prea Bat Kumé reechis (Königs von Intapatta) gründete die Stadt Krung-

Kampouchéa (in Vermählung mit der Tochter des Naga-Königs). Unter seinen Nachfolgern lässt Prea Ket Mealea (Sohn Iuda's mit der Königin Veau rodey, Gattin des Königs Devong Ascher) die Steinthürme erbauen (durch Prea Pusin Mar).

Die Tandjoeng Bantang Dayak verehren eine männliche und eine weibliche Gottheit von besonderen Baumarten, neben dem Naijoekh Seniejoeng oder Gott des Reichthums (während der Niboeng-Baum, als dem Bösen gehörig, vermieden wird). Der Dayak benutzt seine Frau, um durch die für Ehebruch zu zahlenden Bussen Bereicherung zu gewinnen. Bei der Heirath (unter den Tring) wird der männliche Geist Baak und der weibliche Hiroeh Baak angerufen. Die Bakoewo genannte Abschliessung der Mädchen (um ihnen die für schön gehaltene Schmächtigkeit der Beine und Füsse zu verschaffen), endet (bei den Ot-Danom) mit einem Fest, bei welchem das (jetzt heirathsfähige) Mädchen als neugeboren betrachtet wird (unter Belehrung über Sonne, Erde, Wasser und deren Erzeugnisse). Die Abschliessung dauert oft Jahre lang, um Freier anzuziehen. Die Verheiratheten schlafen bei den Modong in einem Haus zusammen (auf Borneo). Zum Austausch mit den Orang-Damung im stummen Handel lassen die Händler (der Dayak) Zeichen an den Bäumen zurück, um ihre Gegenwart kund zu geben. Zwischen Barito, Kapua und Mohakka schweifen die Orang-Damung, und weiter im Innern die Orang-Ot (mit Stein-Geräthen). Die Dayak des Innern (in den Bergen von Borneo), wohnen theils in Höhlen, theils in langen Häusern, mehrere Familien zusammen, als Orang-Bukit, wogegen unter den Wasser-Dayak (in den Sümpfen von Bandjermassing) jede Familie ein eigenes Haus bewohnt. Zur lesbischen Liebe gebraucht das Mädchen (bei den Dayak) den Balak (einen aus Holz geschnitzten Penis). Die Gürtel aus Steinrollen dienen bei den Frauen der Dayak zum Aufzählen der Vorfahren, von denen sie erbten. Die von Hat-alla mit besonderm Gebiet betrauten Sanggiang heissen Dewa (bei den Sihongoer) neben Hantu (in Borneo). Dämone (der Land-Dayak) are accused of occasionally running of with women, who become with child to them (s. St. John). Bei Heirath tödten die Dayak einen Hahn, mit dessen Blut die Hände der Braut und des Bräutigams (die geschlossen werden) bestrichen werden. Zuweilen folgt bei den Sihonger (unter den Dayak) der Mann der Frau, doch nicht umgekehrt. In der Vetterschaft darf (bei den Dayak), weil Blutsverwandtschaft, nicht geheirathet werden. Als Heirathsgabe dient der geschnellte Kopf (auf Borneo). Vor der Verheirathung hatte der Karamanier den Kopf eines Feindes dem Könige darzubringen (nach Strabo). Die Hyan (in Borneo) erect upright stones in different portions of their village, which they consecrate to the Nats or spirits of the hills (s. Latter). Bei den Sea-Dyak (s. St. John) continued reference is made to the precedents and customs of their forefathers (in der Rechtspflege). Bei der Geburt aus fürstlichem Geschlecht (in Bandjermassing) erhält der Sohn den Titel Gusti (später Pangerang), die Tochter den Titel Poetri. Beim Stiften des Beratip Baamal (-Bundes) in Bandjermassing schlachtete Panghaloe Abdul Rasid einen Albino. Die schweifenden Olo-Ot-Njawong stehen am Versammlungsplatz (am Kaminting-Gebirge) unter dem Nadi genannten Häuptling (s. Becker). Den Bangsawan (Adel) gegenüber bilden (bei den Dayak von Barito) die Orang-Patau die Unterworfenen (mit Orang-Tamoe oder Fremdlinge, sowie Pfändler, Sklaven u. s. w.). Auf den Kelakian wird Boetoe (Männlichkeit) dargestellt. Bei den Tempajan oder Tadjau in West-Borneo sind die Drachen unter den Brahan geschuppt, unter den Lakias nicht (s. Kater). Eisen wird (wie am Fluss Sidoeh, als sogenannter Stahl von Matan, und sonst) von den Dayak überall gegraben und verarbeitet, (besonders für ihre Waffen), das Kupfer (von Maier in Sambas festgestellt) dagegen wenig, und der beliebte Kupferschmuck meist gekauft von „Maleische werklieden" (s. Veth). During war the Kyans carry with them a small box containing charms (Low). Samba wurde früher durch vier Stammälteste oder Kjaies regiert. Die Dayaker stehen unter Aeltesten (Amai oder Väter), und wenn sich die am gleichen Fluss wohnenden Häuser zum Krieg vereinigen, wird für die Dauer desselben der Muthigste zum Anführer gewählt. Die Dayak von Landak leben unter Thonwa oder Dorfhäuptern. Die Dayak der Westküste von Borneo wählen im Krieg die Singa oder Matjan genannten Häupter. Am Mandar werden Tambatang (Talismane) getragen. In der Bahasa Sanggiang singen die Priester (der Dayak) die Geschlechtsregister. Von den fünf Söhnen des Pati Rombi (Oberhaupt der Kahaier), der mit Morohom (erstem Sultan in Bandjermassing) kämpfte, stammen die Häupter der Dayak. Neben den Rewar (Sklaven) finden sich (bei den Dayak in Poeloepetak) die Olo-utang mending (Schuldner, die jährlich abzutragen haben) und die Djipen (Schuldner, die für ihre Herren zu arbeiten haben).

Unter den Dayak ist es Brauch, when a man faints in the house of mother for the host to pay a fine for permitting the spirits to cause a man to faint under his roof (s. Brooke). Bei den Dayak von Kajoeng finden sich 5 Arten von Lawang oder Hausgesinde (s. Dewal) und 6 Arten bei den Dayak von Simpang. Bei den Dayak des Innern sind die Battok genannten Grenzpfähle heilig. The Sea-Dyaks make an intoxicating beverage from rice (Low). Jede Familie bewohnt ihre Hauszelle und gemeinsamen Pfahlbau (auf Borneo) und die Irokesen ihr Langhaus (als Staatenbund). An der Küste Brasiliens wird in Bohio (Langhütten) zusammengelebt (s. Herrera). Die Orang-Bukit (bei Mendai) tragen Schmuck der Nassa-Muschel. Bei dem Pesta mandai (Badfest) des Kindes bitten die Balian um Danom Kaharingan (oder Lebenswasser) von den Djata, und die Bewilligung beweist sich dann durch Zunahme des Wassers (bei den Dayak). Im letzten Monat der Schwangerschaft darf auch der Mann, so wenig wie die Frau, Feuer anstecken (damit das Kind nicht gefleckt zur Welt kommt), keine Frucht essen (damit es nicht am Bauchfluss leide), kein Holz spalten (damit es nicht blind werde) u. s. w. (bei den Dayak). Sieben der bei dem Geburtsfest anwesenden Gäste geben jeder einen Rattanstrick und einen Namen, und der, dessen Rattan die Mutter streift, wird der Pathe des so genannten Kindes (bei den Dayak), als zweiter Vater. Wenn der Freier (bei den Dayak) keine Köpfe anbietet, reicht ihm das Mädchen ein Frauenkleid zur Absagung. Die Köpfeschneller werden in Blut gebadet (in Rarouw Saban). Schwangere (bei den Dayak) sühnen Hantu Kankamiak (der den Embryo verdirbt) durch ein schwarzes Huhn. Bei den Dayak wird Kloweh geopfert für gute Geburt oder für Abtreibung der Frucht. Die Milanow flachen den Kopf des Kindes ab (in Borneo). Bei den Dayak von Sidin haben in einen Kampong kommende Fremde Anspruch auf die Gastfreundschaft der dort Gleichnamigen und ihrer Frauen (s. Kater). Ein Fremder muss von dem angebotenen Essen wenigstens ein Reiskorn annehmen (auf Borneo), und wenn bei Austritt aus dem Haus ein Topf auf dem Feuer steht, muss derselbe das Essen darin mit dem Finger berühren. Bei Ankunft von Fremden haben diese (im Lande der Ot-Danom) das Balas (Sühngeschenk) zu zahlen, um beim Fest die Geister zu versöhnen. Geht ein Rambai-Dayak auf's Köpfeschnellen, so muss seine Frau (die während seiner Abwesenheit nichts thun darf, als Reisstampfen und Rattanflechten) stets einen Klewang tragen (ihn an seine Waffe zu erinnern) und bis Mitternacht wach sein (damit man ihn nicht im Schlaf überfalle). The Dyaks (in Koetei) have a method of bandaging the body when young, particulary the tribes, which preserves them plump even to old age (s. Dalton). In Pontianak stand Todesstrafe darauf, wenn ein Nicht-Verwandter eine in das Wasser gefallene Frau rettete. Die Fürstin Njai Siti (unter den Paré) war mit sieben Männern vermählt (in Borneo). Zwillinge, wenn Knaben, gelten unheilbringend (bei den Dayak), als Mädchen glückbringend (Dewal). Die unter ihren Dorfhäuptern zum Kriege ausziehenden Dayak beginnen das Gefecht ohne Anführer; folgen aber dann dem sich als tapfersten Beweisenden. Von der Beute hat der Dorfhäuptling Anspruch auf das ansehnlichste Geschenk (worüber Chlodwig streiten musste). Als Strafen bei den Dayak von Simpang findet sich der Oeloer (Sklaverei unter den Fürsten) und Hoekom (Geldbusse). Die Nachkommen der mit dem javanischen Fürsten Radja Beporong nach Soekadan (oder Kertapoera) gekommenen Brüder wurden in dem Gebirge Orang-mambal (oder Orang-boekit) auf der Insel Orang-Siring Küstenbewohner. Verwandte reden sich (bei den Dayak) nicht mit Namen an, ein Kind darf den der Eltern nicht aussprechen oder aussprechen hören. Regen heisst das Pferd des (Gottes) Sangoemang (bei den Dayak). Die Marut und Idaan (in Borneo) bearbeiten die Ländereien der (verehrten) Priester (Ida in Bali). Bei den Dayak von Kajoeng finden sich als Hausgesinde (Lawang) der Lawang Agoeng (die Grundlasten für den Hof aufbringend), der Lawang Mati (aus Alten und Gebrechlichen), Lawang Sigi (der Herrendienste), Lawang Malang (aus Jungverheiratheten, für drei Jahre abgabenfrei), Lawang Gantoeng (eine Wittwe, bis zur Verheirathung abgabenfrei), und bei den Dayak von Simpaug kommt der Lawang Masok (als verheirathete Töchter, bei deren Eltern der Mann wohnt, als diensthuender Lawang) hinzu. The women of the Rejang (molested by the Dyaks of Sarebas and Sakkaran) are said to be the most beautiful of the natives of Borneo (fairer and with mone decided feature, than any seen by Low, 1847). Bei dem Eid der Mantri ritzt Radin Soleiman mit seinem Kris den Hals des Beeidigten und wäscht ihn dann in dem blutigen Wasser, das zu trinken ist (in Borneo). In Rechtsfragen (bei den Dayak) wird für jeden Punkt, der festgestellt ist, eine Hampatong oeai genannte Puppe aufgesteckt. Unter den Gottesgerichten der Dayak findet sich das Hagalangang, indem die Streitenden, auf Entfernung in Körben befestigt, sich mit spitzen Bambus werfen und der Verwundete unterliegt. Ketsho heisst Kiau-tshi (Kreuzzehe) von der Greifzehe (der Anamiten). Im Handel mit den Olo-Ot legen die Ot-Danom ihre Güter im Walde nieder. In dem Blutpreis (Harga njawa) sind (bei den Dayak) die Körpertheile abgeschätzt (s. S. van Basel). Bei den Voenan (auf Borneo) sind die Frauen, gleich den Männern, bewaffnet. Adjie Sittie, Fürstin von Katta Bangoen (in Koetei), hielt männlichen Harem (gewaffnet in den Krieg ziehend). The women (in Brunei) delight in every practice that can deceive their lords, and they have invented a system of speaking to each other in what may be called and invented language (Bhasa Balik in Malay). Ordinary word have their syllables transposed, or to each syllable another one is added. For „mari" (to come), they say „malahrilah", they are constantly varying it and girls often invent a new system (s. Spencer St. John). The Moore king (in Borneo) was served in his Palace and attended only by women and maydens (s. Purchas). Zwischen der Marga der Goemaier (im Barisan - Gebirge) herrscht Blutrache, wenn für Mord die Sühne (wang bangon) nicht gezahlt ist. All the tribes, using the sumpitan (in Borneo) are called Nata Huan or wood devils (s. Mundy). Die Sarebas- und Sakkaran-Dayak brauchen ein pneumatisches Feuerzeug (wie den Peguanen bekannt). Das in dem Parang befestigte Messer dient dem Dayak, um Randjau und Paesaran (trockene Holzstücke zum Feuerreiben) zu schneiden. Während der Schwangerschaft darf der Ehemann nichts mit scharfem Instrument schneiden, und nach der Geburt muss er acht Tage (während des Tabu der Familie) von Reis und Salz leben (ohne zu baden oder in die Sonne zu gehen) bei den Dayak (s. St. John), nach Vorschrift der Couvade (in Guyana). Um beim Goldwaschen nicht durch die erzürnte Seele des Goldes (Sarok boelan) mit Krankheit geschlagen zu werden, darf der Dayak nicht mit dem Gesicht stromaufwärts baden, nicht mit hängenden Füssen sitzen, muss das Haar lang hängen lassen u. s. w. In den Bohol genannten Strick (der für Gesundheit um den Hals getragen wird) schürzen die Blian beim Singen jedes Segenwunsches einen Knoten (bei den Dayak), zum magischen Binden (in Knotenschrift). Die Bevölkerung von Sangian sirah wurde durch die Tiger nach Pulu Panaitan vertrieben. Das bei Hochzeiten der Fürsten in Bandjermassing zu sprengende Wasser muss vom Tjandi geholt werden. Die Milanow graben beim Hausbau für die Pfosten eine Grube zum Opfern eines Sklavenmädchens (durch Herabfallen zerschmettert), während die Onop-Dayaks ein Huhn opfern on the creation of a flag-staff (St. John). Wie die Modang und Bahaus, die Longwais und Long-blehts (nach dem Kopfschnellen) in Koetei, tragen auch die Kajan-segai in Berou den Kaling oder Oettang geheissenen Penis-Sporn. Im Köpfeschnellen der Dayak gilt der Kopf eines Kindes (weil aus dem Dorf zu holen und also unter Bewachung) am höchsten, dann der einer Frau, und am niedrigsten der eines Mannes. Nur bei Gefahr den Kopf zu verlieren, fürchten die Dayak den Tod. Die Dorfhäuptlinge der Kayan oder Dayak-Pari heissen Kapoi. Neben den Fürsten (der Dayak) finden sich die Freien (Olo-Koeman) und Sklaven (Rewar oder Boedak) oder Pfändler (Olo-oetang-mendong oder Olo-peka-belom). Maharadja Deewa Gong Sakhtie kam auf Wunsch des Panggawa Besar (in Koetei) vom Himmel zur Erde, über dessen Kinder zu herrschen. Modang und Bahau (in Koetei) treiben mit den Segai-Kelai (am Berouw) nur Nachts Handel (wie mit den Mahomedanern). Bei den Bassap (in Tandjoeng und Sambalioeng) bedecken die Frauen die Brüste, aber nicht die auf die Welt mitgebrachten Schamtheile (s. Dews). Die früher, wie im nordöstlichen Borneo, auch auf der Insel Soeloe zahlreichen Elephanten wurden dort wegen der Beschädigung der Pflanzungen ausgerottet (1849). Elephantenzähne werden aus Singapore (für den Norden Borneos) den Dayak gebracht. The Sagai or Idaan (in Eastern Borneo) are larger built, than the Dyak of Sarawak and the Kadyan or Dusun of northern Borneo, their skin is fairer and softer, with eyes occasionally blue, the hair is lighter (s. Belcher). There is amongst them an island of Negro's, inhabited with black people (in the Philippinines). Here allso bee those black people called Os papuas, Man eaters and Sorcerers, among whom Devils walke familiarly, as companion. If these wicked Spirits find one alone they kill him, and therefore they always use company. Their idols they adore with oethers feathers. They use to let themselves blond with a certaine hearbe layd to the member, and licked with the tongue, with which they can draw out all the bloud in their body. They are like the Cafres or Ethiopians and are divided into many kingdoms, as Nunnes writeth (Purchas). The slaves are collected from all parts of the archipelago, from Acheen Head to New-Guinea and from the south of Siam to the most northern parts of the Philippines (s. St. John). The Sulus are daring and independent, the mountaineers particularly wild, but polite (die Stämme des Innern gleichen den Idaan). Die von den malayischen Häuptlingen Brunei's unterdrückten Murut und Bisayas werden von den Kayan bedrängt. Los Indios, as distinguisted from los Negros or Papuans and los Moros or Malays, are called (in Mindanao) Manabos (s. Adams). Bei den Segai (in Boeloengan und Berou) bestimmt der Njahoe (Seher) den Tag, das Reispflanzen zu beginnen. Von den Berouwer (Menggai) werden die Dayak als Segai oder Sagai bezeichnet. Zum Schutz der Pflanzungen werden am Doeson (auf Borneo) neben den Holzfiguren (Hampatong) die Kamantoha genannten Kasten aufgestellt (mit Schädeln von Bären, Affen etc.). Der Dayaker beginnt die Feldarbeit, wenn der Orion (Salampatei oder Patendo) Abends beim Dunkeln im Zenith steht. Bidadari Soenan Bonang (oder Flügeljungfrau) entfloh, als das Geheimniss der angebrannten Reisähre entdeckt war (und so Reisstampfen nöthig), wie Petahagi (mit weissem Haar) als Flügeljungfrau (in der Minahassa). Pulang-Gana (unter der Erde lebend) wird beim Landbau (von den See-Dayak) angerufen. Poelan Kana wird beim Reispflanzen verehrt (bei den Dayak). Den mit ihrem Schiff an den Berg Soenjang Angetriebenen fiel eine Reisähre vom Himmel (in Borneo). The Dyaks erect posts near their paddi fields to prevent the devils from detroying the newly-sown rice (s. Boyle). Auf Fischfang oder Jagd darf der Name des gesuchten Thieres nicht ausgesprochen werden (in Borneo). Nach den Mekapau (oder Nyirangan) genannten Ceremonien (beim Klären des Jungle) wird beim Mamuk Benih-Fest der Samen (des Reis) in den Pflanzen durch fortscheuchendes Schwingen der Priesterinnenstäbe geweiht (bei den Dayak). In Mempawa wahrt der Vogel Ketto beim Pflanzen und Eruten des Reis die für Kopfschnellen günstige Zeit (auf Borneo). In Sarawak werden bei der Ernte Figuren von Vögeln an Bäumen gehangen (bedeckt). The Land Dyaks use the water, in which the feet of distinguished visitors are washed, to fertilize their fields (s. St. John). Die Land-Dayak received agriculture from heaven (from a superior being inhabiting the Pleyades). Puntung Barasap (rauchendes Holzscheit) führte als erster Fürst den Ackerbau ein (in Borneo) durch Anstecken des Waldes. Patugal (als Portugiese) ist der Sohn des auf einem Fisch über See gekommenen Djin (bei den Malayen). Die Hampatong Binji genannten Bilder der Dayak werden für die Seele des Paddi auf die Felder gesetzt. At the Nyishupen (the feast held after the end of the harvest) those to be initiated (among the priesteresses) lie down in a line along the room and cover themselves with long sleeping sheets, the old priestesses shricking and dancing (and moving to and fro on a rude swing suspended from the rafters). When a cocoanut is split (by the priest), he to whom it belongs is raised from her recumbent position and the water poured over her, he is then laid down again and carefully wrapped up in her sheet. When all have been so treated a lighted taper is waved over the prostate, motionless patients, and a from of words chanted, and then the ceremony is concluded by the head priestess going round and blowing into the face of each of the patients, after which they are allowed to chatter and amuse themselves (among the Dyaks) in Borneo (s. Spencer St. John). Si Jura (from the Dyak village (bei Simpok), left in the whirlpool island by his companions, ascended the fruit-tree, till ariving in the country of the Pleyades, where Si

Kira gave him three kinds of rice, instructed him how to cut down the forest, burn, plant, weed and reap, take omens from birds and celebrate harvest feasts, and then by a long rope let him down to earth again in his fathers house (cf. Campbell). The Pleyades tell when to farm. The Kenawit (and the Kyans) tatoo the chest in pale blue lines with an occasional streak of scarlet (enlarging the ears), Both Malays and Dyaks consider tatooing to be a sign of cowardice (Boyle). Das Tättowiren findet sich (unter den Dayak) besonders bei den Madjan (Vorfechtern). The Bintulu Dyak use the Sumpitan and are tattooed (s. Mundy). The Mantales or people of Siam (s. Galvano) „have a delight to carrie round bels within the skin of their privie members, which is forbidden to the king and the religious people" (s. Hakluyt), zu Duarte Fernando's Zeit (1511). The Pakatans (found only in the densest jungle) are tattooed in blue arabesques (using the sumpitan or blowpipe) as the lightest of the Bornean tribes (s. Boyle). The Supreme Spirit of the Sibayans (on the Sadong river) is Batura (s. Mundy) „The Lundu-Dyaks sacrifice to Biadum." Der Dayak folgt dem Uhum (Herkommen), so dass Naso Uhum schädlich und verboten ist (als nicht vom Herkommen). The inhabitants of the capital (of the Soolos-islands) come originally from Bandjermassing (according to Hunt). It is said by the Dyaks themselves, that some parts of the interior are inhabited by a woolly-haired people, but they also assert, that men with tails like monkeys and living in trees are discoverable (s. Earle). Galvano hörte vom „King of Tydore", that in the islands of Batochina there were people that had tailes (s. Hakluyt). Dalton identifies the Harafera of Celebes with the Dyaks of Borneo. According to Romano y Aranda there were officiers collecting taxes or tribute for Borneo rajas at the first arrival of the Spaniards in the Philippines (s. Pickering). Die Kadayan an den Hügeln bei Brunei sind zum Islam bekehrte Murut. Nach dem Tode des aus Batjian ausgewanderten Königs Baboritchoe (Manado toewah) folgten seine Söhne Loementoet und Mokodompis. Many of the Chinese on the west coast of Borneo are married to Dyak women (s. Earl). With the burial of the body is deposited „Baiya", that is things given to the dead (bei den Sea-Dyak), according to the wealth of the deceased (s. Perham). „A man who has a tiger-spirit as his familiar is a Pawang Blian, and may not be buried in the ordinary Malay way, but his body must be placed leaning against a Prah-tree, in order that the spirit may enter into another man". Der Bohol (met vele knoopen voorziene draad) bringt Glück, beim Knüpfen (durch Bliang). Die Bliang oder (malayisch) Ronging werden als Sängerinnen erzogen (bei den Dayak). Die Papua glauben bestimmt, „dass das Holz die Knaben mit sich führe und diese demselben willenlos folgen müssen" (s. Kühn), wenn vom Zaubergeist abgeschickt (zum Tödten des Parangdäb), und so die „schwebenden Tische" (der Schamanen). Die Babasa Sanggiang ist unverständlich (bei den Dayak). Tempoen-Teloen (Herr von Teloen) wohnt am Fluss Barirai (der Dayak). In de beginne bestond er slechts water, toen shiep God den Nagapoesei (der Dayak), dessen Kopf Praman (Hat-alla's Sklave) mit Erde bedeckte, gegen den Sonnenbrand (s. Hupe). Aus den Eiern, durch Batoe-Djampa (Hat-alla's Sohn) zerbrochen, kommt Mann und Frau (mit späterer Zufügung der Seele in den Kindern). Manangs or medicine man are suspended in trees in the cemetery, and amongst the Balau-tribes, children dying before dentition has developed, enjoy the same distinction having a jear for their coffin (s. Perham). Neben den Orang-dul (mit den Dzikr identisch) finden sich (auf Java) die Secten der Orang-drija und Orang-wasir (s. Metzger). Les Chams, perdant leur originalité, sont absorbés chaque jour par les Malais (s. Aymonier). Ueber dem „council or chamber of forty Arangs" stehen (in Wadjo) six hereditary Rajahs (Rundrang Tulla Tendring, Rundrang Tuwah, Aru Beting, Patolah and Chukaridi) für die election of a head of the state, entitled the „Aru matoah" (s. Brooke). Ausser den Omen von Vögeln entnommen (bei den Orang-Kaya), „insects also have their influence on the minds" (s. Brooke). Den Todten geleiten die Gesänge der Bliau (unter Opfer) und in Argos ward am 30sten Tage dem Hermes geopfert (als ψυχοπομπός).

Betreffs der Petara oder Götter (bei den See-Dyaks) heisst es (bei J. Perham): „Petara, sonst auch Betara, ist nach Marsden Sanskrit und aus dem Hindu-System in das Malayische übergegangen, wo es zur Bezeichnung verschiedener mythologischer Personen angewendet wird; aber welche Bedeutung und Anwendung das Wort im Malayischen auch immer haben mag, — bei den See-Dyaks, deren Sprache mit dem Malayischen verwandt ist, ist es das einzige Wort für „Gottheit". Petara ist Gott und entspricht der Idee nach dem Elohim des alten Testaments (Batara in Java.)

Aber um den Gebrauch des Ausdrucks zu erläutern, können wir uns nicht an ein Wörterbuch oder an Abhandlungen wenden. Es giebt keine Litteratur, die wir zu Rathe ziehen könnten. Die See-Dyak haben ihre Sprache niemals so weit ausgebildet, um in derselben zu schreiben, bis die Missionare anfingen, unter ihnen zu wirken. Denn was die Kenntniss ihres Glaubens anbelangt, so beruht Alles nur auf Erzählungen Einzelner, und auf dem, was wir aus den verschiedenen Arten von Pengaps zusammenstellen können. Pengaps sind nämlich die langen Lieder und Recitationen, welche bei gewissen halb-heiligen Gottesdiensten gesungen werden, und in Anrufungen übernatürlicher Kräfte bestehen. Diese ist von Geschlecht zu Geschlecht überliefert worden, und zwar von Mund zu Mund; aber es vermögen nur solche Personen sie auswendig zu lernen und wiederzugeben, welche begierig und fleissig genug dazu sind und auch ein gutes Gedächtniss besitzen. Ferner kann man sich wohl denken, dass im Laufe der Uebertragung von Geschlecht zu Geschlecht manche Abänderungen der Lieder stattgefunden haben, aber hauptsächlich, wie glaublich, durch Hinzufügungen. Diese Neigung zum Umändern wird durch das Faktum bewiesen, dass man bei verschiedenen Stämmen oder Abtheilungen auch verschiedene Ueberlieferungen der Pengap findet, ebenso abweichende Erzählungen des individuellen Glaubens. Was hier folgt, ist bei den Stämmen der Balau und Saribus gesammelt.

Es ist eine ganz gewöhnliche Meinung der Dyaks, — und dieselbe kann leicht diejenigen irreführen, welche nur eine oberflächliche Bekanntschaft mit diesem Volke und seiner Denkungsart haben, — dass Petara gleichbedeutend mit Allah Taala oder mit Tuhan Allah ist. „Was die Malayen Allah Taala nennen, ist bei uns Petara", ist ein ganz gewöhnlicher Ausspruch. Und das ist auch richtig, insofern als beide Ausdrücke die Gottheit bezeichnen. Aber wenn der Charakter, der durch diese Ausdrücke repräsentirt wird, näher erforscht wird, so wird sich ein weiter Unterschied zwischen ihnen finden, wie in der Folge gezeigt wird. Was Allah Taala bedeutet, ist bekannt, was Petara bedeutet, bleibt zu zeigen.

Die Dyaks haben sehr häufig erzählt, es gäbe nur Einen Petara, indess scheint solche Versicherung nur mit geringem Nachdenken und Sorgfalt gegeben. Das Wort selber kann nichts nützen, um für den Monotheismus oder Polytheismus zu entscheiden, denn in der Sprache der See-Dyaks giebt es keine bestimmte Formen für Einzahl und Mehrzahl. Eher erscheint das Wort wie ein Substantiv im Singular, und diese Erscheinung mag auch Manche zu der Ansicht verleitet haben, dass die Dyak an eine Hierarchie übernatürlicher Wesen, unteren Ranges, glauben, und an einen Gott, — Petara —, der über Allen steht. Man hat indessen gesagt, dass bei den Alten Petara dargestellt wurde, als:

Patu, nadai apai
Endang nadai indai.
Eine Waise ohne Vater,
Von jeher ohne Mutter,

was auf ein ewiges, unwandelbares Wesen, ohne Anfang und ohne Ende hinzuweisen scheint. Und diese Idee wird vielleicht noch einigermassen begünstigt durch eine Stelle in einem Pengap. In dem Liede vom Hauptfeste ist der allgemeine Gegenstand der Recitation ein „Holen", d. h. die Anwesenheit von Singalang Burong zum Feste erbitten, wobei gewisse Boten gepriesen werden, welche die Einladung von der Erde zum Himmel bringen, wo er seinen Wohnsitz hat. Diese werden jetzt dargestellt, als kämen sie auf ihrem Wege an dem Hause von Petara vorüber, der als ein persönliches Wesen beschrieben wird, und an den die Einladung erfolgt, zum Feste zu kommen. Dies mag ein Ueberrest von dem Glauben an Einen Gott, der über Allen und von Allen verschieden ist, sein; aber dieser Glaube, ungeachtet dessen, was ein Dyak auch persönlich gelegentlich sagen mag, muss doch als ein solcher bezeichnet werden, der heute in Wirklichkeit nicht mehr unterhalten wird.

Der allgemeine Glaube ist vielmehr, dass es mehrere Petaras giebt; in Wirklichkeit ebensoviele Petaras, als Menschen. Sie sagen, ein jeder Mensch habe seinen eigenen Petara, seine eigene Schutzgottheit. Der eine Mensch hat den einen Petara, ein anderer Mensch einen anderen — Jai orang jai Petara. „Ein elender Mensch, ein (boshafter) Petara", ist ein gewöhnlicher Ausdruck, der dazu dient, die Ursache anzugeben, weshalb irgend ein Dyak arm und unglücklich ist. — „Er ist ein unglücklicher Mensch, weil sein Petara unglücklich ist". Reiche und Arme sind mit entsprechenden reichen und armen Petaras versehen, daher mag der Stand der Dyak-Götter auch von den verschiedenen äusseren Umständen der unteren Menschen abgeleitet werden. Beim Beginn der jährlichen Ackerei-Arbeiten rufen die Dyaks die unsichtbaren Mächte folgendermassen an: „O kita Petara, O kita Ini Inda" — „O Ihr Götter, o Ihr Ini Inda". Ueber die Ini Inda hat sich keine besondere Auskunft erhalten lassen; aber dem Gebrauche des Wortes Ini (Grossmutter) nach, müssen sie offenbar zu den weiblichen Gottheiten gehören; oder es ist auch bloss ein anderer Ausdruck für Kita Petara. Nun, so gering wie dies auch sein mag, so ist es doch als ein unumstösslicher Beweis angesehen worden für den Polytheismus, zur Begründung der Religion bei den See-Dyaks. Aber der ganze Gegenstand ist ein solcher, über den die Allgemeinheit der Dyaks sehr im Dunkeln ist, denn Keiner konnte einen zusammenhängenden klaren Bericht über ihre Traditionen geben, und wenn ein Europäer anfängt, mit ihnen davon zu sprechen, so erscheinen sie in einem sehr unvorbereiteten Zustand.

Der Gebrauch des Wortes Petara ist übrigens so elastisch, dass man sogar Menschen direct damit belegt. So hat man sie häufig von den Weissen sagen hören: „Sie sind Petara". Deren höhere Stellung an Kenntnissen und Civilisation ist so erhaben über ihrem Gesichtskreise, dass sie ihnen erscheinen als Wesen, die dem Uebernatürlichen gleichstehen. Es ist indessen auch möglich, dass dies nur so eine Art Schmeichelei für die Weissen sein soll. Wenn ihnen über diese Anwendung des Ausdrucks Vorstellungen gemacht wurden, so erklärten sie, dass sie nur damit sagen wollten, wir erschienen ihnen viel von der Macht von Petara kundzuthun, und dass wir ihnen bei Allem, was wir thun und lehren, als Götter erscheinen. Mr. Low erzählt in seiner Schrift über die Sultane von Bruni, dass es der Titel der Herrscher der alten Königreiche von Menjapalieh und Sulok gewesen sei. Hiermit mag sich die Benennung Elohim bei den Hebräern vergleichen, welche sie ihren Richtern als Statthalter Gottes beilegten (Psalm LXXXII. 6).

Aber einige von den Pengap werden mehr über Petara berichten, als sich aus der Unterhaltung mit den Eingeborenen erfahren lässt. Zuerst folgt der Pengap von Besauh, eine Ceremonie, die an Kindern und weniger häufig an Kranken ausgeübt wird, zwecks ihrer Wiederherstellung. Dasselbe ist sehr verbreitet bei den Balaus, aber weniger häufig ist es bei den andern Stämmen zu finden. Wie alle Gedichte der Dyaks ist es weitschweifig bis zum Aeussersten und mit verständnisslosem Wortgepränge überschwemmt. Es wird deshalb nur auf solche Stellen Bezug genommen werden, die für den Gegenstand von Belang sind.

Bei den Besauh handelt es sich darum, die Gegenwart und die Hülfe aller Petaras inbetreff des Kindes zu erlangen, — damit dieses stark an Körper werde, geschickt in der Arbeit, erfolgreich im Ackerbau, tapfer im Kriege und ein langes Leben geniesse. Dies ist ungefähr das Ganze und die wesentlichste Bedeutung der Ceremonie. Die Vollzieher sind Manangs, Medicin-Männer, die behaupten, eine besondere Bekanntschaft mit den Petaras da oben zu haben, und mit den Geheimnissen vom Hades da unten, und einen grossen Einfluss auszuüben über alle die Geister und Mächte, welche Krankheiten unter ihren Landsleuten hervorrufen. Der Mann richtet nun seinen Gesang an die Petaras oben und fleht sie an, gnädig auf das Kind herabzublicken. Beim Anfang dieser Function wird an einigen Orten auch ein Opfer dargebracht, wobei die Manangs folgendermassen singen:

> Raja Petara ngemala,
>   Seragendah bla meda,
>   Ngemeran ka subak tanah lang.
>   Seragendi bla meda,
>   Ngemeran ka ai mesei puloh grunong sanggang.

Seleledu bla meda,
    Ngemeran ka jumpu mesei jugu bejampong lempang.
Seleleding bla meda,
    Ngemeran ka tinling lurus me matang.
Silingiling bla meda,
    Ngemeran ka pating sega nisluang.
Sengungong bla meda,
    Ngemeran ka bungkong mesei benong balang.
Bunsu Rembia bla meda,
    Ngemeran ka jengka tapang bedindang.
Bunsu Kamba bla meda,
    Ngemeran ka bila maram jarang.

Ihr Könige der Götter, schaut Alle herab.
Seragendah, der du herrschest über die starre, lehmige Erde.
Seragendi, der du herrschest über die Gewässer auf der Habichtschnabel-Insel.
Seleledu, der du herrschest über die kleinen Hügel, wie Krystalle des Bejam-
                       pong-Vogels.
Seleleding, der du herrschest über die Hochländer, fest und gut gesichert.
Selingiling, der du herrschest über die Zweige der Sega-Rotan.
Segungong, der du herrschest über die vollbehangenen Zweige.
Bunsu Rembia Abu, der du herrschest über die Neigungen der weitreichenden
                       Tayang-Zweige.
Bunsu Kamba, schau gleichfalls herab, der du herrschest über die Pflanzen
                       und den kleinen Maram.

Alle diese Wesen werden gebeten, das Opfer anzunehmen. Aber diese sind
noch lange nicht die Einzigen, deren Hülfe erfleht wurde. Andere folgen.
Ebenso wie die Menschen ihre persönlichen Schutzgötter haben, so ist es
auch mit den verschiedenen Pflanzen in der Natur der Fall. Der Erdboden,
die Hügel, die Bäume haben ihre Götter, unter deren Fürsorge sie ihre Früchte
tragen. Und die Sonne, der Mond, die Sterne und Wolken sind mit Gottheiten
bevölkert, deren Gunst angerufen wird, deren Blick allein schon ausreicht, um
Segen zu spenden.

Aber diese Petaras sind sehr menschen-ähnliche Götter; denn von den
Manangs werden sie so dargestellt, als ob sie ihnen Antworten gäben: „Warum
sollten wir nicht auf das Kind Acht geben, und es behüten, zum nächsten Jahre
sollt Ihr uns ein grosses Gastmahl mit Reis und Schweinefleisch, mit Fischen
und Wildpret, Kuchen und Getränken bereiten"; — fleischliche Götter ergötzen
sich an gut Essen und Trinken, gerade wie die Dyaks selber solches zu schätzen
wissen.

Auf diese Weise glaubt man die Aufmerksamkeit der Petara's rege gemacht,
und ein Versprechen, für des Kindes Wohlfahrt zu wachen, erhalten zu haben.
Von diesem Momente an schütten die Petaras nach Versicherung der Manangs
ihren Zauber vom Firmament hinab auf das Kind:

        Seitdem wir niedergeschauet,
        Kommt herbei, Ihr Freunde,
        Lasst uns gemeinsam weben die heilsamen Zauberkräfte.

Aber noch mehr Petaras sollen herbeikommen:

        Pupus Petara kebong langit,
        Niu Petara puckok kaign.

Haben wir bei den Petaras in Himmelsmitte aufgehört,
So kommen wir nun zu denen auf den Baumspitzen.

Aber der Besauh berichtet noch Weiteres, als blos die Anzahl und Namen
der Gottheiten. Die ganze Function besteht in zwei Feierlichkeiten, deren
zweite nach Verlauf eines Jahres stattfindet, und zuweilen noch später nach der
ersten. Bei der ersten Festlichkeit werden die Petaras „zusammengerufen" an
einem Punkte des Firmaments, oder auf einem benachbarten Hügel, von wo aus
sie das Kind sehen können. Bei der zweiten werden sie in jenes Haus „gerufen",
wo die Ceremonie vollführt wird, um daselbst die magische Kraft ihrer Gegenwart zurückzulassen. Ein grosser Theil der Bezauberung ist bei beiden Theilen
derselbe; und an einer gewissen Stelle der zweiten Ceremonie rufen die Petaras:

Vorhin haben wir hinabgeschauet,
Jetzt hat uns eine Gesellschaft von Männern zum Feste geladen.
Um der Einladung zu willfahren, rüsten sie sich zur Reise erdwärts. Die weiblichen Petaras legen ihre schönsten Kleider und ihre kostbarsten Schmucksachen an, sie tragen Metallringe um den Körper, Halsbänder aus Edelsteinen, Ohrringe und Stirnverzierungen, Perlen und Habichtschnäbel, kurz Alles mögliche, was weiblicher Geschmack und Schönheit liebt. Dann schmücken sich ebenso die männlichen Petaras; sie tragen ein Kleid und einen Turban, an Armen und Beinen Metallringe. Alsdann wird aufgebrochen unter Führung einiger Göttinnen, welche den Weg kennen. Aber diese erkennen bald, dass sie sich arg geirrt haben, und dass ihre Strasse nirgendwohin führt, sie müssen umkehren und folgen nun der Sonne, dem Mond und den Sternen auf ihrer Bahn; und von den Sternen gelangen sie an einen Rasenplatz, wo sie den Stamm eines gestürzten Baumes vorfinden, an welchem sie in die niederen Regionen hinabwallen. Hier besingen sie, wie diesen Petaras aus den Himmeln sich die Petaras der Hügel, Bäume und Tiefländer zugesellen und die Salampandai: und alle zusammen in buntem Gemisch verfolgen ihren Weg nach dem Hause, in welchem der Besauh abgehalten wird. Wie der Dyak sich zu baden pflegt, wenn er von einer langen Wanderung heimgekehrt ist, so erzählt man auch von diesen Göttern und Göttinnen, dass sie bei ihrer Ankunft ein Bad nehmen, und man besingt ihre Schönheit. Ich übergehe ihre Ankunft in dem Hause, aber bevor sie die Leiter zu demselben hinaufsteigen, halten es die älteren Petaras für angezeigt, der ganzen Gesellschaft eine (Moralpredigt) Ermahnung zu halten:

Ka abi rumah anang meda;
Unggai ka ngumbai ngiga serenti jani.
Ka galenggang anang nentang;
Unggai ka ngumbai ngiga tugang manok laki.
Ka ruai anang nampai;
Unggai ko ngumbai ngiga laki.
Ka bilik anang nilik;
Unggai ka ngumbai niga tajau menyadi.
Ka sadan anang ngilau;
Unggai ka ngumbai ngiga padi.

Schauet nicht in den Raum unterhalb des Hauses,
Dass man nicht denkt, Ihr suchet den Fangzahn eines Schweines.
Setzt Euch nicht der Hühnerstange gegenüber,
Dass man nicht denkt, Ihr suchet nach der Schwanzfeder des kämpfenden Hahns.
Werft Eure Augen nicht auf die Veranda,
Dass man nicht glaubt, Ihr suchet einen Gemahl.
Schauet nicht ins Gemach hinein,
Dass man nicht glaubt, Ihr suchet einen Krug.
Seht nicht zu der Anrichte hinauf,
Dass man nicht glaubt, Ihr suchet nach Reis.

Hiernach sollen sie das Haus betreten, natürlich als eine unsichtbare Gesellschaft. Alsdann nehmen sie mit den Herrlichkeiten des Festes vorlieb, zusammen mit den Dyaks, und Götter und Menschen speisen gemeinsam in bester Harmonie. Nach beendetem Mahle kehren sie heim in ihre verschiedenen Wohnsitze.

Weiter sei ein Sampi in Betracht gezogen, eine Art Anbetung, die oft beim Beginn der jährlichen Reis-Bestellung vollzogen wird, also ein Gebet an die höheren Mächte darstellt, welche über das Gedeihen der Reisfrucht wachen. Unter Allen wird zuvörderst Pulang Gana angerufen; alsdann die Sonne, welche Datu Patinggi Mata-ari genannt wird, und ihre Licht und Wärme spendende Kraft wird im Liede verherrlicht. Nach der Sonne kommt ein Vogel an die Reihe, der Kajira; dann der Paddi-Geist (Saniang Padi), dann die heiligen Vögel, d. h. diejenigen, deren Flug und Kennzeichen als Omina gelten; — alle diese werden eingeladen zu erscheinen. Sind die Vögel geladen, so „ruft" der Vollzieher den Petara. „Was für einen Petara ruft Ihr denn an?" ist die Frage. Die Antwort ist: „Petara, der mit leer-händig sein kann, der nicht einfältig, nicht böse, nicht unrein sein kann"; und darauf folgen seine Namen: Sanggul, Pinang Ipong, Kling Bngai Nuiging, Laga Bungai Jawa, Batu Imn, Batu Ngantau, Batu Ngantar, Batu Gawa, Batu Nyanggak, Nyawin, Jamba, Pandong,

Kendawang, Panggan, Apai Mapai, Kling; ein Jeder aus seiner Wohnung „kommet Alle herbei, ohne Abschweifer, ohne Ausreisser". Und dieser Ruf der Menschenkinder wird erhört, denn die Petaras antworten: „Seid zufrieden und glücklich, Ihr Menschenkinder, die Ihr auf der Erde lebt."

Ihr gebt uns Reis; Ihr gebt uns Kuchen;
Ihr gebt uns Reisbier; Ihr gebt uns Geistwasser;
Ihr gebt uns Opfer; Ihr gebt uns einen Raum.

Wenn Ihr ackert, so soll Jeder gleich Paddi bekommen;
Wenn Ihr in den Krieg zieht, so soll Jeder gleich einen Kopf bekommen;
Wenn Ihr schlaft, so soll Jeder gleich gute Träume haben;
Wenn Ihr handelt, so soll ein Jeder gleich geschickt im Verkaufen sein;
Mit Euren Händen soll Jeder gleich tüchtig sein;
Im gerechten Geschäft soll ein Jeder gleich dieselbe Gesinnung haben;
In der Rede soll ein Jeder gleich geschickt und zusammenhängend sein.

Von dieser Gesellschaft der Petaras geht der Sampi dazu über, in specieller Weise einen besonderen Pefara anzurufen, von dem mehr berichtet wird, als von allen vorhergenannten. Dies ist Ini Andan Petara Buban — „Grossmutter Andan, die grauhaarige Petara." Ihre Eigenschaften sind vollkommen. „Ihr Kleid ist gefeiet gegen Donner und Blitze; sie ist gefeiet gegen den Blitz, sie widersteht dem Regen und ist muthig in der Dunkelheit. Es ist ihr nicht möglich, in der Arbeit zu ruhen. Im Hause sind ihre Hände nimmer müssig, in der Rede ist ihre Sprache rein, ihr Herz ist voll von Verständniss. Und deshalb wird sie herbeigerufen, deshalb wird ihr zugewinkt, deshalb wird ihr geopfert, deshalb wird ihr ein Fest bereitet." Diese Kräfte kann sie auch ihren Dienern mittheilen. Ausserdem noch erhalten diese von ihr Beistand, als seien sie „die Hauptverwalter der weiten Länderstrecken und Ausdehnungen, wo sie ackern und die Paddi-Behälter anfüllen; die Hauptverwalter des langen, windenden Flusses, wo sie die scharfe Tabu-Wurzel gewinnen; als Hauptwächter des grossen Felsen und Vater-Steins, wo sie die stahlbeschlagenen Waffen schleifen; als Hauptwächter des Bienenbaums, wo sie die Funken der brennenden Fackeln vertreiben."

Aber ihr eigentlicher Beruf ist es, über das Landgut zu wachen und es vor Bösem zu bewahren; und deshalb wird ihre Gegenwart besonders herbeigewünscht.

Wenn der Mpangau (eine Art Wanze) darüber hinschwebt, so lasst sie die Feuerfunken gegen sie schütteln.

Wenn die Bengas (ein den Paddi-Pflanzen schädliches Insekt) sich nähern, so lasst sie den Saft der scharfen Tabu-Wurzel auf diese quetschen.

Wenn die Ameisen herankommen, so lasst sie die Halme mit einem Lappen reiben, der in Steinkohlentheer getaucht ist.

Wenn die Heuschrecken umherschweifen, so lasst sie diese mit Oel begiessen, über eine Flasche voll.

Wenn die Schweine kommen sollten, so lasst sie diesen den ganzen Tag Fallen stellen.

Wenn das Wild hereinbrechen sollte, so lasst sie es mit Bambusspiessen tödten.

Wenn Mäuse ihr Augenmerk darauf haben, so lasst sie diesen Fallen stellen.

Wenn Hirsche darüber schreiten sollten, so mögen sie Bambus-Fallen stellen.

Wenn die Sperlinge darauf picken sollten, so lasst sie einen kleinen Tropfen vom Tekalong-Baum holen.

Wenn die Affen es zerstören wollen, so mögen sie eine Rattan-Schnirre stellen.

Es möge Nichts beschädigt werden, nichts möge ungünstig sein.

Als Beantwortung auf diese Bitten giebt sie ihre Erwiederungen in ähnlicher Weise zu verstehen wie die vorhin erwähnten Petaras, sie verspricht ihnen jeden Erfolg und ihren Segen, für alle ihr dargebrachten Opfer sollen sie sich Wohlhabenheit, Gesundheit und Tüchtigkeit zu erfreuen haben. Auf solche Weise erkauft sich der Dyak seine lohnende Paddi-Ernte von den höheren Mächten.

Die Ini Andan hinterlässt bei ihrer Verabschiedung übrigens noch ihren Anbetern verschiedene Zaubermittel und magische Medikamente, meistens bestehen diese aus Steinen, und schliesslich kommt noch eine Abschiedsrede:

Hört auf meine Worte, Ihr Menschenkinder:
Wenn Ihr Euer Feld bebauet, so seid fleissig —
Wenn Ihr schlaft, so seid nicht allzusehr Sklaven Eurer Augen!
Wenn Leute zusammen kommen, so vergesset nicht, nach Allem zu fragen.
Dann sollt Ihr nicht zanken miteinander.
Ihr sollt Eure Freunde nicht schelten.
Machet keine gewissenlosen Aeusserungen.
Seid nicht neidisch auf einander.
Und dann werdet Ihr Alle gleich vom Paddi haben.
Alle werdet Ihr reines Herzens sein,
Und Alle gewandt in der Rede.
Ich werde mich beeilen, Euch wieder zu besuchen.
Der Wind wird mich herbringen.
Ich eile zum krachenden Wirbelwind.
Ich gehe heim in mein Land zum wolkigen Mondlicht.

Ueberlieferungen und volksthümliche Sagen erzählen in ähnlicher Weise
dieselben Märchen. So wird das Universum als mit Göttern bevölkert hin-
gestellt; derer so viele, dass jeder Mensch seine Schutzgottheit hat. Aus den
Ueberlieferungen erkennt man, wer und was jene Gottheiten schliesslich sind
und bedeuten. Man trifft keinen Dyak an, der da sagt, es gäbe einen einzigen
Gott als Petara; wenn man ihnen aber entgegenhält, was ihr Pengap lehrt,
und dort keine missverständliche Lehre über eine Anzahl von Göttern vorhanden ist, so versuchen sie diese Einheit als eine Einheit gleichen Ursprungs
zu erklären. Nämlich im Anfang gab es nur Einen Petara, wie es auch ebenso
nur Ein menschliches Wesen gab; dieser Petara war der Ahnherr einer ganzen
Familie von Petaras im Himmel und auf der Erde, geradeso, wie jener erste
Mensch der Stammvater aller Erdbewohner gewesen. Indessen versteigt sich
diese Idee der ursprünglichen Einheit in ihren Begriffen nicht bis zur Ersten
Grundursache (vielmehr nur ein Echo des Glaubens).

Wie schon auseinandergesetzt ist, dass jedwede Form des Polytheismus
aus der „Natur-Anbetung" entspringt, so ist es auch erklärlich, dass die Götter
der Dyaks aus mannigfaltigen Kundgebungen der Naturkräfte ihres Daseins
sich erfreuen. Die Ini Andan scheint als konkreter Ausdruck für die Schaffung
grosser erzeugender Kraft zu gelten. Die Sonne, der Mond, die Sterne und
Wolken, die Erde mit ihren Bergen und Bäumen, mit ihrer fruchttragenden
Kraft, — Alles ist dem Dyak nur ein Canal, eine Rinne, die dem Menschengeschlecht Wohlthat auf Wohlthat zuführt. So empfindet denn auch der Dyak
seine Abhängigkeit von der Natur. Ihren Wandlungen unterwirft er seine land-
wirthschaftlichen Arbeiten; seine Reis-Ernte hängt allein vom Wetter ab, und
auch vom Einfluss jener schädlichen Feinde, über die er keine Gewalt hat, der
— Ratten, Heuschrecken und Insekten in zahlloser Menge. Er ernährt sich von
den Produkten der Jungle und liebt die Früchte derselben. Die gewaltigen
Höhenzüge, welche von Wolkengebilden umflossen werden, die mächtigen Gewitter werden mit geheimnissvoller Scheu betrachtet: diese Mächte muss er
verehren, anbeten, ihrer glaubt er zu bedürfen für seine Existenz im Kampfe
ums Dasein. Und so sieht er in jedem Phänomen ein Werk Gottes, und betet
nun die Götter an, die er sich selber konstruirt hat.

Man muss nun auf drei Dinge zurückgreifen, die bereits Erwähnung gefunden,
und die eine gewisse Rolle im Glauben der Dyaks spielen. Diese sind die
tragenden Kräfte im Zusammenhalten der Welt, sie heissen: Salampandai,
Pulang Gana und Singalang Burong.

Salampandai ist ein weiblicher Geist und Schöpfer der Menschheit, die Einen
sagen, das sei aus eigener, unabhängiger Kraft, die Anderen, es sei auf Befehl
von Petara. Nach letzterer Auffassung soll Petara ihr anbefohlen haben, einen
Menschen zu schaffen, und da machte sie einen Mann aus Felsen, aber dieser
konnte nicht sprechen, und deshalb verweigerte Petara die Annahme eines solchen
Menschen. Sie begann von vorn, und bildete ein Menschenkind aus Eisen, aber
der konnte ebensowenig sprechen, ihm geschah dasselbe. Zum dritten Male
knetete sie einen Menschen aus Lehm, und dieser besass die Kunst der Sprache.
Petara war sehr erfreut und sagte: „Gut ist der Mensch, den Du geformt hast;
er möge fortan der Vorfahr des Menschengeschlechts sein." Und hernach bildete

die Salampandai nur noch menschliche Wesen und das thut sie noch, sie bildet diese nach Belieben in ihren unbekannten Regionen. Dort formt sie Kinder, wie solche in die Welt kommen; ist nun so Eines fertig, so wird es dem Petara vorgezeigt, der stellt dann folgende Frage: „was möchtest du wohl zur Hand nehmen und womit umgehen?" Ist nun die Antwort: „den Parang, ein Schwert und den Speer", so bestimmt der Petara ihn zum Knaben. Ist indessen die Antwort: „Wolle und Spinngeschirr", so heisst Petara sie ein Mädel. Auf diese Weise bestimmen Knaben und Mädchen nach eigener Wahl ihr Geschlecht.

Eine andere Lehre lässt den Petara den unmittelbaren Schöpfer aller Menschen und Dinge sein:

> Langit Petara dulu mibit,
> Mesei dunggul manok banda.
> Tanah Petara dulu ngaga,
> Mesei buah mbawang blanja.
> Ai Petara dulu ngiri,
> Mesei linti tali besara.
> Tanah lang Petara dulu nenchang,
> Ngadi mensia.

> Petara spannte zuerst die Himmel aus,
> So fest, wie der Kamm des rothbefiederten Hahns;
> Dann schuf Petara zuerst die Erde,
> So stark, wie die Mango-Frucht,
> Dann liess Petara das Gewässer ausfliessen,
> So gross, wie Wände des rothen Felsens,
> Aus dem starren Lehm knetete er den ersten Menschen.

Hier mag nun Petara als Einzelwesen geschildert sein, das eine Menge von Gottheiten einschliesst.

Ein besonderer Gottesdienst zur Ehre der Salampandai existirt nicht. In dem Besänh wird sie als neben den Petaras stehend aufgeführt. Aber dieser grosse Geist ist nie in einer eigenen bestimmten Person sichtbar; im Reiche der sichtbaren Welt soll sie eine Gestalt annehmen, etwa wie ein Frosch, der übrigens auch Salampandai heisst. Natürlich wird dieses Thier mit Ehrerbietung betrachtet und darf nicht getödtet werden. Schleicht es in das Haus eines Dyaks, so wird dem Thier ein Opfer gebracht, dann lässt man es gehen, — aber selten nur ist es zu sehen. Es ist Eins mit dem unsichtbaren Geist. Den Laut, den es von sich giebt, nennt man das Hämmern des Geistes auf seinem Ambos. Dies Geschöpf soll sich in der Nähe des Hauses aufhalten; und sobald ein Kind geboren wird, nähert es sich: kommt es von hinten herein, so wird es ein Mädchen, kommt es von vorn, ein Knabe. Hier ergiebt sich der Fall einer Natur-Anbetung, und dieser findet sich nicht so vereinzelt bei den Dyaks.

Pulang Gana ist die Schutzgottheit des Bodens, die Gottheit, welche über den Anbau von Reis wacht. Nach einer Sage, die in einigen Gegenden umgeht, stammt dieser Gott von Menschen ab. Als die Simpangimpang zuerst niederkam, brachte sie Blut hervor; dies wurde in ein Loch im Erdboden gegossen. Hieraus wurde durch geheimnissvolle Macht Palang Gana, die daher im Innern der Erde wohnt und Herrschergewalt über sie ausübt. Nach anderer Sage ist der Ursprung der Simpangimpang derjenige gewöhnlicher menschlicher Wesen, die im Laufe der Zeit die alten Gesträuche niederschlugen und den Boden bestellten. Als sie am folgenden Tage an ihr Werk zurückgingen, um die Bäume zu fällen, fanden sie, dass diese sich wieder durch unbekannte Kräfte emporgerichtet hatten und so fest standen, wie zuvor. Sie begannen ihre Arbeit von Neuem mit ihren Aexten; aber als sie am dritten Morgen an dem Orte erschienen, fanden sie, dass sich jenes ausserordentliche Naturereigniss wiederholt hatte. Darauf entschlossen sie sich dazu, während der Nacht aufzupassen, um wo möglich die Ursache dieses Geheimnisses zu entdecken. Unter dem Deckmantel der nächtlichen Finsterniss erschien Pulang Gana und begann, die Bäume wieder aufrecht hinzustellen, wie sie vorher gestanden hatten. Sie ergriffen ihn und drangen auf ihn ein, weshalb er ihre Arbeit vereitele. Er antwortete: „Weshalb fügt Ihr mir Böses zu? Weshalb erkennt Ihr meine Herrschaft nicht an? Ich bin Pulang Gana, Euer älterer Bruder, der in die Erde hinabgeworfen wurde, jetzt aber die Herrschaft über sie hat. Bevor Ihr Euch daran macht und die Jungle-

Stauden niederlegt, weshalb habt Ihr nicht zuvor mir das Land abgezahlet?" — „Auf welche Weise denn?" fragten sie ihn. — „Dadurch, dass Ihr mir Opfer und Festlichkeiten darbringt." Und von daher, sagen die Dyaks, stammt der Gebrauch der Opferfeierlichkeiten zu Ehren von Pulang Gana beim Beginn der jährlichen Ackerbestellung. Dieser Gebrauch ist auch heute allgemein bei ihnen verbreitet. Unter Umständen werden diese jährlichen Feste noch weiter ausgedehnt, und werden zu Ehren dieses Gottes die Feste Gawei Batu und Gawei Benik gefeiert, d. h. das Fest der „Schleifsteine" und das Fest des „Säens".

Nach den Begriffen des Dyak sind Geister und magische Kräfte sehr eng mit Steinen verknüpft. Irgend ein bemerkenswerther Felsblock, besonders wenn solcher sich durch seine Lage heraushebt, ist sicher, der Gegenstand einer Art von Cultus zu werden. Kleine Steine mancherlei Art werden als Zaubermittel geachtet, und es ist ein kleiner Stein gezeigt worden, der als eine Art Glaskügelchen mit diversen Farben ausgezeichnet, als „Ei des Sternes" figurirte; dieser Stein galt als unfehlbares Mittel gegen Krankheit etc. Die Wetzsteine, welche indessen aus gewöhnlichem Sandstein hergestellt werden, sind Dinge, denen eine mysteriöse Bedeutung beigelegt wird. Mit diesen werden die Sichel und die Beile geschärft, um den Jungle zu mähen und die Wirthschaft zu betreiben. Es hängt etwas mehr mit diesen Geräthen zusammen, als ein blosses Geräth zu sein. Beim Gawei Batu kommen alle Nachbarn zusammen, um der Ceremonie beizuwohnen; die Wetzsteine werden in der Vorhalle aufgestellt, die Priester umschreiten die Geräthe, singen ein Lied, in welchem Pulang Gana angefleht wird, zu erscheinen und ihnen beizustehen; Glück und Segen wird für die Landwirthschaft herabgebeten. Man erwartet nämlich, dass Pulang Gana aus seiner unterirdischen Wohnung heraufsteigt, um durch seine Anwesenheit seinen geheimnissvollen Einfluss auszuüben, — dann wird ihm dafür ein Ferkel geopfert. Mit dem Gawei Benik ist es ähnlich, nur dient als Gegenstand der Feier die Aussaat.

Der Pulang Gana spielt demnach in der Religion der Dyaks eine grosse Rolle, denn von ihm allein hängt die ganze Lebensfrage ab.

Jetzt bedarf es noch der Erwähnung von Singalang Burong. Dieser Name bedeutet wahrscheinlich soviel wie „Oberster der Vögel." Die Dyaks sind grosse Freunde von Omina, und hierbei spielt der Vogelflug eine bedeutende Rolle. Jene Vögel werden von ihnen mit grosser Achtung betrachtet. Als beim Durchwandern des Gefildes ein solcher Vogel, ein prächtiges Thier, geschossen und einem begleitenden Dyak dasselbe an sich zu nehmen und es zu tragen befohlen worden, schauderte er zusammen, als seine Finger das Gefieder berührten, und dann wickelte er das Thierchen sorgfältig in Blätter ein, ehe er es zum Tragen an sich nahm. Zweifelsohne betrachtete er in seinem Sinn diese That als eine gottlose. Alle solche Vögel gelten als Personificationen und Manifestationen einer gleich grossen Anzahl von Wesen aus der Geisterwelt, die sämmtlich die Eidame von Singalang Burong sind. Dieser selber hat seinen Doppelgänger auf dieser Welt in Form eines schönen weiss-braunen Habichts. Als Geister existiren sie in menschlicher Gestalt, sie sind aber ebenso leicht in ihren Bewegungen, wie die Vögel, und verbinden auf diese Weise Mensch und Vogel in Einem Geisterwesen. Ausserdem steht der Singalang Burong an der Spitze des Stammbaumes der Dyaks. Von ihm leiten sie ihren Ursprung ab, einmal als Mensch, der einst die Erde bewohnt, ein andermal als ein Geist. Von ihm erlernten sie die Kunst des Wahrsagens, und vermittelst der Geistervögel, seiner Schwiegersöhne, hält er heute noch seine Communication mit seinen Nachkömmlingen aufrecht. Eines ihrer Feste heisst „Füttert die Vögel", d. h. bringt ihnen ein Opfer dar.

Aber fernerhin möge noch erwähnt werden, dass Singalang Burong bei den See-Dyaks der Kriegsgott ist, der Schutzgott aller Tapferen. Er ergötzt sich im Krieg und Heerführung ist sein Ruhm. Haben die Dyaks einen solchen Heerführer bekommen, sei es auf reellem oder hinterlistigem Wege, so stellen sie ein grosses Fest an zu seinen Ehren und bitten um seine Anwesenheit. In der Erzählung vom Mars der See-Dyaks, die in dem „Straits Asiatic Journal" erschienen ist, wird darüber ausführlich berichtet.

Wenn man nun den Dyak in Betreff aller dieser Wesen und der Petaras auf die Widersprüche hinweist angesichts seiner eigenen Ueberzeugung, so verfällt er der äussersten Confusion, wie er sich jene über ihm stehende Mächte erklären soll; er bekennt, dass er sie anbetet, weil sie die Macht besitzen, ihm beizustehen oder zu schaden. Gott oder Geist, Menschenseelen oder Thierseelen — alle werden sie verehrt. Werden ihm die Widersprüche seines Glaubens nachgewiesen, so sagt er einfach, das verstehe er nicht, er glaube und übe das, was seine Vorfahren ihm überliefert hätten.

Es muss aber hier bemerkt werden, dass bei Krankheitsfällen, oder wenn der Tod naht, es der Singalang Burong ist, der Palang Gana oder der Salampandai; es ist nicht Kling, oder Bungai, noch Nuiying, noch irgend ein anderer mythologischer Held, der als Lebensspender angefleht wird, — sondern einfach Petara, welche Idee man auch diesem Namen unterlegen mag. Ist ein Kranker von aller menschlichen Kunst bereits aufgegeben, so ist es Petara allein, der noch helfen kann; dieser wird als die rettende Kraft betrachtet. Stirbt der Kranke, so ist Petara derjenige, welcher der Seele die Erlaubniss ertheilt hat, davon zu gehen. Die Dyaks mögen manch Lebensalter lang im Dunkeln des Polytheismus getappt haben, aber ein Etwas, wie ein Sehnen nach dem Einzig-Wahren, Unbekannten scheint doch am Ende der menschlichen Pilgerschaft ihre Seele zu erfassen.

Obwohl der ganze Begriff von Petara durchaus kein erhabener ist, so gilt er doch als ein wohlwollendes Wesen. Ausgenommen bleibt freilich, dass er es zulässt, dass menschliche Geschöpfe sterben, und das sind Anzeichen seiner bösen Gesinnung, sonst übt er kein Böses aus. Seine Macht zeigt sich zugleich auf Seiten der Gerechtigkeit und des Rechts. Die Wasserprobe als Gottesurtheil ist ein Appell an Petara, sich für den Unschuldigen zu erklären und den Schuldigen zu verderben. Petara „kann nicht ungerecht sein, nicht unrein." Petara weist Fleiss, Ehrbarkeit, Ehrlichkeit in Rede und Tüchtigkeit in Worten und Werken auf. Petara Ini Andan fordert auf, dem Wanderer eine Decke hinzubreiten, dem Hungrigen hurtig Reis zu bieten, nicht saumselig zu sein, den Durstigen mit Wasser zu laben, freundlich zu sein gegen Alle, welche das Herz belastet fühlen, Alle mit Worten zu ermuthigen, die allzubedacht in der Rede sind, seine Hand nicht zum Diebstahl auszustrecken, noch das Herz zum Bösen zu leiten. Unsittlichkeit unter den Unverheiratheten soll eine Regennoth über das Land bringen, eine Strafe, die Petara verhängt. Er muss wieder versöhnt werden mit Opfern und Geldbusse. Um schönes Wetter zu bekommen, bei anhaltender Regenzeit, die man dem unsittlichen Leben zweier jungen Leute zuschrieb, wurde Petara angefleht, und die Uebelthäter wurden von ihrem Hause vertrieben, — man sagt, das schlechte Wetter habe darauf sofort sein Ende erreicht. Jeder District, den ein Ehebrecher betritt, wird von den Göttern verflucht, bis ein besonderes Opfer dargebracht worden. Auf diese Weise ist Petara gegen Sünde der Menschen; aber ausser den moralischen Uebertretungen haben sie noch manche Sünde erfunden, die weiter nichts als eine Verletzung von Pemate oder Tabu ist, — also unbedeutende oder abergläubische Dinge betreffen.

Die hervorragende Idee, welche die Dyaks von Petara hegen, ist die, dass er der Retter des Menschengeschlechts ist. In dem Liede am Hauptfeste, wenn die Boten zum Himmel emporsteigen, um den Singalang Burong zu holen, kommen sie an der Wohnung Petara's vorüber und laden auch ihn zum Feste; er aber antwortet: „Ich kann nicht hinabkommen zu Euch, denn es könnte leicht Jemand kommen, der sich in meiner Abwesenheit grämt. Sogar wenn ich einmal die Augen schliesse oder in's Bad gehe, so werfen sie sich nieder und fallen um." Petara verlässt seine Wohnungen nicht anders, als dass er sich um ein Menschenwohl bemüht; und so oft er hierin nachlässt, unterlässt er seine Pflicht. So rufen die Mancuys, wenn sie das Opferhuhn über den Kranken schwingen:

Laboh daun buloh,	Laboh daun buloh,
Tangkap ikan dungan;	Tangkap ikan sehma;
Antu kah munoh,	Antu kah munoh,
Petara naroh ngembuau.	Petara ngamba sa-rumah.
Laboh daun buloh,	Laboh daun buloh,
Tangkap ikan mplasi;	Tangkap ikan juak;
Antu kah munoh,	Antu kah munoh,
Petara ngaku mengadi.	Petara ngaku anak.

Wenn das Bambusblatt abfällt,
Und vom Dungan-Fisch erhascht wird;
Und wenn Antu zu tödten wünscht,
So nimmt Petara es in sichere Verwahrung.

Wenn das Bambusblatt abfällt,
Und vom Mplasi-Fisch erhascht wird;
Und wenn Antu zu tödten wünscht,
So wird Petara es als Bruder beanspruchen.

Wenn das Bambusblatt abfällt,
Und vom Semah-Fisch erhascht wird;
Und wenn Hantn zu tödten wünscht,
So wird Petara es beanspruchen zu seinem Haushalt.

Wenn das Bambusblatt abfällt,
Und vom Juak-Fisch erhascht wird;
Und wenn Antu zu tödten wünscht,
So wird Petara es aufnehmen als Kind.

Wenn das menschliche Leben hinsinkt, wie ein Blatt abfällt, und die bösen Geister wie hungrige Fische herbeieilen, es zu verschlingen, dann erscheint Petara und beansprucht das Leben, als ihm zugehörig, als sein Kind, seinen Bruder, und bewahrt es lebend. Die Besauh-Feier ist eine Verherrlichung dieser Idee, einer Idee, der vor allen anderen die Dyaks anhängen, denn die Welt ist nach ihrem Glauben von bösen Geistern erfüllt, die stets hurtig bei ihnen sind. Die Petaras werden nicht in Tempeln verehrt, auch nicht mittelst Götzenbilder angebetet. Die Idee von Göttern hängt so eng mit der Idee vom Menschen zusammen, dass, da die eine sich so gering über die andere erhebt, sie wahrscheinlich nie die Nothwendigkeit empfunden haben, Petara unter einer bestimmten materiellen Form darzustellen. Petara ist ihr eigener Schatten, der in die höheren Regionen hineinragt. Jeder Begriff, den Menschen sich von Gott bilden, muss mehr oder weniger anthropomorphischer Natur sein, und zwar ganz besonders eine solche Auffassung bei dem Wilden. Er „bekleidet seinen Gott mit menschlichen Eigenschaften. So wie menschliches Wissen wechselt, so wechselt seine Idee von Gott; je höher er emporsteigt auf der Stufenleiter des Lebens, desto klarer und reiner wird sein Erkennen, und seine beständige Idealisirung seines besseren Ich ist der stets fortschreitend sich bessernde Reflex vom göttlichen Dasein" (cf. *J. Perham*).

> Ἀλλὰ βροτοὶ δοκέουσι θεοὺς γεννᾶσθαι
> Τὴν σφετέρην τ'αἴσθησιν ἔχειν φωνήν τε δέμας τε
> Ἀλλ' εἴτοι χεῖρας γ'εἶχον βόες ἠὲ λέοντές
> Καὶ γράψαι χείρεσσι καὶ ἔργα τελεῖν ἅπερ ἄνδρες
> Ἵπποι μὲν θ'ἵπποισι, βόες δέ τε βουσὶν ὁμοίας
> Καὶ κε θεῶν ἰδέας ἔγραφον καὶ σώματ' ἐποίουν
> Τοιαῦθ' οἷον περ καὶ αὐτοὶ δέμας εἶχον ἕκαστοι
>
> (ὡς φησιν ὁ Ξενοφάνης).

Celebes begreift auf der südwestlichen Halbinsel das Bugi im Osten und das Macassarische im Westen, wogegen nördlicher das Gebiet der Mandhar-Sprache sich anschliesst, soweit nicht vom Bugi verdrängt (an Stelle der Macassaren eingetreten). La population de Célèbes est composée des Alfoeres, aborigènes de cette contree puis d'Orang-malayu (hommes errants) malais nomades (s. Temmink). „Das Macassarische erstreckt sich über Macassar, Gowa (Goa), Sauraboue, die sogenannten Süddistrikte, Turatcija, Bonthain und einen Theil von Bulukumpa (Bulekompa), corrumpirt wird es auf Salayer gesprochen" (s. Waitz), mit Bugi gemischt (wie in Maros) an der Südspitze (in Bonthain und Bulukompa). „Auf der Ostseite sind Boni und Wadjo die beiden

Hauptländer der Bugis. Letzteres im Norden von Tjenrana reicht nördlich bis nach Lumu und an das Gebirge von Toradje, westlich bis Adja Tamparang, südlich bis zu dem süssen Meere, dem See von Labaya; das Reich Wadjo, das zeitweise auch an Macassar unterworfen gewesen ist, soll von Flüchtlingen aus Lumu gegründet worden sein." Im Innern finden sich die Turaja, als die hier charakteristische Localform der Alfuren (im sog. malayischen Inselmeer). „Les habitants des Célèbes, près Menado, rapprochaient bien plus les hommes des Polynésiens, que des Malais" (s. Dumont d'Urville). The mountains of the interior (of Celebes) generally are inhabited by wild races, whom the Malays call Dyaks, as they do the people of Borneo and Sumatra in the same state of society; the very centres of the island is occupied by a people called by the more civilised inhabitants Turaja (s. Crawfurd). „Celebes is in het algemeen in vijf deelen verdeeld, de noord-oostelijke landtong, de oostelijke landtong, de zuid-oostelijke landtong, en de zuidelijke landtong met de Westkust" (1881). Les Mangkassars et surtout les Boughis (in Celebes) ressemblent plutôt au Carolins et au Tongas (Polynésiens, plus qu'aux Malais), ainsi que les Dayaks de Borneo (s. Rienzi), und so die Tenimber (am Ausgangsthor der Molukken). An der Ostseite sind die Sprachen der Laiwui und Tabunku verwandt, und letztere die von Tabunku; wogegen verschieden die von Poleang und Rumbia, an der Südküste gelegen (von Buton abhängig). Die Bewohner von Manui oder Warway stammen von Celebes (aus dem nördlichen Theil der Insel). In Nordost-Celebes zersplittert sich der Sprachstamm in eine Vielfachheit von selbstständig abgezweigten Dialekten, aus deren Verbreitung das Holontalo hervortritt als „bedeutendste Sprachprovinz" (s. Joest), in „jenem verhältnissmässig kleinen Theile von Celebes" (1883), wo jetzt noch ca. 30 Sprachen gesprochen werden, die, wenn der ursprüngliche Sprachstamm der Eingebornen auch derselbe war, dennoch in so verschiedener Weise sich entwickelt haben, dass heutzutage Leute aus verschiedenen, durch keine natürliche und politische Grenze von einander getrennten Orten sich häufig absolut nicht verständigen können", was (wie der Verfasser zufügt) das Eindringen der lingua franca (im Malayischen) fördern musste (cf. „Das Holontalo, Glossar und Grammatik"). Die macassarische Sprache enthält Sanskrit-Wörter, durch das Javanische hindurchgegangen. Seit Abhängigkeit von Madjapahit (s. Roorda), neben Gorontalo (b. Dulaurier), siedelten Malayen von Tsiampa, Johor (und Menangkabaw) in Macassar an. Bis zum Emporkommen der macassarischen Macht (17. Jahrhundert) herrschte Ternate auf Celebes (von Menado bis zur Bucht von Kajeli), wie im Süden der Tomini-Bai, auch an der Nordküste, sowie auf den Bangaai und Xulla-Inseln nebst den Landschaften Balante und Mondono. Nachdem sodann Menado, Gorontalo und Tomini durch die Macassaren besetzt war (1634), bemächtigten sich diese auch Kajeli's „und in kurzer Zeit erstreckte sich die Macht von Macassar auch über Buton, die Xulla-Inseln Sumbawa und Saleger" (s. Waitz-Gerland). Zur Blüthezeit des buginesischen Seeverkehrs wurden Handelsverträge mit Chinesen und Malayen abgeschlossen, und der Wadschuresische Matowa (Stammeshäuptling) Amanna Gappa verfasste (1670) den buginesischen Handels- und Seecodex (Undang-Undang). „Was die Herrschaft auf den Schiffen betrifft, so hat der Anakada die weitgehende publicistische Rechtsstellung, welche die orientalischen Seerechte dem Schiffspatron gewähren, er ist auf dem Schiffe einem König zu vergleichen, sagt das buginesische Rechtsbuch, ebenso wie das malayische" (cf. Kohler). In Verbindung mit den Bugis trieben die Macassaren (unter Kraing Samerlak) Piraterei gegen Munsur Shah von Malacca (1374).

Früher erstreckte sich die Oberherrschaft der Macassaren vom Reiche Goa über die Bugis (und die Conföderationen von Boni, Soppeng und Wadjo), bis unter der holländischen Besitzergreifungszeit der Verfall eintrat, indem sich die Buginesischen Fürsten mit den Holländern zum Sturze Goa's verbunden hatten. In Tingimai oder Bunti finden sich die Gräber der alten Könige von Goa. In Tello (bei Macassar) finden sich Steinreste aus den Befestigungen der früheren Könige von Tello. Zu Oedjoeng, wo Boti in Lempangang (der Sohn Goa's) verschwand, findet sich die Spur seiner Füsse. Unter den Reichsinsignien Goa's wird die Koelaoe-naga genannte Drachenverhärtung bewahrt, die drei Tage nach Toemanoeroenga's Niederstieg ebenfalls vom Himmel fiel. Kraing Bajou (in Celebes) zeugte mit Toumanouroung den Sohn Massalanga-bairajang

(s. Baker). Celebes (hoofd-plaats Makasser) begreift: Gouvernements Landen (in 5 Abtheilungen), Leenoerige Landen (Bone und Tanette), Bondgenootschappelijke Landen (Gowa etc.) und Niet bondgenootschappeligke Landen (1888).

Die Lunja-boko genannten Gemeindefelder, von denen der Rajah den Niessbrauch bezieht (in Goa), werden durch freiwillige Arbeit der gesammten Bevölkerung bepflanzt und bei der Reisernte bearbeitet, unter Schlachten von Büffeln und Anstellen eines Festes (beim Katanka-Gebirge). Ebenso verhält es sich mit den Tatarupan genannten Reisfeldern (am Hause des Rajah und Jungayah). Für Diebstahl verordnete der Rajah von Goa früher die Strafe des Krissen. Der Bintang-tiga genannte Stern bezeichnet durch seinen Aufgang den Anfang der Reiscultur, der Bintang-tuju die Ernte (in Limbotto), unter Trinken von Bohito (Sagnweer oder Palmwein). Das Macassar-Oel wird aus der Badjo-Frucht (Schleichera trijucha) bereitet. Das Minja-badjo genannte Macassar-Oel heisst, wenn wohlriechend bereitet, Minja-batu.

Bei Schwangerschaft (in Celebes) werden Speisen hingesetzt für die sieben Brüder (eines Mannes) oder die sieben Schwestern (einer Frau), womit jeder Mensch geboren ist, als das Fruchtwasser, der Nabelstrang, die Nachgeburt, das Mutterblut, der Ausfluss und das Zwillingspaar, das durch den Geist der Voreltern im Himmel und den Vorfahren des Crocodil gebildet wird. Bei der Hochzeit (auf Celebes) wird der Bräutigam mit Reis umstreut, um den Lebensgeist festzuhalten, der, durch das grosse Glück verwirrt, zum Entweichen geneigt sein möchte. Da bei einem fürstlichen Leichenzug die Dämone durch den Lärm der Begleiter nach allen Seiten verjagt werden, verbrennen die Bewohner der am Wege liegenden Häuser Salz, um das darauf Niederfallen zu hindern (in Celebes). Zu den bösen Geistern (in Celebes) gehören die Popo (Frauen mit stechendem Blick), die Parrakang (glühende Kohlen auf dem Kopf tragend), die Poentiyana (im Kindbett Verstorbene), die Tampakoro oder Korotjatji (zwergartige Kobolde), die Panroli (der Mannbarkeit beranbend), die Asoe-pouting (als Hunde) u. s. w. Von den ersten Göttern war der von Loemimoeoet uit een steen, en de andere uit te aarde (als Karejma) entstanden (in der Minahassa). Durch den Südwind geschwängert, gebar Loemimoeoet „een zon, die Toar werd genoemd" (s. Wilkens). Loemimoeoet is de Empong toewa (de andere), neben Moentoenoentoe in Kasan doekhan (in de lucht), über die Empongs herrschend (in der Minahassa).

Die Turaja (in Celebes) stammen von Tonia Kumbung Ribura (der auf dem Wasserschaum gelebt habende), der aus einem Bambus entstand, als noch Alles unter Wasser stand (ausser den hohen Bergspitzen). Er wohnt an der Quelle des (bei Jampua, nördlich von Pare-Pare mündenden) Sadang-Flusses. Seine acht Söhne verbreiteten sich über das Land der Turaja, indem Einer in Rantebulawan verblieb, Einer nach Balauipa wanderte, Einer nach Marmasa, Einer nach Malabo, Einer nach Messaba, Einer nach Matanga, Einer nach Lengo und Einer nach Belua. Bei den Turaja wird der Dewata des Himmels (Dewata Langi), der Berge (Dewata Butu) und der Erde (Dewata Lita) verehrt. Der Tapupu, als Brani (oder Held) darf es wagen, die Dewata anzurufen (bei Krankheiten, Reispflanzen, Noth u. s. w.). Der Tapupu (als Zaubergeist der Vorfechter) vereinigt den Bräutigam und Braut bei der Hochzeit, wenn ein Büffel geschlachtet wird (bei den Turaja). Der Tapupu weissagt bei Geburten. Im Todesfall versammeln sich alle Familienglieder, indem Jeder ein weisses Stück Tuch mitbringt, um den Todten einzuwickeln, bis die Leiche stehen kann, dann wird dieselbe in ein Felsengrab beigesetzt, das verschlossen wird (bei den Turaja). Wasser heisst Hangoi (bei den Wahau), Sungai (bei den Kanya), Danum (bei den Bahan) in der Sprache der Dayak.

Sihr,	go,	klan,	pet,	mo,	norn,	so,	tuyo,	saptin,	suang (bei den Modang).
1	2	3	4	5	6	7	8	9	10

Yukut = Fisch	Kra = Affe
Trunju = Finger	Makam = Fluss
Betis = Fuss	Gobang = Schiff
Telinga = Ohr	

sa,	dua,	talu,	ampat,	lima,	anam,	tuju,	wualu,	sangar,	sapnlu
1	2	3	4	5	6	7	8	9	10

in der Sprache von Koetei (mit Malayisch gemischt).

Sprache der Turaja von Messawa
(aus dem Innern nach Mandhar und Laiwui kommend).

Mensch	= To	Fenster	= Pasoelebarang
Mann	= Laki	Sarong	= Lija
Frau	= Birang	Jacke	= Badjoe
Kind	= Kana-Kana	Hackmesser	= Piso
Haus	= Banua	Beil	= Awase
Dorf	= Tondo	Pferd	= Darang
Kopf	= Ulu	Banane	= Poenti
Auge	= Mata	Ziege	= Beke
Haar	= Belua	Vater	= Ambe
Ohr	= Talinga	Mutter	= Indo
Nase	= Illa	Freund	= Sandodorang
Mund	= Bibi	Geschwister	= Loeloe-Battang
Zähne	= Isi	Büffel	= Bombong
Hand	= Katea	Schwein	= Babi
Fuss	= Bitti	Hund	= Boecka
Finger	= Rengka	Katze	= Tjoeki
Bart	= Soesoe	Affe	= Kodo
Penis	= Laso	Wasser	= Uwai
Kutte	= Pondo	Reis	= Pare (Paddi)
Erde	= Lita	Preis	= Barra
Himmel	= Langi	Reisfeld	= Tompo
Berg	= Boettoe	Cocos	= Kalimbong
Mais	= Dolle	Salz	= Masiah
Thür	= Baba	Fluss	= Salo
Hose	= Tjalana		

Mesa,	doewa,	Tulu,	Appa,	Lima,	Anang,	Pitu,	Aroea,	Amesa,	Sapulu,
1	2	3	4	5	6	7	8	9	10.

Auf der Insel Samba stehen die (glatthaarigen) Eingebornen meist unter buginesischen Häuptlingen, die sich gegenseitig (im Pferdekauf) bekämpfen. Die Bajau oder (bei den Macassaren) Tau-ri-jene ("men of the sea") heissen Wadjo ("men that go in troops") bei den Buginesen, als Orang-laut (der Malayen). Mit Orang-Badjus werden die Fischer (und gelegentlichen Seeräuber) verstanden, unter Buginesen (mit Wadjos) verwandt, für die Handelsleute der Küsten (auf Celebes). Zwei Tagereisen von Mandhar kommt man nach dem Dorf Taramauu (mit der Residenz des Fürsten) und einen Tag weiter zu den Rante wulawan (auf den Bergen), in grossen Häusern lebend, mit Gärten (gegen Schweine befestigt). In Balanija (bei Mandhar) wohnt der Oberfürst, als Mandhar (von dem die Turaja abhängig sind). Die Mandharesen stehen unter sieben Fürsten, die Kaïli unter vier Fürsten.

Ein geweihter Platz von Süd-Celebes, welcher öfters von den Gläubigen besucht wird, ist die in der Nähe von Maras gelegene Grotte von Boeloe-Se-pony. In dieser Grotte findet man einige aus Tropfstein gebildete Figuren, wovon die Legende Folgendes erzählt: An der Stelle, wo diese Grotte gefunden wird, stand in früheren Tagen der Bambuspalast eines gewissen Karaeng-Borong, und als dessen Ehegattin die Webespule, die beim Weben auf den Boden unter dem Hause gefallen war, von einer Hand aufheben liess, versteinerte plötzlich der ganze Palast mit allem darin Befindlichen. Heut noch zeigt man uns den versteinerten Karaeng-Borong mit seiner ganzen Familie. Er scheint, obgleich von Stein, ein sehr empfindliches Herz behalten zu haben, denn manchmal sieht man eine Menge Leute, Männer wie Weiber, zu ihm gehen, um seine Hülfe anzurufen (cf. *Matthes*).

In fast jedem Hause Bonthains findet sich ein Schlafplatz für Karaeng-lowe (den grossen Herrn), dessen Tempel in Pantarang-Kake, in Bisampole, in Djera und Tonrokassi durch Pinati (Priesterinnen) bedient werden (während sonst Felsen, Bäume u. s. w. bewohnt sind).

Bei Furcht vor einem Pangaroli, der die Mannbarkeit raubt, wird in allen Häusern (Macassars) Lärm geschlagen mit Stampfen in den Reismörsern, zum

Wegjagen (während die Jünglinge versteckt werden). Die Himmelsleiter (zum Herabrufen des Lebensgeistes) wird aus Webestücken hergestellt (in Macassar). Die Macassaren stellen beim Hausbau die Thür des Gartens und des Hauses nie in eine gleiche Linie, sondern stets etwas seitwärts (um Unglück zu verhüten). Beim Austragen eines Fürstenkindes (in Goa) schlagen die Vorangehenden die Katjim genannten Becken zusammen, um die Dämone zu verscheuchen. Der Baju-raute genannte Kettenpanzer (mit Silber oben und unten) wird vom Fürsten beim Kriege getragen (in Goa). Im Innern von Celebes wird das Pflügen durch den Vornehmsten begonnen. Die Steingräber von Lintattara (bei Lemo-Lemo), wo sich Figuren eingemeisselt finden, haben (theils mit, theils ohne Holzsärge) zu Begräbnissen gedient, und trifft man auch Knochen der geopferten Büffel (in Celebes). Udjung-Pandang (Landspitze des Pandang-Baum) heisst die Stelle, wo das Fort Rotterdam steht (in Macassar).

Als man nach blitzendem Unwetter in Boni, den weissgekleideten Mann erblickend, denselben als Toemanoeroejang zum Fürsten wählen wollte (mit der Lanze Latoleyang ausgestattet), führte dieser (weil nur dienender Sklave) nach dem Dorf Matadjang, wo (unter nochmaligem Unwetter) der Gelbgekleidete (die Lanze Lasalaija tragend erschien, als Fürst Manoeroenge-ri-Matadjang (bei Matadjang niedergefallen). Unter den Reichskleinodien von Boni findet sich das (für Regen aufgehangene) Bauchband (Danriorae) des Fürsten Aru Palakka. Nur die fürstlichen Familien (bei den Bugis) dürfen drei etagenartige Aufsätze an ihrem Hause anbringen. Der Seher Boto-Lempanjang stritt in Zauberkunst mit Dato-ri-Bandang, der den Islam in Tello einführen wollte.

Die Wadjo oder To-Wadjo (Lente des Wadjo-Baums) sind nach dem Baum (Wadjo) benannt, unter welchem die auf einem Floss ausgesetzte Prinzessin gelandet. Die Buginesen leiten sich von Luwu ab. Latamamang (Vorfahr der Könige von Soppeng) kam vom Himmel. Die Conföderation von To-Wadjo oder Wadjo erwählte den Fürsten Patara zum König und Padanrang im Frieden, für die 40 Fürsten (unter 7 Oberhäuptern). Als Bola-Lempangang einen heiligen Kreis um Tinggi-maie (bei Goa) zog, fand sich eine Koelaoe-naga (Steinverhärtung des Drachens). Mata-Selampoe (erster König von Boni) kam vom Himmel, mit der Prinzessin von Toro vermählt). Die Tapuya (bei Todtenmessen) sagen, „dass ihr dieser Freundt besser im Leibe, alss in der schwartzen Erde verwahret sey" (s. Zacharias Wagner), gleich Kalantiar (im Brauch der Batak).

Batara-Goeroe (der älteste Sohn des Himmelsgottes) kam in einem Bambus vom Himmel herab (nach Loewoe), um die noch formlose Erde für die Menschen einzurichten, und vermählte sich mit We-Njili-timo, der aus dem Meerwasser aufgestiegenen Tochter des Unterweltsgottes. Die Bissu (in Luwu) bedienen sich im Verkehr mit den Vorfahren der alten Sprache der Buginesen (in der Ekstase). Mangarangi-Alauddin Toemenanga ri gavekauna, König von Macassar (und Goa), eroberte mit seinem Reichsverweser Malieng Daeng Manjon ri Karaeng matowaja, König von Tello, die Insel Buton (1626). Zu Boetta-Mangkasara (oder Macassar-Land) der Taoe-Mangkasara (Macassar-Leute) gehört Goa, Saurabone, Toerateja und Tello. Nach Eroberung des Forts Sombopoe (1669) schloss Spelmann Friede mit Goa.

Ritanj Djeng (gestützt werden), als Mak nitoenghoeloe, wurde ursprünglich zu allererst vom König von Gowa und später auch vom König von Boni gebraucht, wenn der Fürst bei feierlichen Gelegenheiten auf einem tappere-maliboe gesessen, hinter sich vier Prinzessinnen, entweder alle vier in Djoembas gekleidet, oder zwei in Djoembas und in kurze Jäckchen, oder alle vier in wadjoe-rawanys, die ihn gewissermassen stützten. Dieser Gebrauch dürfte dadurch entstanden sein, dass nämlich in früheren Zeiten, als der König von Gowa einmal einen Wind liess, der toe-mailalang missgestimmt fragte, wer dies begangen habe. Eine junge Frau, die zufällig hinter dem König sass, sagte schnell, sie wäre die Schuldige, und rettete dadurch die Ehre des Königs. Daher dieser Gebrauch (cf. *Matthes*).

Der Fürst (Madika) in Laiwoei residirt in Lepo-lepo (über die Alfuren oder Tokea herrschend), mit dem Sapati oder Minister. Dann folgt der Capitan. Es wird ein Dewata in der Luft, in der Erde, in dem Berge verehrt (mit Schlachten von Büffeln). Die Alfuren von Buton sind dunkler, als die Alfuren von Celebes, mit krausem Haar, dünnen Beinen und Armen (ähnlich denen Cerams). In Masenreng Poeloe brennen sich die Alfuren, indem sie Pulver in einem Tuch auf den Arm binden beim Fortlaufen (zum Zeichen der Herkunft). Die Händler der Buginesen (und von Kajeli) machen Reisen von Dongala (in der Palos-Bucht) nach Parigi im Golf von Tomini, durch unbewohnte Hügel, meist zu Pferde (in einer Tagesreise). Die Fürsten von Mandhar (mit Balanipa als Ersten) führen den Titel Maradiga. In Boni und Suawa herrschten Rajahs, die mit Limbotto verwandt waren. Zu den Adja tappawang (den Ländern westlich vom Meere) gehören die Reiche Rappang, Sawita, Alietto, Soeppa und (am See Tampe) Sedendereng (unter den Adatu-watta betitelten Fürsten). Im Innern von Peling wird die Frau an Fremde vermiethet, indem man den Preis für jede Liebkosung stipulirt. Ist z. B. nur der Coitus bezahlt und werden ausserdem auch die Brüste angetastet, so entsteht (wenn die Bezahlung für das Ausschreiten nicht nachträglich besonders gut gemacht wird) Streit und Mord.

Die Bugis in Bingkoka (mit den Alfuren des Innern verkehrend) stehen unter dem Rajah von Loewoe. Der Fürst (Pajung oder Sonnenschirm) von Loewoe residirt in Palopo (über die Alfuren herrschend, welche mit der Palos-Bay an der jenseitigen Küste handeln). Die Alfuren in Polian und Roembia sind dem Sultan von Boeton unterwürfig. In Tomboeki wohnen Alfuren (in Bangai auch Seeräuber), wie in Todjo, aber mit Tontoli beginnt die Bevölkerung von Menado.

Die Leiche des Fürsten von Goa wird auf einer Plattform ausgelegt, welche, wenn sämmtliche Familienglieder sich daneben niedergelassen haben, nach dem Grabplatz getragen wird. Bei Todesfällen verändern die Rajah von Goa ihre Residenz in Gowa, Bambung-Djawa, Gunung-sari, Buki-tinggi etc. Les populations des partes méridionales désignent Célèbes sous le nom de Tanah-Boegis (le pays des Boeguinais) ou Tanah-Mangkesser (le pays des Mangkessères), als Macassar (s. Temmink). Der über den Leichnam gegossene Arak wird getrunken (auf den Aru). Wenn der Leichnam so lange gelegen hat, dass er vollkommen in Fäulniss übergegangen ist, muss jeder Verwandte ein Stückchen Haut von dem Todten essen (s. Ribbe). Die schöne Lingkanbene (in der Minahassa), auf der Erde umschweifend, sah (auf einem ihrer Züge) „in Europa op een Kasteel, het hoofd van die Empongmensch Mararor, die half mensch, half steen was, en wiens mond de eene helft welgeschapen was, en de andere helft den vorm van een Kakatoe-mavel had" (s. Wilkens). Mangandoroe heisst Donner (in der Bahasa Sanggiang oder Batang Danoem Masirai), Tempoen: Herr, Loemba: Crocodil, Anak: Kind, Oeloe: Mensch, Njaloeng: Wasser (in Borneo).

Die Buginesen (mit Loewoereser, Soppenger, Mandaresen, Sedenderenger u. s. w.) heissen Taoe-Woegie, von dem in Wadjo gelegenen Platz Woegi. Die Händler unter den Buginesen sind meist Wadjoresen. Der Berg Lompo-battay bildet den Pik von Bonthain. Tamparang-labaya ist das Meer von Tempe. Die Sprache der Badjan oder Tidoenger ist mit Macassarischem und Buginesischem vermischt. Der Radjah von Dongala (in Palos) residirt in Ganti. Bei Einladnng zum Fest (oder Kriegszug) schickt der König von Boni an seine Vasallen (Palili) die Bila-bila genannten Knotenstränge.

Als der neben dem, auf dem Berge Latinodjang (in Luwu) herrschenden, Fürsten auf dem Gebirge von Bonthain niedergesetzte Fürst die Hühner durch die Umwohner zu sich zu locken wusste, übertraf er den Ersteren an Macht (in Bobo-Karain). Wenn der Fürst von Toli-Toli (in Tontoli) stirbt, folgt als nächster im Rang der Djujngu (erster Minister) und diesem dann (bei seinem Tode) der Zweite an Rang, als Kapitan-laut oder Befehlshaber in der Hauptstadt Ngaloe. Die Bezirkshäupter heissen Anakapuna und die Dorfhäupter Marsauli. Dialekte unterscheiden sich von Tombulu, Tompakowa und Tonsiua. Limbotto bezeichnet Lima-uttu oder Lemauttu (Fünf-Stämme). In Loewoe wird die alte Sprache der Buginesen geredet. In Laiwoei (an Loewoe grenzend) finden sich Alfuren. In Mandhar (mit dem Alphabet der Buginesen) wird ein mit der Sprache der Turaja verwandter Dialekt geredet. In Kajeli wird in eigenartiger Sprache geredet. Neben dem gewöhnlichen Alphabet der Macassaren findet sich ein älteres, das ausser Benutzung gekommen ist. In Buton und Bolio ankern die Schiffe in Bave-bave (oder Kalagoesang), und der Fürst residirt in Soeraboliyo. In der alten Sprache der Buginesen ist das Heldengedicht La-Galiyo geschrieben. Das Macassarische Alphabet ermangelt verschiedener Buchstaben, die sich im Buginesischen finden. Das Buginesische enthält 23 Consonanten und 5 Vocale (mit inhärirenden), das Macassarische 19 Consonanten und 4 Vocale (mit inhärirenden).

Bulang = Mond	Kamuru = Nase
Pepe = Feuer	Tau = Mensch
Dschäne = Wasser	Yuku = Fisch.
Gigi = Zähne	

Saera, Rua, Tallu, Apa, Lima, Anang, Tuju, Sagantuju, Salapan, Sampulu (1—10), in Macassar.

Keting = Mond	Inga = Nase
Api = Feuer	Tau = Mensch
Uwäh = Wasser	Baleh = Fisch.
Ichih = Zähne	

Saadi (Kaedi), Dua, Tellu, Uppa, Lima, Inrüng, Pitu, Arrua, Azera, Sepulu (1—10), bei den Bugis. — Zahlen in Timor (Koepang): Aes, nua, taeu, ha, nim, nä, hitu, fang, säo, boäs (1—10).

„Der männliche Hirsch trägt verschiedene Namen, je nach der grösseren oder geringeren Entwicklung der Hörner. Hat er nicht mehr als zwei kleine Knoten, so nennt man ihn baloeboesoe oder auch wohl (in Banbaeng) rappo rappola, nach einer gleichnamigen Frucht. Wenn er zwei Hörner hat, so heisst er ponodo. Nachdem diese Hörner bis zu dreimal abgefallen sind, entstehen wieder zwei kleine Knötchen, noch kleiner als die ersten, hapongholang genannt. An deren Stelle wachsen nachher wieder zwei Hörnchen in der Form einer kleinen Haarflechte, welche die Figur eines pengka hat. Diese Hörnchen werden daher auch sunboleng-pengka genannt. Nachdem diese sunboleng-pengka wiederum bis zu dreimal abgefallen sind, zeigen sich alsbald zwei Hörner, jedes mit einem Zacken oder Haken, gewöhnlich pakai-rarame genannt, da sie wirklich dazu gebraucht werden, um die Paddistoppeln aus dem Boden zu ziehen. Auch diese pakai-rarames fallen bis dreimal ab, um danach durch zwei Hörner ersetzt zu werden, welche jedes zwei Zacken haben und den Namen Sarengke tragen. Man spricht aber meistens nur von Djonga-sambatang, wenn schon Zacken an den Hörnern sind, welche aber noch nicht so ausgewachsen sind, dass man dafür den Namen tamoekang anwenden kann. Tamoekang-tjadi heisst es, wenn jedes Horn nur zwei Zacken (grösser als bei den sarengke) hat. Sind aber vier Zacken an jedem Horn, was der Fall ist, wenn die früheren Hörner wieder bis dreimal abgefallen sind, so ist der Hirsch ein tamoekanglompo oder palempeng. Alsdann, wenn auch diese Hörner bis dreimal abgefallen sind, bekommt er zwei Hörner mit einer grossen Menge Zacken; daher dann auch der Name borong-lako oder, mit einem halb malayischen Ausdruck, borongsui, d. h. mit Hörnern gleich einem Busch sierih. Einem solch alten Hirsch wird soviel wie möglich das Leben geschont" (cf. *Matthes*).

Der Fürst herrscht als Tupu (in Samoa). Le Manahune ne pouvait guère sortir de sa caste (il pouvait devenir Raatira par un don definitive, mais rare). Il pouvait, il est vrai, devenir Arioi et prêtre, mais il conservait une position proportionellement inférieure, bien qu'elle l'élevât beaucoup, en certaines occasions, non seulement au dessus des siens, mais même au dessus de la classe immédiatements supérieure. Il pouvait aussi devenir tenteu arii, c'est-a-dire domestique d'un Arii, et il acquérait alors une trés grande importance mais il n'était jamais qu'un rayonnement de la puisance qu'il servait: ce n'était jamais qu'en ce nom révéré qu'il pouvait commander le moindre respect et la moindre obéissance; là était la borne de ses grandeurs; et on ne passait pas audelà (s. Bovis) in Tahiti (1817). Aus dem Westen kam der Vorfahr der Wagap zum Fluss Amoa (in Neu-Caledonien). Bei Erdbeben muss man in Timor laut schreien, um den Riesen, der die auf den Schultern getragene Erde schüttelt, das Dasein von Menschen anzuzeigen. Sandelholz (Han meni) darf in Timor nur für die Fürsten gehauen werden (und ihnen abgeliefert). In Timor darf die Leiche nicht beerdigt werden, bis die Schulden (den Gläubigern) bezahlt sind. Ein Sklavenjunge aus Rotti (Nachts Feuerflammen auf dem Kopf von Pferden und anderen Hausthieren spielen sehend und aus diesem Traum Glück prophezeiend) beraubte seinen Herrn, den Radja Abineno in Houmeen (in Amarassie) seiner Schätze und flüchtete ostwärts nach Banama oder Amanoebang, wo er Nachts in der Nähe des Dorfes auf einer Höhe ein grosses Feuer anzündete. Als die überraschten Einwohner Morgens nach der Ursache zu suchen kamen, trafen sie ihn mit den Kostbarkeiten, goldenen und silbernen Platten, ausgeziert und erfuhren, dass er von Oesi-neno aus dem Himmel herabgesandt sei, das Land zu beherrschen, wo er an Stelle des gehassten Fürsten auf den Thron erhoben wurde, als Ahn des Herrscherhauses Amanoetang (wo es verboten oder Pomali bleibt, Houmeen zu besuchen). — Die Inoe genannten Halskugeln (korallenartig, aber geschmolzen) sollen aus alten Zeiten in Timor eingeführt sein, hoch im Preis stehend. Die Tainoesa genannten Kleider wechseln in der Landschaft Timor's nach den Verzierungen. Die als Botschafter des Fürsten Asoepaha (Hund des Landes) genannten Meo oder Vorfechter (in Timor) tragen Goldplatten an den Zähnen. Die Timoresen bezeichnen Büffel oder anderes Eigenthum mit Merkzeichen oder Malak, die nach den Landschaften sich unterscheiden. Die Timoresen sind durch den Poni genannten Dienst verpflichtet, die Ländereien der Fürsten zu bebauen. Von den bösen Geistern (in Timor) erscheint Oesi-paha (Herr der Erde) aus dem Boden zuerst als ein Camarinenbaum (zu schrecken), während Atois in Gestalt einer Eule (Roeteroehi oder Goeteroehi) umherfliegt. Nach den Timoresen schwimmt die Erde auf dem Wasser. Die Zauberseher oder Aote-naoes prophezeien theils aus einem gegen das Licht gehaltenen Ei (sowie aus den Hühnereingeweiden), theils aus Messen der Lanze (unter Nennung der Dämone, die krank gemacht, und der Thiere, die zu opfern). „Zur Zeit der Aussaat wird zuerst ein zusammengefaltetes Tuch mit Reis darauf nach dem Felde gebracht und dort von dem Meo (oder Priester) ein Stein gesucht. Ist dieser gefunden (unter Ausrufen, dass der Usi-Nano gekommen ist), so legt man das Tuch auf den Stein und auf den Stein Reiskörner. Dann streuen die Dorfbewohner rings umher Reis, und von dem Meo werden Gebete gesprochen für Usi-Nano, dann an Usi-Pa, dann an alle die Nitu gerichtet. Wird unter dem Stein eine Schlange gesehen, so ist das ein gutes Zeichen der Fruchtbarkeit." Het is momoni, verboden, om the nija rarerene (in Serang) te dooden (s. Riedel). Die schwarzen Portugiesen heissen Kaselmettang auf Timor (Tasi-kella, der Spanier). Der Hirsch (Luks) und die Sontos-Palme (Tua) sind von den westlichen Inseln oder Pachlotes (in Rotti) nach Timor eingeführt. Buntänu (als Strauchart) ist der Name der Insel Semao (auf Timor). Pa-Subas ist Samba (auf Timor). Der Aesuneno (Gott der Götter) bringt Fruchtbarkeit, wenn er auf Erden kommt (als Gott der Fruchtbarkeit). Die Eingeweideschau (bei Schwein, Büffel u. s. w.), als Taif-ate oder Untersuchung der Leber (ate), wird von den Manani genannten Priestern geübt, sowie von dem Meo oder Kopfschueller. Bei den Hühnern werden die Eingeweide beschaut (in Indonesien), wie in Rom vom Haruspex. De Momurino zijn oude mannen en vrouwen, die door oefening en inwijding het zoo ver gebracht hebben, dat jij op bovenmenschelijke wijze het hart en de ingewonden of liever de toonn van anderen verslinden kunnen (s. Riedel), neben Suwanggi (auf Ambon). Beim Hausbau (in der Minahassa) wird dem Empong ein Korb mit Reis dargebracht, gegen böse Einflüsse (s. Wilken). In Gorontalo figurirt als Oberpriester der Tuan-Daa (grosser Herr) als Leiter der religiösen Ceremonien (s. Rosenberg). Bei (Aussaat und) Ernte wird dem Himmelsgott und der Erdgöttin auf Steinen (Läuh) oder unter Bäumen (besonders die Feigenart Nunuk) Opfer gebracht (Schweine, Hühner, Reis u. s. w.). Die Schlangen (Kauna) und Schmetterlinge (Napan) sind Boten der Nitu, ebenso Vögel (Kolo) und Centauren (Misläong). Das aus dem Wald stammende Volk (von Nemnoenie, Sohn Nei Akoenels, beherrscht) in Labalaba (oder Molo in Timor) flüchtete nach Pasie, bei dem Einfall der Belonesen aus Waiwiekoe-waihalie unter den drei Söhnen der Fürstinnen (Licorai), von welchen Fai - wele zum Fürsten von Sonabai (als Licorai) eingesetzt wurde. Das in Ambeno direct durch den Fürsten (mit dem Mofefo oder Sprecher) regierte Land heisst Bakie. Der Geschlechtsname der Fürsten von Amfoang ist Taif-woko (Dickbauch), und so galt die Corpulenz viel bei den Chibcha (wie in Polynesien). „Beim Jahresfest in Koepang wurde ein Mädchen an einem Stein im Meere ausgesetzt, als Tochter eines Priesters oder Anapa, obwohl der Priester meistens die Tochter einer Alau (Snangi) oder Hexe ausschmückte. Das Mädchenopfer in der See geschah, um den Brunnen mit Wasser zu füllen und Regen zu erhalten, und es bedurfte eines Mädchens, das noch fruchtbar werden konnte (nicht einer Frau, als bereits unfruchtbar)." In

Aegypten wurde zum Steigen des Nil ein Mädchen dargebracht (in islamitischer Zeit). In Balu werden beim Häuserbau Jünglinge unter den Pfeilern eingestampft, um als dämonische Schildwachen zu dienen (und so in Pegu). Cf. „Völker des östlichen Asiens" I. (S. 263).

Adja (oerai) bezeichnet (im Buginesischen) den Westen (und somit die Landseite), wogegen Alaoe (Meeresküste) den Osten bezeichnet. Bei den Macassaren gilt Hao für Westen und Raya für Osten. Für die Macassaren ist der To-radja oder Mensch (tave) des Westens (bei den Buginesen) ein Toe-raya oder Mensch (taoe) des Osten, und dadurch werden die To-radja oder Toe-raya zu Binnenländern (oder Bergbewohnern).

Im Uki-Spiel sitzen die Buginesen um einen in Quadrate ausgelegten Lehmboden, wo auf Roth oder Schwarz gesetzt wird und dann mit einem kleinen Doppellöffel aus Holz Münzen geworfen werden, deren Fallen Gewinn oder Verlust entscheidet, worauf mit einem langen Cocoslöffel (in einem Bambus) das Geld eingeschrapt und vertheilt wird.

„Für längliche Kleidungsstücke und Schmucksachen bedient man sich besonders eines Apparates, bestehend aus zwei in den Fussboden gestellten asimong-djekas, die oben durch ein sehr langes Bambusrohr, welches den Namen paleting-arä trägt, verbunden sind. Die beiden Füsse jedes der asimong-djekas werden, nicht weit vom Fussboden entfernt, mittelst zweier Bambusrohre vereinigt; ferner kommt zwischen den beiden asimongs über die Bambusrohre der saoerang, dessen Breite sich entsprechenderweise nach dem anzufertigenden Gegenstand richtet. Der arä (arä-bibi-bibi genannt wegen des Zitterns) wird mittelst einer Schnur aufgezogen, die über genannte paletang-arä, welche daher ihren Namen hat, gezogen ist und an deren äusserstem Ende ein kleines Joch gebunden ist, um die Schnüre des akaräkkäng anzuziehen, während der akaräkkäng unterhalb des saoeräng wieder fortwährend nach unten gezogen wird, indem auf ein Bambusrohr, welches mit Hülfe einer Schnur mit der akaräkkäng in Verbindung steht, zu treten. Ein solches Bambusrohr wird dann onjdjo-onjdjokang genannt, nach dem Mak.: onjdjo, treten. Anstatt dieses onjdjo-onjdjokang mit dem lempa-lempa bedient man sich auch einfach zweier Steine, an jedem äussersten Ende eines, und dies wird dann boewang-batoe genannt. Bisweilen gebraucht man auch viereckige Stückchen karet, mit vier kleinen Löchern darin, an jeder Ecke eines (die dann kera genannt werden, durch leichte Verstümmelung von karet herstammend), wodurch die verschiedenfarbigen Fäden der saverang gezogen werden, um die zur Arbeit erforderlichen Farben bereit zu haben. Diese Art Arbeiten heisst dann giling-kera. Endlich bedient man sich auch noch einfach eines botoe-renda's und botoe giling-Gowas, ersterer um renda, letzterer um djambo-djambos zu machen. Dies sind weiter nichts wie Röllchen, an den äussersten Enden der Fäden" (s. *Matthes*).

In Mandhar finden sich sieben Fürsten (unter Mischung der Bugi und Turaja), als Binnang, Balanipa, Majene oder Bangaii, Pambauang, Tjinrana, Tapalang, Mamoju. Der Fürst von Kajeli residirt (als Maradika) in Palos (über Palos, Dungala und Towaili herrschend), unter Mischung von Bugi und Alfuren, wie in Mandhar (doch mit dialektischer Verschiedenheit). Die Tapupu bilden die Priester der Alfuren (auf Celebes). Von der Bucht in Palos (bei Kajeli) findet sich ein Handelsweg durch Celebes nach den Bergen von Tomini. Sedendereng ist Hauptstadt des Adja Tamparang genannten Fünfreichs (Sedendereng, Alita, Savito, Supa, Rapang). Abhängig ist das Fünfreich von Masenreng - Poeloe (Ennekang, Maiiwa, Duri, Cassa, Batulapa), von Alfuren bewohnt (während der Fürst von Sedendereng zu den Buginesen gehört). Jenseits beginnen die unabhängigen Turaja. Der Aru-matoa oder Oberfürst der 40 Fürsten in der Republik von Wadjo residirt in Tossora (gegenüber von Lingusi, Hauptstadt von Pamana am Tjinrana-Fluss). Die Bewohner von Toli-toli stammen aus Mischung mit dort angelandeten Orang-Bejadjoe. Vor der Bekehrung zum Islam wohnten die Orang - Halai in Grotten und Felsen. In Tilimutti (oder Boalemo) und Pagowat wird ein vom Gorontalischen verschiedener Dialekt gesprochen. In Tilimutti (bei Pagawat) wohnen Goaresen (wie auf Boolen). Die Küsten von Boewool und Kwandang sind von Orang-Bejadjoe besetzt. Die Reiche von Bolang-Itam, Binta-Una und Boliang-Uki sind unabhängig geblieben (während Mogonda mit Niederland auf Menado in Verträge eingetreten ist). Tomori (zwischen Toffi und Toi Eppee) liegt an der Bucht von Tomaiki (am Golf von Tolo).

Die mit Boeton gleichsprachigen Alfuren von Polejang und Roembija heissen Neneboer.

In Bima wurde das zuerst am Tage gesehene Ding angebetet, um keinen Schaden zu thun (1603); beim Tauschhandel zählte man nach Steinen. Als Balambreang (letzter Rückzugsplatz der Hindu auf Java) von den Mohamedanern belagert war, kamen (obwohl vergeblich) Balinesen und Sumbanesen zu Hülfe (1596). Macassar oder Bater Goa war heidnisch (vor dem Islam). Bei Einführung des Islam, auf Java, flüchteten die Heiden nach der Insel Savoe (oder Raej Hoewa). „Die Bramaninen (von den Molukken) essen nichts Lebendes, und nur das vorher dem Teufel (Diuvels) dargebrachte" (1603). Sumba (Sandelholz-Insel) heisst Tjendana. Auf der Gruppe der Soela-Inseln steht in Besi der Salakakan und in Taliaboe der Alfiri unter dem Sultan von Ternate. Auf dem Fels Waroe-pa oder Batoe-pahat (wo die ersten Buginesen landeten) finden sich in Stein ausgearbeitete Bilder (in Bima). In der von Flüssen gebildeten Insel des Bergwassers Njtjakke (bei Bima) findet sich eine Steintafel mit Vertiefung (neben menschlich ausgearbeitetem Stein). Bei Tatto (in Bima) sind Hindubilder gefunden. Das heilige Pferd Bima's, das zu den Reichsinsignien gehört, wird auf dem Parampimping genannten Hügel begraben. Der erste Fürst von Bima, aus der See kommend, begab sich nach Banteli. Die Gräber von Dana-Araha (auf Bima) sollen aus vor-mahomedanischer Zeit stammen. In Bima finden sich drei Alphabete (aus alter Zeit).

In der Minahassa unterscheiden sich neben den Bangsa (oder Adel) die Gemeinen, als Bala-bala (im Malayischen) und die Sklaven (Buda). Die Pfandsklaven werden bei den Bangsa (Adligen) als Bala-Bala (Geschwächte) bezeichnet, neben den Budak (mal.) oder Sklaven (in Limbotto). Het bestuur van Moeton is in handen van een radja (mengaoe), een djoegoegoe, twee marsaoli's en een Kapitein laoet (s. Bleeker), zwischen Gorontalo und Parigi (mit Tomini, Mobadjolo, Tinombo und Sidowang). Auf dem Wege zwischen Patahang und Amurang finden sich alte Gräber (mit Bildern und Inschriften) der Alfuren (in der Minahassa). In Kombolongbuai haben sich Kleider aus Baumbast erhalten (in der Minahassa). Die Alfuren von Sula-Besi (der Xulla-Inseln) heissen Orang-Kadai.

Den Affen in Menado-toewah wird geopfert (durch abgesandte Flösse), als Vorfahren der dort zuerst gelandeten Bewohner Menados. Die Goaresen, die nach Limbotto kamen, wurden dort als Orang-Tamil bezeichnet. Die Bewohner von Gorontalo und Horontalo bezeichnen ihre Vorfahren (von dem Uebertritt zum Islam) als Halai (Orang-Halai).

Bei Unfruchtbarkeit der Felder oder in Krankheitsfällen errichten die Limbotto kleine Ehrenpforten aus herabhängenden Palmfasern über zwei Ruhebänken, wohin sie Opfergaben setzen (um die bösen Geister zu vertreiben). In Krankheiten lärmen die Gorontalesen auf der Borumbana genannten Trommel, um die bösen Geister zu verscheuchen (unter den Ceremonien der Kazizi). Beim Tode eines Fürsten (in Limbotto) wird ein Ehrenbogen errichtet, mit Einschnitten, welche die Zähne des Kaiman bezeichnen, und sieben Tage nach dem Begräbniss reinigen sich die weiblichen Mitglieder der Familie durch ein Bad im Fluss (von dem Einfluss der bösen Geister). Unter den Bugis hat jeder seinen besonderen Schutzherrn aus den Vorfahren. Als neben dem Reich von Gorontalo das von Limotto oder Lima-utto (fünf Staaten) bestand (unter dem Kareing von Limotto), kamen die in Folge eines Familienzwistes nach Wadjoe ausgewanderten Goaresen (als Orang-Tamil) nach der Insel Boloug-lima (bei Gorontalo), wurden aber von dort (nach einem Kriege mit Limabotto) nach Limabotto fortgeführt, als Sklaven (Bala-Bala der Budja), und flüchteten dann nach Bowl. Neben dem Radja von Limbotto steht der Djujugu (Reichsverweser), dann folgen die Marza-oli (Distriktverweser), Walla-pulo (Assistenten der Distriktsverweser), Kimalaha (Olongia), Tacidia (Dorfhäupter) und Kapala-Dapir (Häuptlinge über 20 Häuser).

Unter den drei Marza-oli, die in Gorontalo herrschen, ist der mächtigste der von Kotta (neben Talaga und Tappa), an der Spitze stehend, neben dem Djujugu oder Reichsverweser, und wegen der Verbindung entstand der Name Gorontalo (oder Berge). Die Kapala-baliek, wählbare Häupter der Volksversammlung, standen an der Spitze derselben (in Minahassa). Die abgeschlagenen Köpfe werden unter dem Hauspfeiler begraben bei den Alfuren (der Minahassa). Die

Walian versehen die Priesterfunctionen (in der Minahassa). Vor dem Islam hiessen die Priester (in Gorontalo) Kazizi. Laocibo, Sohn des (zuerst selbstständigen) Königs Latanni Soeki (von Boni) unterstützte Goa in der Eroberung Loehoe's. Mit Gorontalo vereinigt, herrschte Limbotto über die Küste des Golfes von Tomini bis Parigi (und bis Todja), wurde aber dann im Kriege mit Gorontalo (woher die Festungen am Ausfluss des Limotto-Flusses datiren) von der Seeküste abgeschnitten, indem auch die Küstenstrecke von Muton und Pagowat unter die Herrschaft von Gorontalo fielen, wogegen die Fürstenfamilien von Parigi ihre Verwandtschaft mit Limbotto aufrecht erhielten.

Die Fosock genannten Opfer werden durch die Walian vor den Gartenanlagen dargebracht, zur Vermittelung mit Empong (als Gottheit). Die Tuang genannten Blätter werden beim Opfer gebraucht. Bei Krankheiten werden die bösen Geister vertrieben. Die Bugis, gleichgültig gegen Hängen, fürchten die Strafe des Köpfens. Vornehme Chinesen werden in Macassar mit Baba, Kaufleute mittlerer Klasse mit Kwä (Herr) angeredet. Boto bezeichnet einen Wahrsager (bei Macassaren und Malayen). Von den Luwu (in Ost-Celebes), wo Battara Guru vom Himmel fiel und mit Weujilitibo, der Tochter des Unterweltsgottes, freite, stammen die Buginesen. Sandraboni an der Westküste von Celebes erhielt, als Königreich, seine Fürsten aus dem Hause von Goa. Unter König Tsemo-Pari-Sika-Hullonna kamen die Portugiesen nach Goa. Tumannrung oder Toe-mannroenga (der Herabgekommene) fiel vom Himmel, als erster Fürst der Macassaren (unter den Nachkommen Battara Guru's). Karaeng Lowe-ri-Seero, Sohn Tonja Tankalipi's, Königs von Goa, herrschte in Tello als erster König.

Nur wer das Haupt eines Mangindanoer (oder anderen Feindes) abgeschlagen hat, darf (in Holontalo) das Mala-mala genannte Lied singen. Durch die Boenito oder Woemboengo genannten Lieder vertreiben die Boelia oder Priesterinnen die Dämone (in Holontalo). Im Wettlauf von Stier und Blutegel sass dieser an den Beinen jenes fest und liess sich so vorantragen, seine erste Ankunft ausrufend (in der Minahassa), gleich dem Zaunkönig (unter Adlersflügeln). Die Kapoja genannten Hölzer (zum Einkerben der Rufe des Kriegsvogels) verhalfen den Alfuren (in der Minahassa) zum Siege, οἰωνὸς Δεινέτις (als Bote des Zeus), nunc penna veras, nunc datis ore notas (s. Ovid). Durch Atorau (Hadat-negrie oder Hocoedoe lipoe) wurden die mündlichen Ueberlieferungen des bevorrechteten Standes bewahrt (in Limo-lo-Pahalaa). Nach den Einschnitten auf dem Goloba-Rohr, die der Priester nach einander unter Aussprechen der Namen der Vorfahren berührt, wird der Verursacher der Krankheit erkannt, wenn der Finger an dem Scheidungsstrich angelangt ist (in Boloong-Mongondon).

Die Vasallenstaaten der Palili (über untergeordnete Palili) in Lilipenadjingang (in Sandjai) standen unter dem Aroe Bolo-Bolo bis zur Oberherrschaft in Boni (worauf die Amtsfähigkeit auf den Adel aus fürstlichem Blut beschränkt wurde). Alle drei Jahre mussten aus den Palili die Djava genannten Leibwächter an die Fürsten von Boni geliefert werden. Die Ländereien in Sandjai gehören den Fürsten und Vornehmen, von denen die Anbauer sie in Pfand genommen (für Summen, die nie oder selten abgelöst werden), oder gemiethet (tesang). In Wäldern dürfen nur die Häupter jagen oder Holz fällen. Auak Karaeng (Fürstensprosse) aus Boni legte in Sandjai willkührlich Bussen auf. Die Häuptlinge mit dem Titel Lolo, Glavang, Poengawa u. s. w. sind (mit den Orang-Bejadjoes) aus Boni angestellt, während die (als Sadoelang bezeichneten) Orang-Bejadjoes von den Inseln Samanap oder Kangiang (sowie in der Strasse von Macassar) sich als Unterthanen der Fürsten von Goa betrachten. Vor dem (durch die Bila-bila moesoe angekündigten) Krieg feiert man in Bona das Fest Lokka ma tjera bate (unter Tauchen der Fahne in Blut). Unter den Palili (Vasallen) Boni's gehören Lamoeroe und Tjetta zu den Palilis pasendjengang. Die Ornamentsfelder in Boni kamen von den Toriolo genannten Fürsten früherer Zeit. Eine adelige Frau, die sich mit Niederen mischte, verliert ihren Stand (in Boni). Als der (von der Menge als Lamaroepa angeredete) Diener (Tomatowa) seinen Herrn (unter einem Schirm sitzend) gezeigt, wurde derselbe als Manoeroenge in Matadjang zum König von Boni erhoben (mit Manoeroenge-ri-Toro vermählt). Sein Nachfolger Laoemava (von einem Schild an der Stelle des verschwundenen Schirmes bedeckt) hiess Paure bassee (der Schmied), Biroe und Tjalloe erobernd (kraft grosser Leibesstärke). Durch den Djematongang (in Boni) werden die

40 Boote mit Regierungsbriefen durch das Land geschickt (als Soero). Nach Abschluss des Bundes von Talloempattjae (zwischen Boni, Wadjo und Soppeng) wurden die Macassaren bei Meroe bekämpft. Die Alfuren im Innern vom Gebirge sind Tobeloresen. Die Stämme von Dorei stehen unter Koranas. Als Söhne von Empong wangko (grosser Gott) fochten Pinontan auf Berg Lokon (mit feurigen Steinen) und Rumengan auf Berg Mahawu (mit erderschütternden Würmern) um die schöne Ambilingam, die auf Rath des Empong Meiiseper, (des einen Damm ziehenden Gottes), in zwei Hälften getheilt wurde, worauf Pinontan die obere Hälfte mit einem Fels und Rumengan die untere Hälfte mit einem Knhkopf vereinte. Tumhulu führt auf Tomohou, Tombarin u. s. w. (in der Minahasa oder Minahassa als Bundesgenossenschaft). Früher wurde in Attingola die Sprache von Tumburu gesprochen und später verdrängt durch die Gorontalo-Sprache. Barowaken, als Eingeborne auf Ombai (von den Ceramesen und Ternaten an der Küste als Alloren zurückgedrängt) haben krauses Haar. In Bol herrscht Kopfabplattung (seitliche in Parigi). Wenn Empong Lembey bei Mahawiran in Fosso in den Oberpriester fährt, fällt er todt nieder, und bleibt, von dem Gebet in Lembet erwacht, stumm, bis die Zunge wieder eingesetzt. Luminnnt erhält die Erde auszustreuen (in der Minahassa), zum Plattschlagen (für Breitung). Beim Verkehr zwischen Erde und Himmel, des Worereh, wird zum Lauschen der Lokon-Berg erklommen. Der Vorfahr der Opo (Ma-Opo-Opo) wird verehrt. Die Empong Makawalang erhalten die Seele der Vornehmen in Stücken des Riesenschweins, während die der Armen im Walde schweift. Die Bantik verehren die Steine (in Minanga), die dem Opo Roengkoeno (auf dem Berg Bantik) bei der Jagd behülflich gewesen. Neben La (der höchsten Macht der Natur, als Oberherrn) werden Sonne und Mond als männliches und weibliches Lebensprinzip (in Limo lo Pahalaa) verehrt (s. Riedel). Fisch heisst empa, Mensch batie (auf Sassak). An Stelle des als Tibotoe oder Oberherr (von den Stämmen Limoetoe) aufgestellten Stein-Penis, durch einen Korb (Biato oder Sangkoli) ersetzt, legte Boli Boengale das am Strande gefundene Ei, aus welchem die Fürstin Talangohoela hervorkam (mit dem Berggeist Lapehoelawa vermählt). Ausser Empong (Gott) wurden Geister oder Bäume, Flüsse und Vögel verehrt, bei den Alfuren (der Minahassa), deren Seelen in Thiere (besonders Schweine) übergingen. Sapoetan (als Empong des Berges) schmiedet (in der Minahassa). Die Gottheit hiess Simpon (Laos) in der Minahassa; die Leiche wurde mit Paddi bestrent.

Auf den Salayer-Inseln führen die Pakareinas (Tanzknaben) Bogen und Pfeil (wie sonst in Celebes gebräuchlich). Die Bewohner der Sauger- und Talaut-Inseln (sprachlich von den Bewohnern der Minahassa verschieden) haben bei der gewaltsamen Bekehrung zum Katholicismus durch Spanier und Portugiesen (jetzt zum holländischen Protestantismus) ihre Traditionen verloren. Mit den gegen die Portugiesen und Spanier (sowie gegen die Seeräuber) zu Hülfe gerufenen Holländern schlossen die Fürsten des nördlichen Celebes in dem (Minahassa genannten) Bunde einen gegenseitigen Vertrag (der Eidgenossenschaft). In Buton dienen die von Prinzessinnen aus Abfällen gewobenen Zeugstücke als Geld (im Tauschverkehr).

Die Bissu tragen das Patangaran genannte Vogelbauer auf dem Kopf (bei Krankheitsfesten), um den entflohenen Lebensgeist zurückzurufen. De mannelijke Bissus nemen de kleeding en de manieren aan van vrouwen en worden daarom tjalabai (pseudo-vronw) genoemd (s. Nieman). Für den Ursprung der Bissus aus dem einst durch Göttersöhne bewohnten Lande spricht besonders die Sprache, deren sie sich bedienen, namentlich wenn sie, wie sie vorgeben, durch höhere Eingebung, die sog. Göttersprache sprechen, welche in mancher Hinsicht Aehnlichkeit mit dem Buginesischen in dem alten Heldengedicht hat, in dem Batara-goeroe's Aufenthalt auf der Erde, wie auch dessen Nachkömmlinge Bataralaettoe, Saweri-gaeding, La Galiyo und viele andere Helden besungen werden. Die Geister, mit denen die Bissus in Beziehung stehen, sind dann auch gewöhnlich Batara-goeroe und We-Njili-timo, mit ihren Söhnen und Töchtern, wie auch viele andere Götter-Sprösslinge, die, nachdem sie eine Weile auf der Erde verweilt haben, nach ihrem eigenen Vaterlande oder dem ihrer Vorfahren zurückgekehrt sind und sich jetzt fortwährend und lebhaft für die Nachkommenschaft, die sie auf dieser Erde hinterliessen, interessiren, sogar so, dass keiner unter den Menschen auf der Erde gefunden wird, der nicht einen seiner himmlischen oder überirdischen Vorfahren zum besonderen Schutzgeist hat (s. Matthes). „Riraeba ist eine Art Gottesdienst zu Ehren des Bissoe, wobei ein Mann oder eine Frau ungefähr 5—7 Tage lang todt auf dem Boden liegen muss, und sich nur während des Morgenbades etwas erholt. Man behauptet, dass in dieser Lage der soem soemangae oder Lebensgeist der Betreffenden namentlich im Himmel, doch auch in der Unterwelt herumschwebt, um dort in den übernatürlichen Wissenschaften unterrichtet zu werden" (dazu die Illustrationen, sowie die Sammlungen selbst, in Modellen übersichtlich).

Wenn der Bissu (unter den Bugis) von dem Kranken als Sanro (Arzt) gerufen wird, verlangt er das Gelübde eines Festes für die Geister der Erde und des Himmels, um mit dem Schutzgeist des Kranken wegen der Heilmittel in Beziehung zu treten. Nach den Buginesen ist die Reispflanze aus der Asche We-Odanriwae oder Sangiyan-sarri (Tochter Batara-Guru's) erwachsen. Bei den Krankheitsfesten der Buginesen kommen die Dewata (Geister) auf der Lalan-rewata genannten Treppe (aus Garnspulen) auf die Erde herab und werden durch das Tanzen der Bissu nach der ihnen angewiesenen Schlafkammer gebracht. Bei dem Palakka-Atorigolong genannten Ruhebett (der Vorfahren) auf dem Boden in den Häusern der Buginesen werden Lebensmittel, als Opfergaben, niedergelegt. Der Schutzgeist der Bugis heisst Dewata Pangonrowang (Pangonrowang oder Wächter). Die Geister heissen Dewata (bei den Buginesen) oder Rewata (bei den Macassaren). Die Mohamedaner gehören in Macassar der (den Sunniten verwandten) Sekte Shafei's an. Die Turaja führen zum Köpfeschnellen ein Mandho genanntes Schwert. Turaja (von Enrekan und Letha) wurde durch Radja Palaka (König von Boni) unterworfen. Kajeli, das zu Ternate gehörte, wurde durch Talanga (König von Macassar) unterworfen. Die Bissu stehen unter dem Poewa-matowa (alter Herr) neben dem Poewa-lolo (junger Herr) als Assistent. Buton wurde 1655 von den Macassaren in Besitz genommen. In Bonthain wird neben dem Macassarischen auch (wie in Bulakompa) Buginesisch geredet.

Sonne heisst Allo (in Macassar), Asso (bei den Buginesen), Tika (in der Sprache der Bissu von Soppeng), der Mond Palagunee (bei den Bissu), Ulang (bei den Buginesen), Bulang (in Macassar).

Sinpuru = Kopf	Baramma = Feuer
Ganjenjeng = Augen	Wolampalamkojai = Fisch
Toja = Wasser	Palatu = Zähne.

Sisina, Duasina, Tolusina (1—3) in der Sprache der Bissu (von Soppeng).

Sinkawan ist der Hafen der (goldsuchenden) Chinesen (in Montrado). Bei dem Maulut genannten Fest der Geburt Mahomed's werden Figuren von Drachen (Naga) mit Eiern von Goa aus versandt. Pajong-ka-Setan sind die Instrumente zum Vertreiben der bösen Geister (im Macassarischen) und Paduka-Letan (im Buginesischen).

Tjina oder Pamana (mit der Hauptstadt Lagussi am Chirana-Fluss) wird von königlichen Nachkommen der Wadjo beherrscht. Das Land Tjina (in Celebes) erhielt mit dem Tode des Königs Pamana den Namen Pamana. Auf den Salayer-Inseln (wo Macassarisch geredet wird) finden sich alte Felsengräber. Die Kris von Lu (oder Luwu) sind kenntlich an einem Einschnitt. Bei Krankheitsfesten (der Buginesen) hängen die Bissu an dem Kreuzungspunkt der Pagatoenna Sawolo genannten Bretter (für den Mittelpunkt des Himmels oder Posibatara) die Lawolo genannte Nachahmung des Nabelstranges (an Bändern), als Beginn des Lebens an den Soena-batara (oder Ecken des Himmels) zu befestigen, und darunter wird aus verschiedenen Zweigen und Blättern der Boelalle oder Alakaradga genannte Baum gebildet. Weil für Kween oder Kawe (geschlechtslos oder castrirt) geltend, werden die Bissu in den Frauengemächern zugelassen (unter den Bugi). Die bösen Geister heissen Siri (bei den Buginesen und Macassaren). Bei Krankheitsfesten wird der Lebensgeist (Sumanga) mit gestreutem Reis zurückgerufen (in Macassar). Dewata sind die Schutzgeister der Buginesen (für jeden Einzelnen). Der böse Geist Pauroli, der sich durch den Laut des Vogelflugs (als Windzug) bemerkbar macht, wird (weil die Geschlechtstheile bedrohend) durch Klopfen auf die Reiskästen verscheucht. Der böse Geist Parakan (mit glühenden Kohlen auf dem Kopf) bringt Krankheit. Zu den Oelowoe oder Moesticha, die (als verschiedene Steinverhärtungen aus Thieren, Pflanzen u. s. w.) als Aumlette in Macassar getragen werden, gehört der

Oelowoe-lette (Donnerstein), Oelowoe-keting (Mondstein), Oelowoe-Oeno (Sonnenstein) u. s. w. Der Oelowoe-Pau (Menschenstein), in alten Menschen gefunden, sicherte langes Leben (wenn getragen). Die Herrschaft kommt (in Celebes) nicht von oben, sondern aus dem Volke. Der Regenbogen (bei den Bugis) heisst Taraoe oder Tanraoe (mein Zeichen), indem La-Marigalle (Fürst von Kadjang) seinen Gürtel in den Himmel setzte, als Zeichen (Tanra), wonach seine Frau für ihr Kind einen Gürtel machen könne. Krain ist der Titel der Fürsten (bei den Macassaren und Aru) und Aroe (bei den Bugis). Im Innern von Celebes dürfen die Crocodile (die Fütterung erhalten) nicht getödtet werden, da sie mit der Familie verwandt sein könnten, indem im Beginn ein Mensch und ein Crocodil geschaffen wurden, letzteres nach dem Wasser laufend, ersterer nach dem Lande.

Um bei den Bugis den Namen des Dewata Pangonrowang (Schutzgeist) eines Kindes kennen zu lernen, fällt ein Bissu in Schlaf (unter Opfergaben), worauf unter Aussprechen von Namen beim Treffen des richtigen der Geist im Unterleibe des Schützlings sich so sehr bewegt, dass eine darauf gesetzte Trommel tönt. Nördlich von Palopo, wo der Fürst von Loewoe residirt, liegt Pao, als die alte Hauptstadt des Landes, und ein Nachkomme aus der dort wohnenden Familie Panjtjai muss den bei den Weihen gebrauchten Schirm (Pajoeng) verfertigen, dessen Materialien in Lelewawo, in Weoela und in Baeboenta vom Himmel auf die Erde gefallen sind. Bei den Weihen sitzt der König von Loewoe auf dem Tana-bangkala genannten Hochthurm, gegenüber dem (die Rechte des Volks vertretenden) Opoe-Patoenvoe (beide ihre Füsse auf einen Stein pressend), und dann wird dem Panjtjai der Schirm abgekauft, um ihn über dem König zu entfalten, worauf dieser in den Wotoe genannten Palast (wo die Reichsinsignien verwahrt werden) einzieht. Die Bissu-Sprache, die (mit der alten Bugi-Sprache übereinkommend) noch sich in Luwu findet, kommt in den Egan der Buginesen vor. In Bira (auf Celebes) wird eine besondere Sprache geredet (von Einwanderern). Messinderim-Pulu, von einem Stamm der (den Bugi verwandten) Turaja bewohnt, begreift die Fürsten von Enrekan und Letha (unter Oberherrschaft des Fürsten von Sedendereng am See Tamparang-Labaya oder Tempe). Mandhar (durch Macassar an Boni cedirt) wurde durch sieben Stämme, nach den sieben Flüssen, bewohnt (Binuang, Balang, Kipa, Madjene, Pambauwang, Tjenrana, Tapalang, Mamudju). Bei den Macassaren gehört das erste Kind der Mutter, das zweite dem Vater (und so umschichtig). Koetei (und Pasir) wurde durch Ri-Gaoehanna (König von Goa) erobert und fiel (1686) an Boni.

Unter den Reichsinsignien Goa's findet sich der Patanna-Jamaang genannte Teller, der von Tomanoroenga aus dem Himmel mitgebracht wurde, sowie die Hälfte ihrer Goldkette und der (Soedong genannte) Säbel des Laki Padada, Bruder des Krain Bajoe (König von Bonthain). In Goa herrschten (unter dem Titel Kassiwian) neun Fürsten mit dem Schiedsrichter oder Patschalla, als die aus dem Himmel gefallene Tomanoroenga gefunden und (nach dem Vertrag) zur Königin erhoben wurde (mit Krain Bajoe vermählt, der elternlos aus unbekannter Gegend kam). Ihr Sohn Toema-Salanga-Baraeeng verschwand am Ende seiner Regierung (worauf sein Sohn Ampoeng Lowe Leembang folgte), wie auch seine Mutter mit der Hälfte der Goldkette zum Himmel zurückgekehrt war. Im Süden Salayer's (bei Batu-Baru) finden sich Albinos. Nach der Herrschaft Batara-Guru's (und seines Bruders), sowie Batoe Lapo-Marantaya und Karaeeng Kataka, wurde die schöne Frau Tomanoroenga von den Macassaren bei Goa (als aus dem Himmel gefallen) gefunden und vermählte sich mit dem König von Bonthain (Karaeeng Bajoe), dessen Bruder Laki Padada den (Soedang genannten) Reichssäbel unter die Reichsinsignien niederlegte, neben der zerbrochenen Goldkette, als Toema-Salang-Baraeeng nach dreijähriger Schwangerschaft (Tomanoroenga's) geboren wurde (so dass er schon gehen und sprechen konnte). Die Reichsinsignien (in Goa) werden von den Lagaka genannten Bissu gewogen, und wenn die Tanisamang genannte Hälfte der Goldkette, welche von der ersten Königin aus dem Himmel gebracht war, sich etwas leichter erweist, gilt es als böses Vorzeichen. Die Lagaka (in Goa) werden Bissu genannt, sobald sie von dem eingefahrenen Geist besessen sind. Mit Karassa (im Macassarischen) und Kürra (im Buginesischen) wird die Wirkung eines bösen Geistes bezeichnet, wie z. B. wenn Jemand, unter einem Baum schlafend, krank wird, und dann als

Makürra gilt. Auf dem Tanah-adewatang (Aufenthaltsort des Dewata, wenn nicht im Himmel) wird (für Opfergaben) ein Adewatang genanntes Häuschen aufgerichtet. Kassipalli (im Macassarischen) oder (bei Bugi) Pemali (Pomali) bedroht denjenigen mit Unglück, der den Titel des Fürsten unrichtig ausspricht, vor dem Essen fortgeht, auf gekochten Reis tritt, Mittags in der Sonne ausgeht u. s. w. Die Macassaren zählen die fünf Tage der Woche nach den Märkten (bei Gowa, Loewoe, Mone, Wadjo, Soppeng). Der Nabelstrang wird (in Macassar) mit einem scharfen Bambus abgeschnitten, am liebsten an einem Mast oder einer Treppe, damit das Kind hochaufsteigt.

Als die Christen und Mohamedaner den König von Celebes mit himmlischen Strafen (bei Unglauben) drohten, rief er das Oberwesen um Entscheidung an, die durch die erste Ankunft (der Mohamedaner) zu geben wäre (s. Raynal). Neben Karang Loe, als Stein, finden sich in Celebes die bösen Geister der Popokan, Porakan, Pontianak u. s. w. Die Reichsgrossen (Babato) sind wählbar (in Bauggai). Nach dem Verwesen der Leiche (in der Kiste) vertheilt man in Tambuku die Knochen (als zauberkräftig) unter die Verwandten. Die mit den Vorfahren der Tomini-Stämme zusammenwohnenden To-Oota (in Höhlen) finden sich noch unsichtbar in den Wäldern und auf der Insel Binang - Oenang. Die zwischen Erde und Himmel schweifenden Dämone (Lati-lo-oloto) fahren (als feuchter Nebeldampf) in die Ponggoh genannten Menschen ein, um das Herz der Feinde zu verschlingen (in Gorontalo). Von den guten Dämonen (Lemo le Pahata) wohnen die männlichen (Kana, Kobebe, Moeroetodi, Rokehe, Maloeoni) im Haus, das rein gefegt werden muss, die weiblichen (Almatoeloe, Moligai, Doelahoe lo oeboe und Liti) schweifen in Büschen und an Flüssen (kleine Kinder und Bootreisende schützend). Krankheiten werden verursacht durch irrende Todtenseelen von den Lati oder bösen Geistern, als männliche (Tahede, Bong onga, Titoemaiango, Damboetoe, Mananoe, Bantaloelia und Telavedoedelo) und weibliche (Bilalio, Poekoeto, Dingingo und Tabo). Moloeoeni bewacht die Reisfelder und den Fischfang (s. Riedel). Zu den Dämonen (in Boeol) gehören die Schaden bringenden Lati-la-pani, die (alten) Talanggai oder Tchoelaloe, der (lebende) Tabamingo oder Intemada, der Goldminen bewohnende Toemialo, der Schätze hütende Tamela und (als Oberhaupt der Geister) Manoeria und Noeria (als Mann und Frau).

Von Macassar bis nach Binangkarein wohnen die Buginesen, bis Mamuju die Mandaresen (unter sieben Fürsten), bis Dampelas die Kaïli (unter vier Fürsten). In Menado wird als allgemeinste Sprache das Tumulu gesprochen (sowie das Malayische der Händler). Die Hügel Samattan, Looman u. s. w. werden von macassarischen Pranwen besucht, um Leute zur Perlenfischerei zu engagiren. Kandari ist die Hauptstadt des Landes Laiwu (als Hafen), während der Fürst in Lepe-Lepe wohnt. Unter dem König Tamaparisika-Kalonna (von Macassar) wurden die Salayer-Inseln (früher zu Ternate gehörig) besetzt. An der Spitze der Fürsten steht der Fürst von Bonto-Bango. Kaesi-Lowe (der grosse König) wird (als Siwa) in Bonthain verehrt, von den Pinati genannten Priestern, in Felsgrotten (und kleinen Tempelhütten), mit dem Symbol des Lingam. Bonthain gehörte anfänglich zu Macassar. In der Nähe der Insel Tanahkeke (kleine Insel) bei Macassar sind die Geister des Meeres durch die Schiffer zu versöhnen. Poleang (auf der südöstlichen Halbinsel von Celebes) gehört (mit Moena) zu Buton (Bingkoka zu Luwu). Die Döngoug gehören zu den bösen Geistern (bei den Buginesen). Sengigang - sarri (Gottheit des Reis) würde (weil nicht genug mit Festen geehrt) die Erde verlassen haben, wenn nicht durch Patotoe (den Lenker des Menschenlooses) zurückgehalten (in Celebes). „Kurre, kurre Samanga" ist der Ruf für den (fliegend gedachten) Lebensgeist (mit Kurre kurre werden die Hühner gerufen), unter Streuen von Reis, zum Zurückrufen (beim Fliehen). Laiwu (mit dem Hafen Lepe-lepe) wird von Stämmen der Turaja bewohnt, unter dem König von Laiwu (bei Lepe - lepe), zu dessen Haus (ohne Thür und Fenster) ein Eingang nur durch den Flur von Unten hinaufführt. Unter Toeni - Palanga, König von Macassar, der Mandhar und Kajeli (bis Tontoli) und (mit Hülfe Boni's) Lubu eroberte, kamen die Malayen von Patani, Djohor, Menakabo u. s. w. nach Macassar. Unter König Toema Parisihakalloma von Macassar wurde Maros verbündet. Die Küstenbewohner heissen Turijene (Leute auf dem Wasser) oder (bei den Buginesen) Badjos und (in Macassar) Bajo, im Gegensatz zu den Turaja (des Hochlandes).

Celebes (Si-labi) wurde als Sakit lagi (sikit, sadikit) erklärt (lebah, mehr). Um die Zukunft zu befragen (bolobia) zählt und würfelt der Tadjunja unter beschwörenden Anrufen der Sonne (auf Celebes). Die Tadjunja, welche die Angga der Todten sehen können, entdecken Diebstahl, indem sich die angerufene Angga in's rechte Auge setzt (bei den Topantunusa). Die Bugis stammen von Sawira Geding (von Batara Guru im Himmel entsprossen). The confederacy of Boni consists of eight princes, and that of Waju of no fewer than forty (s. Crawfurd). Von ihrer Hautkrankheit geheilt, vermählte sich die nach Wadjo (mit einem Wadjo-Baum) getriebene Fürstin mit dem Fürst von Boni (s. Matthes). Kanikulah, vom Himmel gesandt, verwandelte die Thiermenschen oder Nugnemis in Thiere, das Menschengeschlecht schaffend (bei den Kwakiult). Con's Menschengeschlecht vernichtend, schafft Pachacamac ein neues (in Peru). Cynocephalus maurus ist in Celebes und Batjian eigenthümlich (unter den Affenarten). Die Tapeule, als Schaden bringend, werden getödtet (unter den Topantunusa auf Celebes). Die Toradja (auf Celebes) heissen (bei den Katoern) Topantunusa (Hundfleischesser), in Abstammung von Tamibuka (mit Tawaii oder Tangkawasa) die Tonta vertreibend (s. Riedel). Emigrating from the kingdom of Menangkabau, the Bajow (arriving in Bugis-land) were hospitably received by the king of Goa, but betook themselves to their boats (the island being to small). Der Longga (als schwarzer Mann) ist aus dem Rano Poro entstanden, und nachdem durch Lamoa gedemüthigt, durch Lahuda ersetzt (s. Riedel) auf Celebes (unter den Topantunusa). Während des Todtenfestes (Motengke) erhält die von den Tadnaja (Zauberern) Bestattete einen neuen Namen, unter den Topantunusa, die (aus dem Bambu entsprossen) den früheren erdgeborenen Tauta oder Orang-Taua (alten Menschen) folgte (s. Riedel). Die Sanroes genannten Greisinnen (unter den Orang-Badjo) beschwören die Kraukheit (s. Vosmaer). Nach dem Motengke-Fest, unter neuer Bahrung des Todten, wird ein Bild von ihm (Pernia) gefertigt (unter den Topantunusa auf Celebes), indem Zeichen, als Potongo (Verbot) an den Fruchtbäumen gehängt sind (s. Riedel). Neben dem Angga (Geist des Vorfahren) wird (bei den Topantunusa) der Lamoo (Beschirmer des Stammes) verehrt und mit dem Kind wird sein Schutzgeist (Lamoa sindao) geboren (s. Riedel). Die Angga (Seele) tritt in den Körper des Kindes mit dem ersten Zahn ein (bei den Topantunusa).

Der Minahassa theilt sich in Menado, Tanawangko, Tondano, Amurang, Belang, Toucea und Likupang (s. Van Rhyn) „en twintig districten" (1851). Poelo Peling (Poelo Tinggi) wird (s. van der Hart) „door Halfoeren bewoond; de aard dezer bewoners grenst aan het dierlijke" (1854). Bei Erdbeben (Lindug's) rauft man Gras aus, um dem Embao zu beweisen, dass auf der Erde noch Menschen leben (unter den Topantunusa). Neben dem Fürsten Arung-matuwa (the prince-elder) bilden sechs Fürsten, als Bati-tempo (great banners), einen Rath unter dem Tuwaju (s. Crawfurd). Djoekoe-risa-risa-tedonge (het vleesch van den buffel dat op de hoogte van de regter en linker Kalepekang gevonden wordt) wird Kindern zu essen gegeben (bei den Bugis), um eifrig fortzuarbeiten (marisa-risa, en gedurige onrust zijn). Als Akeka werden Ziegenböcke und Schafe (zwei für einen Knaben, eins für ein Mädchen) am siebenten Tage nach der Geburt geschlachtet, um (bei frühem Tode) zum Reiten zu dienen (in Celebes). Der Feuerfleck Madjassoelo, wenn aus dem Körper hervorkommend gesehen, ist in Krankheit Zeichen bevorstehenden Todes (in Macassar). In dem Malata-latah (der Bugis) oder (bei Malayen) Latah-latah genannten Zustande springt die Frau schreckhaft auf, Alles nachahmend (s. Matthes). Damit das Kind später den Mund in Zaum hält, wird auf das erste Essen ein Richtscheit (der Zimmerleute) gelegt (bei den Bugis). Padjeko manoereng (weil aus dem Himmel gefallen) heisst der das Fest der Ackerbauarbeiten eröffnende Pflug (in Macassar). Unter den überirdischen Wesen der Sangiyang ist Sangiyang-sarri die Gottheit des Reis (in Celebes). In Erinnerung an den Weisen Towalourong (bei Buginesen) oder Toewalonrong werden die Katoepa Towalonrong genannten Opfergaben den Verstorbenen dargebracht, zum Abschluss mit den Hinterbliebenen (in Macassar). In Mariyo-riwawo wird riwawo (oben) zu sprechen vermieden (durch Mariyo-riyasa), weil des Datu Vater La-Wawo hiess (s. Matthes).

Von Tidoeng (bei Gowa) gründete der Toe-ri-djene oder Bayo (als Seeräuber) Tidoeng (in Borneo). Bei der Tariyang genannten Wahrsagerei beantwortet der gehaltene Korb durch Bewegen den Namen des Schuldigen (in Macassar). Sompoempeloewa (Haaranhängsel) heissen die Lehrlinge der Bissu (von enger Beziehung zu den Meistern). Mit Doti wird zum Tode gebetet (in Celebes). Für Lanzen dient der giftige Bambus oder Awo deya-deya (bei den Buginesen). Der Ton des Vogels Walu-Walu kündet baldiges Wittwerthum, oder, wenn laut, Wittwenthum, am Abend für Junggetraute, Nachts für die in mittlerer Lebenszeit Verheiratheten (bei den Bugis). Zum Sara-waliyala, „de afgestorvenen baan laten maken" (voor de nieuw-aangekomenen), dient eine auf dem Grabe durchgehauene Cocosnuss und Essen des auf die Leiche niedergelegten Stückes durch die Hinterbliebenen (bei den Bugis). Zu den Petjoeroe (Glück zu erlangen) gehört (bei den Bugis) Tinggi-monjtjong (für Rang), Panno-panno (für Reichthum), batoe-matakke (für Kinder). Ampa-amparang bezeichnet plötzliche Krankheit der Kinder durch Einfluss böser Geister, beim Beziehen einer neuen Wohnung (in Celebes). Zum Papole-amparangi verbrennt der Sauro Haare von Pferden oder Büffeln, Kopf, Nabel und Beine des Kindes drückend, damit die Thiere zuerst den Amparang bekommen (s. Matthes). Die Rante-balawo (muizenkettingje van gassa) machen den Besitzer eisenfest, weil vom Fürsten der Mäuse und Ratten stammend (bei den Bugis), wie der Rante-bawi (afkomstig van den vorst der varkens). Njawa (Athem) bezeichnet (im Malayischen und Javanischen) Seele (oder Leben). Mit den Padoekka-setang (duivelverdrijver) genannten Instrument werden in Krankheiten oder bei Geburten (unter den Bugis) die bösen Geister vertrieben (roekka, geraas). Alte Rechtsgebräuche heissen Rapang oder Gleichniss (bei den Bugis), aus Bildersprache (der Symbole). Durch Formeln oder Zaubermittel (Paparamma) bringen die Diebe in Schlaf (bei den Bugis). Ein Kind, dem die Lieblingsfrucht der Affen eingegeben wird (bei den Bugis), artet nach den Affen (wird diebisch, aber zugleich vor Fallbeschädigung bewahrt). Das Raya-Raya genannte Flechtwerk wird unter den Hauspfosten gehängt (bei den Bugis), dass die bösen Geister damit spielen, „en alzoo nalaten, boven in het huis te klimmen" (s. Matthes). Auf dem Adoempoeng genannten Topf werden (bei den Bugis) Haare von Pferden, Hunden, Katzen, Affen verbrannt, wenn das Kind über ein solches Thier erschrocken war, und zugleich wird oft Sipo-Sipo-Tedong verbrannt, weil „de booze geesten voor det soort van gras seer bevreesd zijn, aangezien die zelfs de kracht heeft, om de tanden der buffels vroegtijdig te doen uit vallen, enzij das nog veel te meer gevaar darvoor loopen" (s. Matthes). Der Weise Towalonrong gilt als das Haupt der Verstorbenen (in Celebes), als Erster Mensch (und Erster der im Tode Vorangegangenen). Auf dem Paroemoeng-roemoegang genannten Rauchtopf werden die Haare desjenigen Thieres verbrannt, vor dem ein Kind erschreckt ist (in Macassar).

Wenn die von Pinati bewachten Reichszierrathe aus dem Hause des Fürsten wegkommen, hat dieser den Thron verloren (in Macassar). Pauttja parasada oder im Sanskrit Pantja-prasada (als Tempel mit fünf Stockwerken) bezeichnet ein geschmücktes Badhaus (in Macassar). Unter Paranggi werden (neben den Portugiesen) auch andere Fremde (wie Malayen) begriffen (s. Matthes), als Paranggiya im Malayischen (Pranggi im Persischen). Wenn die Schwangerschaft der Frau herannaht, zeigen sich Gelüste (ngidang) auch beim Ehemann (in Celebes). Der Wahrsager oder Tanro lässt Reis kauen, zur Entdeckung der Schuld (in Celebes). Der aus Blätterstengeln verfertigte Teufelsvertreiber (Adidi-wari) wird für Fürsten gelb umwickelt (auf Celebes). Wie Mata-allo (Auge des Tages) die Sonne, bezeichnet Matanna-allowa den Fürsten (in Macassar). Um den Schutzgeist eines Jünglings oder einer Jungfrau aufzuspüren, wird Sirih auf den blossen Bauch gesetzt, der dann beim Nennen der Namen den richtigen Schutzgeist durch Bewegungen bezeichnet (beim Bissu-Fest). Sinemanganta (von sinemangang, früher) bezeichnet (im Himmel) das Land früherer oder späterer Bestimmung (s. Matthes), in Praeexistenz (in Macassar). Madjassoelo, een flikkering als van vuur (s. Matthes), wird als Vorzeichen des Todes, wenn über dem Körper schwebend, gesehen (in Macassar). Goeroe-goeroe-timboezeng, gebezigd van alles, tot zelfs steen en hout toe, hetgeen de Inlander anroept, in het volle vertrouwen dat hierdoor als tware geld uit den grond zal opwellen (s. Matthes), auch für den so helfenden Menschen (in Macassar [Guru]). Tjirinaiwi poewammoe, mannang: „spaart (outziet) uw' vorsten (vergiet geen vorstelijk bloed), o! menschen", werden die Soldaten (bei den Bugis) vor der Schlacht im Zuruf ermahut (s. Matthes). Durch Djakka (Säuberung oder Almosen) wird ein Theil des Vermögens den Armen gegeben, das Uebrige für Heilige (in Celebes), gleich Erntegabe an die Priester (als Erstlinge). Die Bewohner von Woegi (am Fluss Tjerrana) dienten (zur Zeit Sawer's-gading's) bei fremden Anlandungen als Dolmetscher, weshalb die in Pumana geredete Sprache Busa-Woegi hiess (s. Matthes). Die Bugis rechnen Zeit nach Si-rede-koering, wieviel zum Reiskochen nöthig (ongeveer een half uur ver). Panai pandoeng (doen opklimmen en afdalen) heisst es (in Macassar) von den theils an Bäumen, theils im Wasser vertheilten Opfergaben (für die in oberen Regionen oder auf Raimenen wohnenden Abgestorbenen). Die Sonne öffnet als Blume (bei den Bugis) im Aufgang (nawam pampoenga be-tikae). Dato-Kali heisst (in Macassar) der mohamedanische Oberpriester (dato, alt, ehrwürdig). Areng-dando ist der Kose-Name des jungen Kindes, bis zu dauernder Namengebung (in Macassar). Die Opfergabe (Anjtja) der Verstorbenen wird für den Himmel an Bäumen gehängt, für die Crocodile in's Wasser gelegt (in Celebes). Bei Epidemien schützen die Bissu durch Zauberformel (Makawaroe). Batara (Gott, Fürst). Moeniwi Betarare, het dondert een wernig. Betara, Wolken (bei den Bugis). Langi, uitspansel, firmament, hemel, Wisina-langi, der Horizont (Name des Firmaments). Die Seele des Pinehas ging erst in den Körper von Elias und dann in den von Georgius über (bei den Moslemiten), Pythagoras' Vorgänger kämpfte im trojanischen Krieg (und die Tathagata wandeln in den Jataka). Die Bissoe (Macassar's) haben in Frauengemächern Zutritt, weil „onbekwaam tot den coitus" (s. Matthes). Das Kana-nimammang (Geheimwort) darf nicht geschrieben werden (in Macassar). Im Unterschied von Sassa (waschen) heisst Reinigen (mit wenig Wasser) Bissa (in Macassar), und so die Bissoe oder Bhisu (als Phu-loi in Siam). Uenjtjowi-anaka ist Beschirmer mit weissem Kreidefleck auf der Stirn des schlafenden Kindes, um böse Geister abzuhalten (in Macassar) und so das weisse Beschmieren im Corroborri (Australiens). Die Bilang-bilang genannten Knoten dienen zum Zählen (in Macassar). Mit Barata wird (in Macassar) die verdienstlich übernommene Ruhe bezeichnet (wie vor Beginn der Ernte), als Sabbat (der Hebräer).

In Macassar „komen de varkens eerst to vorschijn, wanneer de Bintoengbawi nedergedaald is" (s. Matthes). Wenn (am oberen Theil des Hauses) neben dem Djoeroe (als verzierter Banmast) zum Schlafen niederliegend, wird der Bissoe mit geweihtem Wasser (oewae-waruni) besprengt, „opdat de geest hem (of haar) beziele" (s. Matthes). Die im Padati-sangkalala befindlichen Seelen der Verstorbenen werden vom Engel Izrael, beim Zusammenrufen durch die Posaune, in das Musik-Instrument getrieben, um am jüngsten Tage daraus hervorgeblasen zu werden (in Celebes). Signa, quae nunc per campanas dantur, olim per tubas dabantur (s. Honorius Ant.). Ut cloccae non baptizentur verbot Carl M. (789 p. d.). Als Bischof Lupus die Glocken der Stephanskirche in Orleans läuten liess, flohen Chlotar's belagernde Franken (659 p. d.). Benedicuntur quoque campanae, zum Gebet rufend (ad conveniendum in templum), quamvis etiam patres alio respexerint, videlicet ut daemones tinnitu campanorum Christianos ad preces concitantium, terreantur, qui potius precibus ipsis territi abscedant, illisque submotis fruges, mentes et corpora eredentium serventur, ut procul pellantur hostiles exercitus et omnes insidiae inimici, fragor grandinum, praecellae turbinum, impetus tempestatum, fulgurum temperentur (Synode in Cöln, 1536 p. d.). Katimbang-anjdja (sprinkhaan afkomstig van de afgestorvenen) heissen (bei den Bugis) auch Bampa-to-matariwoena of sprinkhanen gezonden door de booze geesten, die rondworen om de graven dergenen, die op het slagveld of elders nedergeledg, en dienten gevolge zonder priesterlijke gebeden begraven zijn (s. Matthes). Im Mittelpunkt der Erde reicht der Fels Toras nanggar djati zum Himmel (bei den Batak) und der Berg Lokon (in den Minahassa). Die Anhänger des Luwuschen Stifters des Reiches von Wadjo hiessen Limpowa ri-toewa, weil für den Fischfang vereinigt, mit der im Wasser betäubenden Pflanze Toewa (s. Matthes). Djawa (Javanen) ook van anderen natien buiten Celebes gebezigd, onder anderen, van den Maleijers (bei den Bugis). Djawana-djawae, de menschen, die ten opzigte van de nitheemsche bewoners vederom uitheemsch zijn, alzoo: volkeren die van Celebes vewijderd wonen (bei den Bugis). Manapo-pate (doen afdalen en opklimmen) heisst es (bei den Bugis), wenn die Opfergaben zwischen Aufhängen an Bäumen und Hinwerfen für Crocodile getheilt werden, „dewijl sommigen van de familie onder de

Crocodillen huizen, en de anderen en hoogere gewesten zich ophonden" (s. Matthes).
Der Tampali tatto (als „Timmermann") genannte Vogel gilt Kanfleuten für glückbringend (in Macassar), weil er „altoos van beneden naar boven voortgaande
tegen den boom anklopt of pikt" (s. Matthes). Ta-Koeto-lai soemangamoe, adja
moetakini (ik stoot uwe soemanga niet weg, schrik toch niet, mijn kind), wird
zu Kindern, wenn erschreckt, gesagt (bei den Bugis) „ter voorkoming van ongeluk"
(s. Matthes), und im „Riök Khuan" wird zurückgerufen (in Siam). Cf. „Völker
des östlichen Asiens" III. (S. 236).

Die Macassaren kamen von den Bisayas (bei Le Gentil). Der Layaka wird
zum Bissu, wenn der Geist der von ihm bewachten Reichszierrathe in ihn fährt
(in Gowa). Niemand darf in Gowa sein Ackerfeld zu bestellen beginnen, ehe
das des Königs durch Umführen des Pfluges geweiht ist (beim Fest Nipililiki
tanaya). Volgens de Sehe Mardan zijn de Sjariya, de Tareka, de Hakeka en
de Maasipa de vier wegen der Godsdienst in den mensch (des Körpers, Herzens,
Geistes und Gemüths). Maaripa ist (in Macassar) het algemeene inzigt in, en
de kennis van de Islamitische Godsdienstige waarheid, waartoe de vrome, terwyl
hij zich steeds ontwikkelt, komt, zij strekt, zich e. g. ook uit tot de kennis der
goede en kwade dagen, de godsdienstigen feesten en plegtigheden (s. Matthes).
Der Sanro ruft beim Erschrecken (in Macassar) den Lebensgeist zurück (ampapole
soemangana). Die Makamala (bug.) oder Bartapa (mal.) genannten Einsiedler,
die sich in den Bergen durch Djin in Geheimkünsten unterweisen lassen, dürfen
kein Eisen an sich tragen (s. Matthes). Djene-pasili wird zum Besprengen
eines neuen Hauses (oder eines Bades) als Weihwasser (durch Blumen geweiht)
gebraucht (in Macassar). Limbangang (Ueberfahrt) heisst ein gefährlicher Platz,
dem man still vorübergehen muss, weil dort ein Heiliger begraben liegt oder
ein böser Geist umherschweift (in Macassar). Kanayong, Faustspiel der Kinder
unter Singen (in Macassar). Karassa oder zornig (aussehend) wird wie von
Personen (denen man Böses zutraut) auch von einem Baum gebraucht, unter
dem schlafend man krank geworden, wie von einem Haus, wo sich oft Leichen
finden u. s. w. (in Macassar). Weil übergebeugt (Doendoe) wird das Seepferd
(Doendoe-doendoe) am Körper getragen, um einem Gegner vor Gericht zuvor zu
kommen (in Macassar). In die mit Reis gefüllte Muschel Kadjawo (Gries) werden
brennende Kerzen gesteckt, damit der Vorübergehende das Greisenalter erreiche
(in Macassar). Nachdem der Sanro durch Aufschlagen mit einer Cocosnuss und einem
Beil das auf dem Schooss gehaltene Kind erschreckt hat, wird die Cocosnuss gepflegt
und nach dem Aufwachsen dem Kinde übergeben, als sein Simbafortan (in Macassar).

Die Appo genannte Bambuskeule wird bei Feierlichkeiten in die Erde gesteckt, neben den Hauspfeiler, um diesen gelegentlich damit zu schlagen, für
Vertreibung der bösen Geister (in Macassar) und in Viti (beim Orakel). Durch
die Sabiyai genannte Ceremonie wird das Band zwischen Lebenden und Verstorbenen
abgeschnitten, indem man auf dem Grabe eine Cocosnuss durchhaut und den einen
Theil davon in das Grab legt (auf Macassar). Kotika Djoroho lehrt günstige oder
ungünstige Zeichen beim Ausziehen auf eine Raubfahrt, Katika Patima (Fatimah)
beim Begegnen von Persönlichkeiten u. s. w. (in Macassar). Durch geheime Beziehung (een gcheeme betrekking) zwischen dem Lebensgeist (Soemangka) und einem
anderen Geschöpf, oder im Uebergang von einem zum andern, besteht gegenseitig
bedingte Abhängigkeit des Wohlseins (in Macassar). Boengkoesoe-setang, als in
Ewigkeit vom Teufel umhergewälzt, gilt (bei den Bugis) beim Nichtlösen der
Leichenkleider (in überlebselischer Erinnerung an frühere Einwickelung zur
Mumificirung). Wannampoelawang-Kombadja, beste soort van Gouddraad
(im Buginesischen) kommt (im Handel) von Kambodja (s. Matthes). Ada-rimammang
(das nicht auszusprechende Wort) wird in Schwierigkeiten zum Amulett verwandt
(bei den Bugis). Der Geschlechtssaamen euthält (bei den Bugis) Manikang (für
Bildung des Herzens), Manni (für Gedärme), Wadoe (für Haut, Knochen), Wadi (für
Blut, Fleisch u. s. w.). Schmerzen im Arm oder Bein werden verursacht (bei den
Bugis) durch einen Manoe-manoe-to-mata-riwoeno oder Manoe-manoe-to-mata-
malamma (van den geest van jemand die vermoord of verdronken is), als Vogel
(Manoe-manoe) umherfliegend (s. Matthes). Madjassoelo (bei den Bugis) eer eene
flikkering als van vuur, die de Inlander zich soms, biji in gevals van ziekte, ver-
beeldt te zien, en welke uit het ligchaam voortkomende, alsdan een voorbode van
den dood zou zijn (s. Matthes), als Od (auf den Gräbern). Sterben heisst (bei

den Bugis) lete Rimanipi, Umziehen nach der Unterwelt (oder Manipi). Pemanoe (Vorgefühl) kennt (bei den Bugis) die günstige oder ungünstige Deutung aus Vögeln (Manoe). Der Brief der Kriegserklärung (timoe-timoe) wird beim Ueberreichen zwischen Daumen und Mittelfinger gehalten, mit darüber gelegtem Zeigefinger (bei den Bugis). Werden von verpfändeten Sklavinnen (bei den Bugis) Kinder geboren, gehört (bei Auslösung) dem Pfandhalter das Erstgeborene, als Djene-owang (interest van het geld). Si-tappa-tanreug-mani-Asowe, meint fünf Uhr (bei den Bugis), wenn die Sonne einer Sagosaftzapfleiter (20 Fuss) hoch gleich ist (eben über die Sprossen). Die stacheligen Blätter Kalli-kalli werden zur Abwehr böser Geister in Fenster und Thüren gehängt (bei den Bugis), wenn im Haus ein Kindbett (oder ansteckende Krankheit). Poentiyana (bei den Bugis) een vrouwe-lijke Kwelgeest, met een holte in den rug, die ontstaan zou zijn, door als Kraamvrouw te bezwijken (s. Matthes). Unter den Wächtern des Palastes von Pototoe findet sich ein Alipampabboe (oder Tausendfuss) zur Abwehr (bei den Bugis), in Rüstung (wie der Krebs). Gegen den Dämon Powadjo wird beim Kindersterben von den Eltern (als Powadjong) in Wasser gebadet, worin der Kopf eines natürlich verstorbenen Affen gesiedet ist (bei den Bugis). Makarroe Soemangana, jemands soemanea (bijzonderen levensgeest), als of het een vogel, eigenlijk en hoen, ware roepen (bei den Bugis) Karroe, geluid tat men maakt, om te kippen te roepen (s. Matthes). Poelan (abwenden) awaroe dient zum Schutz durch Baunsprüche (bei den Bugis). Wie Bakke (Cadaver) wird Maya (Leiche) ausser von Menschen auch vom Kampfhahn gebraucht, während bei anderen Thieren Umschreibungen dienen (bei den Bugis), te dong-mate, een doode Buffel etc. (s. Matthes). An dem Posi-bola (Nabel) genannten Mittelpfeiler des Hauses wird bei der Einweihung das Packet Buli-Buli (aus Oeltöpfchen von Holz) aufgehängt (bei den Bugis) und so in Siam (in den Bala-Opfern). Men het twederlei soort van Bila-Bila (bei den Bugis), de eerste Bila-Bila bestond uit 80 Knoopen, om aan te duiden, dat het feest over 80 dagen, plaats zou hebben, de andere had zooveel knoopen, als er nog dagen verloopen moesten, voordat de oorlog beginnen zoude (s. Matthes), in Zählschrift (der Quippus).

Tayiroko Awoliyai (Vogel der Wali oder Heiligen) gilt für den Engel Gabriel (in Macassar). Nach dem Tode eines Fürsten oder Botjo wird der ihm vorgehaltene Spiegel bei den Edlen umhergesandt, und verkündet, dass der Fürst noch lebt, wer indess den Titel trug, entschlafen ist (bei den Bugis). Of the Javanese settlements on the west and southern coast (of Borneo), Sucadana and Banjermassin have been the most considerable (Low), of the Bugis kingdoms Coti is the largest. Mit dem Daboes (eisenspitzigem Speer) stechen sich die Zaubergeister, Unverwundbarkeit zu beweisen (bei den Malayen). Mit Dato oder Grossvater (als Titel buginesischer Fürsten) wird der chinesische Gott bezeichnet (in Macassar). An der Taka-pinjdjeng genannten Klippe (bei der Mündung des Flusses Gowa) landete Saweri-Gading mit dem grauen Porzellan oder Pinjdjeng (alterthümlich). Statt Djene (Wasser) wird das selten gebrauchte Wort Djampe in Gesprächen verwendet, die auf Seefahrten geführt werden, „opdat de booze geesten niet bemerken zullen, waaraver gesproken wordt" (in Macassar). Toeri-djene oder Menschen, die auf dem Wasser wohnen (Djene, Wasser), bezeichnet umherschweifende Seeleute (in Macassar). Der als Vogel (in Macassar) umherfliegende Geist eines Ermordeten verursacht Schmerz in den Beinen oder Armen des von ihm Besessenen (Djangang-djangang-tane-mate-niboeno). Barakka (in Macassar) oder Segen, als Geschenk (eines Kris, Geldstücks u. s. w.) Jemands von hohem Alter, hohem Rang oder Reichthum, um dem Beschenkten „den zegen van Allah in dezelfde mate doen ondervinden" (s. Matthes), wogegen bei einem nur in Folge der Geburt regierenden Fürsten (Karaeng magaoe) das Geschenk einfach Pitjoeroe heisst (aangezien men die verheven afkomst aan niemand kan meedeelen). So der Segen der Patriarchen (bei den Hebräern). Die Ernährung der Todten durch Trichter (bei Duphlas in Assam) hört auf mit Niederlegen von leeren Düten auf das Grab (bei Macassar) oder im Reichen des Handtuchs (bei Esthen). Inspired by the Zeal of the new faith, the Macassars attacked Boni and Waju and forced them to adopt the Mahomedan religion (s. Crawfurd). Bararogado (Bruder des Oehitinanden) wollte sich (nach den Bantik) mit der an der gegenüberliegenden Küste gefundenen Frau nicht vermählen, weil sie eine Art Schwanz hatte.

Bila-bila, oder bila-bilaya, eigentlich Boegin, bezeichnet einen Streifen Lontar-Blatt, worin man eine gewisse Zahl flacher Knoten gemacht hat, die je an beiden Seiten drei Falten zeigen, als Anspielung auf das unter dem Namen Lamoem-Patoewe-ri-Timoeroeng bekannte Bündniss, wobei Bone, Wadjo und Soeppeng als Brüder zusammen vereinigt sind. Es giebt zweierlei Gattungen bila - bila, einer wird gebraucht, um den paoeadjingang von Bone zum Fest einzuladen (diesen allein, nicht die Bundesgenossen), der andere, um ihn noch anzurufen zu dem Zwecke, mit dem Lehnsherrn gegen den Feind zu ziehen. Der erste bila - bila besteht aus 80 Knoten, um anzudeuten, dass das Fest nach 80 Tagen stattfinden wird, der andere hat eben so viel Knoten, als noch Tage verlaufen müssen, ehe der Krieg losgeht. Die Form der Knoten der beiden bila - bila's ist nur wenig verschieden. Ein grösserer Unterschied ist freilich in der Art und Weise, in welcher die beiden bila-bila's entgegengenommen werden. Die bila-bila für ein Fest wird nämlich von dem Fürsten, für den sie bestimmt ist, mit der rechten Hand entgegengenommen, während er mit der linken Hand die beim Tanzen gebräuchlichen Bewegungen macht. Die bila-bila für den Krieg dagegen, welche ebenfalls, wie die andere bila-bila, durch den Gesandten mit der rechten Hand überreicht wird, wird vom Fürsten mit der linken Hand entgegengenommen, während er gleichzeitig mit der rechten Hand an den Kris (Schlangenschwert) schlägt. Will der Fürst von der Zusammenberufung nichts wissen, so sagt er z. B.: „Pakammamintoe. Sangkamma - mintoe koetarimana siyagang ta koetarimana" (Lasse es so wie es ist, es kommt auf eines heraus, ob ich die bila-bila nehme oder nicht). Wenn man sich aber ohne triftige Gründe weigert, nach Empfang einer der beiden bila-bila's sich zum Lehnsherrn zu begeben, so lässt letzterer dies nicht ungestraft (Matthes). Die Bewohner von Tambora (auf Sumbawa) sind von Flores eingewandert. Die Palili (Vasallen) in dem Süden von Celebes sind zur Kriegshülfe gegen die Fürsten verpflichtet (als Palewang). Wer als Sacangi krank macht (auf Moa), wird getödtet. Die Begräbnissplätze der Könige und Krieger waren (in Tonga) von behauenen Steinfelsen umgeben, aus der Entfernung dorthin gebracht (s. Lawry). Die heiligen Plätze (leo oder pomali) sind so von altersher (als Steine, Bäume u. s. w.), oder sie werden durch den (unter dem Fürsten stehenden) Anaha-pa oder Landesbeschwörer (erbliche Würde) aus seiner Geheimwissenschaft dazu erhoben (auf Timor). Der neben dem Häuptling in Amaleie herrschende Kriegsfürst (Nei-Djoefa-paeli) wohnt in Oifetto (als Grenzfestung gegen Amanoebang). Das Haupt des Todten wird nach Westen, das Gesicht dem Sonnenaufgang also gegenüber gestellt (auf Timor).

„Suwanggi, naplulu, zijn thans, volgens de opgaven der hoofden op Wetar in grooten getale aanwezig. De eerste suwanggi op dat eiland is volgens traditie zekere Mausai, die zonder zueks te willen naplulu werd. Op zekeren dag naar zijn veld aan de westelijke helling van den Metahuru gaande, ontmoette hij den boozen geest Tetlau, die hem aansprak. Mausai werd duizelig en de geest voerde hem op den berg op eene steenachtige plaats, wär hij zijn verblijf hield. Toen hij tegen den avond tot bezinning kwam, stelde Tetlau hem voor om het heelal te doorkruisen, solden namo, de zon en maan, de sterren, zoomede vreemde landen te zien. De geest wreef zijn lichaam met eenige fyngemakte bladen, war door hij zich lichter dan gewoonlijk gevoelde. Na dezen tocht keerde Mausai naar zijne negari terug, doch ging alsto en om de vijf dagen den ganschen nacht door met Tetlau rondzwerven. Te huis blijvende, leerde Mausai de overige negarigen ooten de suwanggi kunst, zoodat weldra na zijnen dood de gansche negari geheel uit naplulu bestaat. Wil iemand suwanggi worden, dan begeeft hij bij een dezer en na omtrent de belooning overeengekomen ten zijn, blijft hij ongeveer een maand bij den suwanggi wonen en voedt zich met de spijzen, die voor dezen toebereid worden. De suwanggi neemt hem elken nacht op zijne zwerftochten mede en onderricht hem verder in de geheimen zijner kunst. Na afloop daarvan betaalt de novice hem bovendien met een menschenhart. De suwanggi op Wetar zijn even als elders zeer verzot op het hart van den mensch. Wann eer hij des nachts rondgät, doodt hij schaden, kelesi van zijn prooi, door met een piek te steken of met een zwaart te hakken. Ten gevolge daarvan wordt de persoon ziek. Gestorven zijnde, verandert het hart in een hert, een varken of buideldier, die de suwanggi van de overige dieren weet te onderscheiden, en door hem gedood wordt. De naplulu, waartoe ook vele oude vrouwen behooren, zijn zeer

gevreesd, en worden bij ontdekking zonder vorm van proces, zelfs buiten, voor-
kennis der hoofden en oudsten, door de bevolking mit stockslagen gedood*
(s. Riedel) auf Eatar (Wetar).

Von taennoeng (Weben) kommt Mak. tannoeng, Mal. tanoen, Jav. tenoen,
Sd. tinoen, Bat. tonoen, idem. Oenga-tannoeng, die abgebrochenen und wieder zusammen geknüpften Fäden des Webstuhls. Daher in der Sa Galigo: pewadjo ri-
oenga-toennoeng-mapolo-biya. Tjohhong ri-wiri tannoeng, buchstäblich: an der
rechten und linken Seite des Webstuhls sitzend. Taennoengang: Weberei,
Webstuhl. Taenoengang - ponjtjo: kurzer Webstuhl. Bei dieser Art Weben sitzt
die Weberin auf dem Boden, mit den Füssen nach vorn und nahe bei der sumongs.
Taennoengaeng-djarapjtja reng ist ebenso wie der taennoengang - ponjtjo, nur mit
dem Unterschiede, dass die Weberin auf einer Bank oder sonstigen Erhöhung
sitzt, so zu sagen auf einem Pferdchen. Diese Art Weben hat viel Aehnlichkeit
mit dem taennoeng-gaerro. Taennoengaeng - lompe, langer Webstuhl, besonders
unter den Buginesen in Gebrauch. Taennoengaeng-tattong, Webstuhl, bei dem
die Arbeit stehend gemacht wird. Beim Webstuhl spricht man (neben Anderem)
auch von taennoengaengs für Krisbänder (amarangs - Schwertgurte), rendas, kais,
tonra-batongs, kai-barasas u. s. w. (Matthes).

De Aitierhe (in Luang) is de plaats waar het mannelijk beginsel, de Upulero,
heer zon, anders ook genaamd it matroomi van mat oog en room huis een tydelijk
verblijf houdt, om met het vrouwelijke beginsel, de aarde, lea of beter, nohomarna
van noho, aarde en marna, aanzienlijk te copuleeren (s. Riedel). Het dople beeld
worde van het naawa-, het luli beeld van ailuli hout vervaardigd (in Luang), de
geesten dergenen, die de negari gesticht hebben (in Rooma Rihera). De Oimoheer
of lieden, die op eene ongewone wijze den dood vinden, blijven, wanneer zij nie
door Rarawohei verstonden worden, op de aarde, ronddwalen (auf Babar). Die
Kupfertrommel, auf Luang gefunden (durch westliche Einwanderung), ist vom
Himmel gefallen (und erhält Opfer). Unter den bösen Geistern (auf Babar)
worden behalve Rarawoliai ook de oiatawel of ehejan woore suwanggi geraugschickt,
zijnde booze lieden van het mannelijk en vrouwelijk geslacht, die zich door
tovermiddelen onzichtbaar kunnen maken en door den anus in het ligchaam van
den person, dien zij benadeelen willen, binnendringen, om de ingewonden lang-
zaam te verslinden (s. Riedel). Volgens de traditie Raktui upa tagaana, is de
bevolking (in Luang) van het uitspansel Lianti, toen dit nog lager op de aarde
lag, afkomstig (s. Riedel), und in Samoa geschah die Emporhebung allmählig
(auf den Gilbert-Inseln durch den Octopus). Elke familie is verplicht, aan hare
eigene upumate, de latere afgestorvenen en upunita garui, de vroegere afgestorvenen
te offeren (in Luang). Die Alfuren im Innern der Insel Togean (an der Küste von
Malayen bewohnt) stehen unter der Olinggia betitelten Frau (s. Rosenberg). Die
Yfugaos (westlich von Cagayan) werfen den Lasso, um den Kopf abzuschlagen,
sucer la cervelle et emporter ensuite cette tête toute sanglante, pour en faire
le plus bel ornament de leur cabane, car chez eux la noblesse est attachée aux
nombres de ses trophées (s. Mallet), autant de boucles d'oreilles en écorce de
bambou (als Ehrenzeichen tragend).

„Die Geister, welche man auf dem Babar-Archipel verehrt und deren Ursprung
nicht erklärt werden kann, sind der Upulero oder der Geist des männlichen Grundsatzes, welche die Sonne bewohnen, und der Raiawa, uneigentlich auch Upulero
Wate genannt, oder der weibliche Upulero (im Gegensatze zu dem Upulero meana,
dem männlichen Upulero), der Geist des weiblichen Grundsatzes, der sich auf der
Erde aufhält. Wenn der Upulero beim Beginn des Ost - Monsuns raiawa, be-
fruchten will, so sinkt er vom lanit oder laikol die Leiter entlang und nimmt
seinen Aufenthalt provisorisch in der Aisiere, das für ihn in den Negarien
errichtete Bild. Rarawoliai, der Geist des Krieges, bewohnt den Mond mit neun
seiner weiblichen Abgesandten. Als höhere Nitu oder Geister von Verstorbenen,
die ersten Bewohner oder Errichter der Negarien, die über den matemuli stehen,
werden zugleich die Wuliainaman verehrt, die von Teninber stammen und die
in den Negarien verschiedene Namen tragen. Diese Wuliainaman von männ-
lichem und weiblichem Geschlecht halten sich in den Bäumen auf, speciell in
der Ficus, die man in jedem Negari antrifft, z. B. zu Betwurung, woselbst die
Schutzgeister der Negari, genannt Laiawalnen Mann und Rurliainaa Weib, sich
aufhalten. Sieht man in der Umgebung des Baumes Feuer - Fliegen, popo-

paraharaha, flattern, so darf keiner sich dem Baum nähern, weil die Geister da sind. Die Matemuli oder Geister der Verstorbenen bewohnen die respektiven Häuser auf dem tatuaane, als Schweine in kleinen Holzbildern, die von den Hinterbliebenen zu diesem Zwecke angefertigt sind. Vor die Hausthür stellt man auch ein aitiere zum Aufenthalt der Gesandten des Upulero, um das Haus gegen das Einschleichen der suwanggi oder bösen Geister zu schützen. Ueber den Eingang des Hauses hängt man eine Sirihdose mit Zubehör, um die guten Nitu, die das Haus besuchen, zu bewirthen. Gegen Beginn des Ost-Monsuns, d. h. einmal im Jahr, wird ein Fest abgehalten zu Ehren des Upulero, wobei 20 Schweine, wari oder itiei, zwei Ziegen, pipi, fünf Hühner, hiwie, mit Reis, iasu und tuak tioe geopfert werden. Um den Upulero heruntersteigen zu lassen, wird auf einer Tritonenmuschel, tuwure, geblasen. Den Wuliainaman oder Schutzgeistern der Negarien wird bei allen Gelegenheiten geopfert, so z. B. bei Krankheiten, bei jeglichem Bedarf der Negarie-Genossen, wie auch, um im laufenden Jahr eine gute Ernte zu haben. Zu diesem Zwecke berathet das betreffende Haupt (rilalaman) mit den Orlehoe oder Abkömmlingen von dem ersten Errichter der Negari, die in der Regel den Opferdienst verrichten, und bestimmt alsdann, je nach dem Zweck des Opfers, mit ihnen die Anzahl der Schweine und die dazu gehörigen Ingredienzien" (s. *Riedel*). Bilder mit hochgezogenen Beinen, in sitzender Stellung, sind die provisorischen Aufenthaltsorte der Geister Rupiai und Upurape, Mann und Weib (in Babar). Auf den Soeloe-Inseln werden Hindubilder (besonders elephantenköpfige) gefunden (s. Gronovius). In Sumba werden Ombu awan (Herr der Luft) und Ombu tanah (Herr der Erde) verehrt (s. van Alphen). Vom Bretteraltar (im Tempel zu Fiji) hing vom Dach ein Stück Zeug herab (als Weg des herabsteigenden Gottes), wie bei den Bissoe leitend (zur Inspiration). Die Ornaments-Sklaven (in Tjamba) wurden in Folge von Vergehungen zu Dienern der Fürsten gemacht (auf Celebes). Beim Besteigen der Vulkan Apo brachte der Pagabo dem Dämon Mandarangan Menschenopfer. Auf dem (bis an den Himmel reichenden) Gipfel des heiligen Berges wohnen die Seelen der Abgeschiedenen (auf Lombok). Beim Besteigen dürfen keine Titel genannt werden, um die dortigen niederen Geister nicht zu beleidigen, und nicht Bezug genommen werden auf die Tajatoer Djelma oder balinesische Kastenvertheilung. Batara Indra sandte Mantring Moder (Sohn eines Hundes) nach Lombok (als Haupt der Mohamedaner). Der Fürst von Lelaparang auf Lombok rief die Balinesen (1723) gegen Sumbawa zu Hülfe, und als diese dort blieben, hatten sie (1764) einen (von Sumbawa gestützten) Aufstand der Sassak-Fürsten zu unterdrücken. Beim Opferfeste (der Balinger) auf Lombok werden Menschenköpfe aufgestellt (s. Eck), bis zum Ersatz (durch Kohlköpfe in Rom).

„Palisoe bedeutet eine Art kleiner Haarwirbel, wie jeder Mensch wenigstens einen oben auf dem Kopfe hat. Auch bei Pferden findet man einen solchen Haarwirbel. Es giebt verschiedene Sorten palisoe bei einem Pferd, wie: 1. palisoepadaekko, ein palisoe vom Halse des Pferdes (von raeko, umbiegen). Derjenige, welcher ein solches Pferd reitet, ist der Gefahr ausgesetzt, das Genick zu brechen. 2. palisoe-la-garoetoe, ein palisoe an den Kinnladen des Pferdes (von garoeto, knirschen). Wer ein solches Pferd reitet, stürzt leicht herunter oder ist der Gefahr ausgesetzt, im Kriege umzukommen. 3. palisoe-oele, ein palisoe auf der Stirn und eins auf dem Nasenbein (boekoe-ingae). Solch ein palisoe ist ein schlechtes Vorzeichen und bedeutet, dass derjenige, welcher ein solches Pferd reitet, der Gefahr ausgesetzt ist, getödtet und somit in's Grab getragen zu werden. Auch würde der Eigenthümer eines solchen Pferdes darauf rechnen können, dass er erniedrigt und zum Koeliedienst verpflichtet werde. 4. palisoe-payele, ein palisoe auf einer oder beiden Seiten des Pferdes. Das Pferd wird so zu sagen gekitzelt, wirft den Reiter herunter, und dürfte nur dazu gut sein, um wie eine Ziege geschlachtet zu werden, laut Mekas, genannt tampalisoe-bembiyang von bemlee, eine Ziege. 5. palisoe-pasorong, ein palisoe hinten auf dem Schenkel, ist ein gutes Zeichen, dass nämlich der Eigenthümer bald im Stande sein dürfte, seine Schulden zu bezahlen (sarong), ein Zeichen dass seine Sachen weggeholt werden (sorong). 6. palisoemaboeri-lappo, ein palisoe auf dem Rücken, sozusagen unter dem lappo-ase, welcher Ueberfluss von Paddi für den Eigenthümer des Pferdes bringt. 7. palisoe-tjoeke oder soeko, ein palisoe über dem Schenkel. Fürsten, die ein solches Pferd besitzen, verlieren das Reich, während geringe Leute aus dem Reiche gejagt werden" (s. Matthes).

„Ehe man auf den Tenimber ein Haus baut, macht man Löcher in die Erde, welche für die Pfähle bestimmt sind, und wirft, unter Anrufung von Dudilaa, ein Goldstück und einige Kerne von Kamiri Aleurites triloba hinein, auch wohl das Wasser, in welchem diese Gegenstände einige Zeit gelegen haben. Eins sowohl wie das andere geschieht, um den Boden kühl zu machen oder vielmehr um den Geist Lenun günstig zu stimmen. Nicht selten werden auch Köpfe von Kriegs-gefangenen und Sklaven oder vom Karabau (wilden Büffelochsen) dazu angewandt. Hierauf werden die Pfähle in die Erde gesteckt, die Holzwerke befestigt und an-gebunden von allen Negari-Genossen, und zwar geschehen diese Arbeiten in der Weise von Meloban (als gegenseitige Hülfsleistung). Der Gebrauch von Menschen-köpfen findet auch zu Samdena und Selaru statt beim Bauen der Treppen für die Gari. Eine Nacht, bevor das Haus mit atap belegt werden soll, stellt der Be-sitzer eine genaue Untersuchung an, ob alles gut gebunden ist. Rechts und links von der Stelle, wo die häuslichen Schutzgeister, Matmate auch wohl Nitu Tawan, ihre Stätte finden sollen, werden zwei Schamgürtel für Männer und zwei Weiber-Sarongs aufgehängt; dann wird in der Nähe davon ein Teller mit Sago aufgestellt. Ein Kamena oder goldenes Weiber-Ohrgehänge wird bisweilen ebenfalls neben dem Schamgürtel gelegt. Dann werden vier Schweine geschlachtet und Katupas (Reis in Kalapa-Blättern) angefertigt. Der Schamgürtel, der Sarong und der Kamena dienen als Kleidung, das Fleisch und der Reis als Nahrung der Schutzgeister. Die Blutsverwandten, die verpflichtet sind, dem Feste beizuwohnen, müssen Ge-schenke für den Besitzer mitbringen, bestehend aus goldenen Tellern, maas, Ohr-gehängen, lorlora, und Schwertern, Suruk. Sie erhalten dafür als Gegengeschenk einen Schamgürtel und Sarongs. Wer viel mitbringt, erhält eine Kamena und eine Schnur Mutisala oder einheimische Corallen. Derjenige, welcher die Aufsicht über das Werk geführt, erhält ein paar goldene Lorloras zum Andenken. Die Aussenmauer der Häuser besteht aus Brettern, Bambu, auch wohl aus geflochtenen Koli Borassus Flabelliformis und aus Sagoblättern. Als Fussboden werden Latten von Holz oder Bambu gebraucht, einigermassen weit auseinandergebunden; auf diesen schläft ein jeder auf seinem Platze auf Büffelhäuten. Das Handwerkszeug, welches zum Hausbau benutzt wird, sind: Vetelet, Meissel; Bingku, eine Art Spatel; Vaat, Bohrer; Gargadje, Sägen, und Melmalu, Hammer. Nägel gebraucht man nicht. Das Hausgeräth, Rahanan ni baklan, ist ziemlich einfach und besteht aus einigen Matten, Kissen, Oellampen, Töpfen, Reiswannen, Reisblöcken, Mörsern, Bambu zum Wasseraufbewahren, ferner aus einigen Tellern, Katapa-Hülsen und Waffen, bei Vornehmen auch noch aus Kisten, angefertigt aus Holz oder Palmenblättern" (s. Riedel).

In den (im Walde gelegenen) Pfahltempel Laikan Aha (allmächtiges Haus) bei Kendari (in Loepo-Loepo) begiebt sich (zur Auslegung für Träume oder für Prophezeihungen) der (deshalb als übernatürlich kräftig betrachtete) Raja von von Laiwoei (wo die orakelnden Vögel durch Bambuspfeifen herbeigerufen werden) in Celebes (s. Vosmaer). Vor Beginn der Feldarbeiten wird (in Laiwoei) ein Hund geopfert (unter Darbringung von Sirih). Die für Leichenfeste geschnellten Schädel werden (in Laiwoei) unter den anwesenden Häuptlingen vertheilt. In Laiwoei werden Erdhaufen über die Gräber aufgeworfen und die fürstlichen mit pyramidalischen Denkzeichen verziert. In Laiwoei trägt die Wittwe ein weisses Stirnband, bis ein Verwandter einen Kopf geschnellt (und sie dann wieder hei-rathen kann). Verdruggzamheiden in hunne huiselyke kringen schijnt te heerschen, zoomede werkzamheid (s. Vosmaer) in Laiwoei (auf Celebes). Der Raja von Koen-nawei in Laiwoei (mit der Hauptstadt Kendari) führt den Titel Lakina. Die Häuser der Fürsten von Tijtana waren mit einem Stierkopf verziert. Für Auf-richten des Götzenhauses (Roemah Berhala) Loeang wurde ein Menschenkopf von Moa geholt. Laiwoei (von Torilakis bewohnt) grenzt an Taboenkoe. Für glück-lichen Fischfang opfern die Orang-Badjos der See. Die Begleiter der aus Loewoo geflüchteten Prinzessin gründeten (in Wadjoe) den Stamm der Betem-polo (Gebirgs-bewohner), der Simpo-ri-toewa (der Fischer) und Talo-Taenreng (der Saguweer-Verfertiger) und die drei Paetta (Fürsten) mit ihren drei Gehülfen (Paetta Pillae, Paetta Tjakoridie und Paetta Pataloe) bildeten mit Einzählung des Paetta Matowa oder Aroe Matowa (als Siebenten) den Rath der Sechs (Paettaaemange), sowie mit späterer Zufügung von 10 Unterfürsten aus jeder Abtheilung und eines Soero oder Gesandten aus jeder, den Kriegsrath der 40 Fürsten (unter dem erwähl-

und absetzbaren Aroe Matowa). Boni fiel (16. Jahrhundert) als Königreich Loeboe von Macassar ab (s. Block). Nach Besiegung von Loewoe führte zuerst Latawue Soekkie als unabhängiger Fürst von Boni den königlichen Pajong (Schirm). Tiro-tiro wird gebraucht von Jemand, der sein Auge auf ein Mädchen gerichtet hat. Ferner wird dies tiro-tiro auch gebraucht vom Wahrsager, welcher z. B. bei einem Diebstahl darnach trachtet, den Schuldigen ausfindig zu machen mittelst eines bakkaeng (kleinem Toepfchen mit Oel), das er an einem Bindfaden hängend, bei den verdächtigen Leuten herumträgt. Wenn der bakkaeng sich stark bewegt, so ist die Schuld des Betreffenden nachgewiesen, andernfalls ist seine Unschuld bewiesen. Diese Art Wahrsagen heisst tiro-tiro-minja (mittelst Oel zu sehen). Zuweilen bedient sich der Wahrsager auch einer Wanne (patapi), die er herumrollen lässt; derjenige, vor dem die Wanne auf den Boden schlägt, ist der Schuldige. Diese Art nennt man tiro-tiro-patapi. Schliesslich benutzt der Wahrsager auch ein Boko-boko oder Bokoraeng, welchen er auf seiner Hand balanciren lässt. Heftiges Zittern giebt den Schuldigen zu erkennen. Diese Art wird tiro-tiro-boko-boko oder bokoraeng genannt.

Neben dem Bugis-Alphabet in Sumbawa bestand früher (in Bima) ein einheimisches. Die (aus Dompo hergeleiteten) Könige von Sumbawa (mit einer dem Sassak verwandten Sprache) sind mit Bandjermassing verwandt. Die Sprache Sumbawa's (wo eine Hofsprache unterschieden wird) endet weich in den Wortsilben mit Vokalen. Auf Sumbawa finden sich die Sawas genannten Länder (zu Vornehmen wird in höherer Sprache geredet). In Sumbawa wird mit macassarischen Buchstaben geschrieben (auf Sassak mit javanischen). In Bima wird ein Dialekt des Malayischen gesprochen, während die Engahie mantoe genannte Sprache (mit Alphabet) verloren ist (Zollinger). Die Sprache von Sangar ist dem Bima verwandt. Die Sprache im westlichen Sumbawa ist dem Sassak verwandt.

Koraeng Matowaga (zu Tello), den Islam (wie der Fürst von Gowa) annehmend (als Sultan Abdoellah), eroberte Sumbawa, Buton, Soella und Borneo u.s.w. (1603). Um das durch Kraeng Bortolanka (1716) eingenommene Fort von Maros zurückzuerobern, schickte Gouverneur Smout die Schiffe nach Macassar zurück (die Soldaten zur Landung zu zwingen). Die Bajows (aus Macassar) dienen (auf Sulu) als Fischer und Taucher. Macassar wurde von einem Dorf zwischen Samboena und dem Fluss von Goa benannt. Von Toni Palang, König von Macassar unterworfen, schloss Wadjo (nach dessen Tode) den Bund Lamoen Patoeari Timoenroeng mit Boni und Soppeng. Die Küste Neu-Hollands von Mellville-Island zum Golf von Carpentara war bei den Fischern als Macassar bekannt (östlich von Kaidjawa). Zu Hohendorff's Zeit handelten Macassarer und Javaner nach „de handelsplaatz Passir" und „het dorp Coety" (1757). Troeano djogo verband sich in seinem Aufstand gegen Mataram mit macassarischen Seeräubern, die die Küsten Java's verwüsteten (17. Jahrhundert). Im Batavischen Malayisch bezeichnet Mengkasar ein hohes Haus. Bei Macassaren darf nur innerhalb desselben Standes geheirathet werden, und wird eine mit Niedrigeren verbundene Frau verstossen (wenn nicht bei den Wadjoresen durch Geld gesühnt). Pythagoras führte die Tugenden auf Zahlen zurück (in „Magna Moralia"), zum Abzahlen in Karma (durch Busszahlen). En ce fut nature bien proveance, quant elle fut l'orbem tout reont (s. Brunetto Latini). Das erst Bewegte ist der Himmel (und unter den Sphären zeigt die der Fixsterne gleichmässig kreisförmige Drehung); die kugelförmige Erde ruht unbewegt in der Mitte der Welt (bei Aristoteles). Die Brust arbeitet in Folge der ungesunden Stadtluft nur matt, Engbrüstigkeit und Lungenleiden sind die naturgemässe Folge (s. Crassmann). Secundum Ptolemeum aliqui percienerunt ad has regiones de locis aequinoctialium (trotz der magnetisch die Menschen anziehenden Berge), dictum est illic etiam Arym civitatem Indiae existere (s. Petr. Alb.) oder Meru (im indonesischen Schattenkegel).

„Einem der Einwohner war (in Sekkar) sein Hackmesser, ein stets benöthigtes, unser Handbeil ersetzendes, Hausgeräth, abhanden gekommen, muthmasslich gestohlen. Es wurde daher ein alter Mann, wahrscheinlich ein Priester oder Zauberer, ersucht, dasselbe wieder herbeizuschaffen. Zu diesem Zwecke nahm er einen meterlangen Pfahl, spitzte denselben, band ein Streifchen rothen Kattun um die Spitze und legte dieses Instrument auf die Hände zweier gegenüberkauernder Knaben. Hierauf nahm er eine Schale mit Sirih-Früchten, Pinang, Taback und Kalk und stellte dieselbe vor die Spitze des Pfahles hin. Dann nahm er einige glühende Kohlen und streute etwas gepulverten Ingwer darauf, dessen Rauch er um die Spitze des Holzes wehen liess, während er abgerissene Worte murmelte. Plötzlich ward er lauter und heftiger, legte zwei kleine Stäbchen vor die Pfahlspitze hin und begann mit einem dritten auf letztere loszuschlagen. Unterdessen hatten die Knaben das Holz, erst unmerklich, dann immer stärker, vor und rückwärts bewegt, bis sie mit der Spitze die zwei Stäbchen beiseite geworfen hatten; dann erhoben sie sich, um, das Holz stets bewegend, damit wegzulaufen. Zuerst stiessen sie mit der Spitze an das Fundament eines neuen Hauses, weil da aber der Dieb nicht sein konnte, gingen sie an demselben vorbei in die See, unter den Häusern durch, immer bis an den Hals im Wasser. Nach einiger Zeit kamen sie triefend mit dem Holze wieder zu dem Ausgangspunkt und natürlich ohne Parang zurück. Wieder schrie und schlug der Alte auf das Holz los, und wieder ging die Reise mit demselben ins Wasser, diesmal jedoch liefen die Knaben direct in die See und zwar nach einer dem Dorfe abgewandten Seite der Insel, wodurch der Beweis geliefert ward, dass der Dieb nicht im Dorfe zu suchen, sondern das Object von einem Angehörigen eines andern Dorfes in einer Prau hinweggeführt worden sei. Wäre der Dieb im Dorfe gewesen, so würde angeblich das Holz denselben angestossen und dann genau den Platz angezeigt haben, wo das Hackmeser verborgen war. Die Papuas glauben bestimmt, dass das Holz die Knaben mit sich führe und diese demselben willenlos folgen müssen. Später hörte ich, dass die Worte, welche der Alte zum Holze spreche, etwa so seien: „Geh und tödte den Parangdieb, den feigen Kerl, das Weib; schnell, schnell! Geh immer schneller, such', such', stich den Dieb todt!" etc. Später bot sich Gelegenheit, noch einen anderen Hokuspokus des Alten mit anzusehen. Er liess 16—20 Männer ein langes, starkes Bambu halten und zwar so, dass dasselbe auf deren Händen lag, und abwechselnd einer hüben und drüben hielt. In dieser Stellung hiess er sie niederkauern, nahm eine angekohlte Ingwerwurzel, hielt dieselbe unter das Bambu und räucherte es der Länge nach an, dabei unverständliche Worte murmelnd. Am Ende angelangt, kehrte er zum ersten wieder zurück und hiess die kauernden Menschen aufstehen, sodann fasste er das Bambu und bewegte es einmal der Länge nach hin und her, rief ihnen zu, festzuhalten, und nun begann eine Balgerei um das Bambu, bis die Leute ganz erschöpft waren. Schnell trat der Alte hinzu, fasste ein Ende des Bambus und drückte es zu Boden, worauf die Leute aufathmeten und sich freuten, das lebendig gewordene Bambu endlich bezwungen zu sehen. Sie glaubten steif und fest, dass das durch die Zauberei des alten Spitzbuben stark gemachte Bambu sie in dieser Art und Weise hin- und hergezerrt habe" (s. Kühn), bei den Papua (in Sekar). „Mens agitat molem" (am Neckar) und den Bhikschu flogen die Trinkgeschirre herbei (am Hofe Kublai-Khan's), cf. „In Sachen des Spiritismus" (S. 75 u. fg.).

„Der Boden auf dieser Insel wird als communales Eigenthum von jedem Negari oder Stamm betrachtet; der penuenduan oder Abkömmling des ersten Grundbesitzers ist der Vertreter. Dieser Grund und Boden ist mittelst Grenzzeichen (nonoat oder djasi), aus Steinen oder Bäumen bestehend, gehörig abgesteckt. Boden im Sinne von res nullius giebt es nicht. Der unbebaute Boden, naugasi, kann von den Negarigenossen ohne Vorwissen zum Anlegen von Feldern, abat ravor oder ngeen, gebraucht werden. Die Paddi-Felder heissen wanatuoan, der Djagong selaruaan, während die Ubi-Felder letar heissen. Die antgomen und noch unbepflanzten Boden heissen tavunge, die verlassenen Felder ardaterevbrook, welche letzteren ohne Erlaubniss des ersten Bebauers von Jedermann gebraucht werden können. Waldboden mit Sagowäldern heissen mangan ecra und sind meistens Eigenthum der Negari oder einzelner Matmela, die gleichfalls als penuenduan betrachtet werden. Ausländer, die mit eingebornen Frauen verheirathet sind, dürfen mit Erlaubniss der Negari-Genossen über ihren Boden verfügen, vorausgesetzt, dass sie mit in den Krieg ziehen, um die Rechte der Negari zu vertheidigen. Das Ueberschreiten der Grenze, um sich etwas zuzueignen, führt zu Wasser und zu Lande zu grossen Verwickelungen und Kriegen. Die Souveräu-Rechte der Niederländer über diesen Boden werden nicht anerkannt. Beim Bebanen der Felder wird der pennenduan gewöhnlich zuerst zu Rathe gezogen, damit Dudilaa und Lenun, denen auch geopfert wird, nicht zu verstimmen. Da das Jagen ausserhalb der Grenze für Jedermann frei ist, bekommt in den meisten Negarien der penuenduan den Kopf des Schweines, das auf dem Gebiete eines andern Negari gefangen worden ist. Die erste Frucht der Ernte wird dem Matmate mit lebenden Hühnern und Schweinen, die, nachdem ein Gebet gesprochen worden ist, geschlachtet werden, als Zeichen dankbarer Verehrung dargebracht. Alle älteren Gebräuche hinsichtlich des Grundeigenthums müssen genau beobachtet werden, wenn die Matmate, laut der Meinung der Bevölkerung, dieselbe nicht krank oder unglücklich machen sollen. Die Bevölkerung sagt: ja renan amon ninuwale, d. h. der Boden meines Vaters ist auch mein Boden. Verkauf von Grund und Boden findet nie statt. Ebensowenig wird der Boden vermiethet oder verpfändet. Um Bäume (tabu) zu persönlichem Eigenthum zu machen, oder um die Früchte gegen Diebstahl zu schützen, gebraucht man allerhand Bilder, aus Holz oder Kalapa - Blättern angefertigt. Diese Bilder heissen Gesetz und sind entweder Gesetz-vari, nevuen sru, Fisch-tabu, oder Gesetz-niran, Schlangen-tabu oder Gesetz-suma, Reiher-tabu, Gesetz-awua, Crocodil-tabu, Gesetz-jaon, Feuer-tabu, Gesetz-dadonong oder dadourivan. Donnerwetter-tabu. Das Hinlegen von sasi, ruwawa, wie auch von Ambon und Uliase ist auch gebräuchlich" (in Fetisch-Polizei). „The nature of the different titles, of the different claimants were various (in Neu-Seeland), if tribal jealousies, emanating from a continual fear of ultimate oppression by foreigners, and a desire to retain nationality are considered, there is no question surrounded with more complications than that of acquiring lands from the natives, and none so likely to involve serious difficulties between the two races, which inhabit there islands" (s. White), wie in der Colonialpolitik erprobt (trotz sanguinisch, und sanguinarisch, geschlossenen Blutsfreundschaften). Toema Parisi Kakalonna, der seinen Bruder Toeni Tjoka Rilunkan (Sohn Batara Goa's) folgte, dehnte das Reich Macassar aus und gab Gesetze. Neben dem Radja von Goa (mit dem Bitjara Boeta) steht der Neuner-Rath (Batè Salapang) und dann folgen Karaengs oder Häuptlinge (mit Sambong Djawa als Hauptstadt). Celebes wird auf Soela-beri (Eisen-Insel) geführt. Der König von Goa liess sich durch Frauen bedienen (17. Jahrhundert), wie der von Siam (und Dahomey). Die Holländer trafen 1607 in Macassar neben dem König von Tello, den König von Battengoa (Goa). Krain Sombangko (König von Macassar) unterwarf die Mandhar und Bugis (1646) mit Toradja kriegend. Der Grossvater Sombangko's (Königs von Macassar) eroberte das zu dem Königreich Tello gehörende Oedjang Pandang (Kijkhoek), wo das Fort Rotterdam gebaut wurde. Die Bugis oder Toradjas standen unter dem (zu Macassar gerechneten) König von Boni (17. Jahrhundert). Nach Abwerfung der Herrschaft Goa's liess sich Radja Palacka (König von Palacka) in Boni nieder (als König von Boni) zu Teko residirend (unter den Bugis). Krain Crangrong residirt in Bontuwalak. Bei den Macassaren besteht Lehnsherrschaft unter den Paseadgingang oder Blutsverwandten (wenn die Fürsten ihren Kindern Land austheilen) oder in den Palili (durch Unterwerfung anderer Fürsten). Die vier Fürsten von Tello wählten den durch seinen Bruder aus Gowa vertriebenen Karaeng-lowe-ri-Lero zum Oberherrn von Ligtooet. „Turi wird gebraucht für die geheime Wissenschaft, die einige Eingeborne zu besitzen behaupten, und die sie in den Stand setzen würde, mehr als ein gewöhnlicher Mensch zu erfahren oder zu vermögen. Hiervon giebt es mehrere Sorten, z. B. Tiwi-aworowa-nengaeng, die Wissenschaft oder Kenntniss der Mittel, um rarani oder eisenfest zu werden; Tiwi-alolong, die Kenntniss der Mittel, um das Herz eines jungen Mädchens zu bezaubern und auf diese Weise an sich zu fesseln, Tiwi-akanjarangaeng, die Kenntniss der Mittel, um nicht vom Pferde zu stürzen, Tiwi-aloping oder sompaerraeng, Kenntniss der Mittel, um eine glückliche Reise zu machen, Tiwi-amatengaeug, Kenntniss der Mittel, um zu wissen, ob man bald sterben wird oder nicht. Diese Kenntniss lernt man von den Priestern, daher der Satz: terima tuwi-amatenggaeng, im tiwi-amatengaeng erhalten oder lernen. Wie auch: lao sappai tiwi-amatengaeng, ein tiwi-amatengaeng suchen, danach trachten. Wer nun diese Wissenschaft nicht gelernt hat, ist, nach Aussage der Eingebornen, in den letzten Lebensstunden grosser Gefahr ausgesetzt, einer verkehrten Rufstimme zu folgen, „da jeder Mensch vor seinem Tode eine Person sehen würde, zuerst eine in Weiss, dann eine in Gelb und schliesslich eine in einem glänzenden Gewand, welch' letzterer Erscheinung er zu folgen haben würde" (bei den Bugis). Bei dem Handel mit der Nordostküste von Flores wurden in Bonerate früher Sklaven eingeführt, 1862 (s. Bakker). Bonerate diente früher als Hauptplatz der Seeräuber, und die von Flores (oder Timer) eingeführten Sklaven wurden einst (im Innern der Insel) zum Landbau verwandt (auch zum Tripangfischen etc.). Haus heisst Sapo, Wasser lieh (auf Bonerate). Oestlich von den Keo (auf Flores) wohnen die Noember, Tongo, Braai, dann (östlich von Ende) die Dona, Natospira, Geva, Boeri, Doeri, Para, und nördlich von Ende die Woratera, Worotoga, Doenga, Oelemai, Kolotero, Korimbo. In Karana wird beim Oeffnen der verzierten Holzkiste mit dem Schädel des Vaters vom Häuptling geräuchert. Das von Daloe Badjo beherrschte Dorf (mit Badjoe und Bimanesen) herrscht über die (wilden) Mangaraier der Berge. Die Mangaraier opfern Schweine und Hühner unter Bäumen. Ueber die Mangaraier (gegenüber den Kampong der Bimanesen) am Nanga Ramo herrscht Kraing Ramo, über die der Berge Daloe Todo. Auf die Frage nach Gott wussten die Mangaraier nichts davon, da sie ihn nie gesehen (s. Freijss). Die schöpferisch über den Wassern schwebenden Nebel verdichten sich zu ogygischen Fluthen, bis verdampft in Ekpeurosis (eines Suturbrand's). Ignis exitus mundi, humor primordium (s. Seneca). Von den Fixsternen, in ihren Grössenverhältnissen berechnet (b. Alfragan), übertrifft der kleinste die Erde an Grösse (b. Shems-Eddin). Die bei den „nordischen Gelehrten" angenagelten Fixsterne waren bei den südlichen (und indischen) beweglich (s. Abraham ben Chitja), von Thevada getragen (in Siam). In Borra versammeln sich neben den Endenesen die Keo, Tonga, Noemba u. s. w. zum Handeln. Den (weissen) Figuren wird von den Blaufärbern das Zeug mit Bambus umnäht (bei den Keo). Von den bis zum Gebirge wohnenden Tongo (in Flores) wurden die der Küste durch macassarische Häuptlinge beherrscht (1855). In Ende wurde mit den Dona des Gebirges gekriegt. Das Reitpferd des Verstorbenen wird täglich zu dem wegen seiner Schätze bewachten Grabe gebracht, unter Trauermusik (auf Sumba). Beim Jahresfest werden die Seelen aus Paray-Merapoe zum Mahle gerufen und mit glimmenden Holzscheiten zurückbegleitet (auf Sumba).

In Flores finden sich die Stämme Ende, Mangari, Kis, Koka, Konga und Galeteng. Geliteng (auf Flores) wurde durch den Daeng Mangawing (aus den Salayer-Inseln) gestiftet, während die Gebirge von den Mangaraier (oder Alfuren) bewohnt wurden. Die Galarrang (Dorfhäuptlinge) erwählen in Bonerate den Bonto (Fürsten) und seinen Vertreter (Opoe mantjoana). Bei den Bakka in Flores verkauften die Söhne das Fleisch ihres Vaters für Gewicht in Gold. Die Enderesen essen nur das Herz des Menschen (auf Flores). Ollo Adaballo, Nachkomme Pategolo's, residirte (auf Flores) in Wato (oberhalb Lokea) am Ilimandiri. In Flores wohnt man in korbartigen Hütten. Zu Ost-Flores gehört der Stamm der Ende (in Larentoeka), Mittel-Flores wird von Rokka, Langa und Woga bewohnt, West-Flores durch die Mangaraier. Die Mangaraier (manga oder sein) heissen Ata Raja. Die Rokka (den Gott Atagai verehrend) schliessen Freundschaft, indem sie aus einer Wunde in der Hand gegenseitig Blut saugen. An der Küste zwischen Keo und Ende haben sich Malayen, Buginesen und Macassaren niedergelassen und die Endenesen herrschen über die Bergstämme (wo indess keine Erwachsene, sondern nur Knaben durchziehen dürfen). Nach Larentoeka zu wohnen die Stämme Dore Amasiete und Waoela auf Flores. In Larentoeka siedelten Manduresen und Wadjoresen (17. Jahrhundert). Um Mangorey und zwischen Bima und Macassar wurde gekämpft. Salemparang oder Lobok (zu Sumbawa gehörend) wurde von Bali erobert. Der Rajah (der Malayen, Buginesen und Macassaren) in Ende (auf Flores) kämpft mit den Bergstämmen der Dona. In Larentoeka wird Gott Were-woetan (Allahtala) von den Bergstämmen Larong-Goulan verehrt. Bei Mangel an Regen wird auf Flores der Acker mit Blut bespritzt (siram Tanah) aus Menschenopfern. Auf Lombok erben die Söhne (beim Mangel derer Adoptirte) und müssen dann die Familie unterhalten. Die Sassak (auf Lombok) können im Rang der Beamten nur zu Pambukkel aufsteigen (s. Zollinger). Die Sprache der Sassak gleicht der in den östlichen Bergdistrikten auf Bali gesprochenen, die weniger durch den Einfluss des javanischen Kawi aus Madjapahit verändert ist, besonders auf Pandita-Insel (s. Eck). Die Macassaren (unter Bima) werden durch Daloe genannte Fürsten beherrscht. Liro ist die Sonne (in Bima) und Lieree (auf Javoe), das Ausgebreitete (des Himmels). Die Bejadjoe von Sumbawa (mit Macassaren heirathend) treiben Fischfang oder Raub. Auf den Batu-Tulis am Sakapan (Nebenfluss des Pontianak) finden sich alte Inschriften. Die Sultane von Bima stammen von Indra Djamroet, Bruder des (bei der Ankunft von Java) auf Dompo gebliebenen Indra Komala. Im Falle der Vertheilung (bei den Buginesen) gehört das älteste Kind der Mutter (auf Sumbawa dem Vater). Die Bevölkerung in Bima ist an Darie (Helden) vertheilt, die dem Rajah besondere Dienste zu leisten haben. Als Grosse Daloe (der Bimanger) herrschen die Daloe Ponko, Daloe Todo, Daloe Badjo und Daloe Leda (in Mangarai). Der Radja von Tello in Kotta Batoe (auf Flores) gilt als Vasall des Sultans von Bima (in der bimanischen Colonie in Barie). Bei Lapi findet sich der alte Baum Parigi Tambaga und bei Tato sind Hindubilder gefunden (bei Binna). In Flores sind die Heiligen der römischen Kirche unter die bösen und guten Geister aufgenommen (s. Brummond). Für jeden in Sumba niedergehauenen Sandelholzbaum stirbt ein Eingeborner. Die (verehrten) Pomali-Steine heissen (bei Larentoeka) Noeba-nara. Bei Bima wurde ein sivaitisches Hindubild gefunden. Auf Rotti wurden (als Mann und Frau) die Felsen von Termano verehrt (mit kleinem Fels als Kind). Auf Sumba leben die Seelen der Abgeschiedenen in den Sandelholzbäumen. In Ceylon wurde die Leiche nach der Todesursache gefragt (van der Behr). In Tambora liessen sich Flüchtlinge aus Flores nieder. Durch eine feurige Schlange aus Kroko - Poekong vertrieben, kam die Fürstin nach Larentoeka auf Flores. In Mittel-Flores kämpfen die Bokka gegen die buginesischen Piraten von Ende oder Amboegaga. Auf Salayer wird ein Dialekt des Macassarischen geredet. Das Monument Kota Tjandi (an der Westküste Sumatras) hat zum Begraben von Leichen gedient. Die Mangaraier (und Alfuren) der Berge in Flores handeln mit Geliting (an der Küste). Die Mangaraier (unter Bima) wurden durch Daloe genannte Fürsten beherrscht. Der Fürst Daloe (Dola oder Fürst) Tooe beherrscht Mangarai (unter dem Sultan von Bima). In Mittel-Flores wohnen die Rokka im Süden, die Langa im Nordwesten, die Woga im Nordosten. Ein Theil der Bergstämme von Tondo (Flores) ist dem Rajah (der Malayer, Macassaren und Buginesen) an der Küste unterworfen (wie auch in Ende). Nach Valentijn war Flores dem König von Goa und Macassar unterworfen (Mangarai fiel als Brautschatz an Bima).

Der westliche Theil von Flores oder Mangarai (mit Kheo oder Rheo als Hauptstadt) ist von Bima abhängig, während im Innern die (in besonderer Sprache redenden) Endenesen wohnen, mit dunklerer Farbe und etwas gekräuseltem Haar). Die Fürsten von Flores sind vom Himmel gefallen, mit einem Lontarblatt, und so entstanden die Menschen und die Bäume. Die nicht zum Islam (oder Christenthum) bekehrten Eingebornen bei Larentoeka heissen Djentao (auf Flores). Die Südküste von Mangarai oder Flores, mit dem Reiche der Alfuren und Ende (an der Bay von Ende) ist in dem Gebirge des Innern von wilden Enderesen bewohnt. Piri (Pantong) entspricht (bei den Dayak) dem Pomali (wie für verbotenes Hundefleisch). Das Pomali (der Malayen) entspricht dem Boboro (der Alfuren), als Foso (auf Ternate). Die Lampong (wenn nicht von Nabi Adam) stammen von Naga Bisang (der das Gesetzbuch Madjapahit überbrachte) mit einem Bidadari (Engelein) oder in einem Ei, „hetgeen in vlakken, even als een doerian, was verdeeld, au ook het eerste ouderpaar der Chinezen" (und anderem Volk) befasst. Die Papua von Waigumi (zwischen Kapawa und Mercursbay) besuchen auf Piratenzügen die Aru-Inseln, wo die Häuser zur Befestigung auf Pfeilern zwischen Steinen erbaut sind. Auf den Inseln Balang und Battam (bei Rhio) sollen wilde Menschen leben (nach den Malayen). Die Bewohner der Insel Dyngano (Engano) hatten „lanck opstaend haar of gelyck een bosboom geweest had de op haar hooft" (s. van der Doos) 1596.

In Lamatare (auf Solor) rudern die Frauen die Männer, um die Waaren nach dem Markt zu bringen, und während im Hause die Männer weben, werden die Feldarbeiten von den Frauen verrichtet (pharaonisch). Die auf Merapi in Sumatra geschaffenen Menschen wanderten in drei Abtheilungen nach Batu-sangkha, Agam und Anamkata; von dort für einen gemeinsamen Markt nach dem Plateau des Merapi nochmals zurückkehrend, erlagen Viele den Schwierigkeiten des Weges, und wurden unter den alten Steingräbern dort begraben. Op't eiland Sumbawa heeft man verscheiden koningen die eenigzins vasallen van Macassar en oude tyden plagten te zijn (s. Valentijn). Auf Batara-Guru folgte (im Fürstenthum Macassar's) sein Bruder, und dann, nach Batu Sapo Marantaya, herrschte Kraeng Katanka, und bei dessen Tod fiel eene schoene vrouw met een gouden keten omhangen uit den Hemel, als Königin (To-Manuranga), mit dem König von Bonthain vermählt.

Dann folgte der Sohn Tuma Salanga Barunga, und mit dessen Verschwinden sein Sohn Tunia Tabanrie, der ebenfalls verschwand, sowie sein Nachfolger Kraeng Puanga von Goa, und dessen Sohn Tanka Lopi vertheilte das Reich (in Abtrennung des Königthums Tello). Minja-baddo (Macassar-Oel) wird aus der Baddo genannten Frucht (ähnlich der Olive am hohen Baum) gefertigt und dann mit Holzarten parfumirt (als Minja-bau oder Riechöl), von den Eingebornen (in Goa und des Innern) zum Einreiben bei rheumatischen Schmerzen gebraucht. Die Orang-Kling (von Java) Lembong Mangkoerat, nach dem Barito (bei Bandjermassing) kommend, setzten für die Eingebornen den dort heiligen Baum Kajoe-Oeringin zum Fürsten ein, mit Zierrathen behängt, und nach seinem Absterben die von seinem Bruder Eatti Modo Astana auf dem Wasser schwebend gefundene Jungfrau Poetri Djoendjoeng Boeki (in Amontai), die mit dem krüppelhaften (aber nach dem Sturz in's Wasser nach sieben Tagen als schöner Jüngling hervorkommenden) Sohn (Pangeran Soerja Nata) des javanischen Fürsten von Madjapahit sich vermählte. Unter seinen Nachfolgern heirathete die regierende Fürstin (Anata) den in der Jugend (wegen einer Kopfwunde) geflüchteten (und später daran erkannten) Sohn Akar Soensong, der, ohne sein Geburtsland zu kennen, als reicher Händler dorthin zurückkehrte und sich beim Aufklären der Verwandtschaftsverhältnisse von ihr trennte; sein Sohn Pangerar Samatra bewahrte (gegen seine Brüder) den Thron mit Hülfe des (mohamedanischen) Sultans von Dernak (auf Java). Als Oedipus spielt Phaya Phan (an der Stirn-Narbe erkannt) in dem die Pagode Pathommachedi umspielenden Sagenkreis (cf. „Völker des östlichen Asiens" I., S. 327).

Die Battäer (in Sumatra) „unterscheiden mehrere Hauptkrankheiten oder böse Geister, Begu, deren Namen und Charaktere folgende sind:

1. Begu Wirigong, dieser setzt sich in die Füsse, in denen er Inflammationen, Anschwellungen und Geschwüre hervorbringt.

2. B. Lumpun, ist der böse Geist, welcher Krampf in den Fingern und Zehen erzeugt.

3. B. Oi-jang, erzeugt Rheumatismus und Lähmung in den Füssen. Personen, die von ihm besessen sind, können nur hinkend gehen oder auf Krücken.

4. B. Sari, sitzt unter den Nägeln und bringt daselbst die Krankheit hervor, die man Panaritium nennt.

5. B. Puru-hon, bringt Geschwülste (Drüsenschwellungen) unter der Achsel hervor.

6. B. Antu, macht krank am Halse und erzeugt Angina.

7. B. Hullit, hat seinen Lieblingssitz in der Brust und erzeugt Husten mit Beklemmung (Pleurasia, Asthma).

8. B. Sing-nal, verdirbt den Magen, benimmt alle Esslust.

9. B. Simpsorgo-ong, sitzt ebenfalls im Magen, ist jedoch viel bösartiger als der vorige und erzeugt heftiges Magenweh und Cardialgie.

10. B. Barang-munji ist der böse Geist der Kolik, der in den Gedärmen sitzt, Dysenterie erzeugt und vielen Menschen sehr verderblich wird. Bei trocknem Wetter ist er am wenigsten zu befürchten, dann schweift er unstät in der Luft umher, aber bei feuchtem Wetter sucht er Obdach und nistet sich in den Eingeweiden der Menschen ein.

11. B. Tokni-ullu, bemächtigt sich des Gehirns und bringt Kopfschmerzen hervor.

12. B. Nahurapon, ist ein bösartiger Plagegeist; kommt zwar den Menschen selten an das Leben, ist aber desto hartnäckiger und bringt einen herpesartigen Ausschlag der ganzen Haut hervor, mit einer an Lepra grenzenden Abschuppung. Dabei magern die davon Besessenen ab.

13. B. Namarung, ist der Geist der intermittirenden Fieber, der die Menschen ebenfalls sehr ausmergelt, doch selten zu tödten vermag.

14. B. Tjimpallan aber greift das Leben selber an und ist einer der wüthendsten Begu's, der die Menschen, die er sich zu seinem Opfer erkoren, auf das Krankenlager wirft, heftige Fieber hervorbringt, mit rasenden Delirien, auf welche Bewusstlosigkeit folgt, in welcher die Kranken in der Regel ein Opfer der Bösen werden (Typhus cerebralis).

15. B. Tumungungong. Mit wem dieser Geist sein Wesen treibt, der entfremdet sich seinen Mitbrüdern; er wird menschenscheu und entflieht in die Einsamkeit.

5*

16. B. Solpot ist der Teufel der Manie. Die Unglücklichen, die von ihm besessen sind, sind verrückt, treiben lauter unsinniges Zeug, laufen rasend umher, und wollen sich nur in Wildnissen aufhalten.

Der furchtbarste und gefürchtetste vor Allen aber ist:

17. Begus Nalalain! der das Land entvölkert, ganze Provinzen verheert, Dörfer verbrennt, und den Cannibalismus eingeführt hat; dies ist der Geist der Zwietracht, des Streites und des Mordes! Zuweilen ergreift er blos einen einzelnen Menschen, zuweilen aber die Bevölkerung ganzer Gemeinden und ganzer Landschaften; wen er aber ergreift, den treibt er an zu unwiderstehlicher Raubsucht, zu Krieg und Mord. Er ist's, der den ursprünglichen Frieden im Lande zerstört hat, und der noch nicht aufhören will, die Menschen elend zu machen oder zu vernichten. Wo er hergekommen ist, weiss Niemand. Die andern Begu's schweifen, ohne irgend einen festen Sitz zu haben, unstät in der Luft herum, als eigentliche Luftgeister, von wo sie sich nur von Zeit zu Zeit in die Menschen einsenken, um diesen zu schaden und sie krank zu machen; dieser aber kriecht unheimlich lauschend zwischen den Dörfern umher, und ist überall und nirgends; Viele behaupten, ihn des Abends, bei Dämmerlicht, gesehen zu haben, wie er da mit feurigen Augen, langer rother Zunge und Krallen an den Händen um die Ecke schleicht.

Ausserdem giebt es noch mehrere weniger bedeutende Begu's, von denen allen einer jeder nur eine besondere Krankheit hervorbringen kann, die nach ihm benannt wird, deren äusserliche Erscheinungen oben angegeben wurden, und die mit dem Geiste also synonym und völlig identisch sind. Zuweilen befallen einen Menschen mehrere böse Geister auf einmal, und zuweilen erscheinen ganz neue, die früher noch nicht vorhanden waren, und die dann auch keinen Namen haben" (s. Junghuhn). Neben den ärztlichen Theorien über Lom (oder Winde) wird (in Siam) die Diagnose durch die Phi (in ihren Teufelsformen) gewährt (wie sie im Ramphe-Ramphat tollen), cf. „Völker des östl. Asiens" III. (S. 289 u. flg.).

Gleich den im hellenischen Archipel (seit Leleger und Karer) für vergleichende Parallelen gebotenen Erscheinungen, findet sich im indischen Alles im lebenden Werdeprocess der Wandlungen, unter mehrweniger congenialen Mischungen. wie auf des Flusses Wellen zusammengeführt, in der Schifffahrt (feindlichen und freundlichen Verkehrs), von autochthon-alfurischen Stützen auf den Einzeln-Inseln, bis zur allgemein deckenden Physiognomie der Malayen, mit denjenigen Zwischenstufen, die von Orang-Badjo zu peguanischen und chinesischen (oder indochinesischen) Elementen führen mögen, von Bugi und Macassaren zu anamitischen auf Borneo, zu Kling (oder Kalinga) der Talein auf Sumatra, mit Sagen von Iskander-Zügen einerseits rückweisend, bis auf die im Pamir-Bereiche gelagerten Gebirgsstöcke, oder verlaufend andererseits in's oceanische Weltenmeer, und in's Blaue blauer Wunder, durch gewürzig geöffnetes Thor (der Molukken), für phantastischen Schaffungstrieb, so lange das ethnologische Detail noch fehlt, in ausreichender Genüge zur Prüfung und Controle jedes Specialfalles für sich (und im Zusammenhang des Ganzen). Und so hat momentan noch die Materialbeschaffung voranzustehen, ehe vertrauensvoll das Wagniss theoretischer Construction unternommen werden könnte (um ein sichergefügtes System bleibenden Werthes emporzubauen).

Von den durch die in der Einleitung erwähnte Expedition mitgebrachten Ahnenbildern, die nach Aufstellung im Museum ihre Einzelnbeschreibungen zugefügt erhalten werden, folgt aus der zu Letti gehörigen Zahl eine Auswahl (auf Tafel I, II), und neben dem für den Marna charakteristischen Hauptschmuck (im Anschluss an die Ornamente auf kambodischen Sculpturen), zeigt der Kopfknoten der Gemeinen peguanisch-birmanische Analogien (neben kurzgeschorenen Thai). Aus Allor finden sich Repräsentanten des dio insularen Mythen durchwandernden Schlangen-Drachens (Ular-Naga) und ebenso von den dessen Kopf gegen den Sonnenbrand schützenden, (sowie dann im königlichen Emblem Indochina's überlobselnden), Schirmen, wie an Ancon's Gräbern aufgesteckt, für die aus schattiger Unterwelt zum Todteufest an's Tageslicht Heraufkommenden (mit egyptischen Analogien). Ἀρχὴν τοῦ παντός εἶναι καὶ τέλος τὸ ὕδωρ, lehrte Thales (s. Hippolit), und aus dem Wasser gewinnt Menabozho sein Sandkorn (für „le premier pas, qui coute“). Als aus den Wassern — die bei schöpferischer Scheidung (b. Paulus Burgensis) zu „einem besonderen Globus mit seinem vom Erdmittelpunkte verschiedenen Centrum geballt“ waren (s. Zoeckler) — Hat-Allah den Naga hervorgerufen, schlenkerte weinend sein Kopf in der Gluthhitze, bis mit Erde bedeckt (die deshalb seinem Erbeben ausgesetzt bleibt), während im unterhimmlischen Reich des Kaisers Drachen, durch die Wolken hingewälzt, Schätze herabwerfen mag (durch den Schornstein nach Hexenart), oder darauf ruhen (zu Frotho's Zeit), und als Mammolainen „matrix serpentis“ (s. Renwall) auch „die Rolle eines gutmüthigen Hausgeistes spielt“ (wie im „Erdhünlein“).

Ein Haus, das bei dem Bau auf den, nach den Monaten, gewendeten Kopf des Naga stösst, ist unglücklich (in Siam), cf. „Völker des östlichen Asiens“ III. (S. 423). Mit Angrboda zeugt Loki den Wolf Fenrir (den Mond verfolgend), (neben Hel) und Jörmungandr im Wasser, woraus aufgefischt (wie durch Maui). Zuerst zieht die Sonne den dünnsten und leichtesten Theil des Wassers an sich und führt ihn in die Höhe (s. Hippocrates), mit „localen Anschwellungen“ (s. Günther) und (nach den Beobachtungen am Nil) hatte „die Sonne auf irdische Wassermassen anziehend, aufsaugend zu wirken“ (bei Herodot). Das Wasser des äquinoctialen Meeres ist erhabener, als die Gewässer des Nordens (s. Leonardo da Vinci). Nach Hiketas (b. Theophr.) bewegt sich die Erde „circum axem“ (s. Cicero), als Lehrer des Ekphantus (b. Boeckh). Die Bewegung der Erde um dio stillstehende Sonne lehrte Aristarch von Samos, im heliocentrischen System (des Chaldäers Seleucus). Die Atmosphäre der Erde nimmt an der Bewegung Theil, in welche der dem Empyreum folgende Himmel die unterliegende (neben der eigenen) fortreisst (b. Dante); in Anziehung der Fixsternbilder liegt die Ursächlichkeit für Emporziehung des Festlandes (aus der Wasserbedeckung). „Wenn die Sonne ihre grösste Anziehung auf Jahrhunderte dicht an den Aequator heran- und über ihn hinführt, so wird die symmetrische Ausgleichung ihrer Fluthwellen nahezu oder völlig hergestellt sein, und die bisher wasserärmere Erdhälfte sich neu zu füllen anfangen“ (s. Schmick). Nach den Bestimmungen der Abplattung (b. Bessel) ist die Erde „nicht ganz dreimal so viel an der Aequatorial-Zone angeschwollen, als die Erhebung des höchsten Erdbergs über die Meeresfläche beträgt“ (s. Humboldt). Estque terra cum aquis in se contentis sicut opera terrae solum (s. Lincoln). „Nec sola per se aqua globus est, neque cum terra conjuncta, globum unum efficit“ (s. Patritius). „Manifestum, terram simul et aquam uni centro gravitatis inniti“ (lehrte Copernicus). „Aqua tendit ad rotunditatem“ (s. Capuanus). „Dubitare nemo debet in

Sphaera aliqua constitutas coaffixasque esse, quae ita feruntur stellae" (s. Fracastor). Die Erde (b. Eratosthenes) war kugelförmig (s. Strabo), oder (b. Leucippus) zeigt Paukenform (τὸ σχῆμα τυμπανοειδές), auch mit Wurzeln (auf Mangaia [cf. Ethnologisches Bilderbuch, Taf. VII]). Von den älteren Meteorologen (zu Aristoteles Zeit) wurde „die gegen den Norden hin angeschwollene Erde als eine Ursache betrachtet, von dem Verschwinden der Sonne oder des Nachtwerdens" (s. Ideler). „Dass der den Gleichen unterliegende Erdstrich der höchste sei, weshalb er auch beregnet werde" (s. Humboldt), lehrte Polybius (für „Anschwellung des Bodens"), betreffs der „Hoch-" oder Gebirgs-Ebene Meru (nördlich vom Himalaya). In der Mitte des asiatischen Hochlandes ragte „der heilige Berg Aryn" empor für die Flüsse des Paradies (b. Honorius von Autun). Die „Schwerpunktsverschiebung, welche für die reinere Auffassung der arabischen Physiker eine bloss momentane, wenn auch in Jahresperioden wiederkehrende war, sie gestaltete sich unter den weniger glücklichen Händen mittelalterlicher Verbesserer zu einer gleichbleibenden starren Versetzung um" (s. Günther), in die Excentriciät (von Erde und Wasserkugel). Troviamla scoperto inverso la parte di settentriome, sotto quella parte del cielo, la quale è piue stellata, e troviamo quella parte della terra scoperta, girata e avironata intorno d'acqua, la quale è chiamatamare maggiore (13. Jahrh.). Die über veränderliche Excentricität des Schwerpunktes der Erde gestellte Frage (s. Muncke), in Bezug auf klimatische Verhältnisse der Tertiärzeit (b. Wrede), wurde auf ungleich vertheilte Flüssigkeitsmassen bezogen (b. Schmick) und physiographische Eigenthümlichkeiten der Mondoberfläche (s. Günther) oder Gluthfluthen (vulkanisch) machen sich in Erderbeben merklich (bei zuckenden Windungen der Grundschlange). Minima stellarium visu notabilium, (ut dicit Alfraganus) est major terrae (s. Roger Bacon). Alle Bewegung geschieht durch Platzaustausch (ἀντιπερίστασις), die Welt als Ganzes bewegt sich nicht fortschreitend, sondern nur durch Drehung (b. Aristoteles); obwohl jede κίνησις in μεταβολή, ist doch diejenige μεταβολή keine κίνησις, welche das Dasein des Objects betrifft. Da ausser Gott kein Absolutes, existirt auch kein schlechthin ruhender Körper (s. Cusanus) und so bleibt dem in Relativitäten bewegten Denken sein Aufschwung und Erweiterung, mit höherem Calcul (naturwissenschaftlicher Psychologie). Gegenüber der schwächlichen Südhemisphäre („rada e debole") lässt der edlere Nordhimmel, unter Zurücktreiben des Flüssigen, das Trockne emportreten und nach dieser Himmelsrichtung wenden die Thierkreisbilder ihre Köpfe (s. Ristoro), und so entscheidet der Kopf des Naga, nach seiner Bewegung, für den Hausbau, dessen Pfeiler unter dem entsprechenden Rökh, unter Opfer von Phra Phum errichtet werden (in Siam). cf. „Völker des östlichen Asiens" III. (S. 493).

Bei den Relativitäten logischen Rechnens bleibt die absolute Position an sich abgewiesen, und selbst aus dem von Uranos und Gaea (wie anderswo von Rupa und Papa) eingeschlossenen Weltsystem, wo mit der Erde als Mittelpunkt, und dem Menschen als diesen in ihm, ein „Mass der Dinge" (s. Protagoras) angenommen werden konnte, suchte doch der Physiker nach Archimedes' Standpunkt ausserhalb, der in einer (seit astronomischer Reform) unendlichen Welt gleichfalls fortfällt.

Daneben verbleibt das stagiritische Axiom, dass das Wissen auf das begriffliche Wesen der Dinge (κατὰ τον λόγον οὐσία oder τοτί ἦν εἶναι) der Einzelsubstanz zielt (b. Aristoteles), dass dem Einzelnen (als οὐσία) das Allgemeine immanent (ἐνυπάρχον), denn „Universalia non sunt res subsistentes, sed habent esse solum in singularibus" (s. Thom. Aq.). So bedarf es zunächst der hypothetischen allgemeinen Umschau, um das Besondere darin nach seinen in logischer Rechnung verwendbaren Verhältnisswerthen für rationelle Gleichungen zu erfassen. Um solchen Anhalt an gesetzliches Walten handelt es sich in erster Vorbedingung, gleichgültig, wo gegeben, ob im Grossen oder Kleinen, aber practisch empfehlbar im Kleinsten zuerst zu suchen, weil dort leichter oder bequemer durchsichtig. Deshalb eben sind es die primären Vorstadien des Denkens, wie in den Naturstämmen vorliegend, die den geeigneten Ausgangspunkt bieten, vorausgesetzt, dass die psychischen Originalitäten noch echt und rein erhalten sind, also in harmonischer Wechselwirkung mit den Ursächlichkeiten jedesmaliger geographischer Provinz, um dann bei statistischer Uebersehau aus den Differenzirungen eine Integration einstens etwa wagen zu dürfen. „Nous nous servons de suppositions ou d'hypothèses pour découvrir des inconnues, ou pour expliquer des choses que nous connaissons" (s. Condillac), und der bisher vorwiegenden Deduction muss jetzt die Induction zur Seite treten, mit ihrer comparativ-genetischen Methode (nach genügender Ansammlung von Thatsachen).

Bei den kopfzerbrecherischen Problemen heutiger Weltanschauung wird allzu häufig jenes die mühsamst und sorgfältigst angestellten Rechnungen des Denkens nothwendig fälschende πρῶτον ψεῦδον übersehen, dass während die Dialektik den in der Classicität aufgestellten Grundregeln folgte, die Neuzeit sich mit derjenigen Auffassung des kosmischen Systems abzufinden hat, durch welche (seit radicaler Revolution desselben) Alles so zu sagen, im Vergleich zum Alten, auf den Kopf gestellt ist, also Alles gewissermassen nach der veränderten Reform „ab ovo" ab wiederum durchgangen werden müsste, mittelst der „Instauratio magna" (eines „Novum Organum"). Und zwar kommen hier ausserdem noch jene Complicationen hinzu, welche temporär durch die Patristik dazwischen geworfen waren, ehe mit Beda, Adam von Bremen, Ducueils u. s. w. die Wissenschaft, über die Köpfe von Lactanz und Isidor hinweg, wieder umkehrte zum Almagest (der μεγάλη σύνταξις), zum Trotz päpstlicher Verdammung, wie sie Virgilius von Juvava getroffen, der in „deum et animam" gesündigt hatte, durch seine Lehre (esse homines in adversam mundi plagam et alteram hemisphaeram habitarent). Erst Sacro Bosco's Lehrbuch (s. Günther) brachte die Kugelgestalt der Erde wieder zur Annahme (1499), wenn auch für zweifaches Centrum (b. Patrizio) Zweifel fortdauerten über den Wasserberg (der noch Columbus' westlicher Fahrt entgegenstand).

Zur Pharaonen-Zeit ging die Sonne, als Thmu, zum Amenthes ein, um auf unterirdischen Bahnen zurückzukehren (wie auf Mangai nach Avaiki, durch Reinga's Eingang für Maori), in Hispania hörte man (zu Sertorius Zeit) das Zischen, wenn in den Ocean niedertauchend, oder in afrikanische Sümpfe (für die Suahili), aber in „Aethici Istrici Cosmographia" verhüllte ein dichter Nebel den Tagespfad, wenn die „mensa solis" sich Nachts zurückwälzte. Wie unter den Indicopleustes' Glasglocke das Brockengespenst heiligen Meru's (oder der Kuppeldom Arin's am „roof of the world") anschwillt, wurden die Gestirne von Engeln umhergetragen, in den Intelligenzen der Surya Siddhanta (s. Schiaparelli) umlaufend (gleich θεοί). „Feruntur per aera in suis palatiis" (Akasa-Thevada), Sol luna, omnes stellae sunt tot idem angeli aeris (s. Pallegoix). „Die Luftsphäre ist von den Seelen der Abgeschiedenen (Demones) bevölkert, welche erst am jüngsten Tage ihre Körperlichkeit wieder erlangen und einstweilen der Menschheit in der Form von Winden erscheinen" (s. Günther), im Codex „de quatuor ventis cardinalibus" (Kloster Fürstenfeld), wie Tritopatores (in Oceanien).

Die Sphärenmechanik (55 durchsichtige Kugelschaalen) zerschlug „Apollonius von Perga, der die Planetenbahnen wieder zu einem einfachen Kreislauf im freien Raume umgestaltete" (s. Peschel). Wenn, den aus γένεσις und φθορά geschlungenen Κύκλος ἀνάγκης seines optischen Horizontes (als „finiens circulus") durchbrechend, das mit der „Turgescenz" inneren Zeugungstriebes schwellende Denken in das Unbegrenzte hinaustritt, wird, um den Abgrund der Unvernunft zu vermeiden, ein Rettungsanker nur gewährt sein können, wenn unter verständlicher Erfassung von Gesetzen die des Denkens einklingen in allgemein harmonische jenes Kosmos, der als ein Abglanz eines κόσμος νοητός dem Verständniss Anhalt bietet (für logische Berechnung). „Purbach hatte die gloriose Idee, die dem Mittelpunkt der Welt entsprechenden sog. homocentrischen Sphären der Physiker soweit auszuhöhlen, dass in der Höhlung die einem anderen Centrum entsprechenden Kreise der Astronomen sammt den Epicyklen Platz finden könnten" (s. Wolf), und so wurden der Aushülfen manche versucht, doch, wenn gewogen, zu leicht gefunden, selbst mit Tycho de

Brahe's Beobachtungskunst, so dass Copernikus' kühnes Wagniss adoptirt werden musste (als auf Keppler's Gesetze befestigt).

Indem nun, wie im All ohne Anfang und Ende, in einer Unendlichkeit, wo der begrenzende Horizont im eigenen Auge getragen wird, innerhalb solcher Peripherie für den Beginn des logischen Rechnens eine erste Eins zu suchen ist, das ἔν, als εἰκών des νοῦς (b. Plotin), so bietet sich hier als nächstliegende die Gleichung zwischen dem Index des organischen Lebens mit den Agentien siderisch-klimatischer Umgebung, oder (insofern) mit der geographischen Provinz, die sich für die geistige Hälfte des Zoon politikon zur historisch-geographischen erweitert, und die der Erfahrung erforderlichen Anschauungen in den ethnischen Reflexen gewährt, in den Völkergedanken also nach den Variationen elementar gleichartiger Grundgesetze für den psychischen Wachsthumsprocess. Dadurch werden die Einwürfe (wie aus dem Entwicklungsgang der Cultur leicht erklärlich [cf. „Z. K. H." S. XII]) vorschneller Uebertragungstheorien auf ein vernunftgemässes Mass reducirt. Selon le P. Lafitau, prévenu que les premiers habitants de le Grèce et les Sauvages Americains ont une même origine „tout le fond de la Religion ancienne des Sauvages de l'Amerique, est le même que celui des Barbares qui occupérent en premier lieu la Grèce est qui se répandirent dans l'Asie" (1724). So mochte es gehen, wie mit den von Missionären (und auch im Stammbaum der Mormonen) überall angetroffenen Juden (in verlorenen Stämmen), bis durch die, ethnologisch einfluthende, Ueberschwemmung (massenhaften Materials) der Bruch einzutreten hatte, und nun (um nicht fortgefluthet zu werden) Festlegung mittelst der Dämme neuer Forschungsmethode wiederum erfordert wird (beim Ausgang von den Völkergedanken).

Zum gegenseitigen Abwägen im Gleichgewicht fehlten auf der Zona inhabitabilis die Antipoden, und als Sang-yang Guru die Erde nach Westen schief geneigt fand, liess er durch die Götter einen Berg nach Osten versetzen oder auch den westlichen Berg abtragen, und das Uebrige konnte dann dem von Sang-yang Wisesa für ihn geschaffenen Vulcan (Empu Ramadi) überlassen bleiben (mit nachwirkenden Dämmerungserscheinungen).

Auf Inseln, vom Meer umgeben, taucht die Sonne (b. Ovid) westlich darin unter (in Avaiki auf Mangaia), und in denjenigen Ländern, die aus dem Wasser (wie für Siams Pfahlbauten) hervorgetreten sind (auch ein „Geschenk des Nil", gleich Egypten), welche also die im Flüssigen sich windende Schlange in die Behausung des Erddrachens verweisen mögen, tritt dann, aus dem an sich gegebenen Gegensatz des Oberen und Unteren (von Tag und Nacht oder Licht und Dunkel), das Dilemma ein, wie sich die Sonne (als Thmu) mit den unterirdischen Mächten, deren Reich (auch von den nachfolgenden Seelen) durchwandert werden muss, abzufinden hat (mit Hoffnung auf Wiederkunft). In Hochgebirgen umkreist die Sonne den Gipfel (hinter dem Meru verschwindend), und wenn in der Weite arabischer Wüsten der Horizont dort aufsteht, nimmt die Sonne den Rückweg auf dem Aussenhimmel des undurchsichtigen Zeltdaches (b. Elieser), durch Fenster ein- und austretend, am Ost- und Westende (oder an der Nordseite des dort unvollendeten Himmels-Portikus).

Wie Jerusalem über der durch eingebohrtes Loch (Maupertuis') erreichbaren Hölle lag, so Rom über dem dort geschlossenen Mundus (ein „mundo immundo", statt geschmücktem Kosmos), und dem mit der Huth des Lebens vertrauten Flamen geboten sich, zur Enthaltung von Verunreinigungen, die Vorschriftsregeln, die bei „Phu loi" (oder Thai) in äusserliche Waschungen (der Pharisäer) verliefen, während der Dalai-Lama (mit Sankarya-acharya disputirend) das gereinigte Eingeweide hervorzog, das unter Seelenreinigungen vernichtet wird (auf Rupa-Terrassen), in μορφή als εἶδος (zur Ausgestaltung des Idealen).

Auf die (siebente) Sphäre (Saturn's) folgt „het firmament myt groter menyge der steyden stern; dar bove dey cristallen hymel, dar in bove primum mobile, dat is dey erste beweglige, dar in boven der furige hymel, dar syt god vater, son unde heylige geyst und dey oberste jungfrowe maria in dem hogesten, dar be neuen sint dy negen kore der hillige engele in rechter ordnunge to beyden syden" (s. Johann von Gmunden).

> Meru,
> Rohe (weiblich) und
> Hine-nni-te-po (in dunkler Nacht)

beherrschen die Unterwelt, und über Papa (Erde) erheben sich (s. White) die Zehn Himmel (der Maori):

> Kiko-Rangi (unter dem Gott Toi-mau),
> Waka-Maru (die Region des Regens und Sonnenscheins),
> Nga Roto (die oberen Seen),
> Hau-Ora (mit dem Lebenswasser oder Wai-ora-o-Tane), aus welchem Himmel die Seele bei der Menschengeburt hernieder gesandt wird,
> Nga Tanira (Wohnsitz der Götterdiener),
> Nga Atua (unter Gott Tawhaki),
> Autoia (mit geistigem Ursprung bei der Seelenschöpfung für den Menschen).
> Aukumea (Geistes-reich),
> Wairua (wo die Gottgeister weilen),
> Naherangi oder Tuwarea, als Rehua's Tempel (im abschliessenden Kuppeldom der Feuerkraft).

Mit der Mitte des Himmels, worin die Erde ruht, ist das Untere zu verstehen (b. Mohammed ben Ahmed), und die plumpen Pfeiler (der Maori) lassen sich in Thierstützen beleben (brahmanisch). Da alle Bewegung geradlinig ist, kann sich die Erde nicht im Kreis bewegen (b. Katibi). Aristarch von Samos wurde durch den Stoiker Kleanthes der Gottlosigkeit beschuldigt (wegen der Erdbewegung). Terra liegt in concentrischen Kugelschaalen eingeschlossen (b. Moses ben Maimon), als „spera aquae, spera aeris und spera ignis" (s. Thom. Aq.). Den Homocentrikern zugehörig, erklärt Alpetragius die planetarische Bewegung (b. Ptol.) als „mancamento dimoti" (s. Baldi).

Für einheitlichen Auffassungsdrang (von ἓν καὶ πᾶν) liegt allgemeine Wechselwirkung als selbstgegeben vor, und so suchte eine „Harmoniee mundi" die Schäden ihrer zerrissenen Zeit zu heilen. „L'univers est complet par lui-même la nature intelligente est intimement tiée à la nature physique, elles se complètent toutes deux l'une par l'autre, isolées leur existence serait stériles, réunies, elles sont l'expression vivante de la pensée divine" (s. Flammarion). Alles griff eine Zeitlang die Astrologie an, vor Kepplers Zeitalter; Keppler vertheidigt ihren Grundbegriff (s. Pfaff) in „idées chimériques" (b. Laplace). Nachdem die Parapegmena durch Meton geordnet waren, gestaltete sich die „apparentiae stellarum inerrantium" (b. Ptol.) zum meteorologischen Calender (unter astrophysikalischen Umständen), bis die „Astrometeorologie" aus der Astrologie zur Meteorologie führte (in ihrem Zusammenhang mit den geographischen Provinzen).

In ihrer teleskopischen Fernschau sucht die Speculation aus einem makrokosmischen Speenlum die irdischen Reflexe astro-physikalischer Ursächlichkeiten in deren Effecten zu fassen, und „wie am Fixsternhimmel die Ursache für Erhebung des Festlandes über das Wasser gesucht" wird (b. Dante), so wandeln in den mehrweniger überall gleichartigen Zeichen des Thierkreises (bis zum Ueberlebseln aus dem Totem in Wappen) die Prototypen der Thiergestaltungen dahin, seit der Schöpfung (bei den Quechuas, in Urenchillay's Verehrung u. s. w.). „Chaque création astrale se résume dans un type, dans un être pivotal, cet être pivotal est l'homme pour la planète Terre" (s. Toussenel), mikrokosmisch (in Makrokosmos), nach „observationes meteorologicae" oder (s. Fabricius) astrologicae (im „calendarium historicum"). „Je nach der Stellung der einzelnen warmen oder kalten Planeten in den verschiedenen Zodiakalzeichen kann die Temperatur eines bestimmten Jahresabschnittes entweder in excessivester Weise erhöht oder erniedrigt oder aber wesentlich gemildert werden, nicht minder ruft die Conjunction oder Opposition zweier Wandelsterne von verwandter Naturanlage entgegengesetzte Wirkungen hervor; die dieser Darlegung zu Grunde liegende Ansicht, dass die Strahlenwirkung befreundeter Gestirne auf der Erde nach jenem Gesetz sich bestimmen lasse, welches wir gegenwärtig als das des Parallelogrammes der Kräfte bezeichnen müssten, diese Ansicht hat dann Keppler noch weit präciser als Werner formulirt und zur Basis einer neuen geometrischen Theorie gemacht" (s. Günther). In einer „summa anglicana (b. Eschvid) handelte es sich um die Wärme, Kälte, Heiterkeit der Luft, Regen, Schnee, Hagel, Wind, Donner, Erdbeben, Pestilenz, theure Zeit und Krieg" (in „ein und derselben Disciplin"), von den geographischen Wirkungsweisen weiterschreitend (bis zu den Effecten geographisch-historischer Provinz).

Ehe aus sprungweis gelegentlichen Ahnungen philosophirender Phantasie die Stufen sämmtlicher Mittelglieder festgelegt sein würden (in langsam fortschreitender Arbeit der Induction), hätten noch mancherlei Jahrhunderte für Begründung der Meteorologie im atmosphärischen Gesammtumfang dahinzugehen (unter Ausrechnung naturwissenschaftlicher Decimalstellen). „Notre paradis, c'est l'infini des mondes" (s. Flammarion), beim Unendlichkeitscalcul (der Psychologie, nach comparativ-genetischer Methode).

Das Zellwachsthum ist zeitliche Ausdehnung der räumlich (in geometrischen Formen der Krystallisation) umgrenzten, unter continuirlicher Fortführung der momentan im Schöpfungsvorgang bethätigten Kraft, aus jedesmaligem statu nascenti, auf nächsten und folgenden, unter der Begrenzung cyklischen Ablaufs (mit dem Keim der Erneuerung). Wenn das Physische auf psycho-physischer Brücke im Psychischen an die Grenze der Möglichkeit gelangt, strebt sich wieder ein Grenzenloses an, gleich dem chaotisch Unbegrenzten im Bathos (oder Bythos), dessen (in Kumuli-po's Nacht verhülltes) Dunkel in materieller Hyle erst durch das Licht des Logos zu erhellen wäre, während dieser sich selbst erhellt, in jenem Ideellen, wo das Eidolon der Morphe im Unendlichkeitscalcul seine gesetzliche Begrenzung zu erhalten hätte (mit logischem Rechnen).

Dasselbe Seiende ist νοητόν, sofern ihm das Attribut der Ruhe und Einheit (στάσις, ἑνοτής, ἡσυχία) zukommt, während es νοῦς ist, sofern es den Act des Erkennens übt (s. Plotin), der göttliche Nous hat das ἀληθινόν in sich (s. Ueberweg), die Ideen sind dann menschlichem Nous transcendent (in Platon's Lehre). Auch in den Ideen ist Materie und Form geeinigt (für die Abbilder). Die Körper haben ihr Substrat (ὑποκείμενον), als Träger wechselnder Formen, für die Bestimmtheit (bei Verbindung der μορφή mit der ὕλη), τὸ βάδος ἱκάστου ἡ ὕλη (deren Dunkel das Licht des Logos erleuchtet) als μὴ ὄν (ἄπειρον und κακόν). Die sinnlich wahrnehmbare Gestalt ist nur ein Schattenbild (εἴδωλον) der ideellen (s. Plotin), und in der Morphologie (wie unter geographischer Wandlungswelt geregelt) wird auch das Idealistische den Anschauungen fasslich entgegentreten (mit naturwissenschaftlicher Durchbildung der Psychologie). Die Seele wird in ihrer Entwickelung bis an die Grenzen des Möglichen getrieben (wie ἐν zum Göttlichen), und nun, um der Vernünftigkeit ihre erstnothwendige Controle zu sichern, wird eine Erschöpfung des Möglichen (in Exhaustionsmethoden wenigstens zunächst) anzustreben sein, in der Gedankenstatistik (cf. „Der Mensch in der Geschichte" III., S. 423).

Für Erklärung nachstehender Tafeln folgen bei den Einzelngegenständen (auf Tafel I und II) die Notizen des Reisenden Jacobsen, dessen umfangreiche Sammlungen gegenwärtig in der Aufstellung begriffen sind und dann ihre weitere Bearbeitung erhalten werden.

Tafel I.

Fig. 1. Frau aus dem Mittelstand — (Ahnenbild, vor dem von den lebenden Verwandten geopfert wird).
Fig. 2. Frau aus dem Volke.
Fig. 3. Desgleichen.
Fig. 4. Priester (Riesre), zum Marua (Adel) gehörig, (für Leitung der Feste und Opfern).
Fig. 5. Priester (Riesre), erkennbar an der Kopfbedeckung.
Fig. 6. Mann aus dem Volke.
Fig. 7. Frau aus dem Volke.
Fig. 8. Die Frau eines berühmten Kriegers, der über das Dorf Tombra (in Letti) herrschte, als Ahnherr des grossen Geschlechts „Buiketti".
Fig. 9. Berühmter Krieger, der über das Dorf Tombra (in Letti) herrscht. Stammvater eines grossen Geschlechts, genannt Erwali.
Fig. 10. Priester (Riesre).

Tafel II.

Fig. 1 und 7. Frauen aus unterem Stande.
Fig. 2. 4. 6. Frauen aus dem Mittelstande.
Fig. 3. 5. 8. 10. 12. 13. sind Priester aus dem Adel, theils Häuptlinge (No. 13.), Muani-Riesre genannt.
Fig. 9. Mannsfigur.
Fig. 11. 14. stellt eine Priesterin (aus dem Adel Marua) dar (Puata-Riesre).
Fig. 15. Ein Mädchen aus dem Volke, das in Folge lüderlichen Lebenswandels sich eine Geschwürkrankheit auf der Brust zugezogen hatte, wie dort angezeichnet (Nallici-Lawarisi).

Der aus himmlischem Stammbaum hergeleitete Adel auf Letti begreift neben dem Fürsten (Muani-Riesre) die Priester oder Riesre (mit ihren Frauen oder Puata-Riesre), denen die Opfer sowohl, als auch die Festleitung obliegen, vornehmlich bei den Porka-Festen zur Erntezeit der Feldfrüchte, sowie Beantwortung der vor einem Kriegszug gestellten Orakelfrage.

Um den Marktplatz sind die Dorfgötter aufgestellt, als Abbilder der Stifter der Ansiedelung (gleich Tinorno und Poubsu neben der Dreiheit von Loot, Darva, Lai am Hafenplatz), und in dem Tempel, dessen Betreten durch Zeichen an dem vom Ankertau herabhängenden Fisch (Ikan - Luli) angezeigt werden muss, sitzt kreuzbeinig Upulero (mit seiner Frau), und um ihn liegen die ausrangirten Ahnenbilder aufgestapelt, nachdem ihre häusliche Verehrung meist mit dritter Generation (in China) zu Ende gegangen; weshalb sie nun, gleich Tritopartores, wenn hauslos in der Luft schweifend, sich im Gespiel meteorologischer Processe nützlich, oder auch gefährlich, machen könnten (wie in Polynesien). Man bewahrt daher ihr „Jene" oder Ebenbild, wie es für die „Ka" bestimmt in pharaonischen Grabkammern aufgestellt war, und auf Neu-Irland in Kreidefiguren geschnitzt wird (aus dem Rossel-Gebirge).

Die Männer werden mit gekreuzten Armen dargestellt (in buddhistischer Haltung), die Frauen mit der Sirih-Dose im Schooss (ähnlich den Bechern der Jaga-Baba).

Tafel III.

enthält die bei Dämonen-Tänzen gebrauchten Waffen (Holzschwert No. 3 und Schild No. 4) nebst Opfergeräth (No. 7), sowie Armbänder (No. 8 und 9) und Sirih - Dose (No. 5); einen Panzer aus Allor (No. 1), mit Muscheln und Zähnen besetzt und auf-gesteckter Fahne, einen Hut aus Misol (No. 6), von Schiffern gekauft in Skro, und einen angelegten Schild von Ceram (No. 2), in Amboyna erworben, als Geschenk des Herrn Doctor Prochnik (bei dortiger Durchreise).

Fig. 1—10 = ²/₅ n. Gr.

Fig. 1 — 15 = ca. ¹⁄₃ n. Gr.

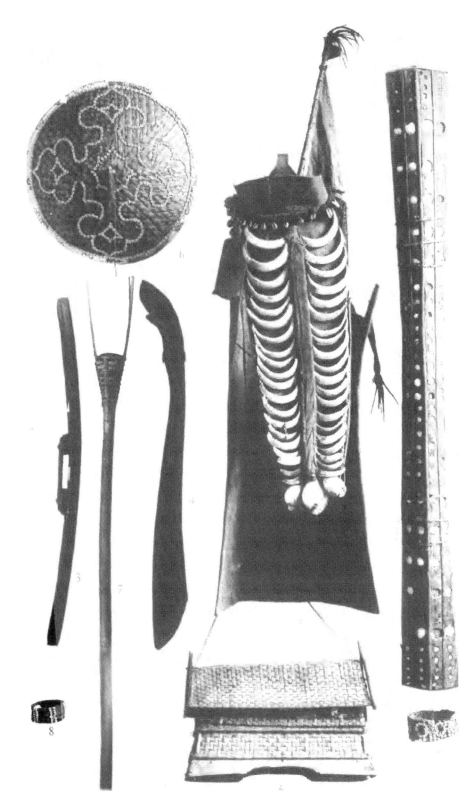

INDONESIEN

ODER

DIE INSELN DES MALAYISCHEN ARCHIPEL

VON

A. BASTIAN.

V. LIEFERUNG.

JAVA UND SCHLUSS.

BERLIN

FERD. DÜMMLERS VERLAGSBUCHHANDLUNG

1894.

SCHLUSSHEFT

UNTER BEZUGNAHME AUF

JAVA.

REISE-ERGEBNISSE UND STUDIEN

VON

A. BASTIAN.

MIT 15 TAFELN.

BERLIN

FERD. DÜMMLERS VERLAGSBUCHHANDLUNG

1894.

Inhalt.

In den Tafel-Erklärungen sind den auf das ceylonische Weltsystem bezüglichen (No. 14 und 15) Diagramme beigefügt, zur Verdeutlichung der (bei der Photographie unkenntlichen) Zahlenangaben, unter entsprechender Verkleinerung, wie auf den Tafeln vermerkt. Das Colorit der Originalzeichnung ist aus der Erklärung zu entnehmen (soweit für dieselbe in Rücksicht gelangend).

In Druckfehler-Berichtigung ist zu lesen (st. ruinced) ruined (S. 3 Z. 7 v. u.), (st. amist) amidst (S. 3 Z. 6 v. u.), (st. Manilia) Massilia (S. 4 Z. 24 v. o.), (st. Geschäftswegen) Geschichtsweg (S. 10 Z. 6 v. o.), (st. ran) van (S. 11 Z. 28 v. o.), (st. Jonge) Jorge (S. 16 Z. 18 v. o.), (st. Milinida) Milinda (S. 22 Z. 16 v. o.), (st. Justin) Petrus Martyr (S. 33 Z. 21 v. o.), (st. Quatrefayes) Quatrefages (S. 33 Z. 26 v. o.), (st. Alexeteres) Alexikakos (S. 36 Z. 29 v. o.), (st. Ergamene) Ergamenes (S. 59 Z. 22 v. u.), (st. Schomanen) Schamanen (S. 65 Z. 11 u. 12 v. o.), (st. Teott) Teotl (S. 108 Z. 24 v. o.), (st. alway) always (S. 112 Z. 12 v. u.).

Auf den Diagrammen fasst x (als Capital-Buchstabe) die Lona-samuddha zusammen, x steht für Aparagayana (r für Assakanna).

Von Aviha aufwärts zählt es einheitlich bis E 16 (und F 1–4).

Pl. I, 9 giebt in S (mit correspondirenden R) die Spitzen der Schattenkegel (an Stelle der Zeichnung).

Pl. I: „Scale 25 000 yojanas to an inch", Pl. II 50 000 y. (auf dem Original).

Die Erörterungen (S. 35—131) finden ihre Fortführung in einer seitdem herausgegebenen Publication: „Controversen" (Heft III).

Vorrede.

Wenn bei dem Erscheinen des (durch Zwischenfälle leider verzögerten) Schlussheftes der Blick auf die Anfänge dieses Buches zurückkehrt, tritt bei Vergleichung des Jahres 1880 mit 1893 schlagend und eindrucksvoll der mächtige Umschwung entgegen, der sich in der Ethnologie vollzogen hat, vornehmlich bemerkbar auf dem indonesischen Arbeitsfelde, das so viele reiche Ernte während dieses Zeitraums gezeitigt hat.

Bei damaligem Besuch fand sich die Bataviaasch Genootschap, unter Herrn Der Kinderen's verdienstvollem Vorsitz in voller Thätigkeit, wie bisher, die Sammlungen des Museums standen unter Herrn von der Chijs bewährter Hut, und in der Bibliothek lagen die reichen Schätze aufbewahrt innerhalb der Bände des Journals seit erster Begründung, aus gleichsam instinctivem Drange (lange ehe der Name der Ethnologie überhaupt fast hörbar geworden war).

Weite Theile des Archipel lagen indess völlig brach, jeder zuverlässigen Kunde bar, weniger die grösseren Inseln als jene zerstreuten Sporaden, für welche meistens bis auf Keppel's Wiederentdeckungsfahrt zurückgegangen werden musste, und auch mit den Molukken war es schwach bestellt (ausser was sich etwa aus Valentijn darüber entnehmen liess u. dgl. m.).

Dieser Gruppe wurden deshalb ein paar Wochen gewidmet, in Timor erfreute ich mich, während weniger Tage, des Residenten Riedel sachkundiger Hülfe, der Herrn Matthes' (und für die Turaja) Herrn Bensbach's in Celebes, missionarischer Auskunft in Padang (mit Gelegenheit zur Ansammlung von Notizen über Redjang und Passumah), und überall, wie in den früheren Heften verzeichnet, nahmen die Beamten meine Fragestellungen bereitwillig entgegen, soweit sich ihnen Veranlassung zu Beobachtungen darüber geboten hatte.

Doch eine derartig temporär zufällige Thätigkeit (zumal auf einer Reise, die anderen Zwecken bestimmt war) konnte wenig mehr, als etwa anregend wirken, hie und da (wie ich selbst am deutlichsten fühlte).

Nicht Wochen oder Tage konnten zählen für die Fundgruben, die hier zu eröffnen waren, sondern lange Jahre nur, mit Hinrichtung auf den vorliegenden Zweck (wie zur Lebensaufgabe gestellt).

Und in überraschend glänzender Weise haben sich diese Hoffnungen verwirklicht; jetzt liegen sie vor die auf dem Fundamente objectiver

Materialsammlungen gesicherten Arbeiten Riedel's, de Clercq's, Wester-gaard's, van Hasselt's, Tromp's, Ophuijsen's, Vreede's, Sundermann's, Campen's, Willer's, Wilken's und andere (Hardeland, Matthes, van der Tuuk, Junghuhn etc. von früherher nicht zu vergessen), unter der Garantie offi-zieller Controlle meistens verzeichnete Berichterstattungen, neben linguistisch einheimischen Beiträgen, und über Java im Besonderen ist Veth's grosses Werk geschenkt worden, unter umfangreicher Ausnutzung des verfügbaren Materials.

Aus solchem Grunde habe ich mich betreffs Java's, welcher Insel ursprünglich dieses Heft bestimmt sein sollte, auf kurze Andeutungen be-schränkt (vornehmlich in colonialpolitischer Beziehung).

Für die ethnologischen Gesichtspunkte waren die in den Molukken gebotenen Beobachtungen zum Ausgangspunkt gewählt, und haben, mit den in der Zwischenzeit zugetretenen Ergänzungen, durch und aus den-selben, mehrfache Umgestaltungen erfahren, besonders aus de Clercq's ein-gehenden Untersuchungen — (und belehrenden Privatmittheilungen, die ich ihm verdanke) — für die Einfügung der Einzelnheiten innerhalb des Rahmens, der das Ganze der indonesischen Anschauungsweise abzuschliessen haben wird.

Auf Anstrebung systematischer Begründung hin, werden fortab die Vorarbeiten einzuleiten sein, da mit Feststellung der elementar hindurch-gehenden Grundzüge, eine allgemein gesicherte Unterlage hergestellt ist, und vornehmlich zwar auf zuverlässiger Grundlegung aus thatsächlichen Be-weisstücken, die sich in den Ethnologischen Museen[1]) zusammengefunden haben.

Es wird zunächst rathsam sein, die mit den einheimisch gebräuch-lichen Bezeichnungsweisen specifisch wechselnden Termini technici auf den verschiedenen Localitäten einer gegenseitigen Revision zu unterziehen, um solchen Wortstreitigkeiten vorzubeugen, die zu verschiedenartigen Aus-legungen führen könnten, wo es sich im Grunde um dieselbe Sache handelt (für die psychologische Bedeutung).

Als Vorbedingung, wie nicht bemerkt zu werden braucht, hat hier gründlichste Sachkenntniss zu gelten, linguistische sowohl, wie sociologische. Aber an solchen Mitarbeitern wird es mit der ethnologischen Schulung, wie

---

[1]) Für das hiesige Museum für Völkerkunde im Besonderen ist eine umfang-reiche Sammlung beschafft durch Capitain Jacobsen's (und seines Begleiters Kühn) Bereisung des Archipels, die sich mit Unterstützung des Ethnologischen Hülfs-Comités hat ausrüsten lassen (in den Jahren 1887—8).

Der naturgemässe Schwerpunkt für diesen Theil der ethnologischen Studien liegt indess in Holland selbst, in ihrem Centralsitz zu Leiden, wo durch das Inter-nationale Archiv für Ethnologie zugleich ein gemeinsames Zusammenarbeiten ein-geleitet ist (unter der Leitung seines Redactions-Comités). So liegt es im allgemeinen wissenschaftlichen Interesse, dass die in vollberechtigter Weise von dem Director des dortigen Museums gestellten Anforderungen Gehör finden möchten, zunächst in Herstellung eines geeigneten Gebäudes, damit die aufgespeicherten Schätze ihre ent-sprechende Verwerthung finden können.

sich in den holländischen Colonien, bei engem Verband mit dem Mutterlande und dortigen Lehrinstituten, mehr und mehr bemerkbar macht, für weiterhin nicht fehlen.

Und unter Controlle der naturwissenschaftlichen Methode, wie sie, seitdem die Elementargedanken übersichtlich vorliegen, in der Ethnologie zur Verwendung zu gelangen hat (für inductive Durchbildung der Psychologie), darf einem ungestörten Fortgang entgegengesehen werden, da momentanes Irrgehen aus dem Thatbestande selber stets seine Rectificationen zu erhalten hat (bei Richtigkeit des logischen Rechnens).

Die unter den durch insulare Abgeschlossenheit bedingten Variationen hindurchgehende Einheitlichkeit des Gedankenganges, nach dem Charakter der geographischen Provinzen, hat ihre geschichtlich entsprechende Modification durch die früh mit indischer Colonisation eingeleiteten Beziehungen erhalten, vornehmlich auch zu dem Seitenstück javanischer Monumente, wie sie aus dem Waldesdunkel am kambodischen Scengebiet inzwischen an's Licht getreten sind, und in erfolgreicher Durchforschung der Inschriften besonders, eine Reihe werthvoller Aufklärungen in Aussicht stellt, zumal bei der mit kürzlicher Regulirung der Grenzen für Fortgang der französichen Expeditionen eingetretenen Erleichterungen.

Bei dem Ausgangspunkt der dortig buddhistischen Missionen von Ceylon, kreuzt sich hier das Hinajana mit dem Mahajana, wie aus dem Kawi redend, und dafür wären dann zugleich die, vor dem Herabsteigen der Thai, an die Xaphoxi-Phrahmana anschliessenden Traditionen in Betracht zu ziehen (cf. Völker d. östl. Asiens Bd. I S. 291).

Andererseits öffnet sich am Eingangsthor der Molukken der Ausblick auf die polynesische Inselwelt bis zur continentalen Reaction in Mikronesien, und daneben bleiben aus melanesischer Unterschichtung hinterlassene Züge nach verschiedensten Richtungen hin zu verfolgen.

Bei der auf der Schaubühne des Archipels dem Buddhismus zugewiesenen Rolle ist eine Skizze seines Weltsystems, das der Güte Herrn de Zilva's, Assistenten an der Bibliothek in Colombo, zu danken ist, nach den eingesandten Tafeln beigefügt. Die übrigen enthalten Tempelbilder aus Bali, welche dem hiesigen Museum für Völkerkunde überwiesen worden sind (aus einem Geschenk im Jahre 1849).

Berlin, December 1893.

A. B.

Indem die ethnologische Forschungsrichtung von den geographischen Provinzen ihren Ausgangspunkt zu nehmen hat, finden sich in der Umschau insularer Areale die Beobachtungsobjecte in reichster Fülle geboten, um sie auszuverwerthen (nach der comparativen Methode).

Für die zur Lösung der jedesmal gestellten Aufgabe benöthigten Operationen sind die Gleichungen den Variationen zu entnehmen, wie sie (in den gebrochenen Differenzirungen) in- und durcheinander spielen (nach gesetzlichen Normen).

In der Ausdehnung Oceaniens liegen die Inselgruppen weit zerstreut, dicht zusammengedrängt dagegen im indischen Archipel, mit local charakteristischen Typen auf geographisch umschriebenen Oertlichkeiten, und unter dem Schatten zugleich der asiatischen Continentalmasse, deren historische Regungen und Bewegungen bis auf die Inselwelt hin ausgeströmt haben.

Hiefür bot sich der lockendste Anziehungspunkt auf der (für ihren Ruhmespreis nach Goldtonnen abschätzbaren) „Perle von Insulinde", mit allen Reizen tropischer Natur begabt und begünstigt, und so ist dort, unter den geschichtlich darüber hingefluteten Wogen, die autochthone Repräsentation in complicirt höheren Culturzeugungen aufgegangen (unter Rücklassung eigenartiger Züge in den aus den Mischungen hervorgetretenen Ausgestaltungen).

Bei der in den Traditionen frühest angetroffenen Schichtung unter Färbung der Raxasa (den Danava und Daitya auf Bali entsprechend) spielen bereits die Nachwirkungen aus continentalen Handelsbeziehungen hinein (neben dem Auftreten der schiffbewohnenden Bevölkerung in den Orang-Laut unter malayischen Maskirungen) und dann erfolgte, gleichzeitig mit molukkischer Anlandung Aru's (oder von den Aru), die indische Civilisirung (aus Guzerat) in Mendaug-Kamulan mit nachfolgendem Zutritt der Einwanderung Kalinga's, (in Janggala), und nach dem Fall Madjapahit's beginnt fernerhin die Zeit des Islam (bis zu den portugiesischen Entdeckungen).

Ein alfurisch zurück- (oder hinaus-) gedrängter Zusammenhang liesse sich von Afrika bis Madagascar verfolgen, und dann durch zerstreute Ueberbleibsel (nigritischer oder papuanischer Färbung, unter mythologischem Anschluss an die aus der Heimath der Veddas vertriebenen Yakkas) auf abgelegen versteckten Winkeln, mit oceanisch (bis auf fernere Inseln) fortfluthender Ueberwellung, die sich in einzelnen Sunda-Inseln zu dem für jede derselben charakteristisch ausgeprägten Typus stetigt, während aus dem Heimathland in Malayalam, — von wo der dort wildwachsende Pfeffer (s. Hamilton) sich für kosmopolitische Handelszwecke verbreitet hatte, — die Complicationen malabarischer Kasten in Malacca (zu de Barros' Zeit) fortredeten, in der peinlichen Etiquette der Malayen, deren Eigenthümlichkeiten (unter noch vorwiegend chinesischem Verkehr) mit indochinesischen Zügen ethnischer Physiognomie (bis zu Dscham und zugehörig Verwandten) in Sika- oder Rayet-Laut verliefen, während indo-arische Cultur sich in Java's Monumenten bezeugt, seit Eröffnung des Weges aus Guzerat her, und zutretenden Ergänzungen vom nahegelegenen Kalinga, wo die Kling als Taleing nach Pegu zugleich hinübergreifen (nachdem die Culturepoche Kambodias' ihre Rolle auszuspielen begonnen).

Unter den Gupta in Kanouj, verzeichnete (als Meeresbeherrscher) Samudragupta (Sohn des Chandragupta oder Vicramaditya) seine Siege auf dem Pfeiler Allahabad's (IV. Jhdt.), (und auch von den Nachfolgern sprechen chronologisch beglaubigte Daten). Bei den vom Grosskönig Misimadesa's veranlassten Seefahrten hin und her entscheidet sich (auf ultra-gangetischer Halbinsel, im indochinesischen Rendezvous) der Streit der Kala-gyi mit den Talein, (die den Untergrund bereits geklärt hatten, von Karen und Khyen), zu deren Gunsten (cf. Völker des östl. As. I. 222).

Nach differenzirenden Variationen ihrer Areale (innerhalb gemeinsam geographischer Provinz) specialisiren[1]) sich die Inseln Indonesiens mit typisch charakteristischen Vertretern ethnischer Eigenart, als Dayak in Borneo, Battak in Sumatra, Turaja in Celebes und Alfuren sonst, während darüberhin mit den Malayen eine mehrweniger gleichförmige Decke gebreitet ist, seit Besitzergreifung auf den Inseln, aus der Meeres-Heimath der Rayet-Laut, die — zu Borbosa's Zeit (s. Ramusio) den indischen Handel (auf Viermastern) monopolisirend — unter annähernder Analogie in comparative Gleichungen gezogen werden könnten, mit den Lelegern, in einst hellenischer Inselwelt, oder den (den Karern namensverwandt erachteten) Kariben in antillischer, die (den javanischen ebenbürtige) Monumente yucatanischer Halbinsel umschwärmend, am Centrum der Cultur (ein Seitenstück zur classischen des Mittelmeers).

Der nach den Bedingnissen der geographischen Provinz für die einzelnen Inseln (des indischen Archipelagos) charakteristisch einheimische Stamm bezeichnet sich als Orang-Utan (Waldmenschen) in (Sumatra's) Kubu (oder Lubu), in Orang-Olo (Orang-Ot Borneo's), als Orang-Gunung (Bergmenschen) am Centralen Binnensee (Buru's) oder im Unterschied zu den (auf Kalinga weisenden) Orang-Kling oder Fremde (auf Banka), wie Enna Dawan neben Belonesen (Beloe, Freund oder Bundesgenosse), auch (auf Timor) ein Vorfahr (des herrschenden Lio-rai), aus dem Erdboden gewachsen zu Baihala (gleich Jarbas oder Mannus). Unter historisch eingeleiteten Umwälzungen verwischen sich die prägnanten Lineamente (geographisch markirten Prosopons), soweit auf geschichtlich dominirendem Eiland Java[2]) nicht etwa nachzitternd in Waldverstecken (der Bedaui) oder am Bromo, dem (in Tapas) Feurigen (bei Tenggher).

Eigenartig typische Physiognomien erkennen sich auf Sumatra in den Batta (mit Sonderzeichnung der Karo), — neben dem, was specifisch färbt in Lampong, unter Passumah und Redjang —, in den Turaja auf Celebes (wo sich ein bald primär, bald secundär zu fesselnder Ausgangspunkt in den Buginesen gebildet hatte, nach Abfindung mit den Macassaren), und dann auf Borneo in den Dayak, als Idaan[3]), Kayan und Zugehörigen der Olo-Ot, während die „Sea-Dyak", (am Sarabas) die Uebergangsstufe bilden, zum Auslaufen in das Piratenthum der Lanun (Magindanao's), der Balini (in Bangene), der Sulu, Jolo, Linga, der Seeräuberfürsten von Reteh, Biliton, Karimata, Tobello u. s. w. In wechselnden Beziehungen hierzu (freundlicher oder feindlicher Art) liegen die Genossenschaften zum Trepang-Fang ihren Geschäften ob, als (von der im Niederstieg der Gottheit zu Vorhersagungen begeisterten Djindjan-Raja geleitete) Republiken für die Troeboek-Fischerei, die das Meer für ihre Heimath anerkennen, als Orang-Laut (Meermenschen, gleich „Wasser-Guesen") oder Rayet-Laut (seit den Sika u. A. m.). Die Orang-Sekah (oder Orang-Laut) müssen auf ihren Böten wohnen, weil, wenn auf dem Lande niedersitzend, sie vom Blitz zerschmettert werden würden (s. Levenhaven), wie die Bevölkerung der Djonken ihr eigenes Standquartier gleichsam bildet (in Kanton) und die halbe Einwohnerschaft der Hauptstadt ziemlich auf dem Wasser lebt (am Menam), ähnlich den „Wassermenschen" oder Tauridjene (s. Vosmaer) in Macassar (als Bezeichnung der Orang Badjoes), etc. La race malaise est un groupement momentanement fixé d'éléments composants divers (s. Bordier), im zigeunerhaften Wandern (bald in der Rolle von Unterdrückten, bald von Unterdrückern, oder auf den möglichen Zwischenstufen).

---

[1]) Notwithstanding the apparent similarity of the climate of the different islands there is a prodigious variety of production (s. Crawfurd), für den inneren Handel (Indonesiens), und die Variationen insularer Differenzirungen gewähren reichste Materialbeschaffung überall für die comparative Methode (in der Lehre von den geographischen Provinzen).

[2]) Neben Orang Slam der Malayen (auf Java) bezeichnet sich der durch den Kali Losari und Tji Tanduwi von den Orang Djawa (Mataram's) abgeschiedene Sudanese als Djalma bumi, und die Orang Surabaya schliessen die Maduraer ein (im Osten).

[3]) „Daha et Idéh (selon les dialectes) signifient homme" (s. Vivien de St. Martin), in Sprache der Dayak, mit heiligen Töpfen (der Djawet aus Djawa).

Auf den Ruhm der alten Löwenstadt oder Singha-pura[1]) (im Anschluss an die Singha-Dynastien der continentalen Halbinsel) führte sich die Festigung der Fürstenthümer in Padang zurück (als Stammland der Malayen), mit der Horn-Reliquie des Gehörnten (aus dem Büffelkampf), cf. Indonesien (III, S. 32 u. flg.).

Die Sellaten, mit denen sich Paramisora in Singapore festsetzte, lebten von Fischfang oder Seeraub[2]) und vermischten sich mit den halbwilden Malayen, die das Land in der fruchtbaren Ebene von Beitang anbauten. Nachdem sie dort die Stadt der Verbannten (Malacca oder Malaiya Nakkhara) gegründet, beriefen sie den Schakeng (Chao Khun) Darscha (Sohn des Paramisora) als König. Die Mandarinen oder Edelleute Malacca's (zu de Barros' Zeit) waren noch die Nachkommen der Sellaten (1532). Im Javanischen bezeichnet Malay einen Flüchtigen oder Fortgelaufenen. Valentyn lässt sich die Emigranten aus Menangkabou (unter Sri Tara Bawana) in Ujong Tanah festsetzen als Orang de bawah anghin (oder Leute unter dem Winde). Aus der von ihnen gebauten Stadt Singhapura durch den König von Majapahit vertrieben (1252), zogen sie nach Malacca, das seinen Namen von den dortigen Fruchtbäumen erhielt. Der Nachkomme des von den Malayen (Malacca's) in Pahang eingesetzten Häuptlings wandert nach Champa (unter Einleitung von Handelsbeziehungen). Bromjaga (Majapahit's) schickte eine Gesandtschaft nach Kambodja, um seinen schiffbrüchigen Neffen abholen zu lassen (aus Champa).

Das Malayische, das sich archäistisch dem Mon (mit dem Kolh verwandt) sowie (durch das Dschampa) dem Khmer anschliesst (als Unterschichtung auf der indochinesischen Halbinsel), hat (neben dem Sanscrit) Dravidisches aufgenommen, auch Karnatisches aus der Modification des Malayalam (in Tulu etc.). Der malayische Grundzug (wie bei den Batta, Dayak u s. w.) verläuft durch das Polynesische ins Melanesische (auf Mikronesisches hin), und den Archipel überziehend (als lingua geral im Handelsverkehr), unter Anknüpfung der Alexander-Sage (im weiteren Umgriff der Versionen), cf. Indonesien Heft III (S. 32 u. a. a. O.). Die malayische Sprache (Bhasa jawi) wird der javanischen gegenübergestellt (s. Marsden) bei sanscritischer Durchsetzung (im Kawi).

Von Chulana's, Königs von Bantja Nagara, Söhnen, die an der Küste Sumatra's Schiffbruch litten, stammten die Fürstengeschlechter (in Menangkabow, Tanjungpura oder Palembang). Nachdem Sangra-purba, den Indragiri (Kuantan) hinaufsteigend, die Schlange Saktimuna getödtet, wurde er zum König Menankabows erwählt (als Nachkomme Iskander Dhulkarnein's).

Der aus dem vom Stier Erbrochnem aufgestandene Bath sang im Sanscrit den Ruhm des als Sangrapurba Trimurti Tribhuvana gekrönten Bichitram Shah, mit Sundaria (Tochter des Damang Lebardaon) vermählt an der Quelle des Flusses Sungey Malayu (in Palembang). Die Regierung Palembang's, dem jüngern Bruder Demang Lebardaon's übergebend, wurde Sang Sapurba in Tanjunpura vom Rajah Majapahit's besucht (mit dessen Tochter vermählt), cf. Völker des östl. As. V, (S. 8 u. flg.).

In ihrer Herleitung der malayischen Fürsten von Alexander M. erzählen die Seyara Malayu oder Annalen der Malayen, dass Rajah Sekander, Sohn des Rajah Darab von Rum, aus dem Stamme Mackaduniah, über das Reich Zulkarneini herrschend, in Folge seines Wunsches, die aufgehende Sonne zu sehen, nach den Grenzen des Landes Hind kam und Sjahar el Bariah (Tochter des besiegten Kayd (Kideh) Hindi (Rajah von Kannouj) heirathete, deren Sohn (Aristan) Arsjathun Shah auf Kayd Hindies Thron folgte und sich mit der Tochter des Fürsten von Turkestan vermählte.

Aus dem Geschlechte Alexander's zeugte Rajah Narsa mit der Tochter des Tarsia Burdaras (Schwiegersohn des Rajah Sulan von Amden Nagara) drei Söhne:

---

[1]) The British flag was hoisted within the ruineed ramparts of the ancient city of Singhapura, and there amist the decaying relics of an empire founded six centuries before, Raffles etablished a new Malta, in the East (s. St. John), in geographisch angezeigter Localität (auf geschäftlichen Wegen des Seeverkehrs).
[2]) The Mansu (Borneo's) go to all places as pirates (1618), in chinesischen Berichten (s. Groeneveldt). Im Aufstand gegen die Chola gründete Keruman Permal das Reich der Malajala (durch Nam Curi-Bruhmanaso).

Rajah Herian, der über das Land Hindostan herrschte,
Rajah Suren, der von Rajah Sulan zum Nachfolger ernannt wurde, und
Rajah Panden, der in Turkestan herrschte.

Auf dem Marsche gegen China (das allein von den Ländern im Osten und
Westen seine Oberhoheit nicht anerkannte) kam Rajah Suren nach Gangga Nagara,
wo er den Rajah Gangi Shah Juana besiegte und seine Tochter Putri Ganga
heirathete. Dann besiegte er den über alle Rajahs unter dem Winde herrschenden Rajah Chulen vom schwarzen Steinschloss am Flusse Johore (im Lande der
Klang Kins) und vermählte sich mit seiner Tochter. Nach Tamasak kommend,
wurde er über die Entfernung durch ein mit Greisen bemanntes Schiff getäuscht
(Bäume tragend, die während der Reise gewachsen seien). In einem Glaskasten
das Meer befahrend, kehrte er auf dem Seepferde Sambrani von dem Volke Bar-
sam im Lande Zeya zurück nach dem Lande der Kling, wo er seine Abenteuer
auf ein Monument in der Hindostani-Sprache schrieb und die befestigte Stadt
Bisnagor oder Bijnagor erbaute.

Von der Tochter des Rajah Chulen wurde eine Tochter (Chandu Wani Wasias)
dem Rajah Suren geboren, und mit Putri Ganga zeugte er drei Söhne, von denen
Palidutani in der Herrschaft Amden Nagara's folgte und Nilumanam in die Regierung von Chandukani eingesetzt wurde, während der Aelteste (Bichitram Sha),
mit der Kleinheit des ihm gegebenen Landes nicht zufrieden, sich zu Eroberungen
auf die See begab und, in Palembang, die Tochter des Häuptlings Demang Lebar
Daons, des Urenkels von Rajah Chulen heirathend — (wie Lacedämon die Sparta,
Dardanos die Batea, Xuthus die Tochter des Erechtheus, Protos, Führer der Phokäer, die des Naunos in Manilia) — und Schutz dem Adat versprechend, dort unter
dem Titel Sang Sapurba Trimurti Tribuana herrscht.

Eine die Meeresenge zu den Zendj überbrückende Unterschichtung lässt sich
von (den Hovas in) Madagascar[1]) verfolgen, in zerstreut nigritischen Ueberlebseln
auf Luzon, unter Semang oder Sekai, sowie melanesischer Dunkelung in den
Papua, neben archäistischen Zeugen in den Veddah's Ceylon's oder Bedaui im
Waldesdickicht Java's (und was sich zwischen dem Felsgetrümmer der Tengger
Gebirge versteckt, in den Tengghers). Die Kalang (in Java) stammen aus der
Ansiedelung Aru[2]) Bandongs aus den Molukken (s. Hagemann). Fremde werden
als Kala bezeichnet (in Siam) zur Anrede (für Europäer und Araber), wie der
brahmanischen Philosophen (zu macedonischer Zeit).

Aus den Kling in Kalinga[3]) findet sich der fernere Uebergang zu den Talein Pegu's.

Als die buddhistischen Fürsten Aling-Aling und Kakaling, durch portugiesische
Hülfe (aus Malacca) in Bantam wieder eingesetzt (1521), von dort aufs Neue
(durch die Mosleminen) vertrieben wurden, zogen sie sich nach Gunung Kentjana
zurück (in Lebak).

„In den gebirgigen Gegenden des Innern von Java lebt eine zahlreiche
Klasse von Häuptlingen, Gunos genannt, eine wilde Rasse, die Menschenfleisch
frisst. Die ersten Bewohner waren Siamesen die (800 p. d.) auf ihrer Reise von
Siam nach Makassar durch Stürme nach Bali getrieben wurden. Da ihre Yonke
Schiffbruch litt, retteten sie sich in einem Boot und kamen nach dem bis dahin
unentdeckten Java, das wegen seiner Ausdehnung und Fruchtbarkeit sogleich
colonisirt wurde durch Passara, den Sohn des siamesischen Königs, in dem von
ihm gegründeten Passaraan residirend" (de Barros). Die Jaos genannten Eingeborenen von Java, die sich über alle anderen Menschen erhaben glaubten,
pflegten bis zum Cap der Guten Hoffnung zu schiffen und Verkehr mit der Insel

---

[1]) „Volken van Ceylon, van de Kust van Malabar, zelfs van Madagascar" (s. de Jonge),
handelten am Hafen Brambanang's (später versandet).

[2]) Aru is situated opposite to the Sembilan islands" (an der Küste Perak's), mit Atjeh
verbündet, bei Ankunft der Portugiesen am Burumon-Fluss (s. Groeneveldt), für brahmanische
Reminiscenz (bis zu Alfuren). Beim Untergang des von Rudho Lalejan (dessen Sohn in
Mendang eingesetzt war) gegründeten Reiches Padjadjaran, flüchtete Siliwangi in die Wilder-
nisse, wo seine Nachkommen noch Huldigung erhalten durch die Baduwie (Lebak's).

[3]) Die von Kublai-Khan geschickte Flotte bekämpfte den König von Kalong in Koua-
Oua (Borneo) auf Java (s. Walkenaar). Djava (Djapa) war (zur Zeit der Tang) die Hauptstadt der Insel Kaling (der Kling in Japara).

Madagascar zu unterhalten, wo sich viele Leute brauner Farbe und javanischer Mischrasse finden, die von ihnen abstammen (da Couto). Nach de Barros hiessen die Eingeborenen Sumatras (weil die Javanesen früher die Insel besassen) mit allgemeinem Namen Jaiuji (Jawi). Das Land der Papuas heisst Tanah Puwa-Puwa bei den Malayen. Die Mollukken werden auf Celebes mit dem Diminutiv von Java (Jawa-jawaka) benannt (Java minor).

In Java unter Vishnu's Schutz (bis Sang Ywang Guru beleidigt war) siedelte Tritreshta (Brahma's Enkel) am Gunung Su-Miru, mit der Brahmani Kali (als Kamboja) vermählt, (als Vater Manu Manasa's und Manu-Madewas), durch Rajah Saila parvata oder Watu-Gunung erschlagen (der Frauen wegen). Dann wurde Gutaka (als Fürst von Giling Wesi) durch Batara Guru gesandt, vom Berg Savela Kala (in Kalinga).[1]

Im Streit um die von ihm beschützten Frauen wurde Tritresha von Watu Gunung erschlagen (der die javanischen Häuptlingssöhne adoptirte). Zuerst entstand Krieg um die Frau Devi Daruki, dann um Devi Siuta und weiter um Devi Drupadi (auf Java).

Das Rama-Kawi zerfällt in Rama-Gan-drung (die Geschichte Rama's von Kindheit bis zur Heirath), Rama Badra (von der Heirath bis zu Siti Dewi's Entführung durch Rahwana), Rama-Tali (von Hanuman's Verwendung als Duta oder Bote bis zum Brückenbau) und Ramayana oder Rama in der Höhe seiner Macht (von dem Kriege Dana Laga auf Langka bis zur Rückkehr nach Ayuthia). Nach Brama's Mittheilung an Bibisana war er von Wisnu entsprungen, der am Weltanfang in dem Antaboga (Schlangenaufenthalt) genannten Himmelstheil geweilt, und hatte die Shastra bekannt gemacht. Zuerst in seiner neuen Incarnation erschien Wisnu als Iwak Mokur-mo (Schildkröte), dann als Singha (Baruna genannt), dann als Arjuna Wijaya, dann als Winakitaya oder Rama, fünftens als Kresna und neuntens hatte er die Erscheinung des mächtigen Fürsten Prabu Purusa anzunehmen. Mit ihrer Schwester auf Erden wohnend, gebar Sinta, von einem Pandita (Resi Gana) träumend, einen in den Wald, als Einsiedler, fliehenden Knaben, der dann im Lande Giling Wesi's König wurde, als Sela Perwata oder Watu Gunung. Nachdem er unwissentlich seine ihn suchende Mutter (und deren Schwester) geheirathet, aber an einer Narbe auf dem Kopf beim Kämmen erkannt war, verlangte er Sri unter den Widadaris zur Gattin und griff bei Weigerung Suralaya an, bis die Götter auf Narada's Rath (unter Sang yang Guru's Erlaubniss) Wisnu zurückriefen. Dieser, nachdem er ihn durch den Dämon Wiluwuh hatte belauschen lassen, zerriss ihn, das Baumräthsel seiner Shastra lösend. Nach Opferung der 27 Söhne Watu Gunung's bildete Wisnu (Sinta und Landap zuziehend) die 30 Wuku, und durch Pepateh mit den drei Beisitzern (die Watu Gunung fünffach gebildet) wurden die Umwälzungen der an beiden Augen geblendeten Erdenschlange (Naga Bumi), der rechts einäugigen Naga Wulan (des Mondes), der links einäugigen Naga Dina (des Tages) und Naga Tahun (des Jahres) erinnert.

Für den aus Hastinapura (wo Uttara's todtgeborenes Kind in Parixit[2]) belebt

---

[1] Unter den Colonisten aus Kalinga verlegte Jajabhaya seine Residenz von Astino nach Kediri (auf Java). Von Astina oder Nyastino (wo Abiosso herrschte) wurde das Reich nach Kediri (Doho) verlegt (unter Djojo Bojo). Giling Wesi (unter Bethoro Wisnu) lag am Fusse des Smeru (nach dem Babad noto rat Djowo). Nach Besiegung der Chinesen gründete Kudho Lalejan (seinen Sohn Bandjaran Sari in Mendang einsetzend) das Reich Padjadjaran (als Brawidjaja Lalejan Taudraman). Nach islamitischer Bekehrung der Makassaren (durch Datu Bandang) forderte der König von Goa den König von Boni zum Uebertritt auf (der nach der Schlacht erfolgte).

[2] Bei Abzug der Pandawa nach dem Meru wurde Parixit als König der Kuru in Hastinapura eingesetzt. Unter den Nachkommen Dhritarashtra's (aus dem Geschlecht der Kuru) erwirbt Devaja (Rajarshi Arsthishena) ewiges Leben (im Dorfe Kalapa), während Santanu, als König, herrscht, dann Bhishma (und Durjodhana). Wischnu, der (als Krishna) die Gattin des Dhritarashtra (aus dem Mondsgeschlecht) zum Mädchen (für Liebschaft) zu machen gedachte, wurde durch das Opfer Hom vertrieben (unter Krishna's Wandlungen). Auf Klagen der Nighanta besiegte der Pandu König von Pataliputra (Vishnu verehrend) den König von Dantapura, wegen Verehrung des (nach Ceylon) geretteten Knochens oder Zahns (361 p. d.). Der König der Barhadratha übertrug die Regierung auf seinen Sohn, als die Nichtigkeit der Dinge erkennend, von Sakanjanja (Sohn Mitra's) belehrt (im Maitrajani

war) auf Entdeckungsreisen ausgesandten Penggawa gewährten die Häfen Guzerat's einen bequemeren Einschiffungsort, als etwa das (unter Palibrota's Oberherrschaft) handeltreibende Dantapura[1]) (auf Schiffen der Kalinga oder Telaing), und wenn auf Java, (durch die unter dem Klang des Angklung dem Fluge des Vogels Ulungaga nachziehenden Einwanderer aus Laut Mira besiedelt), neben den alten (purna) Schriften auch mit siamesischen Charakteren geschriebene in den Händen der Raxasa (mit deren Fürsten Dewata-Chengkar noch zu kämpfen war) angetroffen wurden, so führt das auf vorgeschichtlichen Einfluss indonesischer Cultur (aus Kokkonagara der Xapho-Phromana u. dgl. m.), im Anschluss an die Brahmani Kali, die (für Fortführung in Kalamerta, neben Sang-Ywang-Jagat und Sang-Ywang Suria) als ältere dem jungen Triteshta vermählt wird (der als Aji-Saka hinzutritt, die Gesetze der Sonne und des Mondes ändernd). Prabu Menday gilt (auf Bali)[2]) als Gründer der Gesetzgebung (s. Friedrich). Aditja Dharma (Menangkaboe's) herrscht (656 p. d.) in Jinalapura (oder Suratalapattana) und Di-Saka als erster Balu-Raja in Guzerat), wo der Berg Savelakala den Ausgang bildet (wie in Kalinga).

Dronasinha, Sohn des Maharaja Dhruvasena, Enkel Bhattarka's (Gründer der der Ballabhi-Dynastie) verehrte Bhagavat oder Vishnu und sein Nachfolger die Sonne oder Aditja (wie die Sinha), wogegen sein Sohn Guhasena (Grossvater Siladitja's in Malwa) Mahiswara (als Shiwa).[3]) Als Beschützer der Gelehrten gefeiert, vertheilt Sridharasena (auf dessen Siegel sich neben dem Nandi, als Siva's Stier die Worte Sri Bhatarka finden) Ländereien für himmlische Lebensdauer (in der Ballabhi-Dynastie, 530 p. d.).

Nach Aji Saka's fortvererbtem Bericht sandte Kasumachitra, der (unter Jajabhaha's Nachfolger) die Residenz von Hastina nach Guzerat verlegt hatte, seinen Sohn zur Colonisirung aus, auf Java, wo (wie unter Adi-Buddha's Heiligkeit in Nepal) die Dhyana sich auf den Monumenten bekunden, aus dem durch Siladitja (zu Hiuenthsang's Zeit) begünstigtem Mahayana (in Guzerat).[4])

In Nachkommenschaft Prabu Jaya Baya's (in Astina) sendet (nach den durch Aji Saka's hinterlassenen Berichten) Kasuma Chitra, in Guzerat oder (s. Raffles) Kujrat, seinen Sohn Sawela Chala nach Java (beim vorherverkündeten Untergang

---

Upanishad). Garasandha (von Kuru stammend) herrschte in Magadha (unter den Barhadratha). Vor Schöpfung von Himmel und Erde existirte (nach dem Manek maya) der Allgewaltige, als Sang-yang-Wisesa (cf. Völker d. östl. As. V, S. 112). Als Judhishthira das Ehrenopfer (Argha) dem Krishna darbrachte, widersprach Sisupala (bis vom Diskus erschlagen). Die Bewohner von Poli (Pari oder Bari) are skilled in throwing the discus knife (s. Groeneveldt), the size of a mirror (chinesisch) mit cambodischen Gebräuchen (zur Zeit der Sui-Dynastie). Im Streit mit den Dewas, bewoners von den Soerolago (Hemel), wurde Watoe Goenong (auf Java) erschlagen (s. Wolbers). Java (Mul-Java) war von (Menschen und Elephanten opfernde) Heiden bewohnt (zu Ibn Batuta's Zeit).

[1]) Im Auftrage des in Pataliputra herrschenden Pandu besiegte Chitrajana den zum Buddhismus bekehrten Brahmanen Guhasiva in Dantapura (um die Bedrückungen der Nighanta zu rächen). Nachdem Pandu durch die (von den Nighanta vergebens zu zerstören versuchte) Reliquie bekehrt war, wurde sie beim Angriff von Xiradhara's Neffen durch Dantakumara nach Ceylon gebracht (311 p. d.).

[2]) Die Priester Bali's bewahren das Surjasevana betitelte Buch (der Sonnenverehrung). Neben Sang Ywang-Jajat und Sang Ywang Suria ward Kalamerta verehrt (auf Java). Nach Zerstörung Madjapahit's (1478 p. d.) wurde Java von mohamedanischen Fürsten (als Susunan) beherrscht, bis sich die Oberherrschaft in Mataram befestigte (1578). Der Sultan von Yagyacarta „hält die Erde auf seinen Knieen" (im Schoos-Titel). Pakubowno VI. vermachte (testamentarisch) die Souveränität den Holländern (1749).

[3]) Siladitja verehrte neben Mahiswara (der Inschriften) die Ratnatraja (s. Hiuenthsang). Siva wird als Nilakantha verehrt (auf Java). Prabu Djaja Baja (von Arjuna stammend) landet auf Nusa Kendang (Java). Instead of „barley" we must read millet (s. Groeneveldt), indigenous in the island (Djawa-dwipa) bei Ankunft der Hindu (und Einführung des Reis).

[4]) Das buddhistische Glaubensbekenntniss auf der bei Brambanan gefundenen Buddha-Statue datirt aus dem XII. Jahrh. (s. Burnouf), die Inschrift von den Dhyani-Buddha aus dem IX. Jahrh. (in Malong). Die Darani schwören für Svajambhu (neben Sambhu). Die Figuren Buddha's (in Java) heissen Pandita Sabrang „or foreign Pandits" (s. Crawford). Unter Browijoyo in Madjapahit brachten Wahu-Bahu's Brahmanen (aus Kalinga) den Dienst Siwa's nach Bali (buddhistischer Religion). Die Xatrya auf Bali leiten sich von Dewa Agung (König von Madjapahit).

des Geschlechts). Nach Siladitja als letzter Herrscher der Ballabhi wurde Ballabhipura durch Erdbeben zerstört (oder durch nördliche Barbaren). Nach Jajamejaja (Parixit's Sohn) endete mit Xemaka das Geschlecht, das die Brahmanen und Xatrya hervorgebracht hatte (gern von den Rishi gefeiert). Krishna's Geschlecht ging in Dwaraka zu Grunde (am Selbstkampf).

Unter Besiegung von Dewata Changkran siedelt Aji Saka in Mendang Kamulan (nach Jaya Baya), und von dort aus wird (896 p. d.) Jangala gegründet (durch Dewa Kasuma). Aus Mekka, nach dem Besuch von Ceylon, der Küste Coromandel, sowie der Inseln Lampoley und Soka-dana, kam (der Fürst) Adji Saka nach Java, wo er „den regerenden Vorst Dewata-Ajenghar, een menschen-eter, dooddede en met het letterschrift de eerste beschaving aanbracht" (s. Roorda). Der Penggawa, unter Prabu Jaja Ra (in Arjuna's Hastinapura) fand Schriften der Raxasa in Nusa Kendang (oder Jawa).

Mit der Gründung Mendang Kamulan's durch Bhrowijaja Savelakala (600 p. d.) leitet sich (bei gleichzeitiger Landung Aru Bandan's in Balambangan) Java's legendenhafte Geschichte ein, aus frühen Anfängen her, wie sich schon im Geisterschiffe, unter Jambulos' Abenteuer, (b. Diodor) in vielerlei Gebräuchen später Bekanntes vordeutete, als die (zur Zeit des Periplus) Kalandiophonta genannten Schiffe, (von Indien nach Chryse schiffend) auch das (b. Ptolemäos) goldreiche Jabadia (oder Java vom panicum italicum) nicht unbesucht gelassen haben mögen, und die auf Jephoti von Fabian getroffenen Brahmanen[1]) chinesische Schiffe (oder Djonken) zum Verkehr benutzten, der wie bei Orissa's schwarzer Pagode, für persische und arabische Golfe bezeugt ist (bis auf spätere Jahrhunderte hinaus).

Wenn Ywang-Saug-Guru durch Vishnu beleidigt, als ein Aji-Jaka den Enkel Brahma's zur Vermählung mit der Brahmani Kali (an Kamboja's monumentale Prachtbauten erinnernd), dorthin sendet, wo sein durch Gunung-Wutu erfolgter Mord an dem Uebermüthigen gerächt wird, der seinen Adoptivsöhnen den Titel der Dewa's (in Swarga) verleiht, wenn Vasudeva[2]) (unter dessen Söhnen Krischna, als Vasu, figurirt) in Madura herrscht, wenn Arjuna's Nachkommen in Hastinapura eintreten, so deutet Alles das, unter verschiedenen Versionen, auf den in Indiens Geschichte vielfach eingreifenden Rivalen-Streit der Brahmanen, mit den, durch Parasu Rama zwar vernichtet, aber durch Ajodhya's Rama in priesterliche Hut gestellten Kshatrya, deren Seitenstück in (eranischen) Kuru (Uttara-Kuru's) den (polyandrischen) Pandya erlag, und aus Chitore, wo in den Rajputen die Kriegerkaste durch Feuer-Ceremonien erneuert war, wurde, Kaka's[3]) brahmanischer Kaste wegen, seine Herrschaft bestritten, die sich (bei Verbannung der Raja nach Sattapura) der Peishwa anmasste (unter Mahratten), und die Abhängigkeit des Perimal von höheren Befehlen, wiederholt die zu Meroe, bis Ergamenes (bei Tolteken u. sonst).

Die für Bruwiyaya angenommene Chronologie würde für Guzerat auf Synchronie mit Siladitya's Herrschaft führen, und mit den (durch die Commentare bis jetzt noch nicht fixirbare) Ländergebieten Dhruvasena's wird das des schwarzen Pfeffers in Atali[4]) erwähnt (b. Hiuenthsang), aus den den Zielpunkt des Handels bildenden

---

[1]) „Buddha's law not sufficiente to speak of" (s. Groeneveldt) in Ya-va-di, wo Fabian sich für China einschiffte (mit brahmanischer Kaufbeute).

[2]) Nach Kansa's Tödtung gründet Vasudeva (in Baladewa's Begleitung) Ayodhya (s. Phayre). Auf Gandhari's Fluch sah Krishna (Sohn Vasudeva's) sein Geschlecht zu Grunde gehen (in Dvaraka). Die Vasu sind die Väter, die Rudra die Grossväter, die Aditja die Urgrossväter (im Veda), Vasudeva (Krishna's Vater) herrschte in Madura (s. Raffles). In der Dynastie Hushka, Jashka und Kanishka (im Raja Tarangini) mit Gondophares (auf den Inschriften Takht-i-Bahi) bildet Vasudeva den königlichen Titel (s. Dowson), in den Samvat (Vikramaditja's).

[3]) Der Einfall der Perser (unter Khosru Parviz) erfolgte in Sindh gegen Saharsha, Sohn Sahasri's (628 p. d. unter den durch Kak gestürzt), mit Bhixu (s. Hiuenthsang). Mihrat (in Chitore) bestritt Kak's Recht zur Regierung (als Brahmane). Auf Kotaphong (der Thai) folgt Phaya Krek (durch Indra geheilt). Bhatarka (Sonne der Krieger) gehörte (in Begründung der Ballabhi-Dynastie) dem Kriegergeschlecht an (s. Lassen), als Senapati (unter Xatrya). Aus dem Quell Surja-Kunda stieg siebenhäuptig (saptawa) das Siegesross des Königs hervor (in Bailabhipura).

[4]) Dhruvasena (Druvapata), Schwiegersohn Siladitya's (in Kanjakubja) herrschte in

Ländern der Gewürze (und des Pfeffers besonders). Wenn eine vorangegangene Exploration zunächst die Nachricht von der Palmblattschrift der Rakshasas oder Yakshas (wie bei Buddha's Manifestation auf Lanka nach umliegenden Inseln verbannt) zurückbrachte, so verknüpft sich damit, durch ein objectives Mittelglied, was aus klassischen Zeugen von einheimischen Alphabeten bezeugt war, wie sie durch die modernen Entdeckungen in ihren Variationen angetroffen werden (bis zur Vierfachheit auf Sumatra).

Auf der (durch das zur Festeszeit von den Aethiopen ausgesandte Boot erreichten) Insel werden die Gebeine der Eingeborenen biegsam wie Nerven (von Jamblichos) beschrieben (s. Diodor), und so veranlagt für Finger- und Ellbogenverrenkungen (wie bei den Javanerinnen geübt).

'Ιαβαδίου ὁ σημαίνει κριθῆς (s. Ptol.) hiess die goldreiche Insel (mit Arayre als Hauptstadt), wo (bei Beobachtung von Speiseverboten) im Tode unter den Fürsten der Nächst-Aelteste folgt (zu Jamblichos' Zeit) und der Hundertjährige in's Jenseits hinüberschlummerte, unter einem Baume entschlafen (wenn etwa der Upas gewählt war).

Mit gespaltener Zunge (zum vielzüngigen Dolmetscher im buntgemischten Fremdenverkehr der Bazare) kannten die Insulaner den Gebrauch der Schrift (γράμμασί τε αὐτούς χρῆσθαι), wie auf der von Jawawat (panicum italicum) als Nusa Jawa bezeichnete Nusa-Kendang (Kaoja als Reis oder Kao) der (von Dewata Chengkar beherrschten) Raxasa, in deren Leichenhänden die Palmstreifen gefunden wurden, die, mit alten (purwa) und mit siamesischen Characteren beschrieben, die Unterlage abgaben, um das javanische Alphabet herzustellen, durch den Penggawa aus Hastinapura (aus dem Einschiffungshafen in Guzerat).

Wenn nun in Tritresha, mit der Brahmanin aus Kamboja vermählt, (am Gunung-Su-Meru) ein Dhritarashtra (Gatte der Gandhari) nachschimmert, indem sich der Gegensatz zu Vishnu aus dessen Incarnation in Krishna (Vasudeva's Sohn) ergäbe, als Bundesgenosse der Pandava, unter welchen Arjuna (gleich seinem Widersacher Awatthanam) die Brahma-Waffen von Parasu-Rama erhalten (dessen Axt die Xatrya erlagen), und wenn in die Pandava (mit Arjuna als Indra voran) die Götter aus Swarga herabsteigen, mit deren Namen Watu Gunung's Usurpation seine Bastardsöhne schmückt, so führt dessen Vernichtung durch Vishnu, durch den von Batara-Guru gesandten Gutaka und Raden Sawela's Nachfolger Gutama (in Giling-Wesi) und die Erschlagung des (in Gotama's Herabsteigen symbolisirten) Elephanten, in Astina (nach Nata Kasuma), auf die durch Täuschungen (in brahmanischer Version) siegende Incarnation Buddha's, welche dagegen (den brahmanischen Kasten-Prätensionen gegenüber) den Stolz des Xatrya-Geschlechts bewahrte (dessen Vertreter, in den Veda, als Lehrer der Brahmanen ihre höhere Weisheit darlegen).[1])

In solchen, unter veränderten Räumlichkeiten, zu verschiedenen Zeitläuften wiederklingenden Namen schweben die historisch hie und da, constatirbar greiflichen Persönlichkeiten in mythologisch verflüchtigten Bilderschatten vorüber, wobei sich nun gelegentlich zutreffende Parallele erhaschen lassen aus den durchwirkenden Geschichtsideen, deren culturelle Entwicklungsstadien (mit dem Einfluss der Umgebungsverhältnisse) das der Forschung gestellte Rechnungsexempel bildet, soweit sich Anhalte für die Lösung bieten (aus demgemäss zuverlässig gesicherten Thatsachen).

Zu dem im VIII. und IX. Jahrhdt. p. d. über die Inselgruppen südlich und westlich von Malacca ausgedehnten Reich des Maharaja von Sabed gehörte (nach

---

Vallabbi (zur Zeit Hiuenthsang's), ein Stapelplatz kostbarer Waaren fremder Länder, und in Atali (von Malava unterworfen) wuchs der schwarze Pfeffer (sowie der den Tagara oder Weihrauch liefernde Baum). Dasabahu, Sohn Dasavirja's (Sohn des Pandita in Kalinga), der am Berge Lawu siedelte, herrschte in Hastina (s. Raffles), von wo die Auswanderung erfolgte (über Guzerat). Auf den (zu Korur siegreichen) Vicramaditya (zu Ujjain) folgte Siladitya (VI. Jhdt.).

[1]) Die Saka, unter dem König von Kamboja, als Oberherr, kämpften auf Seiten der Kuru (in Mahabharata). Der um Panji geflochtene Sagenkreis zeigte die localen Wandlungen exotischer Productionen (bei cultureller Acclimatisation). Der letzte der im Epos und Brahmana genannte Fürst des Mondgeschlechts ist Valhika Pratipiya (s. A. Weber), Sakra's Opferkenntniss prüfend (für das Königthum der Srinjaya).

Abu Zeyd) das Emporium Kalah. Der König von Zabaj heisst Alfikat, der König der Insel im östlichen Meere Maharaja (nach Ibn Khurdadbha) † 912 p. d. Im Reiche des über das Meer von Sanf herrschenden Maharaja (dessen Dynastie Walkenaer mit 628 p. d. enden lässt), der die Inseln Zandy und Ramni besitzt (und den König von Comar besiegte), nennt Masudi die Insel Serireh. Die Insel Quollan in Malabar war (nach Suleiman) von Zabej (Java) abhängig, und die Insel Rami (nach Abu Zeid). Der Minister des Maharaja von Zabej warf (nach Suleiman) täglich ein Stück Gold in den Palastteich. Mahan-ben-Albahr fand rothe, gelbe und blaue Rosen, die nicht fortgetragen werden konnten, in einem Walde auf Zabej. Nach Edrisi war Gaba, der (als König Java's, auch) über die Inseln Salahat oder die Sunda-Inseln herrschte, Verehrer des Bodd, eines aus Marmor gearbeiteten Götzenbildes.

Um die Beleidigung persischer Kaufleute zu rächen, sendet Chosroes Nurshirvan eine Flotte gegen Ceylon (bei Ferdusi) und besiegt den König von Serandih (s. Hamza Ispahani).

Der indische Handel (s. Amm. Marc.) wurde durch die Sassaniden von Teredon (am Passitigris) betrieben; nach Markianos (der an der Küste Karmaniens die Häfen Apologoi und Omana nennt) war der Hafen Charax oder Spasinu an der Mündung des Tigris. Hera (südwestlich von der Mündung des Euphrat) hatte blühenden Handel, nachdem die Fürsten von den Sassaniden abhängig geworden. Bei Cosmas heisst der äusserste Punkt, den die Perser auf der Koromandelküste besuchten, Kabir (am Kaveri oder Kaberis). Bei Tabari kommen indische Kauffahrtheifahrer (unter den Sassaniden) nach Obollah und Apologoi. Socotorra (Dioscoridis insula oder *Διοςχορίδους νῆσος*), auf der Aristoteles den Anbau der Aloe empfahl, war (nach Arrian) von Arabern, Indiern und Griechen bewohnt, die dem Könige des Weihrauchlandes zinsbar waren. Les anciennes écritures du Diocèse d'Angamala rapportent qu'on envoyait autrefois à la côte un prélat, qui portait le nom d'Archevêque des Indes. Il avait deux suffragans, l'un dans l'isle de Socotora et l'autre dans le pays de Maçin (s. La Croze). Nach Edrisi waren die Bewohner Socotorah's meistens Christen.

Aus den Chinesen[1]), die Ceylon entdeckten, wurde ein König (als Sohn der Sonne, die nimmer stille steht) gewählt, auf den Lankauw Pati Mahadascyn (vielgeliebter Grossherr der ganzen Insel) und dann Lankauw Singe Mahadascyn (vielgeliebter Insel-Leu) folgte (nach Baldaeus).

Was mit indo-baktrischem Sagenkreis umgeben, im Ruhmesglanze eines Iskander Dhulkarnain's, aus Sinha-Dynastien in alter Löwenstadt (Singhapura's) beherrschend die Inselwelt durchwaltet, hat auf indo-chinesischer Gemeinunterlage, an Stelle früherer Hegemonie des chinesischen Elements, als Lanka's Königsthron besetzend (s. Baldaeus), das indische zu vorwiegender Geltung gebracht, aus den Pfefferhäfen Malayalam's, deren peinliche Kasten-Etiketten (im leicht verletzlichen Ehrenpunct der Nairs) zu manchem Anstoss (und den aus colonialem Erfahrenen oft genug theuer bezahlten Verstössen) führten, unter den Malayen Malacca's (zu De Barros' Zeit).

Insula Malai est, in qua arbores piperis proveniunt (beim Geogr Nub.), *ἡ Μαλή*, als das Pfefferland (b. Cosmos). In den Bergen (Coorg's) hausen die Malay Cudiru (s. Hamilton), wie die Bergfürsten der Male-arasar (Malayalam redend). Malli, quorum mons Maleus (b. Ptolem.). Malakuta oder (s. Burnell) Tanjore hiess Mo-lo-kin-tscha (bei Hiuenthsang) und Singapore Maleiur (zu Marco Polo's Zeit);

---

[1]) There is an ancient tradition among the Ceylonese, that after the expulsion of Adam from the island, it was first peopled by a band of Chinese adventurers, who accidentally arrived on its coasts (s. Percival). Nach Ribeyro war Ceylon von schiffbrüchigen Chinesen bevölkert. Unter Chintsu schickte Bak-la-cha, König von Jawwa (Jaowa) oder Jawae (Konawa oder Kao, als Reis) eine Gesandtschaft nach China. Die in Singapore gefundenen Münzen China's datiren 967 p. d. Kuda Salean befreite Java von der Herrschaft der Chinesen (1086 p. d.). Nach dem (chinesischen) Buch Bunykantongko (1700 geschrieben) wurde Jawwa (Chapo) zuerst unter der Regierung des Saow-gil-yang der Dynastie Song bekannt. Die javanischen Gesandten (im persischen Anzug) betitelten (in China) ihren König, als Adji Ma-ra-ya (992). In the year 435 the King of the country Djavada (s. Groeneveldt) sent an envoy to present a letter and some presents (unter der Sung-Dynastie).

neben den Maladiven, als Mala-dwipa (oder malayisches Land), und am Cap Comorin herrschte in Malai der Malik el Dzazer (s. Edrisi), während die Handelsstrasse von Muscat nach Malacca über Kaulam-Malay (Chulan) führte, und die Emporien, die sich anschliessen (an der Malabar-Küste).

Für den Grosshandel anziehend, nach den dem Globus (oceanisch auch) vorgezeichneten Geschäftswegen musste Java dominiren, und so auf vorherige Exploration (den von Adi-Saka zurückgelassenen Segelanweisungen gemäss) richtete sich dorthin die von Guzerat oder (s. Raffles) Koujrat ausgesandte Expedition, als unter Siladitja's Herrschaft der chinesische Pilger sich der das Mahayana pflegende Klöster erfreute, so dass die Dhyani Buddha auf Java ihre Denkmale zurückgelassen haben, während Ceylon's Apostel das Hinajana überführte, nach Thatung und beim Einzug in Ankhor Vat (Kamphuxa's), von wo die mütterliche Brahmanin ihren kindlichen Gemahl Tritrashta nach Mendang-Kamulan begleitete, während dann nach Janggala's Gründung die Beziehungen mit den Kalingas eingeleitet wurden (als Talein in Pegu).

Aus Seeherrschaft der am Eingangs-(oder Ausgangs-)thor Polynesien's gelegenen Molukken (unter Rivalität von Ternate und Tidore, seit die Autorität des Kolano in Gilolo gebrochen), landete Aru Bandan in Balambangan auf Java, gleichzeitig mit Bhruvijaja Savelakala (600 p. d.), um in gemeinsamer Allianz den Grundstein zu legen für die an Hastinapura's Königsgeschlechter angeschlossene Geschichte der Insel (bis Madjapahit vor dem Islam fiel).

Mit dem Mahabharata (oder Brata-yuddho) schliesst die epische Vorgeschichte Hindostan's, für die vedischen Götter, die sich in den Pandu incarnirten, und ihr —, dem Garasandhra im Büsserlande Magadha's (wo Mitra, Lehrer des Sakanjanja, die persischen Reminiscenzen der Uttara-Kouroi in den Kuru zurückruft), feindlicher —, Bundesgenosse Krishna spielt unter wechselnden Scenen in den Vasudeva und Vasu[1]), auf javanischer Geschichtsbühne, wo Gunung Watu seine adoptirten Bastardsöhne mit Göttertiteln aus dem Swarga geschmückt (bis durch Vishnu's Zorn erschlagen).

Der Uebergang in (oder die Ableitung aus) Java in Dschawa wäre unter den Gesichtspunct einer Prakritisirung aufzufassen, bei moullirten Dentalen im Malayischen (im Ausfall der Palatale), wie für die Schlussfolgerung aus etymologischen Theorien neben der Niederschrift im Text (wo innerhalb ein und desselben der Unterschied nach conventioneller Transcribirung festgestellt ist) das auf der Zunge des Sprechenden (oder im Ohr des Hörenden) Gewandelte noch den Launen der Volksetymologie unterliegen kann (soweit nachweisbar).

Der Name Javana (bei den Indern) bezeichnet zuerst die Araber und zugleich die Phönizier (s. Lassen). Wong Java und Djalma Sunda werden durch den Fluss Tji Pamali getrennt, wie durch den Stifter der Reiche von Madjapahit und Padjadjaran festgestellt (s. Hoëvell). „Sedert de 13[d] eeuw beginnen de ouden vormen Jawa-Dwipa, Jabadioe, Je-pho-thi, She po, Zabedj voor den nieuwen, in den Indischen Archipel zelven, gebrückelyken, door de Europeanen tot Java verbasterden vorm Djawa plaats to maken" (s. Veth.). Le Ghez rend l'idée de Grec par Yunanawi (s. Lenormant), yavanu (im Assyrischen). Antiyoko nama yonaraja (auf Asoka's Edicten). Durch den grosstentheils Indischen Ursprung der javanischen vornehmen Sprache wurden die Sanskritischen Wörter der Hauptbestandtheil des Basa-Kame (s. W. v. Humboldt) in Rangsprachen (Siam's).

Wie aus dem römischen Weltreich der Name Rum oder Rumi[2]) (mitunter eine Beschränkung auf Aegypten) für angrenzende Nähe des Erdballs zur allgemeinen Bezeichnung diente, im Islam besonders, obwohl auch ausserhalb dessen Sphäre (wie bei Einwanderung Adi Saka's in Java oder bei Gründung Nakhon Vat's), cf. Völker des östlichen Asien I (S. 400), so war früher die hellenischer Hegemonie

---

[1]) Vasu (Sohn Vasu's, Sohn des Kusa) führt die Verehrung Indra's ein (als Samraj) in Chedi (mit Brahma's Hansa). Die Kuru vertreten (s. Weber) den Rudra-(Siva-)Kultus, die (Pandu) Panchala den Indra-(Vishnu-)Kultus (Krishna's). Boma, door Vischnoe bij Pretiwi (de aarde) verwekt (auf Java) voert oorlog tegen Indra (s. Wolbers), bis durch Sang Kresna getödtet (nachdem von der Erde, die seine Kraft erneute, emporgehoben).

[2]) Die Ptolemäer wurden Meleh al Jounanim genannt (s. d'Herbelot), und Alexander heisst Eskender al Roumi (als Al. Jounani). The Yons or Yonicas formed the body guard of Melinda (in Sagala).

wegen geltende den Javanen verwandt, schon vor den Feldzügen Alexander M., als König der Javan (bei Daniel), in Javan der Perser (s. Aeschylus) oder Jaona auf Darius' Inschrift (Junan in Aegypten) und hier kam dies dann für Iran mit Turan zusammen, denn Turushka (aus Turvaska) „ist die sanscritische Form der Zendischen Benennung der Völker des Nordland's Tura, aus welchem Turan entstanden ist" (s. Lassen), und neben den aus Indien angesiedelten Söhnen Jajati's hatten die Nachkommen Turwasa's ihre Sitze unter den Barbaren erhalten (als Javana), denen indessen die Erinnerung an Cultur verblieb durch Erwähnung der Schrift (b. Panini) im Javanani lipi (s. Katjajana).

Als wie Bharata (im Chandravansa) die Javana mit Kirata, Huna, Andhra, Kanka, Khasa, Saka (sowie die Mlekha) vertilgt hatte, so (im Suryavansa) Sagara, — Nachfolger des von dem mit Javana (sowie Saka, Talagungha und Haihaya) vertriebenen Bahuka —, seine Siege erfochten, wurde den Javana das Kopfscheeren auferlegt, den Parada ungeschorene Langhaarigkeit und den Pahlava das Tragen langer Bärte (nach persisch-assyrischer Sitte).

Daneben (in einem seit Kambyses nachklingenden Echo) erscheinen dann vielfach (aus Kambozatein) die Kamboja (im Hindukusch), als entartete Kriegerkasten (b. Manu), in den Juen (Jou) Junan's und später Annam's, wo die Dschampa siedelten, unter Juen (als Juen Keoh unterschieden von den Lao-Juen oder Laopungdam). Die von Malaka kommenden Fremden gelten den Juen als Dan-Xava oder Stamm Java's, aber das Hauptkönigreich der Xava und Malayen (Orang-dibawa Anghin, im Unterschied von Orang-diattas-Anghin) ist nach den Cochinchinesen Sumatra (Haa-phat-to), cf. V. d. östl. As. (passim). By de Chinezen werd tegen het einde der dertiende euw, (onder de Mogolsche Dynastie) Joeën in plaats van Schepo (Java) geschreben (s. Veth). Unter mongolischer Dynastie (der Juen) wurde Java, in grosses und kleines unterschieden (b. Marco-Polo), als Jepho-ti (zu Fabian's Zeit), und Javan (Sohn Japhet's) führt in Ἰαών auf Ἰωνες (in Attika und Megara, als Ἰαονες. In het zevende Jaar ran Keizer Sioeënteh brachten Javaansche gezanten tribuut (s. Schlegel) mit Nachricht über die Stiftung des Reiches (in het eerste jaar der periode Joeën-Khang). Der Name Jonier diente (in kleinasiatischen Colonien) als allgemeine Bezeichnung für die nicht in ihre Stämme (als Aeoler und Dorer) gegliederten Griechen (s. A. W. v. Schlegel), im Vorgang lelegischer Mischung (gleich malayischer).

Auf tyrischen Märkten sah Ezechiel indische See-Waaren, durch die Javanen den Phöniziern zugeführt, von denen wieder die Griechen die sanseritische Benennung des Kastira entnommen, für das Zinn, als Javaneshtha („von Javanen geliebt"), von Ophir im Berg (statt Sofala's Hafen an der Küste), aus chrysischer Halbinsel, wo von Kokkonagara sich brahmanische Siedlungen verfolgen lassen, beim Einzug auf dem Nordweg der Xaphoxi-Brahmana aus (oder nach) Kamphuxa (Kambodza), von Xieng-sen her (durch Schlagen der heiligen Gong gegründet), cf. „Völker des östl. Asien" (I, S. 175, S. 291 u. flg., S. 305 u. a. O. m.).

Der Schwerpunct des indischen Handels (für Europa) fiel in die Gewürze, aus deren Insel Malai (b. Edrisi), als Malaion Kohlon akron (s. Ptol.), während der aus Arabien (nach Indien) kommende Weihrauch Javana heisst (b. Amara-Koscha), und auf Socotra bestand eine griechische Handelsfactorei (zur Zeit des Periplus).

In der arabischen Landschaft Jemen gab es nach Firusabadi eine Stadt des Namens Javan (s. A. G. Hoffmann), des arabischen Stammes Java-Mensah (bei Rosenmüller). Unter den Seleuciden bereiste Patroklos die indischen Meere. Die Ptolemäer schickten Timosthenes nach Taprobane. Der Indus findet sich zuerst bei Hekatäus erwähnt (mit indischen Völkern).

An sabäische Handelsbeziehungen, in jainistischen Traditionen fortbewahrt (für Mekkha in der Geschichte des Perimaul und die auf Ceylon erkundeten vom Judicopleustes), schlossen sich nestorianische (nebst weisser und schwarzer Juden in Cochin), während (afrikanische) Sidi in Sindh ihre Rolle spielen, und äthiopische, indische, persische Herrschaften wechselten, am Streitpunct der Strasse von Babel-Mandeb (in fernerer Rivalität von Perim und Obok u. dgl. m.).

Πάντας τοὺς Ἕλληνας Ἴιονας οἱ βάρβαροι ἐκάλουν (beim Scholiast), die Javanen, als Junge (von juvenis in den Etymologien). ἐπεικῶς οἱ βάρβαροι τοὺς Ἕλληνας Ἴωνες λέγουσιν (n. Hesych). Den Javana eignet Kenntniss der astronomischen Wissenschaft (nach Varamahira). Allwissend sind die Javana und vorzügliche

Helden (im Mahabharata), als Pehlevane (der Pahlava und Pakthun). Unter den zur Durchsuche für Sita angegebenen Ländern findet sich (im Ramajana) das gold- und silberreiche Java-Dwipa, mit sieben Königreichen (s. Kern). Jawa-Koti (im Osten) wird mit vier Goldthoren beschrieben (in Surja-Siddhanta).

Nachdem Puru (oder Paurava) das Alter Jajati's übernommen, stammen von seinen vertriebenen Brüdern die Mlekha (Anu's), die Jadava (Jadu's), die Bhoga (Druhju's), sowie die Javana (Turvasa's).

Von den Königen der Bhoga verblieb Purujit (von Kuntibhoja) in Bundes-genossenschaft der Pandava (als ihr mütterlicher Ohm); die nördlichen Bhoga zogen (aus Furcht vor Garasandha in Maghada) nach den westlichen Ländern (im Mahabharata). Ueber die Satvata (der Jadava) herrschten Könige der Bhoga (unter der Vratja). Von (Manu Vaisvata's) Ila (Vater und Mutter des Pururavas) stammend, herrschte Jajati (Vater des Puri) in Pratisthana (als König Kasi's), durch Usanas verflucht (für Uebernahme des Alters). Samishtha gebar Puru (mit Druhja und Anu), Devagni den Sohn Jadu und Turvasa (mit Jajati's Gemahlinnen).

Die in Orissa einfallenden Javana kämpften mit dem nach Bhoga, Vikra-maditya und Salivahana, dort herrschenden Könige (Indra deva erschlagend), bis durch Jajati vertrieben (bei Gründung der Kesari-Dynastie). Die Javana, welche die Könige von Andhra in Warangol stürzten (515 p. d.), regierten bis zur Er-hebung der Sanapati-Familien (953 p. d.). Nach Ban Asoor (1000 a. d.), den die Javana vernichteten, folgten (V. Jhdt. a. d.) die Cheros in Masar (in Shahabad). Der Asur Norok[1] (Naraka) erhielt von Krishna das Land Kamrup (um im Tempel Gowhatti's den Dienst der Liebesgöttin Kamakhya zu pflegen). Ban-Raja (Fürst der Cachar) kämpft mit Krishna (in Tezpore). Having subdued the Kamboja[2], King Laliladitja (of Kashmeer) proceeded against Bokhara (part of the Kafirs in the Hindukushcare called Kaumojees). In goldner Stadt des Landes Pragjotisha wohnt der Danava Navaka (nach dem Ramajana).

Unter den von Euthydemos eingesetzten Satrapen-Königen (der Sinha in Surashtra) wurde Gunaghar (Javanagada) gegründet in Guzerat (als Feste der Javana), zum Ausgangspunct für Colonien-Gründungen in Jabadiu oder Java (Javadwipa)[3] durch Jon (und Kamboja). Die von Malakka kommenden Fremden

---

[1] Als Herrscher der Javana (in Muru und Naraka) beherrscht den Westen (von Varuna) König Bhagadatta (nach den Mahabharata). Als im Zweikampf hervorragend werden die Kamboja und Javana mit den in der Nähe Madhura's Wohnenden zusammen-gefasst (in Mahabharata). Khampa sind Schafhirten (im östlichen Tibet), Kham, U (oder Wei), Lassa, Dzang, Ngari wurden vereinigt (313 p. d.). Die Bhor Khamti beanspruchen gött-lichen Ursprung (in Kamrup).

[2] Bukkaraja rühmt sich (1370), die Turushka, Kamboja, Ardhra, Gurgara, Konkana, Kalinga, Pandja und Orissa besiegt zu haben. Kampila war eine Stadt im Lande der Pançala. Im Mahabharata besiegt Pakasasani die Daradas mit den Kambojas und die Dasyus des Nordostens, sowie die Waldbewohner mit den Lohas, die Parama-Kambojas und die nördlichen Rishikas. Vasishta sucht den König von Sagara von der Vernichtung der Sacas, Yavanas und Kambojas abzuhalten, doch wurden sie aus der brahmanischen Gemein-schaft gestossen und von Kshatryas zu Mlechhas degradirt. Neben Indergi verehrten die Kafir den Gott des Wassers (als Bagish), als Kamuzi (in Chitral). Unter den vier Stämmen der Kafir siedelten die vertriebenen Kamoje (neben Kamoze, Ililar und Silar). Die Dynastie der Janako von Mithila residirte in Janakipur. When the King of Gor and Irak crossed the Attok, the lord of Canouj to oppose the Yavanas beyond the Indus, overcame the Aethiopic (Habschee) King (s. Chund). Ugrajudha (der Pandava) vertilgte das Geschlecht des Nipa (in Kampilja) mit den Panchala (Agamidha's).

[3] In der japanischen Encyclopädie heisst Tanâh Gawâh der Malayen (Jephothi bei Fahian) Kepho. Wie auf der javanischen Inschrift ist der Anlaut nach Art der Prakrits-sprache in g verwandelt (s. Lassen). Der chinesische Name war (nach Raffles) Kaoja, was auf Khao oder Reis führen würde. Yuvan oder Jüngling (im Sanskrit) ist (im Pakrit) jawan (schabb im Arabischen). Die Eingeborenen Sumatras, bemerkt De Barros, werden Janij (Jawi) genannt, und sie glauben, dass einst die Javanen das Land beherrschten und vor den Chijs (Chinesen) den dortigen Handel sowohl als den indischen geführt hätten. Java heisst Joua bei den Malayen, und jeder Fremde ist für sie ein Joua (von jou oder fern). Im Javanischen ist tannah Javi (Dschavi), im Malayischen tanah Jawa (Dschawa) das Land Java (Gerstenland). Im Tagalischen bedeutet Yabag einen Landstreicher. According to the Malay, the word Djawi came from the Arabs, who derived it from Djawa. It is a disrespectful term,

gelten den Juen als Dan-Xava (vom Stamm Java's), aber das Hauptkönigreich der Xava und Malayen liegt (für Cochinchina) in Sumatra (oder Haa-phat-to). Jonaka begreift die Lao pungdam (mit Xiengmai) (cf. V. d. ö. A. Bd. I p.).

Nachdem, in Folge vorangegangener Fahrten, die Holländer (seit Houtman's Besuch) Handelsbeziehungen mit Bantam angeknüpft, und (1608) die durch Neck angelegte) Factorei befestigt hatten, wurde diese durch Pieter Both (von den Generalstaaten zum General-Gouverneur ernannt) nach Suda Kelapa (Jakatra) verlegt, wo mit der aus (Koen's) Neu-Hoorn in Batavia umgetauften Colonie (1619) der Grund zu demjenigen Colonialstaat gelegt wurde, der die Grösse seines Mutterstaates begründete (und in einer Zeit des Nothstandes selbst für Verlegung in Absicht genommen war).

Hollands Grösse wuchs mit der seiner Colonie, bis ihm diese schliesslich fast über den Kopf gewachsen wäre, wenn nicht zur Herstellung des Gleichgewichts ein Mittelweg gefunden worden, wie aus practischen Erfahrungen gelehrt, die sich um so verwerthbarer gezeigt haben, je mehr in der Schule ethnologisch bewährter Forscher die Zielrichtungen ihrer Wissenschaft zur Klärung gekommen (für die Mittel sowohl, wie für den Zweck).

Das Wort Colonie, ob als Fremdwort oder bereits assimilirt betrachtet, gehört zu denjenigen, die sich, wie so viele in der Sprache, von der etymologischen Bedeutung gänzlich abgelöst haben und bleibt so aus den historischen Umwandlungen zu verstehen, wie es sich unter denselben jedesmal gedeutet hat. Darin liegt der Grund der Gedankenvertakelung, die betreffs des Wortlauts der Colonien eingerissen ist, und weil ein Jeder sich das Seinige (ein Verschiedenes) unter vermeintlichem Gleichklang zu denken pflegt, wird mit Erörterungen darüber die Verwirrung meist verworrener, und um so mehr, wenn etwa gar sprachreinigende Uebersetzungsversuche hinzugefügt werden.

Je nach der Geschichtsphase ändert sich der Werthausdruck dessen, was mit Colonie gesagt sein soll. Der Herkunft nach den Römern (oder Lateinern) angehörig, (die Griechen redeten von Apoikien oder Kleruchien), meint schon im römischen Geschichtsverlauf Colonie etwas sehr anderes, je nachdem für italische Vorzeit, für die Epoche der Republik an der Tiber, oder für die Kaiserzeit gültig. Was aus der Hegemonie der Kaufmannsprinzen im mittelalterlichen Mittelmeer hineinspielt (oder in hanseatischen Faktoreien des Nordens), was bei den Kreuzzügen in der Levante, trägt seinen specifischen Charakter, wie das, was, unter solchem Titel, die Mark durchschreitet, bei Germanisirung derselben, oder den Cisterciensermönchen nach dem Osten und Norden Europa's folgend, mit religiös-politischer Einigung des Deutschordens zusammenkommt u. dergl. m. Dann wäre abzutrennen das, was sich phönicische Colonien benennt, in metagonitischen

like adjam (or barbarians), which the Arabs apply to all other nations besides themselves except the islanders of the Malayan archipelago, whom they call Orang Djawi, after the island of Java or Sumatra (with the benzoin, as laban Djawi). The Malayan language, spoken by all the pilgrims of the Archipelago, who visit Mekka, was called bahasa Djawi by the Arabs, who spoke it with them. There are no dialects in the Malayan language except the Malayan of Menangkabow, which differs (n. Marsden). According to the Mahawanso, Ceylon was invaded by an army of Javako (or Javanese). Die Javanesen besuchten (75 a. d.) Madagascar. Bundan Kajawan wurde vom König von Majapahit mit der kraushaarigen Sklavin gezeugt, der er auf ärztlichen Rath in einer Krankheit hatte beiwohnen müssen. Die Bewohner des westlichen Theiles der Insel, zu welchem der Sunda-District gehörte, nennen sich jelmo bhumi oder Eingeborene, und da jawi (in der Hofsprache) oder jawa (in der gewöhnlichen) ausserhalb, mithin tijang jawi (in der Hofsprache) oder wong jawa (in der gewöhnlichen Sprache) Fremde bedeutet, so wurde dieser Name auch auf den östlichen Theil der Insel bezogen, wo die indische Bevölkerung ihren Sitz hat. „Jawa or Jawi is the name, by which Borneo, Java, Sumatra, the Malayan Peninsula and the islands lying among them are known among the nations of Celebes, who apply the Bugis-diminutive Jawa Jawaka or Jawa minor to the Moluccas, Amboina, Banda, Timor and Ende." Javan (Jaones) ou Jufanes signifient (attachés aux noms sanscrits et zends) jeunes ou plutôt defenseurs de la famille ou du pays. Varro leitet juvenis von juvare ab (für Jonier, als Jüngere).

Städten, was bei Babyloniern und Assyrern ähnlich erscheint (in Verpflanzung auf Kriegszügen), was bei Chinesen (ausserhalb des klassischen Orbis terrarum), oder was aus Russland (mit Verschiebung einer Halbcultur in Uncultur) sich hineinerstreckt in Sibirien, und nun auf alte Culturen wiederum stösst (wo in Marcanda's Nachbarschaft eine Alexandreia ultima durch alte Ruinen bezeugt wird).

Wenn es sich um die sog. überseeischen Colonien handelt, anschliessend an jene (im bisherigen Gange der Erdengeschichte gewaltigst durchgreifende) Revolution des Entdeckungsalters (wodurch die Welt zu einer neuen gestaltet wurde), so hat man verschiedene Eintheilungen versucht, worunter die von Heeren vorgeschlagene am geläufigsten geworden ist, und in den Lehrbüchern meist bewahrt wird (unter Roscher's Modificationen). Vor Zutritt des Gesichtspunkts der Auswanderung in modernen Colonien, zeigen sie sich zunächst als ein Ergebniss des allgemein durchgehenden Grundtriebes nach Erwerb, zur Bereicherung, in Vermehrung des Genusses durch Einführung fremdartiger Bedürfnisse (für Geldgewinn), und so fallen Unterabtheilungen, wie Bergwerke, Pflanzungs-, Viehzucht-, Fischfang-Colonien u. s. w. in eine gemeinsame Kategorie hinein, als Handels-Colonien.

Dazu kommen, aus idealen Motivirungen, die Secessions-Colonien (griechische Apoikien) zur Wahrung persönlicher Freiheit (in Kirche und Staat).

Und ferner haben sich sodann aus den Ursächlichkeiten in Friedensdauer anwachsender Uebervölkerung die Auswanderungs-Colonien ergeben, die gegenwärtig in hervorragender Rolle auftreten (an patriotische Gefühle appellirend).

Mit alledem hat der Staat indess, sofern er nicht etwa Straf-Colonien bequem findet (oder Relais-Colonien für Marine-Zwecke auf Stationen), im Uebrigen sonst nichts zu thun, als dass er in den Handels-Colonien die Unternehmungen seiner Unterthanen möglichst fördert, weil sie lobsamst dahinstreben, die Zahl der höheren Steuerklassen Zugehörigen zu vermehren (im Staatshaushalt).

Die Secessions-Colonien sind eher halb- oder ganzfeindlich gegen den Mutterstaat gerichtet, wenn nicht bei ächter Liebe zum Vaterlande (in Empfindung der συγγενεια) dieses später wieder Nutzen davon ziehen möge.

Bei den Auswanderer-Colonien blickt der Staat schwankend zu, da es bald in seinem Interesse sein mag, sie zu begünstigen, bald lieber zu hindern, um nicht die Dienste militärkräftiger Jugend (oder finanzkräftiger Capitalisten) zu verlieren.

Das, was eine Zeitlang in der römischen Geschichte den bedingenden Ausschlag gab für Colonien-Gründung, dass sie nämlich zu propugnacula imperii dienen sollten, fällt bei überseeischen Colonien von vornherein aus, da sie gegentheils die Staatskraft schwächen, durch Ausdehnung in unnatürliche Grenzen, und sich also insofern nur dann rechtfertigen können, wenn der überschüssige Gewinn, den sie abwerfen, genügend ausreicht, um die Vermehrung der Vertheidigungsmittel zu decken, für diesen Luxus-Artikel (der „tropical farms").

Colonien zu gründen, um überhaupt eine Colonie zu besitzen, muss Jedem, dem unter Gefühlsschwärmern ein Bodensatz gesunden Verstandes geblieben, ein allzu theures Vergnügen erscheinen, um ihm, aus eitler Ruhmsucht, nachzugeben.

Als die Pioniere der Entdeckungszeit Colonien anzulegen begannen, wurde es sogleich als bedenklichste Gefahr erkannt, wenn (aus vorliegender Tendenz) Handels-Colonien etwa in Ansiedelungs-Colonien übergehen sollten, und bereits der erste portugiesische Vicekönig in Indien warnte davor, in einem ausführlichen Memorial an seine Regierung, wie der vom Hofe des Mogulenkaisers zurückkehrende Gesandte die ostindische Compagnie (Englands).

Man dachte damals nicht daran, ins Voraus ein grösseres Capital zusammenzubringen, um damit auf „fonds perdus" zu experimentiren, sondern man begann klein und vorsichtig versuchsweis hie und da (mit bescheidenstem Umfang der unbedingt benöthigten Geldmittel), in einer oder anderen der bereits erprobten Localitäten zu experimentiren, ob sie sich für den Handel profitabel erweisen möchten, und dann wenn der Reichthum anschwoll, bedurfte es zur Sicherung desselben allerdings fester Plätze, und vielleicht ein Streifchen Land herum, für zerschnittene Kuhhaut erworben (nach der aus Karthago's Vorbild in Batavia wiederholten Legende).

Wer A freilich sagt, muss B sagen, und so trotz alles Sträubens und Abwehrens wurden selbst die vorsichtigen Holländer (und anfänglich gerade sie am meisten) von einem Schritt zum anderen geführt, und fanden sich plötzlich, ohne recht zu wissen wie (und jedenfalls ohne es zu wollen), als mächtiger Handelsstaat (beim Erwachen eines schönen Morgens).

Ihnen ist insoweit das Danaer-Geschenk wohl bekommen, weil sie auf den rechten Fleck hineingetroffen (oder hineingefallen) waren, (auf den richtigsten von allen, wie sich nach der jetzt ermöglichten Ueberschau beweisen lässt), aber ausser diesem grossen Loos, — und dem England (aus gleich ähnlichem Grunde) zugefallenen, — sind nur traurigste Nieten gezogen (in Colonialerfahrungen).

Mit naiver Unbefangenheit ist der Satz ausgesprochen, dass ein Staat, um mächtig zu sein, Colonien besitzen müsse, während das einfachste Durchblättern der Colonialgeschichte gezeigt haben würde, dass, was Europa betrifft, zwei Fälle glücklich abgegangen sind, während bei einem halben Dutzend anderer (bei Spanien, Portugal, Frankreich, Dänemark, Schweden, Italien, Oesterreich, Belgien) die Experimente im Deficit verliefen (und oft ein schlimmstes).

Umgekehrt dagegen lässt sich sagen, dass einem Staat in Fülle lebenskräftiger Entfaltung Colonien anwachsen mögen oder müssen, und dann, bei richtiger Pflege, auch sich gedeihlich erweisen.

Und das, als von der Zukunft abhängig bleibend, wäre also nun, für Entscheidungen darüber, in Vorbehalt zu lassen, und Jedem, der lernen will, das Geschichtsbuch der Colonie anheimgestellt (zu erstem und ernstem Studium).

Um im Uebrigen auf die obige Nomenclatur zurückzukommen, würde zunächst demgemäss die Handels-Colonie ins Auge zu fassen sein (mit Aussicht, oder Absicht, auf Handelsgewinn).

Bei Entdeckung der neuen Welt standen die Bergwerks-Colonien voran, seit der durch Columbus in Haiti gefundenen Goldgruben, und hier schien der vollste Gewinn geboten, in reinst greifbarer Form, durch Ausgrabung baaren Geldes gewissermassen, und Transportirung desselben in die Heimath. Aber nicht das Gold bedingt den realen Werth, weil ein Werthzeichen nur, und so hat es Spanien zu seinem Schaden erfahren (trotz der aus Peru und Mexico einströmenden Schätze).

Gleichzeitig war mit Umsegelung des Cap der Weg nach Indien gefunden, und als die Portugiesen dort in die Häfen des Pfeffers, und weiterhin die Gewürzinseln, hingelangten, konnten sie erklärlicherweise durch billigere Frachten die auf dem Landweg (oder über Aegypten) handelnden Rivalen aus dem Felde schlagen. Was sie bedurften, lag durch die einheimischen Handelsbeziehungen bereits aufgestapelt, und die dortigen Kaufleute zogen bald für die Verschiffung den arabischen Schiffen diejenigen Europa's vor, zumal dieselben verhältnissmässig theurer bezahlten. Trotz der Ausrüstungskosten auf langen Seefahrten war der Gewinn, den die Waaren in Lissabon (sowie den Holländern, als Zwischenhändlern, oder später directe Importeurs) abwarfen, ein enormer, oft 100 % und hoch darüber hinaus, und so ging alles seinen besten und bequemsten Weg, ohne dass bei den, für nöthig befundenen Factoreien, von Colonien noch irgend welche Rede war.

Einige Beeinträchtigung folgte nur aus der Animosität zwischen den Rivalitäten verschiedener Nationen, denn da jede sich das Monopol an ihrem Handelsplatze zu sichern suchte, sahen sie dadurch sich gezwungen, um die Gunst der Herrscher zu sichern, sich tiefer in die einheimischen Verhältnisse und interne Streitereien einzulassen, als sonst wünschenswerth gewesen wäre.

Eins gab das Andere, und schliesslich blieb nichts übrig, als einen Besitzstand zu gründen, um gesicherte Grenzen zu gewinnen (für wenigstens momentane Ruhepausen), und dann trat es fasslicher heran, mit den aufdämmernden Umrissen eines Colonialreiches, das sich jedoch nicht, in Oede und Uncultur, von Dorf zu Dorf zusammenerobern lässt, sondern nur dann ausführbar zeigt, wenn die Erbschaft aus dem durch geschichtliche Cultur vorher schon Geschaffenen angetreten werden kann, auf solchen Gebieten, wo die bereits vorhandenen Gewebsfäden administrativer Verwaltung,[1] wenn im modrigen Zerfall, neu auf-

---

[1] In the country of the Javanese the sovereign has gradually taken the whole rent as tax, reducing the cultivators to the condition of mere occupants or tenants at will, he himself having become the virtual proprietor (s. Crawford). Unter Raffles sollte das Ryotwar-System eingeführt werden, aus Madras (der Küste Kalinga's).

gefrischt werden mögen, oder den angezeigten Bildungsrichtungen gemäss durch bessere ersetzt.

Das (1555 p. d.) durch Kiay Pamenahan (unter Belehnung aus Padjang) begründete Reich Mataram (durch Paku Buwono den Holländern angeboten) endete (1755) mit dem Vertrag zu Kebaken Tjantel (durch Theilung zwischen Surakarta als Solo und Djocjakarta). „Die Eisenbahn hat in Solo grosse Veränderungen zu Stande gebracht, Solo ist nicht mehr die selten besuchte Reichsstadt Mittel-Java's, sondern einer der meist besuchten Plätze. Von Samarang und Surabaya bringt die Eisenbahn täglich Fremde, Kaufleute, Industrielle, Vergnügungsreisende, Naturforscher u. s. w." (1890), ein grosser Contrast mit den früheren Verhältnissen, als noch der Besuch der Fürstenländer von der Regierung streng überwacht und oft verboten wurde (s. L. F. M. Schulze).

Als das im Besitz der Indianer (Hayti's) angetroffene Gold (zu Schmuckgegenständen verarbeitet) erschöpft war, mussten die Minen ausgebeutet werden, und da die einheimische Bevölkerung bei solch' ungewohnter Arbeitslast zu Grunde ging, führte Las Casas' durch Menschlichkeit eingegebener Rath zu den Unmenschlichkeiten des Sklavenhandels[1]) (bei der Negereinfuhr).

Vom Goldstaub aus den Minen[2]) bei San Jonge de Minas abgesehen, würde Afrika — ehe bei Verzicht auf den Sklavenhandel nördlich vom Aequator die nach des Congo-Reiches Verfall besetzte Colonie Angola sich profitabel erwiesen hatte (1814) — wenig Beachtung gefunden haben, denn (ausser der, durch Sofala's Nähe empfohlenen, Besetzung Mozambik's) fanden sich die Factoreien in Mombas und Milinde durch die Zimbas und sonstige Wirren allzuoft gestört, (schon ehe durch die für Ormus in Zanzebar genommene Vergeltung gänzlich beseitigt), und das portugiesische Colonialreich fand seine Stütze im Dekhan, bei der (trotz Almeida's Abmahnung) in Goa erfolgten Festigung Albuquerque's (auf Rath seines piratischen Busenfreundes), wo dann (als es mit den mercantilen Erfolgen, beim Unterliegen vor rührigeren Rivalen, zu Ende gegangen) die Aufmerksamkeit sich (wie bei den Spaniern, wenn nicht durch den blendenden Goldglanz ihrer amerikanischen Colonien abgezogen) auf die „Conquista de almas" richtete (mit Einführung der Inquisition). Was in dortigen Filialen verübt sein mag, musste ziemlich eindrucksloss vorübergehen, am europäischen Heimathssitz der Civilisation, wo (nachdem man vor den Schauern einer Bartholomäns-Nacht nicht zurückgeschaudert war) Dragonaden, und (bei Verfolg der Ableger der Vodu aus Waldensern in Fetischwälder) „pâques piémontaises" (1655), an der Tagesordnung waren (mit Aehnlichem genugsam mehr). Mit den ärmlich armen Nestorianern (in Ungläubigkeit ihres heiligen Thomas) hatte man leichtes Spiel, aber der reiche Handel mit Japan's Inselreich (des Apostels Xavier's gerühmtes Bekehrungsfeld) ging auf politisch-christliche Einmischungen hin (zu Gunsten der holländisch vorsichtigeren Rivalen) gänzlich verloren (während die chinesische

---

[1]) Hawkins brachte Neger zum Verhandeln von Guinea nach den Antillen (1562), aus den damals als in Frieden blühend beschriebenen Ländereien Sierra Leone's (später das Asyl der befreiten Negersklaven). Die durch Gonsalves gefangenen Mohren wurden von Lissabon zurückgeschickt, um gegen Neger und Goldstaub ausgetauscht zu werden (1442). By the treaty of Utrecht, the asiento or contract for supplying the Spanish colonies with 4800 negroes annually which previously passed from the Dutch to the French, was transferred to Great Britain (1713) als Monopol (der africanischen Gesellschaft). Von 1680—1786 wurden (in den amerikanischen Colonien) 2 130 000 Neger (20 095 jährlich) eingeführt (s. Bryan Edwards), oder (bei 192 Sklavenschiffe Liverpools) 58 000 jährlicher Nachschub (b. Robertson), 38 000 von Engländern, 20 000 von Franzosen, 4000 von Holländern, 2000 von Dänen, 10 000 von Portugiesen (1790). Die Quäker Pennsylvaniens mahnten vom Sklavenhandel ab (1690), und die Quäker Englands bildeten eine Gesellschaft für Erleichterung und Abschaffung der Sklaverei. Die Preisfrage in Clarson's „Essay on the Slavery and Commerce of the Human Species" (1786) wurde von Wilberforce dem Parlament vorgelegt (1787).

[2]) In Folge der Cession Mina's (1871) entsagte England den durch den Vertrag von 1824 für Sumatra auferlegten Beschränkungen, und dann setzte sich Holland in Kriegszustand zu Atchin (dem durch den Sultan angerufenen Protectorate der Vereinigten Staaten zuvorzukommen), der Piratereien wegen, denen noch der Dampfer Ndjiku zum Opfer gefallen (1893).

Regierung in ihrem weiten Bereich sich gleichgültiger fühlen mochte, für den Fortbestand des winzigen Makao).

Aus Diu, wo (auf venetianische Rivalität) mit Suleiman's Flotte zu kämpfen gewesen, verblieb ein Rückzug auf Tana und Salsette (bis zur allzu freigebigen Wegschenkung Bombay's), aber der eigentliche Halt des Gesammtbetriebes reducirte sich auf die, unter der Zersplitterung des Dekhan, zugänglichen Emporien der Gewürze aus dem Stapelplatz in Malacca, dessen Besetzung das von dort gewebte Handelsnetz der Araber zerstört hatte, so dass jetzt directe Absendungen an die Quellen in Ternate und Tidore, sowie Banda benöthigt wurden (oder nach Amboina als Mittelplatz).

Neben den Nelken (der Molukken), dem Muscat (Nera's und Lontar's), dem Sandal (Sumba's), Kampher (Borneo's), Zimmt (Ceylon's) und sonst commerciell (wie ethnisch) charakteristischen Vertretungen in Weihrauch, Indigo, Edelsteinen u. s. w. (nach Barbosa's Liste) handelte es sich (im Handel) vor Allem um den Pfeffer (für allgemeinen Consum). „It was, in order to etablish for themselves a monopoly in an article of which the intrinsic prime cost was, at the utmost, not more, than a quarter of a million sterling, that the nations of Europe, for three·long centuries, made such a notable display of ignorance and rapacity" (s. Crawfurd), im Pfefferhandel (der Colonialbegründungen).

Beim Fühlbarwerden volkswirthschaftlicher Bedürfnisse hatten für noch mangelnde Maschinen Menschenhände einzutreten (zu Aristoteles' Zeit), und der aus Kriegsgefangenen oder (wie bei Fanti und Thai) Pfandschuldnern rekrutirte Servus (als Sklave, bei sklavischer Versorgung) war rechtsunfähig (ohne Atua der Maori), wenn nicht Erwerbsfähigkeit des Peculium erlangt war, bis zur Manumissio (der Libertini).

Der Kriegszustand der Mauren an der Grenze senegambischer Negerländer wurde, um des Infanten (als nutzlos verschrieene) Entdeckungsfahrten profitabel zu machen (ehe der Rio do Ouro erreicht war), zur Erlangung von schwarzer Fracht ausgebeutet, und 1434 standen Negersklaven auf Lissabon's Kaufmarkt ausgestellt (durch Gonsalvez).

Als bei der Arbeiterfrage zum Anbau des auf Haiti's Plantagen durch Ovando eingeführten Zuckers für die Indianer (bei ihrem Dahinschwinden) Las Casas plädirt hatte, ging es nun an Afrika, und vlämische Schiffe erhielten das dann den Genuesern (1580) cedirte Privileg im Assiento (bis zur Erwerbung „en gros" im britischen Geschäftssinn), mit spanischen Kriegen dazwischen (1739—1748).

Die im puritanischen Salem bis zum Tod gequälten Quäker erhoben für die dunkeln Menschen lauter ihre Stimme, die, von Wilberforce aufgenommen (1788), zur „Abolition act of slavery" (1807) führte, und dann zur Emancipation[1]) auf englischen Colonien, aber da der Zucker-(und Baumwollen-)bau der Südstaaten des „Niggers" nicht entbehren konnte, züchtete er sich fort unter dem Missouri-Compromiss (1820), bis, nach der Kansas-Nebraska-Acte (1853), Lincoln's Congress-beschluss der Constitution der Vereinigten Staaten einverleibt wurde (1863).

Je süsslicher Europa sich verpimpelte mit dem zum Theegesimpel und Kaffeeklatsch gehörigen Zucker, desto kräftiger klatschte die Peitsche auf den Leib des Negers, desto wilder tanzten die amazonischen Furien ihre Kriegsjagd in Abomey, desto dichter bepackten sich die Zwischendecks mit schwarzer Menschenfracht, und wenn der Verzweifelte durch Erhängen in die seelische Heimath (bei Mawu) zurückzukehren dachte, wurde ihm auch dies Vergnügen abgeschnitten, da der Sklavenmeister mit Kopfabschneiden drohte (und bei solcher Kopflosigkeit nichts anzufangen war).

Als im XIV. Jahrhundert 100 000 Pfund Zucker aus Venedig für Wolle eingeführt wurden, war ganz England versorgt und ein Stücklein Zucker kostbarer Leckerbissen (an fürstlicher Tafel). Doch wurde das nun anders[2]) mit dem so manches Gleichgewicht umstürzenden Entdeckungsalter.

---

[1]) Quod ad jus naturale attinet, omnes homines aequales sunt (s. Ulpian). Servitus est constitutio juris gentium, qua quis dominio alieno contra naturam subjicitur (s. Florentinus), und dann die Proteste (bei Freiheit und Gleichheit).

[2]) While in 1700 the amount used in Great Britain was 10 000 tons, in 1800 it had risen to 150 000 tons and in 1885 the total quantity used was almost 1 100 000 tons (Zucker).

Für Gründung von Handels-Colonien bleibt maassgebend, dass dort Etwas wächst, was die Heimath nicht zu produciren vermag, um Austausch-Artikel zu gewinnen, im Gewinn abwerfenden Verkehr, und während Florida deshalb den Spaniern der Besiedelung nicht werth erschien, weil nur die in Europa schon bekannten Producte gewährend, warf sich die Colonisation auf die exotischer Erzeugnisse fähigen Tropenländer (wie bei hellenischer Besiedelung Cyrene's das dortige Silphium in Mitbetracht gekommen war). Dabei empfahl sich Aufrechthaltung des Monopols in erster Linie, und wenn das „Mare clausum“ zu schliessen eine „Armada“ nicht ausreichte, wurde es unter φοινικὰ ψεύδη versucht (zu punischer Zeit).

Als Honigsorte (b. Dioscorides) aus einem Pflanzenrohr Indiens (bei Verwendung des Palmzuckers) beschrieben, diente der Zucker[1]) medicinischen Zwecken (zu Plinius' Zeit) und war, nach arabischer Pflege in Susiana (IX. Jahrh.), und Ausfuhr nach Alexandrien (996 p. d.) durch die Kreuzzüge in Europa bekannt. (in Brotform, zu Venedig), auf Cypern (1150 p. d.) angebaut (neben Baumwolle und Indigo), dann (wie auf Canarien) auf Madeira (1420) und von Ovando nach St. Domingo gebracht (1506), sowie (durch die Portugiesen) nach Brasilien von dort (und weiter). Dem Einsieden (XV. Jahrh.) trat das Raffiniren hinzu (in Venedig) und ägyptische Fabrikanten hatten in China Verbesserungen des Herstellungsverfahrens gelehrt (zu Marco Polo's Zeit).

Der Kaffee war durch Camphuis in Java eingeführt (b. Van Outhoorn) en de eerste anvoer op de Europeesche Markt had plaats in 1712 (s. Metelerkamp). Der von Arabien in Handelsschiffen von Hoorne (in Java) erhaltene Kaffee-Samen wurde (nach der Anpflanzung) an Witsen (Director der Compagnie) gesandt (für den botanischen Garten Amsterdams), und dann nach Surinam (1718) in Verbreitung über die französischen und englischen Colonien (in den Antillen). Durch Gemal-Eddin (Mufti Aden's) aus Adjam nach Mekka (unter die Derwische) gebracht, wurde der Kaffee (Kafa's) durch den Statthalter Khair Bey verboten (1511), erhielt aber sein Kaffeehaus (1534) in Konstantinopel und weiter, seit Rauwolf's Nachrichten aus Aleppo (1582), durch Venetianer verführt (1624), worauf die Holländer Kaffeebäume (aus Mekka) nach Batavia brachten (1650), und nach Einführung des Kaffees in Holland (1719) kam ein Ableger nach Martinique (1720).

Für die Holländer, die (auf Linschoten's Rath) direct die Pfefferhäfen[2]) Sumatra's anliefen, konnte nach der Siedelung in Jacatra (auf Java) neben dem Zwischenhandel auf den Inseln (mit Reis) auch der Thee (aus dortig altem Handel Serica's, der Seide) in Betracht kommen, soweit sich für den Verbrauch der Geschmack (ästhetischer) Theegesellschaften bereits herausgebildet hatte, oder der (durch chinesische Maschinerien raffinirte) Zucker; daneben boten sich Dacca's Muslime (vor englischer Hegemonie in Bengalen) etc., aber der Bulk späterer Importen an Colonialwaaren fiel im Uebrigen noch aus, bis zur Anpflanzung des Kaffees (durch Van Hoorne), der Baumwolle u. s. w., während aus Amerika (für später internationalen Colonialhandel) der Tabak (mit Cacao, Vanille, Cochinille, Cinchona u. s. w.) hinzukam, dann ebenfalls der nach Surinam und weiter nach den (mit Zuckerrohr bereits versehenen) Antillen verpflanzte Kaffee (Brasilien's zumal) hinzukam, sowie der Reis (aus transatlantischem Verkehr), als aus dem Schiffbruch eines Ostindienfahrers einige Körner für Carolina übrig geblieben waren (1729).

---

[1]) Die Bezeichnung saccharum leitet auf die indische Herkunft (Sakkara). Zarco (1419) auf Madeira (mit der Grabinschrift Machin's), als Gouverneur ernannt, (zum Colonisiren), betrieb die Einführung des Zuckerrohres von Sicilien (und des Malvasier von Candia), unter Heinrich dem Navigator (seit der Entdeckung). Das Kochen des Zuckers wurde aus Bengalen nach China eingeführt (VI. Jahrh. p. d.). Von den arabischen Händlern lernten die Chinesen die durch ägyptische Scheidekunst erfundene Reinigung des Zuckers mit Asche (s. Marco Polo). In Gunde-Shapur wurde Zucker verfertigt und von den Arabern nach Sus (in Marocco) eingeführt (sowie auf Sicilien und Andalusien). Der süsse Saft eines Rohres wurde von fremden Völkern getrunken (zu Lucan's Zeiten) als Palmwein (aus Juggery). Eines honigtragenden Rohres (in Indien) erwähnt Nearch (s. Strabo), im σάκχαρα (von sarkara, sauser.). In 1611 trof men te Jacatra Arak-stokerijen aan (s. Gorkom), in Destillation aus Reis (wie der Rum aus Zucker).

[2]) Der nach Sumatra eingeführte Pfeffer wächst wild in Malabar (s. Hamilton), und mit dem indischen Pfeffer wurde der afrikanische verdrängt (aus europäischem Handelsverkehr).

„Die Ausfahrten aus Holland gingen nördlich um England, Schottland und Irland (mit den Orkaden links) die Rückfahrten trafen in Hitland die Kriegsschiffe (des Convoi). Nachdem die Waaren in der Oosterburg (Amsterdams) entladen waren, fanden die Auctionen statt (nach den Kammern). In der ersten Auction im April oder Mai wurde gewöhnlich der braune Pfeffer, der Zimmt, die Muskatblüthe und einige andere Spezereien[1]), dagegen aber die seidenen und baumwollenen Zeuge und der grösste Theil der übrigen Kaufgüter im October oder November in der zweiten Auction verkauft" (s. Saalfeld). In der „Periode des Flor's" (1613—1696) belief sich der Reingewinn (1693) auf 48 319 500 fl. (auf 80 Jahre vertheilt), in der folgenden (1697—1779) notiren sich 18 000 000 fl. Schulden (dann vermindert auf 12 000 000), und in der dritten Periode ergab sich ein jährliches Defizit (1786—1790) mit 8 734 962 fl., bis zum Schluss (in Bankerutt), unter der im Dezember 1796 publicirten Aufhebung der bisherigen Direction der Compagnie, die ihren Freibrief (durch die Generalstaaten) am 20. März 1602 erhalten hatte, während der Unternehmungen Spilbergen's (1601) in Ostindien, unter Abschluss von Verträgen mit dem König von Kandy und dem von Atchin (der neuerdings wieder seine Sorgen macht).

All den während früherer Geschichtsphasen unter ihren Wechseln üblichen Auffassungsweisen der Colonien stehen die beim Spätereintritt der Gegenwart (unter Bedachtnahme auf herrenlos übergebliebenes Terrain) im eclatantesten Gegensatz gegenüber, weil statt „propugnacula imperii" die Staatsgewalt durch den für weitabgelegene Besitzungen erforderlichen Schutz schwächend, und statt der vom Handel zu gewährenden Einkünfte, nur Belastungen des Etats verlangend (zu Deckungen von Deficits, ohne irgend welche Einnahmen dafür). Was jetzt in colonialpolitischer Richtung hervortritt, ist von dem Standpunct des internationalen Verkehrs zu betrachten, (bei Consolidarität der Menschheitsinteressen) um eine Cultivirung der bisher verwildert gebliebenen Gebieten zu unternehmen (jeder der civilisirten Staaten seinem Antheil nach, so zu sagen), und die Lehre vom Menschen abzurunden (im Ueberblick des Globus). So sehr deshalb auch gegenwärtig Colonial-Unternehmungen alle dem zu widersprechen scheinen, was früherhin als deren Zweck (bald so, bald so) verstanden war, entsprechen sie andererseits doch dem Bedürfniss der Zeit bei Herstellung kosmopolitischen Verkehrs, zur Einleitung des für Ueberblick des Menschengeschlechts erforderlichen Verständnisses, in Einheitlichkeit der Interessen, gemäss der in geschichtlicher Entwickelung gesteckten Bestimmung (die dann auch jedem Einzelnen wiederum zu Gute zu kommen hätte).

Die ungeheueren Summen, welche zur römischen Kaiserzeit alljährlich durch den indischen Handel verschlungen wurden, flossen dahin (zu Plinius' Staunen) für überflüssige Luxusartikelchen, welche indess, weil anderswoher (als tropisch-exotische Producte) für die europäisch geographische Provinz nicht erlangbar, in Höhe des auf dem Markt gestellten Preismonopols zu zahlen waren, „coute qui coute" (nachdem der Modegeschmack sich darauf gesteift hatte).

Als mit dem Vordringen des Islam (und vergeblich versuchten Durchbruch, beim Rückstoss der Kreuzzüge) die continentalen Verkehrswege — trotz venetianischer (den päpstlichen Decreten entgegenarbeitender) Intriguen in Alexandrien oder der aus genuesischen Handelscomptoiren in Kaffa mit den (als Vorläufer des Priesters Johannes) aus tatarischem Tartarus erscheinenden Weltstürmern eingeleiteten Verträgen — mehr und mehr abgeschnitten wurden, und unter Verlust der asiatischen und afrikanischen Mittelmeerländer das Christenthum (besonders seit mit dem Fall des byzantinischen Bollwerks der Weg, noch späterhin, bis Wien geöffnet war) auf engstem Raum zusammengedrängt war, verlangte sich zunächst (als Lebensfrage überhaupt) ein Zurückwerfen der Eindringlinge aus der, auch westlich beginnenden, Ueberfluthung Europas, und als mit den hier erlangten Erfolgen die Portugiesen nach Ceuta gefolgt waren, boten sich, des Infanten Betrachtung, die aus den islamitischen Handelserfahrungen (am Emporium eines künftigen Timbucti) angesammelten Nachrichten über die dortigen Verkehrswege (wie zur Römerzeit nur sporadisch bekannt, im Anschluss an Herodot's Mittheilungen).

Zunächst lockte das Gold — auri sacra fames — in dem auf der Landkarte thro-

---

[1]) In dem von Canning unter Flagel abgeschlossenen Verträgen (1824) bewahrten die Molukken ihre exceptionelle Stellung (im Monopol des Gewürzhandels). Ternate oder (bei Temminck) Leinaugopia diente als erste Festigung (schon den Portugiesen).

nenden Mussa-Melly, und als nachdem die für unfruchtbar nutzlos gescholtenen Entdeckungsfahrten einige Belebung durch den Verkehr in Arguin erhalten, über Senegal hinaus der (schon bei Doria's und sonst genuesischer Rheder Ausschiffungen gesuchte) Rio do Ouro gefunden schien, wurde mit Jorge de Mina ein colonialer Fusspunct für den königlichen „Herrn von Guinea" in Lissabon begründet, obwohl, sobald die Schrecken des stürmischen Caps (durch Diaz) überwunden (und Vasco da Gama von den in Milinda erlangten Lootsen nach den Seehäfen des Dekhan geführt) war, nun wieder (nach erleichtertem Seeweg) die Reichthümer des indischen Handels nach Europa strömten, um aus der Aufstapelung in Lissabon durch Europa's Norden verführt zu werden, besonders auf den Schiffen der (um der See-Geusen halber auf dem Meere wohnenden) Holländer, die, als der (auch Portugal ererbende) König Spaniens den Rebellen und Ketzern seine Häfen verschloss, naturgemäss auf eigene Suche (auf Grotius' Proclamirung des „Mare liberum" vertrauend) ausgingen, zumal seitdem die (im germanischen Stamm verwandten) Engländer die unüberwindliche Armada zu zerstreuen, den Stürmen geholfen hatten.

Was zunächst gesucht wurde, im Interesse des Kaufmanns, war das (weil in der Heimath nicht erzeugbare) Fremde und Seltene, vor Allem also die Gewürze (der noch mythisch verschleierten Gewürz-Inseln).

Für die im islamitischen Verkehrshandel in Malacca zusammenlaufenden Schiffsladungen fanden sich die Lagerplätze in Calicut, Cochin, Cranganore u. s. w., wo nun die Portugiesen in complicirteste Kastenverhältnisse hineingeriethen und durch missverständlich rohes Hineingreifen in diese (unter subtilster Etikette geregelten) Finessen begreiflicherweis den greulichsten Wirrwarr anrichteten, der (zumal bei dem blinden Eifer gegen ihre mohamedanischen Erbfeinde) nur durch den Donner der Kanonen (auf besser bewaffneten Raub- und Kriegsschiffen) genugsam zu übertönen war, um trotz aller der Bussen, die an Menschen- und Geldverluste zu zahlen waren, doch reichen Ueberschuss zu lassen (im Handelsgewinn).

Die Holländer waren durch Linschoten's auf portugiesischen Schiffen erlangte Kenntniss auf die dem Productionsort näheren Anlaufplätze in Java und Sumatra hingewiesen worden, für die Häfen des Pfeffers, der unter den Gewürzen allein auf einigermaassen allgemeinen Absatz rechnen konnte, denn als schliesslich die Moluccen selbst gefunden waren, und nun die (den Globus nach entgegengesetzten Richtungen umfahrenden) Spanier und Portugiesen (unter Controversen über die Theilung der Welt) mit den Köpfen auf einander stiessen, musste für die nur minimal genossenen Küchenzuthaten (in Muscat-Nüssen und -Blüthen, in Nelken u. s. w.) — seitdem in Schiffsladungen für europäische Auctionen anlangend — rasche Entwerthung eintreten (so dass sich zur Ausrottung dann die Hongi-Fahrten empfahlen).

Unter den im modernen Weltverkehr den Bulk des Colonialgewinn bildenden Importen hätte nur (wenn „Nachmittagsthee" oder Thee-Abende bereits goutirten) der Thee in Betracht kommen können, durch die alten Handelsbeziehungen der Chinesen im Archipelagos, bei Niederlassungen in Batavia (Jacatra) und Manila (ehe das chinesische Monopol die englisch-ostindische Colonie nach der Quelle selbst, in Kanton, geführt), denn der Kaffee hatte (auch nach Einführung in Yemen aus Kaffa) noch mit der Opposition des Emir in Mecca zu kämpfen, ehe in Hoorne's Gärten (auf Java) angepflanzt, um dann aus Amsterdam's botanischem Garten nach Surinam verpflanzt zu werden, von wo aus Amerika der Tabak hinzutrat, mit Cacao und Cochinille, wie (in Ostindien), nach Vervollkommnung der Herstellungsweise. des Indigo auch; ferner Baumwolle u. s. w.

In Columbus' Anlandung an den Antillen waren die (zur Befreiung des heiligen Grabes benöthigten) Goldschätze gesucht, die später in Mexico und Peru eine Verwirklichung zu erhalten begannen, dagegen auf Hayti sich bald erschöpften, so dass hier mit Einführung des Zuckers durch Ovando, jene neue Aera einzuleiten war, wodurch Jahrhunderte lang dem dunkeln Continente die Segnungen europäischer Civilisation zum Eindruck gebracht wurden, als bei Bejammerung der in den Minen zu Tode gearbeiteten Indianer durch Las Casas der Neger in die Lücke einzutreten hatte (bis durch Wilberforce's aus den Fesseln harter Arbeit befreit, um wieder seiner Haus- und Pfandsklaverei überlassen zu bleiben).

Der von Dioscorides bereits gleich Salz (in Kristallen des Candy) beschriebene Zucker (vornehmlich für medicinische Zwecke damals), wurde in Indien besonders als Palmzucker consumirt, ehe durch chinesische Maschinerien die Herstellung aus dem Zucker-Rohr sich profitabel erweisen konnte.

Als aus arabischen Pflanzungen in Susiana nach Cypern (und dann nach Madeira, Porto-Santo und den Canarien) übergeführt, dem allgemeinen Verbrauch zugänglicher gemacht, der Zucker zu munden begann, erlangten bald die Pflanzungen auf St. Domingo die (den antillischen Colonial-Reichthum weiterhin begründende) Ausdehnung, welche ihre Arbeiterfrage an den Grosshandel stellt, dessentwegen sich die Firmen der Raubstaaten in Coomassy und Abomey begründeten, um der europäischen Nachfrage zu genügen für den Assiento-Handel, als (in systematisch geregelten Frachtladungen von Menschenfleisch) alljährlich die für die Plantagen benöthigten Sklaven nach gegenüberliegender Küste hinübergeführt wurden, um alljährlich (wie sie wegstarben) ersetzt zu werden; und nachdem nun die Humanität ihr Veto eingelegt, trat die unvermeidliche Stockung ein. In wie weit das substituirende Project der Kulis ausreichenden Ersatz zu liefern vermag, hängt in nüchterner Calculation von den (aus dem Rechnungsabschluss erweisbaren) Ergebnissen ab, ob sich die Mehrausgaben für kostspieligere Transportation (Pflege) mit dem Bedürfnisse compensiren (nach soweit vorliegenden Daten in Surinam und sonst).

Zunächst bildet die Bereicherung durch den Handel den leitenden Gesichtspunct für colonial kaufmännische Unternehmungen, und demgemäss blieb es rathsam, eine Ueberleitung der (in Factoreien sich genügenden) Handels Colonien auf die (Landbesitz voraussetzenden) Pflanzungs- (Bergwerks-, Jagd-, Fischerei-) Colonien zu vermeiden, denn nicht auf herrenlos etwa noch aufspähbares Landterrain kommt es an, sondern auf die (für Bearbeitung geeignete) Menschendichtigkeit, welche dort wohnt.

Darin liegt das Geheimniss des in Europa [— wo Dänemark, Schweden, Ostende schwer für ihre Colonialgesellschaften zu zahlen gehabt, wo Spanien und Portugal sich unter Mitwirkung der Colonien ruinirt fanden, und für Frankreichs Colonialpolitik im nahegelegnen Algerien die Verbindungslinien mit Senegambien anheimgestellt bleiben, sowie für Italien die Verständigung mit dem schon den Portugiesen sich schwierig erwiesenen Abyssinien —] exceptionellen Handelserfolges Hollands, da auf Java eine dichtgedrängte Bevölkerung angetroffen war, (so sehr bereits an Fürstendienst gewöhnt, dass die Arbeiterfrage sich ohne Schwierigkeiten erledigte).

Slavery exists in every state of society in the Malay-Archipelago, and in every country of it, except in Java, where it is not found even in a predial form (s. Crawfurd), soweit nicht jeder bereits Sklave, (unter Verpflichtung zu Frohndiensten, nach einheimischer Art).

In den Berichten an seine Regierung hatte der Vicekönig Almeida bereits vor Ansiedelungen gewarnt, und demgemäss hielten sich die Portugiesen — von dem auf Albuquerque's Anlass, gleich Malacca, als centrales Emporium, besetzten Goa, (das ausserdem durch die Ghat's auf seine engen Sumpfdistricte reducirt blieb,) abgesehen — vorwiegend an die Handelsfactoreien, zumal bei der politischen Zersplitterung des Dekhan eine Einmischung in die politischen Wirren um so weniger angezeigt sein konnte, seit dem Fall des allein (zum Bündniss gegen den gemeinsamen Feind des Islam empfehlbaren) Reiches von Bijayanagar (durch die Schlacht von Talicot).

Auch Sir Thomas Roe hatte (aus den Erfahrungen seiner Gesandtschaft an dem Hof der damals noch dominirenden Mogulenkaiser) seinen Landsleuten jeden Landbesitz in Indien abgerathen, und erst, als ihnen durch die Schlacht von Plassy aus blauem Himmel Bengalen (mit seinen Millionen an Menschen und Schätzen) in den Schooss gefallen, wurden sie bei der (unter Bekämpfung von Aurungzeb's Söhnen untereinander) eingetretenen Auflösung aller Verhältnisse, zu der Nothwendigkeit eigener Stellungnahme veranlasst wobei es dann, wegen der Rivalitäten der Gouverneure untereinander (mit Bedrohung durch Afghanen auf der einen, der Mahratten auf der anderen Seite) einer (spärlichsten, aber) eng geschlossenen Phalanx leicht sein musste, die Hegemonie zu sichern, zumal als nun die Erbschaft des Grossmogul (in Delhi) factisch angetreten und so der Gesammtumfang des Reiches unter den früher darüber gewobenen Verwaltungsfäden — (wie sie nun aus den Keimen erneuert werden konnten, oder durften) — in die Hand gegeben war, ähnlich wie mit einem Griff das Reich der Azteken und der Inca (als mit spanischer Faust Montejama gepackt und in Fesseln gelegt war, oder Ahahualpa gehangen).

So auch als widerwillig[1]) genug in die inneren Angelegenheiten ihrer Handels-Insel hineingezogen, verstanden die Holländer, unter den Marionetten dortiger Schattenkaiser in derartig geschickter Weise zu operiren, dass der Ueberschuss Java's für all das Deficit der „lastposts" (die des Prestige wegen ausserdem zu annectiren nicht umgangen werden konnten) überher zu zahlen vermochte, und obwohl die holländisch-ostindische Gesellschaft unter ihrer Schuldenlast erlag, bewies doch Java „how" to manage (make money of) a colony (s. Money), während die Frage „Why keep India" (s. Allen) sich für die Engländer einfach dahin beantwortet, dass wenn sie selbst nicht die Verwaltungssorgen der für eigene Regierung stets als unfähig erwiesenen Halbinsel fortbewahren wollten, dieselbe einen anderen Liebhaber finden würde, und dann dahingestellt bliebe, wie weit die moralischen Verpflichtungen im „free trade" als verpflichtend zu respectiren, im Belieben gestellt wäre.

Derartige Colonialreiche ergeben sich aus dem Gang der Geschichte, während ein solches von Dorf zu Dorf etwa zusammenzuerobern, jedenfalls nicht den Portugiesen in den Sinn gekommen ist, als sie in Kiloa, Mombas, Milinida auf Handelscomptoire mit Ost-Afrika's Horden handelten, aber schliesslich sich mit Mozambik (der Nähe der Goldminen wegen) begnügten, oder mit Angola (als zeitweis geeigneter Ausfuhrhafen in der Akme des Sklavenhandels, bei Wechselbeziehung zu dem colonialen Vorgehen in Brasilien besonders).

Für den Handel, als auf Austausch begründet, bedarf es solcher Colonien, wo dasjenige (exotisch) wächst oder (wie in indischen Manufacturen, vor britischer Concurrenz) erzeugt wird, was die Heimath nicht zu liefern vermag, und erst, als neue Besitznahmen tropischer Localitäten (durch Vorwegnahme) ausgeschlossen blieben, wandte sich mit Auffindung von Gegenden, wo europäische Acclimatisation (in erster Generation bereits) gestattet war (unter den Bedingnissen geographischer Provinzen), die Aufmerksamkeit dauernd dem für Ackerbau geeigneten Landbesitz zu (mit den ferneren Gesichtspuncten der Auswanderungsfrage).

Als aus Raleigh's Schilderungen des neuentdeckten Virginien für europäische Besiedelung geeignete Ländergebiete erkannt wurden, eröffnete sich bei der aus den Armengesetzgebungen (Elisabeth's) bereits (s. Bacon) merklichen Uebervölkerung (in territorial begrenzter Insel) die Aussicht auf Landschenkungen, wodurch die „Proprietary Colonies" (Penn's, Baltimore's, York's, u. s. w.), sowie die Charter „Colonies" (seit den Londoner Adventurers und Plymouth-Adventurers) hervorgerufen wurden (bis auf Umwandlung in „Crown-Colonies"), unter verbrieften Rechten (eines, in Englands Geschichte, politisch ausgestalteten Volkslebens). Das (dem Eldorado mitzuverdankende) Experiment am Kouron (1763) hätte als Warnung dienen können für deutsche Colonien in Venezuela, in Yucatan unter Kaiser Maximilian (trüben Geschicks), an der Mosquitoküste (wo es beim Namen schon juckt), in Texas (und was sich sonst in Adelsgesellschaften projectirte).

Auswanderer-Colonien werden durch Mittellosigkeit hinausgedrängt (oder im Freiheitstrieb), Einwanderer-Colonien werden durch Begüterte ins Land gezogen, Eroberungs-Colonien (unter militärischer Besetzung, in Relais-Colonien) greifen in die Versetzungs-Colonien ein, durch Zwang, wie man in Straf-Colonien die Gefängnisse erleichtert, während die Handels-Colonien (bei ihren Exporten, als Austauschmittel) neben den Importen auch die Beschaffung derselben in Betracht ziehen, in Pflanzungs-, Bergwerks-, Viehzucht-, Jagd-, Fischfang-Colonien u. A. m. Die schwedischen Colonien in Lappland (als Laddelat oder Landbewohner) wurden aus der Pelzerjagung zur Kaufmannschaft übergeführt, im Handel (Taro). Nec omnibus eadem causa relinquendi quaerendique patriam (s. Seneca), zumal wenn politische und religiöse Motive hinzukamen (oder culturhistorische Gesichtspuncte).

Obwohl das bewegende Triebrad zunächst im Sehnsuchtszug nach (irdischen) Schätzen lag, wenn die auf dem Landweg in Ceuta bestätigten Traditionen vom Rio d'Ouro zu erneuter Suche desselben auf maritimen Fahrten anregte, kam doch im Lande des Graal das heilige Grab in Mitbetracht, für das der (als Gesandter

---

[1]) Beim Aufstand gegen den Soesochoenan brach das Reich von Mataram zusammen (op het einde der 17. eeuw). „Tegen bare begeerte, met grooten weerzin zelfs, werd de Nederlandsche Compagnie door den Stroom der gebeurtenissen in dien opstand, die in een langdurigen oorlog ontaardde, medegesleppt" (s. De Jonge). Man zögerte in das Wespennest zu stechen, als Speelman die Initiative ergriff (unter den Begründern holländischer Colonialherrschaft).

der Trinität suggerirte) Genueser ein Cipango zu gewinnen hoffte (aus altem und neuem Atlantenverkehr).

Obwohl bei erster Hinaussendung nach der Entdeckungsfahrt Ansiedler bereits für Haiti mit hinausgenommnen wurden, kam doch das eigentliche Besiedeln (durch Auswanderer-Colonien) mit den Ketzereien erst in Fluss, auf nördlich gemässigter Zone (transatlantischen Westens), und dann (bei systematischem Entdeckungsgang) in südlicher Australiens (mit Neuseeland).[1]

„Greater Britain" geräth oft in störende Nörgeleien mit dem transatlantischen Vetter, aber „through America England speaks to the world" (s. Dilke). Magna-Graecia liess es (Klein-)Griechenland gern empfinden, wie viel kleiner es sei (zu Thucydides' Zeit). Minnesota stellt seine Bewohner kühnlichst „against the rest of the world and all the other planets" (s. Oliphant).[2]

Bei der Geschichte der Colonien ist zunächst der Name in Betracht zu ziehen, der etymologisch auf römische Colonien zurückgeht; Colonia romana neben colonia latina, mit dem ferneren Unterschied „coloniae ex secessione conditae" und „coloniae ex consilio publico conditae", als coloniae civiles, plebejes, paganae u. s. w., sowie neben den militärischen Colonien der Veteranen noch die coloniae maritimae (mit besonderem Recht), Colonien in Folge agrarischer Gesetze (während der Republik), dann das Colonat, mit all den subtilen Unterscheidungen während der Kaiserzeit, die trotz der darauf verwendeten Gelehrsamkeit noch fernere Klärungen zu erwarten haben.

Bei den Griechen finden sich die Apoikien und Klerouchien, die (mutatis mutandis) in wechselnder Beziehung zu coloniae ex secessione und ex consilio publico stehen. Dazu kommen analog in ihrer Art die macedonischen Pflanzstädte (mit Alexandrien, Seleucien, Antiochien u. s. w.).

Vor den Hellenen colonisirten bereits die Phönizier, ursprünglich wahrscheinlich, wie in Cypern, auch an kleinasiatischer Küste, wo sich in Kariern (als Phönizier) und in Ciliciern (durch Cilix) darauf bezügliche Beziehungen, in den Traditionen, erhalten haben.

Als sich in Graecia asiatica die Zwölfstädte der Aeoler (der alten) an dem Tempel des Apollo Gyrnäus in Amphictonie befestigten, die dorischen Colonien beim Apollo Triopas, so wurden (wie in Indien die Portugiesen durch die Holländer und diese durch die Engländer) die phönizischen Vorgänger verdrängt, und diese im Allgemeinen auf den Handel sich beschränkend, nach Afrika gewiesen (wo die Griechen in Cyrene siedelten), unter Gründung von Leptis aus Sydon, von Carthago aus Tyrus; und dann, von Sicilien aus, folgten die weiteren Explorationen nach Westen hin, wo die Griechen nur sporadisch erschienen (in den Phokäern), fortgesetzt unter Ansiedelung der metagonitischen Städte über die Herkules-Säulen hinaus, in Hanno's Expedition an afrikanischer Westküste und der Himilcar's nach Norden, bis zu den Zinn-Inseln, (neben Coloniengründungen in Hispanien zur Ausbeutung der Bergwerke).

Auch griechisch ging die Weiterführung der Colonien besonders von den bereits begründeten aus, in Sicilien eine Magna Graecia bildend, wo die Syrakusaner mit dem Selbstgefühl der Yankee auf die Athener herabblickten (s. Thuc.), und vorwiegend anderseits von der Metropolis (der Colonien) in Milet, das in dem Namen Lelegis an die Mischung der Leleger erinnert, dem Orang Laut entsprechend, als die die Küsten im indischen Archipelago umsäumenden Malayen, (auf Java überschattet durch Einpflanzung indischer Cultur).

[1] Nach Wakefild's System ist das Land der Colonien immer gegen entsprechenden Kaufschilling zu veräussern. Mit den indented servants (in Virginien) kam das Geschäft der Redemptioner's (Seelenverkäufer) in Gang (1686 verboten). Nach dem Survey (in den United states) werden die ungetheilten Ländereien auctionirt (von der Unions-Regierung) mit Vorrecht der Squatters (bei Käufen unter der Hand), nach Pionieren (der Backwoodmen) für Townships (zur Anlage).

[2] So feindlich, wie mit Kekyra (seit den Zeiten Periander's), war freundlich die Beziehung Korinth's zu Syracus (als eine vorher unabhängige Colonie). C'est par voie de migration que l'humanité, d'abord disséminée, a fini par devenir compacte sur la terre (s. Bordier). Coloniae eminent inter antiqua et heroica opera (s. Bacon). Les peuples, qui ont poli les autres, ont été commercans (s. Raynal), in civilisirender Macht des Handels (Navigare necesse est, vivere non necesse est), und der Hostis wandelt sich in Hospes (als „hôte").

Bei den classisch vorliegenden Handelszwecken wurden die dafür geeigneten Puncte von Milet aus besetzt, Naukratis in Aegypten unter Amasis und dann besonders durch die Colonien am Pontus Euxinus und Palus Maeotis, wo sich diese später (aus gleichen Veranlassungen) den Gennesern, (seit die Begünstigung der Paläologen geändert), zur Gründung von Kaffa und Theodosia empfohlen haben, während Venedig (für indischen Handel) besonders mit Aegypten verkehrte, nach den geographisch hier vorliegenden Wegen durch das rothe Meer, (statt der Handelsstrasse über nördliche Steppen).

In Skandinavien wurde von den vor Harfagr Fortgewanderten Island colonisirt und von dort dann wieder Grönland bis Vinland u. s. w.

Von den in den Kreuzzügen angeregten Bekehrungen wurde im Mittelalter die Colonisation zu den Eingeborenen im Norden durch die Cistercienser geleitet, wogegen die Ritterorden durch Berufung (die Ausrottungs-Kriege zu compensiren) in Preussen colonisirten, nach der Mark (auf slavischem Boden) Ansiedelungen gezogen wurden (friesische u. s. w.). In Livland an Stelle der früheren Herren begründeten sich die Niederlassungen in Verbindung mit den hanseatischen Faktoreien, englische Colonien (wie schottische) befestigten sich in Irland, oder schwedische Kaufmannscolonien in Lappland, bis dann mit dem Entdeckungsalter diejenige Colonisation begann, wie jetzt geltend.

Die Pflanzungscolonien bieten „le tableau mouvant d'une ville de colonie" (s. Malouet), und in Indien hat die seit Aufhebung der East-India-Company bereits verkürzte Beamtenzeit in den Erleichterungen der „Overlandroute" zu steten Wechseln geführt, wodurch die gründlichen Studien seltener werden (wie die dadurch begründeten Asiatic Researches auszeichneten). Die Colonisten in der hanseatischen Factorei zu Bergen waren 10jährig engagirt (und hatten ihre Fuchstaufe zu bestehen).[1]

Als sich bei Einlenkung Deutschlands auf die colonial-politische Bahn der

---

[1] Für die pontischen Colonien war das offizium Gazariae errichtet (in Genua), und die Mahona (als Aktiengesellschaft) zur Eroberung von Chios und Phokäa (1348). Venedig sah sich zu Militär-Colonien in Candia genöthigt (seit dem Aufstand), und in Peloponnes complizirten sich die Besitzestitelfragen (aus fränkischem Feudalrecht). Neben der Lehnsherrschaft in Morea bestanden (in Koror Modon) Handelscolonien („oculi capitalis communis"). La République, trop faible pour soutenir seule tous ses droits, avait abandonées les iles de l'Archipel aux conquêtes des particuliers, et leur avait permis de les régir après les loix au Assises de Jerusalem, que l'Empire Latin de Constantinople avait adoptées (s. Sismondi), unter zehn Familien (in Venedig). Unter dem „officium Gazarie" (für die Krimm) verwaltete der Consul in Kaffa die Stellen am Pontus, doch wurde der Consul von Trapezunt direct eingesetzt (von Genua). Die „Galee di traffico" (Venedig's) unternahm ihre Rundfahrt, wie (seit 1447) die jährliche Handelsflotte Florenz's (über Catalanien, Syrakus, Rhodus, Alexandrien, Beirut, Jaffa, und zurück über Chios). Neben commerciellen Zwecken, wie bei den Colonien der Genneser, wurden in Venedig auch politische ausgefolgt, in Besitzergreifung (auf Kandia und Cyprus). L'ile de Candia avait été assignée au Marquis de Montferrat, Boniface roi de Thessalonique, mais il la ceda aux Venetiens (1204). Die von Paläologus den Gennesern verpfändete Insel Chios kam in die Herrschaft der einen Familie Giustiniani, die das Geld vorschossen und ausverdienten (1365). Für Indien schifften nach Afrika die Genneser Vadino und Guido de Vivalvi (1281), sowie Ugolini Vivalvi und Theodosia Doria (1291). Alfons IV. schickte Schiffe nach den Canarien (1341). Von dem Offizium Gazariae (1341), oder octo sapientes constituti super factis navigandi et maris majoris (1344), wurden Consuln in Kaffa eingesetzt (aus Genua). Die Mahona verwaltete die Handelsgesellschaften von Genua. Nach dem Fall der Kreuzfahrerstaaten war Cypern „terra Christianorum ultima" (s. Ludolph von Suilheim). Aleppo wurde (XIV. Jhdt. p. d.) wegen des indischen Handels das „kleine Indien" genannt (s. Hammer). Im Streite der Quartiere bemächtigten sich die Genneser (in St. Jean d'Acre) der mit den Venedigern getheilten Kirche St. Sabba gewaltsam, statt der Appellation an den Papst (1211). Syrische Kaufleute handelten zu Narbonne und Bordeaux, sowie zu Orleans und Tours (zur Zeit der Meravinger), turbae negotiarium et Siricorum (b. Salvian) Die Gothen handelten mit den Chersonesos (zu Jornandes' Zeit). Die jüdischen Händler im Chasaren-Reich (an der Wolga) betrieben den arabischen Verkehr aus Itil (Atel). Die von den Sogdianern aus China erhaltene Seide wurde durch die Perser nach Artaxata (bei Nisibis) gebracht, und als Kaiser Justinian den König Aethiopiens zum directen Handel mit den indischen Häfen (wohin die nach Ceylon gebrachte Seide gelangte) aufforderte, fanden dessen Agenten dort ein Monopol in den Händen persischer Kaufleute (s. Procop).

Ruf nach Colonien[1]) erhob, da war es der Wunsch, zur Lösung der mit den Zeitbedürfnissen gestellten Auswanderungsfrage beizutragen, was patriotisch bewegte Herzen zum Beitritt bewog, wogegen die eigentliche Agitation in der Suche nach Handelscolonien verlief (schon um die erforderliche Unterstützung des Kapitals zu gewinnen). Damit kamen die wunderlichsten Phantasien durch-

---

[1]) Colonien bieten einen Spielraum zur Ableitung stürmischer Kräfte, wie Johann de Wit's staatsmännischer Blick erkannte, einer von Parteien zerrissenen Heimath den Frieden zu bewahren (und Staatsmänner vor Hinrichtung). Die Griechen gründeten Colonien, ihren Ruhm durch die Welt zu verbreiten (s. Isokrates).

Französische Refugiés flüchteten nach Surinam; religiöse Siegesgewissheit, wodurch la villa rica de la Vera Cruz (sub hoc signo vinces) auf dem Boden schwächlicher Indianer gegründet war, hatte die Kreuzfahrer zu Eroberungscolonien getrieben (die indess für mitbetheiligte merchant-princes des Mittelmeers in schlechtes Geschäft verliefen). Friedlich siedelten die Quäker in Pennsylvanien, die Puritaner in New-England, die Hugenotten (unter Coligny) in Florida (wo sie freilich nicht in Frieden gelassen wurden).

Nach Island zog die norwegische Aristokratie, die sich dem Königthum nicht fügen wollte, ausgewanderte Royalisten siedelten in Barbados (aus Hass gegen Cromwell), Republicaner in Jamaica (nach der Stuart'schen Restauration), schottische Missvergnügte in New-Jersey (unter Karl II.). Politischen Emigranten wird Option in Wahl gestellt, aber der temporäre Auswanderer nimmt das Gesetz in eigene Hand (beim Trekken), während die Fortführungs-Colonien geführt und getrieben wurden (von chaldäischen Despoten).

Bei den zum Ackerbau für Auswanderer später empfehlbaren Colonien Canada's war der Pelzhandel das für erste Anlagen bedingende Motiv gewesen, — wie das Gold seine, dann der Erde dauernde Schätze abgewinnenden Bewohner (Californiens) herbeizog, — und im Suchen von nordwestlicher Durchfahrt für alte Cultur, war Virginien gefunden, als zur Ansiedlung geeignet (auf jungfräulich neuem Boden). In Culturberufungscolonien siedelten Deutsche in Russland (unter Iwan), in Siebenbürgen (XII. Jahrh.), in Polen (XIII. Jahrh.), unter dem Locator (Advocatus oder Vogt), in Böhmen (und Ungarn, an der Wolga etc.) und auf deutschem Boden brachten die Hugenotten ihre Künste, wie niederländische Handwerker nach England (als von Alba fortgeschreckt). Die älteste Nachricht (über die niederländischen Colonien) giebt die Urkunde des Bremischen Erzbischofs Friedrich (s. Wersebe) „terram (im Epicopatu) hactenus incultam paludosamque (indigenis superfluam) ad excolendum" übergebend (1105 p. d.). Niederländische Colonisationen folgten bei Ueberschwemmung des Zuyder-See's (XII. Jahrh. p. d.).

Um Conflicte mit den Eingeborenen des Festlandes zu vermeiden, finden sich Colonien auf vorliegende Inseln angewiesen, wie in Zanzebar, Ormus, Aden, Singapore, Hongkong, Kythara (der Phönizier), oder in Festungs-Inseln autochthoner Vorgeschichte (auf Fiji und Samoa), während man aus Gewinnaussicht sich der Ueberwachung des in Decima angewiesenen Kerkers fügte (gleich einem ägyptischen Naukratis etwa).

In Militär-Colonien (der Castra stativa) belohnt sich der Veterane, auch an österreichischer Militärgrenze, und Venedig bedurfte derselben in Candia (nach dem Aufstand), während die Gründungen des grossen Alexanders sich in der Geschichte bewahrt haben (und ihre Nachwirkungen, durch graeco-bactrische Figuren sprechend).

Auf den Landwegen von Assyrern und Babyloniern, auf den Seewegen von Normannen (in Russland, Frankreich, Sicilien etc.) zeigen sich die (von Kreuzfahrern in Liefland gegründeten) Eroberungscolonien (der Conquistadores in neuer Welt), in Irland für England, in Finland für Schweden (bis zur Cession) u. dgl. m.

Der auf Ausrottung einheimischer Preussen bedachte Orden zog seine Ansiedler aus Friesland heran zur Colonisation, während in Liefland (nach Austilgung der finnischen Herren) die leibeigenen Letten verblieben, und die Colonisten in den Handelsstädten (der hanseatischen Seehäfen). Die Fischerei-Colonien in Newfoundland, Spitzbergen, Sinope, Panticapaeum u. s. w. schliessen sich den Meeresjagden an (auf Walfischfahrten).

Viehzuchts-Colonien betrieben, wie die Gauchos (auf Pampas und Llanos) und die Boers, die Hellenen in Kyrenaika (und Moor-Colonien blieben anheimgestellt, wie Haide den Haidschnuppen).

In Piraten-Colonien (der Flibustier) wurde von den Buccaneers die französische Ansiedlung von St. Domingo auf (spanischem) Hayti begründet (in einer durch schwarze Rächer beseitigten Rivalität), Messania von kumanischen Seeräubern (und von den malayischen erzählt die Geschichte Indonesiens).

Zum Schutz gegen Seeräuber wurden die Bahama bevölkert, zum Schleichhandel St. Thomas (Curaçao der Holländer u. s. w.). Aus Relais-Colonien erhielten Ascension und St. Helena ihre Bewohner (wie das menschenleer angetroffene Mauritius u. s. w.).

Die chinesischen Straf-Colonien (für Vagabunden) sind nach Oletzko (jenseits der Grossen Mauer) verlegt, für Russland diente Sibirien (seit XVI. Jahrh.), Ingermanland für Schweden (unter Gustav Adolf), an Stelle der Botany Bay benutzten die Engländer die Norfolk-Inseln (bis den Pitcairn-Insulanern überlassen), Frankreich ein Cayenne (in Guayana)

einander, man verstieg sich bis zu dem Satz, dass dem Staate für seine Blüthe und Macht der Colonialbesitz eine Vorbedingung sei, während umgekehrt erst im Blüthezustand eines Staates die Colonien an solchem, zu Macht und Grösse hervorgewachsenen, Stamme, als Früchte desselben zum gesunden Genuss gelangen. Mit Deutschlands nationaler Wiedergeburt musste allerdings der Drang nach Colonien fühlbar werden (nach der Zeitströmung). Da dieser jedoch spät, in mancher Hinsicht fast zu spät kam (indem die Welt, als Deutschland machtlos schwach am Boden lag, fast vergeben schien), hätte man solche Nachtheile dadurch wenigstens mildern können, (um mit dem Studium[1]) der Colonialgeschichte, die bittere Schule der Erfahrungen zu sparen), wenn lernend von den Vorgängern, was sie selbst zu durchleben gehabt hatten, in damals unvermeidlichen Experimenten (beim Bahnbrechen). Das wurde leider versäumt, denn mit Schreibefluth, die sich damals über die Colonialcontroverse ergoss, wo Keiner den Anderen verstand, hatte Niemand daran gedacht, vor Allem in die hier aufklärende Vergangenheit zu blicken, nach thatsächlichem Verlauf der Colonialgeschichte.

Nur Roscher[2]) ist vorhanden, ein vortreffliches Handbuch über die allgemeinen Gesichtspuncte, (wobei die Richtigkeit der Theorien unter schwankender Deutung verbleibt), während es bei thatsächlich entscheidender Beweisführung auf das specielle Detail ankommt in der colonialen Sondergeschichte. Ohne inductive Begründung, ohne deutliche Anschauung kein gesichertes Wissen. „Die angehenden Studenten sind über die Kultur-Arbeit der alten Griechen in Hellas, wie in den griechischen Colonialländern ebenso genau unterrichtet, wie sie sich durch eine geradezu erschreckende Unwissenheit über die wichtigsten Momente der Fortschritte und Kultur-Errungenschaften der heutigen Völker auszeichnen" (s. Jannasch). „Unter solchen Umständen müssen die Klagen der Kaufleute und

oder Neu-Caledonien, wie die Portugiesen Angola und Mozambique, und bei Anlage der Station am Cap waren die weiblichen Zufuhren den Arbeitshäusern entnommen (in Holland).

Unter dem Einfluss phönizischer Colonien bildete sich das Mischvolk der Bastuler (neben Celto-Iberer u. s. w.), oder durch die Hellenen (im Scythenlande), der Gelonen (Kallipiden und Alazonen), und in Calcutta hofft man auf Eurasier (guter Rasse, wenn's geht).

Wie Gamoren und Demos (in Sizilien), verblieben (aus den Kreuzzügen) die Pulliani, Suriani und Griffones, den Chapetones stellten sich die Creolen gegenüber, wie (in Australien) den Sterling die Currency, als Nativisten (der Yankee) in Know-nothingthum (voller Rücksichtslosigkeit).

Lebenskräftiger als englische (in den Eurasiern) erweisen sich portugiesische Mischungen bei Tannah (in den Vorstädten Calcutta's etc.) und ebenso in Batavia, wogegen die Blonden Kisser's sich auf holländische Väter zurückführen, seit Aufgabe des Forts Vollenhaven (Anfang des XVIII. Jahrh.). Französisches wie spanisches Blut fliesst in den Mischungen Louisiana's, und in localer Modification in den „petit blancs" Reunion's (oder auf Porto-Rico). Je nach den Kreuzungsstadien durchlaufen sich dann die Varietäten verschiedener Art (cf. Ueber Klima und Acclimatisation, S. 234).

Die Chinesen (unter den Tang) fuhren über Molai (Malabar) nach Sindu (Sinten) und Mehran (Milan) bis Sira (im persischen Golf) und zum Euphrat, mit Rückfracht über Quinlon (Kulam).

In Hira (am Euphrat, oberhalb Ktesiphon's) wurde eine Jahresmesse abgehalten (von indischen Seewaaren). Von Ceylon segelten Handelsschiffe nach Persien (zu Kosmas' Zeit). Der indische Seeverkehr wurde von Guzerat betrieben (zur Zeit Hiuenthsang's). Der Logothetes in Klasma (bei Suez) unternahm eine jährliche Handelsreise nach Indien. In Kalliane siedelten (unter den Heiden) persische Nestorianer (VI. Jahrh. p. d.). Die Juden Persiens (unter den Sassaniden) bereicherten sich durch den Handel auf dem erythräischen Meer (s. Theophylactes Simocatta). Dhu Nowas, der jüdische König von Yemen, wurde vom König Axum's bekämpft (wegen Ermordung griechischer Kaufleute). Römische Kaufleute führten Kaisermünzen ein (auf Ceylon). Wie Bamian bildeten Kapiça (bei Kabut) und Utakanda (bei Peschawer) Handelsemporien (zu Hiuenthsang's Zeit).

[1]) s. Ueber Klima A. (S. 16 ff.).
[2]) Der medicinische Gesichtspunct hat in Hirsch seinen Bearbeiter gefunden (nach Vorgang Schnurrer's u. A. m.). Die holländische Colonialgeschichte behandelt am ausführlichsten de Jonge, die englische Mill, für die französische ist auf Gaffarel zu verweisen (dann Bordier etc.), der Beginn der portugiesischen ist bei de Barros (und de Conto) nachzusehen, die spanische bei den Chronisten (besonders für Mexico und Peru, soweit sie reichen).

Industriellen über das geringe Verständniss der Gesetzgeber, wie der practischen Sachwalter für die Verhältnisse des wirthschaftlichen Lebens grosse Bedenken wachrufen" (1885). Als „gefährlichster Feind" in der holländischen Colonialgeschichte (auf Java) ist der Adat bezeichnet worden, seiner Verletzung wegen (aus Unwissenheit mehr als aus Hochmuth), aus Missverständnissen, die indess deshalb, weil unabsichtliche, nicht weniger schwer wiegen (in ihren Folgen). Und so gilt es ethnologischen Schulung vor Allem (für colonialstaatliche Interessen). Mit dem Fremdwort[1]) der Colonien sollten disparateste Gegensätze (nicht patriam, sondern coelum ändernd) gedeckt werden. Man streitet über Namen, denen entweder überhaupt kein bestimmter Sinn einwohnt oder denen jeder der Disputanten seinen eigenen unterschiebt.

Fragen, bei denen das Wohl und Wehe zahlloser Individuen und durchgreifendste Staatsinteressen eingeschlossen liegen, scheint es unbedenklich, leichten Sinnes durch kurze Schlagwörter zu entscheiden, während (gerade der Complikationen wegen) Generalisationen jeder Art sorgsamst abzuweisen sind, da nur bei genügender Sachkenntniss der jedesmalige Einzelfall, nach dem Einwohnen gültigen Werthmessers, richtig abgewogen werden kann.

Die an den Emporien aufgestapelten Colonialwaaren dorther auf dem Seewege abzuholen, gab die Initiative für den Handel, der, wenn er zur Vorbereitung für Verschiffungen Factoreien anzulegen rathsam fand, dann diese (bei ungeordneten einheimischen Verhältnissen) mit Ummauerung zu sichern sich gezwungen sehen mochte, unter Erwerbung eines Stückchen Landes, das sich je nach Umständen (nach der Mythe zerschnittene Kuhhaut, wie in Karthago und Batavia erzählt) dann vergrössern musste, um das Terrain rasirt zu halten (gegen Ueberfälle u. dgl. m.). So geschah es denn, dass wegen Schwäche der eingeborenen Herrscher die Handelsgesellschaften genöthigt wurden, an Stelle ihrer Schützlinge das Regiment selbst in die Hand zu nehmen, und etwaig weiteres Terrain aus Eroberung noch hinzuzunehmen für gesicherte Grenzregulirung des Besitzstandes. Gern geschah dies nicht, aber auch das „Prestige" verlangte seine Ansprüche, und so sah man sich zu manch kostspieligem Unternehmen veranlasst, das lieber erspart worden wäre, zumal jetzt die Unterhaltung eines anwachsenden Beamtenstandes[2]) hinzukam, und schliesslich blieb nichts übrig, als sich die Ehre gefallen zu lassen, für Besitzer einer Colonie zu gelten und diese betreffs ihrer Verwaltung in die Hände geschoben zu haben. Was zu solchen, in den Charakter Eroberungscolonien überleitenden, Handelscolonien hinzukam, waren nächstgegeben die Pflanzungscolonien. Der östliche Handel bedurfte solcher weniger, weil eine dicht gedrängte und an Frohndienste gewohnte Bevölkerung vorfand, die in der von Alters her gewohnten Weise für die neuen Herren fortarbeitete. Wo sich jedoch die bodensässige Bevölkerung dünner gesät vorfand, auch vielleicht in den Grüften von Bergwerken zu Tode gearbeitet war (wie in Westindien), konnte die spontane Production nicht mehr genügen, um den (gegentheils anwachsenden) Bedürfnissen nach tropischen Producten von dort voll auszureichen, und es erwies sich angezeigt, eigene Plantationen anzulegen, für deren Betrieb dann wieder die Einfuhr von Arbeitern erforderlich wurde und somit der Sklavenhandel (zunächst von der Amerika gegenüberliegenden Küste Afrika's) in voller Blüthe sich entfaltete (zum Schandfleck der Civilisation), bis auf spätere Ersetzung der Kuli (unter mildernden Uebergangszuständen). Auch hier konnte eine selbständige Verwaltung zum Schutz — weniger gegen die schwächlichen Eingeborenen (wenn noch vorhanden) oder etwaige Aufstände von Maron (und sonstigen Busch-Neger), als gegen die Rivalen (wenn in europäischen Kriegszustand verwickelt) — nicht umgangen werden und so, ohne dass man recht vielleicht wusste, wie? stand eine Colonie fertig, bald hier, bald da.

Mehrere Jahrhunderte hindurch fanden sich nun allerdings diejenigen Gemeinwesen Europa's, die mit oder wider Willen zu einer Colonie gekommen waren, auf bevorzugtem Range, vortheilhafter gestellt, als colonienlose Staaten, da diesen

---

[1]) Fremdwort der Colonie (Berlin 1885). Zwei Worte über Colonialweisheit (1883), Blätter zur Colonialfrage (1884), Colonie der Tagesdebatte (1884), Afrika's Osten (1885) u. a. O.

[2]) Europäische Colonien in Afrika (S. 29).

der überseeische Handel dadurch erschwert, zumeist ganz untersagt war, bei strenger Aufrechthaltung monopolistischer Privilegien seitens der Colonialbesitzer, die auf ihren eigenen Territorien schaltend, Fremde abwiesen, oder mit höchsten Steuerlasten die unter ausländischer Flagge fahrenden Schiffe bedrückten.

Nachdem nun mit dem Sturze des Mercantilsystems die nationalökonomischen Theorien andere Anschauung herbeigeführt (und zur Herrschaft gebracht) haben, erscheint die Sachlage total geändert.

Seitdem die (1651) angenommene Navigationsakte (1849) aufgehoben, somit nach den Handelsverträgen die Kauffahrteischiffe der begünstigsten Nationen gleiche (oder doch ähnliche) Rechte besitzen, kann es oft genug vortheilhafter sein, nach einer fremden Colonie umsonst zu handeln, als in einer eigenen, wo die durch Vertheidigung, Wegebau, Küstenbeleuchtung etc. aufliegenden Ausgaben hinzukommen.

Unter diesen verschiedenen Gesichtspuncten wäre es also im jedesmaligen Fall abzuwägen, ob und wie die Begründung einer Colonie rathsam erscheint, wenn neben der vielleicht (aus besonders motivirten Gründen) zur Begünstigung empfehlbare Förderung von Sonder-Interessen, das Beste der staatlichen Allgemeinheit in Betracht zu ziehen ist (im Grossen und Ganzen). Für die bald so, bald so geltenden Gesichtspuncte liegt die Aufstellung derselben im vergleichenden Ueberblick, aus der Geschichte der Colonien, um zu ersehen, wie sich die Entscheidung stellen dürfte.

Dass der Staat als solcher Colonien gründet, kann ausser für „propugnacula" und „specula" (wie bei der Militärgrenze) oder in Relaiscolonien als Flottenstationen, — auch wohl Strafcolonien (eine andere Art der Gefängnisse) —, nur da statthaben, wenn es sich um naturgemässe Erweiterung und Vorschiebung handelt (wie z. B. für Russland nach Sibirien und Mittelasien).

Der Theorie nach kann eine Auswanderer-Colonie immer nur gedeihen, wenn aus vorliegenden Gründen freiwillig erfolgend und so zunächst im mehrweniger freundlichen oder feindlichen Gegensatz zum bisherigen Staatsverbande.

Unter den Handelscolonien haben die Interessen des Handels selbst zu entscheiden, und wie sich solche dann gestalten (als Viehzucht, Fischerei, Jagd) hängt von den geographischen Bedingnissen ab, ebenso wie davon die Möglichkeit von Ackerbaucolonien überhaupt für Auswanderung (bei gleichartiger Umgebung geographischer Provinz). Bei der kosmopolitischen Natur des Menschen ist die Möglichkeit einer Acclimatisation[1] kaum irgendwo (in abstracto) abzuweisen, aber da sie vielfach erst nach Aufopferung einer Anzahl von Generationen stattfinden kann, werden sich Colonisten dazu nicht finden, da der Auswanderer zunächst auf Verbesserung seiner diesmalig persönlichen Existenz bedacht ist, und höchstens in etwaigem Fanatismus (oder patriotischer Begeisterung) daran denken könnte, sich zum Besten der Zukunft zu weihen, für das Vaterland (in Devotion der Decier).

Solche Hingabe ist durchschnittlich kaum vorauszusetzen, da selbst der practische Raucher sich seine Cigarre kosmopolitisch zu wählen pflegt, ohne die der eigenen Colonie zu bevorzugen (sofern sie ihm nicht schmeckt).

Die Auswanderung (im modernen Sinne) führt zurück aus dem in einheitlicher Abgeschlossenheit des Stammes culturell hervortretenden Anspruch auf Individualrecht, in Freiheit jedes Einzelnen (innerhalb allgemein gültigen Gesetzes), obwohl nun gerade damals, als die „égalité" proclamirt wurde, das „jus emigrandi" unter Staatsverbot fiel (bei politischer Feindseligkeit der Emigranten), und später im Specialfalle (je nach „Option" mitunter) die Frage zu entscheiden blieb, wieweit (unter Hineinsprache kirchlicher Interessen) die Auswanderung dem Staat (die Erfüllung der demselben schuldigen Verpflichtungen vorausgesetzt) nützlich oder schädlich zu gelten hätte (in volkswirthschaftlicher Hinsicht).

Unter Absehen von dem, was bei (unzugänglicher) Ursprünglichkeit der Causalursache, als die Besitzergreifung der Erde durch das Menschengeschlecht zu erachten wäre, finden wir uns im überschaubaren Bereich des thatsächlich vorhanden Gegebenen, überall innerhalb dem wechselnden Ablauf der Besiedelungen (bis auf geschichtliche Durchkreuzungen) In primitiver Horde kann, die

---

[1]) Ueber Klima (S. 6).

Lebensfähigkeit zu wahren, von dem das einheitliche Individuum repräsentirenden Stamme (im Zoon politikon) kein Glied unabhängig abgetrennt werden, ausser in dem naturgemässen Fortsprossen auf neue Generation, die im Ver sacrum[1]) aus-

[1]) Als Ver sacrum (*ἔτος ἱερός*) für sabinischen Umkreis (im Sprossen der Generationen), symbolisirt die Erdbesiedlung das Wort der Colonie, „a cultu agri dicta" (s. Isid.), „a colendo" (b. Servius), während nach politischer Staatenbegründung, die Colonien, „ex civitate quasi propagatae" (s. Gellius), „propugnacula imperii" (specula) zeigen, als effigies parvae simulacraque populi romani, „ad supplendum civium numerum" (s. Florus), und dann für agris dividendis (bei coloniae deducendae) vertheilte eine lex agraria die sortes, zu socialistischen Abhülfen, seit das Proletariat (im Tribunal der Gracchen) Fürsprecher gefunden hatte, für plebejische Ansprüche auf patrizische Rechte (am „ager publicus"). Mit den coloniae provinciales (zu Caesar's Zeit) verbanden sich die Lohnansiedlungen der Veteranen (seit Sulla) und als Erbpächter wohnten die „Coloni" auf kaiserlichen Gütern, neben den Laeti, in Ansiedlung von Kriegsgefangenen (aus den bei Bestürmung der Grenzen besiegten Barbarenstämmen). Die Colonia latina ging in die Colonia romana über, neben den „Coloniae ex consilio publico conditae", als „coloniae maritimae" (mit sacrosancta militiae vacatio), zum Schutz der Häfen (unter Ancus Martius), sowie der Grenzen, als „coloniae militum" (oder sagatae) unter den „Coloniae togatae" der Bürger, „ab urbe missi", als „coloniae civium" (plebejae, paganae) mit „media capitis diminutio" (bei Landassignationen). Sparta wurde, als Lelegia, von Lelex beherrscht, Vater des Mylus (Erfinder der Mühlen). Die Leleger (*συλλέγοντες*) oder Pelasger dienten als Leibeigene (den Karern), aus Steinen (Deucalion's), bis Phönizien schiffend (als Telebäer der Ferne). Die (den Umbrern verwandten) Sabiner (Sancus als Deus Fidius verehrend) leiteten sich von den Lacedämoniern (in Amiternum). Die Pelasger hiessen Tyrrhener von den Burgen (*τύρσις*), und die Burgunder (von den auch am Ostrrand zurückgebliebenen). Die von den Sabinern (Testrima's) vertriebenen Aboriginer (Reate's) warfen sich auf die von den Umbrern verdrängten Siculer (aus Latium) unter Nachfolge der Opiker (nach Oenotrien). Pincentini orti sunt a Sabinis, voto vere sacro (Plinius). Um den Krieg gegen Gallier und Karthager zu erhalten, wurden die zwischen März und April geborenen Thiere geweiht (dem Jupiter). Nach Opferung des Vieh (bei Misswachs) wurden die Neugeborenen, als Sacrani, dem Mars geweiht (zum Ver sacrum), dem Schützer der Felder (wie Kriegsgott Tu bei den Maori). Colonia est, quae graece *ἀποικία* vocatur (s. Servius), consilio non ex secessione (coetus hominum), zum praesidium (s. Livius), „stirpis augendae causa", zum Ruhm des römischen Namens (s. Vellej. Pat.). Colonia est coetus hominum, qui universi deducti sunt in locum aedificiis munitum, quem certo jure obtinerent (s. Servius), für „propugnacula imperii" (s. Cicero) in militärischen Colonien (seit der „lex Julia"). Die Colonia latina (mit der Colonia civium Romanorum) bildete eine Civitas (unter ihrer Formula). Die Civitates liberae standen günstiger als die Coloniae immunes (der coloniae juris italici). Die Hauptstadt von Germania inferior wurde, als oppidum Ubiorum, zur römischen Colonie erhoben, in Köln (Colonia Agrippinensis). Unter den 7 Colonien im cisalpinischen Gallien finden sich 3 Coloniae romanae (und 4 lateinische). Die lateinischen Colonien, meist von befreundeten Städten besetzt (oder aus den ärmeren Classen der Stadt), galten als civitates foederatae (in Rom). Den Unterworfenen wurde (ob mit oder ohne „civitas sine suffragio") das Drittel des Gebietes genommen, für Vertheilung (an römische Colonisten), auch bei den Colonien des lateinischen Bundes (mit den Hernikern). Die Civität wurde durch die lex Julia gewährt (in Municipia). Das Recht der Latini coloniarii endete unter Caracalla in jus Latii (für Latium minus und Latium majus). Für Coloniae italicae galt das jus italicum. Der Magistrat der römischen Colonien stand unter Decuriones (mit Duumviri). Die römischen Bürger der Colonien standen zu den Ansässigen (als peregrini) im jus gentium (und das Nomen latinum bildete eine Mittelstufe). Die Landvertheilung (nach der lex colonica) geschah durch die Limitation (der Agrimensoren). Die aus spanischen Sklavinnen als freie Lateiner gezeugten Kinder wurden bei Carteja angesiedelt. „Coloni" sind leibeigene Bauern, welche ein ihren Herren gehöriges Stück Land als Pächter auf eigene Rechnung gegen Abgabe von Früchten oder Geld bebauen (s. Marquardt). Die Coloni oder Rustici (inquilini oder originarii) zahlten Kopfsteuer (als Adscriptitii oder Censiti). Die Coloni (unter den Procuratoren des Kaisers) waren dem Conductor zu Frohndiensten verpflichtet (auf kaiserlichen Besitzungen in Africa). Nach phönizischer Umschiffung (unter Necho) erforschte Eudoxus die Grenze der Bantusprache im Osten und Westen (unter Euergetes), und Euthemes bis Chremates (in Senegambien), während Hanno (neben Himilcar's nördlicher Colonisation, von Pythias aus Massilia gefolgt), vom Götterwagen berichtet (am Kamerun), und Herodot's Nachrichten über die Nasamonäer durch die des Flavius Maternus ergänzt wurden (bei Vordringen bis Agisymba). Bei gemeinsamem Cult des Herakles wurde jährlich ein Opferschiff von Karthago nach Tyrus geschickt, das bei der macedonischen Eroberung seine Schätze nach der

gesandt wird, aber dann bei Bewahrung der der Mutterstadt schuldigen Pietät (als Filiale in den ἄποικια), wieder unter amphictyonischen Bünden zur gemeinsamen (erweiterten) Einheit verbunden werden mag, innerhalb welcher weiter der

punischen Colonie (als Filiale) in Sicherheit brachte, und die von Kambyses geforderte Flottenunterstützung (gegen Karthago) verweigerte. Bei der Erhebung gegen Hiarbas, als Priester des Herakles, floh dessen Gattin Dido zu ihrem Bruder (Pygmalion). Von Sidon war Gross-Leptis gegründet (aus politischer Ursache). Von Karthago (als phönizische Colonie) werden Colonien begründet (in Sizilien und Spanien). Die karthagischen Colonien standen unter Suffeten (zur Verwaltung). Von den karthagischen Colonien waren Fremde ausgeschlossen (bei Todesstrafe), bis auf römischen Handelsvertrag (509 a. d.) zugelassen unter staatlicher Aufsicht (auf beschränkte Handelserlaubniss). In Mauretania tingitana lag das Μισαγωνίτης ἄκρον (an der Mündung des Mulucha) mit den Μιταγωνῖται (μιταγωνιων πολις).

Mit griechischen Colonien wurde πᾶσα γῆ bevölkert durch die Orakel (s. Celsus), unter Apollon Archegetes (in Cyzikus). Sine Pythio, aut Dodonaeo aut Hammonio oraculo (s. Cicero), war keine Colonie gegründet (in Hellas), unter Segelanweisungen für Battus (zur Auffindung Cyrene's in Libyen), und in nächtlichen Orakelsprüchen verkünden die Priester den Auszug aus Nukahiva (wenn Uebervölkerung droht, auf den Inseln). Das heilige Feuer vom Prytaneum mitführend, verblieben die Colonien in συγγενεια, die Erinnerung an οἰκιστια, (in Eurysthenes und Proclus als Oikisteres in Sparta), in Verehrung bewahrend, und die γέρα τὰ νομιζομενα der Mutterstadt darbringend, (ἔθος γὰρ ἦν ἀρχιερίας ἐκ τῆς μητροπόλεως λαβεῖν). Die Nachkommen der ersten Ansiedler bildeten einen Erbadel, als Gamoren (in Syracus), mit dem Gegensatz der Godos oder Chapetones (gegen die Creolen). Das Prahlen Magna Graecia's wurde im Mutterlande empfunden (besonders seit practischer Ueberhebung Syracus'). Korinth wurde von Corcyra bekriegt (obwohl Colonie). Tyrus verweigerte Kambyses Unterstützung gegen Karthago (als Tochterstadt). Mit dem Handel vermehrt sich die Bedeutung der Colonien, und bei Ansiedlungen auf barbarischen Küsten, wurden zur Stütze des Verkehrs, die Factoreien in's Innere vorgeschoben, bis zu den Gelonten (zu Herodot's Zeit), gleich arabischer Ansiedlung in Tabora (von Zanzibar aus). Der Röthel aus Keos durfte nur nach Athen auf dem vom Staat bezeichneten Schiffe verführt werden (als Monopol). Sidon artifex vitri (s. Plinius), in Erfindung des Glases und dessen Vertrieb (venetianischer Perlen). Nach Epidamnus wurde eine Colonie aus Korinth geschickt, (für Auswanderungslustige). Die Karthager begründeten Ackerbau-Colonien in Sardinien. Tarent wurde durch die Parthenier gegründet (nach dem messenischen Krieg). Die μεταβλητική (neben αὐτοπωλική) spaltet sich in die ἐμποική und die καπηλικοι (b. Platon). In Korinth wurden die offenen Galeeren (von 50 Ruder) zu Trieren (Dreiruderer) umgebildet (als Dreidecker). Die Zwölfstädte (πόλις ἀρχαιος Αἰολεων) einigten sich in religiöser Amphictyonie am Tempel des Apollo Gyrnais. In den achäischen Colonien (zu Sybaris und Straton) wurde Zeus Homarios (Homagyrios) verehrt. Für die Colonien des dorischen Bundes bildete der Tempel des Apollo Triopion den Mittelpunct. Die phönizischen Colonien in Karien und Cilicien (Cilix's) gingen an griechische verloren (seit der dorischen Wanderung), wie portugiesische an holländische (in Indien). Die pelasgischen Dolioner (aus Thessalien) wurden (in Kyzikos) durch die Aeoler vertrieben (bis zu tyrrhenischen Pelasgern). Die jonischen Colonien waren unter Neleus und Androklus (Söhne des Codrus) gegründet. Aus Aegialea durch Achäer verdrängt, zogen die Jonier nach Attika mit Coloniengründungen (im ägäischen Meer). Die Colonisation von Graecia Asiatica (Aeolia, Jonia, Doria) schloss sich an den trojanischen Krieg. Nach den aeolischen Colonien von Kyme (und auf der Insel Lesbos) siedelten (aus Attika und Euboea) die jonischen Colonien (wie Samos und Chios, von Milet, Ephesos, Phokäa u. s w.), unter Kariern (mit Lydern kämpfend) am Panionion, die Phöniker vertreibend (aus Rhodos uud Kreta). Milet oder Lelegeis (mit jonischen Colonien) war von Kretern (mit Lelegern) gegründet als Metropolis der Colonien am Pontus Euxinus und Palus Maeotis (sowie Naukratis' in Aegypten). Als älteste Colonie (s. Paus.) war Oenotria gegründet, durch Oenotros, Bruder des Nyctinos (Sohn's des Lykaon). Durch Chalkis (im Kampf mit Eretria auf Euböa) wurden die chalkidischen Pflanzstädte gegründet (in Thracien). Die Vertheilung der κλῆροί an κληροῦχοι diente zur Hülfe der Armen (s. Demosthenes) oder zur Besetzung wichtiger Puncte (s. Isocrates). Die Kleruchen, welche ihr Loos verpachtet hatten, wohnten in Athen (s. Thucydides). Bei politischen Besetzungen, in colonialen Gründungen der Kleruchien, fanden Landesausloosungen statt, mit Besetzung der Magistrate, wie von Sparta in seinen Colonien eingesetzt (in Kythera und Herakleia), oder jährlich nach Potidäa (aus Korinth) geschickt (zur Tributerhebung). Die athenischen Colonien in Thracien wurden politisch organisirt. An Spitze der βουλή stand ein βασιλευς (in Kyma). Bei Eroberung Mitylene's durch Athen wurde alles Land in der Kleruchie verloost und den Einheimischen nur die Nutzniessung belassen (gegen Pacht), während die Klearchen das athenische Bürgerrecht bewahrten. Nach dem Sieg bei Mykale besetzte Xanthippos die von Athen colonisirten Inseln Lemnos und Imbros, unter Eroberung von Sestos (für Kleruchien). Die Emporien in Thracien und Scythien

Staat systematische Ansiedlungen veranlassen mag, aus Zwecken einer lex agraria, oder für „propugnacula imperii" (und sonst, zum Besten des Ganzen).

Im Zustande der Wildheit, wo der Fremde ein Feind (kein hospes noch der hostis, als „hôte"), bleibt Auswanderung im Einzelnen ausgeschlossen an sich, um nicht barbarischer Vernichtung zu verfallen, und so in die Sklaverei durch coloni (der Kaiserzeit) in Leibeigenschaft (von Laeti) überführender Gewaltzustände, aus Feudal-Rechten der Eroberer (in des Stärkeren Recht). Hier wurde freiwillige Lockerung gewährt (für das „jus emigrandi") in der, nach dreissigjährigem Versuchen, bewiesenen Unmöglichkeit, die Gedanken zu beherrschen, sodass die (mit Vertreibungen vielfach schon erzwungene) Auswanderung der (auf tridentinischem Concil dreimal verfluchten) Ketzer gern freigegeben wurde, wie auch die Ansiedlungen in den (durch die Bedingnisse geographischer Provinzen) geeigneten Colonien Englands auf die Dissenter zurückführen (bei Gründung Plymouths) oder auf den Wechsel (königlicher und republikanischer) Parteiungen (in Virginien, Maryland, Alabama, Georgien u. s. w.).

Durch Uebervölkerung getrieben, schwärmen die Chinesen aus (in ihrer Alterthumsperiode schon), und seitdem sich ähnliches Drängen in Europa fühlbar machte, steigerte sich im Laufe des Jahrhunderts die Massen-Auswanderung (mit ihren Querfragen für die, geeignetes Colonial-Terrain entbehrenden, Staaten) als Symptom zum Auföffnen eines Sicherheits-Ventils für das Proletariat (um den mit socialistischen Revolutionen heranziehenden Gewitterstürmen vorzubeugen).

Wenn der Ursitz des Menschengeschlechts den dadurch angezogenen Spekulationen (je nach ihren Praedilectionen) überlassen bleibt, könnte die Erde durch vorschreitende Colonisation (im Ver sacrum oder ἱερος ἔτος) besiedelt, besetzt werden von den in geographischen Provinzen geschlossenen Centren aus, längs den hydro-orographisch eingeschriebenen Geschichtswegen (auf denen dann später die historischen Einflüsse zurückströmen).

In communaler Eigenheit des (für das Zoon politicon) individuellen Stammes liegt an sich gegeben eingeschlossen, dass die (wie im Mir) alljährlich benöthigte Vertheilung des Bodens, solange davon eine unbedingt freie Vergebungsmöglichkeit vorliegt, von der neu hinzugeborenen Generation in Besitz zu nehmen wäre, bis dann, in Stadtpflanzungen, gegenseitige Wechselaushilfen sich reguliren und weiterhin, nun die Colonien, bei genügender Machtstellung, mit gewaffneter Hand ausziehen in freiwilliger Wahl, oder publico consilio, gesendet, zur Landvertheilung durch sortes, oder auch um „propugnacula imperii" (an den Grenzen) aufzurichten (oder specula u. s. w.), zu Festungsplätzen zugleich (bei sogenannten Eroberungscolonien). Bei dadurch eingeleiteten Kriegszügen hat Heimbringung von Kriegsgefangenen auch die kaiserlichen Besitzthümer bebauenden Coloni (als Laeti) herbeizuführen, oder etwa den Veteranen als Belohnungen ihre zugewiesenen Colonien anzuweisen (unter den Triumviraten). Entsprechende Modificationen erhalten diese Verhältnisse, wenn nicht mehr die einfach gebreitete Ausdehnung auf dem Landwege vorliegt (wie bei slavischer Ausdehnung über finno-ugrisches Sibirien etwa), sondern das abscheidende Meer erst durch die Schifffahrt zu überbrücken gewesen, und den aus Parteizwist veranlassten Apoikien können dann (aus politischen Maassregeln) Kleruchien zur Seite treten, um nahegelegt meist — (weil fremde Küsten mit deshalb mehrweniger fremden und zum Austausch also geeigneten Erzeugnissen betretend) — den Handel einzuleiten, der dann zunächst vornehmlich in Factoreien gepflegt bleibt (wie bei den commerciellen Hegemonien (italienischer Handelsrepubliken u. s. w.).

Die, (nach dem vergeblich in den Kreuzzügen versuchten Durchbruch) unter Vordringen des Islam, (als auch das letzte Bollwerk an den Dardanellen gefallen), in Europa zusammengepferchte Christenheit hatte sich (nachdem vorläufig wenigstens das Wiederhinausdrängen der, die iberische Halbinsel bereits auf der Strasse Gibraltars überfluthenden, Gegner gelungen) den Entdeckungsweg nach Westen zu öffnen, zunächst geleitet vom Phantom des goldreichen Mussa-Melli (im Reiche

---

wurden befestigt (als ὁρμητήρια). Nach Vermählung mit Petta, Tochter des Nannos (Dynastes der Segobrigier), siedelte Euxenos die Phokäer an (in Massilia). Die griechischen Pflanzstädte aus dem Feldzug Alexander M. schlossen sich mit den Alexandreien geschichtlichen Bewegungen an, fernster Tragweite (bis in malayischer Sagenwelt vorgeschichtlicher Mythen).

Melli,[1]) als Vorläufer Timbuctu's) und dann durch die (mit Verlängerung der Fahrten) hinzutretende Hoffnung, Indiens[2]) gewinnreichen Handel zu gewinnen, während die der Atlantis zusteuernden Fahrten vornehmlich durch die in Mexico und Peru aufgehäuften Goldschätze genährt wurden, obwohl sich zeitweis (nach dem Zutode-Arbeiten der Indianer auf den Antillen) durch den regelmässigen Import der Negersklaven Plantagen unterhalten liessen, zunächst für das, (seit medicinischer Verwendung unter Teophrast), obwohl exotisch, zu allgemeiner Verwendung geeignete Product des Zuckers, das, von den Arabern Susiana's nach Sicilien gebracht, in Cypern seine coloniale Pflege erhielten, und dann über Madeira und Kanarien nach Hayti gelangte (unter Ovando).

In Indien, wo die Portugiesen ein Jahrhundert hindurch monopolisirten, und die Holländer nicht nur durch die Einfuhr (wie damals bis Lissabon), sondern (nach Verdrängung der hanseatischen Rivalität, bei Deutschlands Zerrissenheit) durch die Verfuhr in Europa (neben dem Zwischenhandel im Archipel selber dann noch) bereichernde Gewürze durch directen Bezug in derartiger Ueberführung (des Bedarfs) erhielten, dass die Honeg-Züge (zur Ausrottung)[3]) nöthig wurden, compensirten sich die unter der unvermeidlichen Verwickelung in einheimischer Diplomatik erzwungene Niederlassung[4]), (wovor, wie Almeida seine Regierung, auch Thomas Roe seine Landsleute gewarnt hatte), durch das Antreffen dichtgedrängtester (und zu Frohndiensten angewöhnte) Bevölkerung in Java (welcher Insel Ueberschuss das Deficit der „last-posts" und der „Buiten bezijkingss", wie des Prestigs wegen nicht abzuweisen, überschüssig noch deckte), so dass der (schon endogemisch wachsende) Zucker (auch für einheimische Consumenten, neben dem Palmzucker, wie der im Ueberschuss exportirte Reis) in Verarbeitung genommen werden konnte, worauf dann hinzukam der (bei den Fahrten nach Mokka) durch Zwartenkron eingeführte Kaffee (im doppelten Vortheil auf sonst weniger benutzbare Localitäten), während der Thee durch die chinesischen Einwanderungen mehr und mehr dem Verhandeln geläufiger wurde, und dann (neben dem „Lotteriespiel" des Tabaks), Quina. Cacao und sonst verwendbare Colonial-Producte sich anschlossen, was anfänglich alles nur in Luxusartikeln beschränkten Verbrauchs geliefert war an Gewürzen (von dem deshalb die erste Rolle, auch für Auswahl Bantum's oder der Jocatra's, spielenden Pfeffer abgesehen) in Muscatnüssen und -blüthen, Zimmt, Benzoen, Sandelholz u. s. w.; auch Indigo (nach genügender Vervollkommnung der Fabrikation zu weiterer Ausdehnung bestimmt), neben den in Golconda oder (birmanischem) Pegu oder mit Borneo's Dayak gegrabenen Diamanten, sowie dem für Import geeigneten Manufacturen (kunstfertigen Ostens).

In den Colonien der Neuzeit, wie seit dem Entdeckungsalter begründet, war der Handel das bewegende Motiv. Es hatte idealer Begeisterung bedurft, wie im Auge Heinrich des Seefahrers oder Christoph Columbus getragen (in entwicklungsschwangerer Geschichtsperiode), die erst entgegenstehenden Schwierigkeiten zu überwinden, aber nachdem die neue Bahn eröffnet war, ging es hin und her, für Import und Export, nach dem Stand des Soll und Haben auf den Kaufmanns-comptoiren[5]) (in den Rechnungsbüchern).

---

[1]) Aquest Senyor Negre es appellat Mussemelly, senyor de los Negres de Guinea, aquest rey es lo pus rico e pus noble senyor de tota esta partida, per l'abundancia de l'or, qual se recull en sua terra (auf catalanischer Karte) 1375, in Melli (Vorläufer Timbucti's). Sacra auri fames gilt als Motiv der Colonialgründungen (s. Ad. Smith), in verschiedener Form (des Handelsverkehrs).

[2]) „Senhor da conquista, navegaçaõ e comercio de Ethiopia, Arabia, Persia e da India," betitelte sich König Manuel, seit Vasco's Landung in Calicut (1498).

[3]) „The courts of Europe, plunged in indolence, lust and luxury, favoured with their patronage the merchant, who brought from the East spices to regale their senses, satiated with common delicacies; the Moluccas were cursed with wealth" (s. Horace St. John).

[4]) Die Empfehlung für Besitznahme eines festen Platzes in Indien gründet sich (in Matalief's Memorial) auf die weite Entfernung Hollands (für Stützpunct und Erfolg der Schifffahrt). Not territory, but trade (in Singapore).

[5]) Dass Kapitalien ohne Arbeit oder Arbeit ohne Kapitalien fast in gleichem Grade einseitig und wirkungslos sein müssen (s. Roscher), versteht sich für den Nationalökonomen von selbst (um so bei Colonialbegründungen nahe gelegt zu sein, zur Betrachtung). „Der Handel kann heute des Colonialwesens vollständig entrathen" (s. Hellwald). Sicherer und vortheilhafterer Besitz, als Ost- und Westindien wäre Aegypten für Frankreich (meinte Talleyrand),

Man mochte sich auf Handelsfaktoreien selber beschränken (wenn nicht wider
Willen hinausgezogen zur Erweiterung derselben), oder auf zugefügte Pflanzungen,
auf Ausbeute von Bergwerken, auf Pelzjagd, auf den Fischfang, stets lief es
schliesslich auf den gleichen Zweck hinaus, sich nämlich durch Handel zu bereichern, die Schätze zu gewinnen aus der neuen Welt, die erschlossen war.

Später erst kommt das hinzu, was als Auswanderer-Colonie zu bezeichnen ist,
womit die Coloniengründung gleichsam auf ihren primären Ausgang im Alterthum
zurückkam, auf die Apoikien oder Kleruchien eines Ver sacrum, damit πᾶσα γῇ
sich durch Colonien bevölkere, und „nec omnibus eadem causa" galt auch hier.

Zur anfänglichen „colonia ex secessione (politisch-religiös) kam dann des
Ackerbaues wegen die Vertheilung der Sortes (für Kleruchien) hinzu, die (mit
Erleichterung des Verkehrs) frei gewählt war: zur Handelscolonie im diametralen
Gegensatz, da sie statt möglichste Verschiedenheit in exotischen Producten der
Tropenländer — als (möglichst) toto coelo verschieden (nach den Himmels-
strichen) — eine Gleichartigkeit der geographischen Provinz in Betracht zieht
(für erleichterte Acclimatisation).

Manche Handelscolonien jedoch verblieben des eigenen Vortheils wegen mehr
oder weniger gern in Abhängigkeit (und unter dem Schutz) des Mutterlandes,
während in den Auswanderer-Colonien mit der Rivalität das Streben nach Ablösung sich herausbildet (früher oder später).

Die Besiedelung von Florida wurde nutzlos erklärt (durch Justin Martyn) für
Süd-Europa, indem ein tropisch verschiedenes Clima die Pflanzungs-Colonie zu

und Algerien's gegenüberliegende Küste könnte einen Anhalt abgeben für afrikanische Erweiterung (bei gleichzeitig senegambischer Colonie). „Toute colonisation d'une contrée lointaine
est avant tout une conquête tentée par la race immigrante; or qu'il faille combattre l'homme
ou le milieu, la victoire ne s'achète qu'au prix de vies humaines" (s. Quatrefayes). Länder,
durch den halben Erdkreis getrennt, stehen nur unnatürlicher Weise unter derselben Regierung
(s. Mill). Why keep India? (fragt Allen), „we may be glad, whenever we can get out of it" (1880),
obwohl dann bedenklich bliebe, wem anheimfallend, bei Indiens Unfähigkeit zur Selbstregierung.
Weil die im Kriege verletzbaren Punkte vermehrend, hatten die Colonien ihre Mutterländer
friedlich zu stimmen (s. Brougham). Von der Machtstellung hängt es ab, ob die „tropical farms
of England" (Ceylon und Westindien) zu bewahren sind (in Luxussiedelung). Nicht Provinzen sollen gegründet werden, sondern Unternehmungen unter einer Souveränität, welche
dem Reiche lehnbar bleibt, ihre Fortbildung bleibt in Wesentlichen den Unternehmern überlassen (in Fürst Bismarck's Reden). „Let this be received at a rub, that if you will profit,
seek it at sea and in quiet trade, for without controversion, it is an error to affect garnisons
and land wars in India," schreibt Sir Thomas Roe an die Directoren (1614), und so warnt
Almeida vor Ansiedelung (in seinem Memorial). Jeder aus afrikanischem Goldstaub geprägte Ducaten kostete (dem grossen Kurfürsten) zwei Ducaten (für seine Kolonie). „Für
das Geld, ein Kriegsschiff zu bauen, kann ich auch ein neues Regiment errichten, und das
ist besser" (s. Dohm), nach Ansicht des Grossen Königs (Friedrich M.). The government of
an exclusive company of merchants is perhaps the worst government for any county whatever
(s. Ad. Smith), versteht indess mitunter „how to manage a colony" (s. Money), mitunter
freilich auch nicht (wie die Krachs beweisen). Als mit Aufwand von 25 000 000 fl. fünf-
zehnjähriger Kriegskosten (bei Unterwerfung Dhipo Negoro's) Java pacificirt war, begann
de Bosch seine Reformen (1830) im Cultursteisel (bis auf weitere Experimente). Auf den
Krieg mit Boni (1825) folgte (1833) der mit den Padris auf Sumatra (wo der mit Atjeh
fortdauert). Those who are best acquainted with the results of the culture system in Java
have called its author the master of statesmen (s. Money). Le statut colonial de 1854 in-
augure pour les Indes orientales le règne de la loi (s. Jooris). L'honneur de l'émancipation
matérielle et morale des Indes revient presque entier au régne actuel (1884). Die
Handelsgesellschaft Emden's handelte nach Bengalen und China (1744). Die erste der
ostindischen Colonien Dänemarks (1616 begründet) wurde mit Deficit aufgelöst (1634), ebenso
die zweite (seit 1655), die dritte (1686), und die vierte (1732). Die schwedisch-westindische
Colonie löste sich mit Deficit auf (1671). Bei Auflösung der holländisch-ostindischen Compagnie ergaben sich 15 287 832 fl. Activa und 127 553 280 fl. Passiva (seit dem Umschlag
im Jahre 1697). Die Untersuchung der Bücher (1795) zeigte ein Deficit von 112 000 000 fl.
(s. Janssen). Die Schulden der englisch-ostindischen Compagnie berechneten sich (1835)
auf 31 326 000 Lst. Schulden (vor Uebergang an den Staat). Das chinesische Monopol der
englisch-ostindischen Gesellschaft ergab (1833) 29 Millionen Thee-Ausfuhr, auf 148 Millionen
gesteigert, durch freien Verkehr (1879). Im holländischen Monopol ergab sich aus 10 000
Pfund Muscatblüthen 550 000 fl., 600 000 Pfund Zimmt auf 900 000 fl. 345 000 Gewinn und
250 000 fl.; die Russen gewannen 500—600 Rubel an Pelzen (für 10 Rubel) und die Hudson-
Bay-Company kaufte mit 2000 Procent Gewinn (in ihrem Reich von Meer zu Meer).

rechtfertigen hat für einen maritim günstig gelagerten Staat, wogegen ein an Ueberfülle leidender (oder schwellender) Colonien aussendet, wie (gleich dem Ver sacrum) die vom Orakel geleiteten aus Hellas (oder auf Nukahiva durch priesterliche Eingebung).

Unter Verwechselung von Ursache und Wirkung (Mittel und Zweck) werden diametral verschiedene Dinge unter ein und demselben Namen zusammengefasst, und es gehört zu solcher Gedankenvertakelung, wenn man die Anlage von Colonien, als für das Gedeihen des Staates nothwendig erachtet, während doch in Europa sich nur zwei oder drei Fälle aufführen lassen, wo die Anlegung von Colonien zum Vortheil ausgeschlagen, mehr als doppelter Zahl dagegen zum Verderben.

Es lässt sich sagen, dass ein Staat in voller Blüthe, stark in nationaler Entwicklung, aus Ueberfülle der Kraft sich Colonien schaffen wird (oder muss), aber die Nachtheile derselben sind mit in den Kauf zu nehmen, weil die Grenzen des Staates in's Unbestimmte erweiternd, und so die Vertheidigung erschwerend, unter Beanspruchung kostspieliger Unterhaltung einer Flotte, über das sonst bedürftige Maass hinaus, und eines Beamtenstandes, der für centrale Organisation Auferbringung von Mitteln nöthig macht, die bei kleinem Umfang schon der Wiedererstattung verlustig gehen (welche bei grösserm mitunterlaufen mag, bei gutem Verlauf). Es wird deshalb von dem jedesmaligen Specialfall abhängen, so oft die Colonialfrage herantritt, um unter Erwägung alles Für und Wider, für Ja oder Nein zu entscheiden (je nach den thatsächlich vorliegenden Beweisstücken), und haben dabei die durch international gesteigerten Verkehr gestellten Ansprüche einen gewichtig eintretenden Factor in der Betrachtung zu bilden (bei dem politischen Barometerstand der Gegenwart).

Im Verfolg des historischen Entwicklungsganges würden mehr die in modernster Neuzeit der Colonialpolitik hervorgetriebenen Schossen als krankhafte Ausgeburten erscheinen, die dem gesunden Menschenverstande einer ernstlichen Widerlegung kaum werth gelten dürfte.

Aber seit der Hälfte des laufenden Jahrhunderts sind wir in mitlebender Generation in eine radical verschiedene Weltanschauung hineingewachsen, unter einem Bruch mit der Vergangenheit, wie er sich gleich rapid und durchgreifend in den bisherigen und sonstigen Stadien der Menschheitsgeschichte niemals noch vollzogen hat.

Wer in der Zeit der Extraposten etwa die Durchbohrungsarbeit eines Gotthard-Tunnels vorgeschlagen hätte, damit die, alle Tage oder einige Male in der Woche, expedite Postkutsche bequemlicher dahinfahre, würde ebenso wenig viel Anhänger seiner Ansicht gefunden haben, wie derjenige, der unterirdische Leitungen projectirt haben würde, damit ein jeder Haushalt sich nächstliegender mit seinem Lampenöl versähe, als es durch Ausschickung der Dienstmagd beim Detaillisten einzukaufen.

Im jetzigen Zeitalter des Dampfes und der Electricität dagegen, sind die Tunnelirungen für Eisenbahnen, und die Gasleitungen oder Drähte für Beleuchtungszwecke ein selbstverständlicher Ausgabeposten geworden, um alljährlich dem Etat des Staatshaushalts eingefügt zu werden.

Nach den den Lehren der Colonialgeschichte seit dem Entdeckungsalter zu entnehmenden Lehren, würden manch der neuerdings über Anlegung von Colonien entwickelten Theorien einfach ins Irrenhaus gehören, und je eher desto besser darin aufgeschlossen sein, um unnöthige Ausgaben zu sparen (und Menschenleben nebenher).

Indess alles „Vernünftige ist wirklich und alles Wirkliche vernünftig", und ohne eine „raison d'être" würde das nicht in's Leben gerufen sein, was hie und da in modernen Colonien die Spuren von Lebensfähigkeit bemerken lässt, jetzt in erst sich regenden Anfängen, bei denen im Uebrigen von einer Geschichte noch nicht gesprochen werden kann, höchstens von Anfängen für eine Vorgeschichte (seit den letzten zwanzig Jahre etwa).

Immerhin, da wie (nach obigem Gleichnisse) für den postalen Verkehr oder die Bedürfnisse der Erleuchtung die socialen Unterlagen als solche, weil dieselben geblieben, eine gleiche Berücksichtigung, wie früher verlangen, ist gerade um den momentanen Gedankenvertakelungen über Colonien vorzubeugen (oder sie doch durch Auseinanderlegung des Sachverhalts deutlicher zu klären), nichts dringlicher zu empfehlen, als ein Studium der Colonialgeschichte (soweit historische Hilfsmittel dafür vorhanden sind).

Indem der Empirismus, der synthetischen Methode des Idealismus gegenüber, der analytischen folgt, bleibt er unfruchtbar (in seinen trockenen Begriffen), so lange nicht aus der Vergleichung (in den Völkergedanken) objectives Material geboten ist, zum synthetischen Aufbau wieder (längs des Weges der Induction). Einer in eigener Geschichte abgeschlossenen Philosophie ist somit der Weg verschlossen, die Probleme des Daseins empirisch anzunähern (die sich dem Idealismus mystisch zu verschleiern haben), wogegen eine international-kosmopolitische Umschau, (bei Vergleichung der ethnisch verschiedenen Weltanschauungen in der Phänomenologie des Menschengeistes auf dem Erdenrund), den gesicherten Anhalt an der Induction (im Empirismus) zu bewahren im Stande ist, um das Idealistische schliesslich in all' seiner Fülle zu umgreifen (bei systematischem Fortgang der Ausentwicklung).

Für schrittweise Nachprüfung der Schlussfolgerungen auf ihre Richtigkeit, ist beim Verbleib innerhalb der durch die Erfahrung gesteckten Grenzen die erforderliche Garantie gewährleistet, und indem nun in den Incarnationen (oder Revelationen) des Völkergedankens idealistische Anschauungsbilder erfahrungsgemäss vorliegen, sind dadurch die geeigneten Materialien geliefert, damit das logische Rechnen seine Operationen beginne, die, wenn richtig geführt, die Richtigkeit ihrer Ergebnisse an sich sodann verbürgen (weil auf mathematischer Basis begründet).

Von dem Entwicklungsgang eines Ganzen zu reden, dessen Anfang und Ende sich nicht überschaut, bleibt eine contradictio in adjecto, und so können wir wohl die Phasen der Schauspiele verfolgen, worin die Einzelrollen auf der Geschichtsbühne abgespielt sind, (um darin waltende Gesetze zu erkennen), aber nicht die Menschheitsgeschichte in teleologisch construirtem Abschluss,[1] — auf welches Gestaltungsweise Rückschlüsse zu wagen, unabweislich verboten bliebe, so lange erster Vorbedingung noch nicht genügt ist: einer Feststellung der Thatsachen nämlich durch Raum und Zeit (zu statistischer Vervollständigung).

Durch Schaden wird man klug, (quae nocent docent), so dass es ohne Missgriffe nicht abgeht, und käme es nun darauf an, sie richtig zu verstehen, damit aus Gelehrtem sich lernen lässt; und nach so manchem Fiasco, unter philosophischen Costümirungen, wird unter jetziger Bekleidung mit naturwissenschaftlichem Gewande, die Psychologie das Buch der Geschichte vor sich aufgeschlagen haben, um aus der Schule der Erfahrungen, wie von Anderm untergegangenen, dasjenige

---

[1] „Je weiter der Empirismus in seiner Selbstentwicklung fortschreitet, um so mehr nimmt das Einzelne ausschliesslich die objective Realität für sich in Anspruch, und lässt das Allgemeine zu einem blos subjectiven Gebilde des erkennenden Princips zusammenschwinden" (s Stöckl). μία τῷ ἀριθμῷ (des Hypokeimenon), τῷ λόγῳ δὲ μὴ μία (s. Aristotl.) bei Vielfachheit der Völkergedanken (unter elementarer Einheit).

3*

zu erlernen, was der eigenen erspart werden mag (bei vernunftgemässer Vorüberlegung).

„Wundern heisst übernatürliche Kräfte heilsam, zaubern sie schädlich und unbefugt wirken lassen, das Wunder ist göttlich, der Zauber [1]) teuflisch" (s. Grimm). „Got ist der wahre Wunderacre" (b. Tristan), und das ϑαυμάζειν (b. Aristotl.) Anfang der Religion im Gestaune über das, im Unbekannten, Schreckhafte, beim Dunkeln der Avidya (ehe die Klärung tagt). Der Endoxe (Loango's) lernt seine schwarzen Künste durch Belauschen theurgischer (der Ganga dort; unter γόητες πάντες, aus classischer Zeit).

Kraft der Mantra (vedischer Rishi) oder (beschwörender) Karakia (bei Maori) wird der Schutz des Pirit gesichert (in dem die Stadtmauer am Menam umziehenden Faden), und wie die aus Lehm (in Guinea) gekneteten Popanzfiguren (am Eingang des Dorfes, das Pockengespenst zurückzuschrecken), werden (aus unförmlichen Steinen) die Pengoeloebalang aufgestellt (bei Karo - Batta). Riesenfiguren halten Thürwacht vor den Tempeln indischer Gottheiten, deren eigene Person unscheinbar sich verliert (im unzugänglich Allerheiligsten). Mit Pfeilen, wie von teuflischen Dämonen auf die Himmelsleiter im „Hortus deliciarum" abgeschossen, wird die Pest gesendet in das Lager der Hellenen, denen Apollo als Apotropaios galt, und Abwehr (hezir) hofft Hiob's Neshamah, wenn die Nephesch durch des Shadai Gewaltsamkeiten verbittert wird, aus dem Ruach Eloah (vom El). Beim Schutz der heiligen Helfer (in Hagiologie) „als dii juvantes", hilft (der Siebenschläfrigen) Hund Katmir (auf Talismanen).

Dem Staunen des „sensus numinis" über das Unbekannte, in Wundern ringsum, mengt sich ein unheimlicher Zug über das dem Bekanntwerden sich Entziehende (in Räthselfragen der Sphinx), und so nun, in Deisidaimonie, schreckt (aus dem Unbekannten) der Timor („qui primus fecit deos"), bis religiös gebunden in Gottesfurcht (φόβος ϑεοῦ).

So, bedrängt allumher durch feindlich gefürchtete (und im Schädigen bethätigte) Mächte, sucht der darunter Leidende nach (Alexeteres oder) Apotropaioi (zur Abwehr) und Helfer, die durch geheimen Bund ihre zauberisch bemeisternde Kraft erlangt haben (kraft Mantras oder Karakia).

Der Fetisch des Feiticeiro (hechicero) führt auf facturare (fascinare) oder Karawan (gearojan eines „Karta") beim „Anthun" des fordaedha (malefica) im dad (facinus) beim Toveren oder Zoubern (Towerie), als wikhen der „witch" oder Hexe (von Hagion).

In dem, was seit portugiesischen Berichten aus Afrika die Bezeichnung eines Fetisch (in europäischer Auffassungsweise des Bosom oder Wong) erhalten hat, liegt das Religiöse (eines Sensus numinis) trübgemischt noch durchweg mit dem sehnsüchtig wählenden Wunsch [2]) in Selbstbezauberung durch Suggestion,

---

[1]) Zaubern (zouber), mit dem Begriff des hemmenden Bindens, Bannens (b. Schm.), als zaufen oder zaudern (s. Sanders). Wunder ist nur der religiöse Name für Begebenheit (b. Schleiermacher). Wundern (vundrian oder undra) oder Wunteren (als Intensivum oder Iterativum) führt (s. Adelung) auf die Wurzelsylbe wund, wun („ein alter natürlicher Laut, wodurch sich die Verwunderung geäussert hat"). Die Athaumasie (Horaz') empfiehlt sich als höchstes Gut (b. Democrit), im Agnosticismus (beim Rückschlag aus der Gnosis).

[2]) Wenn Wunsch („der Inbegriff von Wonne und Seeligkeit, die Erfüllung äller Gaben") von „wunjä, wunnja", Wonne, Freude (s. Grimm) abzuleiten, wunisc, wunsc, Vollkommenheit in jeder Art („was wir Ideal nennen würden"), so ergiebt sich die entsprechende Parallele zur psychischen Kosmogonie der Maori, wenn der (aus Rapunga's sehnsüchtiger Ahnung entsprungene) Wunsch (Manako) sein Complement erhält in Wanunga, „glory"

innerhalb einer „bezauberten Welt" des „Wundern" (ehe geklärt in der „Welt der Vorstellungen" beim Herauskrystallisiren der Denkschöpfungen).

In der bei Umgebung durch Unbekanntes ringsum gefühlten Hilflosigkeit heftet sich der Gedanke, je nach momentaner Stimmung fester geklammert, an den Eindruck etwelchen, realistisch (oder in traumhafter Erinnerung) gesehenen Gegenstandes (dann auch eines hörbar vernommenen) an, und solch' (in besonderer Festigung) verknüpfter Gedanke gewinnt damit unter den, mit gleichmässigem Dahinpulsiren sonst, vorüberfluthenden eine sonderliche (oder besondere) Stellung, — eine also überwiegende nach dem Recht des Stärkeren (weil aus irgend welch' aussergewöhnlicher Zuthat schwerwiegender, als die andern, gewöhnlich allgemeinen Masses).

Reflectirt sich solche Empfindung nun in einen jener Geister, die (weil den Kalyana putthajana entsprossen) dem Grübeln zugeneigter, dadurch bereits den Andha-putthajana imponiren[1]), müssen sich diese ihrerseits doppelt beeinflusst finden, einmal durch die Eindrucksmacht des Objectes (in dem von Aussen entgegentretenden Gegenstande) selbst, und dann durch den, sofern absonderlich in seinem Benehmen, mit vorahnungsvoller Scheu angeschauten Heiligen (eines gar „sonderbaren Heiligen" oft genug), der zur Verehrung seines vergötterten Lieblings mahnend und diensteifrig ihn bedienend (als Wulomo), auf Gegenleistungen Anspruch erhebt, um angemessen ein Geschenk (im Opfergeben), gemäss Erfüllung der Bitten und Gebete (durch Karakia oder Mantras), heischen[2]) zu dürfen. Nachdem sodann ein Temenos bequemlich eingerichtet, kommt dem Hiereus, zur Geschäftserleichterung (in unbequemen Mühwaltungen) leicht die Neigung, sich (als Mantis) einen Wongtschä (oder Yakkoduro) zur Seite zu stellen, um bei der Unterhaltung durch

---

(s. J. White). Wenn favente (adjuvante) deo der Mensch, (trotz solch daimonisch schutzgeisterischer Hülfen), schwach irdischer Kraft nicht länger vertraut, neigt sich ihm die Gnade (gratia) oder Genade (Kinada) herab, in Charis, des (am $\pi\tilde{v}\varrho$ $\tau\epsilon\chi\nu\iota\varkappa\acute{o}\nu$ schmiedenden) Schöpfergottes Hephästos' Gattin (wie sonst Anadyomene, aus dunklem Urgrund auftauchend), und Ennoia, (als Charis) weilt im vorweltlichen Schweigen (Sige's) bei Bythos (s. Irenäus), dem Aeon unzugänglicher Höhen in (valentinianischer) Gnosis (oder in Avidya's Dunkel beim Agnosticismus). Nach dem Zalmo (oder Bilde) geschaffen oder geschnitzt (barah) wurde der von Jahve Elohim getöpferte (wajiza) Mensch in den Garten (Gan) der Wonne (Eden) gesetzt (im Osten oder Kidem).

[1]) Wie die Hirten, die ihre Heerden treiben, sich erhabener Natur erweisen, so müssen solcher (als einer göttlichen) diejenigen, wie Caligula meint (s. Philo), theilhaft werden, welche „zu Hirten der Menschen" berufen sind (in den Königen Homer's). In Schwanzwedelei („unserem Herrgott die Füsse abbeissen wollen") windet sich der „Heiligenlecker" (liziobrazek) oder „Heiligenfresser" (aus Liebe), um Ablass zu erbetteln, statt ihn zu erarbeiten (wie das Karman heischt). Ehe ein sjenovite oder schattiger Baum (mit „Schatten" oder „Seele" begabt) gefällt wird, muss einer Henne der Kopf abgeschlagen werden (s. Krauss), unter priesterlichen Weihsprüchen der Axt (b. Cato). Das auf dem Hügel (bei Oyster Bay) erscheinende Bruderpaar warf Feuer (like a star) und nachdem die vom Schwertfisch (beim Baden) getödteten Frauen durch Beissen der Ameisen belebt waren, erschienen mit folgendem Nebel die in Sterne Verwandelten (Castor und Pollux) bei den Tasmaniern (s. Milligan).

[2]) Im Toto akalo (clearing the soul) erhält die Lioa Befriedigung (toto) für Krankheitsheilung (in Melanesien) als Tham Khuam (der Siamesen), und dann mag alter oder neuer Bund geschlossen werden (wie zu Sicyon versucht war). Placatis sunt tempora pura sepulchris. Tunc cum ferales praeteriere dies (s. Ovid), beim Reinigungsfest (des Todaustreibens) an der „festa dei Morti" (Aller Seelen). Beim Seelenaustreiben (am Kalabar) schwingen (in aufgehängten Puppen) Popanzen (zur See leitend auf Viti). Bei Gewitter werden Kirchenglocken (St. Nicolai's in Berlin) geläutet „per cacciare il diavolo" (in Italien).

Tanz und Gesang (mit Besessenheitssprüngen) in dunkler Doppeldeutigkeit [aus
fremdartig von Nachbarn, (von Odschi oder Eweer in Akra), entlehnter Sprache]
zu erzählen, was der Gott, wenn eingefahren in temporäre Behausung, — und demgemäss als Herbei- oder Herabgekommener begrüsst, oder als Kalith des Korong
(auf Pelau) hereingenöthigt („in die gute Stube") —, zu verkünden haben möchte
und zu versprechen (entsprechende Belohnung stets vorausgesetzt, in derartigen
Fällen).

Hier mag nun alles Mögliche und Unmögliche Ehrung (oder Verehrung)
finden. Alles was fleucht und kreucht nicht nur, sondern auch Stock und Stein,
die Gestirne, die blinken und blinzeln, die Gewitter und was sich wittern lässt
aus den Witterungswechseln, der Fluss, der majestätisch vor dem Fuss des zum
Kreuzen anlangenden Wanderers in der Wildniss dahinströmt, der Baum, der
labenden Schatten bietet, der Berg, der als fern anzustrebendes Ziel erscheint, —
oder daneben zugleich die in den Träumen fortlebende Erinnerungsgestalt des
verwandten Vorfahren, dessen Umrisse leicht zur Nachahmung drängen, in Verbild-
lichung menschlicher Gestalt, und mit solchem Idol zur Verfügung unterstützt sich die
Concentrirung in Contemplation (wie aus Praxis der Dhyana geläufig). Dankenswerthe
Gaben, an (und durch) das nützliche Handwerkgeräth, werden dann auch bald den
aussermenschlichen Nicht-Ich's der Götterwelt geschenkt sein, unter symbolisch verschlungenen Zuthaten, mit sehnender Hoffnung auf einstige Deutung dessen, was
räthselhaft noch entgegengrinst (im Mysterium des Weltgeheimnisses). Wenn und
so oft der (seiner Psyche Fittige erprobende) Gedankenschwung höher hinausführt,
in Unbefriedigtheit über taubstumme Oelgötzen, die sich selber nicht helfen konnten
(in Tharah's Haus), richtet sich das Gebet, an das Unaussprechbare (eines ἄῤῥητος)
„quo majus cogitari nequit", an Zambi, Nyankupong, Mawu (und Collegen der
andern Continente vielfacher Zahl, und unter Wandlungsformen des Ausdrucks).
Wenn „den Eweern eine besonders grosse Wohlthat erwiesen wurde" (bemerkt
Herold), so danken sie (herausfühlend, dass kein Fetisch ihnen geholfen), „gen
Himmel zeigend, Mawu für die erwiesene Wohlthat, und baten ihn, den Wohlthäter zu segnen" (1892), „ein dankbarer Gedanke gen Himmel ist das voll-
kommenste Gebet" (nach „Lessing's tiefsinnigem Wort"). Da der Gott Pun zu
hoch ist, um angebetet zu werden, verehren die Baduwinen Schirmgötter und
Göttinnen (am Kendong-Gebirge), aus der Bon-Religion (der Puna).

Als (nicht localer) Tindalo erhält Manoga sein Opfer (auf Florida), „if thou
dwellest in the east, where rises the sun, Manoga, come hither and eat the tutu
mash", (if thou dwellest in the west etc.), there is not a quarter towards which he does
not lift it up, (s. Codrington) oder im Himmel (Sternen u. s. w.), beim Gebet (an
„dii diaeque"), damit keiner vergessen sei, wer, wenn übeluehmerisch, übel es
bekommen lassen könnte, (in jenen Uebeln, gegen welche eben ein Apotropaios
erfleht wird). Die Dämone (als Mittelwesen zwischen Erd- und Himmelsbewohner)
überbringen die Gebete (s. Apulejus), als Wong (Nigritiens). Njangmo dschi
onukpa (Gott ist der Aelteste und Grösste), betet im Gebet der Wong-tchä
(s. Bohner), das der Jebus wird an den Unsichtbaren gerichtet (s. d'Aveyzac), der
Yorubas an Olorum (Herr des Himmels) u. s. w.

Auf solch frühestem Stadium der Entwickelung mit den zum culturellen
Wachsthumsprocess [1] emporsprossenden Elementargedanken liegt alles Spätere

---

[1] „Wie sich eine vergleichende Sprachforschung entwickelt hat, so strebt man einer
vergleichenden Mythologie, einer vergleichenden Kunstgeschichte, einer vergleichenden Culturgeschichte entgegen" (s. Jahn), die „Anfänge" beleuchtend (in Vergleichung), um die durch

vorbereitet, wie etwa bei der im Protoplasma ·die Zelle beginnenden Spaltung in Compartimente, für Intussusception (zur Ausfüllung der Vacuolen u. s. w.). Was daraus wird, steht auf einem andern Papier, ob ein bescheiden fortkriechendes Moos oder schlinggewächsliches Unkraut, oder eine duftige Blume, ein mächtiger Baumriese vielleicht oder ein der Veredlung (durch Aeugelung) fähiger Fruchtbaum (oder was sonst noch etwa, im Gange „natürlicher" oder „künstlicher" Züchtung). Immer jedoch muss jenes erste Vorstadium in etwelcher Weise durchlaufen sein, und dies (betreffs psychischer Biologie) dem Studium zu unterziehen, ist der Ethnologie als Aufgabe zugefallen (innerhalb der mitbedingenden Ursächlichkeit der geographischen Provinzen), während die mythologisch verschönernde Ausgestaltung dann (nach historisch, in civilisirender Cultur[1]), zuströmenden Einflüssen) den jedesmaligen Fachdisciplinen zur Behandlung überlassen bleibt, für genauere Prüfung, beim Zusammentreffen der Ergebnisse inductiver und deductiver Forschung (zu gegenseitiger Controlle).

Fragend, in wirren Wundern, wandert der Denkgeist umher,· zwischen den Erscheinungen des Daseins, die ihn umgeben, mit ihren Räthseln, und wo ihm eine Beantwortung geboten scheint, wirft er seine „Mana" hinein, in Bekleidung des drinnen wirkenden Vui mit seiner Form (oder in Verherrlichung des in der Erinnerung fortdauernden Tindalo), und so, aus psychischen Kräften geschaffen, reagirt auf psychische, der religiöse Eindruck[2]), der weiter nun (mit den Hülfsmitteln der Phantasie) theogonisch zeugen mag, in dichterischen (oder am Bilde greifbaren) Gestaltungen. So leben in den Bäumen ihre Dryaden, „the Urehi (in Malanta) haunt big trees" (s. Codrington), in den Naturgewalten[3]) ihre Mächte, und unter den Ataro (auf San Cristobal) wird der zum Heerführer befähigte mit

die Kryptogamen der wissenschaftlichen Botanik gewährten Belehrungen aus den Wildstämmen zu gewinnen (bei der „Lehre vom Menschen"). „Die eigenthümliche Form, in welcher das Ideale dem Empirischen gegenüber auftritt, ist die Form der Allgemeinheit" (s. Stöckl), für Integrirung des Einzelnen (im zugehörigen Kreis). Hoc pacto fit, ut quae toties pensitata, inventa, observata, scripta, annotata fuerunt, denuo perpendi, inveniri, observari, annotari debeant (s. Ploucquet). Für inductive Behandlungsweise ethnischer Psychologie bedarf es einer erschöpfenden Uebersicht der Elementargedanken (zu statistischer Unterlage).

[1]) Wer Religion hat, wird Poesie reden (s. F. Schlegel). Religion und Kunst stehen neben einander, wie zwei befreundete Seelen (s. Schleiermacher). Vertreibt man die Geheimnisse eines vernünftigen Glaubens von ihrer Stelle, so räumt man sie den Geheimnissen des Aberglaubens ein (s. Zöllich), und so im „naturwissenschaftlichen Zeitalter" bedarf der materialistische Torso seines denkenden Hauptes, in der Psychologie als Naturwissenschaft (das idealistische Bedürfniss zu befriedigen).

[2]) A man comes by chance upon a stone, which takes his fancy, its shape is singular, it is like something, it is certainly not a common stone, there must be „mana" in it (s. Codrington), as subjectiver Fetisch (cf. „Mensch in der Geschichte", I, S. 185).

[3]) The name Vigona oder (in San Cristoval) Iliona „is applied to beings, whose power exercises itself in storms, drought, calms and in the growth of fruit" (auf Florida). Neben Djohoe-ma-di-hostoe (de Heer daar boven) und Gikkimooi (Heelal of Alvader) werden von den Alfuren (Halmahera's) die (vrij rondzwevende) Djin, sowie die Wongie (geesten der Afgestorvenen) verehrt (s. Campen), als Tindalo der Ataro (neben Vui der Papua), oder (in Saa) als Lioa (Lio-rai in fürstlicher Herrschaft, auf Timor). Sind bei Verlust von Kindern, solche, weil im Wald irregegangen, durch die Geister desselben geraubt, werden so lange die von ihnen bewohnten Bäume niedergeschlagen, bis sie es mit der Angst kriegen (hauslos zu bleiben) und das Corpus delicti zurückbringen (in Assam). Beim Ausroden wird ein Zufluchtsort gelassen im heiligen Hain auf Hügelspitzen (der Khasya).

dem Blut des geopferten Feindes als Kriegsgott verehrt, in Harumae („chief of war"). Daneben wird ein (scandinavischer) Kampfgenosse ausgewählt (weiblicher Hälftung auch in Vilen und Walkyren) zur Begleitung im Schutz, und nachdem ein Tempel hergerichtet ist, fehlt es nicht an Bedienung, durch Wulomo und Consorten (im Tenemos). The slain man's ghost would have power over him, unless the mana of the „Keramo", a stronger ghost, were on his side („a tindalo of killing"); a man must needs have his Keramo, even if he had to buy one (s. Codrington), und so wurden die Helden von ihren Göttern begleitet (im Kampf um Troja). Ganindo, dessen Reliquien in das mit Figuren für ihn erbaute Haus getragen wurden (s. Selwyn) „was a tindalo, a ghost of worship, a Keramo, a ghost powerful for war" (auf Florida).

Die melanesischen Helden als Heroen (semidei oder Anses) werden von einem (gottartig dämonischen) Keramo, als Mitkämpfer begleitet, der (bei serbischen Vilen) aus weiblichem Geschlecht sich wählen lässt, als Valdöger oder (norwegischer) „Schutzgeist" (s. Hallager), im Anschluss an Valkyrjur oder Skialdmeyjar (Valmeyjar oder Oskmeyjar), ehe mythologisch eingeschult (für die Einheriar, in allerlei Amtsgeschäften).

Den Heroen göttlichen Stammes (ἀνδρῶν ἡρώων θεῖον γίνος) stehen (aus homerischer Zeit) patronisirende Olympier zur Seite, wie Mars seinem Aeneas (und auch hier macht sich weibliche Zuneigung geltend, bei Athene für Odysseus und Diomedes u. dgl. m.). Hiörvardr's und Sigurlinn's Sohn erstand als Helgi, nachdem von der Valkyrie begrüsst (im Heldenthum). Die abgeschiedene Seele (auf Viti) wird als Kalou verehrt (im Geist, als Gott).

Der Vui (als Genius mitentstanden) ist, dem Gegenstande einwohnend, dieser selbst, in Doppelbedeutung des Wicht (als „Ding") und Wiht (Wichtelmann in Hessen), mit den „allar vaettir" [1] (Saem.) übergehend in alfar (Elben) unter Verkürzung („minuti dii") zu Dvergar (bei der später mythologischen Scheidung zwischen Liosalfar und Döckalfar), flüchtig nur gesehen, weil verschwindend (in Querlichtslöcher), zeitweis auf dem Stein sitzend, als Einsitzer (oder Besitzer) desselben (in Jnnuae) oder in flatternden Grabeszeichen gesehen (von vorüberjagenden Beduinen). Und dann, wie immer, sind Opferdarbringungen (auch ein Umherstreuen, als ooloogoo) nahe gelegt, „vota ad lapides" (bringan to stane). Die Steine bilden einen Schleier zwischen Gottheit und Menschen (auf javanischer Inschrift.)

Die Weseuheit (oder Wesigkeit) ist die Washeit des Dinges (in Frage gestellt), ὅτι περ πρὸς γένεσιν οὐσία, τοῦτο πρὸς πίστιν ἀλήθεια (b. Plato), zum psychischen Erfassen (im Seienden).

Wo immer die (melanesisch) allgemein (in Mana) durchdringende Kraft, in einem besonderen Gegenstande, — „where the god stops" (s. Fletcher), im Manitu (des Indianer) — verdichtend sich concentrirt, durch Concentration der Gedanken darauf, so folgt (in Saka) [2] Erhitzung, mit (brahmanischer) Tapas (aus Heraklit's

---

[1] Genii quicumque (hollar „vaettir, ragvaettir), leda wihts (maligni spiritus). Geisterhafte Wichten sind die minuti dii der Römer (s. Grimm). Der Wicht wird zum Nix (beim Verschwinden, im Wasser"). Für die Geister (in Banggai) werden (vor den Wohnungen) Opferplätze, als Pilogot (s. Le Clercq) aufgerichtet („in den vorm van houten altaren"). Unter den Tamarinden (Mambre's) errichtet Abraham einen Altar für Jahve (zur Schlachtstätte).

[2] At Saa in Malanta all persons and things in which the supernatural power resides are said to be Saka, that is: hot (s. Codrington), und kraftmächtig (gleich den Sakya Kapilawutti's).

πυϱ τεχνικον einer feurigen Urgottheit der Stoa, gleich Rehua oben, oder vulcanisch unten (an Vesta's Centralherd) anfeuernde Schöpfungsthätigkeit (in der Contemplation); und durchweg bemerkbar, wenn glühend der Lingam aufschwillt und Kühlung verlangt (durch abträufelnde Wassergefässe, in Siva's Tempel).

Indem die, wie überall, auch in (und aus) dem Menschen strömende Mana, — physischer und (für den Mikrokosmus) psychischer Kräfte, — auf ein (in den Gesichtskreis eingefallenes) Gestein treffend, daran haftet, verbildlicht sie sich zu einer Gestaltung menschlich nächst liegenden Bildes; aber flüchtig unbestimmbarlich in den Umrissen (und also etwa unter Nebelkappen verschwindend, bei nordischen Collegen der Vui), doch den Umkreis, (in Feenkreisen) geheiligt,[1] umschreibend (als Rongo). Für die in Nunuai fortlebende Erinnerung an die Tindalo ist die Menschenform fester umzeichnet, weil früher schon zugehörig, und hier lassen sich aus dem eignenden Willen Heiligkeitsbestimmungen nach Convenienz formulirt hinzufügen (im Tambu oder Tabu). Bei der Pflanze bleibt die Vorstellung mit der Hamadryade halb noch verwachsend, obwohl dann Ablösung statt haben mag (zum Wohnen auf oder unter den Zweigen), und das frei wandelnde Thier drückt bereits (bei nahestehender Verwandtschaft) derartige Selbstständigkeit aus, um für sich ausreichend als Totem zu genügen, ohne noch des darauf reitenden Schutzgeistes zu bedürfen, zumal daneben auch noch Heldenrosse, als „kluge Pferde" (s. Grimm) gefeiert werden mögen, gleich Xanthos und Balios (Puzzat oder Baucent u. a. m.). Die Atua erscheinen (dem Schutzbefohlenen) in Thiergestalt[2]) (zum Marae herabkommend, als Vogel), in der Jagdtasche (des Manitu) getragen, und mit der Ihlozi (als Schlange) stirbt der Bantu (wie Gessir Chan bei Eindrücken der in Aufbewahrung gegebenen Seele).

Unter des Donners Schall als Tonitrus (βροντή) leuchtet der Blitz oder Fulgur (ἀστραπή) zum Einschlagen (Fulmen, als Κεραυνός) im fallenden Gestein (der Keraunier) für Askwig (zum Keil). Perun schleudert den Himmelsstrahl, während der Donner (in Grom) als Jüngling gilt, der Blitz (in Munga) als Jungfrau (bei den Slaven). Aus dem Blitzstrahl (beim Herabkommen seiner Mutter) ist Tawhaki geboren, der (das Lebenswasser herabbringende) Heiland[3]) (für Maori), ein Bar Anosh (zwischen Daniel's Wolken). Mit dem Gewässer der Trommel Lakpa's (umgeben von seinem Sohn Akotia und seiner Frau Krolo) wird (beim Erntefest Homowo) das heilige Wasser Oku (zum Krankheitsheilen und langen Leben) bereitet (durch den Wulomo).

---

[1]) A naturally sared, „rongo" (in Banks' Island) oder „sapuga" (auf den Neu-Hebriden) „is given by the presence of a spirit, or association with it" (s. Codrington), associated with a stone (als marana beansprucht), am heiligen Platz (Tana rongo). The spirit is at the stone (o vui ape vatu).

[2]) A man whose familiar spirit is associated with a snake eel, owl, crab or some such creature, visits it and makes its offerings (s. Codrington). Some men by Gagaleva can turn into a shark (in Melanesien). The Fetish of Abomey is the leopard, that of Whydah the snake; the human sacrifices at the See-que-ah-hee are neither to the invisible god „Seh" nor to the Fetish „Voh-dong" (s. Forbes). Daula, als mit dem Fregatt-Vogel verbundene Tindalo, wird zur Beschleunigung von Bootreisenden angerufen (auf den Salomon). Die Eidechse, the male of which is called Ibirri and the female Weika (s. Schürman) is said to have divided the sexes (bei den Port Lincoln-Stämmen). Der Vogel pickt (auf den Antillen) die Frau, als eingebohrter (bei den Hebräern).

[3]) Christus heisst „Tonans et fulgens deus" (s. Pieper) in Cortesius' (apostolischen Protonotarius') Dogmatik (1513 p. d.). An dem matten Scheine der gemeinen Psychologie

Wie sonst durch einen Fluss (gleich dem Styx), wird die Liau (der Dayak) durch einen Feuerstrom (dessen Kreuzung eines Eisenbootes bedarf) vom Jenseits fern gehalten, unter Zufügung der durch Lebenswasser neubelebten Liau Krahang (zur Auferstehung des Fleisches), und die beim Herabregnen der Pitris (aus brahmanischem Soma) aufspriessenden Seelen, werden in Pflanzen gegessen für Wiedergeburt (der Dayak).

Jede Thräne aus den Augen wird ein Tropfen im Fluss der Tchinvad-Brücke, und dann verbleibt die Seele des Todten an solcher Stelle (nach dem Sad-dar), wie die Thränen der Klagenden (bei den Mandäern), die „Wasserbäche" füllen (s. Brandt), in Hafique majje (als Thränenfluss), und das Kindlein schwer zu schleppen hat an seinem Thränenkrügelchen, (wenn die Mutter allzu lange fortweint).

Die nach dem Tode (aus Hambaruan gewandelt) für Lewuliau oder Geisterland (unter Rückkehrsmöglichkeit von dort) fortwandelnde Liau (der Dayak) wird seit dem Todtenfest (Tiwah) dort festgebannt, durch (den Sangiang) Tempon telon (und seinen Sklaven als Telon) in einem Eisenboot (Banama sananam) übergeführt (durch den Feuerstrudel oder Kiham-apui) hindurch (mit den Gana der beim Tiwah gebrauchten Hampatang, aus den mit Häusern und Schätzen bemalten Brettern, den geschlachteten Büffeln etc.). Am folgenden Tage wird die Liau Krahang nachgesandt, die mehr materiell körperliche Seele (bis dahin bewusstlos in der Leiche zurückgeblieben), indem alle Haare, Nägel, Gliedmassen u. s. w. des Verstorbenen mit Lebenswasser (Danum Kaharingan) begossen werden, um (zum Leben und Bewusstsein gebracht) in Lewuliau mit der Salumpok-Liau sich vereinigt zu finden (s. Hardeland). Nach langem Leben (betreffs welches Punctes allein der stoische Weise vor den Göttern zurücksteht) in Lewuliau, (wo die Geschäfte des Erdenlebens fortgesetzt werden), kommt die Liau zurück, in einen Pilz (Kulat) oder Baumfrucht (Bua), und wer davon isst, empfängt die Kraft zu zeugen oder zu empfangen (so dass die Liau als Kind wiedergeboren wird).

Kann volle Auferstehung[1]) des Fleisches nicht gewährt werden, spukt Sisa (nach Abscheiden der Kla), am nigritischen Grabe, und dann wird es dort unheimlich (mit Umgehen der Gespenster).

Auf den Friedhöfen bei Tage Lichter anzuzünden, war verboten, um nicht die Seelen der Heiligen zu beunruhigen (auf dem Concil von Illiberis), wogegen die Anamiten (beim Allerseelenfest) Lichter entzünden (den eingeladenen Seelen auf dem Wege zu leuchten).

Die träumerische Seele wird, um nicht (nach dem Tode) umherzuschweifen, festgerammelt oder über einen Fluss (oder Brücke) geschickt, doch dauert daneben der gesellschaftliche Seelentheil im Totem (des Schutzgeistes), und bei Verlänge-

nach den Erkenntnissquellen suchend erfuhr Kant (s. Herbart), „wie man bei rohen Völkerschaften zu Donner und Blitz den Gott des Donners, zu den Winden den Gott der Winde, zum wogenden Meere den Neptun hinzudachte" (1810), und die Dichter schaffen die Götter (seit homerisch-hesiodeischer Zeit), in Hand der Brahmanen (kraft der Mantras).

[1]) „Die krüpplichte Unsterblichkeit, die unser eigen jämmerliches Ich so dumm und kläglich, so mit allem Unrath nur fortspinnt ins Unendliche" (b. Z. Werner), und die Spiritisten haben darüber bestens Bescheid zu wissen, über die Vorgemächer zunächst, mit Anbau eines Geheimgemachs (wenn die auf den Dhyana-Terrassen getroffene Vorsichtsmassregel versäumt sein sollte). Il est impossible de traicter de bonne foy avecques un sot, mon jugement ne se corrompt pas seulement à la main d'un maistre si impetueux mais aussi ma conscience (s. Montaigne), und Götter selber kämpfen vergebens gegen die, welche nicht alle werden (im Lande der Thoren).

rung der Gedankenreihen unterscheidet sich unter Khuan ein beherrschendes Hegemonikon (Ming Khuam) bis zu der (aus Anschauung der *ιδέαι*) praeexistirenden Seele (gleich Kla zur Heimath zurückkehrend).

Wenn die das ihr genommene Kindlein beweinende Mutter von diesem gebeten wird, sein Thränenkrügelchen nicht zu beschweren, wenn die „Wasserbäche" (der Mandaer) durch Thränen sich füllen, und dann der Fluss an der Tschinwat-Brücke (der Parsen) den Eingang zur seeligen Ruhe erschwert, wenn ähnliche Versionen aus indianischer Folklore entgegentreten und anderswoher (in *εικώς μύθοι*), so haben wir hier einen Elementargedanken (unter vielfachen sonst), dessen Aufsprossen auf psychische Zellprocesse führt, unter klimatisch-meteorologisch bedingten Variationen (für ethnische Wandlungen im Völkergedanken). Und indem solcherart Beispielsfälle (Dank der ergiebigen Sammlungsernte) jetzt in hundert- oder tausendfachen Repräsentationen vorliegen, kommt es fortab nur auf die Zahl bereitwilliger Mitarbeiter an, um jedes der vorliegenden Pensa (eins nach dem andern) zu erledigen (bis auf letzte Decimalstelle im Detail).

Was auf allgemeine Menschlichkeitsgefühle zurückführt, also von jedem gefühlt wird, dem „nihil humani" fremdartig, meint superklage Weisheit nun als selbstverständlich zu bezeichnen, weil als natürliches schon denkbar, während es gerade eben auf die objective Erforschung ankommt, auf das Wie und Warum des Vorganges, wie beim Zellenwachsthum der Pflanzen etwa. Aus richtigem Verständniss desselben lassen sich oftmals therapeutische Hülfen entnehmen für die Pflanzenpathologie (zur Nachhülfe in veredelnder Züchtung), und so wenn der primäre Gedankengang genügend bekannt geworden, mögen von ihm allerlei Heilmittel gewährt werden, wo wir sie gegenwärtig besonders gar sehr bedürfen (für socialistische Schäden). Und so erscheint desto zeitgemässer solches Zeitbedürfniss, das sich anmeldet (nach naturwissenschaftlicher Durchbildung der Psychologie, auf Grund der ethnischen Beweisstücke). Im selbtverständlich Natürlichen wird die willkürliche Ausstattung freien Willens da aufgehoben, wo die Freiheit selbst sich bindet, (unter dem Gesetz). ·

Die Hambaruan, als die den Leib bewegende Seele[1] (im Traum schwärmend)

---

[1] Die Hantu bar anak (Gespenster der im Gebären verstorbenen Frauen) sind gefährlich (bei den Dayak). Die Sial oder Krankheiten (unter dem Radja sial) „wohnen oben im Himmel über dem Lande der Sangiang" (s. *Hardeland*), am Batangdanum baderep (dem einstürzen machenden Fluss). Der Radja Ontong (am Himmel Mahatara's wohnend) wird von den Balian um Glück gebeten (auf Borneo). Die Putir Santang (Töchter Mahatara's oder Hatalla) werden (wenn zum Losen angerufen) von ihrem Bruder (Umban) an einem goldenen Seil vom Himmel herab gelassen. (Das Reich der Djata ist im Wasser, das Reich der Sangiang im Himmel.) Als Sanger (durch Miteinanderverheirathen der Kinder) Mahatara's (im Himmel) schuf Djata (im Wasser) die Erde (wo den Sangiang die Menschen folgten). Die Krokodile sind Knechte der (in den Flüssen wohnenden) Djata, mit einem Kleid (Klambi) überzogen (in Wandlungsweise totemischen Fetische's). Sabuaja, Stammvater der Sangiang (die mit schwimmendem Eisen kämpfend, den Menschen erlagen) wohnt in Lewu Sangiang (wo Agatsteine das Lebenswasser oder Danum Kaharingan einschliessen). Eine Colonie der Sangiang wohnt am Barirai-Strom, ein am Djalajanstrom (in Borneo). Tempon telon, als Blutklumpen (unzeitig) geboren und von seiner Mutter ins Wasser geworfen, wurde von Puson balaso (beim Baden gefunden) zum lebenden Wesen geformt, mit Tempon tiawon vermählt unter den Sangiang (und zum Magah liau oder Seelenführer bestimmt, weil stärkster). Bei Entführung der Hambaruan durch Radja Sial werden die Sanyang zum Rückbringen an den Kranken gebeten (bei den Dayak). Auf Gebet bringen die Sanyang den Radjo Ontong (Glück zu gewähren). Der Doctor (in Australien) opened

lebt fort als Liau (bei den Dayak), die Hambaruan der tollen oder kranken Menschen ist durch böse Geister gefangen und fortgeführt (s. Hardeland). Im Liwaliau sprechen die Liau die frühere Sprache, aber im Gegensinn (auf Borneo).

Bei den Pomos träumen die Guten von einem glücklichen Lande, während die Bösen als Bären und Schlangen wiedergeboren werden (s. *Powers*). Der warme Platz der Guten und der kalte Platz der Bösen ist durch einen Wald mit Wölfen und Schlangen getrennt (bei den Flathead). Von den Seelen (khlesh) gehen (bei den Wintun) die guten nach Alel (oben), die bösen nach Pom kenta (ken oder unten). Die Guten gehen nach oben (olleh kon hara oder aufsteigend) zum glücklichen Lande des Westens auf den Geisterpfaden (klesh gemmot) der Sterne, während die Bösen (bei den Wintun) als Bären wiedergeboren werden (die nicht gegessen werden). Die guten Seelen werden im Rauch der verbrannten Leiche zum Himmel getragen, die bösen gehen in Eulen oder Coyote über (bei Tatu). Die Karok bitten Kareya, dass die Seele den mit Rosen bestreuten Pfad zum glücklichen Lande des Westens gehe, nicht den dornigen Pfad, (der unbestimmt wegleitet). Die Neeshenam passiren eine Brücke nach dem Seelenlande oder Poshwooshe koom (Tanzhaus der Geister). Nach den Senel haben die Seelen (wenn nicht in Coyotl übergehend) eine Brücke zu passiren, von der sie herabfallen mögen, (oder von einem wilden Bullen auf die andere Seite hinabgestossen werden). Die Seelen der Bösen haben (bei den Gallinomeros) auf einer salzigen wasserlosen Insel Steine zu klopfen (von krüppeligen Ungeheuern bewacht). Die Ashochimi werfen die Asche der verbrannten Leiche in die Luft, damit die Seele in die Höhe steigt nach dem Feuer in den Höhlen bei Punta de los Reyes, (um dann später in das glückliche Land des Westens einzugehen). Die Seele des Sterbenden wird von einem Vögelchen fortgetragen und, wenn nicht (weil böse) von einem Habicht gefressen, gelangt sie ins Geisterland (bei den Kelta).

Die verstorbene Seele (des Maori) sinkt abgeschwächt (unter hebräisches Rephaim) durch die abgestuften Schichtungen der Reinga hinunter[1]), bis zum Meto (Kalma der Finnen), wenn nicht zum Aufsteigen auf Himmelsterrassen neu belebt durch Tawhaki's Lebenswasser oder Vai-ora (Danum Karingan der Dajak). Die Einweihung in (des Orpheus) Mysterien (aus Aegypten thracischen Brauchs) geschah noch auf dem Todtenbette (für seeliges Leben), wie Konstantin's Taufe (zu Achyrona bei Nicomedia).

In Efate (der Neu-Hebriden) „the soul had to pass through six stages of existence, after which it died altogether" (s. Somerville), in Tukituki (des Westens)

---

his mouth and spat out a crystal amulet, he opened his mouth again replaced the Fetish and the crystal returned down the throat (s. Mann). Der Geheim-Stein (Leeka oder Heka) wird in Krankheit ausgesogen (als Crystall), am Hals getragen (in Tasmanien).

[1]) Cypressus mortuorum domibus ponebatur ideo, quia huius generis arbor excisa non renascitur, sicut ex mortuo jam nihil sperandum est, quam ob causam in tutela ditis patris esse putabatur (s. Festus), im Borborus versinkend (vor den Augen der Teletai). Vor der Stallthür gepflanzt, wird (in der „gestriegelten Rockenpbilosophie") das Vieh gegen Zauberei geschützt durch Aupflanzen von Hollunder, weil der Unterwelt angehörig (und so die bösen Geister günstig stimmend). Constantin (vor der Schlacht am Milvius) était un superstitieux, effrayé qui craignait d'être vaincu, s'il n'obtenait pas la protection de quelque divinité puissante (s. Boissier), im „heilbringenden Zeichen" (für die Ecclesia triumphans). „Ein Geklüfte, an dessen Höhlungen Flammen sprühen und Verdammte braten, bildet die Einfassung" (zum Gemälde von der Hölle); „in dem untersten, im tiefsten Abgrund der Hölle sitzt Lucifer der Satan, mit Ketten geschlossen, den Antichrist im Schoosse" (s. Engelhardt), in Hortus deliciarum (Herrad's von Landsperg).

durch Seritau und seine Gehülfen — Vaus („question") und Maki („dont know") — befragt, um bei ungenügenden Antworten an Maseasi übergeben zu werden (who cuts its tongue out, splits its head open and twistsed its head, back side foremost). Ausser dem Stamm Namtaku blieben unbelästigt nur die Tättowirten (die Mitiri oder Keikei genannte Zeichen tragend. Für Befragung durch die zwei Todesengel hat die (islamitische) Seele aufrecht zu sitzen (im Grabe).

In Malekula the soul dies three times (each time getting more ethereal and finally fading out altogether), anfangs (für 30 Jahre) noch unter der Oberwelt, to which region the sacred men have often been on a visit), in „a semi-corporeal existence" (s. Somerville). Von dorther, einer den Angekok wohlbekannten Region, stammen dann die Berichte über das Jenseits (classische oder indianische), in Mudgala's Bereisung der Himmel und Höllen (oder Sir Owein's und Collegen).

Auf eng umschlossenen Localitäten umgrenzt sich der Ahnencult (im friedlichen oder feindlichen Verkehr) und auch die Römer hielten die divi Manes im Mundus bei sich in der Nähe, wie in ihren (mit ägyptischer Umsicht ausgestatteten) Grabmälern die Etrusker, während schifffahrende Griechen sie in Skiai entliessen, auf mehr weniger umschriebener Localität, über den Westen hinaus, (bis wohin sie auf äussersten Entdeckungsfahrten gelangt waren).

Die Manes (abgeschiedene Seelen) oder dii Manes finden sich im Mundus (oder Orcus), zum Verarbeitungsmaterial für (einheimische)- „dii indigetes" neben neu hinzugekommenen, (als dii novensiles). Seit Jupiter Julius traten die Divi hinzu (θεοί bei den Griechen) im Municipalen-Cult (mit flaminischen Collegien).

Terra condebatur (s. Plinius), vor dem Verbrennen (wie von schiffenden Griechen geübt, die Seele nach dem nicht erreichten Westen sendend), um den Todten (im Mundus) bei sich zu behalten (in Grabmälern der Etrusker). Die den Todten schuldige Pflicht fordert deren justa (debita ferre oder exsequi), und nachdem sie erfüllt, wurde abgelehnt vom „letzten Mal", mit Abwischen am Handtuch (bei den Esthen), hinter welchem der Geist schon wartet (auf das Zurückkommen der Leichenbegleiter). Das Tuch, woran die von einem Leichenbegängniss Zurückkehrenden (in Frankreich) ihre gewaschenen Hände abwischen, wird zerstört (s. Noël).

Manes exite paterni (bei Bannung der Lemures oder Larvae). In Chäronea wurden die mit Ruthen aus Agnus castus geschlagenen Sklaven (als Personification des Hungers) zur Stadt hinausgeführt (wie Mamurius veturius in Rom), und so unter Lustrationen (Massilia's etc.) beim Okippe-Fest (der Indianer), wie beim Austragen des Winters (im Reinigungsfest überall), cf. Bh. i. s. Ps. (S. IX u. flg.).

Mit den Vui (melanesisch) wohnt jedem Dinge (im genius loci) sein Einsitzer (Innuae der Eskimo) ein, im (indianischen) Okki, gleich Wichten (s. Grimm), als „minuti dii" (b. Plautus) geheiligt (veihs von wih). Wie jeder Mensch und jedes Thier eine Hambarua (Seele) hat, so jedes (leblose) Ding eine Gana (bei den Dayak); die Gana können ihre Behausungen verlassen und zeigen sich dann Schlafenden im Traum, unter menschlicher Gestalt (s. Hardeland), gleich den Genien (und ihren Aequivalenten überall). Wie auf magischem Brunnen fluthend (in Fiji), folgen (bei den Indianern) die Seelen der Geräthe, ins (dahomeische) Jenseitsland (Kotomen), wo Alles, wie hier, nur schattenhafter, wenn nicht im Gegensatz gefasst (bei Zuschau steinerner Sphinx).

In den religiösen Gefühlen, eines sensus numinis, wird der Eindruck des Erhabenen durch das Walten übermächtiger Naturmächte hervorgerufen (in Stunden der Andacht eindrucksvoll wirkend), während bei den Bedräugnissen des täglichen Lebens die Erinnerung an schattenhaft Abgeschiedene sich einschleicht (ebenfalls mit dem Schauern des Unbekannten).

Wenn hier nun Fragen darüber (nach Hülfe im Leid des Lebens) sich stellen, werden die geistig günstiger Veranlagten am befähigtsten sich erweisen, die grosse Masse, welche sie überragen, durch ihre Antworten zu befriedigen, und wie sie unter einander dabei ihre Ansichten vergleichen, schaffen die Priester nicht zwar die Religion, wohl aber ihre Theologie, oder eine Mythologie, in theogenischen Dichtergestaltungen (unter hellenisch dafür Begabten).

Für die Wongshä selbst ist in den Geheimnissen der Gilde[1]) ihr Treiben nur „Betrug" (oder Akrohu), wogegen die nervöse Aufregbarkeit der Schamanen in seiner Begeisterung sich selbst betrügen mag (in dem, was er treibt).

Die Wongtschä (s. Bohner) sind eingeweiht in das Akrohu („das Geheimniss, dass es keinen Fetisch giebt"), wie auf höchster Ordensstufe der Freimaurerei, (wenn der „Know-nothing" zur Geltung kommt), und wo die Schamanen es mit der Begeisterung noch ernstlicher nehmen, zeigen sie sich meistens als betrogene Betrüger[2]) (in Selbsthypnose). Für den, der das Wissen erreicht hat, sind die Götter nicht Götter länger, die Veda keine Veda (nach der Brihadaranyaka Upanishad). In (drusischen) Lehren eines „Alter vom Berge" läuft es im Fanatismus hinaus auf einen Agnosticismus (wie in Nüchternheit des Materialismus).

Wichtigste Bereicherungen hat die Ethnologie demjenigen zu danken, was durch die Bekehrten (den Missionaren Polynesiens) über esoterische Geheimnisse ausgeplaudert ist, und dabei kommen auch manch böse Listen zu Tage, wenn Selbstgeständnisse von der Leber weg redend (in Rousseau's Cynismus) an die Reihe kommen, wie die der „Prophetess of Chemoinegan" (cf. Z. N. B. d. Ps. S. 142 u. flg.). The Fathers laid down as a distinct proposition that pious frauds were justifiable and even laudable (s. Lecky), bis zur Lüge (bei St. Chrysostomos), unter (Augustin's) Protest (gegen die Priscillianisten), und mit der Reservatio mentalis fällt jede Schranke (für loyale Loyalisten). Dem „allmächtigen Schöpfer des Himmels und der Erden" trat der Weltbildner (aus ewiger Materie) gegenüber (bei den Apologeten), mit demiurgischer Degradation (in der Gnosis), während auf die erste Schöpfung (des Chaos) neben der zweiten (in sechs Zeiträumen), die dogmatische Satzung dahin formulirt wurde, dass die zeiträumliche Welt ihren zeitlosen Grund in Gott habe (für die Schöpfung).

Obwohl man „Licht und Aufklärung ballenweis nach dunkeln Gegenden geschickt habe" (s. Tieck), gelang es den Schildbürgern nicht, die Sonne mit einer Mausefalle zu überlisten (wie mit einer Schlinge Maui's gelingt dem Maori). Res creata est illa, quae ad existendum nihil praeter deum praesupponit (s. Spinoza),

---

[1]) Der Apollopriester in Klaros wurde von Milet berufen (s. Tacitus), wie Tangaroa's Priester aus Rarotonga (nach Mangaia) und die Verehrung des Sakumo wurde von Tema nach La verpflanzt (s. Bohner), für dessen Gbalo (als Prophet).

[2]) Der (absichtliche) Trugschluss (fallacia) täuscht im Selbstbetrug (als Paralogismus) aus unrichtiger Sphärenvergleichung (im Schluss). Wegen der Ignorantia elenchi, im „Lügner" (als Eubulides' Sophisma) studirte sich Philetus zu Tode (und Chrysipp kam mit sechs Büchern nicht zu Ende). Die Cornuta quaestio (des Eubulides) führt in Verlegenheit, da (nach den Megarikern) nur Ja oder Nein zu antworten ist, wie erst bei richtiger Fragestellung erlaubt sein kann (unter inductiver Controlle), cf. W. d. V. d. (S. 11 u. a. O.). Wherever some impressive touch of natural awe comes upon the native minds, it apprehends the presence of some haunting Vui (s. Codrington), und das mag auch innerlich gefühlt werden (bei „na vuik") für die Seele (als Tindalo).

nicht ex nihilo (mit nihil nicht negativ gedacht, sondern als „aliquid reale“).
So lässt sich die Finsterniss greifen (bei Fredegar) in finsterer Nacht (der Moha).
Die Nacht (*ὀμήτειρα θεῶν καὶ ἀνδρῶν*) wohnt im Olymp (mit dem Schlaf), oder
auf ferner Insel (in Polynesien). Den Schlaf (Schenah) lässt Jahve Elohim auf
Adam herunterfallen (nafall) als Tardema oder Tiefschlaf (in der Sushupta-Ader
Brahma's emporsteigend).

Mit zeitlosem Anfang oder ewiger Schöpfung zur Erklärung gesetzt (in Ktisis)
hätte das, die Zeit (schöpferisch) lebende, Denken (zum Uebertritt aus räumlich
umschränkter Sinnlichkeit ins Uebersinnliche der Adrishta) bei seinem logischen
Rechnen in Unendlichkeitsberechnungen auszuverlaufen, unter hinlänglicher Schulung
(in ethnisch naturwissenschaftlicher Psychologie). „Es steht geschrieben: Ich
will zu nichte machen die Weisheit der Welt und den Verstand der Verständigen
will ich verwerfen“ (schreibt Paulus), bei Rückgang auf die Elementargedanken
(zu organischer Entfaltung in der Cultur). There is no such thing as a sudden
creation, a sudden appearance, but there is a slow metamorphosis, a slow develop-
ment from a preexisting form (s. Draper), mit der Finalursiche jedoch im Jenseits
(für adäquate Lösung). „It is certain“, according to „the doctrine of Evolution“,
„that the existing world lay, potentially, in the cosmic vapour“. But where it lay
before the cosmic vapour existed, deponent saith not (s. Wainwright), für Epikur's
Neugier (bei Hinausfragen über das Chaos).

Das in dunkelster Nacht des Mittelalters von Agobard's vereinzelter Stimme
bekämpfte Hexenwesen hatte, unter dem Leuchtschein inquisitionistischer Scheiterhaufen, sein volles Zeichen dominirend nochmals aufgepflanzt in Europa's Civilisation, gerade wann an der Schwelle der Neuzeit stehend, denn als Wierus
(obwohl er die 72 Fürsten, die in der Hölle über 7 405 926 Teufel herrschten, bei
Namen kannte) einige Zweifel zu äussern gewagt hatten, erhob sich Bodin („ce
premier homme de France“) gegen solche „Blasphemien“, zu doppelt verschärfter
Ausrottung aufrufend (im Hexentreiben).

Der Vertreter solcher Ansicht, — ein freisinnig edler (in seinen Heptaplo-
menes über den Religionspartheien stehender) Geist, der (mit Noth den Gräueln
der Bartholomäus-Nacht entkommen) sich als Ketzer angeklagt fand (unter den
Wirren der Ligue) —, gehörte zu den Besten seiner Zeit („un bon aucteur de
nostré temps et accompagné de beaucoup plus de jugement, que la tourbe des
escrivailleurs“), nach dem gleichaltrigen Zeugniss dessen, dem (in Voltaire's Anerkennung) das erlösende Wort (des gesunden Menschenverstandes) zu verdanken
bleibt: „Aprés tout, c'est mettre ses conjectures bien hault prix, que d'en faire
cuyre un homme tout vif“ (s. Montaigne). Damit war es denn allerdings allmälig
vorbei, für die gebildeten Klassen der Weissen, aber was während all' solcher
(durch solche „Zeichen der Zeit“ characterisirten) Zeit, und Zeit-Epochen (im
XVI. Jahrh. und weiterhin) das auf den Entdeckungsschiffen ausfahrende Matrosen-
Volk den Schwarzen erzählt haben mag, hätte diese mit vollen Segeln in die
extremsten Excentricitäten des Fetischismus hineinjagen müssen (zumal sie in der
elementar allgemeinen Schichtung desselben voraussichtlich schon drinnen sassen).
Bodin (in der Polemik mit Wier) „showed how the laws of all nations recognised
the existence of witchcraft“ (s. Lecky) mit Cicero's Beweisführung für die Gottheit
(consensu omnium gentium).

Dass wer in seinem Gott dem allmächtigen (über Zumuthung jeder Verantwortlichkeit weit erhabenen) Schöpfer des Himmels und der Erde (und des
Menschenwurms dazwischen geringelt) sich beugt, zu jeder That (oder Unthat)
„ad gloriam dei“ bereit sein darf (und muss), um die gegen seines Herrn Gesetze

Frevelnden zu strafen, ist selbstverständlich. Nicht weil gut ist das Gute, sondern weil von Gott geboten (s. Tertull). Ad poenam quoque pertinet et haereticorum odium, quod fides illis data servanda non est (bei Simancas). So dass hier nur die Vernünftigkeit hilft (im logischen Rahmen), nach Rationalität (der Gleichungsweise).

Die Heiligkeit liegt in der Reinigung durch Waschen (der Phu-loi), auch des Innern in den Eingeweiden (bei des Dalai-Lama Controverse mit Sankara-acharya) oder symbolisch (im Taufact).

„If a sacred man even passed a village, where a death had occurred" (in Efate), hatte er sich zu reinigen (s. Macdonald), wie der Flamen dialis sich verunreinigte (in Berührung mit Todtem). Marcellus konnte nicht in Athen (der Verunreinigung wegen) begraben werden (s. Sulpitius Severus), und für solch weitere Lästigkeiten hilft der jährliche Reinmachertag aus (am Kalabar), cf. „der Fetisch" (S. 21 u. flg.).

Die aus afrikanischem Fetischismus vornehmlich bekannten Gaukeleien wiederholen sich allüberall (mutatis mutandis), und wie zum Auffinden des eingegrabenen Fetischzaubers die willige Heerde der Gläubigen den auf einer Zange vorangetragenen Kohlen folgt (in La), oder einer Wünschelruthe (zu Görres' Zeit), so, in befrackter Gesellschaft, dem Gedankenleser, aus dem Hotel (hinwenig bis über die Linden) in der Metropole (der Civilisation). Amulette (als Milongo) finden stets rapiden Absatz auch im illegitimen Handel (ausserhalb des mit Relicten erlaubten). Die Bedienten des Wongtschä kehrten mit einem Besen die glühenden Kohlen¹) zurecht, worin ihr Meister sprang beim Zehentanz, mit nackten Füssen (wie im alten Italien), und so das lustige Volk am Johannisfeuer (noch heutzutage). Die Taschen seiner weiten Pumphosen lassen sich vom Fetizero mit gleicher Leichtigkeit für Taschenspielereien verbreitern, wie die jedwelches Magiers, als Bosco (im Gross-Kophta), und das Capitalstück besteht durchweg darin, dass er an der mit Blut gefüllten Darmblase des Halsanhängsels sich selbst den Hals abschneidet (oder den Kopf auf der Bühne), unter Trauerklang des Trommelschlags, um dann unterher, — von der Blutbefleckung des weissen Tuches, womit ihn die Gehülfen (in Akkra) bedeckt haben, — als Wiedergeborener neu herauszukommen (im Jubel begrüsst), und wenn sich dies dann von dem Menschengott auf den in ihm agirenden Gottmenschen überträgt, steht Alles fertig, was in Baldur's oder Atys' Sagen besungen werden mag, wenn in einem durch edle Veranlagung begünstigten Culturvolk ein poetisches Talent zur Entfaltung gelangt, in Weihe der „Mania" (platonischen Schwungs) durch religiöse Begeisterung, und obwohl oft genug zwar durch Priestertrug entstellt, doch zum Frommen des Gemeinwesens, wenn fromm und ächt (in gläubigem Sinn).

Le grand féticheur est à la tête d'une véritable armée de jongleurs, dispersés dans les villes et dans les villages (s. Laffitte) in Dahomey (1877). Das

¹) Beim Tanz auf glühenden Kohlen (in La) sind dieselben durch die Gefährten des Wontschä mit einem Besen vorher auseinander gestrichen (s. Bohner). Vor dem Ordeal des heissen Eisens (in der Shi-Butter) lässt der Okomfo die Hand im Wasser mit dem Saft des Seidenbaumwollenbaums stecken (wo kein Verdacht). Zum Beweiswunder seines Fetisches fällt (beim letzten Knalleffect) der (aus durchschnittenem Blutdarm am Halse) mit einem Messer (unter Trauer-Musik) getödtete Wongtschä aus dem Tanz leblos hin (unter das weisse Tuch seines Gefährten), um durch Reiben mit weisser Erde sodann wieder lebendig zu werden (in La), bei den in heiligen Mysterien gehörten Klagen über der Götter Sterben, um das Hoffnungssymbol der Auferstehung aufzupflanzen (in adonisischen Gärten).

sind die „klugen Leute", die über „die dummen, die nicht alle werden", herrschen, wie die Marquise d'Ancre über die Schwachköpfe (am Königshofe). Die Otutufonjo dienen, als „geheime Wongtschä" (s. Bohner) zur Spionage (in La), in Geheimpolizei (japanischer Detectivs). Im eifersüchtigen Streit (um die Favorite-Secte) für die Orthodoxie jedesmaliger Secte, wird es von der entsprechenden Persönlichkeit abhängen, ob der Einfluss ein guter oder schlimmer (in moralischer Hinsicht) für das practische Leben, während das Sehnen (von Rapunga her) ein unauslöschlich gleiches bleibt, ob in religiöser Gläubigkeit Befriedigung suchend (bis zu mystischer Betäubung), oder in philosophisch logischer Zersetzung, um den Ausgleich zu finden (durch deductio oder inductio).

Vor seinem Hofstaat tanzt der König von Dahomey, und David vor der Lade seines Gottes (wie die Bayadere im Tempel des ihrigen). Getanzt wird, dass jeder Theil des Körpers „sentiret religionem" (s. Servius). Die Sangiang kommen herab, um in die Baliau einzufahren, beim Tanzen an den Festen (in Borneo), und so der Chao (in Siam), cf. V. d. östl. As. III (S. 282). Zu Ehren Gard's, der vom grossen Geist aus dem Jenseits zum Friedenspredigen zurückgesandt wurde (seinem Bruder erschienen), tanzen die Hupa den Friedenstanz. Zur Acoru-Ernte diente den Meidoos der allessende Tanz (Cameeny Canpaywa lacoam). Neben dem Kleetanz findet sich der Skalptanz (Hup chuna) bei den Wintun (in Wanderungen mit den Bergstämmen handelnd). Der Neeshenam (mit den Piutes oder Moanousie kämpfend) tanzt den Wayda, (um nicht von Schlangen gebissen zu werden).

Die dem Könige gezollten Huldigungen nähern sich leicht den göttlichen an, beim König Loango's sowohl, wie denen der Ashantie und Dahomeer, oder dem Himmelssohn (in China). In Indien sind den irdischen Titeln himmlische zwischengemengt, und bei den Persern thront am höchsten der Feruer des Thrones (oder Shah) in der Rangordnung (als Genius oder Tyche des Kaisers). Dem Inca gebühren seine Ehren, als Sonnensohn, wie ähnliche in Mexico beansprucht wurden (und transatlantisch sonst). Auf demokratischem Niveau der Hellenen bewahrt sich individuelle Gleichheit, wie in römischer Republik, aber als Jupiter in Julius Caesar gefeiert war, verbreitete sich (wie vorher schon unter dem Eindruck macedonischer Ruhmesthaten) ein Cult der θεοί Σίβαστοι, des Divus Augustus (von Flamines Divorum et Augustorum, und Seviri bedient), und nun schritten die Götter in Menschen daher, Neptun in Sextus Pompejus, Dionysos und Herakles in Antonius; wie Paulus und Barnabas ablehnten, als schon ein Tempel an der Quelle des Jordan errichtet war (durch Herodes). Im Widerwillen gegen solche Menschverehrung trat besonders (bei den Neocoren Jehovah's) jüdische Opposition hervor, und der Anlass zu den Christenverfolgungen war meist in Weigerung der durch staatliche Satzungen geforderten Ceremonien gegeben (im Entzünden des Weihrauchs, zur Theilnahme an allbeliebten Festen, denen ein socialer Character beiwohnte).

Die (schimpfenden) „Ob" (oder Obsessi) werden ausgetrieben (unter Schimpf und Schande), aber die Götterlein (die Divi, auch der Divi filius) sprechen [1] aus alter Gewohnheit gern in Orakeln, wie der Kalith zu seinem Priester, cf. „Allerlei aus Volks- und Menschenkunde" (Vol. I, S. 33).

„Weil φρένες die die Eingeweide umschliessenden Fetthäute sind, die bei tödtlich verwundeten Kriegern oder frisch geschlachteten Thieren noch zu vibriren pflegen und die man sich daher als das körperliche Organ der inneren Empfindung

---

[1] The spirit Tagaro puts his power as a spirit into a man, „manag", so that he speaks, what otherwise he could not (in Leper's Island), aus Manas (als sechsten Sinn).

und des Denkens vorstellt, so haben die Schatten der Verstorbenen keine „γρίνις"
(s. Rost), während die Eingeweideschau[1]) Aufschluss über jenes Jenseits zu geben hat,
das im Todesaugenblick geschaut, aus dem Nachzittern gelesen werden mag, wie
die Praeexistenz der Kla (in Guinea)aus dem Horoskop (im Augenblick der Geburt).
cf. „Der Fetisch" (S. 56).

Im immanenten Zusammenhang mit der alldurchdringenden Wesenheit, mag
das Denk-Individuum nach momentan subjectiver Stimmung Anweisung zur Auswahl des Fetisches im Naturgegenstande (als Gott) empfinden, und wird dieser
dann stets gut (als Gott eben) zu handeln haben, dem Besitzer gegenüber (wenn
seinen im Opfern dargebrachten Bitten genügend), obwohl vielleicht schlimm und
hart erscheinend dem Gegner, den der über ihn gesandte Dämon (-Gott) mit ge-
rechter Strafe schlägt. Bei all' derartigem Verkehr mit dem Fetischgott (in Guinea)
ist darauf Bedacht zu nehmen, das Unheil, im Gelärm gegen das Böse, hinaus-
und fortzutreiben, die Spiessgesellen des Radja Sial (auf Borneo) im (an- und
ausgespieenen) Sipang (auf Kamtschatka). Um die Weihe mit rein gewaschenen
Händen vorzunehmen, bedarf es der Reinigung von anhaftendem Schmutz, und
wenn sich derselbe (seit vorweltlichem Verbrauch der Elementarstoffe) derartig
anhäuft, um einen Augiasstall zu füllen, wird für Ausmistung desselben ein Heros
benöthigt erachtet, wie ihn die Maori solchen Zwecks wegen, zu Rehua schicken
(im Himmel russiger Feuer-Esser, mit demiurgischem Gewerkzeug).

Nach Austragen des Kehricht[2]), bei lärmendem Hinaustragen des Pocken-
gespenstes stellt der Wongtschä aus Lehm geknetete Schirmfiguren an den Eingang des Dorfes (in La), — aus Stein (in Sumatra) —, während (in Bangkok) ein
geweihter Faden genügt (nach Verscheuchen durch Kanonendonner) zum Umziehen
mit dem Pirit (als durch theologische Sprüche geweihte Rüstung). Tamate gangan
(stones of a remarkably long shape) are set on a house to guard it (if a man's
shadow fall on one, it will draw out his soul from him).

Die gnostische Frage des πόθεν τὸ κακόν wird von den Nigritiern in einfach-
ster Weise dahin beantwortet, dass das Böse aus der Unreinigkeit stammt, mit
deren Anhaften im Schmutz[3]) die Würdigkeit fehlt, dem Heiligen zu nahen, ehe
nicht die Reinheit hergestellt ist, und so wird stets vorher der Kehricht aus den
Häusern und dem Dorfe ausgetragen, ehe ein Ceremonial begonnen werden darf,
wodurch die Gunst göttlicher Mächte erfleht werden soll. Wer dagegen sich nicht
scheut, die ekelen Abfälle (organischer Zersetzung) in Benutzung zu ziehen, um
die den Nebenmenschen schädlichen Zaubermittel anzufertigen, der erweist sich

---

[1]) Het dooden van dieren, als honden, warkens, kippen en geiten betrachten die Alfuren (auf Banggai) als Gelegenheiten (besonders bei Krankheiten) om uit de ligging der
ingewonder of het verloop van aderen on spezen te tookonnt to voorspellen (s. de Clercq).
In der Minahassra wird aus Vogelgeschrei prophezeit (auch auf Balanta).

[2]) Στέρησις ἄρα ἐστὶ τὸ κακὸν καὶ ἔλλειψις (s. Dionys. Ar.). Δύο δαίμονας εἶναι, τὸν
μὲν οὐράνιον, τὸν δὲ χθόνιον (b. Pythagoras), δαίμονα καὶ τὸ κακὸν (θεὸν καὶ τἀγαθόν).
Malum nihil est (s. Boethius). Διὰ δὲ πονηρὰν ἕξιν τινὰ τοῦ σώματος καὶ ἀπαίδευτον
τροφὴν ὁ κακὸς γίνεται κακός (s. Plato). Das Böse hat keine Substanz (b. Basilius), Deus
non est autor mali (seit manichäischer Polemik). „Sieh, nun ist das Wollen und Begehren,
das wider Gott ist, das ist nicht in Gott, denn Gott mag nicht wollen wider Gott oder
anders als Gott. Sieh, darum ist es bös, oder nicht gut, oder nichts nicht" (1579).

[3]) Schön (wie „scheinen") ist rein oder sauber (niedersächsich). Gods oder (b. Kero)
cuat (gut oder guot wird durch Ulphilas unterschieden von godhit, als zeitliches Vermögen
oder Gut (gods, schwedisch), der „boni homines" (bei Gothen).

als der böse Feind, der auszurotten ist vom Antlitz der Erde (in den Hexen-verfolgungen).

Nach Mawu's Rathschluss wird die rein und hehr in Präexistenz weilende Seele zur Erde herabgesandt, und indem sie hier mit ihrer Leiblichkeit sich bekleidet, wird sie durch die Vergänglichkeit derselben in den Zerfall mit hineingezogen, wenn nicht den Warnungen des Schutzgeistes (als Okra) getreu, von sündhaften Begierden sich enthaltend und die Reinigkeit bewahrend (in allem Thun und Denken). Je mehr dadurch also befleckt, wird sie (beim Abscheiden im Tode) die Qualen gespenstisch spukender Sisha zu erdulden haben, statt froh und frei zurückzukehren nach der oberen Heimath, wie ihrem Empfange vorbehalten (beim Bestehen tugendhafter Erprobung). Liquet igitur, esse beatitudinem statum bonorum omnium aggeratione perfectum (s. Boethius), in Gott (als Guten).

Das Ichgefühl, das sich fühlt (und zur Empfindung kommt), ist nicht der Leib mit seiner (entelechisch) zugehörigen Seele, auch nicht der (θύραθεν zugetretene) Nous, (weder dieser ist der Mensch, noch „corpus anima est"), sondern der individuelle Eindruck himmlischen Waltens in irdischer Verkörperung, und wenn deren Zeitdauer abgelaufen, kehrt die Kla, — falls nicht aus dem Verkehr in Vergängliches mithineingewoben (soweit nachdauernde Erinnerung demgemäss reicht, für unterweltliches Todtenreich) —, nach der Ewigkeit des Oben zurück, um dort Bericht zu erstatten, über das, was während des Ablaufens individuellen Persönlichkeitsbestandes geschehen, und solcher Verkündigung gemäss sodann die Werthabschätzung an dafür gültiger Stellung der Weltordnung einzufügen, (in gesetzlichem Durchwalten), und zwar hat hier sodann durchgreifend dasjenige zu reden, was dem ermahnenden Reden des (nach Art der Fravashi) im Daimonion herabgesandten Schutzgeistes oder Genius (als deus tutelaris oder numen tutelare) gemäss, zum Besten des gesellschaftlichen Kreises (in moralischer Bewährtheit) gehandelt und geschehen, nach den auf der Gesellschaftsschichtung eben ausgesprochenen Reden (wie dem Gesellschaftswesen verständlich).

Die der mysteriellen Weihe Verlustigen versinken wieder in den „Borboros", das Schmutzige ist das Böse, und so wird das zur Reinigung (in Guinea) gewählte Opfer vorher an unreinen Plätzen vorübergeführt (das Unheil mit sich fortzunehmen), wie der Fetizero, um die Hexen (andrerseits) zu belauschen (oder von ihnen unterrichtet zu werden) an Abfallsorten schläft (ausserhalb der Stadtumzäunung).

Demgemäss werden dann die Fetischstränge geknüpft, als Zaubermittel, wie im Siedkessel gebraut (von Seidhr). An Stelle der Bullae (eine „res turpicula" einschliessend) sind die „Agnus dei" (s. Baronius) getreten, aus Wachs, Balsam und Chrisam gefertigt, wie von Papst Urbanus Vitus dem Kaiser überschickt („munus do tibi magnum").

Das magische Gefängniss deisidaimonischer Bindung des psychisch angeeigneten Fetisches verknüpft sich am nachhaltig dauerndsten mit dem stabil verharrenden Stein in dem durch ihn, als rongo oder sapuga, im Umkreis geheiligten Platz, während lebendig vertraulicher (neben den eher dichterisch anhauchenden Pflanzen) das Thier herantritt, zum Begleiter (im Totem, als Schutzgeist).

Heilige Steine, als Matiu (in Aurora) „are believed to have been produced in the ancient time of universal darkness (gong tali), when, if two men were sitting at all apart, a stone would grow up out the ground between them" (s. Codrington), als bereits vorhanden gegebener Untergrund (für die Schöpfung).

Auf den Wassern (bei den Wotjäken) umherfahrend, sendet Inmar den Satjan in die, selbst dem Krebs unbekannten, Tiefen, um Sand heraufzuholen (s. Munkácsi). Und so holt sich aus der Zirbeldrüse (vom Sitz der Seele) der

Hirnsand (acervalus cerebri), verwässert (bei Manitu's Schöpfung, aus dem Sandkorn der Wasserratte). Die zu Panopeus aufbewahrten Reste des Lehm, woraus
Prometheus Menschen geformt, rochen nach Menschenhaut (s. Paus.). Buddha (in
der Maha-Karuna-Pundarika-Sutra) belehrt Brahma, dass nicht von ihm, sondern
durch das Karma die Welt geschaffen ist (wie bei javanischer Schöpfung die
Glockentöne des Früheren sich hörbar machen).

Auf einem Stuhl sitzend schuf Kareya die Welt, erst die Fische, dann den
Menschen (bei Karok). Auf dem Wasser des Anfangs war nichts als eine Riesen-
schildkröte, die die Erde beim Tauchen hervorbrachte (nach den Corusic am Sacramento). Vischnu trägt als Schildkröte (den aus den Wassern aufsteigenden
Meru).

Auf der Anfangs glühend geschmolzenen Erde (deren Feuer durch die Wurzeln
an den Baumstämmen heraufdrang, woraus es mit einem Bohrer gezogen werden
kann) schuf der grosse Mann (Kaylin meidoo), im Bitz herabsteigend, eine Frau,
mit welcher er die Menschen zeugte; der formlos als Erdwurm geschaffene Mensch
wurde durch den Mond gespalten (an Beinen) und erhielt Arme durch Spalten
des Lichtgottes (bei den Neeshenam). Dem vom Otalapass formlos geschaffenen
Menschen wurden durch Ecannummit mit einem Stein Augen und Mund geöffnet,
Berge abflachend und den Gebrauch der Netze lehrend (am Columbia). Nach den
Gallinomero (Kalli topti oder obere Häuptlinge verehrend) schuf der Coyote die
Welt.

Als der (gute) Mond und der (böse) Coyote die Welt schufen, wollte der
Mond die Menschen so machen, dass sie beim Sterben nach einigen Tagen (wie
er selbst) wieder zurückkämen, aber der böse Coyote bestimmte, dass die Leichen
verbrannt werden sollten (bei den Neeshenam am Bear River).

Am Pitt River (mit den Achomaves, Hamefeuttehes, Astakaywas) wurde die
Erde durch Aufkratzen des Coyote geschaffen und durch Erhebung die Berge (um
darauf zu sitzen) durch den Adler, aus dessen abfallenden Federn Bäume wuchsen.
Als dann der (böse) Coyote und der (gute) Fuchs Menschen schufen, sagte der
Coyote: „Wenn sie sterben wollen, lass sie sterben;" wogegen der Fuchs: „Wenn
sie zurückkehren wollen, lass sie zurückkehren." Da Keiner zurückkehrte, galt das
Wort des Coyote (wie das der Ratte auf Fiji). Als Alles Wasser war (nach den
Yocuts am Tulare) stand nur ein Pfosten hervor, auf dem abwechselnd eine Krähe
und ein Habicht ruhte, bis sie der Einsamkeit müde, Vögel schufen, von denen
eine Ente Erde heraufbrachte, welche von dem Habicht östlich von dem Techat
chaipats-Pass aufgehäuft wurde, von der Krähe westlich, bis sie bei Mount Schasta
zusammentrafen. Da (durch Stehlen der Krähe) die westlichen Berge höher waren,
drehte sie der Habicht (durch Kauen von Kräuterspeise) herum, so dass jetzt die
Sierra Nevada höher ist als die Coast range (und so werden die Berge zum Gleichgewicht umhergetragen, durch Java's Götter). Aus dem Haufen rother Erde in Potter
Valley ist (nach den Tatu) der erste Coyote-Mensch geschaffen (wie Josephus' Adam,
der rothe). Die Pomo heissen Volk der Erde (Pum), von dem Coyote stammend
(der aus der Erde geschaffen wurde). Die bei der Fluth auf den Bergspitzen Geretteten (nach den Totowa) bevölkerten die Erde beim Sterben mit Bären, Schlangen,
Insecten u. s. w. (je nach der Phantasie), und erhielten von den Schlangen-
Indianern (an den von den Spinnen-Indianern gewobenen Netzen aufsteigend) das
(mangelnde) Feuer der Mond-Indianer (s. *Powers*). Als von dem aus der Fluth
(am Sacramento) geretteten Paar die Abkömmlinge sich vermehrt, fühlte sich ein
in Versenkung nur von Gedanken genährter Stammes-Häuptling (nachdem er in
einem Schlaf unverwundbar geworden und nun die Vergangenheit durchschaute)

zur Gleichheit mit dem Grossen Geist erhoben und befahl ihm, das Wasser von dem Lande abfliessen zu lassen (durch Felsbruch), wo seine Vorfahren gelebt hatten. Wie Nepal's Wasserfall, entwässert der Tequendama, durch Bochica's (statt Mandjusri's Schwerthieb) Stab (bei Chibcha). Für die aus dem Feuer geretteten Knaben (bei Zerstörung der Welt) schuf der Coyote Gefährten aus Holzsplittern (nach den Chenposel am Sacramento). Wenn wir in Vergliederungen der Causalitätsbeziehungen (zwischen Ursache und Wirkung) mit dem Rückgang auf das äusserst Letzte gekommen sind, so ist das Wirkliche vorhanden hervorgetreten (s. Aristotl.) aus einem Hades des Ungesehenen (in Adrishta). Wird hier von einer Schöpfung ex nihilo gesprochen, so bezeichnet Nihil ein durch dieses (seine Negation einschliessende Wort) ausgedrücktes Etwas, gleich der anfänglichen Finsterniss (b. Fredegar), und wenn die Gottheit dahinter stehend gesetzt wird, so ist das die subjectiv geschaffene Zufügung einer Gliederreihe weiter, die an sich schon über dem Objectiven darüberhinausstehend, in keiner Weise weiter noch helfen kann, weil wenn etwa nun wiederum für die Erklärung in einer Causalitätsreihe hinzuziehen versucht, sie in den „Regressus ad infinitum" abzugleiten hätte, in der, eine Verdeckung durch εἰκότες μῦθοι spottenden, Weise (einer bekanntesten in der Geschichte der Mythologien von allüberallher), so dass schliesslich — mit einer ἀναιτίως αἴτιον (b. Proklus) — nur das Abschneiden der Pradhana (mit „wurzelloser Wurzel") verbleibt (in der Sankhya), oder der Vorbehalt auf teleologischem Abschluss (im Buddhagama), so lange nicht das logische Rechnen zu seinem Infinitesimalcalcul gelangt sein wird (mit naturwissenschaftlich behandelter Psychologie).

Beim Abscheiden im Tode verbleibt die Seele zunächst in der Nähe des Körpers, bis man unter Opfergeschenken Abschied nimmt (in Akkra), mit Verabschiedung beim Abwischen am Handtuch (der Esthen) —, mit dem Abschiedstrunk (Eschä woschiteda), unter Schlagen der „Trosttrommel", beim Minne-Trinken für St. Gertrud (zur Herberge) —, und dann begiebt sie sich auf ihren Weg, über Ajisana (an der Mündung des Volta) hinaus, in das Reich des Dunkels (Hine-nui-te-po's der Maori), bei (flaminischer) Abscheidung der Tag- von der Nachtseite, da der Tod der Bruder des Schlafes, dem der Todte jetzt angehört, weshalb man ihm (nigritisch) zuruft (s. Bohner): „Die Rückkehr[1]) dünke dir schrecklich, vor dir lichte Helle," und so (im Reinga) die Antwort der Gattin, als ihr Gatte (gleich Orpheus) in der Unterwelt[2]) sie sucht (s. J. White).

Was hier von dem Körper sich trennt ist der Sasuma (in Guinea) oder Sumangat (bei den Battak) entsprechend, während der Doudi (auch in Mehrheit der Modificationen im Seelentheil) zum Himmel aufsteigt (s. Hagen), oder als der

---

[1]) Der Leidtragende bereitet (mit Geschenken) dem Todten Abschied, damit er ihn nicht durch Zuwünschen nach sich ziehen möchte (in Guinea). In Gasia matea (the eating the death) wird mit dem Todten gegessen (bis zum Vulqat). Am fünften Tage wird der Geist von der Leiche lärmend fortgetrieben (auf Banks Island). Die auf Seite der Planeten durch des Mondes Pforte im Zeichen des Krebses auf die Erde hinabkommenden Seelen kehren durch die Pforte des Saturn, im Zeichen des Steinbocks zum Himmel zurück (b. Porphyr). „Die Sonne geht zu Gnaden" oder (b. Kaisersberg) „Naden" (niederneigend).

[2])   Quisque suos patimur manes, exinde per amplum
    Mittimur Elysium, et pauci laeta arva tenemus (s. Virgil).
Die Seelen der Götter, deren Leiber in Aegypten bewahrt wurden, glänzten in den Sternen (s. Plut.). Die Atmat (Seelen) springen in den See von einem Baume (auf Leper's Island).

Schutzgeist (im Okra des Nigritier) zur seelischen Heimath der Präexistenz (im
κόσμος νοητός) zurückkehrt, nach Mawu's Nodsie (bei Heimkehr der Kla); die Empfindung einer Doppelheit (aus mitgeborenem Genius) beim Gerede (des Daimonion)
vorbehalten, der auch im Okra-bri mitspricht, im Gewissen (Gbesi), für den er es
gewissenhaft meint (mit seinem Seelenheil). Wenn ein Fluch (Musu) vorliegt, zu
dessen Abwehr (in Musu-kpagmo) der Wong-tschä mitzuhelfen hat, mag zur Rache
an dem Uebelthäter die unzeitig dem Leben entrissene Seele[1] ihn schrecken mit

---

[1] Mit dem göttlichen Theil der menschlichen Seele, als τὸ θεῖον (τὸ λογιστικόν oder
νοητικόν), der im Haupt seinen Sitz hat (der Weltseele entsprechend), sind (cf. Plato) zwei
Seelen verbunden (τὸ θυμοειδές und τὸ ἐπιθυμητικόν). In der ψύχη σαρκική neben dem Nous
steht der Mensch, als geistige Hälfte, dem Leib gegenüber (b. Apollinaris). Der Manas sitzt
im Herzen, wo der Seele Pulse klopfen (bei den Caraiben), im Gange des Thevada (siamesisch).
Wenn (bei Xenophanes) die Seele (ἡ ψυχή) πνεῦμα (s. Diog. Laert.) hat sie zu ver-
wehen, wie Aina der Madagesen (denen Saina entschwindet), während Kla (in Guinea) zur
Präexistenz (Plato's) zurückkehrt, als τὸ θεῖον begleitend im Schutzgeist oder Okra (zu La).
Im Gespenst spukt Sisa am Grabe, als Nachschatten der in das materiell Leibliche (δυνάμει
δν) verwobenen Entelechie (b. Aristoteles), deren teleologische Formerfüllung, wenn von
Tangaroa animunimu (aus der Ferne) zugefügt, auf dorthin, wie für den Ursprung, auch am
Ende hingewiesen ist, gleich dem Nous (θέραθεν zugetreten).

Mit der unvernünftigen Seele für den sterblichen Leib schufen die (dem höchsten) untergeordneten Götter das Auge, die Gestirne zu schauen, als ihren Wohnsitz (s. Plato), und
so lebt die Seele fort, als Stern, im Auge des Häuptlings (bei den Maori): τὴν ψυχὴν
ἀπόσπασμα αἰθέρος (lehrten die Pythagoräer). Bei doppelter Natur im Leiblichen „muss
die Seele, als das negative und sensitive Lebensprincip des Leibes zugleich gedacht werden:
der Geist dagegen ist das vernünftige Princip im Menschen, dasjenige also, welchem das
Denken und Wollen eigen ist und angehört" (s. Stöckl), so dass die Deduction einsetzt
beim idealistisch Allgemeinen (auf der Gesellschaftsschichtung des Zoon politikon). ἡ τοῦ
θεοῦ ἐνέργεια, μακρότητι διαφέρουσι, θεωρητική (s. Aristotl.), bei Contemplation (in
Sacchidananda).

Die Seele, als Entelechie des Leibes (b. Aristotl.) kann ohne denselben nicht existiren
(ἡ μορφή καὶ τὸ εἶδος, οὐ χώριστον ὄν, ἀλλ' ἡ κατὰ τὸν λόγον), wogegen dem νοῖς, als der
οὐσία nach verschieden (von der ψυχή), die Unzerstörbarkeit zukommt, gestärkt aus eigener
Kraft (ὁ νοῦς, ὅταν τι νοήσῃ σφόδρα νοητοῦ, οὐχ ἧττον νοεῖ τὰ ὑποδεέστερα, ἀλλὰ καὶ
μᾶλλον), auf der Gesellschaftsschichtung sprossend (jenseits des Irdischen), περὶ δὲ τοῦ
θεωρητικοῦ νοῦ ἕτερος λόγος (ὁ δὲ νοῦς ἔοικεν ἐγγίνεσθαι οὐσία τις οὖσα, καὶ οὐ φθείρεσθαι).
Wie also der Gesellschaftsgedanke über dem Kreislauf des Entstehens und Vergehens erhaben steht, so demgemäss jedes Individuum, das sich innerhalb des Umschlusses als Theilganzes zu integriren vermag (für den Einzelngedanken des eigenen Selbst).

Mit den Göttern umkreist die Seele den überhimmlischen Ort, bis sie (unfähig das
widerspenstige Ross zu bändigen) herabfiel, unter Beschädigung des Gefieders (s. Plato).
Anima utens corpore (als Wagenlenker). Τρία ψυχῆς τριχῆ ἐν ἡμῖν εἰδὴ κατῳκίσται
(s. Plato). Neben dem ἡγεμονικόν unterscheidet sich (b. Clem. M.) ein ἄλογον μέρος (als
πνεῦμα σαρκικόν oder ψυχὴ σωματική). Διὸ ψυχή ἐστιν ἐντελέχεια ἡ πρώτη σώματος φυσικοῦ ζωὴν ἔχοντος δυνάμει (ἡ πρώτη ἐντελέχεια σώματος φυσικοῦ ὀργανικοῦ), ὡς ἐπιστήμη
(b. Aristotl.), im Logos (τὸ τί ἦν εἶναι).

„Ein jeder Geist ist eine besondere, glühende und brennende Kohle, angezündet von
Gott mit dem Feuer seiner unendlichen Liebe, wird aber zugleich, in Eins vereinigt, ein
ewiger und unvergänglicher Brand, mit dem Vater und Sohn in der Einheit des heiligen
Geistes" (s. Ruysbroek). Lumen aliquod substantiale animas habere, haud improbe videmur
advertere (s. Cassiodor). Animae unitas constat memoria, consilio et voluntate (s. Cl. Mamertus). Zur Unterscheidung des Denkens von der Ausdehnung wird mens statt anima substituirt
(b. Descartes). Die Seele ist eine bewusste Erscheinung „dans la raison universelle" (s. Malebranche). Λείπεται δὲ τὸν νοῦν μόνον θέραθεν ἐπεισιέναι καὶ θεῖον εἶναι μόνον (s. Aristotl.).

den Erinnyen (eines Kunaimo der Arowaken), während der von Gott (Zambi am Congo) Gerufene im Frieden dahinscheidet, (mit den Pitri zu Yama), der dann freilich wieder, (auf den Bericht hin aus Chitragupta's Buch), seines tartarischen Kerkers bedarf (für (mikronesische) Bewachung (durch einen Chaysi).

Nyangmo dschi onukpa („Gott ist der Aelteste und Grösseste") betet auch der Wongtschä, der als Gbalo (oder Sprecher) seines (zum Priesterzauber enthüllten oder erfassten) Wongo in Besessenheit redet, im Tanz, wie beim Herabsteigen des

Die (atomistische) Seele (Demokrit's) ist *πύρωδες σύγκριμα* (s. Plut.), aus dem Haupte im Körper verbreitet (mit Ergänzung der Seelensubstanz durch Einathmen). Das Herz (b. Aristotl.) ist das „Sensorium commune" (als einheitliches Organ des Gemeinsinns). *Δύναμις δὲ εἴπομεν, θρεπτικόν, αἰσθητικόν, ὀρεκτικόν, κινητικόν κατὰ τόπον διανοητικόν* (s. Aristotl.) in Fünffachheit (der Seele). *φασὶ δὲ, τὴν ψυχὴν εἶναι ὀκταμέρη* (die Stoa) mit dem *ἡγεμονικὸν μέρος* (im Herzen). Vult et Cleanthes non solum corporis lineamentis, sed et animae notis similitudinem parentibus in filio respondere (s. Tertullian), corpus est anima (stoisch). Aristoxenus verglich das Verhältniss der Seele zum Körper dem der Harmonie zu den Saiten. Der Grimmlöwe (*ἰχθυολέων*) lauert auf die absterbende Seele (wenn nicht verscheucht), sie zu zerreissen, ehe gesichert in Bet-olam (wegen Geburt) bei den Phöniziern (in Askalon). Bei Leichenverbrennung (in Oregon) wird gelärmt, damit das Herz entspringe (dem auflauernden Feind). Das in die Lunge eingebende Leben (als Lebenskraft) verwandelt den eingehenden Geist im Aimo, eine neue Gestalt annehmend (bei den Lappen).

„Videtur anima similis esse lumini, quae non ipsa sit sanguis, sed humore sanguinis alatur, ut lumen oleo" (s. Lactanz), non enim post partum insinuatur in corpus, sed post conceptum protinus (vivit intra viscera genetricis), weshalb der Uterus (Maya's) entsprechend ausgeschmückt wird, vor der Herabkunft aus Tushita (im Lalita vistara). Weil bei der Rückkehr zum ausgeströmten Urprincip (feuriger Natur) entstehend, bildet die Seele (bei Heraklit) eine Ausdünstung (in Verfeinerung aus umdichtenden Nebeln). *Οὐδέποτε νοεῖ ἄνευ φαντάσματος ψυχή* (s. Aristotl.). Zenoni Stoico animus ignis videtur (s. Cicero), humanus animus deceptus ex mente divina (*πνεῦμα θερμόν*). Die Seele, als Wagenlenker (bei Plato) wird (bei örtlicher Bewegung) durch den von ihr bewegten Körper wiederum bewegt, per accidens (s. Stöckl), wie der Schiffer vom Schiffe (b. Aristoteles). *Ὁ νοῦς ἄνθρωπος ἐστὶν ἐν ἀνθρώπῳ* (s. Philo). *Ὁ ἔσω ἄνθρωπος* (im Selbstbewustsein).

Beim Abfall aus dem Sphairos lässt die Seele aus besonderer Mischung der Vierelemente (die in ihr zum Bewusstsein gelangen) zusammengesetzt (s. Empedokles). Wie durch beständiges Schlagen ein Goldplättchen ausgedehnt wird, so folgt die Seele dem vergrössernden Wachsthum des Körpers (b. Tertullian), und wenn ein Glied abgeschnitten wird, zieht sich dort sein ergossenes Seelentheil daraus zurück (in sich selbst). *Ἀναγκαῖον ἄρα τὴν ψυχὴν οὐσίαν εἶναι ὡς εἶδος σώματος φυσικοῦ δυνάμει ζωὴν ἔχοντος, ἡ δὲ οὐσία ἐντελέχεια, τοιούτον ἄρα σώματος ἐντελέχεια* (s. Aristotl.). *ἀριθμὸν ἑαυτὸν κινοῦντα* nennt Pythagoras die Seele (s. Aristotl.). *Ἡ ψυχὴ τῶν πάντων πρεσβυτάτη γενομένη τε ἀρχὴ κινήσιως* (s. Plato). Homo totus ex anima et carne formabilis (s. Hilarius). Constat homo ex carne et spiritu (s. Lactanz). Anima nostra carnea non est (s. Tertullian), consitus autem spiritus anima est, ergo corpus est anima (b. Zeno). Animae corpus invisibile carni si forte, spiritui vero visibile (s. Tertullian), tenera et lucida et aërei coloris, et forma per omnia humana, haec visio est (der „Prophetissa"). Homo autem est temperamentum animae et carnis (s. Irenäus). Caro est omne animae cogitatorium (s. Tertullian). Unterschieden von dem vernünftigen Princip (als *νοῦς*) steht (im Menschen) die *ψυχὴ σαρκικὴ* (bei den Apollinaristen). *Ἔστι δὲ καὶ δέκας τις περὶ τὸν ἄνθρωπον αὐτόν, τά τε αἰσθητήρια πέντε καὶ τὸ φωνητικόν, καὶ τὸ σπερματικόν, καὶ τοῦτο δὴ ὄγδοον τὸ κατὰ τὴν πλάσιν πνευματικόν, ἔννεα τὸν δὲ τὸ ἡγεμονικὸν τῆς ψυχῆς, καὶ δέκατον τὸ διὰ τῆς πίστεως προσγιγνόμενον ἁγίου πνεύματος χαρακτηριστικὸν ἰδίωμα* (s. Clem. M.). *διωξις καὶ φυγή* (s. Aristotl.) manifestirt sich im Begehrungsvermögen (der Seele). *μετὰ δὲ τὸ θεῖον τὸ Ζωογενὲς* (in Plato's Seele). *εἰ μὲν τὸ ἀθάνατον καὶ ἀνώλεθρον ἐστιν, ἀδύνατον ψυχή, ὅταν θάνατος ἐπ' αὐτὴν ἴῃ, ἀπολλύεσθαι* (s. Plato). *Ψυχῆς ἡγεμονικὸν ἐστιν ὁ νοῦς* (b. Philo). Anima hominis est a

(bei Ankunft) begrüssten Chao (der Thai). Neben Verehrung Seh's „the invisible god" (s. Forbes) erhalten die Voh-dong (in Dahomey) ihre (auch menschlichen) Opfer, in den Ceremonien des Vaudon, wie über Haiti nach New-Orleans verpflanzt, im Zusammentreffen wieder mit den Colonisten desjenigen Landes, wo sich „paques piémontaises" veranstaltet hatten (in stillen Wäldern der Waldenser oder Vaudoises).

Im makrokosmischen Zusammenhange gehen die auf irdischer Laufbaln an's Ende Gelangten in das Dunkel ein, woraus (bei Maori) der Anfang heraufgetaucht (als Po zu Ao sich klärt), während (aus lebendiger Bewegungsquelle eines Uth-langa) der Bantu subjectivistisch (im menschlichen Mikrokosmos) redet, was aus dem Atua begleitet (als τὸ θεῖον gefühlt), im Geist (bei Ahnden, des Anderen).

Wie der Tendi seine indionesich geprägte Färbung, trägt der Okra seine nigritische, (und so genialisch weiter, auf den Strassen nach Rom), aber ein ein-heitlicher Elementargedanke geht hindurch, dessen Wesenheit sich nun aus den Variationsrechnungen der Differenzirungen zu ergeben haben würde, — unter, dem Verständniss abgezeichneten, Umrissen, aus gesetzlichem Durchwalten (des-

---

deo creata, spiritualis propriaque substantia, sui corporis vivificatrix, rationabilis quidem et immortalis, sed in bonum malumque convertibilis (s. Cassiodor). Wie Zweckursache ist die Seele auch Formalursache ihres Leibes (b. Aristoteles), denselben bedingend aus Karman (in Palingenesien).

In der Lehre Galen's von den vier Säften und Temperamenten liefen die (den mysti‐ schen Astralgeistern des Makrokosmos entsprechenden) Geister (als „Spiritus") mit den Körperfunctionen zusammen (beim Seelisehen). Die Seele (cf. Wundt) ist nicht Substanz, sondern Actualität (entwickeltes Erzeugniss zahlloser Elemente). Die Seele ist immateriell (b. Kuntzen). In sterblichen Leib versenkt erinnert sich die Seele sehnsuchtsvoll der Ur-bilder (ἰδέαι), die sie einst geschaut (unsterblich geschaffen), abgeschieden vom Nous (des Jenseits).

Herbart protestirt gegen die Durcheinandermengung fremder Systeme (bei den Mode-philosophen), besonders bemerklich in der Abentheuerfahrt der armen Seele, um sie mit Psyche (der Griechen), Animus und Anima (der Römer), Ruach (der Hebräer) noch in Ein-klang zu bringen (statt naturwissenschaftlich aufzufassen). Die Seele (als reales Wesen) sitzt im Gehirn, in punctueller Einfachheit (s. Herbart). καὶ αὐτῷ δοκεῖ Ἀπολιναρίῳ, τὰς ψυχὰς ἀπὸ τῶν ψυχῶν τίκτεσθαι ὥσπερ ἀπὸ τῶν σωμάτων τὰ σώματα (s. Greg. Nyss.). Das Zwerch-fell trennt die begehrliche von der muthigen Seele (b. Plato), über welcher die vernünftige wohnt (im Geist). Die φρένες liegen (wie im Zwerchfell) im Sonnengeflechte des Magens, aus Angstgefühl, in den Worten des Bauches (auf Tahiti). τὸ δι' ἀσῶμα (διορίσει τόν τε πνεύμονα καὶ τὴν καρδίαν) ἔχει δὲ πάντα τὰ ἔναιμα αὐτό, καθάπερ καρδίαν καὶ ἧπαρ (als φρένες), in Freude oder Schmerz (als Vorstellungen oder Gemüthsbewegung, neben θυμός als Willenskraft). καρδία φόβῳ φρένα λακτίσει (das Herz schlägt die Seele mit Furcht). Renes von φρένες (s. Passow). νόσος φρενῖτις (Seele oder Gemüthskrankheit). φρέω (φέρω). Die ψυχαί, als σκιαί (ohne φρένες), die εἴδωλα καμόντων zirpsen wie Vögel (κλάγγη νεκύων οἰωνῶν ὥς), und so bei Batta (oder sonst). Neben dem Geist (als dem „empfangenen Unterricht") hätte man unter Seele die aptitudinem omnium membrorum cor-poris nostri, sonderlich fibrarum cerebri, mit einem Worte „facultatem" zu verstehen (1713 p. d.), indem ein gesellschaftlicher Seelenantheil der psycho-physischen Unterlage hinzutritt (in der Persönlichkeit). In Dahomey werden der Leiche die Zehen der beiden Füsse zu-sammengebunden, damit sie nicht wiederkehrt (im Revenant). Die Lebensgeister circuliren in den Nervenröhren (b. Sylvius). Allgemein durch den (von Gott stammenden) Archaeus influens ist jeder Theil des organischen Wesens beseelt (b. Helmont) durch die mit seinen Stoffen innigst verbundene Kraft, den Archeus insitus (s. Haeser), die Khuan wirken im Körper (nach dem Gang des Thevada), eingefahren (als Kela) Verderben schwörend, wenn nicht gelenkt, vom Tso (als Ming Khuan, auf dem Scheitel).

jenigen eben, was im Denken, (oder das Denken), lebt; für eigene Stetigung im Selbst).

Neben der innewohnenden Seele (Susuma) besitzt der Ga-Neger (s. Bohner) seinen (nach dem Wochentage der Geburt benannten) Schutzgeist (Okra), der (in festlichen Feierlichkeiten gepflegt) guten Rath ertheilt, im Unterschied vom (schwarzen) Okra-bri oder Gbeschi (durch den Verbrecher besessen sind). Zu Ehren des Schutzgeistes (Okra) wird am Wochentage der Geburt ein Fest gefeiert (bei den Odschi), als mitgeborener Genius (oder Tendi der Battak). Der Ataro (in San Christoval) erhielt Gebete (als Seelengeist). Die vererbten Schutzgeister[1]) der Pelauer nehmen die Gestalt ihrer Amlais (Fahrzeug) an (in Thier, Pflanze, Stein), gleich (norwegischer) fölgio (s. Faye).

Die im Traum ausfahrende Seele (Atai oder Talegi) wandelt sich in Tamate oder Natmat (als Leiche). „During life a mans terunga goes out of him in dreams and returns" (in Melanesien), the corpse is simply a dead man (tinoni mate), tindalo, a ghost (s. Codrington). Wenn die Vjeschtitza (der Serben) in Schlaf fällt, geht der böse Geist, von dem sie besessen ist, aus ihr heraus, in Gestalt eines Schmetterlings (oder einer Henne), und die Psyche als Leip-ya (in Birma). Jeder wird nach dem Tode Anitsch (s. Finsch), neben den Dschiteb oder Gespenster (auf den Marshall).

Die Aussprüche des im Odschio der Ewe redenden Wougtschä (in Akkra) werden durch die Fetischfrau (Wozo) verdollmetscht[2]) (s. Bohner), durch den Sprecher, als Mund des von Gott begeisterten oder seinen Herrn (Chao) selber repräsentirenden Propheten (wie Aaron an Moses beigegeben wurde). The name Nopitu is given both to the spirit and to the man possessed by the spirit (s. Codrington) beim Tanz am Kolekole-Fest (in Mota).

" Von den Seelen (auf Nias) verschwindet Noso (als Athem), der Schatten geht mit Bechu-zi-mate zur Unterwelt, während Noso-dodo fortlebt, im Moko-moko (als Spinne), zum Bild (oder Adju).[3])

Die mitternächtigen Gespenster des Mittelalters hatten mit der Morgenröthe, beim Anbruch[4]) der Neuzeit zu verschwinden, als der gallische Hahn zu krähen

---

[1]) Het doel van het Koppensnellen is in de met den schedel vereenzelvigede van den Verslagene een schutzgeest te vinden (s. Wilken). The Vunuha is sacred to the tindalo (sacrifices are offered in it), on the burial place (in Melanesien). Schützende Begleitung mochte (wie von Vilen) von Valkyrjur (Valmeyar) gewählt werden, oder zum Schutz durch Schildjungfrauen, gleich einem Schutzgeist oder (s. Hallagar) Valdöger (im Vor- und Nachgang auch).

[2]) Wie der Sagen und Dichtung ist das Kawi (auf Java) Sprache „des Theaters, wenn es Stoffe der frühesten Vorzeit behandelt, geblieben" (s. W. v. Humboldt) aus dem alterthümlichen Charakter in einem Cult (zur Geheimsprache).

[3]) Ἧσαν ἄρα αἱ ψυχαὶ καὶ πρότερον πρὶν εἶναι ἐν ἀνθρώπου εἴδει χωρὶς σωμάτων, καὶ φρόνησιν εἶχον (s. Plato), weshalb die Kla (Guinea's) befragt wird, beim Herabkommen (im Horoskop). Πρὶν γίνεσθαι ἄρα (πρὸ τοῦ γίνεσθαι) muss der erkennende Geist mit denjenigen Ideen begabt sein, die er vergleichend im Urtheil verwendet (aus Plato's Präexistenz). Wenn herabgesendet durch Mawu, theilt sich die Seele (für ihre Doppelung zunächst), cf. „Fetisch" (S. 58 u. a. a O).

[4]) Nött (Tochter des Nörvi) „wurde mehreren Männern, zuletzt dem Dellingr" (Doglinger oder Tegiliac) vermählt, und zeugte mit ihm den Dagr (hell und licht). Aus der Nacht (mit Erebos aus dem Chaos gezeugt) entsteht (b. Hesiod) Hemera (mit Aether), und (in polynesischer Kosmogonie) aus Po-no (Nachtdunkel) Ao (Licht) in Tageshelle für Owakalani (als Himmelsspalter).

begann, um gewaltsamen Umsturz, so dass sich aus dem Schutt der Obscurantismus wieder hervorscharren liess (trotz der Epistolae virorum obscurorum).

Beim Hinabsinken durch die Schichten des Reinga werden die, als Rephaim, abgeschwächten Seelen, schattenhaft[1]) (gleich Skiai), von den Töchtern der alten Miru gepackt, um (durch Kava betäubt) im rothglühenden Ofen gebacken zu werden, den zweiten Tod zu sterben. Miseria sempiterna etiam secunda mors dicitur (s. Aug.). In San Christoval a kingfisher pecks the head of the lately separated soul, which has not yet realized its condition and its sinks into a ghost (s. Codrington). Die Seelen der Blandass werden, nachdem der Greisin Ganownie (statt jugendlicher Proserpina) verfallen, auf's Neue nach oben geschickt (für platonische Wanderungen).

Wenn von Gott gerufen, schläft der Todte in Frieden, wenn von einem Menschen vergiftet, lässt er ihm keine Ruhe, dass er folge, mit ihm zu kämpfen (in Guinea). Unter den Sura (Eingänge zu Panoi)[2]) führt der Sure himagar die Jugendlichen zu einem angenehmeren Platz, als der Sure tupa (die Friedlichen). Der Gute, „who lived as he ought to do" (me toga mantag), lebt so in der Unterwelt der Panoi (friedlich), während der Mörder, Vergifter, Ehebrecher von dem Beschädigten am Eintritt verhindert wird (in Melanesien).

Die Menschen leben in der andern Welt ähnlich, wie hier (in Togo), „alle sprechen etwas durch die Nase" (s. Herold), in näselnder Stimme (s. Bohner) der Wongtschä (in Ga). Jeder (am Nsilomo bediente) Fetisch ist an seiner Stimme kenntlich, womit der durch ihn besessene Wongtschä spricht (in La). Beim Abscheiden (auf Ma-wo) sitzt die Seele auf den Baumwipfeln, dann zum Vat dodoma (the stone of thougt) wandernd (s. Codrington), und vom Ruhestein am Wege blickt die abgeschiedene Seele einmal in Erinnerung noch zurück, auf die alte Heimath (in Tahiti). The Gaeta people used to believe that all the ghosts of Florida passed along a path through their gardens, leading to a point of land, where they assembled; as they passed along nothing was seen, but a twittering sound was heard, while they were waiting at the point their dancing was heard at night (s. Codrington), zur Ueberfahrt im Boot nach Galaga (für Betindalo) wie in Armorika (beim Pfarrer). Im Luzerner Osterspiel trat Gottvater als Schöpfer, königlich oder kaiserlich, mit Diadem und Reichsapfel auf (s. C. Meyer).

Da die Vasisgona (Seele der im Kindbett Verstorbenen) ohne ihr Kind nicht abscheiden will, wird eine Puppe (aus Bananenstumpf) mitgegeben, die auf dem Wege durch Bewegen täuscht, im Panoi aber erkannt wird, und da dann die zum Suchen zurückkehrende Mutter das Kind (weil nach anderm Haus gebracht) nicht findet, schweift sie zornig umher (als gefährlicher Geist). In Gades konnten Todtkranke während der Fluth nicht sterben, da die Seele erst mit der Ebbe abzog (s. Apollonius), wie bei Tschinuk (b. Boas). Beim Tode eines Aussätzigen (in Motlav) werden die nach Westen liegenden Dörfer benachrichtigt, um nacheinander die Seele weiter zu jagen (bis in's Meer), und am Kalabar jagen die Dörfer die

---

[1]) Die Ornamente, mit denen der Häuptling nach Panoi abscheidet, verbleiben ihm als Schatten (Niniai). Von den Todtenopfern nehmen die Seelen die Tamani (Seele) mit sich (in Aurora). Die in den Vulcan Tamani abscheidenden Seelen (Duka) erscheinen feurig (auf Santa-Cruz), beim Zurücksprühen aus Reinga (der Maori).

[2]) Für Zulassung im Panoi (in der Unterwelt) bedarf es des Zeichens der Ohrdurchbohrung (in Mota), wie die Nasendurchbohrung erprobt wird (in Florida). Die vom oberen Panoi in der unteren Schicht Abgestorbenen werden in weisse Ameisen-Nester (Te wog qatete nia) gewandelt (in Melanesien).

ausgetriebene Todtenseele wieder zurück (unter Verspätung der Tage). cf. „Der Fetisch" (S. 21 u. flg.).

Als Autoia (auf Rangi's Terrassen) zwischen Wairua und Nga-Atua gestellt, würden auch hier (in Gesellschaft der Götter) den überhimmlischen Ort (τόπος ἐπερουράνιος) die Menschenseelen umkreisen, und wenn sie, wegen Störrigkeit des einen Rosses (des leidenschaftlichen nämlich, während das begehrliche schon gebändigt ist) herabfallen (unter Beschädigung des Gefieders, wie Philosophen aus höheren Stufen-Etagen, als in Könige, mit weiteren Graduirungen), so erfüllen die (noch nicht in Gleichgültigkeit der Ubekkha auf den Megga eingetretenen) Kalyana putthujjana das durch Karman auferlegte Geschick, wiederum eingeschlossen in körperliches Ergasterion, wo dem durch die (dem höchsten untergeordneten) Götter gebildeten Leib das Auge (als vollkommenstes Organ) aus seiner Behausung die Gestirne (zur Regulirung einer Mulamuli hervorscheinend) erschaut, im Stern, als Auge des Häuptlings (bei den Maori).

Beim Pflanzen des Yam werden Opfer gebracht (bei den Schai) und zur Zeit der Ernte bleibt Korn zurück (für Wittwen und Waisen) auf Anordnung des Hausvaters (im Familienkreis). Von der Esche Yggdrasil herabgesunken erhält Iduna (als Nanna) einen Wolfspelz (von den Asen), und mit ihren Aepfeln ging die Verjüngung verloren (bei Annäherung der Weltdämmerung). Mit dem Saatkorn (Bullo) bringt Kintu (s. E. Wolf) den Tod auf die Erde hinab (in Uganda), wie Lailai beim Fall den Yam (auf Hawaii).

Im Priesterkönig, als Tui-tonga — vor Abscheidung (Finow's) weltlicher Macht in einen Zipa oder Zaque (der Chibchas) — ist der Herrscher (auch im unterhimmlischen Mittelreich) verantwortlich (gleich dem Regenmacher) für gute Ernte, deren Ausfall wegen König Donald büsste (wie sein hellenisches Seitenstück), und bei Misswachs setzten die Burgunder ihren König ab (während im Krankheitsfall der Chitome erstickt wurde, um Congo). Der König der Antaymuren hat für die Ernte einzustehen (auf Madagascar), und der Segen des Regens folgt auf frommes Gebet (gleich dem des Acacus). Ergamene (in Meroe) widersetzte sich der vom Priestercollegium geforderten Selbsthergabe, wie dem Zamorin aufliegend nach 12 Jahren der Regierung (52 der Tolteken), oder nach ausgewürgter Zahl (an der Wolga).

Bei der (pantheistisch) allgemein durchwaltenden Naturkraft in Mana (oceanisch), machte sich vor Allem die — im Saka (simsonischen Kinnbackens) — kraftvoller damit durchströmte, ihres (indianischen) Totem sicher, einen Schutzgeist dienstbar (als spiritus familiaris), auch beim Angang auffindbar (im Erst-Begegnenden).[1]

An object in which Mana resides, and a spirit which naturally has Mano, is said to be Mana, with the use of the verb (in Melanesien), supernatural power or influence (s. Codrington). Der Tamaniu war auch im „Angang" zu entnehmen (wie der Totem).[2]

---

[1] It was not every one in Mota, who had his tamaniu (likeness), relation to a lizard, snake or, it might be, a stone, sometimes the thing was sought for and found by drinking the infusion of certain leaves and heaping together the dregs, then whatever living thing was first seen in or upon the heap was the tamaniu (s. Codrington) oder Atai (something peculiarly and intimately connected with a person), im Pubertätstraum geschaut (indianisch).

[2] The ghosts of ordinary people are akalo and nothing else, those of chiefs, valiant fighting men, men of conspicuous success in life, or men, who are saka, have spiritual powers, are expected to become Lioa (in Saa) again „saka" (s. Codrington). To swear by the name of some ghost or spirit is to Vava vagogonag (in Melanesien). Die beim Schlafen

Bei Unterscheidung zwischen Geist und Seele im Volksaberglauben (s. Schwarz), ist es die Person selber die umgeht (im Spuk), statt der, während der Verwesungsdauer (b. Paracelsus), am Grabe gespenstischen Sisa (Guinea's). Die Alai (Seele) kann nach dem Tode nicht gesehen werden, sondern nur der Todte (Tamate) oder das Nunuai (im Echo) in unbestimmten Umrissen (taquangiu) in Melanesien (als Namens-Erinnerung). Nunnu (uunnai in Mota) is used in Aurora to describe the fancied relation of an infant to some thing or person from which or from whom its origin is somehow derived; a woman before her child is born fancies, that a cocoanut, breadfruit, or some such thing has some original connexion with her infant (s. Codrington), und aus daran angeschlossener Namensgebung folgt dann die magische Bindung (bei richtiger Benennung, in Auffindung des verhehlten Namens). The reserve with regard to the name extends to the use of it, or of any part of it, in common conversation (der Papua). „Niemand weiss, dass ich Rumpelstiltzchen heiss" (und so abgelauscht).

Bei Erörterung einer Cultur kann es sich stets nur um die Vorstellungsweise der Upper-ten-thousand (in Reduction der oberen Gesellschaftsklassen) handeln, und so im Alterthum der Classicität gleichfalls, wenn damals auch der Prozentsatz ein günstigerer gewesen sein mag, als unter heutiger Verwilderung bei anarchistischer Verwühlung (und spiritistischer Imbecillität).

Wie an dem in Hellas Geschichte tief eingreifenden Orakel zu Delphi vor dem Kauen apollonischen Lorbeers der Python (der Pythia) begeisterte, als Drache gleich Dahomey's Danhe-Schlange (auch aus dem Kasten des Vodoux), so sprangen italische Priester mit nackten Füssen auf glühenden Kohlen, wie der Wongtschä im Ga-Lande, wo beim (allverbreiteten) Ordeal des heissen Eisens (beim Herausholen aus siedender Schi-Butter) vorheriges Eintauchen der Hände in das mit Saft aus dem Seidenbaumwollenbaum gemischte Wasser in Vorkehrung gehalten wird (für Entscheidung bei Verdächtigkeit). Aus (vedischem) Quirlen des Feuers erhält sich der glimmende Scheit im australischen Busch, für Altäre Vesta's, deren Dienerinnen gegriffen wurden, wie (durch Umwerfen einer Halsbandschnur) die Frau des Wulomo, oder dieser selbst, nachdem der König von La an seiner Stelle einen Sklaven bestellt hatte, (im Dienst des Lakpa).

Die Mysterien des Wiederauflebens, wie (im mithraischen Höhlendunkel, aus Zamolxis' Zeit und sonst) in den Taschenspielereien[1] der unter weisser Tuchdecke (und ihrer Blutsprenkelung) spielenden Wongtschä, haben, aus dem Kreis der Geweihten herausgetreten, weithin getönt in religiösen Trauergesängen (in dem Jubelruf beim Auferstehen), auch, in theologischen sowohl, wie philosophischen Discussionen, Deutungen unterlegen, seitens der auf feinere Nuancirungen im Fachstudium Geführten, um Stoff genug zu interessanten Beobachtungen zu bieten, aber unter den geschichtlich waltenden Wogen kaum zum Eindruck gelangt (mit dem Einschlag individuell temporär ephemerer Stimmungslaunen).

Bedeutsam dagegen, beim Rückgang auf die Elementargedanken, erweist sich der Einblick in psychische Wachsthumsgesetze, besonders in einer Zeitperiode, wo socialistisch Alles aus Rand und Band, und der rationell vernünftige Gedanken-

---

unter dem Opfer (für Eingebung zur Genesung) herabsteigenden Melacka (bei den Arabern) sind die Geister dort beerdigter Personen (s. Daugthy).

[1] Die Probe mit glühendem Eisen erscheint (im Malleus) bedenklich, weil durch Beihülfe des Dämon mittelst Kräutersäfte die Hände der Hexen vor Verletzungen geschützt werden können (s. Buchmann), wie es die Wongtschä ausgefunden haben (im Saft des Seidenbaumwollenbaumes).

gang sich als der herrschende zu proclamiren hätte, in des Stärkeren (idealem) Recht (um hier wieder Ordnung zu schaffen).

Wie das Ohr lauscht beim Hören, so späht des Auge beim Sehen, nach Ruhepuncte suchend, und diese in Ornamenten schaffend, (wenn auch Einritzungen zunächst). Je nach dem Rohmaterial, dem Instrument, das zur Verfügung steht, (sowie mitbedingenden Ursachen) gestaltet sich das Zimmern und Verzieren (unter später hinzutretenden Vorstellungen über das Schöne und seine Beeinträchtigungen).

Zwischen dem Aeussersten der Elemente, Fener und Erde (für Sichtbarkeit und Fühlbarkeit der Dinge) verknüpft das Band der Proportion, im doppelten bei den Körpern (s. Plato), wogegen bei ebenen Figuren ein Mittelglied genügt, zum Gedankenausdruck im Ornament, aus Linienstrichen weiter führend (zur Abrundung im Runden).

Was dem Einen recht, ist dem Andern billig, und ständen solch' bequeme Extraposten zur Verfügung, wie zu des grossen Constantin's Zeit den Bischöfen, als Aufseher geistlicher (oder geistiger) Interessen, könnten auch diejenigen, welche an der Goldküste damit beauftragt sind (oder sich beauftragt haben), die zwischen Stadt und Land (wie La z. B. und Täschi) bereits bestehenden Vereinsarbeiten über das ganze Land ausdehnen, und auf Concilien zusammentreten, wo dann die Wulomo wahrscheinlich sich dem Apollinarismus zuneigen würden, in Vollgöttlichkeit, auch dem Fleische (oder der Materie nach), so dass bei Ueberschreitung der in Dreiheit gesteckten Grenzen in Vierheit (s Anastasius), der Polytheismus in Atheismus verfiel ($\dot{\eta}$ $\pi o\lambda v\vartheta\epsilon\dot{o}\tau\eta\varsigma$ $\dot{a}\vartheta\epsilon\dot{o}\tau\eta\varsigma$), wogegen, wenn es sich nicht um einen (bei einer temporären Bindung) begeisterten Gottesträger, als $\vartheta\epsilon\dot{o}\varphi o\varrho o\varsigma$ (b. Nestorius) handelt, sie mit ihren Fetischen als monophysitische umherhantiren würden (in Eutyches' Beschränktheit), und so liessen sich der Parallelen gar manche herstellen (auch bei den geistlichen Collegen aus den Wildstämmen anderer Erdtheile).

Die Elementargedanken, um welche es sich hier handelt, bewegen sich im engst umschriebenen Kreis, solange auf ihre primären Unterlage reducirt, und erst wenn der culturelle Wachsthumstrieb einsetzt, entfaltet sich Fülle der Mannigfaltigkeiten, bei denen dann allerdings die einzelnen Phasen immer nur mit schärfster Zersetzung des Detail (unter der Kritik dafür maassgebend befähigter Fachkreise) comparativ, in Vergleichungen, neben einander gestellt werden dürften, um den Gleichungen ihre richtigen Proportionen zu wahren (für Richtigkeit des logischen Rechnens).

Seit aus den Finsternissen ihres heidnischen Sonnencults bekehrt, leisten die ci-devant Unterthanen der Inca ihr Möglichstes, um als „gente de razon" mit ihren vom blauen Blut der „Godos" durchwallten Correligionisten zu rivalisiren, in den Ausstaffirungen der Processionen, die auf den Strassen der peruanischen Hauptstadt und ihren Filialen aufstossen (im widerlichsten Abstoss). In Passions-Szenen[1]) (auch bei dem jungen Holbein) „spielt das Gemeine, das Pöbelhafte und

---

[1]) Die Passions-Szenen in der Malerei (wie auf den Basler Handzeichnungen) tragen „den Stempel der entsetzlichsten Rohheit" (s. C. Meyer) „Wir woln geen zu dem guden bier", spricht Joseph (zu Maria) auf der Flucht nach Egypten (im Weihnachtsspiel) XV. Jhdt. (s. Piderit). „Lass das flascht nit dahindu" (b. Edelpöck). Agit hoc nimirum versutus et callidus humani generis inimicus, ut, sub praetextu honoris sanctorum, rursus idola introducat, rursus per diversas effigies adoretur (s. Agobard). Der Bildersieg (unter Theodora) wurde durch jährliches Fest ($\dot{\eta}$ $\varkappa v\varrho\iota\alpha\varkappa\dot{\eta}$ $\tau\eta\varsigma$ $\dot{o}\varrho\vartheta o\delta o\xi\dot{\iota}\alpha\varsigma$) gefeiert (842 p. d.). „Bistu een Occidenter oyder Substansioner" (im Synergistenstreit), fragte man sich in der Bevölkerung

gassenbubenmässig Rohe eine hervorragende Rolle" (s. C. Meyer). Denn werdent die verdampnoten an ein Seil geleitet (im Rheingauer Weltgerichtsspiel) 1461 (s. Mone), zum Höllendrachenschlund (auf russischen Volksbilderbogen).

Von den portugiesischen Entdeckungsfahrern, wurde bei einem geordneten Friedenszustand (an der Westküste Afrika's), eine Art Halbkultur (mit Schriftsubstituten) angetroffen (in der Umgegend Ardrah's), unter Reminiscenzen aus der goldenen Zeit des Reichs von Benin (und an dortige Sagen vom Prester Joannes). „The geographer Nubiensis in the XII century and Leo Africanus in the XVI state, that in their time the people between Senegal and Gambia never made war on each other, but employed themselves in keeping their herds or in tilling the ground" (s. Buxton). In goldner Zeit des Reichs von Benin gebrauchten sich Schriftsubstitute (der Quipu) in Ardrah (zur Zeit portugiesischer Entdeckungsfahrten), als symbolische Briefe (scythischer Deutung). Zeus schmaust am Steintisch der Aethiopen (in Friedensruhe).

Seit der, durch maritime Schätze angeregte, Sklavenhandel in Afrika plötzlich einen lodernden Feuersbrand angefacht hatte, versank das (seitdem unzugängliche) Innere in jene terra incognita, die jetzt erst wieder sich klärt (für ethnologische Aufklärungen besonders), auf geographischer Grundlage (bei Aussendung der Reisenden).

Der bei Beginn der portugiesischen Entdeckungsfahrten bereits von den Mauren in Afrika betriebene Sklavenhandel (wie aus den nach Lissabon, bei Austausch von Goldstaub, gebrachten Negern erwiesen) blieb innerhalb beschränkter Grenzen in der moslemitischen Welt, wo den schwarzen weisse Sklaven vorgezogen, so lange der Erwerb zulässig war (in Beraubung feindlicher Christenheit). Aehnlich im Handel der Perser und Araber von Zanzibar aus, bis schliesslich nur dunkle Waare verblieb für die Sklavenmärkte (und so folgten die Zuführungen dahin aus Nubien besonders).

Die Räuberstaaten der Ashantier und Dahomeer wurden für den Zweck regelmässiger Versorgung der Sklavenschiffe[1]) gegründet (durch die nach der Küste drängenden Stämme des Innern).

Im Doppelsinn des Pharmakon wirkt der Fetizero (weisser und schwarzer Magie) heilend oder schadend, und die am Körper vielleicht hoffnungslose Kur, der Seele sodann zuwendend, für ihren Schutz (auf die Reise hinaus). The Ghosts (adaro) fought with one another over the sick with spears (in Wango), wie St. Michael (und sein Gegner). Der verstorbene Häuptling (der Dayak) kommt zurück für sein Messer (zum Kampf mit Kukong).

Unter den vom Zehner-Rath Venedigs ihren „Vergiftern" (aus dem Sbirri und Bravi) zum Opfer Bestimmten finden sich zwei Könige, zwei Kaiser und drei Sultane (b. Mas Latrie).

Das Gift verlangt sein Gegengift in schützenden Amuletten, gleich den Hong-Schnüren, womit die Nigritier sich behängen (als Grigri mit heiligen Sprüchen talis-

---

zu Mansfeld (unter Geprügel), und in Byzanz handelte man über die Naturen der Trinität (auf den Märkten).

[1]) Bosman (1700) writes, that is was the early Europaean settlers who first sowed dissension among the natives of Afrika, for the sake of purchasing their prisoners of war (s. Buxton), the discerning natives accounted their greatest unhappiness to have been visited by Europaeans (b. Benezet). If white men did not come for slaves, the wars (on the Congo) would be proportionally less frequent (s. Smith), und in Guinea folgten systematische Entvölkerungen (wie in Yoruba).

manischer Zauberkraft). Die Amulette (zum Schutz, besonders gegen den bösen Blick) waren im Heidenthum (wie überall) unvertilgbar eingewurzelt, und die Kirche (trotz ihres Kampfes dagegen) musste „sich dazu bequemen, die Ersetzung der heidnischen Amulette durch christliche Medaillen, Stücke aus Evangelienschriften, Kreuze mit Reliquien u. s. w. zu empfehlen" (s. V. Schultze).

Wer ist so blind, um blinden Götzen Lichter anzuzünden, spottet Zeno Ver. gegen die Heiden, und doch (nicht lange nachher) schlugen seine Christen sich selber blutige Köpfe miteinander (im Ansturm gegen widerstreitende Ikonaklasten).

Dem Gbalo, von den Vätern (Fetischen) gesandt, wird ein Gbatschu oder Weissagungshaus (s. Bohner) gebaut (in La). Im innern Gemach des Allerheiligsten, wohin ein Sisa (Seelengespenst) oder ein Okra (Schutzgeist) beschieden werden kann, steht der Obergötterbote mit seinen Söhnen Kwaku Obli und Aschabai zur Verfügung, als Gehülfen (oder Wong). In Samuel's Haus citirt sich die Hexe (von Endor), bei περίβολος des Wulomo (im dortigen Adyton).

Der Wong (als Fetisch) wird (nach himmlischer Eingabe) ausgegraben zum Heilen (vom Wongtschä). Zum Hexen (Fascinare) sind die haghedisse (als alte Hag) geschickt, und „das altn. adj. hagr bedeutet dexter artificiosus" (s. Grimm) im Sinne des lat. sagus (saga), sagire, sentire acute est, ex quo sagae anus, quia multa scire volunt (s. Cicero). „Das span. bruxa (bruesche) bezeichnet einen unheilbringenden Nachtvogel" (s. Grimm), für striga von strix, als haghedisse, neben eghdisse, in der Eidechse als Zauberthier (polynesisch). Bubo ferali carmine quaeritur (s. Virgil), im Todesvogel der Blandass (auch auf Ceylon).

Ist der Tindalo (als Ursache der Krankheit) nicht bekannt, ruft man (in Florida) a „mane-kisu", one, who understands these things, a doctor (s. Codrington). Die Krankheitsgeister (in Fiji) werden durch Kneten (wenn nicht in den Gelenken versteckt) bis in die Fingerspitzen getrieben, und dann mit plötzlichem Ruck ausgestossen, unter Hinterherblasen (s. Fison). Der Gismano saugt die Krankheit aus (auf Banks' Island), wie der Heilkünstler in Australien (oder in Alaska, und sonst überall). The dreaming-man (Tatua qoreqore) is in request in cases of sickness (in Maewo), und „Traumbücher, immer wieder von Neuem gedruckt" (s. Wuttke), „besonders für die Lotterie" („das Monopol christlicher Staaten").

„Die heilige Schrifft zeuget, das viel Teuffel seien, und ihre underscheid und Ordnung haben, daher wol zu vermuthen, das ein jede Sünd von einem besondern Teuffel geführt und getrieben werde" (s. Feyrabend), im Theatrum Diabolorum (1569). Die Anwesenheit der Wichtlein (die in Island als Knechte dienen) bringt (in Teutschland) „eytel Glück und Gedeyen" (s. Hocker). Dem Satan, als „Vogt der Welt", dienen die Hellekins (b. Eschenbach), wie Radja Sial's Diener (auf Borneo).

Die Dämone (als Untergötter) dienen zu Dolmetschern zwischen menschlichen Schwächen und göttlicher Herrlichkeit (s. Maximus), gleich den Wong (in Guinea) wie dii juvantes (als Helfer).

„Die Engel sind die langweiligsten der Wesen" (b. Schelling), und desto unterhaltender der Teufel (in der Behandlung seines Biographen). In Carpocrates' Seelenwanderung werden nur diejenigen bedroht, welche „ihre Lebensaufgabe nicht vollkommen erfüllt haben" (s. Stöckl): „die Ausübung jeglicher Art von Wohllust" (als Zweck der Verbindung der Seele mit dem Leibe).

Der Teufel ist ἀυτοφυής und ἀγένητος (bei den Manichäern). Die Wohnung der Teufel ist unter den Himmeln, in der Luft (s. Hocker), die Hölle bildet sich erst nach dem jüngsten Gericht, muss aber „auffs gröbste" fürgebildet werden (s. Luther). Nach der (durch Christus) erfolgten Befreiung vom bösen Princip (des Demiurg), war dem Gesetze dieses Princips „überall eutgegenzuhandeln“ (s. Stöckl), und so waren (den Antitakten) die Laster des Ehebruchs und der Hurerei zur Aufgabe gestellt (weil im alten Bunde verboten), und ähnlich bekennt sich der christliche Hass (gegen den Islam) durch möglichst viel Weintrinken (oder Schweinefleischessen, im Kaukasus). Der Teufel ist bei der Weltschöpfung betheiligt (s. Böhme). Im Kampf mit den Teufeln darf man nicht Beschwörung vornehmen, „wie der leidige Babst mit seinen Plätlingen“ (s. Hocker). Zur Befreiung vom Bösen dient (b. Porphyr) die Reinigung ($\varkappa\acute{\alpha}\vartheta\alpha\varrho\sigma\iota\varsigma$) und philosophische Erkenntniss, als das Seelenheil ($\dot{\eta}$ $\tau\tilde{\eta}\varsigma$ $\psi\upsilon\chi\tilde{\eta}\varsigma$ $\sigma\omega\tau\eta\varrho\acute{\iota}\alpha$).

Als heiliges Thier der Melampiden hatte die Schlange in ihrer augurischen Bedeutung (die Ohren Cassandra's ausleckend, für prophetisches Gehör), an alten Orakelsitzen (als Python in Delphi und bei Olen's Einzug in Delos), vor den Daphnephagen zu weichen, obwohl (beim Lorbeerkauen) Apollo's Dreifuss von der Schlange umwunden blieb. In Afrika[1]) orakelt sie fort, in ihrem Tempel zu Whydah, und bei den Ceremonien der Vaudoux beginnt es prophetisch zu durchzucken, wenn auf dem die Schlange bergenden Kasten Stellung genommen, ist, um exstatisch zu reden (auf Hayti). Die Secte Don Pedre's wurde im Petit-Gouave begründet (als excentrische Abzweigung). In Pentecost, if a man is delirious, they say a mae, that snake of mysterious nature, is on his stomach (s. Codrington). Der Itongo erscheint (dem Bantu) als Schlange (zum Vorzeichen).

Zur Zeit afrikanischer Entdeckungen ging das Schreckgespenst der „Vaudoises“[2]) um (in Europa) und das Prickeln der Atzmänner wurde von Päpsten wie von Königen gefürchtet (cf. „die Welt in ihren Spiegelungen“, S. XII). Vaudou (s. Eldin) ist Vaudoix (Zauber) mit „l'envoultement“ (Behexen durch Wachsbilder), durch Quinbindingues (Cimbi-kita) oder Ougaou (als Werwölfe).

„Im Tempel der Vaudou ist der Hou-fo“ (s. Tippenhauer), mit der Schlange (Honedo) in einem Thongefäss oder Korbe aufbewahrt, auf welchem die Mamanroi (neben dem Papau-roi) begeistert wird (auf Hayti). Die Bonci-bossales werden durch ein Bad zu Canzou geweiht (in Taufe der Mysterien).

Mit Awo, Awo (unser Herr kommt) wird der Wongtschä begrüsst, wenn es ihn ergreift (Emo le) oder ihn überkommt (Eji eno). Awesa-wenana („Er ist gekommen“) ruft man auf Ceylon, im Gruss (des Chaire eines Kalanos) dem Chao (am Menam). „Thie mit diufele wunnun“ sind „wütig“ oder „winnig“ (b. H. Sachs), „tusent tiuvel uz dir bellen“ („ther duifel ist eric inne“), in „Iucarnationen“ eingefleischter Teufel (s. Grimm). Da es den Männern (Karlmönnun) unehrlich schien, die zweideutige Kunst (der artes maleficae in Magik) zu üben, wurden die Gydhjur, als „Göttinnen oder Priesterinnen“ (s Grimm) darin unterwiesen (b. Snorri), gleich Prophetinnen (der Montanisten). Den „alten Weibern“ wird „grössere List aus Bosheit, als dem Teufel selbst beigelegt“ (s. Grimm), dem deshalb seine „Grossmutter“ voransteht (wie die Torngarsuk's), und wie bei Rathsversammlungen (der Dacotah oder Irokesen) die greisen Frauen schliesslich den Ausschlag geben, so pflegen

---

[1]) À Agbomé tous les reptiles sont voués à l'exécration, à Whydah (s. Laffitte) le Boa, qui est le roi de l'espéce, y est traité en grand seigneur (1873). Der Vater aller Schlangen ist der Tunggal mambang (in Borneo), ihre Mutter „die Bawin dahiang, Frau der Vorzeichen“ (s Hardeland). Wie (als Haselwurm) die Krone (in Kärnthen), trägt die Schlange einen Edelstein (bei den Dayak).

[2]) Die Waldenser, mit Wolfs- und Bocksfüssen (1488), trugen (1891) ein Stirnauge und vier Reihen von Zähnen (wie der einziehenden Garnison erzählt wird).

sich die berathenden Dorfväter (im Ga-Lande) zurückzuziehen, das „alte Weib" (s. Bohner) zu befragen (unter den klugen Leuten).

Im Homo silvaticus, wie aus dem Charakter der Akka (und sonst äquatorialer Verwandter) best noch erkennbar, zeigt sich unabgeschwächter verblieben, die Geschlechts - Indifferenz, wie in Australien zu mehrweniger gleichgewichtiger Rivalität (bis auf den Durchbruch des Stärkerechts) führend, am Gabun in Nebenstellung von Nda und Ndembe (gleich mikronesischer Clöbbergöll) Gleichgewichtigkeit bewahrend, und während im oberen Guinea der Mumbo Jumbo das schwächere Geschlecht im Zaume hält, gelangt dies im niederen oft zur Superiorität (unter den weiblichen Häuptlingen nördlich vom Zambesi).

Die Wongtschä verwenden oft weibliche Sprecherinnen, wie auch die Schomanen die histeriös irritabilere Anlage[1]) der Frauen für ihre Operationen (gleich animalische Magnetisateure) benutzen, und wenn dann in Gegenden, wo Amazonensagen spielen, naturgemässe Prädisposition (für montanistische Prophetinnen) gegeben sein mag, tritt (in einer Magna mater) der Cult eines „Ewig-Weiblichen" hervor, wie auch in Aegypten (s. Plut), wo im bürgerlichen Leben schon männliche Dienstbarkeit beobachtet war (zu Herodot's Zeit).

In einer, beim Durcheinanderkreuzen verschiedener Religionsauffassungen (im Umschluss gleichen Weltreichs)[2]) auf Ausheilung dadurch verursachter Risse hingewiesenen Zeitströmung, mochte der Eindruck neuer (mit Gluth der Begeisterung vorgeführter) Lehre, Jupiter in Barnabas agiren sehen, wie Mercur in Paulus, dort wo die Diana von Ephesus das Volk beherrschte; und wahnsinniger Jubel brach aus, als am Concil zu Ephesus (428 p. d.) der heiligen Jungfrau der, einstiger Cybele zugehörige, Titel decretirt war (als θεοτόκος), „illa deos peperit" (s. Ovid).

Das Fest Hilaria (s. Macrobius) wurde der Mater deum gefeiert (s. Lampridius), als Mariae Verkündigung (Unserer Frauen Tag).[3])

Die in weitverzweigter Verbindung gemeinsam umschlossene Genossenschaft der Okomfoi (oder Fetischleute) erweist sich — (trotz der nahegelegten Missbräuche) und des Akrohu oder Betrug (bei den La) — als eine Nothwendigkeit zur Aufspürung oder Verhinderung von Verbrechen, wenn die Gerichte wenig vermögen, weil mit Ausfall administrativer Fäden schon die Möglichkeit meist fehlt, Beweismaterial zu beschaffen, das als zuverlässige Unterlage dienen könnte (für die Beurtheilung).

---

[1]) Ἐστὶ τὸ μὲν σῶμα ἐκ τοῦ θήλεος, ἡ δὲ ψυχὴ ἐκ τοῦ ἄῤῥενος (b. Aristotl.), für die Couvade (im Ceremonial).

[2]) Beim Umschwung der Saecula (zur παλιγγενεσία), als auf Saturn, Jupiter und Neptun (s. Servius) Apollo schon herrscht, begrüsst Virgil's Ecloge (nach den Weissagungen der cumäischen Sibylle) das neue Zeitalter (in dem kommenden Knaben).

Jam redit et Virgo, redeunt Saturnia regna
Jam nova progenies caelo demittitur alto (s. Virgil).

Unter Virgil's Führung leitet Dante den Uebergang ein (durch die Antike).

[3]) Das Umziehen mit Kerzlichtern beim Raub der Proserpina wurde durch das Fest der geweihten Kerzen (Lichtmess) ersetzt, vom Papst Sergius (s. Mussard). Bei der Dreistundenfeier (Tre Ore) werden die Qualen des Gekreuzigten durch geistliche Anrufungen verfolgt, bis bei „Ecco il momento" Alles jammernd niederstürzt (in der zum Theater umgewandelten Kirche, unter der Scenerie des Calvarienberges). Christus wurde in der Töpferstadt Bethlehem geboren, wo er Thonbilder formte und belebte, wie Salivahana (s. Sepp). „Gott ist der Thon zugleich und auch der Töpfer" (in der Vedanta). Num bildete auf der Scheibe die göttlichen Glieder des Osiris (zu Philae).

Der Regen hängt von überwältigend unzugänglichen Himmelsmächten ab, aber immerhin vermag der Okomfo durch opfernd befriedigende Sühnung seines irdisch zur Verfügung stehenden Wong, diesen zu einer Fürsprache zu veranlassen (wenn es glückt, bei Geschultsein in meteorologischen Beobachtungen).

„Das Land Alt-Kalabar steht unter der Herrschaft der Egbo-Gesetze" (s. Holman), und beim Vorbrechen des Idem Efik herrscht Kriegsrecht, mit dem Schrecken der Geheimbünde[1]), in den Vehmen der Timmani und Susu, oder solcher Vigilance-Committee wie in San Francisco durch die Schuld des Goldes benöthigt gewesen (und des Silbers in Virginia-City). O vanua we gona (the country was in occupation) beim Auftreten des „Great Tamate" (s. Codrington), weil gegen das Verbot der Bogen gebraucht war (auf Mota).

Jedes Mysterium (bei Quatu) hat seinen eigenen Tanz (in Melanesien), wie bei den Orden derjenigen Stämme (an der Behringstrasse), deren Masken im Museum zu sehen sind (aus Jacobson's Reisen). Die Jünglinge erhalten die Mannesweihe in der Bora (in Australien). Geheime Ceremonien werden am Nanga gefeiert (in Fiji). Der Dukduk tanzt in Vermummungen (Duka, Seele). Beim Rügegericht (das Haberfeldtreiben) diente ein Haberfell oder pellis caprina (haber oder caper) zur Verkleidung (unter Thierstimmen). Die Mysterien waren Heilsordnungen (ἐνθεμοσύνη) pädagogischer Disciplinen (s. Sepp), wie bei den Pubertätsweihen gebräuchlich (in afrikanischen Quimbes etc.), cf. Allerlei aus M. u. V., I, S. 274).

Nach mehrwöchentlicher Verborgenheit (im Hause des Lehrers) geht der „La-Lomo oder grosse Prophet" (s. Bohner) aus der Stadt der Wuowoi (Seefetische) wieder hervor (zur Proclamirung als Gbalo). Von der Pflicht, dem Lakpa als Wulomo zu dienen, kauft der König (in La) sich los, durch Bestellung eines Sklaven und einer Sklavin, in deren Familien das Amt erblich wurde (im königichen Stadtquartier), wogegen der „Rex nemorensis" wechselte (im Kampf). Das Amt der Wulomo ist erblich (bei den Ga). Der Königsthron[2]) liegt das ganze Jahr über, in ein weisses Tuch eingehüllt, an einem wohlverwahrten Ort (s. Bohner), bis zum Opfertage (im Ga-Lande). Bei der Krönung wird der König dreimal über den Thron geschwungen (ohne ihn zu berühren).

In La berief man den Fetisch Sekuma (von Tema) durch den Gbalo (s. Bohner), wie sich Akropong durch Bezahlung unter den Fetisch Odente von Krakye stellte (1883). Der Stein der grossen Mutter (Pessinunt's) wurde nach Rom gebracht (Serapis nach Aegypten aus Sinope).

Alle Streitigkeiten und Anklagen einer Familie sind Sache des Schiantschä oder Familienvaters, die der Quartiere Sache des Akutschotschä oder Stammvaters, die der Stadt Sache des Maugtschä oder Königs (s. Bohner). Daneben bestehen die freien Vereinigungen (Asafo) unter den Asafo-atschä (im Ga-Lande).

Bei den Pomos wird in einem Geheimbund der Teufel beschworen, um die Frauen unterwürfig zu halten (s. Potter). Für das siebenjährige Fest (beim Tanz Cha-du-el-keh) des gegen die Frauen gerichteten Geheimbundes (den Teufel Yu ku kula zum Schrecken beschwörend) wurde ein grosses Versammlungshaus

---

[1]) The lodge or secret society of the „Great Tamate" is the Salogoro, established in some secluded place, amidst lofty trees (s. Codrington). The whole place is not sacred (rongo), it is set apart (tapu) by a sufficient autority (in Melanesien), im Unterschied von sanctus und sacer (doppelter Deutung).

[2]) Nur die Neffen aus freier Ehe (da bei rechtmässig Verheiratheten der Ehemann Anspruch auf die Söhne haben würde) sind wählbar zur Thronfolge (im Ga-Lande) als Maugtschä oder König (Stadtvater).

gebaut (bei den Pomos). In dem Geheimbund der Tatu wird Einer durch Bemalung (mit Blätterbüscheln über das Gesicht hängend) als Dämon ausgekleidet, um (umherspringend) die Frauen zu schrecken. Bei dem Kohu-Fest (der Gallinomero) wird die Frau in der Mitte von dem tanzenden Speermann blutig am Nabel verwundet, so dass sie todt niederfällt, (bis wieder auflebend). Durch den Pubertätstanz (Kin-alkh-ta) wird das Mädchen in die Gemeinschaft der Frauen aufgenommen (bei den Hupa).

Wie das Volk denkt, allüberall auf der Erde, unter einfachen Umrissen der Elementargedanken bei primären Wildstämmen, so denkt es sich auch in denjenigen Unterschichtungen, wo ein historisch importirtes Aeugeln culturhistorische Veredlungen hervorgerufen hat, ohne indess dadurch die für die pflanzlichen Wachsthumsprocesse als solche gültigen Gesetze der Zellentwickelung durchgreifender zu beeinträchtigen (auch nicht in seiner Gesundheit, wenn bewahrt vor pathologischen Schädigungen). Und neben den Upper-ten-thousand (wenn deren so viel), bei welchen die (geistige) „Noblesse" in Fleisch und Blut übergegangen, pflegt bei der Mehrzahl der Gebildeten (wie statistisch aus dem Schulbesuch berechenbar für annehmliche Zahl) solch verfeinernde Tünche meist nur an der Oberfläche zu kleben, leicht abgestreift oder zersetzt (in Ueberverfeinerung).

Wenn in den Kreisen guter Gesellschaft, wie die Tagesblätter zu erzählen haben, Kartenschlägerinnen noch ihr Schnippchen schlagen oder Gedankenleser an der Nase (am kleinen Finger wenigstens, wenn solcher gegeben) hänselnd umherführen; wenn dem Tod in's Auge zu schauen, ausziehende Heerführer obwohl vom Ernst der Sachlage erfüllt, mit papiernen Talismanen sich behängen (wie an den Leichen gefunden; auf Schlachtfeldern, mit dieses Jahrhunderts Lebensblut gedüngt), so liesse sich der Unterschied von Grigri (der Mandingo) oder Zukunftswürfel (der Bantu) nur nach localen Modificationen ausspähen (für die Fetische in ihrem Gezauber), und dass die Hexenverfolgungen des Mittelalters auch unter denen, welche sie (bei Anbruch der Neuzeit) zu peinlichster Systematisirung nach Afrika übertrugen, ungeschwächt fortgrassiren, ergiebt sich aus den (trotz strengsten Gegenwirkens weltlichen Regiments) ununterbrochen noch immer in die Oeffentlichkeit gelangenden Gerichtsfällen, welche Verurtheilung benöthigen (nicht mehr der Hexen, wie einst, sondern jetzt deren Bemeisterungssüchtigen, obwohl nicht Hexenmeister gerade).

Wenn, um der Erlösung der schwarzen Dame aus ihrem Umgehen (weisser Frau in Schlössern) Volksmassen bis zu Hunderten (aus Tempelburg bei Neustettin) zum See hinausströmten, um durch den Backfisch desselben (als Viehmagd gekleidet) sich geäfft zu sehen (im August 1893), so stehen sie dem (manchem Geschmack mundenden) Affenbruder noch näher, als die im nigritischen Affenlande gleich diesen Geschwärzten, denen (bei ähnlichen Gelegenheiten) wenigstens die unter Concertbegleitung (des Tantam oder ähnlichen Getrommels) vorgeführten Tänze des Wongtschä zur Unterhaltung geliefert werden (und Ersatz für verlorene Mühe).

Dass die Geisterlein, wie mit Steinen auch mit Koth zu bewerfen lieben, haben sie (von ihren heidnischen Vorgängern abgesehen) zu allen Epochen christlicher Zeit bewiesen, zu Ravenna (im IV. Jahrh. p. d.) und zu Berlin (im XIX. Jahrh. p. d.), in fortlaufender Series der Spukhäuser, und das (spiritische) Pochen in denselben war indianischen Lehrmeistern entnommen (doch in stümperhafter Nachahmung nur). Und so wird es sich lohnen, den ethnischen Elementargedanken schärfer zu Leibe zu gehen, um den Teufel abzuthun, der leibhaftig drinnen steckt (mit seinen Teufeleien) durch Klärung der Avidya (nach der Methode naturwissenschaftlicher Psychologie).

5*

Statt (diabolischer) *ύποβολή* wird für (hypostasische) *ύπόϑεσις* (im Unterschieben) die Erklärung gesucht, aber der heilige Augustin „kommt darauf zurück, dass die Trinität ein völliges Geheimniss sei" (s. G. A. Meier). Dictum est tamen tres personae, non ut illud diceretur, sed ne taceretur (aber „Schweigen ist Gold" mitunter). Wenn es sich um Unterschiebungen handelt, mag suppositio (puerorum bei Plautus) kindlicher Unschuld hingehen, wogegen es bedenklicher wird bei suppositio (testamentorum bei Livius).

In (verläumderischer) *διαβολή* steckt zunächst das Hindurch-(Zwischenhinein-) Werfen (häretischen) Einwands, seitens des Skeptiker (dem selbst der milde Buddhagama Vergebung versagt), und so ist Ausrottung angezeigt (aus orthodoxer Pflicht), wem sein Gewissen es erlaubt, aus den Zwirnsfäden seines „Gehirnbreies" (pessimistischer Fassung) die Welt sich zu verknäueln (wie sie für ihn passt).

So lange der directe Weg mathematischer Beweisführung noch nicht bekannt, ist der indirecte zu versuchen, zu allerlei Erprobungen, die ad absurdum führend sich vereinen (im Taubwerden), bis dann das richtig Uebrigbleibende sich von selbst ergiebt, als Positives, da das nur Mögliche, als Steresis, in das Nichts fällt, solange nicht gestaltet, zum fassbaren Eidos (in der Idee).

In der Hypothese wird eine vorläufige Möglichkeit gesetzt, zur Annahme vermuthungsweis, als richtige, bis auf die genauere Nachprüfung im logischen Rechnen (für ja oder nein). Wenn guten Glaubens ein Sack Gold gebracht wird, mit angeblichem Inhalt von 1000 Goldstücken, mag dies in ungefährer Abwägung zunächst so annehmbar sein, obwohl, bei irgendetwaigem Zweifelsfalle, dem Vernünftigen ein Nachzählen sich empfiehlt zur Vorsicht, und dann im einfachen Addiren ergiebt sich die Sicherung gegen falschen Trug. Bei den einer Persönlichkeit (oder ihren Markirungen) untergeschobenen Hypostasen bleibt die Hypothese, wenn die eigentliche Substanz darin nicht greifbar, dann (objectiv Unbegreiflichem zugehörig) unter subjectiver Annehmlichkeit (je auf Treu und Glauben).

Das Fasten[1]) beruht in einer Abstinenz, in Enthaltung, unter Auflegung von Verpflichtungen in Gelübden (oder Mokisso). Das (kirchliche) Verbot (für bestimmte Fasttage) bewahrt in der Enthaltung von Fleischspeisen die Reminiscenzen an (blutscheuende) Ahinsa, und, im Allgemeinen an einem Innerterrisok, der Anerkennung seines Verbotes, bei (von ihm erlaubten) Niessbrauch seiner Naturproducte fordert (durch Fiction auf Tageszeiten beschränkt). Die Heiligkeit des Fastens folgt aus der des heiligen Mannes (in Vorbereitung zur Contemplation, für Gottes-Einigung).

Der Körperleib, als functionell geregelter Organismus, bedarf seiner Ernährung unter naturgemäss gegebenen Vorschriften, und wenn also willkürlich gesetzte Vorschriften, wie die Fasten (mit der moralischen Macht eines „actus religionis")

---

[1]) „One of the very first lessons learnt by a Florida child is what is its „buto", its abomination, to eat or touch or see which would be a dreadfull" thing (s. Codrington). Australische Jünglinge sind aus Angst gestorben (bei unfreiwilliger Brechung des Verbots) und Aehnliches erzählt sich von Maori (wegen Tabu-Bruch). In Familien vererbt sich das Gesetz, keine Schildkröte oder Schweinefleisch zu essen, keine Tomaten, Aepfel oder Gemüse (wegen Hautkrankheiten) bei der durch die Arvados (s. Malenfant) begründeten Voudou-Secte (auf Hayti), unter Uebernahme von Mokisso (in Loango). „Durch Fasten versöhne dich mit Gott" (s. St. Basilius). „Das Fasten ist vorgeschrieben und wird beobachtet ad carnem edomandam" (s. Mattes), als „actus religionis" (actus dilectionis).

dazwischengreifen, muss gesundheitliche Störung als unausbleiblich mehrweniger spürbare Folge nothwendigerweis zu setzen sein nach logischem Rechnen eines jeden animal rationale (ausser etwa für den, der „keine Drei zählen kann").

Instinctartig wird (wie schon bei Thieren mitunter) die momentan gerade zusagende Speise oftmals gefühlt (in den Gelüsten der Schwangeren bis zur hysterischen Uebertreibung), und obwohl Kranken kirchliche Dispensation vom Fasten gegeben werden mag, lässt sich doch dies, wenn nicht im Voraus bereits zugestanden (unter sogemässer Aufhebung des Gebotes) correcterweis nicht durchführen, zumal wenn die Einhaltung der Fasten dem eigenen Gewissen überlassen bliebe, (unter später veränderter Stimmung etwa als schuldvoll empfundener Entscheidung), auf denjenigen Volksschichten, wo (da, im Niveau der Elementargedanken, den unculturellen gleichstehend) durch den Eindruck unfreiwilligen Bruches leibliche oder geistige Störung herbeigeführt werden könnte, bis zum Tode bei Australiern oder Maori (wie aus Beispielen thatsächlich bekannt).

Der zur Contemplation Geneigte mag sich für vierzig Tage (oder Stundem) einem jejunium hingeben (auf dem Berge und in der Wüste, oder bei Erinnerung an's Grab und Begraben), wie je nach sentimental-ästhetischer Stimmung Enthaltung (in abstinentia) freiwillig zu üben, freisteht, aber in all' diesen Fällen kommt es nun eben darauf an, dass der Wille selbst ein unbedingt freier bleibt, um nicht zu unnöthiger Rebellion vielleicht gegen Gesetze getrieben zu werden (unter eigenem und allseitigem Schaden).

Auch in allerlei gesellschaftlichen Etikettenfragen, die entblösstes Haupt in Winterskälte oder dichtgeschlossene Kleidung in Sonnenhitze verlaugen mögen — und wenn etwa durch das Gefühl der Pietät bei Leichenbegängnissen erzwungen (um gegen zarte Sitte nicht anzustossen) die Anlagen für weiter folgende gelegt haben —, steckt naturwidrig Schädliches, doch würde es sich hier stets nur um temporär dann und wann zur Geltung gelangende Missstände handeln, während mit dem Pomp und der Autorität geheiligten Gebotes eingesetzte Verbote, dauernd ein incorrectes Regime zur Pflicht machen, derjenigen Pflicht entgegen, die auf volle Gesundheit hinweist, leiblich und geistig in der Ethik (wenn naturwissenschaftlich verstanden).

Dass die in den unteren Schichtungen der grossen Volksmassen religiös wirksamen Triebfedern in ihrer Spannungsweite (ethnischer Parallelen) denen bei Wildstämmen geläufigen entsprechen, erkennt sich bei dem zeitweisen Ausbruch acuter Steigerung fanatischer Excesse (hexentreiberischer oder pietistisch frömmelnder). Ehe indess ein solcher Krankheitsprocess zu seiner, allen Augen offenkundigen, Akme gelangt, mag nun der Gemeinkörper längst bereits durch schleichende Krankheitsstoffe durchseucht und durchwühlt sein, so dass es hier dann eben (für den Arzt der Volksseele) eines diagnostisch geübten Auges bedarf, die Symptome im Voraus zu deuten und vorbeugend zu heilen („obsta principiis").

Selbst das Vieh[1]) wurde bei den Assyrern) dem Fasten unterworfen (zu Jonas' Zeit), wogegen (in Judäa) das Fasten zum Zeichen der Demüthigung galt, in Zeiten

---

[1]) Bei der lustratio (in den Palilien) beichtet der Hirt (s. Funke). Per intercessionem beati Antonii abbatis haec animalia liberantur a malis (bei der Thierweihe), indem „Antonio del Porco" († 1231) allen Creaturen predigte (auch den Thieren im Walde und den Fischen im Wasser). Den Göttern wurde mit Salz vermischtes Mehl (mola salsa) zum Opfern (immolare) dargebracht, neben Hostia (Ostia, als Oblate) im Sacrifizio (dellä Messa), unter Sprengen von Weihwasser (s. Properz) beim Gesang in der „Missa cantata" (am Hochamt).

der Trauer, (wo ohnedem der Appetit zu vergehen pflegt). Die Fastengeboto brahmanischer Askese sollten der Seele den Ausgang aus ihrem (platonischen) Kerker
erleichtern (wie wenn zu Ehren der Isis beobachtet). An den als Stationen bezeichneten Tagen, wo der „Sponsus" (s. Tertullian) verrathen und getödtet war,
fastete man, als Wachzeiten im Kampf gegen den Bösen beim Kriegsdienst der
Kirche (in einem auf den Militarismus begründeten Staatsreich). Und dann,
als in Rangordnung gut-verdienstlicher Werke, Fasten und Betteln als Haupt-
stücke rangirten, war es den armen Mönchen bequem gemacht, auch für sich dasjenige zu erlangen, was sonst den Begüterten nur reservirt geblieben wäre (in
Käuflichkeit des Ablasses).

Vom Nebenmenschen wird das „Anthun" im Fascinus (des „zouber" oder
„toveren") gefürchtet, und wenn solch' krankhafter Schrecken ansteckend das
Gemeinwesen ergreift, wüthet eine Hexen-Epidemie unter Verfolgung (italischer)
„Vergifter" (zur Ausrottung der „Venefica"), und so wird periodisch eine Ver-
tilgung der Zauberer angeordnet (von den Häuptlingen in Patagonien).

Die Hexerei[1]) ist von Mutter auf Tochter erblich (in Oldenburg), und so in

---

[1]) Die meisten Krankheiten gelten als „angetban" durch Zauberei (s. Wuttke). Krankheiten (in Australien) werden den Zauberern oder Boylyas (Wougul) zugeschrieben
(s. Grey). Tod folgt (am Gabun) aus Aniemba oder Behexung (s. Du Chaillu). Der aus
den Knochen eines vom Feind gegessenen Thiers (mit Fett oder Lehm) hergestellte Zauber
(Ngathungi) wird (bei den Nanniyeri) am Feuer geschmolzen (s. Taplin), wie das Wachs
(der Atzmänner). Die Bezauberung (in Gippsland) fand (wie durch Abfälle) durch Berührung mit dem Bulk genannten Steine statt, oder als Makhtar (wenn der verhehlte Name
hätte erfahren werden können). The Gippland Blacks objected strongly to let any one
outside the tribe know their names (s. Bulmer). Zauberisches Gegenwirken gegen die Krankheit ist „böten" oder „büssen" (bessern). Der Allermannsharnisch (Allium victorialis)
schützt gegen Behexung (s. Wuttke), als Apotropaios (im Pirit). Das Johanniskraut gilt
als Hexenkraut (fuga daemonum). In Polen wird um das Bett des Kranken Asche gestreut,
um aus den darauf bemerkten Strichen zu deuten (s. Friedreich). Nachts wird vor das Bett
Asche gestreut, um den Teufel (durch Habnentritt) zu erkennen (nach dem Talmud). Die
Füsse der Herdwible wurden als Gänsefüsse (auf der Asche) erkannt (in Mörmach). Nach
Aussetzen der Leiche auf einer Bahre (bei den Belyando) wird aus den Fusstapfen des Thiers
auf das Wappen des Thäters geschlossen (und dann dieser gesucht), oder sonst der zerhackte
Todte umhergetragen, bis gerächt (s. Muirhead). „Die Rückkehr dünke dir schrecklich, vor
dir lichte Helle; weil' fern von uns" (s. Bohner), wird beim Einsenken der Leiche dem
Todten (von seinen Verwandten) zugerufen (unter den Fanti). Die Hexen (der Wenden)
erschienen als Katzen (koslareiza). Abgeschnittene Haare (am Zambesi) werden verbrannt, um
nicht einem bösängigen (oder -willigen) Zauber in die Hände zu fallen (s. Livingstone). Ovum
ruptum est (im Eizauber). Hlödr war mit Helm und Schwert geboren (in der Hervararsaga).
In der „Diablerie" (le diable en quatre) spielt der Teufel (unter Masken). In den Mysterien
war die Hölle durch künstlichen Rauch geschlossen (zum Ein- und Auszug der Teufel). Im
Alsfelder Osterspiel (unter den Moralistikern) tanzt der Teufel mit Magdalena (und die
Magd mit dem Teufel Nolyr). Der (dominicanische) Inquisitor Broussard processirte
(in Arras) gegen die auf gesalbten Stöcken zu Vauderie Reitenden (1458). Der „Processus
Sathanae" wurde zur Zeit Papst Alexander's III. (+ 1182) instruirt, und die Einzelnheiten des
Hexensabbaths stellten sich unter den Inquisitionen in Arras fest (1459 p. d.). Im Diebs-
Segen (in der Mark) sitzen 33 Engel bei der Jungfrau, dass ihr Kind nicht gestohlen wird
(s. Wuttke). In frommer Pietät wird die verehrliche Persönlichkeit der Trinität (alle drei
mit einander) herabgeschworen, um einen Pferdefuss einzurenken (unter temporärer Suspen-
dirung der Weltgeschäfte also). Der (1724) vom Himmel gesandte Brief, der, über der heiligen
Taufe (in Holstein) schwebend, abgeschrieben wurde (1791), wurde auf böhmischen Schlacht-

besonderen Familien der Dayak), doch mag jeder ein Hautuer (oder Endoxe in Loango) sein, weil schon der Blick stets trifft (mit verdächtigen Nachgedanken). „Ihr Auge ist schwarz, wie reifer Schlee" (s. Hagedorn), „sie hat mir's angethan" (im Liebeszauber), und überall fürchtet sich der „böse Blick", dem das (italienische) Fingerzeichen entgegenwirkt (oder ein Medusenhaupt). Die meisten Krankheiten sind „angethan" (s. Wuttke), auch aus den Bettfedern so erkennbar (in Kränzlein oder Kugeln). Die Maleficiati sind angezaubert im Leibe, (als facturati oder maleati) oder am Eigenthum (1850). Auf die Obsessi folgen die Possessi (als arreptitii, lunatici, pythonici). Die Klosterfrau Delphina (in Stanz) war (nach Ausssage der Dämonen) nicht besessen, sondern nur infestirt (1848). Der vom Angeklagten am Hexensabbath Gesehene mochte nur ein Trugbild des Teufels sein, das indess niemals ohne Gottes Erlaubniss zulässig, und dies wäre dann zu beweisen (1458) dem „flagellum haereticorum fascinariorum". Une maladie épidémique se répandit dans l'Artois (s. Garinet); die Gefängnisse füllten sich mit den Besuchern des Sabbath (1459).

Je mehr bei derartigen Elementar-Gedanken (notitiae communes) umhergefragt und -geredet wird, desto wilder und wirrer wird es (bei Anlage zu psychischen Epidemien). „Dans le lieux, où l'on brûle les Sorciers, on en trouve un grand nombre, parceque dans les lieux où on les condamme au feu en croit véritablement qu'ils le sont et cette croyance se fortifie par les discours qu'on en tient" (s. Malebranche).

Dass bei den systematischen Inquisitionen (nach den Vorschriften des Hexenhammers) überhaupt Jemand in Europa lebendig übrig geblieben, ist Wunders genug (und verschiedene Dörfer sind auch als völlig ausgebrannt überliefert, wie im Bisthum Würzburg). Die Tortur liess keine Hinterthüren offen (zum Entkommen), da die auf der Folter Schweigenden unter dem „Maleficium taciturnitatis" standen, und: „daemon spiritus mendax est", wenn etwa den Inquisitoren unbequeme Namen genannt wurden (1631 p. d.).

Bei Vermischung der Hexen und Ketzer durch die Inquisition seit den Albigenser (Schreckens)-Tagen, wurden durch das Pariser Parlament (1390 p. d.) die Zauberprocesse der geistlichen Gerichtsbarkeit entnommen, aber mit Innocenz's VIII. Bulle (1484) begannen die Hexenprocesse (gegen Inkuben und Sukkuben) durch die Inquisitoren Sprenger und Institor (unter dem Bischof von Strassburg) mit dem „Malleus maleficarum" (1489). Herzog Johann Kasimir hatte sich entschlossen (s. Kaspar Langer) die „Hexen und Drutten" zu exterminiren (1628) und das Vermögen der zur „Hexerej Kondemnirten" war zu confisciren (nach dem Koburger Schöppenstuhl). Der Richter Moreno Sinaloa liess die Hexen verbrennen, der Bosheit Einhalt zu thun (10. Mai 1874). Ueber die behexte Kuh, zu deren Heilung der Geistliche geholfen, wurde im Zuchtpolizei-Gericht (zu Aachen) verhandelt (23. März 1875).

Aus den Fetischwäldern[1]) mochte das Geheimniss (eines Purrah oder Mumbo-

---

feldern (1866) gefunden; (dies Document, das die Spiritisten neidisch machen könnte, war im urnographischen Original mit „goldenen" Lettern geschrieben).

„Wir haben es herrlich weit gebracht" (in speculativer Culturgeschichte), denn zu solchen Finessen der Superstitio anilis hat sich das stumpfsinnige Neger-Gehirn bis jetzt nicht verstiegen, — vielleicht gelingt es mit fortgehender „Erziehung des Menschengeschlechts" (wofür die Theosophen bereits in voller Arbeit begriffen sind). Sonst bliebe abzuwarten, was die „naturwissenschaftliche Psychologie" zu Wege bringen mag, mit den documentarischen Beweisstücken der Elementargedanken (bei den Wildstämmen zunächst).

[1]) Deos nemora incolere persuasum habent (Samogitae), habitarunt di quoque sylvas

Yumbo) Herrschaft üben, wogegen, wenn durch zu häufige Entlarvungen die Autorität geschwächt war, das Treiben dunkler Kräfte (im Seidr und anderem „Thun" des Sortilegium, als „factura") für ungesetzlich galt, und so nach weiter entlegenen Oeden flüchtete (für nächtliche Versammlungen auf dem Blocksberg oder Hakkelfjelds). Dabei wurde der früher zum (heiligenden) Auskehren des Uuraths verwandte Besen (in Guinea oder in Hand der „Everriatores") im Ueberlebsel fortgeführt (um darauf zu reiten, als Steckenferd der „Besenreiterin" oder „Gabelreiterin").

Als Hilfsmittel (zum „Hexenschuss" auf Tanah) dienen Abfälle[2]) aller Art (im Unrath und Unflath), sowie irgend welch' magisch geknotete Verknüpfungen, für Namensbindungen u. dgl. mehr, wie auch Beziehungen anderer (und oft heterogenster) Art (soweit überhaupt herstellbar).

„There is something belonging to a man called „Wuga" or „uga". If a stranger sleeps in some one's habitual sleeping place in his absence, and afterwards finds himself unwell, he knows that the „uga" of the man in whose place he slept has struck him there, or if one leaves an associate and goes elsewhere to sleep, the „uga" of the man he leaves will follow him and strike him, he will rise in the morning weak, and languide, or, if he had been unwell before, he would be worse. Although this is not done by witchcraft, a man is held responsible for what its „uga" does, and is made to pay money to the injured man and by an act of his will have to take off the malignant influence" (s. Codrington) Wer ein Kind durch den Tod verliert, wird von den Verwandten seiner Frau zur Sühne ausgeplündert (bei den Maori).

Wenn der Fetisch (im Akotia) einen seiner sieben Todtschläger (als Sprecher mit Sprechreim) überkommt (oder der Lakpa's, Kolo's u. s. w. seine Diener), stürmt er zu wildem Tanz aus dem Tempelgehöft (einem heiligen Hain) hervor, während die Quäker mit bedecktem Haupt in ihren Bethäusern ruhig dasitzen, bis der Geist überkommt (der dann bei den Shaker's auch zum Tanz wieder anstachelt).

Und was hätte eine (früher schon — in England sowohl, als in dessen amerikanischen Colonien —, gegen die Gräuel des Sklavenhandels redende) Stimme (wie sie aus Allen, Benezet und den anderen Afrika-Freunden geredet) mit dem wüsten Gebahren zu thun, das aus wildgieriger Gewinnsucht, damit den Handelsschiffen ihre Menschenfracht geliefert werde, zu scheusslichsten Excessen getrieben hat, auf dunklem Continent? Nichts in den diametral auseinandergehenden Folgen der practischen Entwicklung (und deren historischen Bedeutung), aber Alles

---

(s. Lasicz). Im Heiligthum (des Carmelus) fand sich „ara tantum et reverentia" (s. Tacitus). Lucos ac nemora consecrant (der Germanen), secretum illud, quod sola reverentia vident (s. Tacitus). In silvam auguris patrum et prisca formidine sacram (s. Tacitus) begeben sich die Semnonen (zur Berathung).

[2]) The Garata would be burnt, and while it was burning the wizard sang his charm (in Florida), unter Muschelblasen (auf Tanah). The skull and jawbone are taken out and these are called mangite, which are „saka", hot with spiritual power, and by means of which the help of the Lioa, the powerful ghost of the man, whose relics these are, can be obtained (s. Codrington), beim Begräbniss (in Saa). „Das alte Rom warf sich vor der Eigenschaft der Gottheit zur Erde, das neue vor denen des Menschen, der Polytheismus betete die Ursache an, das Papstthum die Wirkungen" (b. Santo-Domingo). Statt der Kapsel (bulla) mit darin verschlossenem Zauber, trugen die Christen Eukolpien mit einem Stück des heiligen Kreuzes oder andere Reliquien (s. V. Schultze). Die litania minor ersetzte die Ambarvalia, die grosse Litanei die Robigalia (s. Usener). Der „Neid der Götter" (eines „eifersüchtigen Gottes") fällt aus (b. Plato) in der Gottheit, als das Gute (μέγιστον μάθημα).

in ethno-psychologischer Hinsicht in werthvollsten Aufschlüssen, bei spähendem Einblick in den Keimungsprocess der Elementargedanken, um ihren Gang verfolgen zu können und zu beherrschen, soweit es gehen sollte (durch Kenntniss der hier bedingenden Gesetzlichkeiten).

Der in entscheidungsschwangerer Zeit bei den Presbyterianern (wie ihrer Vorgängern vielen in der Geschichte) zum Durchbruch andrängende (und in späteren Revival's wiederum hervorströmende) Geist, hatte sich bei Fox zu äusserlichen Formeln abgestuft, die in beschränkter Secte ihre Absonderlichkeit bewahrten, während das Gros der Massen wieder zu den politischen Aufgaben eines praktisch commerciellen Lebens zurückgekehrt war, wofür die in anglicanischer Kirche bereits festgestellte Regulative durchschnittlich genügen mochte (je nach dem Bedürfniss dringlicher fühlbaren Reformen).

Als den Siebzigen (wie sie freudig verkünden) das Austreiben der bösen Geister gelungen —, (der in Div verkehrten Deva, über welche sich die Brahmajika erhoben) —, fiel Satanas vom Himmel, gleich einem Blitz (da im periodischen Herrschaftswechsel der Sieg sich für Ormuzd entschieden hatte, im Gegensatz zu Ahrîman, unter manichäischer Fassung), aber das Treiben (dämonischer) Unholdinnen (Unhultha bei Ulfilas) ging fort, und bei ihnen schlich sich um so leichter der „Verleumder" oder διάβολος (diuval oder Teufel) ein, der fortgehend umging (wie immer und überall), de boze vyand oder (b. Greg. M.) „antiquus hostis" (gleich Mara), aber erst im theologischen System jene Rolle zuertheilt erhielt, die bald zu wüthen begann in Hexen-Epidemien (zur Zeit der Entdeckungsfahrten gerade)- „Die Vorstellung des Teufels und teuflischer Christen, welche allmählich auch in dem Volksglauben so grossen Umfang gewonnen und so fest Wurzel geschlagen hat, war dem Heidenthum fremd" (s. Grimm), und fehlt bei Indianern sowohl wie bei Negern (oder in Oceanien). „Einen durchdringend dualistischen Unterschied zwischen Gutem oder Bösem (Ormuzd oder Ahrimans) kannte weder die indische oder griechische noch die deutsche Götterlehre" (neben Bjelbog und Tschernibog im Slavischen), „das gute, wohlthätige Princip in dem Göttlichen überwiegt" (der nordische Loki, zum Bösen oder Schädlichen neigend, steht der Natur des Hephästos näher, als des christlichen Teufels). „Selbst in den elbischen Geistern waltet die Güte vor, dem Nix, dem Kobold, ja den Riesen ward nur theilweis Grausamkeit oder Tücke beigelegt" (s. Grimm), und so bei den Wong (oder Fetischen überall). In Maui spielt zugleich das Necken (der Kobolde).

Die Cherokees (s. Whipple) „knew nothing of the Evil one and his domains, except what they have learned from white men" (1855). De Negers geloven aan Toveraars (s. Bosman), dog egter op een eerlijker en te gelijk ook betamelijker wiss, als de Sotten of waanwyzen by ons (dewelke drijven, dat geen Toveraar jets zonder medu-hulp van den Duyvel zou konnen uytoveren), en zeggen niet dat het een kragt van den Duyvel, maar en gave Gods is (1709).[1]

---

[1] It may be asserted with confidence, that a belief in a devil, that is of an evil spirit, has no place whatever in the native Melanesian mind (s. Codrington). Most unfortunately it has come to pass, that the religious beliefs of Europaean traders have been conveyed to the natives in the word „devil" (1891). Bei den „tres res", die „una res" sein sollen entweder drei Götter oder ein dreifach getheilter Gott, heisst der Gott des kirchlichen Dogma ein dreiköpfiger Cerberus (bei Servet). εἰς Ζεὺς, εἰς Ἀΐδης, εἰς Ἡλιός ἐστι Σάραπις (im Orakel Apollos). Auf kirchlichen Gemälden liegt der arme (und dumme) Teufel zerquetscht unter der Wucht des Throns, auf dem drei Allmächtige sitzen, und ihre Jungfrau oft daneben (mit einem Kind auf dem Schooss). Die unter Kaiser Tiberius († 582 p. d.) bei dem

Im kirchlich geweihten Bilde des Heiligen wirkt (heilkräftig im Gebet) dessen (heilige) Seele, im Fetisch melanesischer Wandlung der Vui, und solcher Vui „has no soul, because itself is like a soul" (auf Banks Island), als Atma (für Atai) im orphischen Pantheismus des Zeus, als Pan (b. Hellanicus), der in (Guinea's) Mawu abgeschlossen (in Nyankupong als Himmel gewölbt) den Wong herabsendet, um aus den Naturobjecten in den Fetischen zu wirken, als Wichte (wiht oder vaihts), und (böse) Bösewichte meist, obwohl die dick- und krausköpfigen Neger das Uebrige erst von portugiesischen Feitizero gelernt haben mögen, da sie (wie Melanesier und Indianer ebenfalls) in die Bekanntschaft des Teufels vornehmlich durch die Europäer eingeführt wurden, und vorher in all ihrer Unschuld und (stupidester) Unwissenheit Nichts davon wussten (von all dem „Devil-devil"), auch nicht viel vom Baum der Erkenntniss, des Guten und Bösen, da (im Ga-Land) der Begriff des letzteren in den Kehricht fällt, der ausgefegt werden muss, denn „Reinlichkeit ist die Hauptsache", und indem nun die Phu-loi (die am Menam Waschenden, wie ihre Gesinnungsgenossen in Mesopotanien) auch die Seele einer Waschung unterzogen, folgten der Ceremonien vielerlei in Taufen und Wiedertaufen (oder „native baptism" der Maori), mit Ersäufen der „Vernunft" (zum Protest dagegen).

The outerworld of women and children and the (uninitiated) matawonowona (whose eyes are closed) undoubtedly believed that the initiated entered into association with the gosts of the dead; — in den Matambala, auf Florida, Tamate, auf Banks-Islands, Quatu in den Neu-Hebriden u. s. w., (wie bei Haidah oder Timmanies u. dgl. m.). An accident would no doubt sometimes make it plain, that it was a man, some one well known and recognized, who was figuring as a ghost, but then his diguise was not the work of mortal hands, and the shrewd conjecture, that all the rest were as much men and neighbours as the one whose fall revealed him, might be entertained (wie bei spiritistischen Entlarvungen). It was only when the neopbyte was admitted into the mysterious precincts that he found only his daily companions there and learnt that there was nothing to be imparted to him except how the sounds were produced, how the dresses and decorations were made (s. Codrington), „dass es keinen Fetisch giebt "(s. Bohner), nur ataroh, „Betrug" (und masonische Griffe). Und die Haberfeldtreiber entziehen sich (1893) der Verfolgung durch Gensdarmes (in Bayern). In der bei den Leichenceremonien (der Batak) gebrauchten Maske Dongol-dongol findet sich feuchtes Moos, um Thränen hervorzupressen (s. Van der Tunk). What is inherently sacred is rongo or sapuga (in den Neu-Hebriden). Everything connected with a ghost or whorship, is tambu[1]) itself (in den Salomon-Inseln). Op den dag van het

---

Heidenprocess Syriens in Konstantinopel Angeklagten wurden beim Aufstand des christlichen Pöbels (gegen den zu milden Richterspruch) den Bestien vorgeworfen (unter Verbrennung der Leiber). Das lässt sich festnageln (für Selbstbeschau). Ter incanto, in signu dei et signu Salomonis et signu de domna Artmix heisst es auf dem magischen Nabel (zu Neapel).

[1]) Each tindalo has his special leaf and a man will set his tambu, with the leaf of his tindalo as a mark (s. Codrington). Das Bobosso (Halmahera's) oder Pomali (auf Ceram) „bevat altijd een of ander verbod en kan rechtstreeks betrekking hebben op zekere geesten (s. Camper). Im Musukpamo wird (vom Wongtschä) der Fluch (musu) weggewischt (kpamo) von den Musuafoi (mit Fluch Behafteten oder Verfluchten). Unter den Akalo (Abgeschiedenen) liefern die Lioa die (im Saka) kräftigen Reliquien (in Melanesien) und die Sakya wurden als kraftvolle Söhne erkannt (von ihrem Vater). Die ungeschlechtlichen Androgynen werden von Gott getheilt (b. Plato). Die Frau entsteht aus dem Daumen des Mannes (b. Eskimo). Die ihm als Lebewesen vorgeführten Thiere erhalten vom Menschen ihre Namen,

Moeloedfest binden sich enkele jongelieden groote houten maskers voor het gelaat (s. de Clerq), die Masken (tjakaibah) wurden früher von der Leibwache des Sultan getragen (auf den Molukken), von den Sindongo (in Loango).

Als Quat (auf Bank's Island) aus dem zerborstenen Stein seine Mutter Quatgoro (oder Iro Ul) hervorgetreten, bildete er Geschöpfe, und brachte dann für den (als nahenden Tod in den Augen gefühlten) Schlaf seiner Brüder (mit Tangaro Gilagilala, „Tangaro the Wise" als ältesten, und Tangaro Loloqong, „Tangaro the Fool", als jüngsten) die Nacht (qong) von der Insel Vava, zum Herabsinken, bis beim Zwitschern der Vögel durchschnitten (mit einem rothen Obsidian) bei der Morgendämmerung („rosenfingeriger Eos"). Durch das Vogelgezwitscher verrathen, wird Maui zerschnitten (als in Hine-nui-te-po's dunkeln Schlund hineinkriechend). Durch Hahnengekräh wird (teuflische) Riesenarbeit unterbrochen, und der Zwerg Alwis (der die neun Himmel durchmessen) mit dem Morgengrauen versteiuert, wie die Vorweltlichen auf den Antillen (durch die Sonne), und Tawhaki vernichtet die in seiner Mutter Haus Eingeschlossenen, durch Hereinlassen des Tageslichts (bei den Maori).

Gleich Maui (der Maori) spiegelt Quat, „good natural, but mieschievous" der „only playfully mieschievous" (s. Codrington), die demiurgische Rolle (eines Quetzalcoatl und Collegen) zum Ausverfeinern der Welt,[1]) die aus ursprünglichem Dunkel, (aus Erebos und Nyx im Chaos), hervorgegangen, beim Umschwingen (polynesischer) Po, aber dann nachdem aus Finsterniss das Licht (Ao) sich erhellt hatte, die Rückführung wiederum in nächtliche Unterbrechung verlangt (beim Wechsel des Entstehens und Vergehens).

Quat hatte seine aus dem Holz des Dracaena-Baumes geschnitzten Menschenpaare in Bewegung gesetzt, indem er unter Schlagen der Trommel davor tanzte, da aber (in Lakona) sein Genosse Marawa (mit den Vui) die von ihm in Nachahmung aus dem Tavisoviso-Baum Gebildeten nach dem Eingraben verrottet fand, haben die Menschen seitdem zu sterben, während sie früher — unter Streit der Frau mit der Krabbe (auf Leper's Island) oder eines Mannes mit der (auf Fiji dem Mond entgegenredenden) Ratte (auf Araga) — unter Abwerfen der Haut sich erneuert hatten (nach dem Schlangensymbol in Guyana). Die Haut abwerfend (wie Schlangen und Krabben) lebten die Menschen (s. Codrington) fort (auf Bank's Island), bis die Greisinnen, deren abgeworfene Häute beim Fortschwimmen feststeckten, dieselben wieder anlegten, um ihren Kindern nicht jung zu erscheinen (und somit fremd). „When they made men Tagaro said, they should walk upright on two legs, Suge that they should go like pigs" (in Araga). Wie durch Abwerfen der Haut, wird der Leib durch Arznei erneuert (s. Macrob.), im Bild der Schlange (Aesculap's und Hygieia's), aus dem Symbol des Mondes (für Koin-Koin). Every new moon is thought to be really new (auf Florida), „there is Nyava sitting"

---

da sie nicht die entsprechende Hülfe (der Hälfte) gewähren können (so dass Eva geschaffen wurde).

[1]) Koevasi (in Florida) is asserted to be superhuman, never alive with a mere human life („the subject of histories"); „how she came in existence, no one knows, she made things of all kinds" (s. Codrington); „in some marvellous way" (s. Curr), in Australien („the world always existed"). Als der (ägyptische) Urgeist nach dem Himmel (als immateriell geistige Welt) die materielle Natur gebildet, wurden Rangordnungen unter den Geistern geschaffen (s. Stobäus). The Talamaur was supposed to go out and eat the soul or lingering life of a freshly-dead corpse (s. Codrington). Der Tamatetiqa (ghost-shooter) bringt Krankheit (in Melanesien). Iduna die Jungfrau, als goda dis oder Göttin der Götter (b. Thiodolf Hwin) bewahrt die Asen vor Altwerden (Schmerzen heilend oder auch bewirkend).

(s. Codrington). Auf die Steinhaufen (bei Valuwa) wirft jeder Reisende Steine (days accumulate like stones, a man as he addes his stone to he heap „puts his day upon it"), non omnis moriar (dass die Spur nicht verloren geht).

Mooramoora (der Dieyeri) theilte die Zehen und Finger der erstgeschaffenen Eidechsen, unter Abschneidung des Schwanzes, zum Aufrechtgehen (als Mensch). Tanah Kumpok (moulded earth) heissen (b. Dayak) die ersten Menschen (s. Dunn). Die Schlange gilt als Ahn des Menschengeschlechts (bei den Galla). Gott Ngoc hoang (in Annam) schickte Botschaft dem Menschen, dass er die Haut ändernd ewig leben, wogegen die Schlange im Alter sterben würde. Da indess der Bote, durch ein Rudel von Schlangen belauscht, von diesen bedroht wurde, dass sie ihn beissen würden, verkehrte er aus Angst das Aufgetragene in sein Gegentheil, und so sterben die Menschen, während die Schlange häutet (s. Landes). Als nach Schöpfung der Welt (auf Nyas) Lamonia (nach dem Fasten) bewirthet wurde, warf er beim Essen der Banane die Kerne hinweg, welche ihm Unsterblichkeit gewährt haben würden, und sie jetzt den Schlangen gegeben habe, weil von diesen gefressen. Se Lemonia avesse invece mangiato i granchi, gli uomini sareblero stati immortali e non i serpenti (s. Modigliani).

Die Isis-Priester trugen leinene Gewänder, um nicht durch Thierisches verunreinigt zu werden, während Abel's Eltern mit Stücken aus Fellen bekleidet werden, und Kain der Ackerbauer ausgestossen wird, mit dem Kains-Zeichen, weil sonst siebenfach gerächt (in Lamech's Lied). Die Dämone (1851) suchen „ihr Elend an sonst beglückteren Geschöpfen zu rächen" (s. Gassner). „Hat dich ein Mensch hingerafft, so lass ihm keine Ruhe, hat es aber Gott gethan, dann gehe und schlafe in Frieden" (s. Bohner), wird beim Kriegstanz (vom Hauptmann) dem Todten (mit Klang der Trosttrommel) zugerufen (in La). Jeder der Leidtragenden nimmt unter Darbringung seines Geschenks Abschied vom Todten (wie die Esthen beim Leichenschmaus), „denn der Todte soll ihn nicht zu sich wünschen oder durch starke Sehnsucht seinen Tod verursachen" (in Nigritien), wie etwa (Tahiti's) Oramatua, wenn liebend den Hinterbliebenen nahend (auch in Indonesien).

Die Makassaren (auf Celebes) verehrten beim Aufstehen und Niederlegen Sonne und Mond, oder bei wolkiger Zeit, ihre im Hause gehaltenen Bilder. Obwohl sie sich, wegen des Glaubens an die Seelenwanderung, des Tödtens der Thiere enthielten (ausser dem des schmutzigen Schweines, zu dem auch die sündhafteste Seele nicht herabsinken könne, oder der Vögel, als zu klein und zu wenig entwickelt für den Aufenthalt einer menschlichen Seele), opferten sie doch Büffel, Kühe und Ziegen den Gestirnen der Sonne und des Mondes, die sie nicht in geschlossenen Tempeln, sondern auf freien Plätzen anbeteten. Der Himmel hatte nie einen Anfang gehabt, und früher herrschten dort Sonne und Mond in Ewigkeit. Als aber einst, wegen Streitigkeiten, die Sonne den Mond verfolgte, kam dieser auf der Flucht mit einer schweren Masse nieder, die als Erde herabfallend sich öffnete und zwei Geschlechter von Riesen hervorgehen liess, von denen das im Meere waltende durch Niesen die Stürme erzeugt, wogegen das im Innern der Erde weilende an der Erzeugung der Metalle (mit Sonne und Mond zusammen) arbeitet, aber, im Zorne bewegt, Erdbeben hervorbringt. „Qu'au reste de la lune était encore grosse de plusieurs autres mondes, qui n'avaient pas moins étendue que celui-ci, qu'elle accoucherait de tout successivement l'un après l'autre, pour réparer les ruines de ceux, qui seraient consommés de 100 000 ans en 100 000 ans par les ardeurs du soleil." Aber diese Entbindungen würden nicht, wie die erste, zufällig statt haben, sondern in regelmässiger Ordnung, da Sonne und Mond aus Erfahrung die Gefahren ihres Zwistes für das Bestehen der Welt er-

kannt und sich jetzt in die Herrschaft des Himmels getheilt haben (s. Gervaise).
Kasimbaha auf Celebes raubt das Gewand der Utahagi, die mit sechs Himmels-
nymphen (in Gestalt weisser Tauben) zum Baden herabgekommen war (wie im
birmanischen Drama). Im Fortstossen mit den Hörnern rollt der Stier das
Schöpfungs-Ei (in japanischer Kosmogonie).

Wie sich („an den Wurzeln von Himmel und Erde") die Wege scheiden (bei
Maori) zu Hine-nui-te-po hinab oder aufwärts (für Tane's Unsterblichkeitsquelle
im Vai-ora), so wiederholt sich das (aus unrichtiger Botschaft des Hasens den
Koin-koin Tod bringende) Missverständniss (in Melanesien), als Tangilingeline der
Seele Iro Pugeti's irrthümlicherweise den Weg nach unten weist, statt nach oben
(s. Codrington). Als Mate (der Tod) aus Panoi (der Unterwelt) gerufen war durch
Quat (der Besitz-Uebertragungen wegen), sass der zur Verhütung der Rückkehr
bestimmte Tangaro thörichterweise am Himmelsweg (so dass die Menschen jetzt
auf dem nach der Unterwelt führenden zu folgen haben). Wegen des Haut-
wechsels streitet die Frau mit einer Krabbe beim Ursprung des Todes (in Leper's
Island). Ein Mann streitet mit der Ratte, wegen des Wiederauflebens (in Araga).

Unter dem Segen (oder dem Zuschauen) Mahatara's da droben (bei dem in den
Putir Santang die Geschicksgötter wohnen, als Moiren vedischer Rita) hat Djata,
als Sanger (durch Inzucht gezeugt) die Welt geschaffen, indem beim Abtrocknen
die Erde entstanden, aus (hylozoistisch auch) nächstliegendem Process (seit Thales)
in der Kosmogonie (Babyloniens und Aegyptens, wie bei Algonkin und in Yoruba).

Bei alldurchdringendem Leben steckt das jedem Einzelnding Wesentliche in
den Gana, die (beim Verlassen ihrer Behausungen) im Gewunder (Träumender)
erscheinen (meist schreckhaft) in Ganagana (oder gagana), sich aber pflanzlich
(wie im Reis) als Kela (der Karen) und zumal animalisch zum Seelischen (des
Hambaruang) gestalten (und auch schon bei vertrauten Gebrauchsgegenständen,
wie Waffen oder Geräthe, dadurch vertreten sein mögen, bei Verstandesbegabung
derselben, weil mit dem Verstand geschaffen).

Wenn nun das Geheimniss des Todes herantritt, wandelt sich diese Hambaruang (s. Hardeland) in Liau, deren unheimliche Nähe (aus der Erinnerung,
während der ersten Tage nach dem Begräbniss) man durch die Tiwah loszuwerden
sucht, wenn Tempon leton (als Psychopompus, gleich Hermes oder Anubis) zu
sicherer Führung nach dem Lewu liau gewonnen werden kann (magah liau).

Dort, wohin auch die Gana der bei dem Opfer verwandten Gegenstände (auf
den Fiji) folgen, wiederholt sich Alles in schattenhafter Unterwelt (ko-tu-men der
Dahomeer), und so bedarf die geisterhafte Seele (für die Resurrectio carnis) ihrer
leiblichen Unterlage, weshalb die (bei Czechen, wie in Scandinavien) bewahrten
Nägel, sowie Haare und sonstigen Körperabfälle zusammengesucht werden, um durch
Bawi-balang-babilen's Lebenswasser oder Danum Kaharingau (Vai ora der Maori)
begossen oder getauft (zur Wiedergeburt) neu belebt zu werden, um sich mit
der Liau (oder Salumpok-liau) zu vereinigen, aus der Leiche, (unter Sisa's Spuk in
Guinea), als Hantu, während die Hantu baranak (der im Kindbett Verstorbenen)
und die Hantu baruno (der Ermordeten, weil am Irdischen gefesselt) fortschweifen
(und so als gefährlich gefürchtet werden).

In Lewu liau verlangert sich die (menschliche) Lebensdauer, geht aber (mit
Erschöpfung des Termins) auch dort zu Ende (wie in den Devaloka, durch Erschöpfung des Karman), und nun (während die im Soma verjüngten Pitri zum
pflanzlichen Wachsthum herabregnen) bei bereits in Bua oder Früchten möglichen Genuss (aus brahmanischen Vorrechten), beginnt bei den Wildstämmen
(wie in hawaiischer Kosmogonie) die Evolution mit dem einfachst niedersten, mit

dem Kulat oder Pilz (auf Borneo), einem Schimmelpilz (aus generatio aequivoca), worin als das seelisch Elementare (die aus Lewu liau zurückgekommene Liau) drinnen steckt, und wer solchen Pilz deshalb essen sollte, der fühlt sich von Zeugungsfähigkeit durchströmt, und dem sodann geborenen Kinde wohnt genetisch die Lewu ein, als Seele, welche in Kla der Eweer aus der Seelenheimath (durch Mawu) herabgesendet wird, wo sie (in ihrem Kosmos noetos) geweilt (aus Präexistenz). Somit nun also, im Umschwung der Kalpen (des κύκλος ἀναγκαίος im Entstehen und Vergehen) steht der Mensch wieder fertig, und da sich dieser (im sprachlichen Seelenverkehr auf der Gesellschaftssphäre) von fremdartigen Geisterwesen umschwebt fühlt, versetzt er diejenigen, welche sich ihm als mächtiger erweisen, in die Klasse der Sangiang, ein friedliches Dämonengeschlecht der Vorzeit (bei Hesiod), zur Hut der Menschen bestellt, und sie gewährend, wenn demgemäss Gelübde (Mokisso in Loango) übernommen werden (bamiat intu Sangiang), so dass der (religiös) den (gattenden) Gott Ersehnende ihn (gleich Tendi der Karok) zugesellt erhalten hat (Manjangiang aus der Sangiang).

Solchen „Helfern" liegen zunächst die (abwehrenden) Dienste der Apotropaioi auf, um Radja Sial's Uebel fern zu halten, und dann mögen sie seelig beglücken, wenn Radja Ontong hinabbringend (zum Zahlen gegen gute Bezahlung).

Der von dem Hantu Nachts abgerissene Kopf (Barowut lakoloke) fliegt mit den anhängenden Eingeweiden umher (auf Borneo) unter den Badarok (s. Hardeland) im „Druidenkopf" (zum Alpdrücken). Der als Barowut lakoloke fliegende Hantu, in's Haus gelangt (als Vogel oder Ratte), steckt (nach Bekämpfung der Hambaruan) Splitter oder Gräten in den Leib des Feindes (zum Krankmachen) und entflieht vor Tagesgrauen, weil das Licht ihm tödtlich (s. Hardeland). Von den durch Essen der Lidong-Schlangen zu Hantuer gewordenen Bewohnern des Dorfes Lelebaner thut der (verstorbene) Hausvater (Radja haramaung batolang dohong) Niemand mehr etwas zu Leide (s. Hardeland), und sucht auch (wenn Opfer erhaltend) die jungen Hantuer vom Bösen abzuhalten (obwohl sie sich nicht viel um ihn kümmern).

Wie die Gana der leblosen Dinge gelangen auch die Liau der geopferten Büffel nach der Seelenstadt (bei den Dayak), als Batang diawo boelan sating maledak boelan (s. Schwaner), an die goldenen Wohnplätze der verstorbenen Voreltern (am Fluss). In der Seelenstadt (der Dayak) werden bei fleischlichen Genüssen keine Ehebündnisse geschlossen (s. Perelaer). Im Banua niha tou (il villaggio dei morti) „i suicida ed i morti per violenza abiteranno separati dagli altri" (s. Modigliani), wie im indianischen Seelendorf (seeliger Jagdgründe). Erlik-Chan (oder Nommeu-Chan), durch den Burchanen Jamandaga besiegt, wurde als Höllenrichter (Schöhdschi Tschedsal) bestellt (unter den Biridien Orron), die Jergatschinen sendend (zum Abholen nach Tammien Orron).

Naugkap semengat (das Einfangen der flüchtigen Seele) geschieht durch die Obat in der lupong (Medicinbüchse) des Manang (Blian oder Basir) oder Dukon (bei Krankheiten). Auf dem Wege nach Lewu liau kämpft die Seele mit dem Dämon Kukang, wie der Fiji seiner Keule bedarf (in's Grab gelegt). Hat-alla (der Dayak) reigns above (s. Beeker) his habitation is Bukit ngantong-gandang (beweglicher Berg am Flussufer).

Djata, als der (in Verschwägerung gezeugte) Sanger des Mahatara hat mit ihm die Erde geschaffen, beim Trockenlegen durch Abfluss des Wassers, und so, aus seinem Ursprung her, herrschten die Djata (in Borneo) über ihr Flussgebiet, als Flussgötter, weil älteste Gebieter im Land, wie Inachus, als Flussgott (s. Paus.) in Argos oder (der erstgeborene) Archelous (den ein Herakles zu bezwingen hatte).

Wenn fremde Eroberer in's Land ziehen, folgen ihnen ihre zum Luftschweben (gleich dem Sangiang aus oberem Lewu) befähigten Götter (in den die Ahnen der Bantu am Schlachttage herbeiführenden Wolken), und ihnen gegenüber würden die Götter der (im Boden wurzelnden) Eingeborenen gerne in tiefere Rangstufe hinabgedrückt werden, wenn sie sich nicht durch Sendung endemischer Krankheiten (und anderer Uebel) trotzdem zu mächtig erwiesen, um verachtet werden zu dürfen.

Die Dayak gestehen deshalb auch den Djata höhere Macht zu als der Sangiang, bedienen sich indess der letzteren, um bei jenen Fürbitte einzulegen, als eine immerhin rathsame, da den Djata, obwohl zum Gehör nicht abgeneigt (bei entsprechenden Beigaben von Opfergeschenken) dasjenige umheimlich Tückische anklebt, was den Menschen (als Landthier) stets beschleicht, wenn dem Wasser gegenüberstehend (was auch zu Menabozho's Conflicten mit den Wassergeistern der Seen Anlass gegeben hat).

Was als feindlich Böses sonst die Welt durchfliegt (im Leid des Lebens), kommt herab aus dem das Lewu-Sangiang noch überschwebenden Aufenthalt des Sial (unter ihrem Radja Sial), oder (in Sprache der Sangiang) Kawä (am Batangdanum baderep), und solche Unholde müssen deshalb alle erst durch die Beschwörungen der Balian vertrieben sein, ehe es möglich wäre, zum Herabbringen des Radja Ontong, bis zu seiner Behausung zu gelangen, am „goldenen Thor" (als Radja blawang bulau) im höchsten Himmel (nächst zu Mahatara selber).

Das Reich der Djata, aus dem sie an den ihnen geheiligten Flussstellen heraufkommen, oder ihre Diener (Badjai) senden, mit dem Kleid (Klambi) der Krokodile überzogen (wie sich anderswo Werwolfshemden anlegen), ist ein reich geschmücktes, und so, wer (gleich den der Verführung des oder der Nix Hingebenen) die Nässe nicht scheut, mag sich ihren Aufenthalt wählen, durch Taufe (Mamponda's) den Djata geweiht (in Kindschaft schon).

So liegt auch für die heilige Ganga (welcher Ertrinkende nicht entzogen werden dürfen) eine Taufweihe nahe (im brahmamischen Ceremonial), und nachdem dann Rivalität mit der Himmelsgottheit eingetreten ist, wird der Vogel (in Atua) herabgesandt, um in solch feierlichem Moment ein „nutrimentum spiritus" zu überbringen, das nach Oben führt, und die da Unten betrogen sein lässt (wie der Teufel der Patristik, als er nach dem Köder geschnappt, in des heiligen Kirchenvaters bitterem Gespött).

Wenn bei Ueberschau der Elementargedanken, bei der Auffassung der Seele zunächst, die ethnisch durchgehende Unterscheidung zwischen der lebenden (des Leibes) und der (beim Tode) abgeschiedenen verfolgt wird, ist unter den wechselnden Namensbezeichnungen (soweit etymologisch erklärbar bei historischer Ableitung) als Vorbedingung dasjenige Vorstellungsbild zu constatiren, was dadurch ausgedrückt sein sollte (also die denkende Ursächlichkeit in der Logistik, woraus das lautliche Wortbild hervorgetreten).

Der Liau, als abgeschiedenen Seele (bei den Dayak) gegenüber, bezeichnet sich (neben dem, was — aus der Hantu oder Leiche — die Ergänzung der Liau Krahang zur Sampilang-Liau nachsendet) die leibliche als Hambaran (unter dem letzten Ausathmen im Hauch entflogen), und hierin liegt nun die (in Jiva neben Ajiva) für belebte Wesen benöthigte Modification des Gana als Kelah der Karen, (mit dem Seitenstück auf Viti), in Wesenheit (oder Wichteligkeit) überhaupt (arctischen Innuae einwohnend).

Auf den Molukken wird der abgeschiedenen Seele oder Wong, — die, wie überall, im Neugeborenen (Guinea's) wiederzukommen hat als Kind (Wong der

Benua) —, gegenüber die im Leben belebende als Njawa bezeichnet, worin sich (aus nja oder gna) die Ueberführung zum Nous andeutet, oder doch zur pneumatischen Psyche, neben der threptischen (als anima vegetativa).

Solche Wong, wenn Geister hervorragender Persönlichkeiten, können nun (durch Apotheose) zum Rang von Göttern (in Euhemerus' System) leichtlich erhoben werden (gleich den Chao der Thai), und dann ist es nahegelegt, sie, für hülfreiche Hand, zum Herabsteigen anzurufen, hernieder in das Gefäss, (woraus es prophetisch dann redet).

Wenn dadurch mit dem Character von Schutzgeistern (gleich Feruer) bekleidet, in den Djooe (der Molukken — „als bescherm heiligen vereerd" (s. de Clercq) —, werden, um sie den Behausungen nahe zu halten, Opferplätzchen (Pilogot auf Bangai) dort aufgerichtet, und ein theologisch Verständiger wird dann die entsprechende Auskunft geben können, wann man am besten in häuslichen Sorgen an sie sich wendet, oder besser vielleicht an die Salai (in Krankheitsfällen).

Für Alles das, als überall auf der Erde wiederkehrende Bedürfnissfragen, finden sich überall auch festgeregelte Vorschriften eines medicinischen Systems der Zauberärzte, die in ihren Theorien nach den Umständen wechseln (in der Geschichte der Medicin, nach ihren Phasen), aber die jedesmal gültige dann, als eine logisch soweit geschlossene, zur therapeutischen Verwendung bringen.

Auf den Molukken stehen den Religionsbedürftigen auch noch andere Wesenheiten zur Verfügung, wie der genialisch (aus dem classischen Westen) die, jetzt islamitische, Welt durchfliegende Djin, den man zum Streit gegen den Svangi oder (in Ternate) Tjaka anrufen mag, da Engel gern gegen ihre Widersacher die Schwerter kreuzen, beim Kampf um die Seele (wie der Erzengel schon für die mosaische gestritten).

Hoch oben (im Planeten Jupiter) weilt Baal,[1] der sich aus seiner weiblichen Hälfte Astaroth (Aschera im Planeten Venus) als „Herr des Glückes" erweist, wie (bei den Dayak) Radja Ontong, am Eingangsthor zu Mahatara's Aufenthalt, aus dem, in seinen Töchtern, die Loosgöttinnen auf die Erde herabgelassen werden (zum Glücksspiel). Tawhaki, zum Himmel aufsteigend, begegnet dem im Priesterschmuck herabkommenden Aal (bei den Maori). Der „heilige" Aal, wenn todt gefunden (auf Kuschai) wurde begraben, „sorgfältig in Matten eingehüllt, mit gleichen Ceremonien und Ehren, als handele es sich um einen grossen Häuptling" (s. Finsch), wie in Aegypten das heilige Thier (zu Herodot's Zeit). Das komische Tanzen des Aals (auf seiner Schwanzspitze) bringt den Frosch zum Lachen, um das eingesogene Wasser auszuspeien (bei den Kurnai).

Im Alldurchwalten des Dämonischen (in Deisidämonie) steckt in jedem Ding sein Dämon (der Hellenen), des Genius (bei Römern), Gana (bei Dayak), Vui (bei Papua), Kelah (der Karen), Atuah (ioh, „the core or pith of a thing") oder Atua (bei Polyniern), Elohim (semitisch, wie in Bäthylien eines Beth-El), Feruer (parsisch, zum Prototyp), Innuae (bei Eskimo), Manitu (der Indianer), Wong (der Nigritier), u. s. w., in Wichten (der Wesenheit).

Diese (im Elementargedanken) überall erkennbare Vorstellungsreihe, die durch den Totem in die Rolle des Schutzgeistes übergeht, entzieht sich deutlicher

---

[1] Neben Bel, als Herr der Erde, wird noch ein „alter Bel" (b. Jensen) unterschieden, sowie Bel-Marduk als Sonne (s. Lukas). Nachdem Marduk (auf seinem Streitwagen) die feindliche Tiawat bekämpft hat, weist er den Göttern ihre Wohnplätze an (als Anu, Bel und Ea). Neben Anu, als Himmelsherr, weilt Ea im Wasser, während Marduk die Sonne herauf führt (als Bel-Marduk).

Auffassung, je strenger der monotheistische Gottesbegriff der Schöpfung alle Thätigkeit in sich absorbirt, und ist deshalb in dem semitischen Anschauungskreise schwieriger zn erkennen, fällt jedoch für die El, wie bei den Bäthylien, als Beth-El gewissermaassen (betreffs der Steine), in das Treiben der Asher h in Bäumen (bis zum Erscheinen Javeh's unter den Elah, als Eloah), und wäre betreffs des Seelischen (neben Neschama als Pneuma, der zur Psyche wird in Nephesch) im Rnach auszuverfolgen (in dem Ruach Elohim), wenn an Simson (bei Ohnmacht) sein Ruach znrückgegeben wird, oder der einer Königin von Saba entflieht (vor Salomo's mächtigerem Glanz).

In der Fylgja (Kinderpelglin) wohnt (auf Island) der (in forynga vorausgehende) Schutzgeist des Kindes, ihm Glück (Hamingja) bringend (als Hamr), und so „bezeichnet das (schwedische) Hamr einen Genius, der jedem Menschen folgt" (s. Grimm). „Als daz kind lebende wirt an siner muoter libe, so guizet im der engel die sêle în, der almehtige got ginzet dem kinde die sêle mit dem engel în" (s. Berthold). „Genius meus nominatur, quia me genuit" (b. Aufustius). „Allên menniskôn wirdet sunderig unde gemeine huotâre gesezzet, ten heizent si ouh flihtâre, wanda er alles werches fliget" (hic tutelator fidelissimusque germanus animos omnium mentesque custodit) und daneben mögen die Dienste eines (zum persönlichen Gebrauch im Fläschlein mitgeführten) „Genius familiaris" gewonnen werden, aus denen des Hausgeistes (als Kobold, in all seinen Neckerein). Den Griechen begleitete sein δαίμων (im Daimonion flüsternd), und zwar (wenn's gut ging) ein guter (als Agathodämon). So wandelt der Tondi zur Seite (mit den Waudlungen des Totem) unter all den ethnischen Seelentheilungen[1]) vielfachster Art seit alter Doppelung (im Xa und was zugehört). In der Glückshaube hatte der Schutzgeist des Kiudes (fylgja) oder ein Theil seiner Seele ihren Sitz (s. Simrock). Der „Spiritus familiaris" (im Glase) „kann nur durch Kauf vergeben und übertragen werden" (in Berathung). Von der Stunde der Geburt heisst das daran geknüpfte Glück Hwilsalida (Wilsaelda). À la bonne heure (bonheur) bestimmt

---

[1]) De Zielen (wongi) der afgestorvenen houden op bepaalde plaatsen verblijf, b. s. in het hosch of te tuinen (in den Molukken), met Djooe betiteld en als beschermheiligen vereerd; bijzondere geesten (salai) worden meer geraadslegd bij ziekten (s. de Clercq). Hlin ist von Frigg den von Gefahren Bedrohten zum Schutz bestellt, zum Anlehnen (Hleinir). Die doppelte Seele (bei Dayak) erscheint im Doppelgänger, als zwei Seelen besitzend (ba liau rua). Der Kalmükke hat zu sterben, „wenn das Glied, in welchem sich die Seele befindet, am selbigen Tage verwundet oder abgehauen wird" (s. Pallas). Auch in den Thieren ist Ruach Chayim oder Neschamah Chayim (s. Dillmann). Von den sieben Seelen der Batak wohnt die Tondi si djungdjung im Himmel (s. Niemann). Die („Dhakke" genannten) pebbles were the means of life and death (s. Curr), they were carried internally, about the region of the stomach, and a Kabi's person's vitality and influence was proportionate to the number of them, he was possessed of (a mannut, magician or life man, is called Muru-muru; he is, „full of life"). In Kriegszeiten wird der Ulos ni tondi zur Verehrung aus dem Kasten hervorgeholt (bei den Batak). Wenn nicht der Tondi-eme (Seele des Reis) geopfert ist, würden nur leere Aehren geerntet sein (bei den Ba ak), und so erhält der Kelah des Reis Verehrung (bei den Karen). Während der (australische) Knabe unter dem Geräusch des Brummer's (als Rhombos) in Einsamkeit gehalten wird (s. Schürmann), scheint, „dass ein Gott in ihn hinabstiege" (s. Gerland). Awesa-wenana, du bist gekommen (in Ceylon). Der Koran wurde vom Engel Gabriel aus dem siebenten Himmel gebracht (im Monat Rhamadan). Kinder haben Wahrsagungs- und Zauberkraft (s. Wuttke), bis zu sieben Jahren; auch schon Spiele sind bedeutungsvoll, sowie zufällig gesprochene Worte in Birma (wie in den Vorhöfen ägyptischer Tempel). Habentem spiritum phitonis (wie Ganna) befragte Gunther. amnus als „Mulier phytonissa", wie (Aurinia folgend) Veleda (unter Voluspâ).

sich der „Angang" zum Gelingen. Die Emadubak steigen zwischen Himmel und Erde auf und nieder (als Diener Brahma's), gleich den Wong, als dii juvantes (in Helfern). Die Götter waren da, ehe sie noch (den Menschen) geschaffen hatten (im babylonischen Schöpfungsbericht). „Eingetreten die Götter allein, noch keine Menschen" (in Hawaii's Pele-Heian).

Neben dem (im „sensus numinis" empfundenen) Eindruck unbestimmt allgemein (durch- und) umwaltender Weseuheit, die (in Zambi, Njankupong, Mahatara etc.) dem Denken allzufern und hoch, um einen bestimmten Gedanken vom Gotte (oder Gottheit) bilden zu können, fällt das ausschlaggebende Moment in denjenigen, womit das Individuum seine Doppelung im Schutzgeist (als Tendi) gefunden, sei es durch die im (afrikanischen) Fetisch hineingesteckten (oder darinnen steckende) Moestika (der Djin auf Molukken), sei es (beim Uebergang des Gana in Beweglichkeit der Hambaruan) bei Begegnung unter ähnlich verwandter Thierwelt (im Totem). Wie die in Erinnerung fortlebenden Ahnen (in Ahnungen zum Mahnen durch Manen), eignen sich auch die höheren Rangstufen der Heroen, Semidei, oder die Götter selbst, für solche Wahl, und hier beginnt nun die Unterhaltung über den Zielpunct des Lebens, wie von australisch vorsichtigem Alter der neu heranwachsenden Generation (durch das Ceremonial Daramulan's u. dgl. m.) hineinkatechisirt wird (damit Alles in Ordnung verbleibe, im Staats- und Stammverband).

Vielfach, den Schreckscheuchen der zum Austreiben am Reinmachetage dienlichen Popanzen entsprechend, finden sich mit dem Erntefeste (gleich dem Monsoen der Molukken) Maskereien verbunden, da wie die heranwachsende Frucht schon die Vögel, die jetzt, als gereift, zum Genuss verwendbare, neben menschlich Esslustigen, auch geisterhafte herbeiführt, die (auch ohne vom Heisshunger der Preta geplagt zu sein) ihrer Ernährung bedürfen, im Götterhunger, als Demeter sich versteckt hatte (bis durch Zeus versöhnt).

So lässt es sich denken, dass die aufgestellten Garbenbündel von allerlei habgierigem Geistergesindel (die sich an das Tabu der „Ersten Früchte" nicht kehren) umflattert sein mögen, und man lässt deshalb (unter Reverenz) eine Gabe für den Meister desselben (für Wodan in eigener Person) auf dem Felde gern stehen, damit er, durch solche Tributlieferung befriedigt, seine Untergebenen in maassvoller Zucht hält (dem Vertragsabschlusse gemäss, wie aus geheiligten Satzungen formulirt, nach dem Hadat der Traditionen).

Das Pali (Kapali oder Unerlaubte) Verbotene (s. Hardeland) wird durch Mirus gebrochen (bei den Dayak), als (polynesischer) Tabu (fadi auf Madagascar) unter Auferlegung von Gelübden (Mokisso in Loango). Hadat sawähabana, idja keret toto ba pali aran, nach Sitte der sich liebenden Ehegatten sind die Namen „pali" zu einander (nicht zu nennen, sondern durch andere zu ersetzen).

Wie die Sankhya ihre Pradhana an Prakriti's Wurzel abschneidet, um nicht in den Regressus ad infinitum abzugleiten, so wird zur Vermeidung des egressus (oder progressus) „ad infinitum" ein „primus motor" verlangt (in Setzung des Ersten für logisches Rechnen. Καὶ τὸ κινοῦν ὑφ' ἑτέρου, ἐπειδὴ καὶ αὐτὸ κινεῖται, καὶ πάλιν τοῦτο ὑφ' ἑτέρου, οὐ δὴ εἰς ἄπειρον πρόεισιν, ἀλλὰ στήσεται πού καὶ ἔσται τι ὁ πρῶτος αἴτιον ἔσται τοῦ κινεῖσθαι (s. Aristotl.), als Gott (ἐνεργείς ἄρα) aus Uthlanga's Quelle (durchwaltend). Indem „wir innerhalb der Sinnenwelt und der Erfahrung nicht auf eine Erste Ursache schliessen" können, hat „die Vernunft in die intelligibele Sphäre überzugehen" (s. Hegel). Alles Leben kommt von Boreas, aller Tod vom Auster (s. Porphyr.), und so (bei Maori) je nach den Richtungen der Winde (die nicht abgeschlossen werden dürfen). Maui wird vom Westen herkommend geschnüffelt (durch seine Urahnin).

Als Subject der Beraubung, die gleichsam ihr Wesen bildet, ergiebt sich die Materie (b. Aristoteles) als Potenzialität (*δύναμις*), die Form dagegen als Aktualität (*ἐντελέχεια*); „sofern also die Materie dasjenige, was sie werden soll, noch nicht wirklich ist, ist sie in dieser Beziehung das Nichtseiende, sofern sie jedoch anderseits auch wieder die Potenzialität des respectiven Wesens ist, ist sie zugleich auch seiend, freilich nicht in der Wirklichkeit, aber doch der Möglichkeit nach" (s. Stöckl), als *τὸ μὴ ὄν* (Plato's), wie Kore (im Noch-Nicht) oder Leai (polynesischer Kosmogonie).

Das Apeiron (für die Pythagoräer) ist das Gerade, weil stets beliebiger Umbildungsmöglichkeit anheimgegeben, in Vermehrung aufs Unabsehbare hinaus (an sich), und nach Zertheilung in scharf bestimmte Theilgrenzen, die in der Gesammtheit dann immer wieder ein Ganzes repräsentiren. [1])

Das Ungerade giebt für den jedesmal vorliegenden Fall einen begrenzenden Abschluss, weil (von Bruchrechnung noch abzusehen ist) und daran nicht operirt werden kann, ohne dass der, das Ganze umfassenden, Einheit der für dieselbe, als typisch nun eben wesentliche Charakter verloren ginge.

Zunächst also die Drei (denn die Zwei ist nur tautologische Doppelung der Eins) als Einheit (mit Drei in Eins), und so liegt sie überall unter (wie dreieckige in geometrischer Form).

In der Dreimal-drei tritt dann, beim Zählen an doppelgliedriger Hand, ein Ueberschuss in der Zehn (wie bei Maori mythologisch verwerthet), für heilige Zahl der Neun (turanisch).

Die Urmaterie (das an sich schlechterdings Unbestimmte, Qualitäts- und Quantitätslose) ist „doch nicht Nichts" (s. Stöckl); „im Gegensatz zu jener Materie, welche schon eine bestimmte Form hat, jedoch wiederum das Substrat einer höheren Form bilden kann, ist sie die erste Materie (*ὕλη πρώτη*), und liegt als solche aller übrigen Materie, die schon in verschiedenen Formen auseinandergegangen ist, einheitlich zu Grunde" (bei Aristoteles). Da die Gestaltung der Materie nur möglich ist durch die Bewegung (deren Maass die Zeit) ergiebt sich (b. Aristoteles)[2]) auch deren Ewigkeit (ohne Anfang und Ende).

---

[1]) L'Infini est simplement l'expression de la relativité essentielle de toutes les choses matérielles et de leurs propriétés (s. Stallo), und soweit in Unendlichkeitsrechnungen anzunähern (aus welchen Mitteln zum Zweck dann die gereifte Frucht, — wenn ihre Zeit gekommen, im zeitlos Ewigen —, sich ablöst, auf den Megga des Buddhagama).

[2]) *λέγω δ' ὕλην, ἢ καθ' αὐτὴν μήτε τι, μήτε πόσον, μήτε ἄλλο μηθὶν λέγεται, οἷ ὥρισται τὸ ὄν* (s. Aristotl.). *ἡ μὲν αἴσθησις ἐστι τὸ δεκτικὸν τῶν αἰσθητῶν εἰδῶν ἄνευ τῆς ὕλης* (s. Aristotl.), wie Rupa-Bhava (für die Augen u. s. w.). Zenoni et reliquis fere Stoicis aether videtur esse summus deus, mente praeditus, qua omnia regantur (s. Cicero). *Οὐ χωρίστη μὲν ἡ ὕλη, τῷ δ' εἶναι ἕτερον* (s. Aristotl.). *λέγω γὰρ ὕλην, τὸ πρῶτον ὑποκείμενον ἐκάστω, ἐξ οὗ γίγνεται τι ἐνυπάρχοντος, μὴ κατὰ συμβεβηκός, εἴτε φθείρεται τι, εἰς τοῦτο ἀφιξεται ἔσχατον* (s. Aristotl.). *τρεῖς πρῶται κατ' Ὀρφέα ἐξεβλάστησαν ἀρχαι, ὕλη καὶ γῆ καὶ οὐρανός* (s. Lydus). *ἀπὸ δὲ τῆς νυκτὸς ἐπαινέσατο τὴν ἀρχήν* (b. Eudemos), orphisch (s. Damascius). Wir sind von gestern hier, und wissen Nichts (bei Hiob). Indem die Beziehung des Schöpfers, als Barah, nach den Begriffen des Hauens (Behauens oder Heraushauens) führt (s. Ewald), entsprechen sie der chinesischen Zeichnung, wo der Schöpfer sich hervorbaut (aus dem Urfels). *Ἐπίκουρος κρᾶμα ἐκ τεσσάρων, ἐκ ποίου πυρωδοῦς, ἐκ ποίου ἀερωδοῦς, ἐκ ποίου πνευματικοῦ, ἐκ τεττάρτου τινος ἀκατονομάστου, ὃ τὴν αὐτῷ αἰσθητικόν* (s. Plut.), in der Seele (atomistisch). *ἐν γὰρ τῇ ὕλη τὸ ἀνάγκαιον, τὸ δ' οὐ ἕνεκα, ἐν τῷ λόγῳ* (s. Aristotl.). *ἐστι δὲ ἡ μὲν ὕλη δύναμις, τὸ δὲ εἶδος ἐντελέχεια* (s. Aristotl.), und dazu kommt die *στέρησις* im Nichtsein (oder Noch-Nicht) der Form, (welche durch das Werden die Materie annehmen soll).

6*

Das Einzelding fällt für seine Existenz mit der Auffassung selbst zusammen (bei Einheit von *είναι* und *νοείν*), in solch völliger Identität, um sich insofern objectivem Wissen zu entziehen, weil subjectiv mit eigenem Sein selbst ineinstreffend; wenn der auf der Retina abgezeichnete Baum als solcher einen Theil im Leiblichen selber bildet, nach optischem Bilde damit verwachsen. Erst wenn das im Sprachverkehr der Gesellschaftsschichtungen gebildete Lautbild in der Wortbezeichnung des Baumes hinzutritt, beginnt hier eine gestaltende Thätigkeit, unter Zusammenfassung des Individuums mit Species oder Gattungen und weiter, nach den jedesmaligen Verhältnisswerthen relativer Bedingungen zu einander, während die Bezeichnung zum Gesammt-All, was der Baum darin will, sein teleologischer Zweck also, der Kenntniss (in rationeller Deutlichkeit) entzogen bleibt, weil eben der Abschluss oder Umblick fehlt, und der Bruchtheil im Ganzen seine festbegründete Werthbezeichnung deshalb nicht erhalten kann (im überblickten Abschnittstheil des Weltganzen).

Neben dieser in der Gesellschaftsschichtung aufsteigenden Speculation mit abstracten Begriffen, stellt sich nun (in der Welt der Vorstellungen), statt oberhalb des Niveaus von Einheitlichkeit im Denken und Sein (bei sinnlicher Assimilation des Aussendings), unterhalb desselben die genetische Frage des Wohers, wie beim Baum, so bei jedem Ding, und auch bei dem als eigenem gefühlten, und indem hier, aus dunkel (bis zum Tagen kosmogonischer Helle) entschwindendem Urgrund, wie der Baum, aus seiner in Abstractionen festgestellten Eigenheit, (*ὁ λόγος τὴν οὐσίαν ὁρίζει*), auch welch anderer Beobachtungsgegenstand, (der Ousia hervorspriessend), mit seinen verzweigenden Attributen in das Denken hineinwächst, mag es von diesem erkannt werden, soweit „ordo et connexio idearum idem est ac ordo et connexio rerum" sich bestätigt (bei Richtigkeit des logischen Rechnens).

Aus dem Untergrund einer im unergründlichen Bythos niedersinkenden Ousia, haben sich also die *πρῶται οὐσίαι* (als Einzeldinge), wie im Abstractionsprocess als solche gattungsweis festgestellt, zu klären und erklären, durch das, was im *ἐνυπάρχειν* (inesse) ihnen (immanent) gemeinsam innewohnt, mit dem sie denkenden Einzelnding (im eigenen Selbst), innerhalb zugehörigen Gesellschaftskreises integrirt (für sich).

Mit dem optisch gezogenen Horizont liegt der Raum als gegeben vor, in endlicher Umgrenzung, und beim Ausweiten solcher Peripherienlinie macht sich im Gegensatz ein Unendliches bemerkbar (ein Unbegrenztes), wie auszuverfolgen beim Uneigentlich-Unendlichen (s. Cantor), im (logischen) Rechnen zugänglich, für das Denken.

Bei analytischer Construction in „Nicht-Euclidischer Geometrie" (oder sphärischer Arithmetik) gleichen die Mathematiker denjenigen Menschen, welche ihr Millionenvermögen im Traum construiren (s. Karagiannides), und das Eigentlich-Unendliche verbleibt hier ein „Façon-de-parler-Unendliches" (unter flatus vocis).

Neben dem (geometrisch) in „Welt der Vorstellungen" gespiegelten Raum steht (im arithmetischen Fluss) das Ewige im Denken, das sich selber lebt, mit der Bewegung (bei Aristoteles), als Positives, und an Stelle der (antik) in Uranos und Gäa gefestigten Weltanschauung tritt, seit ihrer modernen Reform, die unendliche, so dass das Unendliche (trotz negirender Namensbezeichnung) eine positive Bedeutung gewinnt, gegenüber der Negation im Endlichen (durch Beraubung oder Einschränkung).

Und in dem, was das Denken lebt in seinen Ewigkeiten, träumt es auf Erden schon den seeligen Traum, der, wenn (ohne tagnächtliche Unterbrechungen) nicht länger getrübt durch leibliche Empfindungen, in seinen Hoffnungen zur Reife bringen wird, was hier sich vorbereitet, in den Schöpfungen, die gezeitigt wurden (unter durchwaltendern Gesetzlichkeiten).

In elementarster Einfachheit des Denkprocesses bildet die Analogie[1]) die Unterlage der höheren Schlussformeln (in der Logik) nach den Vergleichungen im Zusammenfliessen des Gleichartigen, und sobezüglichen Hervortretens der Verschiedenheiten. Die an sich durch die Aehnlichkeiten (in der Ideen-Association) gegebene Analogienbildung darf sich (beim Weiterverfolg) nicht mit dem Analogienschluss[2]) (ratiocinatio per analogiam oder argumentatio analogica) genügen lassen, sondern es muss bis zu proportionellen Feststellungen fortgegangen werden, mit richtig durchdachten Gleichungen (im logischen Rechnen).

Je nach den Umgebungsverhältnissen einer Monde ambiant bedingen sich die Analogienbildungen für dauernde Gestaltungen (in klimato-geographischer Weltanschauung).

Nach subjectivistischem Analogienschluss werden die innerlichen Vorgänge in äussere hinausverlegt, durch Beseelung der Natur mit mythologischen Schöpfungen, so dass in solchem Völkergedanken das Denken zu deutlich fassbaren Anschauungen gelangt (um das Geheimniss eigener Thätigkeit zu verstehen).

Das Denken, in seinen primärsten Regungen, beginnt mit Analogienbildungen, durch Ideen-Associationen primitiver Reihen, in Vergleichungen, aus deren Zusammenfliessen dann wieder die Unterscheidungen folgen (in Differenzirungen). Damit setzt das logische Rechnen ein, proportionell (b. Kant), gemäss der Analogien (s. Quintilian), in rationellen Gleichungen für die Ratio, als Causa, und somit „Causa sui", bei verbotenem Uebertritt in Transcendenz, bis die Wurzel im Denken selbst gefunden (wenn es selber sich lebt).

Nach psycho-physischen Zahlengesetzen coordiniren sich die Eindrücke des Auges und Ohres (auch in der Empfindung bereits durch gegenseitige Ersetzungen von Farben und Tönen), und wenn dann (auf der Gesellschaftsschichtung) der Logos im articulirten Worte redet, tritt dieses zum Sehbild des in linguistischen Umrissen adäquat entworfenen Hörbildes hinzu, mit all' den täuschenden Gaukeleien der „Idola fori" (bei Bacon), bis gezügelt durch scharf controllirte Prüfungen des logischen Rechnens (wenn der ihm gestellten Aufgabe bewusst geworden).

Im Unterschied von den Axiomen der Mathematik beschränkt Kant den der Philosophie auf diskursive Grundsätze, deren Gültigkeit immer durch die Form der Anschauung bedingt seien, während sich (bei naturwissenschaftlicher Psychologie) auch hier (wie in den Naturgesetzen überall) mathematische Gewissheit[3])

---

[1]) Die Analogie, als quantitativ (b. Aristoteles), unterscheidet sich von der Proportion durch den qualitativen Charakter (s. Kant). Analogia, quam proxime a Graeco transferentes in Latinum proportionem vocaverunt (s. Quintilian), zum Abgleich in Uebersetzung (beim Hinübertritt in dritte Sprache obenher).

[2]) Argument from analogy may be defined as direct inductive inference from one instance to any similar instance (s. Jevons), in Aehnlichkeit (bis zu abwägender Gleichung); a certain proposition is true to the one, therefore it is true of the other (s. Mill), im logischen Rechnen (je nach der Richtigkeit der Beweisführung). Der Syllogismus (ratiocinatio) liegt in der ratio begründet (als causa), für die Verhältnisswerthe (im Annähern des Absoluten).

[3]) Die sittlichen Grundsätze haben dieselbe Gültigkeit, wie die mathematischen Wahrheiten (b. Cudworth), in idealer Welt (der Gesellschaftsschichtung). Cognitio boni et mali nihil aliud est, quam laetitiae vel tristitiae affectus, quatenus ejus sumus conscii (s. Spinoza). „Die Zufriedenheit mit dieser Welt" bildete die ethische Grundstimmung (b. Czolbe). Das Eine wird als das Gute gefasst (b. Euklides Meg.) zum Anstreben in der Gutheit oder Gott-

wiedergewinnt, in der Arithmetik des logischen Rechnens (und so für die Elementargedanken zunächst).

Diejenige Empfindung des Ich's, welche der Mensch auf Erden mit sich umherträgt, hat, als mit dem Körperlichen verwebt, beim Zerfall desselben gleichfalls in soweitiger Form hinzuschwinden (beim Wunsch um Erlösung aus Lebens Leid an jedem neuen Morgen), während die constituirenden Elemente (des innerhalb des Gesellschaftskreises integrirten Individuums) in ihren (von der Färbung jedesmaliger Persönlichkeit durchtränkten) Kraftwirkungen fortschaffen, für das, was innerhalb des das Ganze umgreifenden Universums in der Bestimmung einbegriffen liegt.

Abgesehen von den in *εἰχότες μῦθοι* sich gefallenden Phantasien bleiben deshalb die Hoffnungen hingerichtet auf eine Eudaimonie, wie sie sich am naturgemässesten im Familienleben herstellt, während dem Einzelnen zugleich die auf Tugendübung hinweisende Glückseligkeitslehren, als ungetrübten Genuss versprechend, vorziehbar sich empfehlen müssen, für den, der seine Vernunft richtig gebraucht; und dem Unvernünftigen bleibt überlassen sich mit demjenigen abzufinden, was er zum eigenen Schaden durch seine Unvernunft angerichtet hat.

Für practische Zwecke, um die einem Jeglichen zu Gute kommende Harmonie (in Stammesganzheit) zu bewahren, liegt vernunftgemässe Belehrung im gegenseitig allgemeinen Interesse, und solche wird, in einer glaubensschwankenden Zeit, am sichersten auf naturwissenschaftlich (auch in der Psychologie) gefestigter Unterlage begründet, denn dem „Argumentum a fortiori" kann Niemand sich entziehen, da das Recht des Stärkeren autokratisch gebietet, brutal nicht nur, sondern, mit noch gewaltigerer Obermacht, ideal (sofern die Waffen kunstgerecht zu führen verstanden sind).

Für die unter begünstigten Verhältnissen zu weiterer Umschau aufgestiegenen Gebildeten handelt es sich zunächst darum also: „Wie das Volk denkt?" (in den grossen Massen), um eine bisher vernachlässigte (und auch kaum zugängliche) Kenntniss nachzuholen, mit den gegenwärtig durch die ethnischen Elementargedanken gebotenen Hilfsmitteln.

Eine jede Naturwissenschaft liegt in der Hand dessen, der sie bemeistert hat, (wie einst die Deva unter Bezwingung der Brahmanen), und so wird die Psychologie (wenn mit naturwissenschaftlichem Charakter bekleidet) ihr Verständniss belohnen, denn dass sobald die naturgesetzlichen Denkprocesse (im logischen Rechnen) correct bekannt sind, der Gedankengang des Ungebildeten sich dem des Gebildeten zu beugen, ihm sich zu fügen und (in Hinleitung auf verbessernde Bahn) zu folgen hat, liegt in dem Recht des Stärkeren an sich schon ausgesprochen (kraft ideeller Kraft).

Dass dies geschehen wird und muss, liegt in dem Zeitbedürfnisse und dem Selbsterhaltungsprincip bereits eingeschlossen, weil sonst Alles zu Grunde zu gehen hätte, mit dem Heranziehen eines Ragnarökv im Kali-Alter (bei den augenblicklichen Wirren einer zerrissenen Weltanschauung). Und wären vielleicht die Dinge socialistisch bereits zu weit fortgeschritten, um die Durchgangsperiode einer Revolution zu ersparen, so hätte doch nach derselben einzutreten, was nicht aus-

heit). Henoch (der „Eingeweihte") oder Idris (arabisch) erfindet die Schrift (s. Eusebius). Henoch wird entrückt *πρὸς τὸ θεῖον* (s. Joseph.). *Νάννακος, παλαιὸς ἀνήρ* (b. Suidas), als Avvakos (*ἀπὸ Ναννάκου*). Nec deinde in terra fuit (Romulus), wie Henoch („er ward nicht mehr gesehen") und Xisuthros (dessen Stimme von Oben noch gehört wurde).

bleiben kann: die Abrundung des „naturwissenschaftlichen Zeitalters" durch Zutritt der Psychologie (auf ethnischer Grundlage).

In der Zwischenzeit ist wenig zu thun durch ethische Vereine, die (mit den aus deductiver Epoche herübergenommenen Argumenten, welche ihre Beweiskraft verloren haben), sowenig helfen können, wie die Theophilanthropen hundert Jahre früher (ausser in dem Eindruck guter Absicht).

Doch wird die Ethnologie sich selber rascher genug helfen, den abgelegten Proben gemäss zu urtheilen, nachdem das Experimentum crucis überstanden ist. Als Galvani am Anfang des Jahrhunderts mit Froschschenkeln zu operiren begann, konnte man die elektrische Beleuchtung, die heute unsere Städte durchstrahlt, noch nicht voraussehen.

Das Alter der (psychologischen) Ethnologie zählt kaum zwei oder drei Decennien, nach 20 oder 30 mehr, wird es auch hier heller aussehen (in den Köpfen). Zu treiben (seit die organische Entwicklung eingesetzt hat), fehlt der Anlass, „trop de zèle" schadet („man merkt die Absicht und man wird verstimmt"). Durch geneigte Pflege in physikalischen Instituten wurde die Kenntniss von der Electricität entsprechend gefördert, und so wenn die zum öffentlichen Besten (zumal in conialpolitischer Hinsicht) der Ethnologie erforderlichen Einrichtungen ihre Berücksichtigung erhalten haben, wird alles rasch genug von selbst sich fördern, da es um eine naturgesetzliche Entwickelung sich handelt (im organischen Wachsthum der Cultur). Rom ist nicht an Einem Tage gebaut (und so keine der Fachwissenschaften).

Mit dem Wort „es werde Licht" wird die Formation der geistigen Materie von Seiten Gottes ausgedrückt (b. Aug.), indem, „sowie den körperlichen Dingen eine an sich formlose Materie unterliegt, so auch für die geistige Creatur eine für sich selbst formlose geistige Materie unterliegt" (s. Stöckl). Schweigend mit sich ordnend, was zu sagen war, hatte Gott (allein seiend) die Vernunft (ratio) in sich, bis durch prolatio das Wort (sermo) hervorging (bei der Weltschöpfung) im Logos (s. Tertull.) oder (in weiblicher Wandlung) Vakh (für Brahma's Contemplation). An observer, who should set himself the task of making systematic enquiries, must find himself baffled at the outset (betreffs der „Religion"), bei den Melanesiern (s. Codrington),[1] und so (wie in Australien) bei Indianern und Negern (nach dort sachkundigem Ausdruck).

---

[1] „The religion of the Melanesians is the expression of their conception of the supernatural, and embraces a very wide range of beliefs and practices, the limits of which it would be very difficult to define. It is equally difficult to ascertain with precision what these beliefs are. The ideas of the natives are not clear upon many points, they are not accustomed to present them in any systematic form among themselves. An observer who should set himself the task of making systematic enquiries, must find himself baffled at the outset by the multiplicity of the languages with which he has to deal. Suppose him to have as a medium of communication a language which he and those from whom he seeks information can use freely for the ordinary purposes of life, he finds that to fail when he seeks to know what is the real meaning of those expressions which his informant must needs use in his own tongue, because he knows no equivalent for them in the common language which is employed. Or if he gives what he supposes to be an equivalent, it will often happen that he and the enquirer do not understand that word in the same sense. A missionary has his own difficulty in the fact that very much of his communication is with the young, who do not themselves know and understand very much of what their elders believe and practice. Converts are disposed to blacken generally and indiscriminately their own former state, and with greater zeal the present practices of others. There are some

Namen wechseln nach der Deutungsweise (what's in a name), den Christen gelten die Heiden als Atheisten, während ἡ πολυθεοτης ἀθεοτης (b. Athanasius), und die Buddhisten werden, als „Nastika" (Gottesläugner) gescholten, trotz ihrer „moralischen Weltordnung", (der die „Venia legendi" zu entziehenwar), im Dhamma (der Trinität).

Dass Einheit vernünftigen Waltens im Kosmos vernunftgemäss vorauszusetzen sei, darin stimmen alle Vernünftigen überall überein, und ebenso darin auch, dass es von dem durch physische θεωρια bedingten Ausbau des Alles abhängig zu bleiben hätte, wieweit darin ein „Fussstuhl" gefunden werden kann, oder von der Controverse über kosmologische Antinomien, ob was naturgesetzlich durchdringt (in „Natura sive deus") etwa zeitlos in das Jenseits eines Nitya hinauszusetzen sei (bei Unbegreiflichkeit an sich).

things they are really ashamed to speak of; and there are others which they think they ought to consider wrong, because they are associated in their memory with what they know to be really bad. Many a native Christian will roundly condemn native songs and dances, who, when questions begin to clear his mind, acknowledges that some dances are quite innocent, explains that none that he knows have any religious significance whatever, says that many songs also have nothing whatever had in them, and writes out one or two as examples. Natives who are still heathen will speak with reserve of what still retains with them a sacred character, and a considerate missionary will respect such reserve; if he should not respect it, the native may very likely fail in his respect for him, and amuse himself at his expense. Few missionaries have time to make systematic enquiries; if they do, they are likely to make them too soon, and for the whole of their after-career make whatever they observe fit into their early scheme of the native religion. Often missionaries, it is to be feared, so manage it, that neither they nor the first generation of their converts really know what the old religion of the native people was. There is always with missionaries the difficulty of language: a man may speak a native language every day for years and have reason to believe he speaks it well, but it will argue, ill for his real acquaintance with it, if he does not find out that he makes mistakes. Resident traders, if observant, are free from some of a missionary's difficulties; but they have their own. The „pigeon English", which is sure to come in, carries its own deceits; „plenty devil" serves to convey much information; a chief's grave is „devil stones", the dancing ground of a village is a „devil ground", the drums, are „idols", a dancing club is a „devil stick". The most intelligent travellers and naval officers pass their short period of observation in this atmosphere of confusion. Besides, every one, missionary and visitor, carries with him some preconceived ideas; he expects to see idols, and he sees them; images are labelled idols in museums whose makers carved them for amusement; a Solomon islander fashions the head of his lime-box stick into a grotesque figure, and it becomes the subject of a woodcut as „a Solomon Island god". It is extremely difficult for any one to begin enquiries without some prepossessions, which, even if he can communicate with the natives in their own language, affect his conception of the meaning of the answers he receives. The questions he puts guide the native to the answer he thinks he ought to give. The native, with very vague beliefs and notions floating in cloudy solution in his mind, finds in the questions of the European a thread on which these will precipitate themselves, and, without any intention to deceive, avails himself of the opportunity to clear his own mind while he satisfies the questioner" (s. Codrinton). Der Reisende muss geboren sein, wie der Dichter, (für ethnische verwerthbare Sammlungen), und hier leiten Anleitungen leicht ab (in „leitenden Fragen"). There are no people in the world so difficult to understand, as the Aboriginals (Australien's): their inner or camp life is different, totally opposite to that, that a white man sees, who is unacquainted with their laws. When a white man does take an interest and gets a glimpse at their inner life, he finds to his astonishment, that their laws are of the highest order, and is able by that time to speak with authority upon them (s. Purcell), bis hineingedacht (in die Gedankensprache).

Von $Z\iota\acute{\nu}\varsigma$ $\mathring{\eta}\nu$, $Z\iota\acute{\nu}\varsigma$ $\mathring{\epsilon}\sigma\tau\iota$, $Z\iota\acute{\nu}\varsigma$ $\mathring{\epsilon}\sigma\sigma\iota\tau\alpha\iota$, $\mathring{\omega}$ $\mu\acute{\epsilon}\gamma\alpha\lambda\iota$ $Z\iota\tilde{\nu}$ sang das dodonäische Distichon schon (s. Paus.), und wenn die Gebildeten zu römischer Kaiserzeit ihren Gottesbegriff deuteten (meist im stoischen Gewande), gewährten sie den Apologeten, um ihnen die Krone des Märtyrerthums zu verkümmern, genügende Weite in den Gerichtsverhandlungen, wenn bei der Tyche, dem Namen oder Glück des Herrschers, — (seinen Kopf in Ashantie), — zu schwören beim Opfer genug sein sollte, damit (in Reservatio mentalis) nicht gegen dasjenige verstossen sei, was in Praxis staatlicher Gebote gefordert war (zur Aufrechthaltung schon der Disciplin).

Sobald neben der Divinitas für Einzelheiten, in Erklärung göttlich-gesetzlichen Waltens, der „Deus" (oder Daimon) in Frage blieb, ˌkam man (bei damaligem Zustand der aus Alchemie noch nicht zur Chemie geklärten — oder für die Astronomie noch in der Astrologie steckenden — Naturwissenschaften) über (demiurgische) Mittler (als Wong) schwierig hinaus, so dass selbst die arianischen Gegner diese Bezeichnung mitunter auf ihren Logos anwandten, obwohl unter Vorbehalt (nach A nicht B sagen zu müssen), da mit Zulassung eines Ersten die Vermehrung nicht abzusehen bis auf 365 (in Abraxes), bei Glaukias' Schüler (aus den Weissagungen des Cham und Barshor), während jeder Vermengung des an sich Unbegreiflichen vorzubeugen ist, $o\dot{\nu}\delta\grave{\epsilon}$ $\mu\grave{\eta}\nu$ $\mu\acute{\epsilon}\lambda\eta$ $\tau\iota\nu\alpha$ $\alpha\mathring{\nu}\tau\grave{o}\nu$ $\lambda\epsilon\kappa\tau\acute{\epsilon}o\nu$, $\mathring{\alpha}\delta\iota\alpha\acute{\iota}\varrho\epsilon\tau o\nu$ $\gamma\mathring{\alpha}\varrho$ $\tau\grave{o}$ $\mathring{\epsilon}\nu$ (s. Clem. Al.).

Ob, was solche vermittelnde Mittler vermochten, einer Doulia, Adoratio, zuwinkender Kusshände, oder sonstigen Ceremonials im Cult würdig sei, darüber mochten die Zionswächter entscheiden (je nach vorgezogener Etikette), und ob die Fetischschnüre unter Einflüsterungen eines Okra-bri gefertigt worden, oder für therapeutisch wohlgesinntere Zwecke (in Doppeldeutung des Pharmakon), darüber kann ein nigritisch umdunkeltes Gehirn in die bekannten Schwierigkeiten gerathen, wenn ihm zum Ersatz geweihte Agnus dei angeboten werden, im Namen und zu Ehren von Heiligen (die wenn ihrer Ehren werth, darin gern belassen sind).

Wenn die Erklärungsweise für die Ursächlichkeiten mikrokosmisch oder makrokosmisch ausgewirkter Effecte beim Manitu „stops" (in indianischer Beschränktheit), so mag sich der Neger mit der Autorität des Wulomo zufrieden geben, und dem, was er erzählt über Stock und Stein (im unzugänglichen Tempelgehöft), oder was der Gbalo kündet, unter Schellengeklingel von oben (wie von Batara-Guru gehört, in seiner Versenkung), wogegen, wer das „Akrohu" witternd, bis in das Allerheiligste (bis zu dem durch Verhängen umhüllten Delubrum) vordringt, dort dann das Sammetkissen als thierischen Sitz entweiht sehen mag (in nilotischen Mysterien), wenn überhaupt etwas übrig bleibt (bei „Vanitas Vanitatum"). Ausschlag gebend entscheidet hier einzig und allein die Länge oder Kürze der Gedankenreihen. Wenn, um den Gefahren polytheistischer Verwirrungen vorzubeugen, eine Dreiheit zur Eins zusammengedrängt wird, mag unter cappodocischer Mithülfe die Decke einer Homoousia gebreitet sein, obwohl, da dies nicht wohl angeht, im Rechengekünstel, australische[1]) Beschränktheit (bei Dieyerie etc.) oder californische (s. Baegert) zunächst zu überwinden ist, um wenigstens bis Drei zu zählen — gar nicht zu reden von dem Handgreiflichen in der Hand (als Panch), wofür sich die Naturstämme vielfachst befähigt finden, um dann auf den „ganzen Menschen" (in Bescheidenheit des Zwanzigers) zu gelangen (bei den Eskimo), ehe das Sehnen sich regen könnten, auf einen Infinitesimalcalcul hin (in „höherer Analysis").

---

[1]) cf. „Indonesien" (I, S. 118).

Die Aufgaben für ein orthodoxes Symbol, waren auf denjenigen Synoden, zu welchen auch die räuberische (im Streit zwischen Dioskuros und Eutyches) gehörte, einfachst klar und deutlich gestellt.

Die rationelle Nothwendigkeit und Einheitlichkeit im Gottesbegriff war richtig (als unbedingt zwingende) erkannt, daneben jedoch ein Dreierlei factisch gegeben, um hineinzupassen, auf Biegen oder Brechen („der Bien der muss").

Im Monotheismus war der Vater (ein πατήρ oder προπάτηρ; ein Unkulunkulu des des Stammes) traditionell übernommen, daneben indess sprach laut in der Gemeinde das Pneuma, als hagion (oft lärmend, wie aus den Wongtschä), und dann im Mittelpunct des Systems stand der Guru, derjenige eben, aus dessen Munde die beseeligende Lehre gesprochen war, durch welche eine in Trümmer zerfallende Welt frisch belebt werden sollte (in Auferstehung).

Aehnlich verhält es sich im Buddhismus. Auch hier verlangt die Sangha ihren gleichwerthigen Antheil, und während die Gottheit selber mit dem Dhamma abgefunden wird, concentrirt sich das Interesse in dem allverehrten Lehrer, der in Fülle der Zeit vorübergegangen (als Tathagata).

Ein durchgreifender Unterschied dagegen fällt in die anthropomorphische Fassungsweise. Der göttliche Logos (im Christenthum) „ist nämlich nicht etwas Unpersönliches, nicht die blosse Einheit der in den geschöpflichen Dingen sich offenbarenden Ideen (der λόγος σπερματικός der Stoiker), sondern er ist vielmehr die persönliche Weisheit Gottes, welche ewig in und bei ihm war; der göttliche Logos ist eines Wesens mit dem Vater (ὁμοούσιος), er ist nicht geschaffen, sondern erzeugt, es gab keine Zeit, wo er nicht war" (οὐκ ἦν, ὅτι οὐκ ἦν), eine „göttliche Hypostase" (s. Stöckl; υἱός ἀληθινός φύσει γνήσιος, ἐστὶ τοῦ πατρός, ἴδιος τῆς οὐσίας αὐτοῦ, σοφία μονογενής, καὶ λόγος ἀληθινός, καὶ μόνος τοῦ θεοῦ οὗτος ἐστιν, οὐκ ἐστι κτίσμα, οὔτε ποίημα, ἀλλ' ἴδιον τῆς τοῦ πατρὸς οὐσίας γέννημα (wie der Redner zu Nicäa seine Gegner widerlegte, in den „Orationes").

Im directen Gegensatz hierzu ist es nun eben ein λόγος σπερματικος, welcher sich (aus eigener Wesenheit) dem unter dem Bodhi-Baum Meditirenden entfaltet, und hier liegt die Controverse, während das Uebrige (und die Hauptsache) ziemlich auf dasselbe hinauskommt, in Betreff der Moralvorschriften, die sich, je nach den Bedingnissen geographisch-historischer Provinzen, geneigter erweisen mögen bald für indische Umgebung, bald für ein zum activen Kampf berufenes Culturvolk (auf der Geschichtsbühne).

Zu Zeiten der Bedrängniss grassiren psychische Epidemien (wie die pamphylische Lycanthropie zu Marcellus' Zeit), in den Geisselbrüdern, den Kinderkreuzzügen, der Tanzwuth (aus Wuth gegen die rothe Farbe und die Mode der Schnabelschuhe), unter hysterischen Erscheinungen der Trommelsucht, die, neben dem Einschnüren, noch Fusstritte verlangten (bei den Convulsionärs), und religiöse Paroxysmen (der Jumpers) wiederholen sich in der Revivals (auf Campmeetings) bis zur Heilsarmee (und spiritistischen Wirrwarr mehr).

Derartiger Ansteckungsstoff lag in der Luft Palästina's (bei der Aufregung der Schätzung (und Volkszählung, die unter David zu grossem Sterben geführt hatte), zu einer Zeitperiode, als (im Umschwung etruskischer Saecula) das neue Zeitalter (nach den Weissagungen der cumäischen Sibylle) jubelnd begrüsst wurde, im „kommenden Knaben" (Apollo's).

Jam redit et Virgo, redeunt Saturnia regna
Jam nova progenies caelo dimittitur alto
(in Virgil's Ecloge).

Wie aus den Besessenen die Dämone, sprach aus der Ekklesia (in der Gemeinde) das Hagion Pneuma, — im *δίκαιον*, als *ἁγίου πνεύματος χαρακτηριστικὸν ἰδίωμα* (b. Clem. Al.) —, das für Prophetissen (in Montanus' Begleitung) zwar zum Schweigen gebracht war („taceat mulier in ecclessia") für orthodox ehrbares Gebaren, aber nun um so mehr beanspruchte, in die dreifache Einheit sich einzudrängen, wo neben dem Vater (als „Alten der Tage", vom Stammhalter her) der Sohn bereits, als seine Stimme (im Logos) einen Platz (zur Rechten) gefunden hatte (für Belehrungen des Guru).

Auch im Osten harrte alle Creatur auf das Erscheinen des Gottmenschen, (zu dessen Uebertragung Mingti's Boten nach Lanka gelangten), und auf der Suche nach irgend welchem Chutuktu mochten Missionäre damaliger Concilien (mahajanistischer Reform) aus jainistischer Secte in Mathura von Krishna erzählen und herodianischen Kinderschlächtereien, sowie von kindischem Gespiel in Kindheits-Evangelien, neben frühreifer Kenntniss des Alphabets, wodurch (wie Siddharta seinen Hauslehrer am Königshof) der, aus Aegypten nach Nazareth Zurückgekehrte, seine galiläisch bänerischen Landsleute (aus der Fischerkaste besonders) überraschte (als in der Priesterschule des Tempels examinirt).

In der Volksetymologie wäre der Name um so leichter fertig gewesen, weil mit messianischen Hoffnungen verknüpfbar, und das tragische Ende fügte dann seinen Ausschlag hinzu (für dauernden Nachdruck in der Erinnerung).

Wie rasch um einen Einzelnen sich eine fanatische Gemeinde, bei Lebzeiten noch, zusammenschliessen mag, zeigen die Beispiele Fox's, Anna Lee's, Swedenborg's, Irvings, des heiligen Francisus und anderer der „sonderbaren Heiligen" mehr (unter Mormonen etc.), obwohl nun zwar keinem dieser Fälle, unter der heutigen Geschichtslaufbahn, eine gleich glänzende Zukunft beschieden sein wird, wie sie der Islam in kürzester Frist sich eroberte, und das Christenthum im Laufe der Jahrhunderte, bis zu jetzt internationaler Ausdehnung (im Umbegriff des Globus).

Wie der Kapu-Dienst als populäre Ergänzung im Hinajana, läuft im Mahayana der Tantra-Dienst nebenher dem orthodoxen Buddhismus, der insofern nur mit dem Cult Siwa's sich berührt, als in solchem Mahadeva der Volksgott seine Verehrung findet (unter wechselndem Namen).

Anima substantia spiritualis (s. Aug.), und durch „anima incorporea"[1]) können

---

[1]) Animae rationales illis superioribus officio quidem impares, sed natura pares sunt (s. Aug.), mit den Engeln, als „höheren Geistern" (s. Stöckl), so dass zwischen Engeln und Thieren der Mensch (als „animal rationale mortale"). Non igitur localis est animus; et quidquid illocale est, corporeum non est, igitur anima corpus non est (s. Claud. Mam.). In einheitlicher Substanz der Seele unterscheidet das irrationale Grundvermögen (neben dem rationalen) das vitale und das sensitive Vermögen (s. Joh. Dam.). Die Seele hat ihren Sitz in der äussern Haut des Gehirns (b. Cassiodor), zum Auslass am Trepanationsloch (der Mumien). Um zu erfahren, was Aristoteles unter seiner Entelechie verstanden hat, citirte Ermolao Barbaro († 1493) den Teufel (s. Bodin). Die Seele (b. Speusippus) war die durch die Zahl harmonisch gestaltete Ausdehnung (b. Stob.). Die Seele (s. Plut.) lehrt *ἀριθμὸν αὐτὸν ὑφ' ἑαυτοῦ κινούμενον* (Xenokrates). Wie Zauberkraft (im Meda der Indianer) knüpft sich das Lebensglück an heilige Steine, wie im Körper aufgenommen (in Australien). Der „Weise" genannte Stein (orphanus oder pupillus) „ist aller Fürsten leitesterne" (s. Walth.). Wenn ein Kind zum ersten Mal die Burgeiser Alp ersteigt, muss es auf den Steinhaufen des „wilden Fräulein" einen Stein werfen (s. Zingerle). Den dem schlafenden Sigurd grikr entwendeten „Siegstein" giebt seine Tochter an Dietleib (in der Vilkina-Sage). Bersi trägt den „Lifstein" (s. Grimm), als Ôskastein oder Wünschelstein, zur Lebensverlängerung).

dem Generationismus (besonders wenn in den Traducianismus überzuführen drohend) keine Zugeständnisse gemacht werden, ebenso wenig aber auch dem Creatinismus (der pelagianischen Controverse wegen), und so „quod attinet ad animae originem" legt der „grösste Kirchenvater" das Geständniss ab, „nec tunc sciebam, nec adhuc scio", obwohl wenn innerhalb des Systems (in den relativistischen Beweisführungen, worauf es sich zu stützen hat — das Absolute, wie immer, vorläufig anheimgestellt) —, über das wichtigste Interesse, [das an seiner eigenen Seele,] dem Gläubigen keine Auskunft gewährbar ist (obwohl dringlichste, zumal der armen Seele kein tröstliches Geschick in Aussicht gestellt erschien, in der „Massa perditionis"): der Nutzen (daran zu glauben) so wenig hervortritt, um unnütz erachtet werden zu können (vom Ungläubigen).

Indess würde gerade bei des heiligen Augustin's Fassung des Dreieinigkeitsbegriffes sich die rationell einfachste Lösung der Schwierigkeit ergeben haben, bei Berücksichtigung des Zoon politikon (Aristoteles'), denn die von ihm gemeinte Seele (unter Beiseiteschieben der vitalen und sensitiven) ist die der Gesellschaftsschichtung, in welcher der Logos redet (beim logischen Rechnen), wobei dem Averrhoismus vorgebeugt wird, durch Integrirung des Einzelnen (im zugehörigen Kreis). Verbum sempiterne dicitur et eo sempiterne dicuntur omnia (s. Aug.), im Honover (oder Vacch). Und dann in „moralischer Weltordnung" käme es ethisch auf das Karman hinaus, zur Erlösung im Dhamma (der durchwaltenden Gesetzlichkeiten).

Von seinen Jüngern (aus der Fischerkaste, denen indischer Vyasa entsprungen war) umgeben, redete der Meister im Charakter eines Propheten (mit Abschluss solcher Reihe), als Gbalo (oder Birarak), höher als die Wongtschä (oder Wih neben den Bath). deren Stimmen in den Besessenen schrien; und flüchteten, wenn ausgetrieben (durch Exorcisation).[1]

Hier trat eine Aenderung ein, als der Guru hinweggenommen, und nun die Auserwählten, verlassen stehend, (in Erinnerung an die Himmelfahrt — auf dem Söller, um das Loos zu werfen unter den Hundertundzwanzig) durch die am Pfingstfest herabschwebenden Zungen begeistert wurden, und (una voce) vielstimmig der Welt verkündeten, was aus ihnen der Logos (prophorikos) im heiligen Pneuma redete (durch den sich auch die Almaricianer getrieben fühlten, weil „hohen Geistes" in ihren Nachfolgern).

Als dann unter Verschiebung der Rangstufen der Logos, als Sohn, der Wesenheit des Vaters nähertrat, bis zur Identität (gleich einem Svayambhuva), war auch

---

[1] In den bauchrednerischen Geistern (Eurycles als Pythonen) ist es nicht ein Gott, der spricht (und so handelt es sich um die Dignostik zunächst; bei Doppelnatur des Daimonion). Unter den *ἐγγαστρίμυθες* weissagte der *Εὐρυκλῆς* meist Schlimmes (s. Plut.). Der *ἀρχιερεύς* (unter den Priestern der Isis) fungirte auch als propheta primarius (s. Apulejos), wie Mawu's Prophet oder Nyagblola unter den Priestern der Nunola (bei Eweer), gleich Gbalo (in Akkra). Die Bischöfe zu Sardica (327 p. d.) verfluchten die Gegner des Athanasius und wurden ihrerseite verflucht durch die orientalischen Collegen (zu Philippopolis). Bei voller Willensfreiheit des Menschen (zu eigener Wahl), warnt Maimonides, sich von Thoren bereden zu lassen, dass Gott vorausbestimme, wer gerecht oder böse sein (in Prädestination). Saepius olim Religio peperit scelerosa atque impia facta (s. Lucrez), nicht jedoch die Religiosität (jenseits theologischer Meinungsverschiedenheiten). Der Genuss darf (in der Ethik) nicht als unmoralisch verurtheilt werden (s. Maimon), soweit statt physisch, in der Erkenntniss gefasst (als höchster), beim Appetitus intellectivus (Thom. Aquino's).

dem Hagion Pneuma allmählich gleiche Stellung zuzugestehen, zumal als das Vacch (im Honover) sich mit der Schöpfungsthätigkeit verband, um (statt aus der Materie) im Nichts zu schaffen (oder einer sprachlich immateriellen Hyle).

Im Buddhagama hat die Inspiration auszufallen, da den Chela ihr Lehrer dahingegangen, als Tathagata — ehe dem auf den Megga bereits fortschreitenden Bodhisatwa (des Mahayana) die Idee nochmaliger Rückkehr kommen konnte —, und so war (für die Bhikkhu) die Autorität der Sangha in dem Canon des Vinyana festgestellt, wie von Maha-Kasyapa (auf dem Concil) abgefragt, das Dhamma dagegen aus den Antworten Ananda's (im Letzt aufgenommen, statt Vorläufer, in einem Johannes).

Immerhin lässt sich der Drang nach directer Communication mit dem Göttlichen nicht unterdrücken, und so brach es frisch wieder hervor, auf der heiligen Insel selber, als, nachdem Wessamuni's Vasallen in Lehnspflicht genommen waren, seitens des Kapuwala den Yakkoduro ihre Tänze erlaubt blieben, (so lange nicht entartend in einen Teufelsbund, oder darin zurückschlagend).

Als Erster der Märtyrer fiel Stephanos (unter den Diakonen) dem Fanatismus des Volkspöbels zum Opfer, aber das durchschlagende Wort war von Petrus geredet worden, als er (nach den Weissagungen Joels) an David anknüpfte, und (in der Sprache der Athanasier) zum populär zugänglichen Gemeingut dasjenige machte, was bisher (in den Mysterien) nur den zur τελετή Geweihten vorbehalten geblieben (im durchweg durchdringenden Erlösungszug).

Die officiellen Orakel, die — in der Colonienbegründungen heroica obra (s. Bacon) aus Hellas Geschichte (s. Cicero), — die Geschichte damaligen Weltkreises vornehmlich gelenkt hatten (wenigstens post factum) verstummten (mit ihrem „defectu"), und um so lauter erklang nun aus jedes Einzelnen Brust diejenige Stimme, welche sich hinrichtete auf Zugeständniss der Menschenrechte, in Gleichheit oder Brüderlichkeit, wie von der Civilisation mehr und mehr erkämpft (in Freiheit, unter dem Gesetz). Unius namque naturae esse omnes rationabiles creaturas, ex multis assertionibus comprobatur (s. Origenes), und nachdem infallibile Decrete die „Indos" (the benighted natives) „utpote veroshomines" erklärt haben, wird die Ethnologie geneigte Berücksichtigung erwarten dürfen für die ethnischen Wandlungen der Elementargedanken (im Völkergedanken typisch zugehörigen Kreises).

In solch elementarischen Schöpfungsgedanken der Wildstämme (wie sie sich aus Hardeland's sachgerechte Darlegungen bei den Dajak z. B. überblicken lassen) spiegeln sich die einwohnenden Denkgesetze in so einfach klarer Durchsichtigkeit, dass (bei ethnischer Schulung) jeder Commentar gespart werden kann, um sie unter dichterischen Verschnörkelungen der Mythologien oder aus philosophischen Abstractionen mit Leichtigkeit wiederzuerkennen (in ihren culturellen Aequivalenten). Bei vergleichender Durchschau kann alles, was jemals auf Erden (in Raum und Zeit) gedacht worden ist, für kürzeste Systematik (in nuce) zusammengefasst werden, obwohl solch' primären Zellbildungen die Vollheit virtueller Kräfte einwohnt, um sich zu hehren und höchsten Culturentfaltungen auszugestalten, je nach den über den geographischen Provinzen emporsteigenden Constellationen (auf der Geschichtsbühne des Menschengeschlechts).

Abgesehen von demjenigen, was über die Grenzen der Vorstellungswelt hinaus speculirt, im Rechnen der Hypothesen (wenn nicht als Phantastika, doch als Phantasta) schwankend, den empirisch gesicherten Unterbau (wie durch naturwissenschaftliche Psychologie einstens vielleicht lieferbar) zu erwarten hätte, kann unbedenklich jetzt bereits die Thesis aufgestellt werden, dass in der durch die Spannungsreihe der Elementargedanken gewonnenen Gedankenstatistik jeglicher

Gedanke, soweit bis jetzt bekannt geworden (unter Ausschluss von weiter neu hinzukommenden, wie es scheint), an seinen zugehörigen Stellenwerth von selbst sich anordnet (im logischen Rechnen).

Und somit wird der inductiv methodische Aufbau jetzt in Hand genommen werden können, mit den durch die Hilfsmittel der Ethnologie gelieferten Beweisstücken (für die „Lehre vom Menschen").

Das Abstracte wurde als das Höchste und Elementarste gesetzt, das Concrete als das Spätere und Höhere (b. Speusippus), wie durch Philolaos (s. Ueberweg), im Vorangang der Deduction (bis ergänzt durch die Induction). Savages (s. Fison) reason by deduction not by induction (it was his system of relationship, which gave him his degrees of relationship). Nachdem die Cultur mit der Deduction begonnen, wird sie, seit der die Neuzeit einleitenden Umgestaltung der Weltanschauung, im Aufbau der Induction zu bestätigen sein (in Controlle naturwissenschaftlicher Psychologie).

Bei der Urtheilskraft als Fähigkeit, reine Verstandsbegriffe auf Erfahrungen anzuwenden, richten sich die Gegenstände der Erfahrung nach solchen Begriffen, (nicht unsere Begriffe nach den Objecten), und indem sich insofern von keinem Object als Ding-an-sich eine Erkenntniss erlangen lässt, sondern nur wieweit es Object sinnlicher Anschauung[1]) (oder Erfahrung) ist, würde — die sinnlichen Objecte, als Dinge-an-sich genommen — die Vernunft in einen Widerspruch mit sich selbst gerathen (s. Kant), in Antimonien also (als unauflöslich).

Unter sobezüglicher Hinsicht leben wir allerdings in derjenigen Vorstellungswelt, wie sie, beim Bemeistern der niederen Anschauungen durch höhere, aus dem Recht des Stärkeren sich für uns geschaffen hat, und würde hier (beim Sollen) die Moralität für ihren practischen Werth folgerichtig von rechtgemässer Rechtschaffenheit abhängig bleiben, die unter streng genauer Ehrlichkeit mit sich selbst, den Arbeiter bei Herrichtung der ganzen Construction geleitet hat, oder von normal bewahrter Gesundheit (in der Entwicklung eines psychisch organischen Wachsthumsprocesses).

Und wenn beim Anschluss der Psychologie an die Physik (auf psychophysischer Ueberbrückung), für diese auf der Gesellschaftsschichtung reifende Evolution, statt des metaphysischen Eikon willkürlicher Welt- (aus Willens-) schöpfung, das physisch naturgesetzliche Emporblühen gewählt wird, würden die mikrokosmischen Wurzeln dann eben eingeschlagen liegen in makrokosmischen (eines harmonischen Kosmos).

Nicht (Kant's) subjective Gültigkeit nur, hätten die Vorstellungen und Begriffe a priori, wenn sich, vermöge einer präformirten Harmonie der Wirkungen unseres Erkenntnissvermögens mit den objectiven Beschaffenheiten der Sachen ausser uns, auf solche Beschaffenheiten beziehend (s. G. E. Schulze), in Wechselwirkung zwischen Ayatana und Aromaua, auch für den sechsten Sinn (in Manas).

Auch in der Metaphysik würde synthetischen Urtheilen nichts im Wege stehen, sobald die Materialien, die zum Aufbau dienen sollen, auf zuverlässige Aechtheit geprüft sind (aus dem naturgemäss normalen Entwicklungsgange, wodurch sie

---

[1]) Wie die Sinnlichkeit (in ihren Eindrücken) die Anschauungen, liefert der Verstand (im Auftrete.. der Vorstellungen) die Befähigung zu Begriffen; Anschauung und Begriffe sind die Elemente aller Erkenntniss (b. Kant), aber aus einander hervorsprossend, im psychologischen Wachsthumsprocess, wie im pflanzlichen (bis auf Fruchtbildung im Reifezustand).

gebildet werden). Bei der Deduction[1]) jedoch handelt es sich zunächst um analytische Urtheile, zum erläuternden Auseinanderlegen, um dann das (beim Anbruch des Geschichtstags einer jedesmaligen Culturgeschichte) idealistisch bereits Vorgefundene analysirend zu ersetzen (auf die Elemente hin), und hier also, um nicht ziellos in's Blaue hinein zu analysiren, hätten (dem Chemiker, um seine Operationen demgemäss anzuordnen) die Elemente selber vorher bekannt zu sein, und so müssen dieselben erst aus den ethnischen Thatsachen primärer Elementargedanken zusammengetragen sein, ehe die Induction ihren (synthetischen) Aufbau wird beginnen können (zur Grundsteinlegung einer naturwissenschaftlichen Psychologie).

„Wenn Einsicht und Wissenschaften auf die Neige gehen, alsdann und nicht eher ist es Zeit, sich auf den gemeinen Menschenverstand zu berufen," meint Kant und die Vertheidiger desselben, im philosophischen Krähen, hätten ihn doch auch ihrem Gegner wohl zubilligen können (dieses Gemeingut, das doch dem Gebildeten am wenigsten fehlen könnte).

Hierin liegt deutlich klargestellt, wohin die entscheidende Streitfrage fällt, zwischen Induction und Deduction (betreffs der Psychologie).

Um über die „communes notiones"[2]) (als „primary truths") eine, ohne jedes Präjudiz, ungetrübte Anschau zu gewinnen, bedarf es vorher ihrer reinen objectiven Ansammlung, denn wer sich schon allzusehr mit „Einsicht und Wissenschaft" abgequält hat, der wird sie um so schwieriger — (bei der „Metaphysik, wo der sich selbst, aber oft per antiphrasin, so nennende gesunde Verstand ganz und gar kein Urtheil" hat) — in sich selber intact noch antreffen, obwohl er später, nachdem das „Stück Zimmerholz" mit „Meissel und Schlägel" zugehauen worden, für feinere Ausschnitzung (oder mit seiner „Radiernadel" für Kupferstecherei) hinzutreten mag, um die künstlerische Durcharbeitung vorzunehmen, nachdem, im unabhängigen Nebeneinanderherarbeiten, Induction und Deduction, auf ihren, vom diametral entgegengesetzten Ausgangspunkt her eingeschlagenen, Wegen mit einander zusammengetroffen sein werden (für gegenseitige Controlle).

„Alle Ueberzeugung ist blos in uns" (subjectiv), aber obwohl wir nicht aus uns selbst herausgehen können (s. Stäudlin), sind doch „in unserem Bewusstsein deutliche Spuren von Objectiv-Wahrem gegeben" (1794), und seitdem (mit ethnologisch über das Erdenrund erweiterter Umschau) das Geschichtsvolk jetzt aus national zukommender Weltanschauung (jedesmaligem Orbis terrarum) hinauszutreten vermag (für objective Vergleichung der aus Cultur und Uncultur gelieferten Beweisstücke, durch Raum und Zeit), wird der inductive Forschungsweg betreten werden dürfen (zum Aufbau einer „naturwissenschaftlichen Psychologie").

---

[1]) All knowledge of causes is deductive, for we know none by simple intuition, but through the mediation of their effects (s. Glanvil), bis hier (in naturwissenschaftlicher Methode) das Experiment (in angelegter Controlle) die Entscheidung bringt, seit den Elementen, zum Operiren damit, (und so mit den Elementargedanken, in der Psychologie — beim Leben der Causalität). General certainly is never to be found, but in our ideas (s. Locke), bis zum Aufbau aus concreten Einzelnfällen in allgemein durchwaltenden Gesetzen (auch für die Elementargedanken der Psychologie).

[2]) Die Philosophie hat zu den Aussprüchen des common sense zurückzukehren, um den Skepticismus zu verbannen und die „primary truths" festzustellen (s. Oswald). Die Darstellungen der „qualitates primariae" entziehen sich weiterer Erklärung, weil erste Principien, als Werk der Natur (s. Reid). Auf den Ursprung der Ideen ist zurückzugehen, um ihre Erzeugung zu verstehen (s. Condillac.). Sensate esperienze (s. Galilei), psycho-physich in der Psychologie und durch Beobachtung des Wachsthums in den Gesellschaftsgedanken (nach genügender Ansammlung zum Ueberblick).

Weil a priori von der Vernunft gewisse Principien in die Gegenstände hineinverlegt, seien Mathematik und Naturforschung eigentlich erst zu Wissenschaften geworden, und so sollte dies auch seitens der Metaphysik zu geschehen haben (in Kant's Untersuchung ihrer „objectiven Gültigkeit"), so dass sich dann die Gegenstände nach unserer Erkenntniss zu richten hätten, statt unsere Erkenntniss nach den Gegenständen, wie bisher gemeint, einen hierin allerdings wohl „gesunden" Menschenverstand (als „gemeinen"), wenn man nicht das Haus (s. Beneke) vom Dache aus zu bauen beginnen will, sondern vorher eine festgesicherte Fundamentirung vorzieht, durch Thatsachen (woran nicht zu rütteln).

Wie weit (neben den durch Erfahrung, a posteriori, möglichen) die von den Erfahrungen (obwohl ihnen Gegenstände der Erfahrung entsprächen) unabhängigen Erkenntnisse a priori ihre innerliche Erklärung gewinnen könnten, wird sich erst bei detaillirterem Einblick in die organischen Wachsthumsprocesse primär psychologischen Gedankenganges eruiren lassen, und für die (b. Kant) über die Sinnenwelt (ohne Gegenständen der Erfahrung zu entsprechen) hinausgehenden Erkenntnisse, als erhabenste, (Gott, Unsterblichkeit, Freiheit) — lassen sich aufhellende Andeutungen jetzt bereits entnehmen, nachdem die Spannungsreihe der Elementargedanken in rohesten Umrissen kaum erst festgestellt ist (so dass sich hoffnungsvollste Aussichten eröffnen dürfen, auf die Zukunft hin).

Unter den Beziehungen, worin das Wesen, das im Denken sich lebend fühlt, mit umgebendem Daseienden verwoben ist, stellt sich die aus diesen hervortretende Frage für Beantwortung durch innerliche Reaction, um das Unbekannte aufzuhellen in Erkenntniss. Wie das Auge oder Ohr, vom adäquaten Reiz getroffen, nicht ruhen kann, bis derselbe ein deutlicher geworden, so das übersinnliche Denken, wenn auf gesellschaftlicher Schichtung seinen Anhalt suchend (in religiöser Bindung).

Einmal im Leben (s. Hagen) begegnet, im Leben (des Batak), der als Schutzgeist (im Angang) zum Schutz (oder Pagar) erfasste Gegenstand (Moesta der Molukken), unter den Gesteinen als (glänzender) Kiesel besonders, wenn nicht in Thiergestalt (des Atua) wandelnd (beim Totem) oder mitunter pflanzlicher (im Kobong) und solches Milongo (zum Wunderzauber) wird dann eingefügt dem (nigritischen) Fetisch, durch Anbohrung des Nabels (wie beim Adji teja Sumatra's). In einen derartigen Gegenstand wird dann die „Mana" (s. Codrington) hineinverlegt (melanesisch). Der Kobong ist jedem Einzelnen (in Australien) heilig (in Unverletzlichkeit) zur Zeit der Mannbarwerdung (s. Grey), im Budjan (oder Totem). Frigg's Dienerin (til gaetslu) als „personificirte tutela hiess Hlin. gleichsam das Lager, die κλίνη, auf dem Einer ruht" (s. Grimm), in Hleinir (zum Aulehnen).

Der „Angang der Welten" (Anfang) ist „anaçengi" (ahd.) und mit dem, was einmal im Leben (in eindrucksempfänglicher Pubertätszeit) begegnet, als „Angang" (oder Widergang) ist die mikrokosmische Welt des Einzelnen umschlossen, mit dem Lebensziel gesteckt, wenn nicht der Neugiersdrang (einer Tanha der Nidana) zu weiteren Fragen anstachelt, die in's makrokosmische Unübersehbare auslaufen, da (nach dem Sprichwort) ein Narr mehr fragen kann, als zehn Weise antworten (wenn nicht geschult im logischen Rechnen).

Für Verwerthung (zum Pirit) ist dann die Schöpfungsgsgeschichte von Anfang (Angang) her zu lesen, im priesterlichen Ceremonial (des Pule Hiau auf Hawaii).

Nachdem der für einen Wirajuri (Zauberer) bestimmte Novize (in Australien) in eine Höhle durch Todte abgerieben war, zeigte ihm (beim Hervorkommen) sein Vater eine Tigerschlange als sein Budjan (oder Totem im Schutzgeist), zum Belecken am Orte Daramulan's, bis zum Aufsteigen für Baiame (s. Howitt).

Von den weissköpfigen Greisen (im Pubertätstraum) herabkommend, begegnet der Odjibway (s. Kohl) seinem heiligen Thier (als Totem). Die Fölgie (in Norwegen) zeigt sich in Gestalt eines Thieres,[1] das zur Sinnesart des Menschen stimmt (s. Faye), und im Wappen überlebselt (bei Aschautiern und sonst).

---

[1] Sigurd war von einer Hündin gesäugt, Dietrich von einer Wölfin (wie Romulus und Remus). Das Hütlein oder (in Gott, als gegattetem) Gütlein steht als Schutzgeist (zur Hut und zum Schutz), während Hütchen (Hodeke oder Hoidike) in den Kobold übergeht (beim Hopfenhütel oder Eisenhütel). Die Vile verbrüdert sich mit Marko (bei den Serben). Sid wilicomo bethiu goda ende mi (X. Jahrh.). Am Pfingstfest muss die Hausthür offen stehen, damit der heilige Geist in's Haus kommt (in Oldenburg). Die letzte Stillung (bei Entwöhnung des Kindes) muss auf dem Boden geschehen, als dem Himmel näher (in Böhmen). Dem durch Ausstrahlen des Nimbus, — wie im Mond die Seele umstrahlend (bei Sylla), — bezeugten Sitz des Genius auf dem Scheitel, wurde seine Plattform durch Glattrasiren (der Platte) gereinigt, während er sich auch in einem wohlgepflegten Knopfknoten hegen liess, gleich (siamesischem) Mingkhuan, unter ceremoniellen Haarwaschungen (in Birma). Jeder war in der Tutela eines Genius (dem am Geburtstag sein Fest gefeiert wurde). Gregor Naz. betet vor der Reise um einen guten Engel, als Geleiter (von Tobias geführt). Omnia Angelis plena sunt (s. Hieronym.) oder der Götter (b. Thales). Δύο εἰσὶν ἄγγελοι μετὰ τοῦ ἀνθρώπου (s. Hermas), in Doppelheit des Gbeschi (in Guinea) und Okri-bri (zum Bösen verleitend). Ξινοκράτης τὸν εὐδαίμονα βίον καὶ τὸν σπουδαῖον ἀποδείκνυσι τὸν αὐτὸν (s. Aristoteles), bei Begründung der Glückseligkeit (s. Clem.), einer jedesmal gemässen Tugend (οἰκίας ἀρετῆς). Der mathematisch gebildete Verstand ist das Organ der Erkenntniss (b. Philolaos) im logischen Rechnen („arithmetisirend"). Wie die Atome fallen im Raum (b. Democrit), so (seit die Gravitation als Grundkraft proclamirt ist) fällt Alles auf der Erde nach ihrem Schwerpunct, und diese nach der Sonne, während die in sich gefestigte Erde durch die Doppelkräfte des Auf und Nieder (auf einem ὁδὸς ἀνωκάτω) im Gleichgewicht erhalten steht (b. Xenocrates), aus der ἄόριστος δυάς (im ἕν), mit der durch die auf dem Boden treffenden Sonnenstrahlen aufsteigenden Wärme (bei umsetzender Bewegung), und wenn der aus dem Mond (der Seelen) in die Sonne (den „Gimstein Himir's") einstrahlende Geist (s. Plut.) dort neue Seelenzeugungen anregte, mögen Akasa's schöpferische Wellen (bei Buddha's Eingang in Nirvana) hervorrollen wieder (in moralisch geschlossener Weltordnung). Indem (unter Erklärungen der krummlinigen Bewegung der Himmelskörper aus der allgemeinen Anziehung) die Körper das Bestreben besitzen sich zu nähern (s. Keppler), mit dem Fall, in Anziehungskraft der Erdmasse (b. Fermat), zeigen das Bestreben gegenseitiger Anziehung alle Körper, feste sowohl wie flüssige (in Newton's Gravitation), während mit (abstossend) aufsteigender Wärme (gasiger Expansion) die Bewegung einsetzt als (kinetischer) Primus motor (im Princip der Krafterhaltung), und wenn (b. Xenocrates) die Stetigung —, auch moralisch in εὐστάθεια (s. Plut.) oder Samadhi (in Ubekkha) — aus Doppeltheilung folgt (in der ἄόριστος δυάς), ergiebt sich die Seele (b. Speusippus) als die durch die Zahl gestaltete Ausdehnung (b. Stobäus), mit (Spinoza's) einheitlicher Substantia (für logisches Rechnen im „Arithmetisiren"). Das Hen (Plotin's) ist mit dem ἀγαθόν identisch, aber voran steht ἡ πάντῃ ἄῤῥητος ἀρχή (b. Jamblichus). Nach dem Urwesen (ἀναιτίως αἴτιον) folgt den Henaden (als θεοί) die Trias des Intelligibeln, Intelligibel-Intellectuellen und Intellectuellen (τὸ νοητόν, τὸ νοητὸν ἅμα καὶ νοερόν, τὸ νοερόν) und dann das Seelische (b. Proklus), das Verständniss, das Verstandbar-Verständliche, das Verstehende (wie es die denkende Seele anstrebt). Das (unsagbare) Intelligibele (τὸ νοητόν) gliedert sich in τὸ νοητόν (als οὐσία gefasst), τὸ νοητὸν ἅμα καὶ νοερόν und τὸ νοερόν (s. Damascius). Das Hervorgebrachte liegt in der Ursache (μονή) wegen der Aehnlichkeit, trennt sich ab (πρόοδος) vermöge der Unähnlichkeit und hat zur Verähnlichung sich zurückzuwenden (ἐπιστροφή) in der στοιχείωσις θεολογική (b. Proclus), für dreifache Selbstentwicklung der „absoluten Vernunft" (dialectisch). Unter Verschweigung des Intelligibelen, als durchaus Unsagbarem, beginnt die orphische Theogonie, mit der Nacht, als Anfang (s. Eudemos). Νοεῖν οὐκ ἔστιν ἄνευ φαντάσματος (s. Aristoteles). Die Substanz ergiebt sich als Erdichtung

Die dem Neugeborenen durch Mawu aus Nodsie gesendete Dsogbe, als Luwo (Schatten) im Fleisch, wird vom (abscheidenden) Aklama begleitet, beim Tode (wenn Aklama verlässt) nach Nodsie zurückkehrend, ausser dem leiblichen Luwo, als Noali (Gespenst). In der Pflanzenseele wirkt τὸ θρεπτικόν (s. Aristoteles), und beim durch die einheitliche Mitte (μισότης) unterschieden, kommt eine Dreiheit von Thier-Kräften hinzu, τὸ αἰσθητικόν, τὸ ὀρεκτικόν und τὸ κινητικὸν κατὰ τόπον (διανοητικόν). Nur durch ein Vorstellungsbild (φάντασμα) vermag der Nous auf das ὀρεκτικόν zu wirken (für das Gefühl des Angenehmen und Widerlichen). Der Nous bedarf einer δύναμις, als tabula rasa (um formgebend zu wirken). Mit der im Haupte wohnenden Seele, als (τὸ λογιστικόν oder τὸ νοητικόν) verbinden sich (als Rosse des Führers) zwei andere (b. Plato), im Muthartigen (τὸ θυμοειδές) und (auch den Pflanzen zukommend) Begehrlichem (τὸ ἐπιθυμητικόν). Die Anima (eine animalis in sich, als ψυχὴ ζωτικὴ) wurzelt in dem Körper, (als anima vegetativa) und strebt darüber hinaus, als anima rationalis (im logischen Rechnen). Λείπεται τὸν νοῦν μόνον θύραθεν ἐπεισιέναι καὶ θεῖον εἶναι μόνον (s. Aristoteles). Der (auf Befragen) im Kinde manifestirte Ahn wird mit Whohbodu („du bist angekommen") begrüsst (in Yoruba). Wie Giemavong (zu Römer's Zeit) leitet der Wongtschä (s. Bohner) sein Orakel ein durch moralistische Ermahnungen (in Guinea).

Zum Amulett dienend bezeichnet Pagar (als Zaubermittel oder Pagaran) ein Abtrennen (als Zaun), zum Fernhalten der Schädlichkeiten, wie das in Weihung umziehende Band des Pirit im Schirm und Schutz (des Apotropaios), zum Abwehren (Patulpak) im Verhindern, als Manulpak (wie tulpak) und Mamagari (durch Zauber beschützen). Pali (Kapali) bezeichnet (bei den Dayak) das Unerlaubte (s. Hardeland) im Pomali (des Tabu). Zur Aufbewahrung der (einmal im Leben angetroffenen) Pagar (bei den Batak) dienen Zinnbilder oder Adji tejas (zinnerner König), unter Ausbohrung des Nabels (s. Pleyte). Die zum Schutz dienenden Holzfiguren der Si Patulpak begu stehen (in drohender Haltung) am Eingang des Dorfes (bei den Batak), und Belu vor Pagoden (auch Ravana und sonstige Recken).

Wenn (zur Reinhaltung)[1]) die Scheidungslinie zwischen Licht und Finsterniss.

der Phantasie, um den Zusammenhang verschiedener Qualitäten zu Stande zu bringen (b. Hume). Sein ist absolute Position (s. Herbart), als Eins (für logisches Rechnen). In der Ideen-Association herrscht das „lex successionis et simultaneitatis", sowie das „lex similitudinis et oppositionis" (mit den Korrelata). Der Ursprung des Causalbegriffs liegt in der Gewohnheit (bei Hume). Die Verknüpfung der verschiedenen Vorstellungen mit einander beruht auf den drei Principien der Association (Aehnlichkeit, zeiträumliche Verbindung und Ursachwirkung).

[1]) A sacred square was constructed in which was taken the purgative used in initiatory ceremonies by the adult and by the young warrior (bei den Fox-Indianern) oder (in Florida) Emetica (zur Reinigung). Nach den unter Fasten in der „Kina" genannten Hütte abgehaltenen Ceremonien können die Knaben (bei den Yahgan) heirathen (s. Hyades), wie beim Entlassen aus der Quimbe (in Guinea), unter Beobachtung von Gelübden (Quina oder Xina). Wenn ein Narrinyeri das ihm heilige Thier isst, darf von den Knochen (der sympathischen Verknüpfung wegen) Nichts übrig bleiben, weil für schädlichen Zauber verwendbar (wie Körperabfälle), und dies mag anderswo dann in der Vorschrift überlebseln, beim Essen überhaupt Nichts übrig zu lassen, während sonst wieder die Knochen unverletzt erhalten bleiben müssen, damit sich an ihnen die Jagdthiere (in Sibirien) neu beleben, oder Thor's Bock (zu täglicher Speisung). Milichius hält noch die Beschädigung des menschlichen Leibes durch den Teufel, die Fahrten der Hexen durch die Luft, das Hineinzaubern von Nadeln, Haaren, „Säuwbörsten, Thüchlin vnd andere Materien", ja selbst die Fähigkeit der Teufel, Wetter zu machen, für durchaus möglich und glaubhaft (s. Osborn). In dem Bauche eines unter

zwischen der Nacht und des Tages Bereich durch die Flamen dialis scharf gezogen war — („lasset die Todten ihre Todten begraben," nach biblischem Spruch), — um ein für frische Thätigkeit berufenes Geschichtsvolk vor gespensterischer Vergrübelung zu bewahren (unter einmaliger Abfindung betreffs der justa, beim Hervorschwärmen aus dem geöffneten Mundus, am Jahresfest), so musste Alles den Todten eingehörige vermieden werden, ausser wenn man sie etwa, bei Verklärung zu Heroen als Schutzgeister herüberholte (oder in loco verehrte, auch im kaiserlichen Divus, beim Leben schon), aber auch dann galt nur als Erinnerungszeichen, was ihm angehörig aufgestellt war, in Waffen oder sonst (wie zu Theben gesehen u. dgl. m.). „Denn das Uebrige der Ueberbleibsel ist für die grosse Menge abscheulich und Niemand geht gern an dem Grabe vorüber, sei es, dass dasselbe zufällig wider Erwarten geöffnet war, — oder nachdem er einen Blick auf die Gestaltlosigkeit des darin Liegenden geworfen, eilt er, erfüllt von jeglichem Widerwillen, und die Schwere des Menschenthums beseufzend, raschen Laufes daran vorüber"

schrecklichen Schmerzen verstorbenen Bauern wurde vorgefunden „lignum teres et oblongum, quattuor ex chalybe cultos, partim acutos, partim instar ferrae dentatos, ac duo ferramenta aspera reperta, quorum singula spithami longitudinem excedebant; aderat et capillorum instar globi involucrum". „Qua arte sint ingesta?" (b. J. Lange), „Certe non alia quam daemonis astu ac dolo" (s. Osborn), zum Herauszaubern (in Australien). Ein alter Neger (zu Römer's Zeit) wünschte als reicher Europäer wiedergeboren zu sein (wie die Black fellows Australiens als Weisse auferstehen). Gelbsucht wird durch einen Goldring geheilt (in Bayern) am Leibe getragen (oder durch Gelbzeug etc.) In Sympathie empfiehlt sich gelbe Farbe gegen Gelbsucht (Icterus), für den Laien, der die ärztlich empfohlenen Arzneien nicht in ihren physiologischen Theorien versteht, und wenn neben Calomel, Extractum Taraxi, neben Goldschwefel auch Ochsengelb zur Erwähnung kommt (s. Canstatt), mag darin noch ein Ueberlebsel stecken (aus der Dreckapotheke). Zu Nepomuk wird bei Wasser, wie zu Florian gegen Feuer, zu Sebastian in Epidemien gebetet. Lapis unctus, ramus coronatus wird verehrt (s. Apulej.). Hercules Magusanus oder Saxanus wurde in Niedersachsen verehrt (bei Askaniern). Mit Wong (Fetisch) wird sowohl der betreffende Geist, oder auch jeder mit ihm zur Repräsentation in Beziehung stehende Gegenstand bezeichnet (s. Bohner). „Wunder thun kann der Satan auch durch natürliche Mittel, die er als geschwinder Physikus besser kennt, als die Menschen" (b. Hamelmann). Gegen Bräune werden Kinder geschützt durch ein Umhalsbinden eines blauen Wollfadens (in Mecklenburg) oder rothen (in Bremen). Bei Krankheit unter den Gänsen (in Franken) wurde „eine kranke (also behexte) Gans lebendig auf einem Dreifuss gebraten" (1848). Im Kriege Gefallene (denen die Köpfe abgeschlagen werden) kommen nicht in den Himmel (hörte Römer von Puttj), da Gott keine Menschen ohne Köpfe um sich haben will, und lieber die (mit Köpfen) in der Hütte Sterbenden zu sich nimmt (in Akkra). Wie die (aztekische) Sonne nimmt Walhalla die auf dem Schlachtfeld Gefallenen auf, und so „bedeutet altn. valr, ags. väl, ahd. wal Niederlegen der Leichen auf dem Schlachtfeld, Inbegriff der Erschlagenen" (s. Grimm), wie Freyja „wal kieset" (als Valfreyja). Von den dunkel weisszähnigen Κῆρες schlägt jede ihre Klauen in den Verwundeten, gierig sein Blut zu trinken (b. Hesiod), und Tydeus saugt am Gehirn (wie Graf Ugolini). Den Walkyren gehört das Kiosa val oder Kiosa feigdh (een veegminsche dat balde sterven werd). Das (ägyptische) Symbol der Ewigkeit war die Schlange, die sich in den Schwanz beisst, und in heidnisch germanischer Zeit wurden in Form der Schlange die (später der christlich bösen Vorbedeutung wegen, abgeglätteten) Ringe gearbeitet, die sich die Geliebten (für Ewigkeit der Liebe) an den Ringfinger stecken (der durch directe Ader mit dem Herzen in Verbindung steht). Vor der Verkündigung im den Tanz von Besessenheit ergriffenen Wongtschä wird ein Moralspruch geredet über die richtige Kindererziehung (verbotene Speisen u. dgl. m.). Quidquid illud est divinum ac coeleste numen (in Constantin's Edict). Μηδεὶς τῶν βαρβάρων ἄθεος (s. Aelian). Bei dem (unter Schwingen von Lorbeer und lautem Schreien) nicht sichtbaren Erscheinen der Dämone spricht der Knabe

7 *

(s. Greg. Nyss.). Unter Darbringung von Geschenken nimmt jeder Beileid-
tragende Abschied vom Todten (unter den Fanti), „der Todte soll ihn nicht zu
sich wünschen oder durch starke Sehnsucht seinen Tod verursachen" (s. Bohner),
wie die liebevoll (auch in Indonesien) das Haus umstehenden (und in Revenants
rückkehrenden) Oromatua (wenn nicht verabschiedet, am esthnischen Leichenschmaus).

Hier trat eine Aenderung ein, als Gott seine Todten an Stelle der Götter in die
Kirchen eingeführt hatte (s. Theodoret.), und statt (aus magischer Kenntniss) geweihte Amulette in der Kapsel (Bulla), trugen die Christen jetzt in ihren Eukolpien
(neben Stücke des heiligen Kreuzes), auch Reliquien, also derartige Körperabfälle,
wie sie sonst zum bösen Zauber gesucht zu werden pflegen, und verbrannt auf
Tanna, unter Blasen von Muscheltrompeten, bis das gebührende Honorar bezahlt
ist für das Pharmakon; nicht als heilsam eingegebenes, sondern als giftig hinweg-
genommenes (zum Heilen in einer στέρησις insofern).

das durch den Hohlstab des Beschwörers Eingeflüsterte (s. Hippolyt). Die Bewohner von
Tralles (im mithridatischen Krieg) liessen „puerum in aqua simulacrum Mercurii contem-
plantem" orakeln (s. Varro). Unter Gebet zur aufgehenden Sonne belebt Zachbas die Leiche
durch Auflegen von Kräutern (s. Apulejus). Arius wird durch den Bischof Alexander von
Constantinopel todtgebetet (b. Socrates). Die Bertramswurzel dient gegen Beschreien (in den
Stall gelegt). Römer kaunte dänische Landsleute „so die Lumpereyen der Fetis's Pfaffen
gekauft und sie unter ihren Kleidern am Körper getragen" (weil sie vor dies oder jenes
Hülfe leisten könnten). Les reliques sunt forz, deus i fait grant vertuz (ubicunque hae
reliquiae fuerint, illic pax et augmentum et lenitas aeris semper erit). Die Crux ansata
bildet einen Schlüssel (b. Clarke). Die Schriftgelehrten und Pharisäer (b. Matthäus) machen
ihre Denkzettel breit und die Säume an ihren Kleidern gross (in der Predigt). Web' euch
Schriftgelehrten und Pharisäern, ihr Heuchler, die ihr die Becher und Schüsseln auswendig
reinhaltet, inwendig aber ist es voll Raub und Frass (b. Matthäus), und in Controverse mit
mit Sankarachaya (unter der Phu loi) zieht der Dalai-Lama die gereinigten Eingeweide hervor (deren Excremente zu Amuletten dienen). Die Gebet-Mantelquasten und Lederkapseln
mit Sprüchen darin, dienen zur Erinnerung an Gottes Gebot (wie Phylacterien), aber cui
bono? (wenn nicht zum Schutz). Der Neidblick (eines βασκαίνειν) wird durch προβασκάνια
abgewendet (als servatoria oder ἀποτρόπαια). An Stelle der Phylacterien diente Agla ein
Trutenfuss (als „Schild David"), wie εἰφίαια γράμματα (im Götterbild eingeschrieben), oder
ἰχϑύς (auf der Inschrift). Unfruchtbaren Frauen wird der Gbeschi (oder Okra bri) fort-
gebannt (von den Wongtschä), ihn verfolgend (bis an einen Termitenhaufen). Mit Bei-
stimmung der Wongtschä werden Gbalo zugelassen (als Propheten Sakumo's zum Weissagen
berechnet), nach Kenntnissnahme der verschiedenen Fetische im Lande (und ihrer Stämme).
Aus Sargnägel geschmiedete Ringe schützen gegen Gespenster (im Erzgebirge). Als 1864
in Berlin zwei Mörder hingerichtet wurden, tauchte der Scharfrichtergehülfe ganze Massen
von weissen Schnupftüchern in das Blut und erhielt für jedes zwei Thaler (s. Wuttke);
„man bittet die zum Tode Verurtheilten um ihre Fürbitte im Himmel, als die wirksamste"
(in Franken). Ein Fingerglied oder anderes Knöchelchen eines „armen Sünders" im Geld-
beutel aufbewahrt, schafft reichlich Geld (als „Glücksknöchelein"). Die Johannisgroschen
(der Bischöfe Breslau's) stillen Nasenbluten (1500 p. d.), die Lödgarthaler des heiligen
Leodigarius schützen gegen Diebe (unter Ablassgroschen). Die Peterspfennige lindern Geburts-
schmerzen in Polen (1400). Wie Scarabäer (der Aegypter) dienten Asbraxas-Gemmen, als
Talisman (die Akkaden-Cylinder). Der, um den Anforderungen seines Herrn (in Christiansborg) zu genügen, in seiner Mussezeit fortarbeitende Neger wollte nach dem Tode Gott
bitten, ihn nicht als Sklaven eines Weissen wiedergeboren werden zu lassen (sich selbst im
Nothfall mit ihm darüber schlagen), sondern als Sklaven des akimischen Königs Frempung
(denn weil im Sklavenstande stets früher, müsse er auch ferner darin wiedergeboren werden).
Der vom heiligen Severin aus dem Tode zum Erwachen gerufene Presbyter bittet in Ruhe

Das Gehirn christlicher Leichen (aus den Kirchen entwendet) wurde mit dem von der Kröte ausgespieenen Safte verzehrt, im Hexenbund von Navarra (1640 p. d.). Crementum humanum quod contra naturam funditur, daemones colligunt et ex eo sibi corpora, in quibus tangi viderique possent, assumunt (s. Caesarius). In breiartig schleimigen Pilzen erkennt sich das Excrement von Hexen, das den auf ihrem Besenstiel reitenden Sansculottinnen entfallen war, wenn sie sich auf dem Sabbath (giuoco della signora) überfressen hatten). Der Koboldshut oder (dänisch) Nissehat als breitdeckliger Pilz breitet sich zum Schirm (auch über den Reisegott).

Die Luft (b. Campanella) gilt den Geist nährend; aus ihrem Geist ist „der gemeinschaftliche Geist, welcher dem einen thierischen Geiste Kenntniss von dem anderen giebt; daher können scharfsinnige Geister aus der Luft wissen, was andere denken" (s. Adelung). Die Leiber der Teufel[1]) (wie der Engel) bestehen aus verdichteter Luft (s. Thyräus). „Pour avoir noué l'aiguillette, tant pour les jeunes garçons de son endroit, qu'aux chiens, chats et autres animaux domestiques

gelassen zu sein (und sinkt entseelt zurück). Bischof Spiridion wird durch die Stimme seiner Tochter aus dem Grabe über den Schatz unterrichtet (auf Cypern). Der Opferer des Taurobolium oder Kriobolium war „in aeternum renatus" (zur Zeit Antonius'), unter Aufnahme der vires aeternae (aus dem Weiheblut des Stiers), ore excipere (im Stiersaamen). Plato wird angerufen, um gnädig zu sein (von Nikagoras). Der durch Vernachlässigung seines Dienstes (in Akkra) beleidigte Sakumo wird durch die Reuigen um Erbarmen gebeten, mit Geschenken für Vergebung, „fai le ono" (dein ist die Vergebung). Die „Sacramentaires" genannten Jungfrauen widmen sich der „ewigen Anbetung" (in Frankreich). „In der Kirche des Klosters de la Prosesa in Mexiko ist Satan umgeben von folgender Siebenzahl: Kröte, Schlange, Bock, Tiger, Schildkröte, Pfau und Schwein — offenbar Repräsentanten der Hauptlaster. Vasari malte in der Kuppel des Domes zu Florenz die sieben Laster, die dort von den Engelchören besiegt werden, als Tiere." Tasowwuf (spiritual life) wird von den Ssuf geübt in den Tekket (Klöstern). Nemo illum carnem manducat nisi prius adoraverit (s. Aug.), als deus in pyxide (für die Controversen). Nortia wird verehrt von Avienus (Alles dem Schicksal anheimstellend). Αἶσα spinnt den Faden des Neugeborenen (b. Homer). Κλωθώ τε Λάχεσίν τε καὶ Ἄτροποι, αἵ τε βροτοῖσιν γεινομένοισι διδοῦσιν ἔχειν ἀγαθόν τε κακόν τε (s. Hesiod), als μοῖρα, Tochter der Ἀνάγκη (b. Plato). Fatum dicunt esse quicquid dii effantur (s. Isidor). Das Schicksal (ölög) oder Aldr (aevum) heisst Naudhr (necessitas). Tria fata finguntur in colo, in fuso digitisque fila ex lana torquentibus (s. Isidor), für „tres matronae" in (celtischen) Feen (gallischer Monumente). Vor den Parzen setzt man unam quae vitam hominis ordiatur, alteram quae contexat, tertiam quae erumpat (s. Isidor). Fetischschnüre oder Medizinen werden (in Guinea) verflucht, um sie einem Feind in den Hof zu bringen für Unschädlichmachung (oder, wenn angeklagt, zum Schaden). Atropos (die Unabwendbare) schneidet den Lebensfaden ab, auslaufend in Korrero (in Polynesien). Neben den tres Charites (tria fata) findet sich (bei Procop) das τὰ τρία φᾶτα genannte Gebäude am römischen Forum (οὕτω γὰρ Ῥωμαῖοι τὰς μοῖρας νενομίχασι καλεῖν). Sine effigie rudis palus et informe lignum repräsentirte Pallas Athene (oder Artesius in Euboea), λίθος ἀργός (in Hyeltos) Herakles und der thespische Eros wurde durch einen Stein vertreten (bei Festen in Böotien).

[1]) Le diable (Rollande's de Vernois) sortit „sans la forme d'une limace tout noire" (s. Bouguet). Claviculae Salomonis et Theosophica pneumatica des heiligen Geistes Kuns oder göttliche Theosophia (1886). Da die Götter stets mit grossem Gefolge zu den Opfern kommen, bedarf es genauer Kenntniss des priesterlichen Cerimonials, um keinen Anstoss (s. Amabbon). Keine Krankheit kommt von Gott (s. Luther), sondern kommt vom Teufel (scheusst uns Pestilenz, Franzosenfieber u. s. w.). Der im Himmel von Maria Magdalena erhaltene Brief (Elisabeth's Barton) war vom Mönch Haukherst geschrieben (in Canterbury). „Es werden in der Kirche Dinge vorgestellt, die man sich kaum an den schlechtesten und verworfensten Orten erlauben würde" (s. Mariana) beim Narrenfest (1565 p. d.). Nach den

pour en empêcher la procréation" wurde Nidal de la Porte verbrannt (1597).
Le parlement de Bordeaux condamna à être brulé vif un noueur d'aiguillette en
1718 (s. Garinet). La peine est le supplice du feu, in (Bouguet's) „code des
Sorciers" (1601).

Anstatt der Götter hat Gott seine Todten in die Kirchen eingeführt (rühmt der
Kirchenvater), so dass die (dämonisch) geweihten Amulette der Reliquienverehrung [1])

Halloren muss die Saale alljährlich ihren Todten haben (vor dem dritten Tag darf ein Er-
trunkener nicht herausgezogen werden). Ein Kind in Anhalt wurde durch Studenten aus
dem Wasser gezogen, durch Reiben bereits zur Wiederbelebung gebracht, als die hinzukommenden Eltern es hinderten, weil es in der Seeligkeit keine Ruhe haben würde
(s. H. L. Fischer). Als die Bauerngüter (am Bodensee) von Mäusen (1781) und Engerlingen
(1785) geplagt waren, wurde der Mönch mit dem St. Magnus-Stab (des heiligen Columbian)
geholt (zum Verfluchen). Durch den Paredos (Spiritus familiaris) wurde die Zukunft erforscht (bei den Römern).

[1]) In dem (dem Martyrion über dem Märtyrergrabe) entsprechenden Heroon bildeten die
Reliquien „nicht Gegenstände religiöser Verehrung, sondern nur Erinnerungen" (s. V. Schultze).
Die Märtyrer-Verehrer gelten als Götzenanbeter (b. Vigilantius) und die Idole waren zu
Märtyrern umgewandelt (b. Faust.). Wie Theseus Gebeine von Cimon nach Athen geführt
wurden (die des Orestes nach Sparta), so die des heiligen Stephan nach Constantinopel
(unter Theodosius), und dann dienten die Translationen für Schirmgeister in (todten) Leibern,
statt sie zu weihen (als Pangabulang). Die Haut des durch die Spartaner getödteten Pherekydes wurde im Tempel aufbewahrt (von den Königen). Die aus Syrien nach Aegypten ent-
führte Statue Diana's unter den Ptolemäern, wurde bei Krankheit der Königin dorthin zurück-
gebracht (s Libanius), wogegen Seleucus eine Statue der Isis fortnahm (nach Antiochien).
Defunctorum umbras vino placatas et dapibus (St. Augustinus Mutter), den Heiligen, als ϑεοί
ἄνϑρωποι (s. Theodoret). Placuit picturas in ecclesia non esse debere, ne quod colitur et
adoratur in parietibus depingatur (Concl. Illib.) Unter den in Debata gewandelten Sumangat
(b. Batak) werden von den Silaon (neben den auf Berggipfeln wohnenden Sombaon der
Häuptlinge) Abnenbilder (Debata idup) gefertigt (männliche und weibliche). Die Puckwudjinies oder (b. Schoolcraft) „little vanishing people" (als Manitu's des Landes) waren in
Feindschaft mit den Nibanabas oder „water-manittos" (s. Emerson). Die Pathen dürfen bei
der Taufhandlung an Nichts Anderes denken, weil das dem Kinde schadet (in Ostpreussen),
aus Sympathie (wie in der Couvade). The different animals (wie bei Klein) are arranged
according to the size of their feet, hence the sheep have the same name as their wallabies
(cargoon). All kinds of sailing vessels have the same name as their canoes, viz., woolgoora,
because they float on the water. The heavenly bodies are named differently; the sun is
ingin, which they think is a body of fire, because of its warmth, and especially so since
they saw us light a rag with a burningglass. The moon (werboonburra) they say is a
human being like themselves, and comes down on the earth, and they sometimes meet it
in some of their fishing excursions. They say one tribe throws it up, and it gradually rises
and then comes down again, when another tribe catches it to save it from hurting itself.
They accordingly think there is a new sun and moon every day and night. There is a
large open space on Mount Elliot with not a vestige of vegetation on it, whilst up to the
very margin of it is a thick scrub; and they told James Murrells it was done by the moon.
who threw his circle-stick round it (meaning his boomerang), and cut it off. They think
all the heavenly bodies are under their control, and when there is an eclipse some of their
tribe hide it with a sheet of bark to frighted the rest. There was about six years before
Murrells' restoration an eclipse of the sun, nearly a total eclipse — the only one he saw —
about four o'clock in the afternoon. He asked an old man what it meant, and he told him
his son had hid it (the sun) to frighten another of his tribe. But they were very uneasy
during its continuance. They picked up a piece of grass and bit it, making a mumbling
noise, keeping their eyes steadily fixed on it till it passed over, when they became easy
again. They think they have power over the rain (durgun) to make it come and go as they

hinzutraten, die, wenn die Scheidungslinie des Flamen dialis vom verunreinigenden Todtenreich abtrennte, nun den mit (melanesischem) Abfall Zaubernden, als Endoxe (Loango's), verwerthbar sein konnte zum böswilligen Schaden, dessen betrübende Folgen dann wieder als Strafe (des Heiligen) gefasst werden durften (statt seines Wirkens in Rolle eines Apotropaios).

Wenn nach den auf der unsichtbaren Gottheit, (die in das unsagbare Verschweigen entschwindet) sichtlich folgenden Götter, als ϑεοί όρατόι (in Regelung der Gestirne, oder sonstiger naturgesetzlicher Vorgänge) das Bereich der in menschliches Thun eingreifenden Dämone beginnt, wo mit den seelischen Wandlungen der Dämone, in aufsteigender Verwandlung, gefallene Engel durcheinander spielen, so hat sich jetzt priesterliche Detailkenntniss über richtige Wahl der Mittel, in Opfergaben oder Gebete, abzufinden, bis etwa, nachdem in Extase Beziehung zu den höheren Rangstufen (und somit Freundschaft und Unterstützung) gewonnen sein mag, das obermächtige Gebieten eintritt (durch Mantras oder Karakia), um Ordnung zu erhalten und nicht vorübergehenden Schutz nur, sondern dauernden zu gewähren, dem nach Erlösung bedürftigen Sehnen (im entsprechenden Heilswort). „La vérité n'est pas un acquest, ny chose qui se laisse prendre et manier et moins encore posseder à l'esprit humain; elle loge dedans le sein de dieu" (s. Charron), aber ein relativ Wahres lässt sich erlangen, unter naturwissenschaftlicher Controlle, die also nun auch für psychologische Gesetze (nach Feststellung der Elementargedanken) auszuverfolgen wären (im logischen Rechnen). δόξα steht (b. Plato) im Gegensatz zu έπιστήμη oder γνώσις (wie auch άλήϑεια).

Im Himmel wohnend (ote sorro) hat der Schöpfergott (der Odschi) die menschlichen Angelegenheiten den „Bosom" übertragen (s. Riis). Als Schöpfergott überlässt Rumbo (in Accra) das Thun der Menschen den „Fetis" (s. Isert). Mit der Emanation des Idem-Efik (für die Efik am Kalabar) durchdringt Abasi-Iburo („almighty god") den Idem (der Naturgegenstände) unter dem Ndem-Efik mit dem König, als Hohenpriester oder Aubong-Efik (s. Waddell). Het verchil tusschen de Mutue en de Selia is, dat de straf op overtreding des eerste door bovennatuurlijke invloeden geschiedt, terwijl die der tweede door den persou of het hoofd, die de Selia geplaatst heft overeenkoustig het gebruik wordt bepaald (auf Serang); door het plaatsen van Wawaa, Matakau etc. voorkomt men diefstal (in Ambon), matakau beteekent rood „rood oog" (s. Riedel), soweit etymologisch zulässig (im oder zum „bösen Blick"). Und so (beim Tabu) die Differenzirungen zwischen Sacer[1]) und Sanctus (für Anathema etc.).

Die Stämme on the Function of the Thomson and Barcoo rivers (the Koongerri and Kungarditchi, sowie die Birria) believe in the existence of invisible beings, who can make them happy or miserable, and are said to hover about the burial places of the dead, and to be deeply offended by breaches of the laws, referring to food restrictions and to marriage (s. Heagney). Sollte Jemand ein

---

like. The rainbow (terehare) they think is the clouds spewing fish in the lagoons, any roots on the hills, or something or their good, whenever the ends joint (s. Curr).

[1]) Servius Sulpicius religionem esse dictum, tradidit, quae propter sanctitatem aliquam remota ac seposita a nobis sit quasi a relinquendo dicta ut a carendo cerimonia (s. Macrobius). Sanctum (b. Aelius Gallus), quod utrumque esse videatur et sacrum et religiosum (quod qui violaverit ei poena sit multave sancita). Gallus Aelius ait sacrum esse quocunque modo atque instituto civitatis consecratum sit (s. Müller). Sacrum est (b. Trebatius) quicquid est quod deorum habetur (s. Macrob.).

Emu-Ei brechen, „the offended spirits will shortly raise a storm of thunder and lightning" (für seine Vernichtung). Often the tribe adjure these invisible spirits in a song (they also supplicate them to send rain).

Die Todtengräber (unter den Fanti) verrichten ihr Werk lärmend, „um die Todesfurcht zu vertreiben; mit gleichem Zweck wird auch dem Rum tüchtig zugesprochen, oft so stark, um in's Grab hinabzupurzeln" (s. Bohner), wie bei trunkenen Festen auf den Gräbern (zu Augustin's Zeit), und beim Minnetrunk sonst (auch im Nobiskrug). „Christianum a Christiano cogi ad ebrietatem" tadelt Cyprian (bei den Grabfesten der Märtyrer). Die Teufel (b. Richalmus) machen die Leute betrunken (im Refectorium herumliegend).

Der als geflügeltes Haupt umherfliegende Radja hantuen kehrt (beim Schrei des Vogels Tantiut) zu seinem Körper zurück (auf Borneo). „Drudenkopf, ich verbiete dir Haus und Hof, ich verbiete dir meine Bettstätte, dass du nicht über mich trostest, troste in ein ander Haus" (b. Schreiber). Maira nocturna (b. Cannegieter) ist Nachtmahr (s. Grimm). Die Hexen (Wickersche) heissen in Ostfriesland „de lichte Lue" (leichte oder schwebende), wie fliegende Hantu (in Borneo). Die Hexerei vererbt sich von Mutter auf Tochter (in Oldenburg). Die als Hexen „Verschrieenen" schreien um Rache (vor dem Weltgericht).

Der vom Peaiman (Puyai) bekämpfte Kenaima (in Guyana) verfolgt (auch unsichtbar) als Blutträcher, oder durch sein in einem Thier eingefügtes Seelentheil, also als Wehrwolf z. B., wenn Hexen an Stelle der Hantuer (auf Borneo) stehen (oder der Endoxe in Loango). Während der Körper des Paje betäubt liegt, wandert seine Seele (in Thiergestalten) und so Odhin's (schamanisch). Damit die arme Seele im Grabe Ruhe hat, wälzt man einen grossen Stein darauf (in Hessen), wie auf das Antar's (in Arabien). Obwohl der Engel die Seele Bunonconte's (beim Aussprechen Maria's Namens) aufnimmt, treibt der Teufel den Körper in Stürmen fort (s. Dante). Guido von Montefeltro verfällt dem Teufel, durch dessen Logik der heilige Franciscus widerlegt wird (in einer „Comedia divina"). Satanas disputirt mit der Jungfrau, die ihn um jeden rechtmässigen Gewinn betrüge (b. Bonverin). Bartolo da Sassoferrato schreibt über die „von dem Herrn Jesus Christus verhandelten Streitfragen zwischen der Jungfrau Maria einerseits und dem Teufel andererseits" (mit dem Urtheilsspruch zu Gunsten der Menschheit, 6. April 1311 unterzeichnet). Den dialectischen Streit um die Seele Baronto's (zwischen Raphael mit seinen Engeln und den Teufeln) dauerte einen ganzen Tag (unter Umherzerren der armen Seele). Im „Processus Luciferi" wird Luzifer in den Schaden und Kosten verurtheilt (b. Jacobo degli Ancarani). Ein von St. Apro beschworener Teufel benutzte den ersten Ausgang, den er finden konnte und entwich mit lautem Geräusch, unter heftigem Durchfall (s. Graf). Ubique daemon (ruft Salvianus) und πάντα πλήρη θεῶν (Thales). Die Luft war, wie ein Gallert von Teufeln (zu Richalmus' Zeit)[1] herabregnend (vor Mönchsaugen), in Millionen, wie Mohamed's Engel (in jedem Regentropfen Einer).

---

[1] Die Massalianer (IV. Jahrh.) spuckten fortwährend, um den Teufel von sich zu geben (und die Yezidi auf die Erde, gegen den Feind).

      Autrement il ne l'oseroit faire

      Et s'il le faisait, abatuz

      Seroit de sa mère et batuz

      Dessus ses fesses

schmähen die Teufel gegen Gott (s. Graf), als sie durch Zwischenkunft der Jungfrau eine Seele verloren (in dem Mysterium „Pierre le changeur marchand"). Der Koch Beelzebub

The hell even of the positive damned who have forfeited grace bestowed, may yet be regarded as a place, which God has from all eternity prepared for those, who will not accept the higher good offered by him for their acceptance (s. Mivart), there is and there will for all eternity be, „a real and true happiness in hell" (1892). Und so, vom „Decretum horribile" erlöst, mag sich der Leser der Göttlichen Komödie zuwenden, für das, was der Knabe Alberich zu sagen hatte (oder den Reisebeschreibungen durch Himmel und Hölle, in transatlantischer oder oceanischer Version).

Die (animalische) Psyche threptike (als anima vegetativa auch in der Pflanze) geht (durch die Lebenskraft) in das Seelische über, (mit weiterstreckender Entelechie), während (*ἐξωθεν*) der Nous zutritt in Trichotomie (der drei Faten).

Wenn nun, das Stoffliche (der Demetrier) der Erde zurücklassend, die (in Persönlichkeit) gefühlte Seele sich (beim Tode) in einen Dämon wandelt (bei Maxim. Tyr.), mag sie, wie Liau (der Hambaran) zum Lewu liau, (mit Verlängerung der Lebensdauer[1]) den Unterschied des stoischen Weisen von den Göttern verwischend), wandern, und hat dann (beim Regnen der Pitri aus Soma), im Pilz wiedergeboren zu werden, während beim zweiten Tod (durch melanesisches Vogelgehacke)[2] der Geist (b. Plut.) im Sonnenstrahl abscheidet (wie Kla in ihrer Präexistenz), während was in seelischen Eindrücken träumerisch nachdauert, sich der Substanz des Mondes (wie Sylla erzählen hörte) abzugleichen hat, dem Symbol der Verjüngung (bei Eskimo und Hottentotten).

Seelen im Hades besitzen den Sinn des Geruchs (b. Heraklit), für den Verwesungsgestank (finnischer Grabesluft), im Meto (der Maori). Durch die Nase eingeblasen droht die Seele beim Niesen auszufahren (dem Rabbinen), und mit der Riechseele beginnt Condillac zu experimentiren (an seinem Fräulein), cf. Allerlei a. V. u. M. (S. 386 u. flg.). In dem Quellgeist entstehen die Formen der Dinge, substanziell, wie Duftgestalten, ein Mittel zwischen Geist und Körper (s. Böhme), bei der Schöpfung auf Sumatra (wie in Samoa). Aus dem *ἓν* und der *ἀόριστος δυάς* entstehen (b. Xenocrates) die Wesen (b. Theophr.).

Auf „Haminse e ba" (das Gute komme über Euch) wird geantwortet: „E bä"

---

röstet die Seele für die Tafel des Höllenfürsten (b. Giacomino da Verona), wie Miru's Töchter (am rothglühenden Ofen). Die Narrinyeri gehen unter dem Meer (an einem Feuer vorbei) nach Nurunderi's Himmel Waiyirri (s. Taplin). Aus den durch St. Gutlaco gesehenen Teufeln zischt Feuer (wie aus den Preta).

[1] Die Krähe lebt neun Generationen der Menschen, der Hirsch vier der Krähe, drei des Hirsches der Rabe, neun des Raben der Phönix, zehn des Phönix die Nymphen, die Töchter des Zeus (b. Hesiod), während (b. Pindar) den Nymphen das Leben eines Baumes zugeschrieben wird (als Hamadryaden), bis zum (stoischen) Weltbrand (wie Demetrius meint). Die Verhältnisswerthe der Existenzdauer auf den Stufen-Terrassen der Trailoka verschwinden in Nitya (beim Eintritt in's Nirwana). Der (weise) Greis lebt als Anitu schon in (Oceanien's) Jenseits, wie der Arhat (noch in irdischer Hülle wandernd). That „the separate soul shall even have new senses" is suggested in Scripture (1820). Our spirits, when separated from the body shall be sensible of what is transacting upon earth (s. Secker). Der Engel wird beauftragt zu behüten (im Psalm) und so der Engel über die Kinder (im Evangelium). Der Todte wird auf den Kopf von drei Männern gesetzt, die (wenn unter den Namen der Verdächtigen der des Schuldigen genannt wird) von Zuckungen ergriffen werden (bei den Narrinyeri), wie (Hamburg's) Bahrträger (in Guinea), oder die Priester Apollo's (in Hierapolis).

[2] Durch die Schnäbel teuflischer Raben wird den Sündern die Seele aus der Brust gerissen (b. Caesar Heist.). Die weissen Vögel auf der Insel des Wunderbaumes sind gefallene, aber nicht bösartige Engel (b. St. Brandan).

(lass es kommen), wenn die Fetischfrau ergriffen wird (in Akkra). „Alle hohen Bäume krümmen sich den Fetis zu grüssen" (s. Römer), wenn im Erdbeben kommend, mit Wirbelwind (bei Annamaboe), in der Gottheit, als Gutes[1]) (platonischen Agathon's).

Bei den von den Wongtschä gekauften Amuletten, welche (in Hongschnüren u. s. w.) mit übernatürlichen (oder doch aussergewöhnlichen) „Virtus" durchdrungen sind (aus Substanz oder in Berührung, wenn nicht durch magische Bindung sympathisch schon hergestellt), ist durchschnittlich die Abwehr des von einem Feinde drohenden Unheils beabsichtigt (z. B. bei dem Begraben eines Fetisches auf seinem Besitzthum), indem sich jedoch damit auch leicht (im Vertheidigungskampf) der Angriff benöthigt (im Schaden), folgt (mit Doppelsinn des Pharmakon) der Bosheitszauber (durch den wiederum Verfolgungen angeregt werden). Zu Amuletten oder (armenisch) Paheran (pahel, beschirmen oder abwehren) dienten *Δελφικά παραγγέλματα* (wie Ephesia Grammata). Der Talisman wird (im Tali) vom Bräutigam der Braut umgehängt (in Indien). Amulet oder Hamalet (Anhängsel) dienten zum amoliri (quod amolitur malum). „Die Kirche hat wieder Segnungen und Weihen, sie erlaubt den Gebrauch der Bildchen, Kreuze u. s. w." (s. König), non quod creditur inesse aliqua in iis divinitas vel virtus (Concil. Trid.).

Die vom Papst geweihten Agnus dei[2]) wurden aus dem übrig gebliebenen Wachs der Osterkerzen geformt (zu Weihgeschenken). *Ἀγνός* (Agnus castus) als Poleriokalymma bezeichnet die Kelchdecke (im Sticken geweiht). Das Gebet in der Messe (seit Papst Sergius) weiht das Wachsbild des Lammes (von den Täuflingen am Halse getragen).

---

[1]) Das Unglück der Guten und Glück der Bösen ist Wirkung der Gestirne (b. Firmicus). Fasten ist die Waffe der Tugend (s. Johannes Mantagunensis). Von Nuimbou wird (in Akkra) kein Bild gemacht, wohl aber Sissa, als (weiss gemalter) Teufel aus Lehm, und dann zerbrochen, der ihn aus seinem Hause verscheuchen will (1769). Wenn Giemawong (in Labode) erscheint, predigt er zunächst Gottes Lehre, „fromm und tugendhaft zu sein" (s. Römer). Neben dem Cultus latriae (zu der nur Gott zukommenden Anbetung) dient der Cultus duliae zur Verehrung der Heiligen und Engel (mit dem Cultus hyperduliae Maria's). Obwohl der Vater allein anzubeten, ist das Gebet an ihn durch den Sohn, als Mittler, gerichtet (b. Origenes). Der Eucharistie erweist die katholische Kirche die schuldige Anbetung den Cultus latriae (s. Mart.). Unter der Porphyrsäule Constantinopel's wurde das römische Palladium vergraben (als Telesma). Die Besessenen an den Prophetengräbern Samaria's redeten in Thierstimmen (zu St. Hieronymus' Zeit). Die Jann, Jinn, Schitan, Ifrit und Marid bewohnen (aus Feuer geschaffen) den Berg Qaf, neben Engel (Maliq) und den Gefallenen unter Iblis (oder Balas). *Αἰσοι* (b. Hesych.) *θεοὶ ὑπὸ τῶν Τυῤῥηνῶν* (Thursen), als Aesar der Snet., unter dii consentes und complices (verhüllt).

[2])   Conficiunt Agnum, quem do tibi munere magnum
        Fulgor desursum depellat et omne malignum
        Praegnans servata, sine vi partu liberatur
        Portatur munde, servit de fluctibus vidae
im Begleitschreiben von Papst Urban's V. Geschenk eines Agnus Dei (an die Paläologen in Byzanz). Die Agnus dei in Lammform (oder sonstiger Gestalt auf Medaillen) wurden durch den Archidiacon geweiht, dann (seit XIV. Jahrh.), vom Papst (als Gotteslämmchen). Aus dem Holz von Keuschlamm (*ἀγνός*, keusch) war das Bild des Aesculap (in Laconien) verfertigt, und mit den Blättern des Keuschlamm (der Here heilig auf Samos) wurden die Betten der in den Thermophorien eingeweihten Frauen bestreut (in Athen). Die Blattstänge des Agnus Scythicus (in thierischer Form) dienten zum Blutstillen (als Penghawar Djambi). Lämmer wurden von Pflanzen getragen, bis erwachsend (in Sibirien). Das Gebet Agnus dei ward vor der Communion gesprochen (seit Greg. M.).

Gleich den mit den Mvarts in nächtlichen Besuchen redenden Birrark (der Kurnai) lernten (bei den Turva) die Gurildris „corrobory songs and dances from departed Spirits. They also professed to learn songs for the dead, which were sung to make the departed happy, who were gone to another country to live for ever, but to return no more" (s. Kühn). Die fortziehende Seele (der Dayak) wird von Todtengesängen geleitet (je nach den Stationen). Neben den Kalidscha (in Zauberei), sprechen die Watos ihren Fluch (als vorschauende Seher) und die Luba weissagen aus den (priesterlichen) Opfern (bei den Galla). Als Anitu lebt der bejahrte Greis, (wenn weisheitlicher Natur), bereits im (mikronesischen) Drüben und. wenn der (stoische) Sapiens (b. Seneca) von den Göttern nur der Lebensdauer nach verschieden ist, käme es für diese zunächst auf die Deva hinaus (im Buddhagama).

Indem mit dem Tode (wenn die Guten zur Schattengrenze der Erde aufsteigen) der von der Erde gelieferte Körper zerfällt, reducirt sich das Dreifache im Menschen auf ein Zweifaches (mit der aus dem Monde (s. Plut.) stammenden Seele und dem Geist der Sonne), sowie weiter dann (beim zweiten Tode) auf ein Einfaches (im Sonnenstrahl).

Der zweite Tod (zur Loslösung des Geistes von der Seele), findet im Monde statt, unter dem Bereich Persephone's (und des himmlischen Hermes), während (unter Trennung der Seele vom Körper die (des Todes) Sterbenden (als Demetrier) der Demeter verfallen (mit dem irdischen Hermes), für die angewiesene Zeit, auf den („Wiesen des Hades" oder) Asphodelos-Wiesen lagernd, im Gespräch mit einander (b. Lucian).

Die durch die Mysterien in Stetigkeit (εὐστάθεια) gefestigt Beharrenden, vom fedrigen Kranz (eines „Nimbus") umschimmert, sehen die kopfüber Herniederstürzenden im Monde, von wo sie (bei nächster Wandlung) im Sonnenstrahl hinweggeschwebt werden (auf Dauerndes hin).

Zwischen Mond und Erde (bis an die Grenzen, wohin ihr Schatten fällt) wandern (b. Plutarch) die (fleischlich gesinnten) Seelen, von Wirbelstürmen in der Luft umhergejagt (b. Dante), in dramatischen Versen (Shakespeare's).

Wenn (beim zweiten Tode) der Geist (im Sonnenstrahl) abscheidet, verbleibt die Seele[1]), mit den Lebensträumen (der Eidola), im Monde, bis in seiner Sub-

---

[1]) Dahin, wo der Schatten der Erde endet, steigen die Guten (nach dem Tode) hinauf, zu ruhigem Leben, das in ein seeliges (gleich dem der Götter) übergeht beim zweiten Tode (lehrt Sylla). Die Dämone, als Mittler zwischen Götter und Menschen, überwachen die irdischen Angelegenheiten (b. Plutarch), wie in Australien („invisible spirits"). Der Koonkie (der Diyerie) ist von Kootchie in Krankheitsfällen unterrichtet (s. Gason). Der mit der (Plongge genannten) Keule Berührte (im Zauber Millin) ist (für Krankheit) der Gewalt des Dämon Nalkarn überliefert (bei den Narrinyeri). Als Mittleres bildet der Himmel das δοξαστόν (der δόξα), während das Intelligibele ἐκτός οὐρανοῦ, das Sinnliche ἐντός οὐρανοῦ birgt (s. Xenokrates). Himmel (in Japan) „was connected with the earth by means of a „floating-bridge" or a „rock-boat" or a „pillar of earth", whereby the kami could pass from one place to the other at will (s. Hitchcock). Der Mensch steigt mit der Essensglocke zu Abassi hinauf (am Kalabar), bis durch die Frau verleitet (mit Beginn des Ackerbaus). Der inspirirende Gott ist (bei Jamblichus) entweder nahe (μετουσία) den Ergriffenen oder theilt ihnen von seiner Kraft etwas mit (κοινωνία) oder bemächtigt sich ganz seiner (ἕνωσις), je nach dem Wirken auf den Körper, auf die Seele oder beide (zugleich (s. Kellner). Nach der Stufe der Extase (Wejd oder Hal) wird die der Gotteseinigung (Jam oder Wasl) erreicht, auf dem Tarikat oder Wanderungsweg (des Sufi). Je nach der erreichten Stufe (des Mumin, Abid, Zahid, Arif, Weli, Nebi, Rusul,

stanz absorbirt (s. Plutarch), und so blickt es sehnsüchtig nach dem Monde (in Mondssucht).

Von den Abgründen im Monde dient „Hecate's Gefängniss" zur Bestrafung, wogegen durch die beiden anderen (die elysäischen Felder und der irdische Persephone-Pfad) die Seelen zwischen Erde und Himmel auf- und niedersteigen (s. Plut.). Während der Mond durch den Schatten[1]) der Erde hindurchgeht, stürmen klagend und jammernd die in Qualen leidenden Seelen zu ihm herauf, wogegen die nach Erlösung begierigen (da sie bei Dauer solcher Verfinsterung die Harmonie der Sphären nicht hören) durch lautes Schreien seinen Gang beschleunigen, und so zur Beihülfe werden Metallbecken geschlagen, im (siamesischen) Gelärm („Vince luna"), beim Erschrecken (durch das herabgrinsende Gesicht).

Der nach dem Bild in der Sonne strebende Geist wird von derselben zurückgenommen, um neue Seelen zu schaffen, während die Erde, welche die körperlichen Reste zurückbehalten, das Leibliche schafft, und im Monde die Einigung statt hat durch Eleithyia's Verbindung (und Artemis' Trennung). So, in der Sonne sitzend, schafft Atropos die Geburt, Klotho, im Monde umherbewegt, webt die Theile zusammen, und Lachesis (auf Erden) bildet die gestaltende Form, wie Sylla von den (druidischen)' Dienern Kronos' gehört (b. Plutarch) durch den (carthaginiensischen Fremden, der jenseits (Homer's) ogygischer See (im Mare Cronium) die (aus Heracles' Zug) zurückgebliebenen Griechen-Colonien besuchte, bei denen der schlafende Kronos dasjenige träumt, was Zeus zur Ausführung bringt, unter Absendung eines (eisig congelirtes Meer durchschiffenden) Festschiffes nach den Aussen-Inseln, wo die Sonne für 30 Tage (ausser einer Stunde) sitzt (mit dämmerigem Zwielicht im Westen). Teott, „durch den wir leben", wurde verehrt (in Mexico).

Ueber die Meinungsverschiedenheiten der Neger betreffs des Jenseits (durch Römer) befragt, antwortete Puttj: „Ich bin noch niemals gestorben und wieder lebendig geworden, dass ich mit solcher Gewissheit vom andern Leben sprechen könnte, als wie Ihr heiliger Mann that" (der Prediger Schwane in Christiansborg). Die Abiponen entschuldigten sich, von der Schöpfung Nichts berichten zu können, da Niemand von ihnen dabei gewesen sei (s. Dobrizhoffer). Ueber die Einrichtungen von Himmel und Hölle erzählen die Besuchsreisen (in Amerika und Oceanien), auch in Versen (b. Dante). Cyprian traf mit Cornelius das Abkommen, die Liebe zu bewahren (damit der zuerst im Himmel Eingegangene Fürbitte einlege).

Ulu-l'-Azm, Khatm) geht die Seele in den entsprechenden Himmel ein (sieben untere und zwei obere). Als Weiungare durch den (weil zackig) am Himmel (beim Aufwerfen) festgehakten Speer emporgeklommen, folgte ihm Nepelle, sein Canoe (in der Milchstrasse schwimmend) heraufziehend (bei den Narrinyeri). Die Dämone dienen als Dolmetscher für das, was die Menschen von den Göttern bitten (s. Maxim. Tyr.), wie die Wong (in Guinea). Beim Lobgesang der Ahnen (s. Moeglin) durch die Pujari fährt einer derselben in seinen Assistirten ein (in Coorg). Die auf der Matte gestorbenen, anständig Begrabenen werden von Gott gut aufgenommen, doch blieben die Körper der Seele (weil abgeschieden) hinderlich (meint Puttj) in Guinea (s. Römer). Die Dayak umgehen die (patristischen) Schwierigkeiten einer „Resurrectio carnis" durch Ausstaffirung der Liau am Tiwahfest (unter Nachsendung der Körpergehängsel).

[1]) Wenn der Teufel mit seiner Schwärze durchdringt (in der Possessio), taucht die Seele in die teuflische Finsterniss, wie ein Gestirn, welches bei einer Verfinsterung in den Schatten eines andern tritt (nach St. Hildegard). Die Mondsüchtigen (bei den Kamms) gehen zum Mond (s. Du Chaillu), und Eilythia wirkt auch periodisch (in den Menstrua).

Beim Okra ist der Schutzgeist der Seele (Susuma) mitgeboren, gleich (römi-
schem) Genius, um aus dem Innern in der Stimme des Daimonion, als Gbeschi,
zu reden (meist zum Guten bei Socrates), oder mehr zum Bösen beim Nigritier,
(als Okra bri) und zu begleiten, wie (indonesischer) Töndi, während aus dem (im
„Angang" getroffenen) Pagar (kraft „virtus" seiner Wichte) ein „Spiritus familiaris"
(zum Mitführen im Fläschchen) entnommen werden mag, oder aus luftigen Mächten
dem Helden sich sein Heros gewinne, auch in weiblicher Hälfte (als Vile).

Neben der Susuma (Seele) besitzt der Odschi seinen Schutzgeist oder Okra
(nach den Wochentagen [1]) benannt), neben dem (zum Bösen verleitenden) Okra bri
(in den Verbrechern, als von ihm besessen).

Wenn aus unbewusster Angehörigkeit zum Gesellschaftskreis (des Zoon politikon) der Einzelne mit der Pubertät zur Selbstständigkeit heranreift, sucht er
bei solcher Loslösung, zum Anlehnen (Hlein) seinen (gegatteten) Gott, wie im
Angang angetroffen (im Pagar und Moestika), aus irgend welchem — am ehesten
(im Totem) dem animalisch verwandten — Naturobject, welchem, wie den Pflanzen
(s. Origin.) auch Engel vorgesetzt sein mögen oder Wong (in Feruer u. dgl. m.).
Wenn ihm die Wesenheit solcher Wichtelein (oder, weil doppelsinnig, verdächtiger
und bedenklicher Dämone) nicht genügte, wendet er sich lieber offen und gerade
an seinen Freund, für etwa auf der Erde schon vereinbarten Vertrag (wie Cyprian
mit Cornelius) betreffs des zuerst nach jenseitiger Welt vorangegangenen, oder
sonst wird durchschnittlich aus den schon im „grossen Heer" vorhandenen Führer-
schaften derjenige gewählt, der sich zum Schutzgeist oder Patron bereit finden
möchte (gegen gute Behandlung), und liegt dann für dauernd abgeschlossene
Ehe die weibliche Hälfte am nächsten (im Verkehr der Vile oder Valkyrie als
„Wunsches Kint" mit dem erkohrenen Helden u. A. m.).

Die drei Momente menschlicher Existenz, der Geburt, des Lebens und des
Sterbens sind „propter trina tempora" (s. Isidor), wie in den Nornen (Urdr,
Verdhandi, Skuld) in den tria fata ausgesprochen, als Moiren (b. Procop), mit
dem Wirtel (in colo, in fuso digitisque fila ex lana torquentibus), wenn sie
— an der Wiege das Schicksal sprechend (als Feen) — weben (gleich den
Parzen), als „Mütter" (oder „tres matronae") und „tre weirdsystirs" (1548 p. d.)
oder „tres sorores" (b. Nigellus). Für das männliche Geschlecht (der Schwert-

---

[1]) Das Festum patrocinii am Patrocinium ist an dem nämlichen Tage, an welchem
es in den Kirchencalendern angesetzt ist, als ein Fest des ersten Ranges mit einer Octave
in der dem Gegenstand des Festes angemessenen Farbe zu feiern (s. Vater). Kraka verspricht dem Erich Hülfe in Noth (bei himmlischer Vermählung), als Valkyrie dem erkorenen
Helden (beim Anrufen). „Viel haltens dafür, dz ein yegklich Landt seinen Landteufel, ein
yegkliche Stat iren Statteufel, ein yegklich Dorff seinen Dorffteufel, ein yegklicher Herrenhof
seinen Hofteufel, ein yegkliches Hauss seinen Haussteufel, Ja auch wol ein yegklicher Standt,
ein yegklich Mensch seinen eygnen Teufel hab, der sie zu sünden reytzet vnnd plaget, wie
man sihet das ein Landt, ein Statt, ein Hauss, ein Mensch mit yrgend einem Laster sonderlich mehr angefochten würdt denn andere. Also hat Teutschland vor anderen Ländern
sonderlich ye vnd ye den Saufteuffel gehabt, der vns Teutschen tag vnd nacht zum Sauffen
treybet vnd vns keine ruhe lesst, wir seind denn voll vnd toll" (s. M. Friederich). Wie
der Feruer über den König, schwebt Kara (im Schwanhemd) singend über ihren Helden
(bis sein zu hoch geschwungenes Schwert ihren Fuss abhaut). Den Kleinen stehen
Schutzengel zur Seite (b. Wuttke) und (pastristisch) steht „auch jeder Erwachsene unter
dem Schutz eines solchen Engel" (s. Fritz). Den Pflanzen sind Engel zugewiesen (b. Origen.).
Aus gekneteten Thonfiguren setzt Owu zwei Löwenmützen zum Schutz des Hauses (dem
durch ein Vergiften bedrohten).

magen), das unter sich frei und offen verkehrte, gleichgestimmt (die Missstimmig-
keit durch raschen Schwerterschlag klärt), lag in der (bei Kurnai feindlich gegen-
überstehenden) Weiblichkeit ein unheimlich Unbekanntes, dessen Eindruck aus
Furcht (und Hass) zur Verfolgung der Hexen führen mochte, oder zu scheuer
Ehrenbezeugung der Spakonor (wisiu wip), sowie zum Minnedienst (in Ritterlich-
keit).

Von den „Schepfen" (b. Marner) wird alles Gelingen (gut oder bös) auferlegt
(s. Ottok.); „der Dichter, auch ein Vates, hiess ahd. Scuof, alts. Scop" (s. Grimm).
ein Schöpfer (beim Lesen des Schöpfungsliedes auf Hawaii).

Da es den Männern (Karlmönnun) unehrlich erschien, die zweideutige Kunst
(des Zauberns) zu üben, wurde Gydhjur darin unterwiesen (s. Snorri), wie sich
Frauen (hysterischer Anlage wegen) den Schamanen zur Erziehung empfehlen (bei
den Buräten), und so — da sanctum et providum innewohnt (s. Tacitus) —
„scheinen Aussprüche[1]) des Schicksals aus dem Munde von Frauen grössere
Heiligkeit zu erlangen" (s. Grimm), wenn die Moira (in den Parzen redet, aus
Fata oder Feen (als „tres matronae"). Die Gottheiten werden Mahte oder Mah-
mina (Mutter, Mütterchen) betitelt (bei den Letten).

Die Sangiang, woran sich der Dayak um Hülfe wendet, als an „gute Dämone",
— wie zu Hütern auf Erden (aus früherem Dasein dort) bestimmt (b. Hesiod) —,
geniessen (unter Hatallas' Ewigkeit) längerer Lebensdauer, wie die Hambarang als
Lewu (in Lewu liau), und so (beim Zusammentreffen im Geisterreich) mag Seelisches
walten, wenn ein Tondi (der Batak) als Schutzheiliger zur Seite tritt, aus den
Vorfahren, obwohl dadurch noch nicht die Verengung zum Ahnen-Cult bedingt
ist, da wenn sich unter den Manen (des eigenen Geschlechts, unter den seiner
Tafel eingeschriebenen Imagines) kein Name kräftig genug dünkt (für Erreichung
des beabsichtigten Zwecks), der Thai sich lieber an einen Machtvolleren wendet,
unter den einst im Leben schon als „Herrn" verehrten Chao (im Heroenthum),
und da solche „Herren" auch den Naturgegenständen (oder dem Wirken derselben)
vorgesetzt sind, aus Bestallung der Wong (in Guinea), durch Mawu (als parsische
Feruer), lassen sich daraus dann gleichfalls die Idole entnehmen, zur Aufstellung
(im Tenemos), vom Wulomo bedient, der so mit seinem Gott einen Bundesvertrag
abzuschliessen hat, nach der ihm gefälligen Opferscala (zur Kenntnissgabe an
den Bittsteller), wenn die Mittel dafür reichen, den priesterlich verwalteten Geld-
säckel zu füllen (auf der Himmelsbank).

Die Genien als schöpferische Wesenheit der Dinge führen durch das ein-
gemischt Seelische (b. Varro) zu den Dämonen über, bei denen sich Stufen von
Tugend und Laster unterscheiden (s. Plut.). Neben den „reinen Dämonen", zn
Hütern der Menschen bestellt (b. Hesiod), als gute oder hermeneutische (b. Plato).
werden die schuldigen Dämone, (durch Wasser auf der Erde, unter den Sonnenstrahlen ausgespieene Dämone), in der Luft umhergejagt, bis zur Reinigung
(b. Empedokles), und zur Sühnung der in der Luft wüthenden Mächte dienen die
ungünstigen Festfeiern, die mit den guten Dämonen (oder Göttern) Nichts zu
thun haben (b. Xenokrates), wie von der Gottähnlichkeit (hervorragender Helden)

---

[1]) Die Völvur (Spakonur) fuhren im Lande herum, das Geschick (Aldr oder Orlog) zu
weissagen (in der Nornagestssaga), wobei die Kerze ausgelöscht wird, (wie der Heerdscheit
Melangers (s. Apollodor). Oraculi numinis gallici antistites perpetua virginitate sanctae
numero novem esse traduntur (s. Pompon. Mela). Apud Germanos ea consuetudo est, ut
matres familiae eorum sortibus et vaticinationibus declararent (s. Caesar). Die Wojo ver-
dolmetscht das in unverständlicher Sprache Orakelte (in La).

das Dämonenhafte unterschieden wird (b. Homer). Ob die Lehre von den Dämonen, als Mittler zwischen Götter und Menschen, als thracische (ägyptische oder phrygische) einem Orpheus angehören, oder Zoroaster's Magiern, lässt Cleombrotus uneutschieden (betreffs des Dämonengeschlechts). Aeternatis dominus deus primus est, secundus est mundus, homo est tertius (s. Arcl.), (in Trinität platonischer Fassnng). Der Fetischismus ist die africanische, der Totemismus die americanische, der Schamanismus die sibirische Modification gleicher Elementargedanken (im religiösen Zaubercult).

Die Bedeutung eines jeden Dinges liegt im (schöpferischen) Genius, und wie ein Genius hat auch die Welt ihre Seele (b. Varro). Aus Elementen zusammengesetzt, die ihrer eigenen Natur nach, theils aufwärts, theils niederwärts streben, wird die Erde an ihrem Platz gehalten (b. Xenokrates), als selbstgefestigt (auf Hawaii). Vom Menschen steigen die guten Seelen zu Heroen auf und dann zu Dämone, die, wenn gereinigt, an der Göttlichkeit Theil nehmen, während die abweichenden Dämone, wieder in sterbliche Körper fallend, im Dunkel Gestaltlosigkeit annehmend, in Dunstigkeit (meint Cleombrotus). In der Zwischenregion [1]) setzen dann die Materialisationen ein (für den Spuk der Spirits). Die priesterlichen Drohungen sind, kraft seiner Vereinigung mit hohen Göttern, gegen die niedrigen Dämone gerichtet (b. Jamblichus), als Karakia (der Maori). Durch Vaiht („zur Stärkung und Festigung der Negation") wird der einfache Negationspartikel absorbirt (s. Grimm), wie point (und pas), zwischen Sein und Nichtsein (sichtbar und unsichtbar).[2])

---

[1]) Die Seelen (mit oder ohne Geister) wandern in der Mittelregion (der Pistis Sophia) zwischen Erde und Mond (b. Plutarch). Der Teufel Abbadona wird (weil seine Sünden beklagend) von Gott wieder in's Paradies aufgenommen (b. Klopstock). Dem menschlichen Wesen wohnt eingeborene Erkenntniss (σύμφστος κατανόσις) ein (b. Jamblichus, in Logoi spermatikoi (der Stoa). Die Seele wandelt sich (bei Tode) in einen Dämon (s. Maxim. Tyr.), wie die Hambaran in Liau (auf Borneo). In der Pubertätsweihe findet die Wiedergeburt (des Dviya) statt, wenn (im Mysterium) der Muansa dröhnt (bei Nigritiern), die Trompete tönt (in Guayana), oder der Brummer schwirrt (in Australien). Der (aus Exocarpus cupressiformis vertertigte) Turndu (der Kurnai) wurde bei der Weihe gebraucht, wie der Bribbun (bei den Chepara). Die Halbgötter werden (b. Hesiod) zu den Heroen gerechnet (s. Plut.). Als (durch einen ägyptischen Priester) der Dämon Plotin's beschworen wurde, erschien (an Stelle eines gewöhnlichen Dämon) ein Gott höherer Ordnung (s. Porphyr.). In den Dämonen sind irdische Leidenschaft mit göttlicher Macht vereint (b. Xenokrates). Nach dem Tode wird die Seele durch ihren Genius vor den Richterstuhl gebracht (s. Apulejus), wo Chitragupta Buch führt, Yama's Schreiber (gleich Thot). Eine „vis animalis, qua omnia regantur" wurde (durch Speusippus) gesetzt (s. Cicero). Indem der νοὲς im Kopf, die ψυχὴ καὶ αἴσθησις im Herzen, die ῥίζωσις im Omphalos, die γίννησις im αἰδοῖον wohnt, unterscheiden sich (b. Philalaos) ἄνθρωπος, ζωὸν, φυτόν und ξυνάπαντα (in Stufenordnung). Whatever object, animate or inanimate, is supposed to possess mysterious or supernatural powers may be called Kami (s. Hitchcock), the Mikado joins the innumerable company of kami after death (in Japan). Knochen der vom Feind gegessenen Thiere werden mit Fett beschmiert am Feuer geschmolzen (zur Krankheit) in Nangthungi genannten Zauberei (der Narrinyeri), statt Wachs (der Atzmänner).

[2]) Wihtir (wihti), als Plur. wie (neutr.) Wiht) sind Wichtlein (Wichtelmänner). Geisterhafte Wichte sind die minuti dii (b Plautus). Armu wihtir (als arme Geschöpfe oder „Wesen") abzuleiten (s. Grimm) von wihan (facere, creare); wihtelin (penates), wihtelen vel helbe (lemures, daemones), dernea wihti (occulti genii); hollar vaettir (genii benigni) vag-vaettir (genii noxii), als Bösewicht) akar vaettir (genii quicunque); Landvaettir (genii tutelares); Vätt (vätter) auch Wikt (schwedisch), Wickersche (als Hexen).

Wie die Götter die gegenseitige Einheit (ἕνωσις πρὸς ἀλλήλους) unter sich bewahrten, stand unter den von Porphyrius an den ägyptischen Priester Anebo gerichteten Fragen, deren Beantwortung Abammon (unter den ἱερογραμματεῖς) übernehmen will, ferner im ἐπιστημονικὴ θεολογία (b. Jamblichus). In der unsichtbaren Welt finden sich neben den durch Hamu (salve) begrüssten Emanationen oder Malaik Muhaymeh und den Thätigkeiten, als Mittler (von Mohammed bis zum Engel Gabriel), die über thierische, pflanzliche und mineralische Schöpfungen (bis zur menschlichen Seele als höchste) präsidirenden Genien oder Auswirker. sowie die in Geister und Teufel zerfallenden Mächte (bei den Sufis). „They are created of fire and constitute the lower order of beings in the invisible world; some of them have a certain power over the race of men granted to them, but are rebellious of the Most High, of these Iblis is the Head and Chief. Others again, although expable of harm, are subservient to the will of god“ (s. Palmer), wie Wessamuni (auf Ceylon) neben Mara (Buddha's Feind).

Das Grab ist unverletzt zu halten „usque ad finem mundi, ut possim sine impedimento in vitam redire, cum venerit, qui judicaturus est vivos et mortuos (als christliche Inschrift), und das erleichtert sich in der Mumie (ägyptisch), während bei der Tiwa (Borneo's) im Voraus das Nöthige besorgt wird (um den apocalyptischen Schlaf, unter dem Altar, zu ersparen). Die Liau krahang (der Dayak) besteht aus der Liau karahak tolong (Seele der Knochenreste), der Liau pandong lawin balau (Seele der Fasern der Haaressenden) und der Liau tundjuk (Seele der Finger und Nägel). Die Noth der Patristiker, die „disjecta membra“ (aus der Zerstreuung) zusammenzubringen (besonders bei den durch wilde Thiere Gefressenen oder den Eingeäscherten auf dem Scheiterhaufen, und in „Feuerbestattung“) sind oft geschildert worden, und die Schrecken der Hölle (in Dante's Versen) oder die des „jüngsten Gerichts“ (durch manchen Pinsel, wie in Gemäldegallerien) zu sehen. Der Noso dodo (im Blut) zerfällt beim Tode in „L'eheha“ (anima ereditaria), il noso, principio spirituale di ogni existenza umana. ed il „bechu zi mate“, spiritu del morte (s. Modigliani), neben dem Moco-moco (als verbleibend gesucht).

Wenn so die Todtenschatten (als Skiai) wiederum sich materialisiren (in Auferstehung des Fleisches) werden die (Aptraganga oder) „Revenants“ gefährlich, weshalb doppeltfeste Vernagelung des Sarges sich empfiehlt (in China) oder Zusammenbinden der Zehen (in Dahomey), auch Dornenbestreuung auf den Weg (am Congo), wenn man barfuss geht (und keine „Todtenschuhe“[1]) mitgegeben sind). Nach Abreissen der Fingernägel werden Daumen und Zeigefinger zusammengebunden (bei den Newcastle-Stämmen in Australien), damit der Todte nicht schaden könne (s. Whitefield). Der Vampyr lässt sich zur Sicherheit noch aufspiessen (beim Nachzehren). Die York-Peninsula-Stämme gehen westlich in's Land der „kühlen Winde“, wo „is alway abundance of fish“ (s. Fowler). Die Milya wandeln in Vögel (s. A. Reid). Fana e tamam (contemplate disappearance) ist (im Tasawwuf) „total annihilation and absorption of self in the contemplation of God“ (s. Palmer). Δοίησοι ὁ Ὄσιρις τὸ ψυχρὸν ὕδωρ (im refrigerium) zum Ausbrennen (in Nirvana's Kühlung).

---

[1] Das Wasser, womit die Holzschuhe des St. Elias Spoleto abgewaschen waren, heilte (im Teufelsaustreiben). Das Fusswasser (zum Abwaschen wird) getrunken (im Brahmanenthum). Santa Francesca Romana wurde (vom Teufel) an den Haaren emporgehoben (wie der Prophet durch seinen Gott), und so empfahl es eine Glatze zu scheeren, (zumal die Haare Zaubermittel liefern mochten, wie am Gabun). Beim Joa-Sha-Fest agiren die Freunde des Dzon oder Tazeit (in Thierahmungen) die Leipja zu erjagen und einem Putso aufgeknoteten über das Haupt auszuschütten (in Birma).

„Bei Ernährung durch das Schilfgras Salo (in kalmükkischer Kosmogonie) kam der Hunger nicht eher, als bis die Fruchtspeise völlig verdaut war, von welcher nichts durch andere natürliche Wege, als durch Hauch und Ausdünstung fortging; allein die Begierde wurde immer unersättlicher, durch die übermässige Speise wurde die Verdauung geschwächt, es erfolgten natürliche Auswürfe, neben allerlei Schwachheiten, und weil auch damals die Zeugungstheile beider Geschlechter heranwuchsen, so regten sich fleischliche Lüste" (s. Pallas), bis dann kraft der Dhyana das weibliche Geschlecht sich wieder in's männliche wandelt (auf den Rupaloka). Mit Verschlechterung der Säfte treten Eiterbeulen hervor, und aus diesen „la femme" (bei den Cariben).

Bei Niederlegung des Fährgeldes auf den Sarg (für die Ueberfahrt über den Volta) wird dem Todten (in La) zugerufen: „Geh, geh, leb wohl! Geh nach Ajisana! Die Rückkehr dünke dir schrecklich, vor dir lichte Helle!" (s. Bohner), um über den Styx geführt zu werden (durch Charon), beim Trunk aus Lethe (zur Vergessenheit). Von den zwei Schiffermädchen, welche die Seele übersetzen in (australisches) Jenseits, wird die eine dort geheirathet aus (brahmanischer) Verliebung (in Fischermädchen).

> E hoki koe e Tane ki te ao, hei whakatupu ia taua hua nei
> Tukua au ki te po, hei kukume atu ia taua hua nei
> (You, o Tane, return to the world to foster our offspring,
> Let me go to darkness to drag our offspring down)

ruft Hine-i-tauira (oder Hine-nui-te-po) ihrem Gemahl (Tane) entgegen (als beim Abscheiden nach dunkler Unterwelt folgend). Die Kalkadoons (when a men dies) „think that the semen germinates and even comes through the earth again" (s. Purcell), im Lingam symbolisch (auch beim Aufwachsen der Blumen aus den Gräbern). Beim Verabschieden am Leichenfest wird der Todte vor Rückkehr[1]) zur Helle zurückgewiesen (in Akkra).

Na Runga i karanga mai kia Tane: „Tena e Tane ahua te one ki waho, e mapunapuna ana" (the host of heaven called to Tane and said: „O Tane fashion the outer part of the earth, it is bubbling up").

Tane bildete dann die Gliedmassen einer Frau, als Hine-hau-one (daughter of Earth-Aroma), „there was no life in the form and she adhered to the earth" (s. White). Dann (durch Tane's „procreating power") wurde ein Kind geboren, als Hine-i-taura (the model daughter), die, mit Tane vermählt, von ihrem Vater hörend, sich tödtet (aus Scham) „and went down the world of spirits by the road called Tupu-ranga-o-te-po" (the expansion of darkness), als Hine-ti-tama (daughter of defiance) oder Hine-nui-te-po (great daughter of darkness).

Ermahnt also durch die Elohim (als „host of heaven") oben (runga, „above") bildet (beim Aufquellen oder Puna) ein Jahve Elohim die weibliche Form (aus adamitischer Rotherde), da die menschliche in seinem eigenen „Ebenbilde" (als Tane, der „Mensch") bereits da war (männlich), und die „Mutter des Lebendigen (des Lebens in „Heva"), die ihre (seelische) Nephesch durch Zeugung mit dem Vater (wie Satarupa, als Brahma's Tochter) erhalten hat, scheidet dann auf dem Todeswege ab, auf dem (bei den Hidatsa) der „Erste Mensch" vorangegangen ist, gleich Yama (dem Yami als Schwester zugehört).

---

[1]) Beim Abscheiden Banami's in die Unterwelt (the „Yellow Stream"): Banagi followed, wishing to see his wife once more (in Japan). His wife sent messengers to prevent his approach, but he persistied in his search until he found her. But her body was a mass of corruption (s. Hitchcock). Orpheus erlangt die Gattin zurück (Tane wird abgewiesen). Dem nach Helena Fragenden wird ihr Schädel gezeigt (in Lucian's Unterwelt).

Als Tane (gleich Orpheus) seiner dahingeschiedeuen Gattin folgt, findet er die Thür der Dunkelwelt verschlossen, und draussen stehend („in the outer portion of the world of spirits") hörte er den Gesang hervorklingend, mit den Schlussworten: „Go you to the world and foster our offspring; let me stay in the world of darkness to drag our offspring down" (Haere koe ki te ao hei whakatupu i a taua tamariki, tukua au ki te po hei kukume mai i a taua tamariki). Und somit für die, welche statt der leiblichen Hälfte der geistigen sich zuwenden (im Menschen), verbleibt durch das aus dritter Himmelsterrasse (von Tawhaiki) herabgebrachte Lebenswasser (Vai-ora) die Hoffnung auf erlösende Taufe (in den Mysterien), um nach eleusinischen Gefilden (der Blandass) zu gelangen, statt, unter dem über (finnische) Gräber wehenden Verwesungsgeruch (Kalma), in den (mysterischen) Borboros (Schmutz) zu versinken, bis auf Meto's Gewürmgeringel (die unterste Schicht des Reinga).

He tangata, ano i runga nei („there are men above here"), hört Tane (von Rangi, mit der Erde oder Papa-tu-a-nuku, gezeugt) auf seine Frage, und steigt hinauf (obwohl abgewiesen aus dem heaven, „which was divided into compartments by Tane") bis zu seinem Bruder Rehua (im zehnten Himmel).

Die trennende Linie des Flamen dialis gilt auch für das Todtenreich Hinuitepo's (bei den Maori) und in Nigritien — (dunkel hier, zurück! vor Dir blendende Helle) — und so statt grübelnd in die mystischen Tiefen der Unterwelt zu versinken, hat der in der Helle des Tageslichtes wirkende Denkgeist demgemäss congeniale Verwandtschaft anzustreben, um dort zu verbleiben, wenn mit vorgeschriebenem Ablauf die irdische Hülle verfällt (einem Staub, dem sie angehört, im afarr).

Die Ueberleitung auf die moralische Scala findet sich, wie bei den Belehrungen im Whare-kura (der Maori), bei den Einprägungen der aus Daramulan's Offenbarungen heiligen Gebote (während australischer Pubertätsweihen), vornehmlich das des Einigkeitsgefühls mit den Stammgenossen (in bereitwillig thätiger Beihülfe) betonend, und dann das des Gehorsams (oder der Folgsamkeit) betreffs der Rathschläge der Alten, weil der Verständigeren (aus den im längern Lebenslauf angesammelten Erfahrungen).

Das schönste Opfer für Gott beruht in der Frömmigkeit (b. Menander), in Religion als Gerechtigkeit (b. Cicero). „Immortalitas" ist höchstes Gut (b. Lactanz). Es giebt einen Freund, der überall gegenwärtig und Alles sehend, das ist Gott (in Menander's γνῶμαι μονόστιχαι), der Schwarzmann umgehend (bei den Pescheräh), in überwachenden Geistern (Indonesiens). The Dieyerie speak of the Mooramoora with great reverence (s. Curr), wie der Neger von Mawu (als seinen Gott). Ἕνα Σάραπιν ἀνακαλοῦσι Δία (s. Aristides). Der Himmel bildet das Haupt Serapis', das Meer den Bauch, die Erde die Füsse, die Luft die Ohren, die Sonne die Augen (erhält Nicocreon zur Ant- wort) wie Brahma und Ymir, in mikronesischer Version (Puntam's) oder chinesischer (Panku's). The origin of the Universe is placed (by the Sufis) in Eternity (Azat), that of the Constructive Spirit, the second source from which it sprung, in Eternity of Eternities (Azal i Azal), whilst the nature of God, the first source, is Sempiternal (lam yazul wa la yuzal); „the universe is the mirror of God" (s. Palmer). Aus dem μονοπατῶρ (αὐτόγονος) strahlt der zweite Gott (b. Jamblichus). Una quae est omnia (Isis). Ali Mohammed (Bab el Islam) erklärte sich als der Mehdi oder Sahibuzzema (der Herr der Zeit). Sel (b. Ulfilas), als gut, ist (b. Ottfried) salig (reich, begütert), in „boni homines" (der Westgothen). Der ἔνθεος ist von der Gottheit besessen (im Enthusiasmus).

Der „Dämon proprius" des Menschen ist ein himmlisches „Alter ego": als Urbild der Seele zu denken (s. Kellner), präexistirend im Himmel (b. Jamblichus). Hlin (als „personificirte Tutela") war (mit Nör und Syn) in Gefahren (wie Frigg) zum Schutz (til gaetslu) bestellt (hlain, κλίνω); man sagt im Sprichwort „så er fordhaz hleinir" (wer in Nöthen sich retten will, lehnt sich an (s. Grimm). Der Mensch hat (nach hermetischer Lehre) zwei Seelen, eine höhere und eine niedere (b. Jamblichus). Wenn die Anziehung wächst, wenn Gott in seiner Eigentlichkeit (Zat i Khuda), die Kibla geworden, dann entfaltet sich die Liebe (b. Aziz bin Mohammed Nasafi). Dem nicht innerhalb social gültiger Religion bereits Geborenen (und von Kind auf hineinerzogenen) wird solche Kibla (zum Lebensziel) im „Angang" gegeben, zufällig (wie von den Moiren zugeloost) oder gesucht (im indianischen Pubertätstraum). Die Zurückführung zur Vereinigung mit Gott ist Zweck τῆς παρ' Αἰγυπτίοις ἱερατικῆς ἀναγωγῆς (b. Jamblichus). Die Seele vereinigte sich mit dem Körper in συμπάθεια (b. Ammonius Sakkas). Wegen Einfügung einer Raupe (oder eines Wurms) zur Belebung des Menschen (s. Mason), verlässt (beim Tode) die Seele als Schmetterling, ihren Körper (in Birma). Die Thiere[1]) dienten als Mittler in griechischer Weissagung (s. Bouché-Leclerq).

---

[1]) Sérapis n'est qu'une transcription hellénisée du mot Osir-Hapi, par le quel on désignait, après sa mort, Osiris envisagé dans sa manifestation terrestre, le boeuf Apis (s. Lafaye). Dass die vernünftige Seele in Thierleiber übergehen mag, lehrte Kronius (Schüler des Numenius). Unter den, allerlei Gestalten (wie Kröten, Schlangen, Tigern, Schweinen, Hunden u. s. w.) annehmenden Nah oder Tah-nah (s. Cross) sind besonders diejenigen gefährlich, die (unter ihrem Oberhaupt Mukaulih) von früheren Zauberern stammen (bei den Karen), wie Iblis' Engel (im Islam), und durch Beschädigung seitens der im Zauber angezeigten Thiere wird Eigenthum geschützt (in Indonesien). In den Symbolen (ἐνθήματα) regt das φαλλῶν στάσις die Götter an, in Erzeugung der Welt fortzufahren (b. Jamblichus), und so die Geschlechtsmischung in (australischen) Festen mit Ausgelassenheit der Orgien (Unglücksfälle abzuwenden). Im Lingam schwillt die Schöpferkraft (Siva's). L'eau du Nil s'exportait (s. Lafaye) zu dem Tempel der Isis in Rom (für die Ceremonien), wie das des Ganges (und Lourdes'). τί ἐστι τὸ ἐν, bildet (b. Numenius) die Lebensfrage (über das ἀγαθόν). Der Zweite Gott, zugleich auf die Materie (die ohne Berührung bleibt zum höchsten Gott) hinblickend, ist nur abgeleiteterweise (μετουσίᾳ τοῦ πρώτου) gut (b. Numenius). Auf das Fest einer Suche des „nunquam satis quaesitus Osiris" (s. Ovid), folgte das der Auffindung, mit „coena serapiaca" (s. Tertullian) im Tempel (und Circusspiele). Waiungare is said to have been produced by his mother's excrements without any father (bei den Narrinyeri), als „red man" (narumbe). „Etliche alternde Bäume, ein mit Sand gefüllter Topf und ein mit weisser Erde bemalte Schaale repräsentiren den Fetisch" (s. Bohner), im Stadttempel des Akodjang, während der Haupttempel draussen liegt (unter Bäumen). Gegen Krankheiten werden Amulette verkauft (vom Sprecher). Es unterscheiden sich (b. Diogenes): Pseudothei; Abgöttische Teufel; Oberster: Beelzebub. Spiritus mendaciorum; Ob.: Schlange Python. Vasa iniquitatis; Belial. Ultores scelerum; Asmodeus. Praestigiatores; Sathan. Aeriae potestates; Meririm. Furiae; Abbadon. Criminatores; Diabolus. Tentaris und Isidiatores; So die Meinung etlicher Schul-Theologen (s. Osborn). Von der Priesterschaft (als Wulomo) des ursprünglichen (von Fante nach La verpflanzten) Fetisches auf dem Adschangotoberg, kauft sich der König durch einen Sklaven los (aus seinem Stadtquartier), für den Dienst des Lakpa, dessen Hausgesinde aus den in den Tempel Geflüchteten besteht (im Asyl). Um Akotia's Dienst zu verpflanzen wurde ihm eine der kleinen Trommeln des Lakpa geweiht (durch Owu). Aus den Kebsweibern der Wongtschä werden die (eingeweihten) „Fetischmütter" ergriffen (als Sprechfrauen). Als Unterthanen des Fetisch Djange (der Lagune bei Ningo) zur Befragung kommen, begiebt sich Kwaku zur Befragung der Krankheit dorthin (durch die Luft). Kwaku spricht (mit näselnder Stimme) den Inlanddialect (der Tschi-Sprache), wie sein Kollege Aschabai den Küstendialect (Fante) und der Oberbote Chulu (ein alterthüm-

Anf dem Isium Pompeji's fanden sich Thiere gemalt (wie geschnitzte auf Tangoroa's Holzfigur), für Atua (oder Totem) oder eingewirkt auf olympiakischen Gewändern (in Lucius Bekleidung).

Im religiös-mythologischen Synkretismus des römischen Kaiserreiches,[1] wo aus allen Provinzen, bei allgemein dauerndem Friedenszustand, die Götter zusammentrafen, (ägyptische, phrygische, syrische, persische, thracische, griechische mit einheimisch römischen in Rom), wurde (im solaren Anschluss) die Einheit des Gottesbegriffs gewahrt, in Identifizirung, „quisquis est, deus sive dea“ (sive quo alio nomine appellare fas est), entweder in Vertretung der Dea Syra (s. Lucian), wie bei (auch für Apulejus' Isis) Identifizirung (Jupiter's Optimus Maximus oder Dolichenus mit Baal u. s. w.), oder in Dreiung (mit Serapis im Mittelpunkt), auch im Vortreten des Mittlers, gleich Mithra (des Sohnes vor dem Vater), dann wieder mit Rückschiebung (in sensum numinis der Religiosität) bis auf *Zῆr* (*ῆr,* ἐστι, ἰσσται) unter Bedürftigkeit der Vermittler (zur Ueberbringung der Gebete für Erhörung bei weiter Entfernung) im unsagbar Arrhetischen (modernisirter Platoniker). Wer neugierig nach Erklärung des Weltganges forschte, dem spielten die (naturwissenschaftlich noch unbekannten) Naturkräfte unter sympathisch magischen Bindungen, in mythologischen Symbolen, bei Vertheilung der göttlichen Ge-

---

liches Ga). Durch einen (im Rundtempel oder Hain niederzusetzenden) Topf (mit Mischung aus Wurzeln und Erde) kaufte die Stadt Akropong den Fetisch Odente von Krakye (1883), wie die Magna Mater aus Pessinant nach Rom geführt wurde (oder Serapis aus Sinope nach Alexandrien). Owu (b. Bohner) verpflanzt die Verehrung des Sakumo von Tema nach La (um als dessen Gbalo aufzutreten). Der Cult Akotia (Sohn's Lakpa's) wurde nach der Küste versetzt, durch die Wougtschä (der Tanztrommel wegen). Autre est la religion des féticheurs, autre la religion du peuple (in Dahomey). Les féticheurs guardent pour eux le fin mot de leurs jougleries (s. Laffite), admittent l'existence d'un Dieu unique (révelent au peuple l'existence de deux sorts d'esprits). Die Nachrichten der Otutufonjo (geheime Wongtschä) dienen zur Unterlage der Verhandlungen (in Akkra). Akotia (als Steinblock mit sieben Knütteln), Sohn des (durch den Seidenbaumwollenbaum oder Onja) repräsentirten Akodschang (mit Otudu vermählt) geht umher (in Berekuso), als gefürchteter Fetisch (weil beim Begegnen Tod bringend). Der Osofo (der Tschi) oder Wulomo (des Akodschang) benachrichtigt über das ihm gebrachte Opfer den Sprecher des Akotia (um seinen Vater zu befragen) Lakpa, als Nuhantang (der Mächtige) oder Täte Kpabi (der Erstgeborene) sendet seinen Sohn Akotio aus, die Welt auszukundschaften, und verkündet dann durch den (zu ihm berufenen) Ahulu aus dem Munde des Lomo, was den Menschen frommt (beim Mangel an Fischen u. s. w.). Der Gbalo, als La-Lomo (grosser Prophet) tritt aus der Stadt der Wuowoi oder „Seefetische“ hervor (s. Bohner). Dann in Procession (unter Lobgesängen) zum König geführt (dem seine Speise nur durch Kinder überbracht werden) wird das Thürenhaus Gbatschu (Weissagungshaus) gebaut (weil Segen bringend, von Sakumo gesandt), in gemessener Sprache (unter Zuckungen) ordnend, im langen Gewande (mit turbanartiger Hauptbedeckung). Kraft des Obergötterboten Ahulu mit seinen Söhnen oder Gehilfen Kwaku Obli und Aschabai (als Wongo) kommt der Lomo (Fürst) oder Limo (Lumi) im Sisa oder im Okra in das Innerste des Allerheiligen beschieden, während die Aussenthür vom Thürhüter (Kwaku) bewacht wurde (in der Wohnung). Wenn durch Pauken oder Pfeifen (auf dem Antilopenhorn) gerufen, macht sich Kwaku Obli durch Geklingel bemerkbar (im Glockenton Java's). Durch seinen Lehrer Aedesius auf dessen Schüler verwiesen, fand sich Julian, trotz Euclid's Mens. spöttischer Bemerkung, zu Maximinen hingezogen (in magischer Theosophie).

[1] Das Greisenalter der römischen Welt erfährt seine Wiederverjüngung unter Trajan (b. Florus). Obruit mundus (s. Lact.) Als „Rerum Innovatio“ gelten die Weltübel, beim Fall des Heidenthums (vor dem Christenthum).

schäfte nach den Elementen (Feuer, Wasser, Luft u. s. w.), oder in zukommenden Behausungen (der Berge, Flüsse, Haine u. dgl. m.).

Alles das betraf aber nicht die eigentlich religiöse Bindung im menschlich gesteckten Zielpunct des Lebens, der im Cult des mitgeborenen Genius abschloss (für den Römer), oder dem (unter Geräusch eines fröhlich bethätigten Lebens freilich vielfach überhörten) Daimonion des Griechen, in dem (aus dem Gott oder Gütchen des Kämmerlein) begleitenden Schutzgeist in Doppelung des Ka, bei Hütung durch den von Ized gegebenen Hamkar,[1] und angetroffen beim Angang[2] als Pagar (in Sumatra) oder Moestika (der Molukken), sowie ausserdem als Milongo in jedem Fetisch steckend überhaupt, mit (nigritischen) Verwerthungen im Zauberwesen (und bei, wirkungsfähig darin, dem Nabel Eingefügtem).

Für den Neger weilt seine Gottheit (gleich Mawu) zu hoch und hehr, um ihr direct mit Bitten zu nahen, (unter dem Schleier der Wolken über Njankupong's mit Sternen geschmücktem Antlitz), zumal sie auch [weil (in Akwapim) nach Lehren von Weisheitssprüchen zu ihrem Himmel sich zurückgezogen], zu weit entfernt sich findet (gleich Baal), als dass Gebete, — selbst wenn die Phallus-Säule[3] (der

---

[1] Die auf die (sieben) Amschaspands folgenden Ized wirken in ihren Hamkar durch die Feruer, welche (als Hamkar Eresruthrem's) über die Gabanbar Wache halten (zur Jahresordnung). Den Feruer, die seit Anbeginn waren (den Feruer Ormuzd's, den Amschaspand's und Ized's) wird Jescht gebracht (im Izeschne). Der Hamkar (der Ized) hilft (in Begleitung), als Schutzgeist (des Gottes, im Engel). Mithra wird als der starke Ized gepriesen, aller Geschöpfe Wohlthäter (im Jeschts Sadé's). Neben den Imagines (der Vorfahren) und den Divi, wurden, in Alexander Severus' Hauskapelle, die „Animae sanctiores" verehrt (in Ahnen und Wohlthätern des Menschengeschlechts, damaligen Orbis terrarum). „Ha, ha, bist Du hier," dachte Noyte, als auf den Stein tretend, der ihn später schützte (in Akkra). Der Fetis ist zu vertheidigen, da der Neger „glaubte, dass eine Art von Sympathie zwischen ihm und seinen Fetissen sei" (s. Pontoppidan).

[2] Im Angang oder Aneganc (Widerganc oder Widerlauf) galt die Begegnung, auch im Vogelruf oder -flug (für Augurien, der Dayak). Τοὺς δὲ καὶ λίθους καὶ ξέλα καὶ τὰ τυχόντα θηρία σέβεσθαι (s. Xenophon) Ex primo animalis occursu votorum auspicia capiebant (s. Saxo Gr.), wie die Indianer (zum Totem, im Pubertätstraum).

[3] Beim Todtenfest (der Goldi) erklettert der Schamane den (mit Zeuglappen behängten) Mast (die angebundene Leine nach sich ziehend), um nach der (durch Ekstase bewirkten) Bewusstlosigkeit von der Zukunft der Seele zu erzählen (s. Genest). Der von Schamanen vertriebene Krankheitsgeist geht in das Sewo genannte Idol über (bei den Golden); der Opcha genannte Gott hilft beim Fischfang (b. Jacobsen). To-wös-gui bewacht das Innere der Jurte (bei den Giljäken). Detcho (hölzerner Stab) wird als Hausgott verehrt (bei den Golden). Um zu erfahren, woher der Okra als Neugeborener gekommen, blickt der Wongtschä in ein Gefäss mit Wasser (bei den Ga). Die zu Nanganburra (im Erdinnern), als von ihm (durch Dowed) gebildet, gehenden Larakia werden (wenn in den Zeichen gut erwiesen) zu Mangarrara (unter den Sternen gesendet), sonst zum Ofen Omar in die Tiefe und darunter weilt Madjuit-madjuit, der, als Mangarrara's Freund, mit ihm die Ebbfluthen regulirt (s. Fölsche). Im Unterschied von der „Resurrectio mortuorum", — wenn die aus dem Scheol hervorgerufenen Todten vom Messias mit den früheren Leibern umkleidet werden, oder mit einem verklärten (patristisch), — geht bei Umwandlung der Hambaruan in Lewu die Existenz ohne Unterbrechung weiter, im wiederholten Kreislauf, bis etwa Megga herausführen mögen (auf dem Buddhagama). Der Todte (wenn nicht wandernd, bis zum Tode des letzten Freundes), wird (bei den Maryborough-Stämmen) von zwei Mädchen übergekahnt (eine derselben heirathend) zu den „happy hunting grounds" (s. Mac Pherson). Während dem Verbrennen des Todten „a gigantic man" (in Cleveland Bay) „comes and takes away all the remains of the dead man with exception of his shadow and fingers" (s. Johnstone), und seine Verwandten „fancy they see the shadow of the departed, now here, now there,

Styliten) erstiegen (b. Hierapolis) —, bis dorthin hinaufdringen könnten, so dass es daher der Vermittler (oder Wong) bedarf, die indess, obwohl mitunter hilfreich (gleich den Sauyang der Dayak) durchschnittlich allzusehr mit den ihnen aufgetragenen Naturgeschäften (ähnlich denen der Yazata) beansprucht sind, als dass sie (mit Ausnahme etwa eines besonders freundlichen „Mithra") beansprucht werden dürfen, so dass man in der Hauptsache, auf die den menschlichen Tagesgeschäften (in dritter Götterklasse plutarchischer Philosophengespräche) näherstehenden Dämonen (auch für Orakel) hingewiesen ist, auf jenes Göttergesindel (der Wichte oder Puckwudjinies, „little vanishing people"), wie sie in den Fetischen stecken, und bei schlechter Aufführung die, auch einem Heiligen (sowenig wie Nepomuk sein Ducken) nicht gesparten, Prügel erhalten, und zwar zu recht nach Volkesrecht, weil sie, bei Nichtberücksichtigung des Verlangten (trotz vertragsgemäss geschuldeter Erfüllung der stipulirten Opfer) sich bundesbrüchig gezeigt haben. Ein solcher Bund (wie in Sicyon) wird gern in gegenseitiger Uebereinkunft (und zu wechselsweisem Besten) abgeschlossen, denn, wie der durch die elbischen und zwergischen Wesenheiten hindurchgehende Zug der Unbefriedigung,[1] sie ein Anlehnen an die Menschen suchen lässt

---

amougst the trees" (bei nächtlichen Wanderungen „without firesticks"). Quan la mort venré graisse no bote (in Burgund), die Schuhe schmierend (für die lange Reise „des Todes Pfat"). Beim Begraben werden (auf Buru) Speisen (s. Riedel) in's Grab gelegt, und „de Nitu-roeper schreuwt alsdan met luider stemme der „Ziel die en het groft jjt (Nitu taga) vorlieb zu nehmen (auf Buru). Damit die, nach Ausbrennen der Grube, mit Erde bedeckten Todten, nicht in's Lager zurückkehren (in Perth), werden die von den Frauen getragenen Grasbündel Nachts am Feuer niedergelegt (zum Ausruhen, wie auf dem Strohbündel in Pommern), während ein Ka aufgestellt wird (in Aegypten) oder ein Korwar (in Melanesien). Wittwen, um nicht von dem Geist (Gengar) des Verstorbenen besucht zu werden, zünden für ihn Nachts ein vom Lagerplatz entferntes Feuer an (bei den Whajook). Nach Ablösen des Fleisches von den Knochen lebt der Unalla wieder auf, sich mit den Stammverwandten im Busch zu vereinigen (s. Foelsche). Neben den Dörfern (in Guinea) fanden sich Gebüsche für die Abgeschiedenen (zu Dapper's Zeit). Die Knochen der gegessenen Jagdthiere (in Sibirien) werden unverletzt gelassen, zum Wiederbeleben (wie Thor's Bock). Beim Begraben werden die Todten (der Whajook) kugelig zusammengebunden „to prevent its escape from the grave" (s. Curr). The recently dead call at night, weshalb beim Sonnenuntergang Feuer an den Gräbern angezündet werden (s. Adam). They burn the nails off the thumbs and big toes before burial, to prevent the dead from scratching their way out of the tomb (die Natingeri). Das Geschrei der Unken gilt als das Aechzen verdammter Seelen (in Schlesien), wie der Todtenruf des Vogels (bei Blandass) oder der Eule (in Athen). Die abgeschiedene Seele fliegt als Eule (in Böhmen). Die Seele geht Nachts in einen Baum (bei den Czechen), mit dessen Abhauen der Tod folgt (s. Grohmann). „Jedes Dorf (der Quojes) besitzt ein abgesondertes Büschlein für die Geister der Verstorbenen" (s. Dapper). Das Patet Mokhtal wird für die Seele gesprochen (von den Sarsi). Wird das Seelenthier (das Nachts den Leib verlässt) gefangen oder getödtet, stirbt der Mensch (s. Wuttke), im Wiesel (Hessen), Käfer (Schwaben), Fliege (Siebenbürgen). Achill's Schatten umflattern weisse Vögel (auf Leuke).

[1] „Durch das ganze Wesen der Elbe, Nixe und Kobolde geht ein leiser Grundzug von Unbefriedigung und Trostlosigkeit" (s. Grimm), trotz übernatürlicher Gaben, „der Anlehnung an den Menschen bedürftig" (die Zwerge, „als kluge Rathgeber", und weissagend, wie die Elben) zum Anlehnen (Illein).

　　　　　Sitte ge sigewif, sigad tō eordhan
　　　　　Naefre ge vilde tō vuda fleogan
　　　　　Beoge svā gemynd i ge mines gōdes
　　　　　Svā bid mannagehvyle metes ond êdeles (s. Kemble),
unter Versprechung von Gaben, in's Haus geladen (s. Grimm), aus dem Walde (bei den Menschen

(s. Grimm), so werden die (als Innuit) in Stock und Stein steckenden Wichterlein, (in der Kälte frierend auf dem kalten Sitz oder, beim Wohnen unter dem Blätterdach des Waldes, dem Regen und sonstigen Unwetter ausgesetzt) halbmitleidig betrachtet, und deshalb gern in beiderseitigen Dienstleistungen gepflegt, um den Zwergen, als „klugen Rathgebern", Hausgeräth und derartiges zu leihen, oder sich — wenn nicht einbehaust[1]) (in einem Korwar oder Kha) —, von ihm die Dienste eines Kobolds leisten zu lassen, wenn sie vorziehen sich direct in warmer Küche einzuhausen (wo es dann auch zu essen giebt, zumal wenn die Magd es zusteckt als „Küchenfee").

Seinem Zambi (oder dessen Collegen) etwa das Ablausen[2]) des „stummen Viehs" zuzumuthen, wie der Dreieinigkeit (s. Wuttke) im Beschwörungsspruch, dazu ist der Neger zu bangsbochselig ängstlich, allzu sehr mit knechtischer oder verehrungsvoller Furcht gegen seinen himmlischen Herrn erfüllt, und wenn er sich etwa aus dem Milongo des Fetisches (oder dem im Angang erkannten Thier

---

zu wohnen). Nachdem der früher nahe Himmel Weisheitslehren ertheilt, zog er sich weiter zurück (in Akwapim), oft zu fern für Gebete (wie Baal). Die Wolken sind der Schleier, die Sterne der Schmuck von Njongmo's Gesicht (in den Wong seine Kinder herabsendend), Tane schmückt Rangi mit den Sternen (und Papa mit Blumen und Gras). Im Moorloobnllo-Stamme, die Zugehörigen „take each the name of some bird or animal, which the individual calls brother and will, not eat" (s. Machattie). Unter Verehrung der Amadhlozi (bei den Bantu) entsprangen von Unkulunkulu („as a stalk of maize") die Oukulunkulo of houses (in „Koro" auf Fiji).

[1]) Obwohl die Götter der Statuen nicht bedürfen, sind solche der menschlichen Schwäche wegen benöthigt (s. Max. Tyr.), und durch derartige Repräsentation erfolgt die göttliche Mittheilung am geeignetsten, wobei indess nicht Stock und Stein Verehrung erhält, sondern das dadurch dargestellte Numen (s. Celsus), für Unterscheidung (latriae oder douliae) in adoratio (beim Zuwinken mit Kusshänden). Der Ganga Malasie (in Loango) trägt (als Zaubersack) die Kutu Malasie in dem (graduirten) Orden der Swamie (Sumbo für Frauen), wenn im Tempelschlaf der magisch verknüpfte Gegenstand gesehen ist (besonders im Vogel). Durch Milongo wird gezaubert (bei Einfügung in den Fetisch). Obwohl ein göttlicher Eingriff in die Naturordnung Alles in Verwirrung stürzen würde, werden die Orakel und Wunderheilungen der Dämone als Beweise gegen das Christenthum aufgeführt (b. Celsus). Die Frömmigkeit ist die Gerechtigkeit bezüglich der Götter (b. Cicero), in juristischer Religion (zum Abschluss von Bundesverträgen durch die Priester). Sive quo alio nomine fas est appellare (quisquis es, sive deus sive dea, sive femina sive mas). Unter dem κόσμος νοητός (νόησις τῆς δυνάμεως) steht der κόσμος νοερός (νοῦς, δύναμις und δημιουργός), dann folgt das Psychische (mit den Götterseelen, Engeln, Dämonen, Heroen) bis zum Sinnlichen herab (b. Jamblichus), so dass sich hier neben die Megga die Dhyana-Terrassen bis zu Mara's Devaloka (siebenfach getheilt) wiederholen und dann (angrenzend an die Zauberwesen auf den Stufen des Meru) die Manussaloka folgt (im Irdischen). Durch den höchsten Willen der Gottheit ist die allgemeine Ordnung festgestellt, darunter wirken die Sondergötter in ihrem jedesmaligen Bereich, und in das tägliche Leben der Menschen greifen die Dämöne ein (b. Plut.), unter magischer Sympathie der Elemente (b. Plotin). Zur Leitung der zur Erleuchtung strebenden Seele sind die Dämone da, als Vorsteher, Hilfslehrer und Hüter (b. Plut.), auch in den Thieren, als Werke der Gottheit (beim ägyptischen Cult).

[2]) „Ich bin zu dir gekommen, du stummes Vieh, damit der Herr Jesus selbst von dir die Läuse entferne durch Gottes Macht und des Sohnes Gottes und des heiligen Geistes Hülfe" (in Ostpreussen). Formae, aetates, vestitus, ornatus noti sunt, genera, conjugia, cognationes, omniaque traducta ad similitudinem imbecillitatis humanae, nam et perturbatis animis indiciuntur, accipimus enim deorum cupiditates, aegritudines, iracundias (s. Cicero), und so hat der eifersüchtige Gott (im Zornesgrimm) seine Hekatomben gefordert, zumal wenn in einer Arche (oder Bundeslade) getragen (bei den Azteken).

des Totem) einen speciellen Schutzgeist (für Privatgebrauch) zulegt (wie solcher als „Spiritus familiaris" im Fläschlein getragen werden mag), so ist er dann bescheidener als derjenige (s. Wuttke), der (unter dem Schutz der Dreieinigkeit über sich) Jesus, Maria und Joseph vorangehen lässt, (als foryngjar), und Kaspar, Melcher und Balthasar[1]) hinterher (als fylgjar), während die Gitakelal (der Chinook) das Geschäft persönlich besorgen, wenn sie unter den mit machtvollsten Zaubersprüchen Versehenen (im Collegium) Einen vorangehen und Einen folgen lassen zur Vor- und Nachhut (beim Ausziehen auf gefährliche Fahrt, zur Seelenverfolgung oder -rettung).

Dass in den grossen Massen, trotz der in oberen Schichtungen darüber leuchtenden Intelligenz, die ethnischen Elementargedanken unberührt fortdauern (und auch in gebildeten Klassen, so oft durch charlatanistische Verführungen, aus dem Reich des Spiritismus, Anlass gegeben ist), erweist sich genügsam aus den bis auf den soweit jüngsten Tag fortlaufenden Zeitungsberichten, nicht nur in Europa, sondern auch drüben auf der neuen Welt, wo die romanischen Nachkommen noch (1863) Hexen verbrennen (in Mexico), oder anglosächsische sie lynchen, und germanische in Pennsylvanien's Wäldern,[2]) wie Busch- oder (Wald- und) Wildstämme denken.

---

[1]) „Die heilige hochgelobte Dreieinigkeit sei ob mir, Jesus, Maria und Joseph sei vor mir, Kaspar, Melcher und Balsamer sei hinter mir" (in Würtemberg), wogegen meist eine Zweiheit genügt (in Vor- und Nachgängen).

[2]) Unter den Pennsylvanian Germans: „the belief in witches is very widespread and common", worüber der Ehemann einer behexten Frau erzählt: „In the town back of the mountains, where his boyhood was passed, there was a terrible witch woman, who before a street full of people, returning from church on a Sunday, turned herself into a cookstove. Again at Bethlehem, where he was a stableman for some time, his master's sister was a „witch woman". Though the doors were locked and guarded at night she would ride the horses, which would be found in the morning worn and jaded. This woman on one occasion ordered him to wring a dry towel that hung upon the barn, and, to his horror, a cupful of milk was wrung out. A man in Clinton County, who was a senior in a State Normal School, told the following trio of witch stories, which he firmly believed. They are samples of what are commonly believed. (a) A cow became bewitched and switched her tail to knock flies from her fly-blown head. The lady owner killed her and burned her „inwards". The next day a doctor was called by a sick woman, and found that her inwards were burnt out. She was the witch. (b) Up the river aways a cat bothered a man, by coming to a tree-top near his window. He knew that he could kill her with only a gold or silver bullet. So he made two from buttons. The first one probably did not kill her, but the second did. In the morning the cat was found dead under the tree. The same day a man was found, shot dead with a silver bullet. (c) Often children cry out as if in pain; groans or curious sounds, as clanking chains, etc., are heard. The witch escapes through the window, but in the morning the child is found bruised on the chest and sore, with nipples bleeding from sucking. In Schuylkill County, in barns, in the morning, something is seen like an animal running away. Then the cows are found dry, and the horses, wearied, hot, and dusty. Draw a picture of a toad, nail a horseshoe to the barn, and place the picture within it, saying, „Father, Son, and Holy Ghost" and a formula; either the bewitchment is ended, the witch revealed, or both" (s. Starr). In Island (s. Hocker) hört man, dass dienstbare Geister seyn, welche der Leute Knechte sind in ihren Häusern, tragen Holtz vnd Wasser in die Küchen. Und wann in einem andern Lande was grosses geschicht, es stirbt ein grosser Herr, es wirt eine Schlacht gethan, so wissen es die Geister, vnd verkündigen es den Leuten. In Teutschland hat man sie geheissen Wichtlichen, Erdmännerchen, Gute Huldsn vnd Hellekäppelein vnd man hat sie gefunden, dass sie Schüsseln in der Küchen gewaschen haben, sie haben der Pferde gewartet, vnd ist ein wohn dabei gewesen, dass

Wenn Körperabfälle[1]) (s. Wuttke), „die verborgen oder versteckt werden müssen,"
(wie von der Katze ihre Excremente) auf Tanna verbrannt werden, bläst man die
Muscheltrompete (für Honorarangebot), und das Prickeln der „Atzmänner" besorgt
der Neger durch Benagelung seines Fetisches (Mondalli in Loango), indem die
theoretische Erklärung einer sympathischen Kraft sich in der Hypothese verdeut-
licht, dass der in der Figur gebannte Dämon sich durch die Schmerzen zu rasen-
der Wuth aufgestachelt fühlt, um nun den Feind[2]) desto unbarmherziger zu
quälen.

wo ein solch Wichtlein sey, da sey eitel glück vnd gedeyen († 1566). Die Proxumen und
Vicanen wurden als Genien der Nachbarschaft verehrt (in Gallien). Silvanus Pantheus wird
verehrt (wie Liber Pantheus). Auf die Elbenbürtigen (Lektoborody) folgten die Riesen
(Welaty) bei der Weltschöpfung der Huzulen (s. Kaindl). Hrungnir hatte ein steinernes
Herz (dreieckig), und die Maori lassen Knaben Steine verschlucken (zur Furchtlosigkeit),
während Langebilye vielsteinig heissen (und der heilige Stein bei Meda ausgespuckt wird).
De ros en de wied, de stan in strid, de ros verswann, de wied gewann (s. Grimm), in
Krankheit (wie Blutkörper fressende Bacillen), oder bei der Schöpfung (auf Samoa). Die
Sterne putzen, schneuzen sich (in Sternputzer oder Sternschnuppen) zum Säubern (b. Wolfram),
und damit fallen Goldstücke (der armen Magd) herunter oder ein Stern (zum Blindmachen)
in's Auge (wenn mit dem Finger darauf gewiesen). In Cato's Spruch (für Verrenkung)
findet sich Dissunapiter, und als Phol's Fohlen sich vertritt, hilft (statt Jesus in der Be-
schwörungsformel) Wodan (zu Merseburg). Aus den Naturwissenschaften und hauptsächlich
aus der Kunst der Aerzte, die bei den gottlosen orientalischen Völkern ihren Anfang nahm,
ist die Zauberei entstanden; das war „die erste Staffel" (b. Milichius). „Ein Schiffer hat
Hexen, welche in Gestalt einer Wolke Sturm machten, mit einer Kanone erschossen" (in
Ostfriesland), wie Indra's Donnerkeil (gegen Vritra geschleudert).

[1]) wegen Anwendung der Haare und Fingernägel zu Zaubereien (in sympathischen
Curen). „Noch im gegenwärtigen Jahre hörte man von einem Wunderdoctor in Franken,
einem römisch-katholischen Pfarrer, der seine Kranken dadurch heilt, dass er Haare und
Nägel derselben in die Erde vergräbt" (1860 p. d.). Behutsam wird der Name verhehlt (wie
bei Australiern) auch in siamesischer Kriegskunst (der Evocationen wegen).

[2]) fordaedha (malifica) stammt (altn.) von dâd (facinus) im „Anthun" von Thun oder
(ahd.) karawan (ein Anthun) mit fattura (itl.) oder feitico (port.). Der Stuhl des Fetisches
bildet sein Lager (für Hinstellung einer Branntweinflasche oder anderer Opfergaben), und
so empfiehlt sich Schmückung des Altars (als Mesa zugleich für Weihgeschenke), da unsichtbar darauf ruht, wer sich (gelegentlich materialisirt) manifestiren mag (den Begünstigten).
Die den (bärtigen) Apollo (im Tempel der Dea Syra) auf einer Bahre tragenden Priester
wurden von ihm für Orakel geschoben (s. Lucian), wie die (afrikanischen) Leichenträger (in
Hamburg). Beim Diebsbann stellt man drei Brocken Brotkruste, drei Häufchen Salz und
drei Stückchen Schmalz auf in einem Deckel über das Feuer (in Würtemberg). Krankheiten
(s. Wuttke) „gelten fast durchweg für eine Wirkung boshafter Bezauberung" (für „angethan"), neben dem „Glauben, dass dem Geistlichen, dem Schullehrer und ihrem Vieh
keine Hexe etwas anhaben kann, weil sie mit ihrem Heiligen umgehen" (plötzlich erkranktes
Vieh ist „verrufen"). Da die Hexen über Jemand Gewalt bekommen, wenn sie etwas von
seinem Körper oder Eigenthum erlangen, so muss man Haare, Nägel, ausgefallene Zähne etc.
sorgfältig verstecken, vergraben oder verbrennen (s. Wuttke), wie bei (melanesisch) Schwarzen
sonst (allüberall). Urbis nomen etiam doctissimis ignotum est, caventibus Romanis ne, quod
saepe adversus urbes hostium fecisse se nocerant, idem ipsi quoque hostili evocatione pa-
terentur, si tutelae suae nomen divulgaretur (s. Macrobius). Angeronae deae sacra a Romanis instituta sunt, quum angina omne genus animalium consumeretur (s. Festus), praesul
silentii, in Geheimnamen der Schutzgottheit Rom's (als Flora). Galerius muss sich Maxi-
mianus nennen, um dadurch von der bewährten Treue des alten Maximian magisch gebunden
und gezwungen zu sein (s. Burckhardt). „Mit des bösen Geistes Namen vernichtet man seine
Macht" (s. Grimm), und so rettet sich Olaf von dem beim Kirchenbau eingegangenen Ge-

„Der Stier ist Vater der Schlange und die Schlange Vater des Stiers" galt als die nur den Eingeweihten verständliche Räthselfrage heiliger Mysterien, in denen Zeus, seine Mutter (Demeter) in Stiergestalt verfolgend, ihr die Geschlechtstheile eines Stieres, statt die eigenen in den Busen werfend, Pherephatta oder Kore als seine Tochter zeugt, und dann mit dieser (in Schlangengestalt) einen Stier (um die göttlichen Geheimnisse zu erklären). Und für analoge Scenen (von Adam und Eva ab) wurde später die Kirche zur Bühne der Mysterien eingerichtet (bei Passionsspielen).

Aehnlich spielen die Singpho die Geschichte von Buddha's Geburt und bei den Aht (oder ihren Nachbaren) findet (je nach den mythologischen Figuren) bunter Maskeradenwechsel statt, unter Gesang und Tanz, — bis zu (bacchantischer) Aufregung (unter Zerreissen rohen Fleisches), während bei den Corroborees australischer Pubertätsweihe die Busspredigten Daramulan's zum Eindruck gebracht werden, unter schmerzhaften Martyrien (wie von Mithra's Heilsarmee unterzogen), [1]

löbniss, als die Jätteqvinna beim Stillen überhörend („morgen kommt Wind und Wetter dein Vater"). Nennt man den wirklichen Namen des Alp, muss er sich in seiner wahren Gestalt zeigen (in Niedersachsen). The Gippsland Blacks objected strongly to let any one outside the tribe know their names (s. Curr). „So nimpt diu her, und tauft ein wachs, diu ein holz, diu ein totenpein, alles, daz sie domit bezouber" (b. Berthold). Entweder wird das Wachsbild (Atzmann) in die Luft gehängt oder in's Wasser getaucht, oder am Feuer gebäht, oder mit Nadeln durchstochen (s. Grimm). Büssen (bessern oder heilen, in Zauberkuren) muss man zumeist in Jesu Namen, hilft's aber da nicht, so muss es in Teufels Namen geschehen, da hilft's jedesmal (s. Brand). Aus Furcht vor Hexerei werden die Reste der Nahrungsmittel (in New-Brittannien) vertilgt (s. Powell). Beim Verbrennen der Körperabfälle (auf Tanna) lässt der Kranke Muscheln blasen (für Abzahlung). Die Sympathie wirkt schädlich (wie für Heilung, je nachdem). „Ist die Frau guter Hoffnung, so darf der Mann im Hause keine zwei Teller über einander stellen, aus Furcht, dass das Kind doppelgängig werde, und während es sonst üblich ist, Streifen rothen Papiers als Glückswunschzettel einzukleben" (in China), so darf ein Mann unter diesen Umständen es nicht thun. weil das Kind sonst ein rothes Muttermal bekäme (s. Kohler), wie sonst beim Verseben der Mutter (und unter den Vorsichtsmaassregeln der Couvade). Der Peaiman (Piyai) schützt gegen den Kenaima (in Guyana), der Ganga gegen Endoxe (in Loango), cf. D. Exp. a. d. Lugk. II. (S. 157).

[1] When this earth and all things broke off from Uthlanga (der Bantu) zeugte sich Usondo, aus des sterbenden Unkulunkulu prophetischem Wort, zurückbehalten im letzten Wissensehensschatz (des Iku oder Schwanz, beim Ablaufen von Korrero, in Polynesien). Die Granatäpfel waren in den Mysterien verboten und die ϑεσμοφοριαζούσαι enthielten sich des Genusses der Granatapfelkerne (s. Clem. M.). Auf den Nyas wird die Unsterblichkeit verscherzt durch Wergwerfen der Kerne (von der Schlange gefressen). Um zu den Geheimnissen höchster Gottheit vorzudringen, wurden die Mysterien gespielt, wie ein Drama von Dionysos, wenn in den Windeln durch Kinderspielzeuge angelockt, zerrissen, und dann umhergetragen (um den Cult des Phallus einzurichten). Auf achtstufiger Leiter (b. Celsus) erfolgen die Existenzenwandlungen (s. Pallas), aus Mithra's σπήλαιον (s. Porphyr.), und die Würdigkeit erweist sich in Ertragung von Qualen (wie bei den Märtyrern). Mit dem Kuluk genannten Eisenpfeile wird der böse Geist vom Schamanen erschossen (bei den Giljaken), in den Kranken eingeschossen beim (finnischen) Hexenschuss (auf Tanna). Pomga-kurr-tuteschnei (mit Vögeln auf dem Rücken) dient gegen Rückenschmerzen (bei den Giljaken). Toto-mockr (grau) verursacht Lahmheit (b. Jacobsen). Nalom-suu (hölzerner Arm) wird gegen Krankheiten am Armgelenk gebraucht, als Amulett (bei den Golden). Der Kori genannte Holzvogel bezeichnet den Geist eines verstorbenen Schamanen (bei den Golden). Die Majen genannte Holzfigur (bei den Golden) flüstert dem Mediciumann seine Rathschläge in's Ohr (bei Krankheitsfällen). Der Ngorn-chif-teschuchei-bülmüt-mangleitj genannte Flügel-

sowie mit Uebernahme[2]) von Gelübden in (afrikanischen) Quimbos auch (als Mokisso u. dgl. m.).

---

geist wird ausgesandt zur Erkundigung des Krankheitsgeistes (bei den Giljaken). Der Tschamtor-portsch-teschesnei (als Holzvogel) führt die Seele des Verstorbenen fort (bei den Giljaken). Tsongrisnut-tschuchei (als Trabant des Schamanen) verfügt über sieben Hilfsgeister (bei den Giljaken). Pallwi-tschöf-lima-glaitj (mit Bärenkopf) theilt die Krankheitsursache mit (bei den Giljaken). Bis zum Todten-Erinnerungsfest wird die Panja genannte Figur aufgestellt (bei den Golden). Die Zauberformel (der Segenerinne) hiess (mhd.) „Segen" (s. Grimm), in Zauberei oder Wikheu (der Wikkerske), mit Doppelsinn des Sacer (oder Anathema). Die Gesänge (bei Corroboree) sind inspirirt (s. Harper) durch die Abgeschiedenen (bei den Ngurla). Die Nasamonen lagerten auf den Gräbern ihrer Vorfahren, um im Traum erleuchtet zu werden (s. Herodot). Das Zeichen des Fetischklubs (der Wongtschä) besteht darin, dass man sich mit zwei Fingern der rechten Hand beim Händedrücken gegenseitig kratzen muss (in La). Commodus erprobt die Novizen für Mithra's Cult durch Schreckensbilder (s. Lampridius). Das durch Waschen der Lakpa-Trommel gewonnene Oku (oder Weihwasser) wird von den Königen und ihren Familien behalten, wogegen das Spülwasser der Geschirre vertheilt wird (zum Krankheitsheilen und sonst). Die Reinigungen wurden von den Hellenen, wie von den Lydern geübt (s. Herodot). Die Styliten auf den Phallus-Säulen der Dea Syra (in Hierapolis) waren den Göttern näher, um Segnungen auf das Land herabzurufen (s. Lucian). Wenn die Mode weisse Kleider bevorzugte, liess man sich in den Mysterien der Ceres einweihen, wenn dunkle in die Bellona's, wenn purpurne in die Saturn's (zu Tertullian's Zeit). Durch Brummwirrler sind die Frauen von dem Gehäge des Kowra ausgeschlossen, bei dem Minung („people"). Bei der Beschneidung (Ngoorara) hat der Wandy-ngoora die Augen hinzurichten auf zwei Flecken der Milchstrasse, wohin die beiden Bekämpfer der menschenfresserischen Vögel den Aufstieg (walyeyooroo) genommen (bei den Eucla). „The Cape Rivertribes (s. Chatfield) have a vivid belief in a future life. When a Blackfellow dies whose actions during life have been what they hold to be good, he is said to ascend to Boorala (i. e., to the Creator, literally good), where he lives much as he did on earth, less the usual terrestrial discomforts. The Milky Way, which is called Tugar (i. e. smoke), is said to be the smoke proceeding from celestial grass, set fire to by departed women, who by this signal direct the ghost of the deceased (as they did their husbands of old in their bush camp) to the eternal camp-fires of the tribe Auch die Eucla people Australien's, regard the Milky Way as connected with themselves, as well as the Narrinyeri tribe. „To the man who has led a bad life, death is thought to be simple annihilation. Goin, the evil spirit is said to be an old man, with claws like an eagle and feet like an alligator, who occasionally, in the dark, tears people to pieces. They much fear the ghosts of their departed kinsfolk, and, if they think one is near, will sometimes rush at night from their camps in the wildest dismay, each to hide where best he can" (s. Curr). Der Hell umreitet auf dreibeinigem Pferd (in Pestzeiten), die Menschen zu erwürgen (s. Arnkiel). Τίς δ' οἶδεν εἰ Ζῆν τοῦθ', ὃ κέκληται θανεῖν. Τὸ Ζῆν δὲ, θνήσκειν εἶναι (s. Euripides). Hätte die Welt einen Anfang, gab es eine Zeit, wo keine Zeit war, und wird es eine Zeit geben, wo keine Zeit wäre (s. Proklus). Opulenti dicuntur terrestribus rebus copiosi (s. Festus) ab Ope, Saturni uxore (cognominatur Consiva et esse existimatur terra), als „boni homines" (der Gothen, als Gute). „An des Todes Seil" (im Lohengrin) gehen die Gebundenen (in Indien), „zum grossen Heer" (ἐς πλεόνων ἱκέσθαι). Der Botenstab hat sich in einen Speer verkehrt, den er wirft (s. Grimm), „des Todes Sper" (wie Odhin's Gungnir). Finnen und Lappen (zu Olaus' Zeit) hielten den Tod für ein Glück, die Geburt für ein Unglück (1518 p. d.), wie die Trausier (s. Herodot). Die Seele, die ihre Uebel selbst verschuldete, hat sich zum Göttlichen zurückzuwenden (s. Proklus). Demonax (b. Lucian) weist den durch eigene Schuld sündigen Menschen auf die Flüchtigkeit der Dinge hin, als der ersehnte Arzt (im Sotehr). Firmicus Maternus oppose le sang régénérateur du Christ aux souillures du Taurobole (s. Réville). Statt der Jungfrau (s. Euseb.) wurde Pallas Athene (in Laodicea) eine Hindin dargebracht (bei Hadrian's Verbot der Menschenopfer). A diabolo silicet (s. Just. Mart.) kommt die Nach-

Dem argverleumdeten Fetisch wird es auf eine Ehrenrettung nicht viel ankommen, weil ein ächter „Macher" (im facturare eines Fascinus), aber um so mehr

---

ahmung sacramentaler Weihen (im Mithra-Cult), und so im Lamaismus (b. Huc). Die Mithraisten waren als „Heils-Armee" verbunden, mit Wiedergeburt in der Sonne, als Hauptfest (im Yulfest Weihnachten's). Bei Finsterniss ein Herabfallen fürchtend, verstecken sich die Yircla oder Meeining Yircla am Morgenstern-Platz (unter Büschen), weil die Maeing des Mondes (wegen Krankheit) ärgerlich sind (s. Williams). Die Hexen (in Ungarn) versammeln sich auf dem Gellertbegg oder Gerardsberg (bei Ofen). „Awo, awo" (unser Herr kommt) wird der Fetischtänzer begrüsst, und „Eji eno" (er ist herabgekommen) oder „Emo le" (er hat ihn ergriffen) heisst es beim Beginn des Zuckens (in Akkra). Um ein Wunder zu verrichten, wird dem Fetischtänzer ein Huhn gebracht, das er nach Abschneiden des Kopfes in seine Pumphosen steckt, worauf unter Klopfen darauf ein lebendiges hervorgeht, gleicher Farbe (ganz weiss oder ganz schwarz, wie vorher verlangt gewesen). Durchfall wird geheilt, wenn man einen Apfel vom Stiel nach oben schabt und das Abgeschabte isst, schabt man umgekehrt, so hilft es gegen Verstopfung (in Schlesien). Schabt man ein Stück Holunderwurzel nach oben, so dient der Saft zum Brechen, schabt man es nach unten, so dient er zum Abführen (in Westfalen). Aus dem Brustbein des Capphahnen wurden Prognostica entlehnt (s. Ettner), sowie aus dem Brustbein der Martinsgans (b. Olorinus) und den Schulterknochen der Schafe (bei Schamanen). De flumine cribro haustam, nec defluentem ducem aquam exercitum praecedebat (die Pythonissa) in Polen (1209 p. d.), wie Phaya Ruang (in Siam). Auf den Tenimber überwachen die Geister (damit Gerechtigkeit geübt werde). L'être suprème, protecteur de la liberté des peuples, a commandé à la nature de vous préparer d'abondantes récoltes (s. Lescot-Fleuriot). An Bäumen werden Wet als Eigenthumszeichen aufgehängt, und wer die Früchte stehlen sollte, wird bestraft durch Wet nivan (im Schlangenbiss), Wet juvan (durch Feuer), Dodonong oder Blitzstein (im Gewitter), durch den Fisch-Wet (um sich eine spitze Gräte des Stachelfisches in den Fuss zu treten) u. s. w. Matakau schützt (in Ambon), als „Rothes Auge" (s. Riedel). Nach dem Tode, als Suhut in der Nähe des Hauses umherschweifend, geht die Seele nach der Insel Nusnitu, um dort im Lob von Heldengesängen seelig zu verweilen, kehrt jedoch für die täglichen Opfer am Ahnenbilde in's Haus zurück, (an dem für solche Zwecke im Dach ein offenes Loch gelassen wird). „Man betrachtet gewisse Stellen, Steine, Bäume, selbst Fische als den Sitz des Anitsch, ohne dieselben besonders zu verehren" (in den Marschall). Bij sterfgevallen is men gewoon een verschrikkelijk rumoer te maken en luid to weenen, om de „nitu" tot bezinning te bringen of zijn toestand bewust de doen worden (s Riedel). De ziel „Nitu" blijft in huis op den zolder vertoeven, om de levenden te bewaken (auf Romang). Der Alte (in seiner Weisheit) lebt als Anitu (im Jenseits, der Palau). Der an einem Wassertümpel Schlafende wurde durch den Dhakkan (Regenbogen) oder Mannutnut (life possessing, life giving), der den Kundir für Bukkur ausgewechselt, zur Umänderung in einen Mannut (life-man) oder Muru-muru (full of life) übergeführt, mit seinem Zaubersack oder Nuam Mannutnut (s. Mathew). Kamthea (pierres de foudre) heissen (in Kambodia) die Steinbeile oder (s. Jammes) „langues du tonnerre" (Lui-tam-sec in Annam) cf. Exp. a. d. Loangok., II. (S. 189). Die in die Erde fallenden Sternschnuppen werden als Amulette ausgegraben (in Australien). In den Minknm (Nampai oder Kundir) genannten Quarzkristallen als Dhakke (carried internally) „were the means of life and death" (bei den Kabi); to be kundir bongan (many pebbled) was to possess a charmed life (s. Mathew). Ein in die Erde fallende Sternschnuppe wird ausgegraben und im Zaubersack getragen (bei den Belyando-Stamme).

[2]) Durch das Knagaua genannte Gesetz (bei den Koombokkaburra) sind bestimmte Speisen den Kindern und Frauen verboten (s. Mac Glaahan). Zu bestimmten Zeiten wurden Speisen (bei den Kabi) mundha (verboten) für die Frauen (s. Mathew), wie zum Theil dauernd (für die Jungen). Jagdthiere sind in Mallera und Woothera getheilt (bei den Belyando-Stämmen) und jede der vier Klassen (für Heirathen) hat bestimmte Speisen zugetheilt (s. Muirhead), wozu die Macht über Regen, Feuer und Donner kommt (bei den Kargillas). Dörfer (der Masuren) geloben an bestimmten Tagen nicht zu arbeiten, und als,

liesse er sich für colonialpolitische Zwecke practisch verwerthen, um kostspielige Schutzmannschaften zu vermeiden, da bei freundlich friedlicher Unterredung der Neger sich, nach Gang seiner Naturanlagen, gern demjenigen fügt, der ihm imponirt und demgemäss beherrscht, aus Recht des Stärkeren (im civilisirt geschulteren Gedankengang).

Sobald es sich um eine ethnische Psychologie handelt, verlangt die naturwissenschaftliche Methode Bedächtigkeit des Vorgehens in genügend ausreichender Material-Ansammlung, indem sonst voreilige Systematisirungen folgen, wie für den Fetischismus z. B. (in Comte's Positivität), während schon Bosmann vor Missverständnissen gewarnt hatte (beim nigritischen Bosom).

Die Gottheit (in Nyankupong, Maui, Zambi u. s. w.) steht dem Neger zu fern und hoch, um viel Hülfe von ihr zu hoffen (wenn auch zur Anrufung getrieben, in höchster Noth); das Treiben des Wong (in den von ihnen einbewohnten Naturgegenständen) gewährt nur dem Unterhaltung, der in Langweile der Mussezeit sich neugierig darum kümmert, während das eigentliche Lebensinteresse sich auf den im Schutzgeist begleiteten Gott (als gegatteten) concentrirt, im Totem (des Indianers), dem Kobong oder Murru (Australiens), Tondi (Indonesiens) u. s. w., wie auch im sogenannten Fetisch, oder (s. Isert) Fetis, und dann für allerlei sonstige Zwecke verwendbar (in Theurgie oder Goetie).

Die grimassenhafte Fratzigkeit des Fetisches, die (den durch neuere Entdeckungsreisen noch unberührten, im Herzen des dunkeln Continentes, angetroffenen Stämmen fehlend) an guineischer Westküste angetroffen (und in solcher Form als typisch bekannt) ist, wird (in dortigem Voudoux überlebselnd, aus den Waldensern mit Bocksfüssen und Cyclopenaugen, noch 1891) den europäischen Entdeckern des XV. Jahrhunderts mitverdankt, als in ihrer Heimath der Teufel (dessen Geschichte Roskof und Naturgeschichte Graf geschrieben) unbehindert sein Wesen trieb in den Mysterien (der Chorknaben auf kirchlichen Bühnen der Passions-Spiele), bald mit der Gravität eines „Processus Sathanae", bald in insipiden und perabsurden Possenspielereien, wenn auf den Damenschleppen hockend (b. Caesar Heist.), oder (zu Richalmus' Zeit) an der Unterlippe hängend beim Gähnen, im Leibe kollernd, auf dem Kopfe kratzend (gleich einer Laus), und im dichten Regen[1]) auf den Klosterhof herabklatternd, ohne doch die lustig lodernden Scheiterhaufen zu erlöschen, auf denen allüberall die Hexen brannten, in Holocausten (um päpstliche Decrete zu erfüllen).

Dass all solches „devil-devil" erst durch den (weissen und) weisen[2]) Mann (aus

---

da ein Pfarrer sich nicht daran kehrte, Hagel fiel, wurde er beim Landrath von Neidenburg verklagt (s. Toeppen). Die pythagoräischen Speiseverbote waren mit denen der Mysterien identisch (b. Diog. Laert.). Die Builua (Conjurors) essen keine Wallabies (bei den Whajook). Die Mobra (in Nikol-Bay) lehren (den Jungen) Speiseverbote (Jadee). Während der Jadgeewuntee genannten Zeit (bei den Ngurla) gelten (bis zum Bartwachsen) Speiseverbote (Jadgee).

[1]) Everything has its angel; Mohammed himself says: „An angel descends in every drop of rain or dew," and the mystics assert that God does not create a single leaf upon a tree, without the intervention of seven angels (s. Palmer).

[2]) Ceulx qui reviennent de ce monde nouveau (qui a esté decouvert du temps de nos pères par les Espagnols), nous peuvent tesmoigner combien ces nations, sans magistrat et sans loy, vivent plus legitimement et plus reigleement ques les notres, ou il y a plus officiers et de loix, qu'il n'y a d'aultres hommes (s. Montaigne). Die (ihre Waffen auszierend) beschützende und roth gefärbte Zeichnungen ausführenden Stämme (an den Hodgkinson diggings) „are now much reduced" (by frequent encounters with the native police and the

den hastigen Eindrücken auf einer „grand tour") den schwarzen Melanesiern ein-
getränkt ist, bezeugt Codrington's Sachkenntniss (aus langjährig eingehender Ver-
trautheit); „the Cherokee know nothing of the Evil one and its domains, except
what they have learnt of white men" (s. Whipple), und dasselbe gilt für Afrika,[1]
denn das, stumpfsinnig geschätzte, Negerhirn würde an sich unfähig gewesen sein,
die Finessen und juristisch scharfsinnigen Splittereien eines Malleus maleficarum
zu erfinden, obwohl es sie gern und gierig entgegennahm, — desto williger gerade,
je mehr darüber staunend (im θαυμάζειν, als Beginn der Religionsphilosophie) und
dadurch beeindruckt, in Be- und Verwunderung, über (thierisches) Geticke in der
Uhr (oder was die laterna magica zeigte, im Missionsapparat später).

Die in Verteufelung der Welt einwohnenden Elementargedanken durchwalteten
allerdings (als allgemein durchgängig) auch das nigritische Geistesleben, aber insofern characteristisch typischer Specificität entbehrend, weil genau in gleicher
Weise bei den Unterschichtungen der Civilisation heutzutage in völliger Identität

settlers, as well as by diseases, introduced by the Whites), waren aber früher langlebig (bis
zur völligen Weisshaarigkeit und Blindheit), 80 or perhaps 90 years of age (s. Mowbray).
They often sing in a mornful manner, weeping and fasting (über ihre Todten). Some few
tomahawks and knives found their way into their country passed on from one tribe to another,
some thirty years before the squatter appeared on the scene (bei den Birria). Since the
advent of the Whites few childern are reared: the rifle, syphilis and debauchery having commenced the work of extermination (s. Heagney): the females largely outnumber the males,
many of the man having been shot (und so findet sich meist Polygamie). The possession
of more than one wife is absolutely forbidden (an der „Whitula Creek Station, taken up
in 1874"). Bei der Geburt des Kindes lebt der Gatte im Vatershaus der Frau (bei den
Chyenen). Zur (kalifornischen) Brunstzeit (s. Johnston) feiern, wie die Ho (b. Dalton), ihre
(saturnalischen) Orgien (s. Oldfield) die Watschandier (in Australien). Il est doux pour des
citoyens de penser, qu'ils pourront s'occuper encore de leur patrie même lorsqu'ils auront
cessé de vivre (le „peuple français reconnaît l'être suprème et l'immortalité de l'âme"), wie
die Ahnen der Bantu (in Vorsorge für ihre Nachkommen).

[1] Die alten Neger und Bewohner der Goldküste können von dem Zustande des Landes,
wenn sie mit einem Europäer vertraulich sprechen, ganz vernünftig philosophiren, oder ihre
Gedanken zu erkennen geben. Ihr Blanken, sagen sie, habt alles was böse ist, bei uns eingeführt; hätten wir wohl daran gedacht, einer den andern zu verkaufen, wenn ihr nicht
als Käufer zu uns gekommen wäret? Die Begierde, welche wir zu euren bezaubernden
Waaren und Branntwein haben, verursachte, dass ein Bruder dem andern, und ein Freund
dem andern, ja! kaum ein Vater seinem Sohne trauen kann. Von unsern Vätern wissen
wir, dass nur Missethäter, welche dreimal eine Mordthat begangen hatten, entweder gesteiniget
wurden, oder ersaufen mussten; sonsten aber war die allgemeine Strafe, dass einer, so Un-
recht gethan, dem Beleidigten ein, zwei oder drei Tage, in einer Reihe ein grosses Stück
Holz vor seine Kassa oder Hütte tragen und auf seinen Knieen um Vergebung bitten musste.
Wir haben in unserer Jugend viele tausend Familien hin und her, an der See wohnende,
gekannt und itzo kann man daselbst nicht hundert einzelne Menschen zählen. Und was
noch ärger ist, so seid ihr uns ein nothwendiges Uebel worden: (Malum necessarium) denn
wenn ihr nicht hier wäret, so liessen uns die Neger, welche höher hinauf im Lande wohnen,
nicht ein halbes Jahr leben, sondern uns mit Frau und Kindern ermorden. Und diesen Hass
haben wir uns euretwegen zugezogen. Unser Fetis (oder Grookel) wurde um Rath gefraget,
wenn ein wichtiger Umstand vorfiel; wir folgten seinem Rathe und befanden uns wohl dabei."
Die Neger haben also, nach ihrer Aussage, viel von ihrer vorigen Ehrlichkeit verloren und
nichts anders dabei gewonnen, als dass sie den Holländern behülflich waren, die Portugiesen
zu vertreiben (s. Römer). Die Klagen derjenigen, die noch die Zeit der Inca gesehen, vor
der Conquista (das almas), hat Garcilasso de la Vega verzeichnet (aus dem Munde seiner
Oheime).

noch angetroffen, und gerade dort nun eben um so durchgreifend wirkungsmächtig schaltend (wie es scheint und erscheint), weil selbst unter dem blendendst ausstrahlenden Lichte der Cultur dennoch hervorbrechend (im occultischen Spuk), unverscheuchbar und unaustilgbar (wenn nicht etwa von jetztab die ethnische Psychologie sich befähigt erweisen mag, zur Aushülfe).

„Was können wir doch unter den Titeln, Logik oder Metaphysik, Kritik der Vernunft u. s. w., was können wir überhaupt unter dem Titel Philosophie Anderes leisten wollen, als dass wir, die allein unbezweifelte Wirklichkeit unserer Vorstellungen vorausgesetzt, die Geschichte derselben getreu aufzeichnen, und dann dies als für den Menschen wahr und gewiss erweisen, was in der menschlichen Denkart, sofern sie uns theils als niederes, theils als höheres Erkenntnissvermögen erscheint, die Ueberzeugung von Wahrheit und Gewissheit mit sich führt" (s. Platner). Und so (in erster Linie) bedarf es der Materialbeschaffung zum ansammelnden Einregistriren der Völkergedanken (als Elementargedanken unter geographisch-historischen Wandlungen), aus dem Gedankengang und Denkleben der Wildstämme nicht nur, sondern auch der Geschichtsvölker (und ihren Culturschöpfungen). Dass dem Menschen der Mensch als Ziel des Studiums gesteckt sei, wusste aus altem Orakelwort das classische Alterthum schon, und hat solche Lehre (bei den Wechselfällen seines Culturmensch), innerhalb eng umschriebenen Orbis terrarum, oft zu verwenden gesucht. Der Mensch κατ' ἐξοχήν wohnt indess weiter hinaus, über fünf Continente hin, und erst nachdem sie also genügend bekannt geworden (in Gleichheit des ethnologischen Niveau mit dem zoologischen und botanischen), kann von derjenigen Lehre (vom Menschen) die Rede sein, wodurch der Mensch umgriffen werden wird.

„Die rohesten Stämme, die wir kennen, geben nicht das Bild des Urzustandes der Menschheit, sondern das ihrer Verirrung und Verödung zu erkennen" (s. Semper), und doch je wilder oft desto anziehender in der Harmonie ethnischer Sonderungen (wenn rechtzeitig angetroffen). Im Uebrigen hätte es sich nirgends um einen Urzustand zu handeln, sondern würde betreffs der Menschheit nur der normale Durchschnittszustand zu suchen sein; weder unten also, noch oben (weil eben in der Mitte).

Neben der Gesetzestreue im Handeln, ist auch die Erkenntniss der Wahrheit zur religiösen Pflicht gestellt (b. Maimonides), und wenn im „Führer der Umherirrenden" (Moreh Nebuchim), für damalige Deduction, der „philosophus" als zuverlässigster Meister gewählt wurde, wäre jetzt der Leitungsfaden an den Elementargedanken festzuknüpfen, um auch in metaphysischen Labyrinthen den inductiven Weg zu weisen (aus dem im einfach Primären rascher durchschauten Gesetz). „La raison nous a été donnée pour nous addresser au bon chemin, mais c'est un instrument vague, voltigeant, souple et qu'on tourne de toutes les manières, comme girouette" (s. Bayle), bis gestetigt durch die Elementargedanken (in naturwissenschaftlicher Psychologie).

Wenn im Anbruch der Neuzeit, beim Regungsbeginn der naturwissenschaftlichen Forschungsmethode die philosophische in ihre Nullität verfiel, und im zersetzenden Skepticismus (des „divin ecrit") die Unwissenheit zur aufrichtigen Anerkennung gelangt war, zeigte sich solch brachliegender Urboden für die himmlischen Gnaden empfänglich (s. La Mothe le Vayer), durch den auf „prima veritas revelata" gegründeten Glauben (b. Huet), während jetzt, wo die naturwissenschaftliche Behandlungsweise allmählich bis zur Anschlussmöglichkeit der Psychologie vorgedrungen ist, deren Elementargedanken (auf hergestellter Tabula rasa) emporzupriessen haben, um bei späterem Reifestadium (in dessen organischen Erzeugnissen) mit denjenigen idealistischen Früchten zu beschenken, die während früher als übernatürliche Geschenke, auf Treu und Glauben entgegenzunehmen, sich fortab als selbstverständlich verstandenes Eigenthum erweisen müssen, (in des Menschen zugehörigem Besitz).

Mit annähernd erschöpfender Uebersicht gleichartig durchgehender Elementargedanken erlaugt sich festgesicherter Anhalt an sittlich gesetzliche Normen. Dem Irrthum ist dadurch nicht vorgebeugt, wir irren stets in der beim Handeln entscheidenden That, wegen ungenügend allseitiger Abwägung, aber immerhin sind unverrückbare Gesichtspuncte gewonnen, um bei controllirender Durchrechnung Alles in Ordnung zu bringen, und mit allmählicher Schulung, in den daraus abgeleiteten Vorschriften, wird dann jede spätere Generation mehr und mehr gewohnheitsgemäss bereits in das hineinwachsen, was als Pflicht aufliegt.

Mit pedantischer Gründlichkeit hatte (im Auschluss an Leibniz' weiter Umschau) Wolf nochmals versucht, die Metaphysik in ein abgerundetes System zu bringen, aber als mit dem, in königlichen Philosophenbesprechungen ausströmenden, Skepticismus die in solcher Atmosphäre aufgesprungenen Vorstellungen französischer und englischer Lehrsysteme, in Deutschland auch, zur Erörterung gelaugten, stellte sich die Frage, ob Metaphysik überhaupt als Wissenschaft möglich sei? (mit kritischer Reform), und bald darauf kam die naturwissenschaftliche Weltanschauung zum Durchbruch, für Ueberleitung allmählich in eine naturwissenschaftliche Psychologie (auf Grund der ethnisch angesammelten Thatsachen, aus dem über das Erdenrund gewonnenen Ueberblick).

In Karneades $\pi\iota\vartheta\alpha\nu\acute{o}\tau\eta\varsigma$ lässt sich, in der Logic (und Logike) einer Ueberredungskunst, über Alles discurriren und discutiren unter (mythologischen) Symbolen der Eikones ($\epsilon\iota\varkappa\acute{o}\tau\omega\varsigma$) betreffs jener Wahrheit, welche „loge dedans le sein de dieu" (s. Charron), aber „la philosophie, n'ayant sur ces matières ni fond ni rive, manquant d'idées primîtives et de principes élementaires, n'est qu'une mer d'incertitudes et de doutes, dont le Metaphysicien ne se tire jamais" (s. Rousseau), und so hat man zunächst die „primary truth" (s. Oswald) in Reid's common seuse, als Werk der Natur entgegenzunehmen, für eine naturwissenschaftliche Psychologie (und ihrer Elementargedanken). Melius scitur Deus nesciendo (s. St. August.). „La philosophie n'est qu'une poësie sophistique" (s. Montagne), nature n'est rien, qu'une poësie ainigmatique ($\epsilon\sigma\tau\iota$ $\tau\epsilon$ $\varphi\acute{v}\sigma\iota\varsigma$ $\pi o\iota\eta\tau\iota\varkappa\grave{\eta}$ $\grave{\eta}$ $\xi\acute{v}\mu\pi\alpha\sigma\alpha$ $\alpha\iota\nu\eta\mu\alpha\tau\iota\acute{\omega}\delta\eta\varsigma$).

Auf dem schwankend wogenden Meer des Meinens und Scheinens hält keine stoische $\varkappa\alpha\tau\alpha\lambda\eta\pi\tau\iota\varkappa\acute{\eta}$ Stich für ein Criterium der Wahrheit, das deshalb (von Karneades) geleugnet wurde, unter Pyrrho's Nachfolger (Arcesilaos negabat esse quidquam quod sciri possit).

Daraufhin hatte alle dogmatische Philosophie im deductiven Geschichtsalter auszulaufen, um jetzt mit dem inductiven Aufbau dessen zu beginnen, was sich aus objectiv gegenseitiger Controlle aus sich selbst als richtig beweisen muss.

In den beliebten Definitionen über das Wissen kommt es insofern auf dieses weniger an, als auf das nützlich Verwerthbare im Leben der Menschheit, auch in idealistischer Hinsicht, seit Feststellung der Elementargedanken, zur Begründung einer naturwissenschaftlichen Psychologie, für die Gesellschaftswesenheit (und den darin zugehörigen Abschluss des Einzelnen mit sich selbst).

Nachdem Columbus und Bartholomeo de Diaz die Erde erweitert, Magelhaens sie abgerundet, steht an der Spitze der neuen Weltanschauung Nic. Cusanus, der mit der früheren (in der Scholastik) brach, in vorläufiger Anerkennung eines Nichtwissens (bei „docta ignorantia"), und indem Leonardo da Vinci die mathematische Gewissheit ausgesprochen, proclamirte Bruno (in Adoptirung des durch

Copernicus revolutionirten Systems, in der Astronomie) die Unendlichkeit der Welt, und zur radicalen Erneuerung verlangte Bacon ein „Novum Organum", auch in der Logik, bei Hobbes' Denken als Rechnen, (bis zu Descartes' Reform).

Bei Kepler's und Newton's grossartiger Auffassung des Universums war jedoch im Gedächtniss zu halten, was Socrates und Konfutze schon gelehrt, dass vor dem Himmel die Erde zu durchforschen sei, in Fallgesetzen Galilei's (für die Physik) und in Festellung der Elemente durch Boyle, wie später der cellularen Elementarorgane durch (Schleiden und) Schwann, mit Mohl's Pflanzenanatomie (seit Auffindung der Zelle durch Hooke), und dann der Physiologie, auch für pathologische Verwerthung (omnis cellula ex cellula), mit Berücksichtigung der Kryptogamen (durch Micheli und Dillenius schon), unter Beihülfe des Mikroskops (wie von Grew, Malphighi, Leeuwenhoek verwandt), nachdem auf Grund der Ansammlungen, (wie in Brunfels' „Conterfeyt Kreuterbuch") Bauhin (im Phytopinax) eine Synopsis gewonnen hatte (für statistische Uebersicht zunächst).

Der Anfang der Welt, ob zeitlicher oder ewiger (in platonisch-aristotelischen Controversen), entzieht sich einer verständlichen Fragestellung, so lange der dem Ganzen inhärirende Theil seinen zukommenden Stellenwerth noch nicht umschrieben erhalten hat.

Für die Naturwissenschaft, die unter metaphysischen Anhängseln auch eine Nebularhypothese abweist, setzt der Beginn[1]) erst ein, nachdem in der, wie auf moralischem Standpunct (von Socrates), so auch auf physischem, betriebenen Forschung der Blick vom Himmel — wo beim Anschluss an Kepler's mathematischer Ordnung [für (pythagoräische) „Harmonia mundi"] in dem (nach Galilei) mit dem Alphabet mathematischer Figuren geschriebenen Buch der Natur, die Gravitation ihren Schwerpunkt durch Newton gefunden, — auf die Erde gerufen war, um, im Hinblick auf atomistische Theorien (in dem durch Gassendi wiederbelebten Epicuräismus) die chemischen Elemente festzustellen, in Boyle's Abschiedsbrief an die Alchemie

---

[1]) Latent ista omnia crassis occultata et circumfusa tenebris, ut nulla acies humani ingenii tanta sit, quae penetrare in coelum, terram intrare possit (s. Cicero). In's Innere der Natur dringt kein erschaffener Geist (b. Haller). Als Grund der unorganischen und organischen Bildungen, des thierischen Lebens und des Verstandes, sowie (menschlicher) Vernunft, fasst sich in (Plato's) Weltseele die „Entelechia Universi" (b. Maimon), zum Aufblühen (oder Pua-mai, hawaiisch). Parceque rien ne se fait de rien, dieu n'aura sceu bastir le monde sans matière. Quoi! Dieu nous ait mis en mains les clefs et les derniers ressorts de sa puissance? s'est il obligé a n'oultrepasser les bornes de nostre science? (s. Montaigne), und so erst innerhalb der, menschlichem Wissen gesteckten, Grenzen setzt das Denken (beim logischen Rechnen) ein, mit der Gottheit im Unbekannten des Anfangs (zur Klärung in der Zielrichtung). Οὐ ἁπλῶς ἐστιν ἐπιστήμη, τοῦτ' ἀδύνατον ἄλλων ἔχειν (s. Aristoteles). Die Empfindung (φάντασμα) ist stets wahr (als ἐνάργεια), neben der Meinung (b. Epikur.). Arcesilas negabat esse quidquam quod sciri possit (b. Numenius). Kukanna wurrawina (taking shadow) als Echo (in Tasmanien) redet in den Hohlfelsen der Unterwelt (auf Mangaia). Aesir und alfar unterscheiden sich (in der Edda), êsa gescot und ylfa gescot (angeh.). Semideos id est anser vocavere (s. Jorn.) ihre siegreichen Helden (die Gothen). „Regin sind die rathschlagenden weltordnenden Gewalten (s. Grimm), höpt und bönd (vincula). Reganiscapu (fatum) ist wurdgiscapu (Hel.) oder Metodogiscapu (Miŏtudr) von Metod (Caedm.), im Mitodhtm (b. Saxo), mezan und mitan (im Mithras). Gott (ὅν) sieht, ohne gesehen zu werden (s. Plut. Chaer.). Der δημιουργός, auf das schlechthin Gute hinschauend (in göttlicher Vernunft), gestaltet das im Werden Mögliche zum Guten (s. Platon), und dann fällt das Schlechte in das Abweichen vom Urbild (der Vollkommenheit nach).

(für Dalton's gesetzliche Regelung), und als in der „Anatomia plantarum" (Malphighi's), mit Leuwenhoek's „Epistolae physiologicae" ausverfolgt, die Untersuchung auf die biologische Einheit der Zelle bei Pflanzen und Thieren gelangt war (mit Schwann), ergab sich in diesem Grundorgan ein geeigneter Ausgangspunct, der (im Sinne philosophischer Reform) vorläufig noch fortredenden Demonstrationen (Schleiden's), um weiterhin nun auch hier in die Aufgaben des logischen Rechnens eingeführt zu werden (innerhalb der, einem „naturwissenschaftlichen Zeitalter" adäquaten, Weltanschauung).

Wie Alles im Dasein, wird auch das culturhistorische Leben von Gesetzen geregelt, die kommen und gehen, im beherrschenden Umlauf auf Fortschritt hin.

Innerhalb solch kalten Mechanismus markiren sich die Spuren geschichtlich hervorragender Persönlichkeiten in denjenigen, welche mit Voraussicht der Zukunft aus der Gegenwart, zur richtigen Zeit des kritisch entscheidenden Augenblickes mitwirkend eingegriffen haben, um dem organischen Wachsthum, wenn noch schwach und klein, — aber eindrucksfähig eben, (in statu nascenti), — den, einer Beschleunigung gesund normalen Reifestadiums förderlichen, Anstoss zu ertheilen (unter verständnissvoller Durchschau der Sachlage).

Was in voller Entfaltung bereits fertig steht, drängt sich, als thatsächlich Vorhandenes, dem Auge auf, seine Anerkennung erzwingend, und (wenn eine willige) dadurch vielleicht nachträglich verschönernde Zuthat erhaltend (aus zugewandter Gönnerschaft), wogegen derjenige, dessen Blick im Voraus hineingeschaut, — der somit vorausgeschaut hatte, was kommen musste, — sein Einzeldasein mit demjenigen verwebt, was geschaffen ist für die Allgemeinheit (zum dauernden Besten).

Die Philosophie, wie wir sie unter diesem Terminus technicus kennen, begriff zur Blüthezeit der hellenischen Republiken, neben Kunstgenüssen und gymnastischen Spielen, das Schwelgen in speculativen Geistesübungen, sowie gelegentlicher Entschleierungen auf öffentlicher Schaubühne (aus Komödien und Tragödien) hie und da, was durch die Conventikel der Mysterien in Privatbesitz gehütet war (im Vorrecht gebildeter Klasse).

Das rauhe Soldatenleben der Römer hatte weder Musse noch Geschmack übrig für supranaturalisch metaphysische Ausverfeinerungen und als sie zur Unterhaltung sich boten bei langweilend unthätiger Friedensruhe im römischen Kaiserreich, gefiel (bequemer, als streng classische Schulung der Logik) orientalisch mystische Versenkung, im Synkretismus poetisch ausgeschmückter Mythologien, mit täppisch rohem Zaubergetriebe daneben (aus volksthümlichen Culten durcheinander gemischt).

Als dann, mit dem Durchbrechen der Grenzwehren, wildkräftige Horden darüberhinfegten, und sie fortfegten die Stätten der Civilisation, sank jene Nacht des Barbarenthums nieder, worin (unsere liebe) Frau „Theologia" die Dienste ihrer Ancilla nur soweit beanspruchte, wie sie den, in Plumpheit spitzig gemeinten, Tüfteleien der Scholastiker Zeitvertreib gewähren mochten.

Nachdem ein neuer Tag nun angebrochen war, mit freiem Umblick (beim Anbruch des Entdeckungsalters), konnte der frisch erweckte Wissensdurst (in angeboren, den Nidana, einwohnender Tanha) bei dem mit der Renaissance voller gebotenem Einblick in die Schlussresultate classischer Bildung, keine dauernde Befriedigung finden, und neben Montaigne's und Charron's spöttischen Klagen über die nichtigen Prätensionen der Philosophen, erhob, in Verzweiflung über das Nichtswissen, Sanchez Protest gegen die alten Meister, und so von Zweifeln zerrissen, suchte Descartes eine festgesicherte Methode zu inauguriren, wie sie sich indess erst nach genügender Ansammlung von Thatsachen, auf dem naturwissenschaftlichen Wege wird fortführen lassen, bis zur naturwissenschaftlich durchgebildeten Psychologie hinauf (auf Grund ethnischer Beweisstücke).

Sie wird sich aus praktischen Ergebnissen zu rechtfertigen und zu beweisen haben: in Ausheilung socialer Schäden durch ihre Elementargedanken, wie die Chemie, seit sie durch ihre Elemente den Scheidungsstrich gegen die Alchemie gezogen hat, das tägliche Leben tagtäglich zu verschönern beginnt, bei (momentan fast allzu rapider Uebersteigerung) durch Dampfeskraft und Electricität, mit ausstrahlender Beleuchtnng (bis zur Blendung manchmal). „Si l'homme estoit sage, il prendrait le vray prix de chacque chose, selon qu'elle seroit la plus utile et propre à sa vie" (s. Montaigne), so dass hier der Probirstein geboten wäre für Aechtbewährung, in philosophischer Correctur der Psychologie (als Naturwissenschaft).

Der Protest gegen die Utilitätstheorie (in der Moral) floss aus dem, damals gerechtfertigten, Bedenken, dass damit die idealen Güter in Frage gestellt sein könnten, ein Einwand, der jetzt um so mehr fortfällt, weil sie gegentheils erst ihren dauernd gesicherten Unterbau erhalten werden, wenn dem materialistischen Torso sein denkendes Haupt hinzugefügt ist, durch Anschluss der Psychologie an die Naturwissenschaften, um auch im geistigen Bereich gesetzliches Walten festzustellen; nach den (wenn richtig, untrügbaren) Aussagen des logischen Rechnens in der Vorstellungswelt dessen, der selbst sie sich geschaffen, — um innerhalb zugehörig umgebenden Gesellschaftskreises sich demgemäss zu stetigen, im eigenen Selbst (für harmonischen Abgleich).

Zur Tafel-Erklärung.

(Tafel 1—13.)

Die Originale der beigefügten Photographien, die sich gegenwärtig im Besitz des Museums für Völkerkunde finden, sind in diese ethnologischen Abtheilung der königlichen Museen aus der des Kupferstichcabinets, wo sie früher aufbewahrt worden waren, übernommen worden und gegenwärtig in der indischen Sammlung zur Aufstellung gekommen.

Sie stammen aus der holländischen Expedition auf Bali (1849) und wurden bei Plünderung des Tempels von Kassumba erbeutet. Nach Mittheilung des Schenkgebers (Herrn E. Mayer) war das Gemälde (auf einem baumwollenen Stoffe gemalt) an einer Wand von Bambusgeflecht befestigt, ungefähr 80 Figuren enthaltend, bei einer Höhe von 2 Fuss 4 Zoll rhl. und einer Länge von 7³/₄ rhl. Fuss.

In der schriftlich vorliegenden Mittheilung wird darüber hinzugefügt: „Alle Javanen haben mir einstimmig erklärt, dass der Gegenstand des Bildes Scenen aus dem Heldengedicht Ramayana seien. Es stellt in den beiden Hauptabtheilungen, in die es zerfällt, oben einen Triumpfzug und eine Huldigung, unten zwei entgegengesetzte Siegesscenen vor.“

Diese Vermuthung erhält aus charakteristisch erkennbaren Figuren Rama's, Hanuman's, der Gazelle u. s. w. ihre Bestätigung, obwohl nach Professor Grünwedel's Ansicht auch die, auf Java bereits bemerkbaren, Beziehungen zum Mahabharata möglicherweise statthaben könnten. Indess wird sein sachkundiger Rath zu befolgen sein, dass nämlich die Einzelnheiten, ehe für ihre Erklärung ein Versuch gemacht wird, der Berücksichtigung derjenigen empfohlen bleiben mögen, denen Gelegenheit geboten sein sollte, an Ort und Stelle weiter ergänzendes Material hinzuzufügen.

Commentarial Buddhistic Physical Geography.[1]

(Tafel 14 und 15.)

I. Plate.

Fig. No. 1. Cakkawāla in its top view. (Scale 25 000. yōjanas to an inch.)

a b c d. Sineru (84 000. y. in diameter).

α
b | Four quarters of Sinēru coloured according to their natural mate-
c | rial; Viz: Gold, ruby, blue-Saphire and Silver.
d

---

[1] Bei meiner letzten Anwesenheit in Colombo (1890) hatte ich Gelegenheit mit Herrn D. M. de Zilva Wickremasinghe, Assistent an der dortigen Bibliothek, eine graphische Darstellung des buddhistischen Weltsystems zu besprechen, und hat derselbe seitdem die Güte gehabt, die beifolgenden, nach seinen Anordnungen ausgeführten, Tafeln zu übersenden.

e I. Sīdanta sāgara. (42000. y. in breadth). Marked e' e'' e''' e''''
to show the distinction of colour derived from each quarter of
Sineru.

g
i
k   II.—VII. Sīdanta sāgaras (each being half the breadth of its im-
m   mediately preceeding one). Distinction of colour is the same with
o   I. Sīdanta.
q

f   Yugandhara
h   Isadhara
j   Karawīka   Sattakula Pabbata (each being equal in breadth to
ʒ   Sudassana   its preceeding Sīdanta).
n   Nēmindhara
p   Vinataka
ν   Assakanna

s   Uttarasāgara
t   Aparasāgara or Rattasāgara   Lona Samudda or Catumahāsāgāra.
u   Dakkhinasāgara
v   Pubbasāgara or Khīrasāgara
w   Uttarakuru   (8000. y. in length & breadth)
4   Aparagōyāna (7000.   do.   )   Catuddipa
y   Jambudīpa   (10000.   do.   )
z   Pubbavidēha (7000.   do.   )
A   Cakkawāla (3610350. y. in circumference. 1203450. y. in diam.)
H   Sakkabhawana   (10000. y. cubic).
I   Yakkhālinda   (5000. do.).
J   Nāgālinda   (5000. do.).
K   Kumbhaṇḍalinda (5000. do.).
L   Garulālinda   (5000. do.).
Y   Walabhāmukha.

Fig. No. 2. Series of Lōkās from bottom to top of the Universe showing their relative distances.
C   Lōkasandhārakawāyu (960000. y. in depth).
B   Paṭhawīsandhāraka-udaka (480000. y. in depth.).
A   Cakkawāla (282000. y. in height).
D   Dēvalokās. 6:
„ 1. Cātummahārājikā (42000. y. above the surface of the earth).
„ 2. Tāwatimsa   (42000. y. above the previous).
„ 3. Yāma   (434400.   do.   ).
„ 4. Tusita   (788800.   do.   ).
„ 5. Nimmānarati   (1135200.   do.   ).
„ 6. Paranimmitawasawatti (1485600.   do.   ).
E   Rūpī-Brahmalokas. 16:
„ 1. Brahmapārissajja
„ 2. Brahmaporōhita   } (these three in the same plane 1830000. y. do.).
„ 3. Mahābrahma
„ 4. Parittābha
„ 5. Appamānābha   } (do.   2180400. y. do.).
„ 6. Ābhassara
„ 7. Parittasubha
„ 8. Appamānasubha   } (do.   2536800. y. do.).
„ 9. Subhakinnaka
„ 10. Vēhapphala   } these two are in the same plane 2887200. y. do.
„ 11. Asaññasatta

E 12. Aviha   (3 138 400. y. above the previous.)
  „ 13. Atappa   (3 588 000. y.   do.   )
  „ 14. Sudassa   (3 938 400. y.   do.   )
  „ 15. Sudassi   (4 288 800. y.   do.   )
  „ 16. Akannitthaka (4 639 600. y. do.)
F   Arūpī-Brahmalokas. 4:
  „ 1. Ākāsānañcāyatana   (4 989 600. y. do.)
  „ 2. Viññānañcāyatana   (5 364 000. y. do.)
  „ 3. Akiñcaññāyatana   (5 609 400. y. do.)
  „ 4. Nēvasañña-nāsaññāyatana (6 004 000. y. do.)

Fig. No. 3. Sineru on Trikūta = three rocks.
             G   Each of Trikūta.
             M   Asurabhawana (10 000 y. cubic.) (refer. I. P. F. 1. for other symbols)
Fig. No. 4. Top view of Fig. No. 3 the last (refer. I. P. F. 1. & 3. for symbols).
Fig. No. 5. Bottom view of Fig. No. 3 (refer. I. P. F. 1. & 3. for symbols).
Fig. No. 6. Nirayas with their primitive and secondary Ussadas.
             N   Nirayās. 8:
             „ 1. Sañjīva   (100. y. cubic.)
             „ 2. Kālasutta   do.
             „ 3. Sanghāta   do.
             „ 4. Rōruwa   do.
             „ 5. Mahārōruwa   do.
             „ 6. Tāpa   do.
             „ 7. Patāpa   do.
             „ 8. Awīci   do.
             O   Primitive Ussada.
             P   Secondary Ussada.
Fig. No. 7. Cross section of a Niraya; with its Ussadas (refer. last for symbols).
Fig. No. 8. The plane between two tops of Yugandhara and Cakkawāla showing
             Ecliptic, its motion and variability of four cardinal points in four
             quarters.
             Q   Ecliptic
                  (+ Mariner's Compass to show that it points always to Sineru
                  its northpole and southpole to Cakkawāla, all around.)
                  (Dotted circles indicate the movements of Ecliptic in its diurnal
                  motion.)
                  (Arrow circles the front of its motion.) (Ref. I. P. F. 1. for other
                  symbols).
Fig. No. 9. Shadow of Yugandhara by sunlight (= darkness of night) showing
             variable length of the night according to his being apart from Yugan-
             dhara.
             T ⎫
             U ⎬ (Any) Three diurnal circuits of the sun, one in each Vīthi.
             V ⎭
             R   The sun. 1, 2, and 3 are three instances when in T, U, and V,
                  respectively.
             S^1—S^2, S^3—S^4 and S^5—S^6 are the three corresponding shadows to R^1,
             R^2 and R^3.

II. Plate.

Fig. No. 1. Cross-section of Cakkawāla; cut between two natural divisions.
             W   The earth under water (120 000. y. in thickness).
             X   Lonasamudda (refer. I. P. F. 1. & 3. for other symbols).

Fig. No. 2. Cross-section of Dakkhinapāda; cut across Jambudīpa. Showing the different structure of the earth under water.

N   Nirayas in their situation under Jambudīpa (marked y.).

y   Jambudīpa with a point indicating Himālaya; but this does not follow the scale.

Y   Walabhāmukha (this, like Nirayas uncommon to other quarters. Ref. I. P. Fig. 1 & 3 for other symbols.)

Fig. No. 3. Outward view of Cakkawāla showing contents by an opening.
A¹, A², A³, A⁴. The opening of Cakkawāla (refer. I. P. F. 1. and II. P. F. 1.).

Fig. No. 3a. The part of Cakkawāla removed from No. 3 the last.

III. Plate.

Fig. No. 1. The plane between two tops of Yugandhara and Cakkawāla; showing (1) the orbit of the Sun — a double spiral; (describing only 18 turns instead of 365) each turn of which being his diurnal motion; (2) three divisions of the orbit, called Vīthies, that indicate seasons.

B   The end of Uttarāyana and the beginning of Dakkhināyana.

C   The end of Dakkhināyana and the beginning of Uttarāyana.

D 1—2   Ajavīthi ⎫
E 2—3   Gōvīthi ⎬ (The three Vithies mentioned above.)
H 3—4   Nāgavīthi ⎭

Fig. No. 2. Several of innumerable Cakawālas or Lokadhātūs.

A   Cakkawāla with its contents reckoned as one.

Z   Lokantarikā.

Für die uranographischen Darstellungen der buddhistischen Himmelsterassen: cf. „Ideale Welten" I, Tf. 2 (mit Erklärung im Texte).

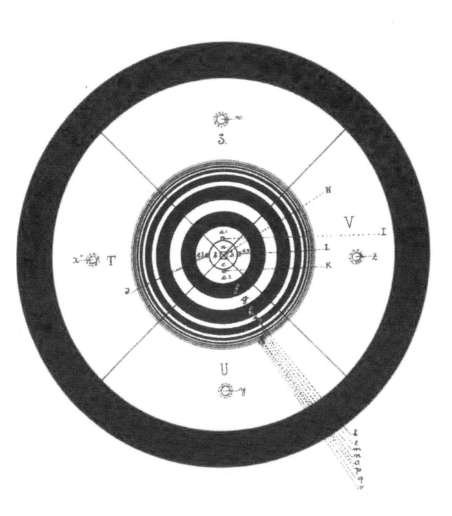

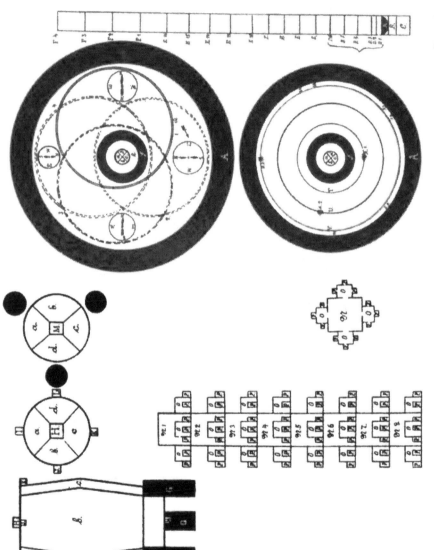

¼ nat. Gr.

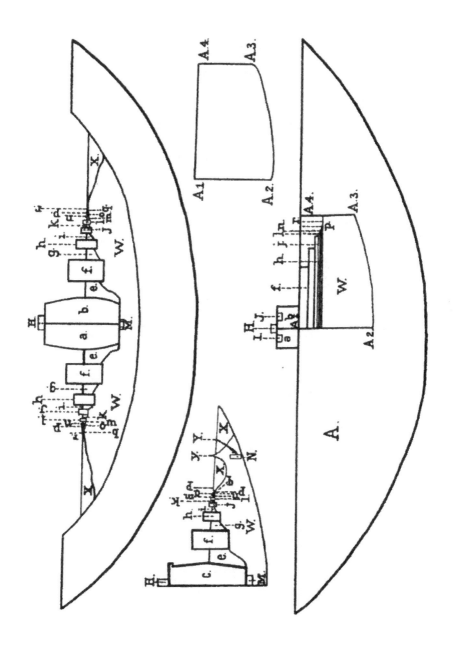

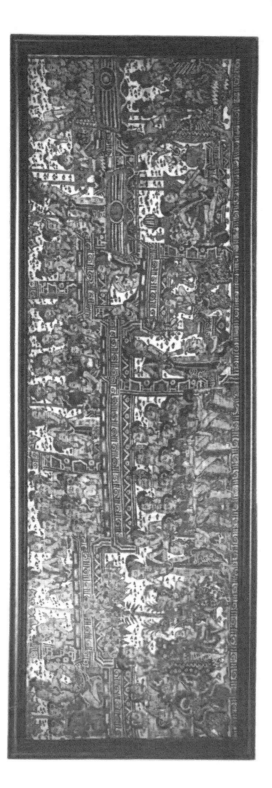

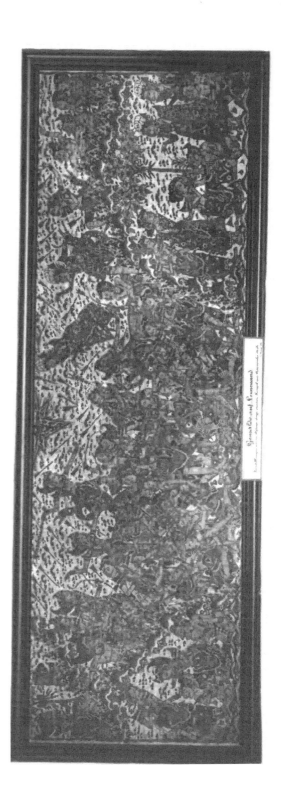

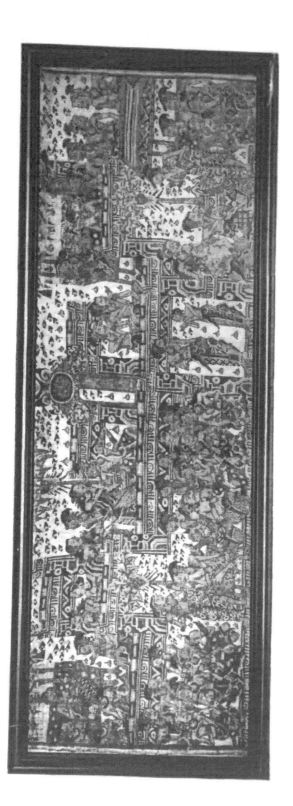

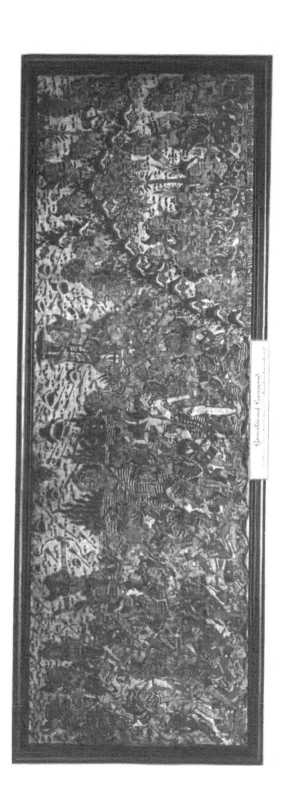

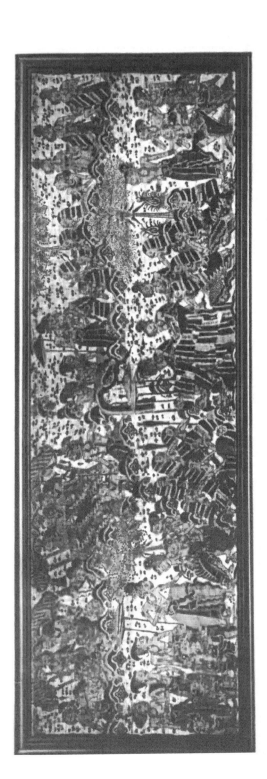

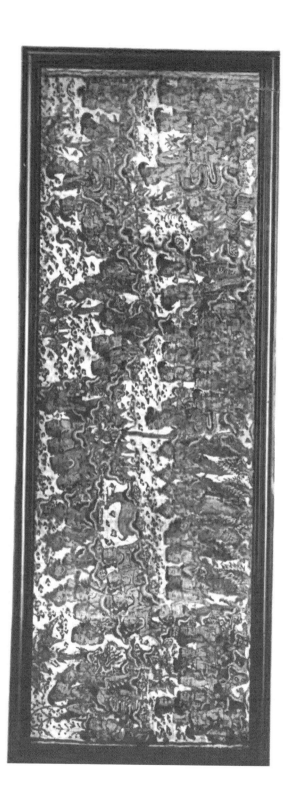

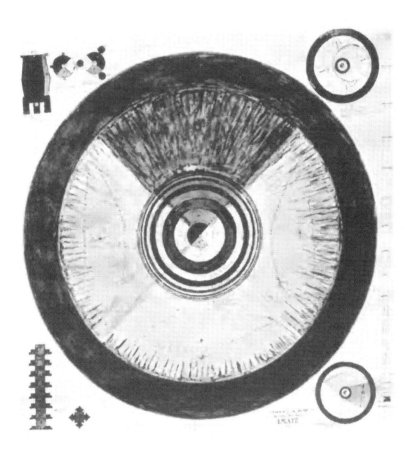

Fig. I.

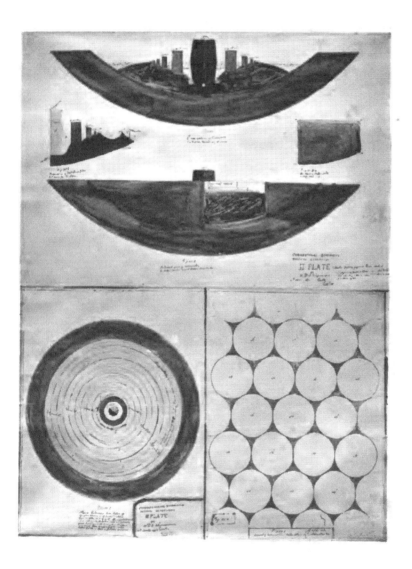

Fig. 11.

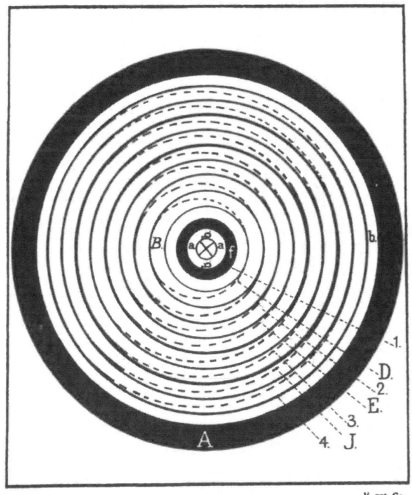

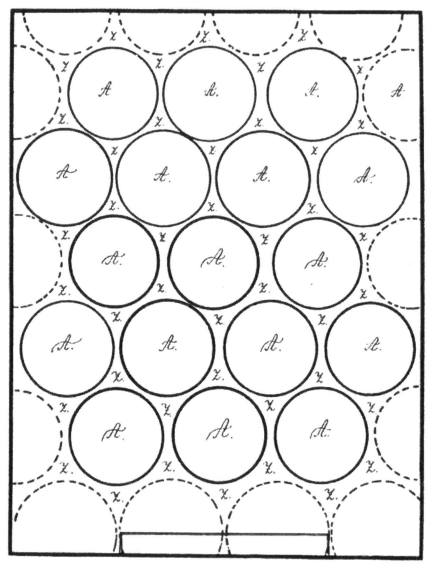

¹/₂ nat. Gr.

Druck:
Customized Business Services GmbH
im Auftrag der
KNV Zeitfracht GmbH
Ein Unternehmen der Zeitfracht - Gruppe
Ferdinand-Jühlke-Str. 7
99095 Erfurt